甘肃省文化资源名录

（第四十一卷）

社科研究Ⅲ

论文

总 主 编：陈 青 王福生
副总主编：马廷旭
总 校 对：刘玉顺
本卷主编：王 屹

中国书籍出版社
China Book Press

图书在版编目（CIP）数据

甘肃省文化资源名录. 第四十一卷 / 陈青，王福生总主编; 甘肃省社会
科学院编. — 北京：中国书籍出版社，2018.1
ISBN 978-7-5068-6725-2

Ⅰ. ①甘… Ⅱ. ①陈… ②王… ③甘… Ⅲ. ①文化遗产—甘肃—名录
Ⅳ. ①K294.2-62

中国版本图书馆CIP数据核字（2018）第027832号

甘肃省文化资源名录　　第四十一卷

陈　青　王福生　　总主编
甘肃省社会科学院　　编

责任编辑　庞　元
责任印制　孙马飞　马　芝
封面设计　东方美迪
出版发行　中国书籍出版社
地　　址　北京市丰台区三路居路 97 号（邮编：100073）
电　　话　（010）52257143（总编室）　　　　（010）52257140（发行部）
电子邮箱　eo@chinabp.com.cn
经　　销　全国新华书店
印　　刷　三河市顺兴印务有限公司
开　　本　787毫米×1092毫米　　1/16
字　　数　742千字
印　　张　33
版　　次　2018 年 1 月第 1 版　　2018 年 1 月第 1 次印刷
书　　号　ISBN 978-7-5068-6725-2
定　　价　383.00元

甘肃省文化资源普查
和分类分级评估工作领导小组

组　长　连　辑

副组长　张广智

成　员　俞建宁　张建昌　范　鹏　武来银　伏晓春　赵海林
王智平　周继尧　史志明　李宗锋　阿　布　李　堋
曹玉龙　陈　汉　梁文钊　陈德兴　妥建福　樊　辉
肖立群　王兰玲　肖学智　宋金圣　拜真忠　卢旺存
石生泰　柳　民　吴国生　火玉龙　车安宁　马少青
王福生　张智若

甘肃省文化资源普查
和分类分级评估工作领导小组办公室及下设机构

主　　任　范　鹏

常务副主任　王福生

副　主　任　李　堋　王兰玲　柳　民

执行副主任　侯拓野　马廷旭　陈月芳　廖士俊

成　　员　杨文福　丁　禄　田锡如　李含荣　路晓峰　刘效明
　　　　　张建胜　徐麟辉　马志强　张春锋　梁朝阳　方剑平
　　　　　黄国明　王银军　刘志忠　李拾良　王登渤　赵艳超
　　　　　席浩林　王　钢　刘　晋　李军林　王景辉　邵　斌
　　　　　杨彦斌　李素芬　李才仁加　王　旭　王治纲

综合协调组

　　组　长　王灵凤

　　成　员　庞　巍　马争朝　吴绍珍　巨　虹　王彦翔　唐莉萍
　　　　　　段翠清

普查业务组

　　组　长　谢增虎

　　成　员　马东平　侯宗辉　马亚萍　戚晓萍　魏学宏　李　骅
　　　　　　买小英　梁仲靖　王　屹　海　敬

技术保障组

　　组　长　刘玉顺

　　成　员　胡圣方　王　荟　谢宏斌　张博文　宋晓琴

专家联络组

　　组　长　郝树声　马步升

　　成　员　金　蓉　赵　敏

前　言

　　丝绸之路三千里，华夏文明八千年。甘肃是华夏文明的重要发祥地之一，是中华民族重要的文化资源宝库，是国务院认定的"华夏文明传承创新区"。为了保护和传承甘肃恢宏的历史与当代文化资源，使之能够汇总展示给世界，并永久流传，甘肃省从2013年4月启动了全省文化资源普查工作。在甘肃省文化资源普查和分类分级评估工作领导小组组织下，动员全省各市（州）县（区）、31个厅局及省直单位的专业人员，数十位专家学者，历时两年，完成了普查和数据录入工作。对于全省文化资源普查成果，甘肃省社会科学院又经过两年时间整理完善、分类编辑、拾遗补阙、校对编排，现在终于有了《甘肃省文化资源名录》的付梓出版。

　　《甘肃省文化资源名录》集中展现了甘肃历史悠久、丰富多样的文化资源。甘肃历史文化遗存位列全国前茅，民族民俗文化特色鲜明，现代文化颇具实力。伏羲文化、大地湾文化、马家窑文化、齐家文化、寺洼文化、彩陶文化、周秦早期文化、长城文化、汉简文化、三国文化、五凉文化、敦煌文化、石窟文化、黄河文化等历史文化资源积淀深厚；道教文化、西夏文化、伊斯兰文化、藏传佛教文化等民族宗教文化资源星罗棋布；大革命文化、根据地文化、长征文化、抗日文化、解放区文化等红色文化资源耀眼夺目；工业文化、科技文化、歌舞文化、大众文化等现代文化资源特色鲜明。可以说，文化资源是历代生活在甘肃的华夏儿女留给这块大地的永不磨灭的最辉煌印记。

　　就甘肃省文化资源的精华而言，截至2017年初，全省馆藏可移动文物为195.84万件，各类不可移动文物16895处。有世界文化遗产7处，全国重点文物保护单位131处，省级文物保护单位556处，国家级非物质文化遗产代表性项目68项。有国家级历史文化名城4座，国家级历史文化名镇7座，中国历史文化名村 2 座，中国传统村落 36 个。莫高窟、嘉峪关、伏羲庙、麦积山、炳灵寺、阳关、玉门关、锁阳城、崆峒山、拉卜楞寺、中山桥……，都是甘肃文化的历史见证；敦煌汉简、悬泉汉简、铜奔马、牛肉面、剪纸、花儿、皮影、羊皮筏子、黄河水车……，都是甘肃永恒的文化名片；腊子口、哈达铺、会师楼、南梁……，都是甘肃代表性红色文化遗产；酒泉卫星发射中心、刘家峡水电站、玉门油田、《读者》《丝路花雨》《大梦敦煌》……，都是甘肃之所以为甘肃的鲜明标志；祁连山、雪山冰川、河西走廊，大漠戈壁、高原草原、天池梅园……，都是如意甘肃的生动写照。众多的历史、自然和现代文化资源犹如满天繁星，镶嵌在广袤的甘肃大地上熠熠生辉。

《甘肃省文化资源名录》汇总甘肃省文化资源的精华，完成了打造华夏文明传承创新区的基础工作。《名录》将文化资源分为二十大类，分别是：文物；红色文化；重要历史事件与人物；重要历史文献；民族语言文字；非物质文化遗产；自然景观文化；宗教文化；文学艺术；饮食文化；建筑文化；节庆、赛事文化；文化之乡；地名文化；文化传媒；社科研究；文化类高等教育；文化艺术机构团体；文化产业；文化人才。每类文化资源按属性又分若干子分类，每个子分类都有严格的界定。同时，将文化资源级别分为省级和市州级。省级文化资源是指国务院、国家有关部委、甘肃省政府和省直部门已经明确命名、认定、管理（或委托管理）的国家级和省级文化资源，以及甘肃省文化资源普查办公室评估认定并核定公布、报送备案的文化资源。市州级文化资源是指甘肃省各市州、县级政府及其管理部门已经明确命名、认定、管理的市县文化资源，以及甘肃省文化资源普查办公室评估认定并核定公布、报送备案的市县文化资源。甘肃省内世界级文化资源（遗产）纳入省级文化资源管理范围，暂未认定级别和不需认定级别的文化资源统一纳入市州级文化资源范围。

推出《甘肃省文化资源名录》，对于推进华夏文明传承创新区建设、甘肃文化大省建设、丝绸之路黄金段建设意义深远。《名录》不仅仅记录了甘肃文化资源的种类和数量，也使甘肃文化资源的资源类别、品相级别、蕴藏情况、流布地域、传承范围和衍变情况得以准确和清晰化。通过编辑出版《甘肃省文化资源名录》，形成一个科学完整的文化资源数据库、文化资源研究的学术平台、文化资源传承保护和开发利用的指南，有助于更好地挖掘那些具有世界影响、国家价值、显著特点、唯一仅存、开发潜力巨大的代表性文化资源，为文化资源的有效保护提供科学依据，为重点文化资源找到开发的机遇并重塑生长的价值，为文化产业项目的开发利用提供可靠的参考。所以，《名录》的推出，是甘肃省文化资源普查成果面向世界迈出的第一步，是文化实力助推甘肃转型发展的坚实步伐，它为甘肃省今后对文化资源进行保护传承、专题研究、数字展示、市场开发奠定了基础。

甘肃省社会科学院

2017 年 7 月

目 录

甘肃省文化资源名录

目录

甘肃省文化资源名录

第四十一卷

社科研究Ⅲ

论 文

0001 我国地方课程研究的回顾与反思

发表时间及载体：西北师大学报：社会科学版 2008 年第 6 期

作　者：王鉴

简　介：我国地方课程的实践和研究是随着国家相关教育政策的支持而不断走向深入的。在基础教育课程改革的背景下，各地相应地开发了内容和形式都较为丰富的地方课程；地方课程的研究也正在成为一个热点，内容涉及地方课程的涵义、价值、理论基础、特征、开发、管理、政策等方面。近年来的研究虽取得了丰硕的成果，但尚存在概念含糊、重引进轻消化、重理论轻实践、研究视野狭窄等不足之处。今后，应把关注学生的健康成长作为地方课程开发的首要目标，确定地方在课程开发、管理和评价中的主体地位，将"你们"的课程转化为"我们"的课程。

0002 中国公共支出绩效审计发展现状与趋势分析

发表时间及载体：会计之友 2014 年第 22 期

作　者：杨肃昌

简　介：绩效审计已成为现代国家审计发展的一种主流趋势；但中国绩效审计开展还是很不平衡，具有中国特色的绩效审计发展很快，但完全意义上的绩效审计发展则很迟缓。究其原因，除了对绩效审计有不同的认识等因素外，主要还在于现行审计体制对绩效审计发展的限制。尽管如此，总结近年来中国绩效审计发展变化，也不难发现一些积极的发展趋势。

0003 浅谈对行政自由裁量权的司法审查

发表时间及载体：甘肃行政学院学报 2002 年第 4 期

作　者：张永来　张明福

简　介：法制社会要求人们在法律面前人人平等，这不仅是针对社会个人的要求，也是要求组成全社会集群的各类机关、团体、政党、企事业单位在法律面前一律平等。我国社会集群管理运行的绝大多数执法活动都在行政执法机关，法律的尊严和神圣以及法治的最终体现，也是通过行政执法机关的执法行为来体现。合法、合理，是衡量一个国家法律文明的最低要求。

0004 第三方政府绩效评价的实践探索与理论研究——甘肃模式的解析

发表时间及载体：行政论坛 2010 年第 4 期

作　者：包国宪　董静

简　介：甘肃模式是在对西部区域特征的理性思考基础上所产生的，须放在整个西部治理视阈下加以解读。甘肃模式可概括为以

"顾客导向"为价值取向。

0005 浅析红色的文学魅力

发表时间及载体：社科纵横 2011 年第 9 期

作　　者：李宇

简　　介：在一定的历史环境中，色彩所具有的寓意和内涵，在很大程度上反映了社会与时代的人文特征。红色，几乎是中国的代表色，中国人从洞房花烛夜，到金榜题名时，从衣装到住所，尚红的习俗随处可见。在文学作品中，红色也时常散发出色彩迷人的艺术魅力。

0006 市场潜力、经济集聚与地区间工资差异

发表时间及载体：财经科学 2011 年第 5 期

作　　者：李国璋

简　　介：基于劳动力、产业在地区间分布的不平衡性以及地区间工资差异的事实，本文构建了一个市场潜力与工资的新经济地理学（NEG）理论模型。理论分析表明：市场潜力对工资产生正面影响。市场潜力对工资产生正面影响来自两种渠道：一是市场潜力引发了经济集聚效应；二是市场潜力产生了逆经济集聚。相比之下，市场潜力引发的经济集聚效应更能提高和扩大地区工资水平与差异，因为经济集聚需要更低的贸易成本、较大的市场规模以及较高的经济发展水平。

0007 坚持即时应对和建立长效机制的紧密结合

发表时间及载体：高校理论战线 2010 年第 10 期

作　　者：刘基

简　　介：2010 年 5 月底召开的全国加强和改进大学生思想政治教育工作座谈会强调，要提高大学生思想政治教育的科学化水平，并提出要坚持"即时应对和建立长效机制紧密结合"的要求。

0008 信息技术环境下民族师范生人文地理学课程研究性学习的实地研究

发表时间及载体：电化教育研究 2006 年第 3 期

作　　者：石惠春　汪威

简　　介：本文针对当前大学民族师范本科生人文地理教学中的特点，提出通过研究性学习帮助学生形成对知识的主动探求、发现和体验，学会对信息的获取、分析判断和选择，并重视解决实际问题的积极学习方式。全文重点论述了研究性学习的特点、民族师范本科学生学习的适应性、研究性学习的实地研究特征和意义以及信息技术环境下民族师范本科生人文地理学课程研究性学习的实地研究方案、步骤与评价。

0009 回族失地农民消费生活方式变迁研究——以宁夏固原饮河村为例

发表时间及载体：西北师大学报：社会科学版 2012 年第 4 期

作　　者：谢立宏

简　　介：回族失地农民传统消费生活方式的变迁，集中表现在投资性消费——"种房"、宗教消费缩减、日常生活改变、教育消费比重增加和新型消费方式的出现这五个方面。围绕着贫富分化所决定的消费方式的不同步和摇摆于农民—市民的身份认同的尴尬，出现了生产性投资的分化、消费观念的代际差异与"反哺现象"、宗教的世俗化、消费结构多元化、消费方式向城市化过渡和消费的滞后效应等一系列现象，亟待政府和社会肩负起善后的责任，以引导失地农民的生活顺利转化。

0010 对完善甘肃省农村最低生活保障制度的调查研究

发表时间及载体：甘肃理论学刊 2011 年第 6 期

作　　者：黄晓峰

简　　介：农村最低生活保障制度虽然在甘肃全省范围内已经建立，但在农村低保运行过程中还存在着低保覆盖面窄、补偿标准低、救助资金少、规范化程度不高等问题。完善农村最低生活保障制度必须坚持城乡一体化的发展方向，按照保障与发展相结合的原则，大力发展农村经济，强化依法行政意识，加强监督管理职能，充分发挥农村最低生活保障制度在维护农村贫困居民基本生存权，实现农村公共服务均等化等方面的重要作用。

0011 浅谈西北饮食文化特色

发表时间及载体：大众文艺：学术版 2011 年第 11 期

作　　者：杨文珺

简　　介：民以食为天，中华饮食文化源远流长，西北饮食文化是中华饮食文化的重要组成部分，呈现出浓郁的地方特色和鲜明的民族情调。与其他地区相比，西北饮食文化显得古朴、自然、厚实，独具特色，每年吸引着大量的旅游者和美食家。

0012 五代宋时期于阗皇太子在敦煌的太子庄

发表时间及载体：敦煌研究 2003 年第 4 期

作　　者：杨森

简　　介：通过对敦煌文献及敦煌石窟题记的研究，认为敦煌的太子庄是为于阗皇太子从德而设立的，太子庄当为官方设置，废弃时间是在于阗国灭亡时。

0013 略论民族环境权

发表时间及载体：甘肃联合大学学报：社会科学版 2008 年第 24 卷第 2 期

作　　者：焦盛荣

简　　介：环境权是一项基本人权。本文认为，民族成为民族环境法律关系的主体是民族地区经济社会发展和环境保护的需要，我国环境法体系和民族立法体系中应该明确设置具有民族特点的环境权内容。

0014 本科生导师制的渊源、内涵和实施意义——本科生导师制的理论分析

发表时间及载体：甘肃高师学报 2011 年第 16 卷第 1 期

作　　者：高志凯　王定君

简　　介：本科生导师制是高校学生教育管理的一项制度创新，是对现行人才培养模式的一种尝试性改革。它吸取了中国传统书院师承教育的成功经验与现代民主主义教育的精华，体现了因材施教、教学相长和民主平等原则，在充分发挥教师的指导作用、激发学生个性潜能、密切师生知情意行互动关系等方面，有着重要而独特的意义。本文探讨了本科生导师制的渊源、内涵和实施意义。

0015 我国农村人口老龄化的区域差异及其影响因素

发表时间及载体：兰州商学院学报 2012 年第 6 期

作　　者：关爱萍

简　　介：本文基于 2010 年全国第六次人口普查数据，运用聚类分析描述了我国农村人口老龄化的区域差异，并通过因子分析方法，研究了影响农村人口老龄化程度区域差异的主要因素。研究结果表明，我国农村人口老龄化具有明显的区域差异性，东部地区

大部分省市属于农村人口老龄化程度比较严重的地区，中西部一些省份也开始进入老龄化阶段。农村经济发展水平、劳动力文化教育程度的差异是影响农村人口老龄化程度的主要因素。

0016 甘肃省循环经济中静脉产业的发展及其融资

发表时间及载体：甘肃金融 2012 年第 9 期

作　　者：成学真

简　　介：作为典型的欠发达省份，甘肃省经济"两高一资"特征显著，既有的发展模式已经对生态环境造成了一定的破坏，同时，随着全国生态保护和建设的深入推进，甘肃省生态屏障的地位进一步提升，甘肃省经济社会发展与生态环境保护的矛盾十分突出。如何协调落后背景下的发展诉求与脆弱背景下的保护诉求，做到既富民强省又生态良好是甘肃省必须面对和解决的难题。

0017 乡土传统与精神指归——石舒清创作心理解析

发表时间及载体：回族研究 2012 年第 4 期

作　　者：马梅萍

简　　介：石舒清的文学创作依托宁夏南部山区回族村落的社会生活背景，阐释了一种具有地方性特色的文化。其文本流露出底层立场、恋土情结、怀旧心理、神秘主义体验、尚洁意识等主体创作心理，并从中折射出作者的文化心理，作为农民之子认同乡土传统的农耕文化之根；作为回回后代承续宗教信仰的民族文化之根。

0018 法藏敦煌藏文本《P.T.449 号般若心经》研究

发表时间及载体：敦煌学辑刊 2012 年第 2 期

作　　者：才让

简　　介：敦煌藏文佛典《P.T.449 号般若心经》是归义军时期翻译的，译者曲吉嘉措（法海），也许与法成的弟子法海是同一人。《P.T.449 号般若心经》属于大本类，与《甘珠尔》本所收的两种译本之间有差别，是一个独立的译本，而且只见于敦煌写本之中。通过比对，《P.T.449 号般若心经》与《汉文异本心经》最为接近，但有些地方又有明显的不同，而且《P.T.449 号般若心经》中一些较为独特的语句和表达形式却与现存的一些梵文本惊人地一致。因此，题记中的"rgya adpe"，可能指的是梵文本。

0019 中国区域城乡协调发展评价模型与案例分析

发表时间及载体：西北师大学报：社会科学版 2010 年第 2 期

作　　者：高新才 魏丽莉

简　　介：中国城乡失衡的区域差异，必然决定了缩小城乡差距、实现城乡全面协调发展的艰巨性和长期性。基于中国城乡失衡的区域差异分析和城乡协调发展的本质，选取一组衡量区域城乡协调发展的评价指标，应用主成分分析法和聚类分析法，构建了区域城乡协调发展度的评价模型。并以双重滞后型城乡关系的典型区域——甘肃省为例运用此模型，对该区域的城乡协调度作了实证分析和初步评价。

0020 《洪堡的礼物》的艺术特色

发表时间及载体：兰州大学学报（社会科学版）2002 年第 30 卷第 4 期

作　　者：胡海兰　蒲隆

简　　介：从独特的叙述技巧、含蓄深刻的喜剧风格以及博览贯通的行文手法几个方面分析、探讨了《洪堡的礼物》的艺术特色。

0021 吐蕃赞普赤达尔玛的统治及其后的简要历史

发表时间及载体：西北民族大学学报：哲学社会科学版 2011 年第 1 期

作　　者：安多　卡尔梅

简　　介：朗达玛继任时，吐蕃社会的各种矛盾已积重难返，尤其是宗教问题更为突出，它直接威胁到吐蕃政权的根基。因此，朗达玛遣散了僧迦集团，关闭了寺庙，终止了僧侣的寄生生活，但对佛教本身未加限制。由此，招来了杀身之祸，吐蕃政权也随之解体。吐蕃政权解体后，社会上出现了宗教派别纷争的混乱局面，朗达玛的后人益希奥等人担起了整顿与复兴佛教的任务，也就是藏传佛教的后弘期。本文以早期史书、敦煌文献、伏藏、木简、碑刻铭文为研究依据，从新的视角，历史客观地分析，再现了当时吐蕃社会的真实情况。

0022 公司治理内涵的反思与层次性解构

发表时间及载体：甘肃社会科学 2012 年第 1 期

作　　者：刘晓霞

简　　介：公司治理是公司法中的一个普遍性问题，然而学界对其内涵的理解存在差异。立足于法学视角来理解公司治理，必须明确治理主体的范围要小于公司利益相关者的范围。所以应当对公司治理中的利益相关者进行层次性分解，公司权力应当进行层次性配置，公司的内部关系应当进行层次性协调。公司治理关系是一种多层次的关系协调系统，公司治理也是一种多层次的权力分解、配置系统制度。

0023 试论周作人历史轮回观的三维形态

发表时间及载体：学术探索 2006 年第 4 期

作　　者：田光

简　　介：周作人是中国现代知识分子中一个独特而典型的人物，在其复杂矛盾的思想构成中，历史轮回观是值得注意的一个重要方面。历史轮回观在不同的层面上有着不同的内涵，周作人的历史轮回观主要体现为三个维度："叛徒"的批评策略，"隐士"的文学思想，"汉奸"的历史逻辑。历史轮回观一方面成就了周作人，另一方面也毁了周作人，这一现象令人深思。

0024 中国各省经济增长与环境污染关系的研究与预测——基于环境库兹涅茨曲线的实证分析

发表时间及载体：经济学动态 2012 年第 1 期

作　　者：高宏霞　杨林　付海东

简　　介：本文利用面板数据分析及其他数学分析方法，结合各省的实际数据对环境库兹涅茨曲线在我国是否存在做了实证分析，发现废气和二氧化硫的排放量数据均与 EKC 模式吻合，即曲线为倒 U 型，同时对废气和二氧化硫的排放拐点进行预测。从预测的结果看：我国的区域拐点到来时间是存在很大差异的，这本质上反映了我国区域发展的不平衡性。烟尘的曲线是呈线性增加的，说明我国的某些污染物无法随着经济的发展自动进入 EKC 的下降区间，需要政府在经济发展模式和经济刺激政策上做出指挥棒式的调整，促进科技进步对经济的贡献，淘汰高污染的企业，真正实现环境状况随着经济发展不断改善的良好态势。

0025 资本结构契约理论与中国上市公司资本结构的相关分析

发表时间及载体：西北师大学报：社会科学版 2004 年第 2 期

作　　者：孙光慧

简　　介：股权结构是资本结构的重要组成部分。在中国，分割的股权结构特征决定着上市公司资本结构性质和治理效率，它从根本上决定着中国资本市场的规范程度。因此，本文在资本结构契约理论的指导下，研究了中国上市公司资本结构和股权结构的性质和特征，认为不合理的资本结构和股权结构造成代理成本过高，使中国上市公司治理效率低下，而这些不合理资本（股权）结构形成的根本原因，就是它们背后对应的产权和产权结构性质。

0026 传播理论视野下城乡互动教师专业发展模式

发表时间及载体：电化教育研究 2009 年第 12 期

作　　者：赵健

简　　介：网络环境下城乡互动教师专业发展模式是缩小城乡教师教育技术能力差异的良方，是促进城乡教育均衡发展的要求。传播理论给予教师专业发展模式认识论和方法论层面的支持，城乡互动的教师专业发展模式则从实践上支持和丰富了传播理论的发展。同时，用传播理论解释教师专业发展的途径、构建教师专业发展的模式是健进教师专业发展理论的重要途径。

0027 非控论：一种新的思维范式

发表时间及载体：西北师大学报：社会科学版 1999 年第 1 期

作　　者：任遂虎

简　　介：一种理论的背后潜存着一种思维范式。任何理论在自身的逻辑框架中总是难以证明自身。控制理论强调人为施控，追寻组织稳定，选取特定目标，谋求最佳状态，因而不可避免地忽略解构在整体发展中的作用和浑沌现象非人为控制的某种因素。控制思想和控制行为的泛化会导致将复杂矛盾作简化处理，导致以偏概全的价值判断，甚至导致自然、文化生态的失调。非控理论作为一种新的思维范式，旨归于正确认识和使用控制。这就应区分可控者与不可控者，暂不可控者与永不可控者，需要控制者与无需控制者，应根据价值尺度适时控制和解控。非控思想是对控制思想的逆向补充。

0028 就业倒逼机制、农户教育理性变迁与大学生非正规就业

发表时间及载体：西北人口 2011 年第 6 期

作　　者：李具恒　杨宗政

简　　介：本文以就业"倒逼机制"为逻辑起点，探讨就业"倒逼机制"、农户教育理性变迁、大学生非正规就业之间的内在关联，并以农村大学生非正规就业的路径，校正农户教育理性的偏离。

0029 对电化教育概念和本质的新认识

发表时间及载体：电化教育研究 2003 年第 6 期

作　　者：甄暾

简　　介：教育是培养人的社会行为。电化教育是教育这个大范畴中的一个小范畴。电化教育的本质具有双重性，技术性是其浅层本质，教育性是其深层本质。教育技术只是组成教育的基本因素之一。

0030 江泽民哲学思想与中国共产党

发表时间及载体：甘肃理论学刊 2001 年第 5 期

作　　者：刘学义

简　　介：弄清楚江泽民哲学思想与党的各项事业相结合的发展关系，对搞好中国特色

社会主义具有十分重要的意义。江泽民同志的《正确处理社会主义现代化建设中的若干重大关系》(以下简称十二大关系)是江泽民哲学思想的重要组成部分。十二大关系全面分析了社会主义现代化建设中的一系列新矛盾和新问题,成为指导社会主义现代化建设的科学世界观和方法论。江泽民的"三个代表"重要思想,包含着丰富的辩证法思想和深刻的唯物史观理论,是指导新世纪社会主义现代化建设的又一科学世界观和方法论。江泽民的"以德治国"思想深刻地论述了德治与法治的辩证关系,从另一角度进一步丰富和发展了马克思主义哲学及其社会主义建设的理论。

0031 统筹城乡经济发展的策略研究

发表时间及载体:兰州商学院学报 2005 年第 21 卷第 2 期

作　　者:李香枫

简　　介:目前,我国经济社会发展中的一个突出问题是城乡差距扩大,这个问题如果解决不好,社会和经济生活中的矛盾就会更加突出,从而影响国民经济和社会的持续、稳定、协调、健康发展。针对这一问题,文章提出了具体的应对策略。

0032 基于减排效应能源类企业碳税政策的优化选择研究

发表时间及载体:资源科学 2011 年第 10 期

作　　者:聂华林　周建鹏　张华

简　　介:能源类企业是经济中能源消费和碳排放的重要主体,如何减少这类企业的碳排放量是衡量政府碳税政策有效性的重要依据。本文通过构建一个代表性能源类企业的二氧化碳减排效应模型,论述了减排的重要意义。

0033 独立后的中亚五国政治体制

发表时间及载体:西北师大学报:社会科学版 2003 年第 5 期

作　　者:高永久　徐亚清

简　　介:本文论述了中亚五国特殊的总统制政体的现状,并通过中亚各国的政治、经济、文化等社会结构运行的实际状况,探讨了中亚五国实行总统制政体的必然性。最后,对中亚五国实行总统制后社会转型中出现的问题进行了阐述。

0034 知识经济与企业的人力资源开发

发表时间及载体:兰州大学学报(社会科学版) 2001 年第 29 卷第 5 期

作　　者:王家勋　赵玉田

简　　介:作为建立于知识和信息的生产、分配和运用基础上的新型经济,知识经济在资源配置、创新、企业战略和高风险、高投资等方面,具有与传统经济根本不同的特征,存在对高智能人才的强烈依赖性。这种以人为本的新理念,需要我们在对人才的认识、投入、企业运作、教育改革等方面进行深入研究。

0035 刑事辩护权的宪法反思

发表时间及载体:甘肃政法学院学报 2008 年第 4 期

作　　者:刘淑君

简　　介:刑事辩护权属于宪法规定的公民基本权利,是一项应当获得宪法救济的权利,该权利的行使及保护直接体现一国人权保障的状况和法治文明的程度。宪法规定刑事辩护权的目的是为了保证被追诉者能够运用宪法规定的这一对抗性权力,使控辩力量趋于平衡。我国刑事辩护权在现行宪法构架下尚有立法上的缺陷,影响了刑事辩护权的有效行使和保护。从宪法保障功能方面改革和完善控辩诉讼结构，是宪法人权保障原则的根本要求。

0036 梁启超历史知识大众化的思想和实践

发表时间及载体：五邑大学学报：社会科学版 2009 年第 11 卷第 4 期

作　　者：朱慈恩

简　　介：梁启超于 20 世纪初提倡的"新史学"，主张通过各种形式将历史知识深入普及到广大人民群众中去。在对史学大众化进行理论探讨的同时，梁启超还亲自写了一大批通俗史著，产生了广泛而深远的影响。

0037 教育脱贫的经济学分析

发表时间及载体：兰州学刊 2004 年第 3 期

作　　者：曹子坚

简　　介：教育脱贫是指贫困家庭通过对家庭成员的教育资助，最终摆脱贫困状态的一种脱贫方式。教育脱贫在我国部分贫困地区的产生具有一定的必然性。本文对教育脱贫的成本收益状况进行了分析，并提出了相应的对策与措施。

0038 在阐释中建构——评李红叶新著《安徒生童话的中国阐释》

发表时间及载体：湖南科技学院学报 2006 年第 27 卷第 4 期

作　　者：李利芳

简　　介：《安徒生童话的中国阐释》是青年学者李红叶潜心五年的研究专著，立意在对安徒生童话在中国的存在史、接受史、研究史进行系统梳理与学理分析。这是国内第一本系统深入地研究安徒生童话的接受历史的专著，它的出现既是中国学人对安徒生诞辰 200 周年的诚挚献礼，更是中国儿童文学学科在新世纪发展的重要收获。

0039 唐代敦煌壁画供养人服饰形式美初探

发表时间及载体：敦煌研究 2007 年第 1 期

作　　者：李波

简　　介：本文主要从美的形式原理中的反复、旋律、平衡、对比、呼应、强调、层次七个方面，研究了敦煌壁画女供养人的服饰与形式美。

0040 论和谐文化的本质特征

发表时间及载体：甘肃理论学刊 2012 年第 1 期

作　　者：李焰平

简　　介：构建和谐文化是建设和谐社会的重要任务之一。本文从和谐文化的和谐理念、和谐精神、价值取向、行为导向、人与自然和谐相处的社会主义和谐理论为内核的文化形态和文化性质，揭示和谐文化多个方面的本质特征。

0041 我国社会中介组织的类型分析与对策研究

发表时间及载体：甘肃社会科学 1999 年第 5 期

作　　者：吴丽娟

简　　介：社会中介组织的产生与发展，既是我国十几年市场化改革的必然产物，又是进一步推动市场经济体制建立的必然趋势。在原计划经济体制下，国民经济宏观运转和企业微观运行及至全部社会经济，都由政府制定的指令性计划加以框定，行政权力成为主导一切的管理力量。本文认为，中介组织既没有发展的余地，也没有存在的必要。

0042 教学传播过程中反馈信息的精细处理

发表时间及载体：电化教育研究 2007 年第 7 期

作　　者：黄立新

简　　介：在教学传播过程中，师生互动反馈是影响教学效能的一个重要因素。调查显示，教师对互动反馈的重要性已经形成共识，然而由于缺乏技术的支持，教师往往只能根据传统方法收集反馈信息并依此对教与学进行模糊诊断，影响教学传播效果。信息技术支持的课堂互动反馈系统（CRS）让每个学生平等参与到学习活动中并为师生实时提供准确的反应信息处理结果，师生根据处理结果对教与学过程进行精确诊断，动态生成应对策略，促进教室成员的平等、互动与沟通，从而优化教育传播过程。

0043 政府购买居家养老服务的管理机制研究——以兰州市城关区"虚拟养老院"为例

发表时间及载体：理论与改革 2012 年第 1 期

作　　者：包国宪

简　　介：政府购买居家养老服务，是在养老服务中引入市场竞争机制的一种制度安排。本文在分析政府购买居家养老服务的内涵及其必要性的基础上，以兰州市城关区虚拟养老院为个案，系统分析了政府购买居家养老服务的要素、流程与管理机制，最后对城关区虚拟养老院的经验、存在问题及优化路径进行了探讨。

0044 试论西部开发中传统法律意识的现代转型

发表时间及载体：甘肃行政学院学报 2004 年第 3 期

作　　者：穆永强

简　　介：在市场经济条件下进行的西部大开发需要现代法律制度与现代法律意识的密切配合以提供良好的法制环境。在西部地区已经基本具备现代法律体系的前提下，作为开发主体的西部公民法律意识的现代转型成了改善西部法制环境、推进西部开发进程的重大问题。以权力为核心、差序等级为核心的传统法律意识必须实现现代转型，以达到建设以权利为本位、司法自治为核心的现代法律意识的目标。

0045 对欠发达地区企业信用的思考

发表时间及载体：甘肃理论学刊 2008 年第 1 期

作　　者：付泳

简　　介：市场经济就是信用经济。在这个竞争激烈的现代社会，信用堪称市场经济的道德基石，已经成为每个企业立足社会不可缺少的"无形资本"。应该讲，在任何时候或任何市场环境下，企业信用都是至关重要，只有有良好信用的企业，才会有长远的发展，信用良好的企业会在许多方面受益。弄清欠发达地区企业信用问题及其产生的原因，是探究企业信用问题有关对策的基础。

0046 中国人力资本外部性影响因素实证研究——基于省级面板数据的分析

发表时间及载体：山西财经大学学报 2009 年第 1 期

作　　者：李国璋

简　　介：本文基于 1999—2005 年我国 31 个省（市、区）14 个行业的面板数据，对我国影响人力资本技术外部性的四个因素进行了研究。研究发现：地区人力资本深化对于人力资本的外部性具有促进作用，专业化和多样化对人力资本外部性的影响是非线性的 当专业化和多样化分别超过各自的临界值时，才会对人力资本的外部性产生正向的影响 专业化对于人力资本外部性的作用在东西部地区分产业之间存在差异，就业密度在西部地区工业和服务业中对人力资本的外部性产生类似于多样化的非线性影响，但它在其他地区的作用不明显。

0047 基于灰色关联的我国人口就业结构、产业结构与城市化水平研究

发表时间及载体：西北人口 2012 年第 3 期

作　　者：韩燕　胡强

简　　介：本文从人口就业结构、产业结构及城市化水平的演进趋势入手，采用灰色关联分析的方法，分析了人口就业结构与城市化水平、人口就业结构与产业结构之间的关系，结果表明：城市化水平的提高和产业结构层次的提升对于我国人口就业结构都能产生积极的影响，并据此提出相应的对策建议。

0048 马克思的剩余价值理论过时了吗？

发表时间及载体：社会科学 1990 年 2 月

作　　者：武文军

简　　介：剩余价值理论的创立，是马克思最伟大的贡献之一。它揭示了资本主义生产的本质规律，奠定了科学社会主义学说的经济理论根基。然而，自它诞生之日起，就遭到资产阶级学派和各种反马克思主义学派的诋毁和攻击。他们流行的一句口号，就是马克思的剩余价值理论"过时了"。今天，在我国有一些在经济学上反对马克思主义的人，重弹剩余价值理论过时的调子，为全盘西化制造理论根据。

0049 敦煌魏晋古墓体育画像砖研究

发表时间及载体：敦煌研究 2005 年第 3 期

作　　者：路志峻

简　　介：本文依据敦煌、嘉峪关、酒泉等地魏晋古墓中出土的画像砖，从狩猎、军事出巡、六博、乐舞与百戏、驿骑、游戏等方面，探讨了敦煌魏晋画像砖有关内容所表现出的体育功能，指出了这些画像砖对中国古代体育史研究的意义。同时，还探讨了它所代表的文化内涵。

0050 我国对外贸易摩擦的政治经济分析

发表时间及载体：生产力研究 2011 年第 9 期

作　　者：朱同

简　　介：近年来，我国对外贸易摩擦频繁发生，既有其经济根源，也有政治因素的影响。本文将从经济根源方面的经济实力因素和政治根源方面的利益集团因素两方面来分析我国对外贸易摩擦的政治经济原因。

0051 甘肃省在国内省际贸易中面临的困境及原因分析

发表时间及载体：兰州商学院学报 2010 年第 26 卷第 2 期

作　　者：蒙慧

简　　介：随着贸易模式和经济增长方式的转变，积极参与国内省际贸易，赢得国内其他省区市场，将成为省际竞争的焦点。本文研究的是甘肃省作为我国经济欠发达省份在国内省际贸易中面临的问题及原因，通过分析改革开放以来甘肃省参与国内省际贸易的水平、贸易的结构等，本文认为，甘肃省虽然已在某种程度上融入了国内省际贸易的进程，但由于产业结构水平低、贸易成本高等原因，它在其中处于相对不利地位，面临着

诸多困境。随着国内省际市场竞争的加剧，甘肃省如果不调整战略，其不利地位将会进一步强化，并对其未来经济发展形成阻碍。

0052 金融危机与中国对外开放——基于区域分异的分析

发表时间及载体：中国流通经济 2009 年第 10 期

作　　者：高新才

简　　介：亚洲金融危机发生以来，我国面临着外贸和外资遇阻、经济增长乏力的困境。本文从区域角度对我国对外开放分异趋势的考察表明，对外贸易与外商直接投资水平从东到西表现出明显的梯度递减趋势。文章对贸易方式结构指标与外商投资出口贸易度指标的分析表明，金融危机对我国对外开放的影响从东到西依次减弱，同样呈梯度递减趋势。短期内我国对外开放区域差异受金融危机的影响会有所减小。但长期来看，我国对外开放区域差异受金融危机的影响，还要根据国内不同区域成本、市场、集聚及制度等因素而定，目前尚不能作出明确判定。

0053 周易断占辞思维方式的原创性

发表时间及载体：甘肃理论学刊 2008 年第 3 期

作　　者：韩高年

简　　介：《周易》号称"群经之首"，孔子晚年读《易》至"韦编三绝"，道家的代表人物老子、庄子也受到过《易经》思想的沾溉。《四库全书总目提要·经部·易类序》指出，诸家各派无不"援易以为说"。也就是说，中国古代的历次哲学思潮的策源，都有《易经》的功绩。这说明《易经》思想具有哲学原创性，是早期儒、道思想的一个重要来源。

0054 甘肃煤炭工业可持续发展存在的问题与对策

发表时间及载体：社科纵横 2009 年第 1 期

作　　者：王履宣　王德方

简　　介：改革开放以来，甘肃煤炭工业得到很大发展。但与其它储量上千亿吨的省区相比，煤炭产量偏少，可持续发展后劲不足。存在资源和环境没有得到有效保护，个别矿区资源枯竭，经济转型和产业接替失败，专业技术人才断层，精查资源量少，现有煤炭产量满足不了经济进一步发展的需要等问题。要通过加快改革，实施大集团战略，发展节能型经济和循环经济。加快资源枯竭矿区的经济转型，培养高水平的专业技术人才，使用先进的采矿设备，提高矿井回采率，加强安全生产管理，加快庆阳：煤田的开发建设，使经济、资源、环境与社会发展相互协调，才能促进甘肃煤炭工业的可持续发展。

0055 《颜延之幼诰》《纂要》的内容及其训释方法——兼论与说文尔雅之关系

发表时间及载体：西北师大学报：社会科学版 2011 年第 1 期

作　　者：杨晓斌

简　　介：《颜延之幼诰》与《纂要》都是小学类著作。史籍所称诂幼、诰幼、诘幼文、告幼童文等多种异名，当以幼诰为是。《幼诰》盖为童蒙而作，主要是音注和训释，音注有直音、反切，训释有互训、推源、义界，祖述《说文》。《纂要》的训释，用甲曰乙或甲谓之乙的格式来区分同义词或近义词之间的差别，祖述《尔雅》。在四部分类法中，《纂要》应当归入经部。

0056 BBS 研究现状：一个社会学元分析

发表时间及载体：兰州大学学报（社会科学版）2005 年第 33 卷第 1 期

作　者：黄少华　韩瑞霞

简　介：本文运用内容分析方法，从论文发表年份、研究主题、研究议题发展模式、研究方法及理论运用五个维度切入，对国内学界 BBS 研究的发展进程和现状作了简要的分析。文章强调，BBS 研究蕴含着对传统社会科学理论进行反思，从而拓展其理论视野的可能性。

0057 生态补偿与林缘社区的可持续生计——以甘肃白水江国家级自然保护区为例

发表时间及载体：农村经济 2008 年第 4 期

作　者：韦惠兰

简　介：生态补偿已经成为生态经济学、资源经济学、环境经济学以及可持续发展研究领域的热点问题。随着国家生态安全问题日趋严峻，森林的生态效益显得尤为重要。因此，林缘社区居民寻找长久的可持续生计是森林生态效益保护的重要因素。本文利用可持续生计框架分析出甘肃白水江林缘社区居民的生计方式不可持续，通过定性、定量的分析，指出生态补偿对于改善居民生计可持续性的重要意义。

0058 物质文化遗产与非物质文化遗产的关系

发表时间及载体：西北师大学报：社会科学版 2006 年第 6 期

作　者：彭岚嘉

简　介：本文辨析并界定了物质文化遗产和非物质文化遗产的概念，探讨了物质文化遗产与非物质文化遗产的关系，论述了我国作为一个文化遗产大国在保护方面的对策。

0059 第二课堂对强化大学英语持续性学习的必要性

发表时间及载体：西北民族大学学报（哲学社会科学版）2012 年第 3 期

作　者：安永军

简　介：作为第一课堂的补充和延伸，大学英语第二课堂是大学英语教学改革的重要组成部分，也是促进大学英语课外学习的最佳语言环境。积极开展大学英语第二课堂活动能够强化大学英语的持续性学习、为学生营造良好的学习氛围、提供更多的语言实践机会。本文回顾我国大学英语教学的现状，探讨开展大学英语第二课堂的必要性和理论依据，进而有针对性地提出开展大学英语第二课堂的具体措施和方法，以期从时间和空间上延伸大学英语课堂教学，从而促进大学英语教学的持续性。

0060 西北土司流变考

发表时间及载体：新疆社会科学 2009 年第 3 期

作　者：郭胜利　王希隆

简　介："土司"一词自明朝出现以来，经历了一个不断发展变化的过程，其内涵、外延随着历史的变化而拓展。民国政治制度的更化，冲击着西北地区原有的政治、经济秩序，使得旧有的札萨克制、盟旗制和寺院制度越来越模糊着与土司制度的界限，最终融入到民国西北地区的"土司"之中。

0061 论"西部京剧"创作的得与失

发表时间及载体：戏曲艺术 2014 年第 2 期

作　者：胡颖

简　介：自 20 世纪中期以后，甘肃、青海省京剧界自觉尝试将地域文化资源应用于传统京剧中，创建出极富特色的"西部京剧"。截至目前，两省已积累了相当数量且在全国有一定影响的剧目。但是对"西部京剧"的地域化形态特征之理论总结与研究还显得相对"滞后"，一定程度上影响了创作实践的良性发展。本文针对有些入对创建地域流派京剧的异议，首先从理论上说明了创建"西部京剧"的可行性，然后从作品出发，分析"西部京剧"在音乐、舞美、服装、题材等方面的审美特征，并指出其得与失。

0062 高等工科院校教学质量保障评价体系研究——教师教学素质评价标准

发表时间及载体：西北师大学报：社会科学版 2004 年第 4 期

作　　者：王永斌

简　　介：本文从教学质量保障管理思想出发，探讨教师教学素质对教学质量保障的问题。提出了教师教学素质评价标准，从五个维度来规定教师的教学水平：教学能力、思想道德素质、知识结构、身心素质、科研能力。对各项指标及其权重进行了初步的调查和分析，为构建教学质量保障评价体系提供理论依据和实践基础。

0063 敦煌莫高窟的保护与管理

发表时间及载体：敦煌研究 2000 年第 1 期

作　　者：樊锦诗

简　　介：本文论述了敦煌莫高保存的现状，总结了敦煌研究院成立 50 多年来在文物保护方面取得的成就与经验，提出莫高窟文物在保护与管理方面今后的工作方向。

0064 敦煌画匠称谓及其意义

发表时间及载体：敦煌研究 2009 年第 1 期

作　　者：马德

简　　介：敦煌古代的画工画匠是敦煌艺术的创造者。敦煌文献中有一些关于敦煌古代域匠称谓的记录。本文从普通画匠与官吏画匠这两类人群，对这些文献进行了梳理和说明，指出了古代文人赞颂画工的意义。

0065 对推进我国公共财政体制改革的再思考

发表时间及载体：甘肃行政学院学报 2005 年第 3 期

作　　者：尚可文

简　　介：本文认为，公共财政应该是一种民主财政、法制财政、绩效财政、有限财政和阳光财政。为此，我国公共财政体制的建立必须从财政的公共性出发，结合政府职能的转变、民主财政机制的建立、公共选择机制的形成、政府理财方式的转变、财政分配秩序的合理化来进行，从根本上实现财政决策的科学化。

0066 现代教育技术的不确定性因素分析

发表时间及载体：电化教育研究 2004 年第 1 期

作　　者：赵健

简　　介：如今，我们正在从工业社会进入信息社会，信息社会是各种思想交会的信息多元化的社会。本文运用后现代主义基本精神，对现代教育技术的不确定性因素进行了分析。分析表明，这些不确定性因素是现代教育知识创新的动力和源泉。

0067 扩大内需，应大力开拓农村市场

发表时间及载体：甘肃行政学院学报 1999 年第 3 期

作　　者：张志红

简　　介：近年来，中央政府提出了扩大内需，保证国民经济持续稳定增长的构想，如何扩大内需也成为我国经济学界一直关注的

热点问题。本文通过对我国农村市场的分析，论述了开拓我国农村市场，对扩大内需、刺激国民经济增长的紧迫性和重要性，并对如何开拓我国农村市场提出了对策及建议。

0068 唐西州里正铨拟、上直与县吏分片管理制度

发表时间及载体：西域研究 2011 年第 2 期

作　　者：刘再聪

简　　介：唐朝立国不久，就废止了乡正长，里正长成为地方基层管理的重要力役。据吐鲁番出土文书反映，唐朝铨拟里正的过程具有一定的规范性。

0069 教育技术学硕士研究生培养方向和招考课程初探

发表时间及载体：电化教育研究 2011 年第 7 期

作　　者：李建珍　王晓鸿

简　　介：20 世纪 90 年代中期至今，我国的教育技术学迅猛发展，已形成了多层次的培养体系。近年来，硕士研究生的就业形势日益严峻。为什么会出现这样的局面？我们究竟应该如何面对出现的问题？本文从不同地区、不同院系背景、不同类型学校这三个视角，通过内容分析法，对教育技术学专业的培养方向和考试课程进行了审视和反思。

0070 论霍克海默尔对"启蒙精神"的批判

发表时间及载体：西北师大学报：社会科学版 2008 年第 3 期

作　　者：张和平

简　　介：霍克海默尔对"启蒙精神"的批判，实质上是对整个西方文化尤其是西方哲学的批判。这一批判，与尼采的"上帝之死"所开启的批判是一致的，它是对现代西方社会文化焦虑、文化困境的逻辑反映。这一批判，高扬了主体性，人的自由、幸福和解放，因而具有很高的理论价值。但其理论也存在着一定的局限性，理应实事求是地指出。

0071 有限权力的法治定位

发表时间及载体：甘肃社会科学 2000 年第 1 期

作　　者：胡振旭

简　　介：法治的永恒主题是权利与权力、权力与法律关系的调控，其中以对权力制约构成法治核心。确立有限权力是现代法治的必然要求。要实现这一要求，必须以民主治化为基础，完善能够体现民意、维护民权、保护民利的民主制度和法律体系。对权力强制性、等级性、保障性在实施过程中有可能背离人民意志向反向运行进行控制，使有限权力成为慢主法律规定的权力，是民主选举代表代行的权力，是受到国家主人监督控制的权力。

0072 略论网络环境下教育电视面临的挑战与机遇

发表时间及载体：电化教育研究 2008 年第 11 期

作　　者：廖开明

简　　介：教育电视在互联网环境下面临着新的挑战与机遇，必须进行有效的调整，通过突出自身独特的声画效果和使用网络明显的传播优势，最终达到与网络技术完美结合的目的，从而寻找到良好的发展契机，以适应新的时代要求。

0073 网络伦理问题之我见

发表时间及载体：甘肃理论学刊 2003 年第 4 期

作　者：杨荣

简　介：随着国际互联网的崛起和迅速普及，产生了一种新的全球性的社会组织形式——网络社会，它对传统的社会道德观念、伦理体系提出了挑战，使人们面临着技术上的可能与伦理上的应该的严峻挑战，并带来了许多政治、法律、伦理道德问题。本文就构建网络伦理相关问题作了一些探讨。

0074 公共图书馆的市民精神——一个社会转型期视野下的分析框架

发表时间及载体：甘肃联合大学学报：社会科学版 2006 年第 6 期

作　者：冉瑛

简　介：对公共图书馆的讨论与反思，必须突破行业与专业的视野，放置在中国整体社会大转型的背景中去认识。惟如此，才能更为真实地理解公共图书馆所面临的内、外双重困境。作者认为，应该从资源分配的非均衡性、体制分割与资源碎化、弱势部门的强大责任、现代技术的非人格化四个方面解读公共图书馆的市民精神困境，并指出弱势转换、社会公责担当、大众阅读指导是公共图书馆彰显市民精神的有效途径。

0075 对我国城市土地低效利用的经济学反思

发表时间及载体：学术论坛 2008 年第 3 期

作　者：郭志仪

简　介：城市土地的低效利用是我国城市化快速进程中存在的一个重大经济社会问题，这一问题能否得到妥善解决，既直接关系到我国经济能否得到快速可持续发展，又直接关系到我国和谐社会能否成功构建。因此，必须针对我国城市土地低效利用的主要表现形式，对造成我国城市土地低效利用的主要经济原因进行深入剖析，并有针对性地提出制止我国城市土地进一步低效利用的经济措施。

0076 试论科学发展观与新农村公共产品建设

发表时间及载体：西北师大学报：社会科学版 2006 年第 6 期

作　者：张润君　孟蔚

简　介：我国农村落后和城乡差距的扩大化，主要表现在公共产品的落后和差距上，增加公共产品供给理应作为新农村建设的突破口。从新农村建设的内在要求出发，增加农村公共产品供给应以科学发展观为指导，坚持以人为本，不断满足农民的需要　以全面、协调发展为原则，逐步完善农村公共产品供给体制　以可持续发展为原则，建立健全农村公共产品投资和维护体制。

0077 甘肃陇南市灾后重建与人口迁移的现状及对策

发表时间及载体：甘肃理论学刊 2012 年第 5 期

作　者：李含琳

简　介：甘肃省陇南市是我国 2008 年"5.12"大地震的重要灾区之一，也是国家重建的重点区域。本文以陇南市的灾害破坏现状为基础、以人口迁移为重点、以迅速恢复人口与经济社会协调发展机制为目的，深入探讨了重建与人口迁移的有关问题，提出了促进人口迁移与经济社会和生态协调发展的对策和政策建议。

0078 对构建国家审计理论体系的思考

发表时间及载体：审计与经济研究 2012 年第 2 期

作　者：杨肃昌

简　介：从研究的指导性和原则性方面对

国家审计理论体系进行探讨后发现，国家审计理论既要体现出一般审计理论的普遍性要求，又要具有国家审计理论的特殊性；国家审计理论体系应具有一定的逻辑结构和层次；国家审计理论基础应以政治学为主体；国家审计基础理论研究应求同存异以利于研究的深化；国家审计应用理论应注重体系化研究。

0079 浅析中国中小企业信息化与核心竞争力的关系

发表时间及载体：社科纵横 2008 年第 3 期

作　　者：梁婷

简　　介：随着中国市场经济体制的日趋完善，市场竞争变得日益激烈。如何提高中小企业企业核心竞争力，已经成为目前广大中小企业所面临的问题。由于中国中小企业规模小、经营管理水平低、经济效益较差等问题，企业核心竞争力更是迫在眉睫的事情。如何破解这一问题，笔者认为只有通过加快发展我国中小企业信息化建设，整体提升我国中小企业经营管理水平，提高核心竞争力，才能有效地应对日益激烈的国内外市场竞争的挑战，赢得企业的可持续发展。

0080 对民族院校理财教育模式的思考

发表时间及载体：西北民族大学学报：哲学社会科学版 2012 年第 5 期

作　　者：陕立勤

简　　介：探讨民族院校理财教育特点，构建与之相适应的理财教育模式，对于民族大学生理财能力的培养具有重要的实践创新意义。与其他院校相比，民族院校理财教育在生源素质、消费环境以及理财观念上都有其特殊性。从民族院校理财教育的特殊性入手，把握理财教育原则，立足素质教育与创新的基本点，通过建立适合民族大学生特点的多层次理财教育内容，和"一主多辅"的多学科交叉的协同课程体系以及日常化、规范化、功能化的教育实践，探讨民族院校理财教育模式具有重要的现实意义。

0081 论西部开发中投资环境与生态环境营造的法制协同

发表时间及载体：甘肃政法学院学报 2003 年第 2 期

作　　者：张谦元

简　　介：西部大开发首先需要营造良好的投资环境，这是由西部的地域特点、民族特点及经济的落后性决定的。同时，西部脆弱的生态环境又要求西部大开发必须走可持续发展的道路，把投资环境的改善同生态环境的保护和改善依法协调起来。

0082 农村中小学电化教育发展方略

发表时间及载体：电化教育研究 2003 年第 9 期

作　　者：赵更吉

简　　介：本文指出了农村中小学电化教育发展中存在的主要问题，就如何提高县乡级领导对发展电化教育的认识进行了论述，给出了解决发展经费的策略方法，并提出了在发展中应注意的事项。

0083 教育传播涵义及教育传播学研究范畴分析

发表时间及载体：电化教育研究 2006 年第 8 期

作　　者：王文君

简　　介：本文从教育传播学的产生和发展出发，通过对传播类型的划分以及对教育传播的传播学学术渊源的探讨，深入分析了教育传播的涵义以及教育传播学的研究范畴。

0084 英语阅读课堂中互动教学法的组织策略

发表时间及载体：社科纵横 2010 年第 12 期

作　　者：安永军

简　　介：阅读在外语专业教学中占有相当重要的地位，提高学生的英语阅读理解能力也一直是外语教学的重要目标。本文针对现阶段英语阅读课堂教学中存在的问题，提出应该在现代教学理论和建构主义理论指导下，通过任务型教学理论和阅读教学实践相结合，在阅读课堂教学中开展互动式教学模式。文章重点探讨了开展阅读互动式教学的基本形式和基本策略，强调培养学生实际运用语言的能力和技能，从而提高阅读教学质量。

0085 兰州农业和农村经济发展现状与农民增收对策研究

发表时间及载体：甘肃科技纵横 2009 年第 11 期

作　　者：张玉斌

简　　介：2009 年，由于国际金融危机带来的不利影响和城乡发展不协调、二元结构突出、农业基础薄弱、农村发展仍然滞后等的影响和制约，我市农业生产能力的提高、农业的可持续发展和农民收入的持续增长仍然面临重重困难。因此，努力开拓农民增收渠道，千方百计增加农民收入，必须加大惠农政策增收力度，充分挖掘农业内部增收潜力，大力拓展农村非农产业增收渠道，积极开辟外出就业增收空间，着力增加基础设施建设增收机会，努力形成促进农民持续增收的合力。这既是我们面临的重大任务，又是我市应对国际金融危机、保持经济平稳较快发展的一项重要举措。

0086 现代思想政治教育的"现代"之辨

发表时间及载体：学校党建与思想教育：理论（中旬）2011 年第 9 期

作　　者：闫立超　刘基

简　　介：学界通常把 1978 年改革开放之后的思想政治教育称为现代思想政治教育。本文按照其依据的时间和性质两个维度进一步考察，或者从思想政治教育与现代性的关联、马克思主义与思想政治教育、近现代史分期的借鉴等角度分析，认为，中国共产党思想政治教育的诞生是现代思想政治教育的起点。

0087 北宋河湟民族地区的蕃汉经济关系法研究

发表时间及载体：西北民族大学学报：哲学社会科学版 2012 年第 6 期

作　　者：高君智

简　　介：河湟民族地区位居宋夏边防要冲，蕃汉交错杂居。因熙河开边和宋夏战争等因素影响，蕃汉人口流动频繁，并且各民族间经济关系密切。为了维护民族边疆正常的蕃汉贸易活动，制裁和约束蕃汉贸易中的不法行为，北宋制定和实施了一系列蕃汉经济关系法，主要包括商品、土地、茶盐、钱钞等方面，它对于河湟民族边区经济秩序法制化和社会稳定起了重要作用。

0088 王世贞对"辞达"论的承继和发展

发表时间及载体：语文学刊：高等教育版 2009 年第 5 期

作　　者：魏宏远

简　　介：王世贞早年重"辞修"，晚年承继孔子、苏轼"辞达"论，以境界、自然阐发"辞达"之旨，将"辞达"提升到了一个新高度。本文提出，袁宗道等对王世贞晚年文学思想存在误解，以"辞达"反驳王世贞，实有隔靴搔痒之嫌。

0089 论马克思主义哲学对中国民众社会心理的建构

发表时间及载体：兰州大学学报（社会科学版）2005年第33卷第5期

作　　者：李宝刚　唐秀华

简　　介：本文探讨了马克思主义哲学对中国民众社会心理建构的理论和现实意义。文章指出：研究马克思主义哲学对民众社会心理的建构，是增强马克思主义的阶级基础、群众基础，扩大马克思主义哲学影响力的现实而迫切的需要；是社会和谐发展的必然要求。因此，强化马克思主义哲学对民众社会心理的引导就显得尤为重要；用中国化的马克思主义哲学建构社会心理，用浸透了马克思主义世界观的社会心理回馈马克思主义哲学的进一步中国化，为国人构建起一个具有时代感的新的社会心理氛围，是保障社会和谐发展的基础。

0090 有马克思主义信念是中国共产党真正的优势

发表时间及载体：理论学习1986年1月

作　　者：武文军

简　　介：邓小平同志在党的代表大会上提出了一个极为重要的观点，就是我们党的"真正优势"，是"因为我们有马克思主义和共产主义的信念"。他号召全党新老干部都要学习马克思主义理论，运用马克思主义的基本原理和基本方法，"积极探索解决"我国社会主义现代化建设中的新问题。那么，为什么说有马克思主义信念就是我们党的真正优势，如何在社会主义现代化建设中发挥这个优势，本文谈出了个人的见解。

0091 扶贫开发移民：妇女参与发展的新契机

发表时间及载体：中国人口科学1996年第5期

作　　者：韦惠兰

简　　介：妇女参与发展，是一个重大的社会问题。作为甘肃省扶贫攻坚战略重要组成部分的扶贫开发式移民工作，就不能不重视妇女的参与作用。如果对扶贫开发移民过程中妇女的参与作用认识不足，就会引发一系列问题，这些问题虽然是无形的，却会成为移民工作实施过程中难以逾越的障碍，甚至会给移民工作带来难以逆转的严重后果，从而影响脱贫目标的实现。因此，对迁出区与迁入区妇女现状进行分析、对移民过程中妇女参与的作用进行研究、对存在问题进行探索，以及提出妇女参与发展的相应对策，是十分必要的。

0092 非英语专业大学生英语学习兴趣淡化的原因探析

发表时间及载体：兰州商学院学报2005年第21卷第3期

作　　者：黄喜玲　李银仓

简　　介：本文针对普通高校非英语专业学生英语学习兴趣淡化的问题，从教与学、学习者的个体因素以及环境影响等因素着眼，分析了导致学习兴趣淡化的原因，并结合教学实践，提出了尝试性的应对措施。

0093 孙中山与20世纪中国西北的社会变革

发表时间及载体：兰州大学学报（社会科学版）2001第29卷第5期

作　　者：王劲

简　　介：孙中山先生以历史伟人的宏伟气魄和高瞻远瞩的战略眼光，关注祖国西北地区的社会进步和发展。他对西北革命运动和民族问题的关注，推动了该地区的社会进步。他以现代化手段开发大西北的构想，产生了深远的历史影响。在当前开发西北的热潮中，我们应当重视从孙中山的有关思想中汲取养料和获得精神鼓舞。

0094 唐宋敦煌僧人违戒原因述论

发表时间及载体：西北师大学报：社会科学版 2005 年第 5 期

作　　者：潘春辉

简　　介：在分析唐宋时期敦煌僧人违戒现象的基础上，对僧人违戒的原因进行了考述。本文分别从僧尼违戒的思想根源即僧尼人生欲望的增强、忏悔法的负面效应、戒律自身原因以及世俗政权的影响这四个方面进行了探讨。

0095 论《合同法》中分期付款买卖的法律问题

发表时间及载体：甘肃行政学院学报 2003 年第 2 期

作　　者：胡炯文

简　　介：分期付款已经是当今交易活动中非常普遍的付款方式。《合同法》第 167 条对分期付款、买卖等法律制度作了较为具体的规定，但《合同法》中关于分期付款买卖中标等的物的所有权归属、出卖人与买受人权利义务关系、对第三人的权利义务等法律问题，本文作了相应的分析。

0096 从"议程设置"角度看民族地区突发公共事件的舆论引导

发表时间及载体：西北民族大学学报：哲学社会科学版 2010 年第 6 期

作　　者：李欣

简　　介：本文从传播学"议程设置"的角度，探讨了民族地区突发公共事件舆论引导的过程，剖析了"议程设置"与舆论引导之间的相互关联，系统地总结了近年来我国新闻媒体坚持正确舆论导向前提下"议程设置"的基本特点：组合专题策划，立足于积极代表舆论并引导舆论；关注人的命运，是突发公共事件舆论引导永恒的主题；构建"上情下达"与"下情上达"的双向性舆论引导"议题"策略；增强舆论监督，从突发公共事件的"负面"报道中体现出正面宣传的效应，并提出民族地区舆论引导的特殊性要求。

0097 蒙元时期中亚诸民族在中国的民族过程

发表时间及载体：兰州大学学报（社会科学版）2002 第 30 卷第 1 期

作　　者：徐黎丽

简　　介：跟随成吉思汗第一次西征进入中国的中亚人，或与中国西北及其他地区民族相融合后形成回族，或因散居而同化于中国各民族之中，经过蒙古帝国和元朝一百多年的统治，彻底完成了在中国的民族形成过程，成为中国民族的组成部分，为中国的政治、经济、文化、科技的发展做出了不可磨灭的贡献。

0098 教会学生主动寻求真知——第斯多惠论教师

发表时间及载体：西北师大学报：社会科学版 2000 年第 6 期

作　　者：李定仁

简　　介：第斯多惠有关教师的思想，主要反映在他的名著《德国教师培养指南》中。在他看来，热爱教师职业是从事教师工作的基本前提，教师工作的主要目的在于发展学生的主动性，其任务在于教会学生学习，上述一切的圆满完成有赖于教师自身修养的不断提高。

0099 人文关怀视野下我国缓刑制度完善之思考

发表时间及载体：甘肃政法学院学报 2004 年第 3 期

作　　者：郑高健

简　　介：由严酷走向缓和，由野蛮走向文明，是刑罚发展的历史规律。随着人文精神的深入，矫正理论的崛起，刑罚个别化、社会化的影响越来越广泛。体现人文关怀的缓刑、减刑、假释、社区服务等刑种、行刑方式的地位和作用越来越突出。本文在肯定我国现行缓刑制度体现人文关怀价值积极性的同时，针对我国缓刑制度在司法实践中存在的弊端，从人文关怀的角度，对刑法的缓刑制度予以评析，对完善缓刑制度进行探讨，以期推动立法者更深入地对缓刑制度进行完善。

0100 论先秦儒家的"义利观"及其现代意义

发表时间及载体：西北师大学报：社会科学版 2001 年第 6 期

作　　者：陈晓龙

简　　介：以义利观为核心，系统考察了先秦儒家义利观的思想内涵及其逻辑发展过程。先秦儒家从孔子到孟子再到荀子，围绕着道义原则与功利原则、群体发展与个体存在、理性要求与感性欲望等问题展开激烈的论争，在总体上形成了一个注重道义原则、注重群体发展、重视理性要求的传统。先秦儒家的义利观既有其理论贡献，也有其不可克服的内在缺失。客观地评价先秦儒家的义利观，从传统资源中汲取养分，对于我国现代社会转型过程的价值转换和价值体系重建

有着极为重要的启发意义。

0101 周初冠礼仪式乐歌及仪式诵辞考论——以《周颂》四诗与《周书·无逸》为中心

发表时间及载体：西北师大学报：社会科学版 2011 年第 6 期

作　　者：韩高年

简　　介：周初礼制之全貌今虽不传，然而一些礼仪却见于《诗》《书》之中，天子的冠礼即是一例。《周颂》之《闵予小子》《访落》《敬之》《小毖》四诗为周成王冠礼仪式乐歌，而尚书《无逸》则是周公姬旦在此仪式中告诫成王的仪式诵辞。

0102 浅议杓哇土族的礼物馈赠

发表时间及载体：思想战线 2012 年第 3 期

作　　者：田俊迁

简　　介：杓哇土族也被称为卓尼土族，他们生活在甘肃省甘南藏族自治州卓尼县杓哇土族乡境内，目前人口 600 多人。建房、儿女结婚、老人过世是杓哇土族家庭中的大事，当这三大家事中的某个事件在某个家庭发生后，得到消息的亲戚和乡邻不仅都会上门帮忙，同时也会送上一份约定俗成的礼档——礼物和钱，事主家则以饭食招待，从而完成一个家事活动。

0103 地缘视角下的兰渝铁路——兼论甘川渝地区的地缘战略意义

发表时间及载体：社科纵横 2010 年第 7 期

作　　者：马云志 刘华荣

简　　介：兰渝铁路是连接甘川渝三省市的西北西南大通道铁路工程，正线全长 820 公里，国铁 I 级，双向电气化，速度目标值 160 公里／小时，估算总投资 736 亿元人

民币。该工程虽历经波折，但因为新时期下国家战略发展的需要而得以百年梦圆。一方面兰渝铁路对地方经济、社会的发展将产生巨大带动作用，另一方面，甘川渝地区地缘战略价值将直接影响铁路的战略价值，二者相辅相成，互为因果，会进一步提升和丰富铁路及所处地区的战略价值。如何使铁路的积极意义得以充分发挥，是需要地方各级政府认真思考并加以科学践行的重要课题。

0104 清代新疆书院研究

发表时间及载体：西域研究 2012 年第 4 期

作　　者：王希隆　黄祥深

简　　介：新疆书院教育在新疆教育史上的作用不能被忽略。虽然新疆书院数量少，但它的特点却很鲜明，在书院的建立和分布、书院的发展过程、教习聘用、教学内容设置等方面都有其自身特色。本文从以上几个方面论述了新疆书院的发展历程，并且就这些特点的产生和新疆书院未能发挥重大作用的原因提出了看法。

0105 甘肃方言里上古音的遗存

发表时间及载体：西北师大学报：社会科学版 2011 年第 5 期

作　　者：雒鹏

简　　介：对甘肃方言语音的历时研究有助于比较全面地认识其特点。目前的甘肃方言语音研究主要在共时方面，历时的研究也主要是跟中古音的比较。有些语音现象不论从共时或历时哪个方面考察都不易解释。这些不易解释的现象与甘肃方言语音的历史层次有关，具体表现为一些字音的声母、韵母或声韵母存古。汉语方言语音时间层次的研究，属于汉语语音史研究的一部分，比较可靠的研究方法是鲁国尧先生倡导的"新

二重证据法"。

0106 区域经济一体化背景下产业发展水平实证分析——基于酒泉和嘉峪关 28 个典型行业的因子分析

发表时间及载体：北方经贸 2010 年第 10 期

作　　者：汪慧玲

简　　介：在酒泉和嘉峪关区域经济一体化的背景下，本文通过因子分析法构建出区域产业发展水平模型，利用两市 28 个典型行业作为数据样本，对该区域的产业发展现状进行实证分析，实证结果较为清晰地反映了这 28 个行业的发展水平。

0107 湖北省人口婚育状况调查分析

发表时间及载体：西北人口 2010 年第 1 期

作　　者：李艳华

简　　介：本文根据"2007 年社情民意调查"的数据结果，对湖北省样本人群的婚育状况进行了较为详细的分析。结果表明，湖北省样本人群的初婚年龄普遍提高，在婚居模式的选择上，有超过一半的人口愿意在婚后独立居住。

0108 宋金"影戏"考

发表时间及载体：兰州大学学报（社会科学版）2001 第 29 卷第 1 期

作　　者：庆振轩

简　　介：本文在细检宋金"影戏"资料，综览学术界相关研究成果的基础上，对宋金"影戏"从皮影制作、艺人状况、演出形式到演出内容等方面，进行了较为全面的分析和阐述。

0109 德国商法中的权利外观责任及其借鉴

发表时间及载体：甘肃政法学院学报 2012

年第 6 期

作　　者：李长兵

简　　介：权利外观责任肇始于德国民法，因其对信赖利益的保护和交易安全之维护，在德国商法中同样有着极广的适用空间。权利外观责任的构成要件包括外观事实的存在、善意第三人的合理信赖、因果关系及可归责性。在德国商法中，权利外观责任主要适用于商事登记、表见商人、不正确的商号、商事交易中的缄默等制度中。我国商事立法应借鉴德国商法中的权利外观责任制度，通过制定《商事通则》、完善商事登记立法和商业名称立法等举措，构建我国的商事权利外观责任制度。

0110 传统与现代："五四"时期贞操观的现代转型

发表时间及载体：甘肃社会科学 2012 年第 1 期

作　　者：哈玉红　门忠民

简　　介：五四时期的中国正处于激烈的社会变革期，现代化的发展使传统的性价值观念受到前所未有的冲击。尤其是新型知识分子对吃人的封建贞操观的强烈彻底地批判，使控制中国人性价值取向数千年的旧贞操观从此失去了统治地位，它加剧了旧贞操观的解构和新贞操观的建构，引起了贞操观从传统到现代的重大转型，对中国现代性道德文化的嬗变产生了深远的影响。

0111 略谈西北古代各民族的重大贡献

发表时间及载体：兰州大学学报（社会科学版）2002 第 30 卷第 4 期

作　　者：樊保良

简　　介：西北古代各民族共同谛造了祖国的历史和文化，促进了东西方经济文化的联系，并在各种宗教东传中发挥了巨大的作用。

0112 中国企业品牌运营现状问题及对策分析

发表时间及载体：甘肃理论学刊 2005 年第 1 期

作　　者：王里克

简　　介：随着市场竞争的日趋激烈，企业间的竞争越发明显地表现为品牌的竞争，企业能否培育出自有的知名品牌，将直接决定一个企业在市场上的竞争力。本文从品牌运营的必要性开始，分析了当前我国企业品牌运营的现状，存在的问题，并根据品牌成功运营的三要素，从品牌定位、品牌设计与传播、品牌更新与扩展、品牌管理与保护等方面对中国企业如何加强品牌运营，提升企业核心竞争力提出了对策性建议。

0113 高校知识产权管理的现状及对策

发表时间及载体：西北师大学报：社会科学版 1999 年第 4 期

作　　者：张有明

简　　介：随着社会主义市场经济的发展，高等学校知识产权纠纷日渐增多，知识产权流失严重。要做好知识产权的管理工作，必须找到知识产权纠纷、流失产生的原因，同时要解决好以下问题：（1）不断提高对高等学校知识产权保护重要性的认识；（2）认真审核和签定各类技术合同，强化合同审核环节；（3）对重大专利技术或技术成果进行科学评估，强化技术审定环节；（4）强化人员流动中的知识产权保护；（5）加强宣传，普及知识产权法规，建立健全各级知识产权管理机构。

0114 察合台系蒙古诸王集团与明初关西诸卫的成立

发表时间及载体：兰州大学学报（社会科学版）2005 第 33 卷第 5 期

作　　者：胡小鹏

简　　介：元世祖忽必烈时期，察合台汗国发生分裂，以出伯家族为首的部分察合台后王在元朝扶持下，形成了另一个察合台兀鲁思。直至明朝初年，这一察合台后王集团仍是嘉峪关外的实际统治者，明初的关西诸卫，主要是由与该集团转化而来。诸卫之上还设有两个王号，目的是利用该集团察合台正统的政治资源，使西陲平稳过渡到明朝统治之下。

0115 网络数字化对传统文学的影响和冲击

发表时间及载体：电化教育研究 2006 年第 1 期

作　　者：马玉红

简　　介：网络数字化走进文学视域，对传统文学从创作主体、文本特征、阅读方式、文学价值等文学活动要素方面进行了多方位的影响和冲击，但目前的网络文学并不是文学的完美归宿，网络文学只有以实现人的全面美好发展为宗旨，才能成为现代人最自由完满的精神家园。

0116 林清玄文化乡土散文美学风格探析

发表时间及载体：甘肃社会科学 2012 年第 4 期

作　　者：陈鸿雁

简　　介：林清玄是台湾本土的散文作家，敢于面对现实，表现社会矛盾。早期他将自己的朝气与激情倾注在文化乡土抒写上，以散文方式表达了对人生、社会的深沉思考，既渗透着浓郁的地方色彩，又笼罩着鲜明的民族风格，体现了古典式的生命存在的智慧，属于文化乡土散文的范畴。本文拟就其文化乡土散文深厚蕴藉的乡情美为重点，兼从精心整合的意象美、平实幽默的言辞美、情绪表现的色调美及浑然天成的哲思美几方面阐释其美学风格。

0117 中国西部地区发行地方公债的可行性分析

发表时间及载体：甘肃金融 2006 年第 1 期

作　　者：成学真

简　　介：地方公债是指地方政府在经常性财政资金不足的情况下，为满足地方经济与社会公益事业发展的需要，按照有关法律的规定向社会发行的一种债券。它是地方政府筹措地方建设资金的一种手段，也是公债体系中的一个重要组成部分。发债所筹集的资金和还本付息均列入地方预算，筹集的资金一般用于解决地方财政资金的不足或用来兴建大型项目。由于我国在 1994 年颁布的《预算法》中第 28 条规定，我国地方政府不得发行地方政府债券，所以我国的地方债券市场发展仍然基本上处于空白状态，仅仅出现准市政债的萌芽。

0118 现代技术环境下对图书馆采编工作的思考

发表时间及载体：社科纵横 2010 年第 12 期

作　　者：赵迎春

简　　介：图书馆工作的自动化、网络化和文献信息的电子化，给采编部的文献资源建设工作提出了新的挑战，也带来了发展机遇。本文通过对图书馆现代技术环境下采编工作与传统采编工作的比较，提出了现代技术环境下采编工作的新模式，及其工作人员的重新定位。

0119 "二语习得"中的"注意"机制研究

发表时间及载体：西北师大学报：社会科学版 2009 年第 2 期

作　　者：王琦　杨雯琴

简　　介："注意"，是语言学习过程中一种重要的认知机制。从注意的相关概念及其理论入手，讨论其在二语习得输入、中心加工和输出阶段中的作用，并梳理语言教学中的注意研究，在此基础上进行反思，以便更好地认识、发挥二语习得中注意的作用，促进二语教学。

0120 试论高校思想政治理论课社会实践的教学机制

发表时间及载体：思想理论教育导刊 2008 年第 4 期

作　　者：王学俭

简　　介：高校思想政治理论课是对大学生进行思想政治教育的主渠道。长期以来，教学方法单一、缺少实践环节、理论与实践相脱节是教学中存在的较为突出的问题。本文论述了在新课程体系下，如何加强大学生思想教育的方法。

0121 西部中小企业融资问题的思考

发表时间及载体：兰州商学院学报 2005 年第 21 卷第 5 期

作　　者：于倩

简　　介：中小企业作为国民经济的重要组成部分，在保持地区经济持续稳定增长、增强地区经济活力、优化地区经济结构、创造就业机会、增加农民收入、转移农村富余劳动力等方面发挥着重要的作用。但由于西部中小企业自身经营状况等缺陷的限制以及信息不对称和担保的信用体系的缺乏等原因，致使融资难已成为制约西部中小企业发展的重要瓶颈。本文分析了西部中小企业融资难的现状和原因，提出了解决这一问题的对策。

0122 第三方物流及其在我国

发表时间及载体：技术经济与管理研究 2003 年第 2 期

作　　者：田澎

简　　介：本文阐述了第三方物流概念，第三方物流的成因和发展现状，阐述了第三方物流对现代物流发展起的主要作用，分析了中国第三方物流市场的现状及其发展的广阔前景，提出了发展第三方物流应该采取的方法。

0123 青少年情绪状态与社会支持对攻击性的预测

发表时间及载体：辽宁师范大学学报：社会科学版 2011 年第 34 卷第 6 期

作　　者：张海钟

简　　介：我国正处于社会急剧转型的新时期，青少年的心理健康问题日益凸显。青少年心理与身体发育不协调，心理发育相对滞后，加之受负面信息的影响，青少年身心健康很容易受到侵害。本研究以 357 名初中生为被试，采用问卷法，考察了不同情绪状态与社会支持对攻击性的预测作用。研究结果表明：（1）除了正性情绪与攻击性各维度及总分没有显著相关外，其他变量与攻击性各维度及总分均有显著相关；（2）身体攻击的年级主效应、性别主效应显著，攻击性总分的年级主效应显著，其他变量年级与性别主效应不显著；（3）情绪状态与社会支持对攻击性具有显著的预测作用。结果进一步说明了情绪、社会支持与青少年攻击性的关系，这可为解决青少年的心理健康教育问题提供值得借鉴的启示。

0124 国有企业知识型员工激励模式选择及对策分析

发表时间及载体：生产力研究 2008 年第

22 期

作　　者：苏华　张宁

简　　介：对国有企业而言，知识型员工的数量、质量以及价值观对企业的成长及可持续发展越来越重要。企业如何有针对性地激励知识型员工，设计相应的知识型员工管理激励机制模式，从而有效地调动他们的工作积极性，已经成为经营者与企业人力资源管理者极为关注的课题。本文以马斯洛需求论为理论前提，结合国有企业知识型员工激励机制的现状以及需求特征，选择了健全国有企业知识型员工激励机制的最优模式及相关对策。

0125　唐九曲及其相关军城镇戍考

发表时间及载体：敦煌学辑刊 2010 年第 2 期

作　　者：刘满

简　　介：本文从考证几个与九曲相关的军、城、镇、戍出发，界定了九曲与相邻州郡之间的界线，初步探讨了九曲的范围。本文认为，九曲是一片很大的土地，它包括有今青海河南蒙古族自治县、同仁县、贵南县、泽库县和甘肃夏河县五县的全部，还包括有今甘肃碌曲县的西部和青海同仁县的南部等，具有十分重要的战略意义。

0126　"薛家湾人"族属问题考析

发表时间及载体：甘肃联合大学学报：社会科学版 2012 年第 28 卷第 1 期

作　　者：管世献　张洪

简　　介：本文在实地考察的基础上，结合历史学、民族学、语言学和宗教学等多学科的分析研究，探讨了"薛家湾人"的族属问题。本文认为，从语言、信仰、民俗和民族认同等方面来讲，"薛家湾人"的民族成分属汉族，这也完全符合我国在民族识别中的科学研究和"名从主人"的基本原则。

0127　对西部地区教育电视发展的几点思考

发表时间及载体：电化教育研究 2003 年第 3 期

作　　者：黄建军 抗文生

简　　介：本文通过对教育电视的先进传播功能和西部地区教育电视发展现状的论述阐明了教育电视在西部地区经济、社会文化发展中的重要作用，并针对西部地区教育电视发展中存在的问题，提出了应对策略。

0128　县域经济民营化的困境与对策——以甘肃为例

发表时间及载体：改革 2005 年第 8 期

作　　者：高新才

简　　介：县域经济是西部经济的重要组成部分，也是西部地区经济发展的主要环节。西部地区县域经济自身具有的发展水平低、技术落后、公有制比重大等特点，使得在推进民营化进程中面临着很大的困难。因此，要大力营造西部地区县域经济民营化发展的良好环境，积极稳妥地推进改革步伐，提高县域经济的发展质量。

0129　我国消费者权益保护现状及其完善

发表时间及载体：甘肃联合大学学报：社会科学版 2008 年第 1 期

作　　者：田春苗

简　　介：我国《消费者权益保护法》在维护消费者权益方面发挥了非常重要的作用，但是在时间和实践的考验下，其存在的问题也逐渐显现出来，使我们不得不在保护消费者权益方面，针对其所存在的不足和缺陷，做及时的补充和完善，以求更切实保护消费者合法权益。本文通过对我国消费者权益保护现状的阐释与分析，找出我国消费者权益保护存在的不足和缺陷，并提出相应的完善措施。

0130 蒙元时期蒙古族衣着左右衽与尊右卑左习俗

发表时间及载体：兰州学刊 2010 年第 3 期

作　　者：董晓荣

简　　介：蒙古族在室韦时期与周边少数民族一样皆着左衽式服饰，后来到大蒙国时期和元朝时期，大多服用右衽式服饰，只有少数妇女和侍女等服用左衽式服饰。文章对此衣衽关系进行分析，说明此衣衽关系的变化与当时盛行的尊右卑左习俗密切相关。

0131 论我国统计教育的现状及创新

发表时间及载体：西北师大学报：社会科学版 1999 年第 1 期

作　　者：樊元

简　　介：统计教育是我国国民素质教育的重要组成部分。然而，我国现行统计教育无论是教育内容、管理体制、教育手段，还是教育模式，都无法满足市场经济发展的需要，因而必须按照21世纪统计教育的不同需求，从课程体系的设置、统计教师队伍的优化、复合型统计人才的培养以及统计教育方式的转变等诸方面进行创新。

0132 省直管县财政体制条件下审计组织方式差异化研究——以甘肃省为例

发表时间及载体：兰州商学院学报 2014 年第 4 期

作　　者：贾明春　任晓勇

简　　介：通过省直管县财政体制改革以激发县域经济发展的活力，是国家推动现代化进程的必然选择，也是新时期解决"三农"问题的根本途径，同时还是解决我国客观存在的多级财政体制效率缺失问题的基本路径。鉴于此，审计部门如何转变工作思路和方法，如何揭示省直管县财政体制改革中出现的新矛盾、新问题，如何进一步改进、创新审计组织方式，发挥改革的助推器作用，是一个亟待解决的全新课题。本文在探讨省直管县财政体制改革以及在甘肃省现状分析的基础上，对新形势下审计服务省直管县财政体制改革与县域经济协同发展中面临的问题与挑战进行了实证分析，进一步对省直管县财政体制条件下地方政府审计组织方式差异化进行了多方位的研究，以期为优化及改进审计组织方式提供路径选择。

0133 唐王朝及五代后梁、后唐时期太原佛教发展原因初探

发表时间及载体：敦煌研究 2007 年第 1 期

作　　者：陈双印

简　　介：本文利用敦煌文书、传世佛教文献记载以及后人研究成果，从四个方面论证了唐王朝以及五代后梁、后唐时期太原佛教兴盛的原因，并指出探讨这一时期太原佛教情况，对于研究唐五代太原地区政治、经济、军事、民族、文化、宗教、交通以及对外交往等有十分重大的意义。

0134 西北地区民族大学生思想政治教育状况探析

发表时间及载体：社科纵横 2010 年第 12 期

作　　者：刘珏　毛建东

简　　介：西北地区民族大学生作为大学生群体一个重要的组成部分，他们不仅担负着振兴中华、发展本地区各项事业的历史使命，还肩负着本民族腾飞的重大责任。在新形势下，研究西北地区民族大学生的思想政治教育状况，具有重大的现实意义。

0135 论知识经济时代公共图书馆的继续教育与终身教育

发表时间及载体：甘肃行政学院学报 2003 年第 2 期

作　　者：张其遵

简　　介：本文从知识经济时代图书馆的特点入手论述了知识经济时代公共图书馆教育的重要性，系统提出了图书馆教育对象的全民性、图书馆专业知识的综合性、图书馆继续教育的可持续性及图书馆终身教育的社会性。

0136 村落：民间社会的文化等级——以甘肃洮岷地区青苗会权利类型为例

发表时间及载体：西北民族研究 2010 年第 3 期

作　　者：王淑英　郝苏民

简　　介：甘肃洮岷地区青苗会产生于清代初期，是负责洮岷地区湫神祭祀活动的民间组织。根据会首参选条件的不同，洮岷地区青苗会内部的权利类型，可以分为家族共治型、老人治理型、个人能力与经济主导型三种。在洮岷地区的青苗会组织中，神圣与世俗、精英与民间权力并存，权力类型较为多元，民间社会的文化等级性鲜明。

0137 "运价"为负的运输模型计算机求解问题的处理

发表时间及载体：运筹与管理 2012 年第 4 期

作　　者：陈士成　李桥兴　何丽红

简　　介：为解决一些计算机软件求解"运价"既有正值又有负值运输模型时"不可求解"的问题，本文采用"运价同额增减法"决策模型转换的方法，将原模型的"运价"全部转换为正值后再用计算机软件求。

0138 试论礼乐诗歌的多重情境——以宋代郊祀诗为范例

发表时间及载体：西北师大学报：社会科学版 2011 年第 3 期

作　　者：杨晓霭

简　　介：礼乐诗歌是雅乐乐章的组成部分，以描绘祭祀天地宗庙、朝觐盟会、阅武告捷、祈谷祷雨、敬老立学诸礼为主要内容，展示出礼乐相成的独特情境，主要表现为三个层面：礼行乐奏的仪式情境；礼德乐和的诗歌情境；诗礼交融的审美情境。典礼仪式实践，其环境的选择、场景的构设，以及人物服饰、举止、语言、歌唱、舞蹈等因素构成一个综合展演的仪式情境。乐章应用于仪式，是仪式情境的组成部分；描绘典礼的诗歌，又以仪式情境为抒写对象，以特别的礼乐意象，构建起礼德乐和的诗歌情境。德为礼之灵魂，和为乐之功能。礼是躯干，乐即精气。有躯干可以站立，通精气才有生命。礼乐配合中，乐的流走把礼贯穿为一个和谐的有机体。当诗人用诗再现这有机体时，便创设了诗、乐、礼浑然一体的审美情境。

0139 民族院校大学生思想政治教育面临的问题及对策

发表时间及载体：社科纵横 2008 年第 4 期

作　　者：周争艳

简　　介：新时期民族院校思想政治教育面临着新形势、新情况和新问题。这就要求我们认真分析思想政治教育工作所面临的形势和问题，并对民族大学生思想政治教育提出对策，并进行积极探讨。

0140 韦孟韦玄成诗之雅颂余风与赋化倾向

发表时间及载体：兰州大学学报（社会科学版）2001 第 29 卷第 3 期

作　者：张侃

简　介：就西汉四言诗而言，从韦孟到韦玄成，诗骚时代最广泛的以叙先烈、述祖德而讽谏的诗，已不能在新的历史条件下向前发展，汉儒强调美刺的诗批评与当时的实际创作完全脱节。四言诗的赋化倾向是诗人力图消解这一矛盾的努力。西汉四言诗的发展历程证明，不是遵循美刺的原则而是回到传统的言志的主旨上来，四言诗才有可能找到新生之路。

0141 构建和谐社会与河西源区沙尘暴防治

发表时间及载体：兰州大学学报（社会科学版）2005 第 33 卷第 6 期

作　者：魏丽莉

简　介：人与自然的和谐，是社会主义和谐社会不可或缺的组成部分，生态良好是人与自然和谐的根本特征。在全国荒漠化、沙化趋势普遍得到遏制的今天，以民勤为典型的河西走廊荒漠化、沙化趋势却在不断扩展，成为目前中国北方五大沙尘暴最严重的源区之首。沙尘暴的危害是毁灭性的，沙尘暴频发的原因有自然因素，也有人为因素。要有效地防治沙尘暴、改善生态环境，就必须从根本上改变人与自然的关系。

0142 对西方经济学多媒体教学模式的探讨

发表时间及载体：电化教育研究 2005 年第 1 期

作　者：逯进　贺晓丽

简　介：随着信息技术的快速发展。多媒体教学的方式和方法也在不断更新，从而在一定程度上促进了高校专业课教学质量的提高。但到目前为止，由于国内高校在教学当中对新型多媒体技术的应用尚处于开发和试验阶段，因此普遍缺乏这方面的经验，并造成实际应用当中的诸多不足。本文以高校中的西方经济学教学为例，就这一现状着重分析了应用现代多媒体技术改造传统教学模式的优势和方法，以期对高校教学模式的改革有所借鉴。

0143 城市远郊农业发展探究

发表时间及载体：西北师大学报：社会科学版 2002 年第 5 期

作　者：赵更吉

简　介：本文简略给出了城市远郊地带的定义，指出了这一地带农业生产存在的 10 大特点，分析了该区域农业发展存在的 6 个方面的问题，并根据其特点和问题提出了相应的发展对策。

0144 新时期的文学现代性学理研究

发表时间及载体：西北师大学报：社会科学版 2002 年第 4 期

作　者：袁金刚

简　介：新时期以来，我国文学现代性学理研究主要揭示了文学现代性提出和研究的历史背景，解读了现代性的一般意义和复杂内涵，阐发了文学现代性的基本内容或特征。这就科学地确立了文学现代性的理念，对进一步发展文学现代性，建构现代性文学理论，将产生重要的影响和作用。

0145 国外产业结构转型理论述评

发表时间及载体：科技管理研究 2008 年第 28 卷第 11 期

作　者：李国璋

简　介：产业结构与经济增长具有密切的双向因果关系。文章从需求和供给两个角度以及最新的进展方面对产业结构转型这一领域的研究进行了梳理。其中，需求角度的产业结构转型主要是收入增长和多样化、专业化的需求导致的供给角度的产业转型则基于农业和工业生产率的提高。政策、制度以及人力资本的积累会影响到产业转型。该理论的最新进展是围绕着同时考虑供给和需求面对产业转型的影响，以及考虑符合卡尔多 Kaldor 事实的产业结构转型两个方面展开的。

0146 《聊斋志异》之"细侯"形象分析

发表时间及载体：甘肃高师学报 2011 年第 1 期

作　　者：郑炜华

简　　介：《聊斋志异细侯》之"细侯"，忍心杀害亲生孩子，直接目的一是报复富商，二是重归满生。其形象的深刻内涵在于，即便是一个宗法时代的普通女子，也要在世俗道德的笼罩下尽量争取个人的生存空间。

0147 情境学习观点对数字化学习的启示

发表时间及载体：电化教育研究 2008 年第 8 期

作　　者：周媛　吴文春

简　　介：情境学习理论认为，学习者在情境中通过活动来获得知识，认知本身具有情境性。情境学习观点在数字化学习中的应用突出了社会文化因素的作用，提出数字化学习发展从认知转向了情境。本文在分析情境学习基本观点的基础上，指出了情境学习对数字化学习的实践意义，重点论述情境学习对数字化学习的启示。

0148 中国服务贸易发展的现状与对策研究

发表时间及载体：社科纵横 2008 年第 7 期

作　　者：那颖

简　　介：随着经济全球化的深入，服务贸易成为国际贸易中发展最迅速的领域，对各国经济的影响力愈来愈大。改革开放以来，我国的服务贸易有了一定的发展，但由于诸多因素的影响，目前我国的服务贸易还相当落后，存在的问题还比较多。文章对我国服务贸易中存在的问题及制约因素进行了分析，在此基础上提出相应的对策。

0149 自然保护区林缘社区野生动物肇事损失评估及补偿问题研究

发表时间及载体：干旱区资源与环境 2008 年第 22 卷第 2 期

作　　者：韦惠兰

简　　介：由于自然保护与社区发展之间存在着严重的矛盾与冲突，保护区内野生动物损害庄稼的事件频频发生。遇到这种情形，受害人应该向谁索赔是目前自然保护事业遇到的一个重要问题，本文正是基于这一问题从生态经济学、资源经济学、人类学、补偿学及野生动物管理学角度出发，在有限的范围内评估野生动物肇事所造成的损失，力求探索并提出合理的经济补偿方式及途径，为维护林缘社区农民的权益，逐步解决农民的生计问题，促进自然保护事业的可持续发展做出一点贡献。

0150 诗见襟怀文寄真情——读《剪韭轩诗文存》

发表时间及载体：丝绸之路 2012 年第 12 期

作　　者：赵逵夫

简　　介：《剪韭轩诗文存》收录了目前收集到的郭晋稀先生诗作 103 首、回忆性散文 5 篇。郭先生本无意于文学创作，其诗都是真情的自然流露，文章也多是回忆自己的老师，只有一篇是记载"文革"的狂风恶浪中坚守做人的底线、以及坚持着党性原则的人物的事迹，都是因为不能去怀而书之于纸。由这些诗作、文章，可以看出郭先生高尚的人格、正直的品性和严谨的操守，体会到他对社会现实的关切，对人间真情的珍视。

0151 走向新世纪的甘肃法制教育——现状、问题和对策

发表时间及载体：甘肃社会科学 1999 年第 6 期

作　者：马振亚

简　介：目前在我们即将进入新世纪的时候，面对中共十五大确定的"依法治国、建设社会主义法制国家"的宏伟目标和社会主义市场经济建设的迫切要求，本文认为，很有必要对甘肃省法制教育工作的状况作一些纵向的回顾分析和宏观的理性思考，总结经验，发现问题，寻找差距，研究对策，促进甘肃省法制教育工作再上一个新台阶，使其在依法治省和全省两个文明建设中发挥更大的作用。

0152 抗战时期毛泽民对新疆财政的卓越贡献

发表时间及载体：甘肃社会科学 1999 年第 5 期

作　者：冯亚光

简　介：毛泽民是我党久经锻炼的理财专家。他曾任中华苏维埃共和国临时中央政府国家银行行长，中央总金库主任，长征到达陕甘宁边区后任中国工农民主政府国民经济部部长。毛泽民于 1938 年 2 月赴苏联治病途经新疆被盛世才挽留，就任新疆财政厅代厅长。当时的军阀、新疆省督办盛世才上台不久。面临政权不稳经济崩溃的局面。为巩固自己的统治，盛世才要求延安派一批干部帮助他治理和建设新疆。

0153 "异化"不是马克思哲学的中心概念——试析马尔库塞、弗洛姆的"异化"观

发表时间及载体：西北师大学报：社会科学版 2004 年第 1 期

作　者：张和平

简　介：异化是马克思哲学的中心概念，马克思是人道主义者的观点，在西方马克思主义研究领域颇为流行。马尔库塞、弗洛姆作为西方马克思主义的著名代表，就持有这样的观点。这种观点实质上是错误的。这是因为，异化论的人道主义，是 1844 年时期马克思哲学的特征，是不成熟的马克思的哲学思想。通过对马克思哲学发展轨迹的考察，不难得出这一结论。马尔库塞、弗洛姆的这一观点在西方世界影响很大，也影响到我国许多学者的观点。因此，探讨这一问题，不仅具有学术意义，而且也具有很强的政治意义。

0154 甘肃省发展大中型沼气工程的综合效益评价

发表时间及载体：甘肃联合大学学报：社会科学版 2010 年第 3 期

作　者：汪晓文　衣婧

简　介：在农村推广沼气工程，是缓解我国农村能源和环境压力的有效途径，是建设社会主义新农村必不可少的环节。甘肃省近些年来发展了大批的大型养殖产业，可是对畜禽废弃物的处理还处在最简单的阶段，造成了资源的浪费和环境的污染。大中型沼气工程与大型养殖产业配套发展，会缓解资源、环境的压力并产生很好的经济、社会和环境效益。

0155 体验式教学是高校思想政治教育的必然诉求

发表时间及载体：甘肃高师学报 2012 年第 4 期

作　者：郑茹月

简　介：高校思想政治教学是大学生思想政治教育的主渠道，是帮助大学生树立正确的世界观与价值观的重要途径。高校思想政治教育要适应时代发展的要求，提升其实效性就必须探求新的教学模式。本文以体验式教学的内涵与高校思想政治教育的实效性为切入点，探求高校思想政治理论教育体验式教学的构建路径。

0156 高校心理学课程教学方法改革实践的理论解析与选择原则

发表时间及载体：西北成人教育学报2012年第6期

作　者：张海钟

简　介：新创心理学经过12年实验实践，形成了研究成果发布记者招待会法、模拟国际大专辩论会法、自己命题自己答法、纲要信号加教师讲解法、小组讨论大班讲课法、自学指导单双号相互问答法、模拟今日说法法、研究文献报告讨论法、随堂实验报告法、自学研究手抄报法等课堂教学十大形式方法方式。实践表明，新创心理学教学十大法是学科课程与活动课程的课堂统一、知识学习与能力发展的课堂统一、显性课程与隐性课程的课堂统一、课堂教学与社会实践的课堂契合、知识世界与生活世界的课堂契合、主体教育与成功教育的课堂契合，有利于未来教师创新意识、合作意识、礼仪意识、语言表达能力、教学设计技术、组织策划技能的培养。但只能在文科课程中推广，而且在推广过程中要根据学科内容、教师个性、学生兴趣、时间空间进行选择。

0157 当前我国的中小企业发展与税收政策取向

发表时间及载体：甘肃理论学刊2005年第

1期

作　者：李萍

简　介：随着国内外宏观经济环境的变化，我国中小企业在发展中面临着严峻挑战与困难，而我国现行中小企业税收政策也存在着一些不容忽视的问题，促进我国中小企业发展的一个重要方面，就是要进一步完善税收政策体系，营造良好的税收环境。

0158 东乡族女童学习困难及其失辍学——语言因素影响的研究

发表时间及载体：西北民族研究2004年第4期

作　者：何晓雷　王嘉毅

简　介：本文在对影响东乡族基础教育发展因素调查的基础上，从语言机制的视角对东乡族女童学习困难以及失辍学的原因进行了分析，并提出了相应的建议。

0159 用边际分析方法确定肉猪最佳出栏条件

发表时间及载体：农业现代化研究1983年第4期

作　者：李国璋

简　介：在饲养条件相对稳定的情况下，肉猪成长过程中往往存在这样的时刻：在这个时刻以前，猪增重较快，而消耗饲料较少；在这个时刻以后，猪增重越来越缓慢，而消耗饲料却越来越多。为提高肉猪饲养的经济效益，深入研究肉猪增重与消耗饲料数量之间的关系，确定肉猪最佳出栏条件，具有重要意义。本文讨论的问题，对于大型肉猪饲养场而言，尤其值得重视。

0160 回族非物质文化保护现状之迷思——从"国家级名录"谈起

发表时间及载体：回族研究2012年第4期

作　　者：杨志新

简　　介：国家级非物质文化遗产名录（简称国家级名录）的建立，为展现和保护各民族传统文化，促进民族间的文化交流搭建了平台。回族作为一个人口较多、地域分布最广的少数民族，有着丰富的非物质文化遗产，但在国家级非物质文化遗产名录中所占的分量却明显不足。是回族的非物质文化遗产挖掘得不够，还是相关的保护措施滞后？亟须非遗保护单位和研究者跟进加以解决。

0161 浅谈西北高校体育实施素质教育的对策

发表时间及载体：社科纵横 2008 年第 2 期

作　　者：冯艳琳　陈众观

简　　介：高校体育是高等教育的一个重要组成部分，足培养全面发展的人才的一个重要方面。在全面推进素质教育的过程中，如何贯彻与实施素质教育，是摆在体育工作者面前的一项重要任务。首先，体育的决策者和全体体育教育工作者必须彻底转变应试教育的传统观念；其次，加强学校体育师资队伍的建设，注重提高教师自身的素质和转变教育观念，拓宽教师更新知识的渠道；再次，改革教学模式，重视学生的主体地位，注重开发学生的智力潜能。

0162 莫高窟北区出土部分写经残片内容初探

发表时间及载体：敦煌研究 2002 年第 5 期

作　　者：李刈

简　　介：本文对敦煌莫高窟北区石窟第 1卷中的 9 件汉文佛经残片的经品名称作了考订，同时指出其中两件为印刷本。

0163 传统社会发展动力理论的再审视及民族学意义反思

发表时间及载体：西北民族研究 2010 年第 1 期

作　　者：岳天明

简　　介：本文分别从四个方面对传统的社会发展动力理论作了再审视，并以此为基础，就这种再审视的民族学意义作出了相关的反思性阐释。文章指出，应该在本原意义上理解和坚持社会存在决定社会意识，要在社会以及社会发展问题上贯彻历史唯物主义原则，要对传统社会发展动力理论作出符合时代意义的丰富和完善，并进一步展开与现代社会理论的对话，具有重要的理论与学术意义。

0164 先秦仪式展演与赋体的生成——对赋体形成过程的发生学考察

发表时间及载体：求是学刊 2005 年第 32 卷第 5 期

作　　者：韩高年

简　　介：从发生学角度考察，赋的最基本的文体要素——铺陈物类和不歌而诵，都起源于远古祭神仪式上巫祝铺陈祭品的言语活动。西周及春秋时代，随着巫祝官守演为世卿大夫政治，登高能赋、赋诗专对、不歌而诵也成为卿大夫的文化人格和行为艺术。战国之士，以道自任，因为言之无文，行而不远，故士以口诵述其道，以铺张扬厉论其术，最终形成文体的赋。

0165 甘肃省农村社会养老保险制度的困境与出路

发表时间及载体：西北人口 2012 年第 1 期

作　　者：祁恒珺　史建国

简　　介：建立健全覆盖甘肃省农村社会养老保险体系，是摆在理论工作者面前的一大课题。立足甘肃，分析全省农村社会养老保险的现状和面临的宏观困境，应用囚徒困境探析了农村社会养老保险"帕累托最优"选择和农村居民社会保险购买能力问题，针对制约困扰甘肃农村社会养老保险的主要问题和甘肃农村弱势群体社会养老保险存在的现实问题，提出了加大宏观调控力度，凸显政府社会保障职能的建议。

0166 甘肃与江苏企业合作的现状与对策

发表时间及载体：兰州商学院学报 2010 年第 26 卷第 1 期

作　　者：赵燕

简　　介：不同区域之间的微观主体在市场机制下开展合作是缩小区域差距的途径之一。基于此认识，本文在描述了甘肃与江苏企业合作的现状、存在问题与有利条件的基础上，认为甘肃与江苏企业合作要遵循优势互补、开放公平、市场主导、政府推动的原则，并辅之以具体可行的措施。

0167 抵押物处分效力之检讨

发表时间及载体：甘肃行政学院学报 2008 年第 1 期

作　　者：王新明

简　　介：我国《担保法》肯定了抵押人对抵押物享有受一定限制的处分权，此"一定限制"主要为抵押人转让抵押物前的通知、告知义务、抵押权人可以要求抵押人提供相应的担保，以及抵押权人可以要求抵押人提前清偿所担保的债务三个方面。本文认为，否定抵押权的追及效力，明确抵押人转让抵押物的限制，是衡平抵押权人、抵押人和受让人三方权益、完善抵押权制度的可行之途。

0168 张格尔之乱及其影响

发表时间及载体：中国边疆史地研究 2012 年第 3 期

作　　者：王希隆

简　　介：张格尔为白山派大和卓波罗尼都之孙，其父萨木萨克在清朝平定白山派和卓反叛过程中潜逃中亚。张格尔自嘉庆二十五年开始作乱，至道光七年底被擒获，持续八年之久。张格尔之乱，打破了新疆长达 60 余年的稳定局面。自此，和卓之乱滥觞，喀什噶尔等西四城屡遭蹂躏，清朝多次出兵，国力受到严重影响。

0169 邓小平对党际关系理论的历史贡献

发表时间及载体：甘肃理论学刊 2004 年第 3 期

作　　者：谢增寿

简　　介：邓小平关于党际关系的重要论述，揭示了党际关系和国家关系的内在联系，提出了建立新型党际关系的主张，确立了处理党际关系的四项原则，指出了政党外交的宗旨和目的。在马克思主义发展史上，第一次全面地回答并解决了党际关系中遇到的一系列重大问题，形成了完整的邓小平党际关系理论，标志着马克思主义党际关系理论进入成熟阶段。

0170 前佛教时期卓尼宗教信仰和生态文化述论

发表时间及载体：西北民族研究 2008 年第 2 期

作　　者：张海云　冯学红

简　　介：佛教传入卓尼之前，当地先民信仰原始土著宗教和苯教，并在适应当地自然和社会环境的过程中，逐渐形成了一套朴素的生态伦理观。在藏传佛教占主流地位的今日卓尼，原始土著宗教和苯教的信仰习俗与生态头践的遗风仍在民间社会盛行。本文论述前佛教时期卓尼的宗教信仰和生态文化面貌。

0171 论《保卫延安》的版本及其修改问题——以两部书、两首歌、两个人物的变化为例

发表时间及载体：西北民族大学学报：哲学社会科学版 2012 年第 6 期

作　　者：杨晓华

简　　介：《保卫延安》自 1954 年初版至 1979 年共有四种版本，不同的版本显示着不同的意识形态痕迹，这不仅体现在对历史人物彭德怀，周恩来等的增删修改上，也体现在对《国际歌》等的引用中。通过校读，可以看出：经过修改的《保卫延安》特别是 1979 年版，并没有增加其艺术价值，反而出现了一些有违史实的细节。这是当代文学史中常见的一种现象，而就《保卫延安》来说，其"史诗性"就值得商榷了。

0172 社区组织与社区发展——甘肃城市社区社会工作方法的应用

发表时间及载体：甘肃政法学院学报 2006 年第 6 期

作　　者：张姝

简　　介：社区组织与社区发展是社区社会工作的两种基本工作方式，在西方国家的社会发展中证明了其在解决现代社会各种社会矛盾和冲突的有效性，对于处于起步阶段、方兴未艾的甘肃社区建设，如何使它成为促进我省社区发展的力量. 成为本土的工作方法，是我们要面对而且是必须要解决的现实课题。

0173 区域经济整合：一个有价值的研究领域

发表时间及载体：甘肃理论学刊 2006 年第 3 期

作　　者：高新才

简　　介：随着我国市场化程度的不断提高，我国区域经济的发展有了长足的进步。但是，在区域经济发展中，也暴露出了一些尖锐的矛盾，地区间、部门间的分割十分严重，"行政区经济""诸侯经济"成为干扰宏观经济运行的最大障碍。因此，如何使经济区得到充分发展，实现区域经济整合的理想状态，是我们迫切需要解决的重大现实问题。

0174 以循环经济促进甘肃生态化建设

发表时间及载体：西北师大学报：社会科学版 2008 年第 4 期

作　　者：李淑华

简　　介：甘肃地处内陆，干旱少雨，生态环境脆弱，大多数工业是以能源原材料为主的重型工业，给生态化建设带来了资源、环境等方面的瓶颈约束。从循环经济的理念和实践出发，甘肃的生态化建设必须走分步骤、分层次发展的道路。

0175 基于供求理论分析"民工荒"

发表时间及载体：兰州学刊 2011 年第 9 期

作　　者：貟继庄

简　　介：文章从我国部分地区出现"民工荒"的实际出发，在刘易斯模式和拉尼斯－费模式的基础上探求"民工荒"出现的客观性。以托达罗模式为依据，给予"民工荒"一种理论解释，并从理论上提出缓解这一问题的建议。文章还分析了我国出现此现象的主要原因，及对我国经济社会的影响。

0176 完善证券纠纷解决机制刍议

发表时间及载体：甘肃行政学院学报 2001 年第 1 期

作　者：裴婷婷　何立慧

简　介：本文针对证券纠纷的特殊性和我国证券纠纷解决机制运行中的实际状况，从解纠方式，证据规则，必要律师费用负担和法律适用四个方面，为完善我国证券纠纷解决机制提出了有针对性的建议。

0177 区域全要素生产率的估算及其对地区差距的贡献

发表时间及载体：数量经济技术经济研究 2010 年第 5 期

作　者：李国璋

简　介：基于 1978—2007 年的省级面板数据，本文利用变技术进步参数的固定效应模型，估计了我国的资本产出弹性，并根据索洛余值法，测算了各省历年的 TFP 水平，同时对劳均产出差异进行了方差分解。结果表明：人力资本在我国经济增长中发挥着越来越重要的作用。要素投入差异是我国地区差距的主要决定因素，但是其贡献程度自 20 世纪 90 年代以来逐渐下降，而全要素生产率的作用则不断提高，将成为未来地区差距的主要决定因素。此外，本文还发现，全要素生产率与要素投入的正交互作用，对地区差距的影响越来越大。

0178 论独立审计准则

发表时间及载体：西北师大学报：社会科学版 1999 年第 1 期

作　者：包强

简　介：由于计划经济向市场经济的转型，我国已经建立了独立审计准则，但还不甚完善，存在着许多问题，如审计执业者承担的法律责任小，审计准则的约束力弱，内部执业环境欠佳等。应通过深化改革，突出服务性，强化法律意识，加强自律规范，与国际审计准则相统一，使之成为适应市场经济要求的审计准则。同时，要保持自身宏观性、高度统一性等特点，走出一条有中国特色的独立审计准则之路。

0179 青海古代交通研究状况考述

发表时间及载体：青海社会科学 2012 年第 2 期

作　者：吴景山

简　介：多年来，专家学者曾就青海省的古代道路交通及相关问题进行过有益的研究与探讨，并且作出了令人瞩目的成绩。本文对青海省古代交通研究的成果进行了概括性的评述，同时还对某些观点提出了不同的看法，以期能够使青海古代交通的研究水平再上一个台阶，研究领域和视野能够更加深入与开阔。

0180 麦积山石窟研究史综述及今后注意的几个问题

发表时间及载体：敦煌研究 2003 年第 6 期

作　者：郑国穆　魏文斌

简　介：本文按创始、发展和繁荣三个阶段，回顾了麦积山石窟自 20 世纪中叶以来 50 多年的研究历史，客观地总结了过去研究的经验和得失，概括出不同阶段的研究特点和范围（方向），并积极地展望了今后的研究和发展方向。

0181 在形式和内容之间：思想与文化的全息反映——《盐铁论研究》序

发表时间及载体：宁夏大学学报：人文社会科学版 2010 年第 3 期

作　者：赵逵夫

简　介：《盐铁论》反映了西汉中期思想

领域的一次激烈的斗争，全书表现两种思想交锋的情况，在我国古代书籍中还是第一部。而从形式与内容统一，完全以突显语言上的辩驳、争论为目的，不及其他者而言，在中国古代既是空前的，也是绝后的。该书用代言体的形式，反映人物间思想的交锋以及人物设计上的戏剧化特征，以及部分科介性文字的出现，都说明《盐铁论》在形式上同中国古代戏剧更为接近。《盐铁论》不仅全面反映了汉代的思想与文化，其体裁上的特殊性及其在文化史上的意义，也是值得重视的。

0182 行政诚信缺失的实证分析

发表时间及载体：甘肃政法学院学报 2010 年第 2 期

作　　者：刘志坚

简　　介：由于受到多种因素的制约或者影响，我国行政管理领域还普遍存在着行政诚信缺失的现象。文章立足我国行政管理的实际情况，总结并阐述了行政诚信缺失的主要表现形态，分析了行政诚信缺失的基本成因，并就如何有效防控行政诚信缺失现象提出了富有针对性的对策和建议。

0183 与框架核心分析法相关的几个问题

发表时间及载体：兰州大学学报（社会科学版）2002 年第 30 卷第 4 期

作　　者：刘泽民

简　　介：本文对黄伯荣教授倡导的框架核心分析法作了简要的述评，并对与之相关的四个问题进行了分析：适合计算机的析句法是否同样适合于人；析句法要否包括语义结构分析乃至包括语用结构分析；应该建立怎样的句型框架；析句法中的语序问题。

0184 西北工矿型城市可持续发展问题研究

发表时间及载体：西北大学学报：哲学社会科学版 2002 年第 32 卷第 2 期

作　　者：高新才

简　　介：本文针对我国西北地区工矿型城市较为典型的特点，借鉴国外工矿型城市发展的经验，指出为了避免矿竭城衰的不良局面，必须切实实施有效的可持续发展战略。

0185 德法并举论

发表时间及载体：西北师大学报：社会科学版 2002 年第 1 期

作　　者：肖群忠

简　　介：在社会治理中，坚持德法并举，是由法律与道德的关系所决定的。德法并举是良好的社会治理的模式。坚持德法并举，不仅是历史的经验，也是现实的要求。

0186 落后地区政府控制部门主要劳动力均衡配置

发表时间及载体：南京航空航天大学学报：社会科学版 2002 年第 3 期

作　　者：杨建国　陈其霆　聂华林

简　　介：主要劳动力流动和劳权个人所有制是人力资本均衡配置的基础，人力资本均衡配置是部门经济和地区经济增长的主要因素。当前，我国落后地区的用人单位劳权所有制及配制机制等都是导致主要劳动力。

0187 农村居民消费结构变动的时序分析——以河北省为例

发表时间及载体：经济问题 2011 年第 7 期

作　　者：李国璋

简　　介：基于中国经济增长模式正在向消费主导型转变，以农村居民的生活消费作为研究重点，本文选择河北省作为研究区域，通过 1993—2008 年的时间序列数据对该区域农村居民的消费结构进行统计分析，意图探寻在相对发达的农村地区如何进一步优化农村消费结构，找到扩大农村消费市场的有效途径，从而促进经济的协调发展，为新农村的建设提供政策建议。

0188 论领导干部由经验分析向理论分析的转变

发表时间及载体：理论学习 1985 年 3 月

作　　者：武文军

简　　介：马克思主义者是重视实践经验的，也并不排斥从经验出发分析问题。但是马克思主义者历来反对把经验分析法作为探求真理的主要方法，而主张运用唯物辩证法分析问题，要在认识过程中把经验加以提升，由经验分析过渡到理论分析。这个问题，列宁在 1908 年出版《唯物主义与经验批判主义》时已经作了透彻的阐述。遗憾的是，时至今日，在我们的干部中，尤其在一部分领导干部中，依然通行经验分析法分析问题。

0189 区域传播的散点透视——河西走廊少数民族地区广电发展的瓶颈及对策

发表时间及载体：社科纵横 2008 年第 9 期

作　　者：李欣

简　　介：区域传播是促进河西走廊少数民族地区安定团结、可持续发展，加快现代化进程的重要途径之一，因而具有理论及实践研究的双重意义。文章以中国加快西北少数民族农村广播电视建设为宏观社会背景，从微观层面剖析制约河西走廊地区少数民族广播、电视发展的因素，在区域传播的视阈下，提出区域非均衡协调发展、增长极、发挥民族文化资源优势、利用新媒体的发展策略。

0190 浅析知识经济与劳动就业

发表时间及载体：甘肃行政学院学报 2000 年第 2 期

作　　者：杨林

简　　介：本文就知识经济与劳动就业的关系问题作出讨论，从理论联系实际出发，提出"抛物线"型的发展趋势，并由此提出我国在迎接知识经济的过程中应采取的政策选择。

0191 课程实施研究二十年

发表时间及载体：西北师大学报：社会科学版 2003 年第 2 期

作　　者：孟凡丽　于海波

简　　介：从不加解释地引用课程实施的概念，到认识课程实施研究的意义，再到对课程实施进行多侧面的理论思考与实践探寻，二十年来，我国的课程实施研究取得了一定的成绩，但是也表现出研究热情不高、研究范畴不清、研究方法单一等问题。本文认为，未来，课程实施研究应该以课程改革的需要为出发点，将课程实施研究纳入课程改革的整体研究之中，使之成为课程改革研究系统的有机组成部分。

0192 《控制与决策》20 年的进展

发表时间及载体：控制与决策 2005 年第 1 期

作　　者：田澎

简　　介：《控制与决策》创刊 20 年来，取得了较大发展。本文对《控制与决策》所刊载论文进行了全面统计，对论文作者及其所在单位的分布情况进行了分析，讨论了"控制与决策"领域论文的产出力和影响力的分布特征。

0193 宇宙和谐与生态文化——关于人与自然伦理关系的思考

发表时间及载体：西北师大学报：社会科学

版 2006 第 6 期

作　者：郭明霞

简　介：本文旨在探讨人与自然的伦理关系不同于探讨人与人的伦理关系，这涉及到我们如何重新理解"自然"的观念，以及在何种意义上把握这种伦理关系。只有把自然理解为"活的"存在，依据马克思的自然的人化、人的本质对象化的思想，在人的"超生命"的生命活动中才能生成和建构这种伦理的关系。这种关系就是所谓的人对自然的"生命价值"的创造，也是一种真实的人本主义的理论态度。在处理人与自然的伦理关系时，我们必须遵循系统原则、平等原则、和谐原则与持续原则。

0194 中国本土心理学研究的理论问题反思

发表时间及载体：心理研究 2012 年第 5 卷第 3 期

作　者：姜永志　张海钟

简　介：心理学发展中存在的理论问题，往往会阻碍心理学学科的发展，我国的科学心理学承袭了西方科学心理学的理论体系和方法论。但是，我国心理学又与世界心理学有不同之处，文化心理的差异性，要求我国心理学要对心理学进行本土文化根植性的理论探索。其中包括心理学理论研究与实证研究之分离抑或整合问题、心理学学科归属与学科分裂问题、心理学研究之文化差异与文化适用问题、心理学发展道路之西方化抑或自主创新问题，这些问题直接关系到我国本土心理学的发展。文章认为，辨析这些问题可以清除我国心理学自身发展中存在的障碍。

0195 论我国公司法的修改与完善

发表时间及载体：甘肃政法学院学报 2003

年第 2 期

作　者：任尔昕

简　介：我国公司法应将一人公司纳入法定公司范畴，完善公司种类体系；公司立法应引入公司法人人格否认法理；改革我国公司设立原则，有限责任公司的设立实行准则主义，一人公司与股份有限公司的设立实行严格准则主义，某些关系国计民生的特殊企业的设立实行行政许可主义，增加设立无效的规则；以利益相关者理论为指导思想，以效率优先，兼顾公平为原则，扩大董事会职权，并加强对公司经营管理的监督，完善我国公司法人治理结构。

0196 对国有企业改革的反思——兼与姚先国商榷

发表时间及载体：兰州商学院学报 2009 年第 25 卷第 1 期

作　者：兰国庆

简　介：厂长负责制是国有企业在改革开放中实行过的领导制度，它并不符合国有企业的性质和要求，在实践中产生了一些问题。国有企业要进行国有资产管理体制的改革，由人大统一管理国有资产，解决政企不分的问题。与此同时，搞好民主管理，全心全意依靠工人阶级，确立职工的主人翁地位是很重要的。

0197 食品市场的博弈分析

发表时间及载体：经济与管理 2012 年第 26 卷第 8 期

作　者：汪慧玲

简　介：食品是人们赖以生存的生活必须品，其安全性与我们每一个人都息息相关。近几年，我国由于食品安全而引发的事故越来越多，在这些安全事故的背后究竟有着什么样的原因，很多专家学者都对此进行了分析。基于博弈论视角分析我国食品安全问题，本文认为，食品市场也存在着"逆向选择"，应从完善质量认证体系，完善有关食品安全的法律法规，加强对监督考察等方面，促进食品市场健康发展。

0198 论索绪尔语言符号观的对立和统一

发表时间及载体：兰州大学学报（社会科学版）2002 第 30 卷第 1 期

作　　者：张一平

简　　介：本文对"索绪尔语言符号观"中语言和言语的关系，语言符号的任意性和约束性关系，语言符号的不变性和可变性关系，以及语言符号的价值和意义的关系进行了探讨，认为索绪尔的语言符号观是建立在辩证的基础之上产生的。

0199 略论高等师范英语专业的课程重构

发表时间及载体：西北师大学报：社会科学版 1998 年第 1 期

作　　者：高翔

简　　介：在我国高等师范英语专业本科课程体系中，存在着一些由来已久的弊端，面对培养适应 21 世纪需要的英语师资的总体目标，重新建构课程体系势在必行。高师英语课程应由以下五个各自独立而又相互联系的模块组成：语言实践课程模块、语言理论课程模块、实用语言课程模块、文化修养课程模块、语言教学课程模块。新的课程体系是通过对现有课程进行比例调整，和对课程内容进行合理配置与重新组合而逐步实现的。

0200 论宗教工作在西部开发中的地位和作用

发表时间及载体：甘肃行政学院学报 2002 年第 4 期

作　　者：王超

简　　介：本文结合 2001 年召开的全国宗教会议精神，从西部地区宗教的历史与现状入手，对宗教工作在当今西部大开发中的重要意义作了初步探讨，认为因地制宜地全面贯彻执行党所制定的宗教政策、做好宗教工作、积极引导宗教与经济开发相适应，这样不仅能避免经济发展中因宗教因素带来的负面影响，也将使之成为西部开发中的巨大动力。

0201 西北干旱地区农村集蓄雨水的所有权困境及路径分析

发表时间及载体：甘肃政法学院学报 2007 年第 1 期

作　　者：牛绿花

简　　介：西北干旱地区缺乏地下水和地表水资源，降水资源不丰富并且年分布不均，所以，把有限的降水集蓄起来加以有效利用，就成为解决当地农民生产和生活用水的重要途径和手段。实践中，通过集蓄利用雨水已取得了显著成效。现实中已经出现了集蓄雨水的买卖问题，尽快明确这部分水的所有权性质已经成为当务之急。然而，对集蓄雨水所有权主体归属及集蓄雨水工程的所有权主体界定等一系列问题，在学术界和法律实务中却较少关注。如果不能很好地解决这些问题，将会影响甚至阻碍西部干旱地区农村集蓄雨水工作的进一步发展。

0202 校办产业中间层治理的构想

发表时间及载体：甘肃联合大学学报：社会科学版 2006 年第 5 期

作　　者：王正军　王佰成

简　　介：目前对于校办企业管理模式的研究，主要集中于企业层面治理模式研究，对于作为特殊国有资产的校办产业中间层治理模式的研究比较少。本文运用分析叙事法，对校办企业在原有治理模式的困境卜形成的路径进行了解析，对目前所推出的清华校产治理模式存在的逻辑矛盾进行了分析，提出，借助中间组织，实行企业经营外包模式是现阶段校办产业中间层治理模式的理性选择。

0203 戴高乐主义：对天然疆界的和平追求

发表时间及载体：长春师范学院学报：人文社会科学版 2008 年第 27 卷第 6 期

作　　者：王雅红　张光伟

简　　介：在戴高乐主义的指导下，法国积极推动欧洲联合，确保了本国的和平与稳定，实现了对德国在外交和防务上的控制，最终达到了对天然疆界和平追求的目的。

0204 论学术腐败治理与科研成果评价机制的完善

发表时间及载体：西北师大学报：社会科学版 2009 年第 6 期

作　　者：张书晔

简　　介：学术研究中日益凸显的学术腐败现象，不仅破坏了学术研究的基本规则和风气、损害了学术共同体的声誉，也扼杀了学术赖以发展进步的创新机制。造成学术腐败的原因很多，但不合理的科研成果评价体制是其中一个重要诱因。要治理学术腐败，就需要探讨科学合理的科研成果评价原则，并在这一原则要求下推广完善引证评价、同行专家评价和独立民间学术评价机构评价等评价方法。

0205 市场竞争与创新：熊彼特假说及其实证检验

发表时间及载体：中国软科学 2006 年第 11 期

作　　者：李国璋

简　　介：熊彼特认为，垄断有助于创新的实现，这一假说对经济学家和政策制定者产生了巨大的影响。本文对该假说的涵义进行了梳理，介绍已有的实证检验结果，并结合我国工业实际情况对熊彼特的观点进行实证检验。研究表明，竞争，而不是垄断，更有助于创新。

0206 公共信息资源多元主体的利益平衡研究

发表时间及载体：甘肃联合大学学报：社会科学版 2012 年第 28 卷第 3 期

作　　者：杨秀平

简　　介：本文分析了公共信息资源利益链上的多元主体，论述了知识产权与公共使用权的对立与统一，在此基础上从发挥政府的主导作用、完善公共政策、维护社会公众利益、限制知识产权的滥用行为、重视知识产权的宣传教育工作、培养公民的知识产权意识几个方面，探讨了公共信息资源利益链上多元主体的利益平衡。

0207 继续推进西部大开发战略的制度创新

发表时间及载体：开发研究 2012 年第 5 期

作　　者：姜安印

简　　介：本文探讨了继续推进西部大开发战略急需创新的制度安排。从绿色发展、主体功能区建设、地方政府职能回归的角度出发，分析了继续推进西部大开发需要完善并创新的资源环境税费制度、排污权交易制度、土地制度、户籍制度、财政转移支付制度以及政府绩效考核制度等六个关键制度。

0208 IBE——DE 及 CBE 的新进展

发表时间及载体：电化教育研究 2000 年第 12 期

作　　者：任剑峰　焦建英

简　　介：本文对 IBE 的产生和发展进行了回顾、总结与展望。文章首先指出，IBE 是在一定的理论和技术基础之上发展起来的，是 CBE 和 DE 的新进展。继而，文章对 IBE 的特点、应用模式与实施过程进行了分析与总结。最后，文章针对人们对计算机网络功能及其教育应用的理解上盲目乐观的误区，揭示了目前 IBE 存在的诸多不足，并对其发展趋势作了简要展望。

0209　现代大学竞争的历史考察

发表时间及载体：西北师大学报：社会科学版 2003 年第 3 期

作　　者：安心

简　　介：在我国社会转型时期，竞争已成为大学生存和发展的不可回避的问题，它既是大学获取稀缺资源，超越对手的手段，也是现在乃至未来中国高等教育合理配置稀缺资源的重要方式。现代大学是以西方学术模式为框架构建的，人们很难超出欧洲早期大学的范围追溯其起源。缘此，本文力图透过中世纪和近代大学竞争起承转合历史的内在发展逻辑，揭示不同时代大学竞争演变的时代特征和要求，为我国高等教育的跨越式发展提供参考。

0210　英汉音段音位系统的差异与母语的负迁移效应探析

发表时间及载体：兰州商学院学报 2005 年第 21 卷第 6 期

作　　者：李银仓　周军平

简　　介：母语对外语学习的迁移作用可发生在语音、语法、词汇、语用等各个方面，其中以语音层面上的影响最为突出。学习一门外语，首先得学习一个全新的语音系统，这就意味着必须掌握一整套陌生的发音习惯。在此过程中，母语的迁移作用不可避免。认真比较英汉音位系统的异同，深入探讨迁移产生的各种原因，对于有效利用母语的正迁移效应、抑制其负面影响具有极其重要的意义。

0211　这个时代对哲学的要求

发表时间及载体：甘肃理论学刊 2007 年第 6 期

作　　者：成澈

简　　介：许多人误以为哲学远离时代，实际上工商文明是形而上学的一个后果。一个时代就是一种哲学的必然导出。新时代呼唤新哲学，新哲学也将带来一个新的时代，这将为理解许多时代现象提供思想视角。如果说过去曾把哲学理解为黄昏后的猫头鹰，那么现在则应当把哲学看成报晓的雄鸡。

0212　新时期敦煌学的第一次盛会——21 世纪敦煌学学术研讨会综述

发表时间及载体：敦煌研究 2002 年第 1 期

作　　者：刘进宝

简　　介：2001 年是 21 世纪的开始，也是敦煌藏经洞发现 100 周年后的新纪元。同时，今年恰好是中国台湾敦煌学界的宗师潘重规教授九五嵩寿暨从事敦煌学研究一甲子。为了总结过去，展望未来，共同探讨敦煌学的发展方向，并向潘先生祝寿，由中正大学中文系、历史系、逢甲大学中文系、"中国唐代学会"、汉学研究中心和四川大学俗文学研究所共同主办、中正大学中文系承办的 21 世纪敦煌学学术研讨会，于 2001 年 11 月 2—7 日在中国台湾嘉义、台中、台北举行。

0213　论心理学研究中统计方法的使用与解释原则

发表时间及载体：西北师大学报：社会科学

版 2004 年第 2 期

作　者：王沛

简　介：本文通过讨论心理学研究中统计方法的使用与解释原则，廓清了好的设计思想和逻辑规则的基本特点以及如何用先进的统计图表提高评估假设及描述结果的效果，进而督促研究者们加快将统计方法制度化的步伐，而非沉溺于纯粹的统计工作。好的理论及合理的解释比具体的技术性方法更能促进一门学科的发展。再有就是，在研究中要用统计方法指导并规范研究思想，而非决定研究思想。

0214 交通运输与民族地区经济增长的相关性分析——以临夏为例

发表时间及载体：西北民族研究 2012 年第 1 期

作　者：关辉国　王娟娟

简　介：为寻求交通运输与民族地区经济增长之间的相关性，本文以甘肃省临夏回族自治州为例，运用相关分析和因果检验的方法，发现，货运需求与民族地区经济增长之间存在强相关性，而客运需求与民族地区经济增长之间不存在显著的因果关系。

0215 甘肃广播影视机构文化建设的问题与对策

发表时间及载体：甘肃社会科学 2011 年第 2 期

作　者：陈青

简　介：机构文化一般指机构中长期形成的共同理想、基本价值观、作风、生活习惯和行为规范的总称，是在管理运营过程中创造的具有本机构特色的精神财富的集合。本文对广播影视机构文化建设的本质、内涵与现实价值进行了归纳、提炼和升华，梳理和分析了甘肃省广播影视机构文化的现状和存在的问题，结合其建设和重构的现实要求与系统规划，研究并探索了符合体制机制改革和跨越式发展要求的机构文化建设的具体对策。

0216 欠发达地区提升城乡居民低收入群体消费水平的路径探讨——以甘肃省为例的考察

发表时间及载体：甘肃社会科学 2011 年第 6 期

作　者：杨荣

简　介：目前低收入群体保护问题引起了社会各界的广泛关注。本文对地处内陆欠发达的省份的甘肃省城乡居民中低收入者的收入、消费情况作了数据和理论分析，探讨了促进低收入者消费的具体途径。

0217 比较文学应注重跨越什么

发表时间及载体：西北民族大学学报：哲学社会科学版 2012 年第 3 期

作　者：索绍武

简　介：关于比较文学的界限问题，国内外学者有跨国、跨民族、跨语言、跨文化、跨文明、跨学科等诸多说法。由于自"国家"产生以后，它对于人们的制约力和影响力就越来越大于"民族"对人们的制约力和影响力，尤其是比较文学是产生于资本主义世界市场形成以后，此时"国家"的观念更是远远地高于、重于"民族"的利益，国家的命运和前途，国家的经济、政治状况决定着民族的经济和政治状况，故在比较文学中，"国家"的概念是大于、重于"民族"的概念的。在跨国、跨民族中，首先要看跨国因素。只跨越了民族、语言的界限，而未跨越国界的文学研究不能视为比较文学。文化和文明是两个内涵十分宽泛的概念，难以作为划分比较文学的标准。开展跨学科研究不但可以对

甘肃省文化资源名录 第四十一卷 社科研究 Ⅲ

论文

具体的作家、作品有更全面、深刻的了解，能更准确地确定各国、各民族文学在人类文学史上的地位和影响，还能更深刻全面地认识人类文学的特征与规律，跨学科是比较文学的重要研究内容与方向。故此，本文认为，跨国、跨学科是划分比较文学的最重要的标志，比较文学应该被看成是一门跨越国界和学科界限的文学研究学科。

0218 城乡一体化评价指标体系及量化分析

发表时间及载体：甘肃金融 2011 年第 8 期

作　　者：马雪彬　田程荣

简　　介：建立和谐社会，实现城乡一体化发展，是我国新世纪的战略目标之一。城乡一体化是关于城乡关系的一种发展战略体系，是城乡经济、社会、文化和生态系统发展的高级化、整体化过程，它为城乡现代化建设提供了一种新的理论框架和战略思路。统筹建立城乡一体化制度，全面推进城乡一体化是落实科学发展观、实现城乡统筹发展的具体形式，对加快社会主义新农村建设和全面建设小康社会具有十分重要的意义。

0219 公司捐赠的法律激励与约束

发表时间及载体：兰州大学学报（社会科学版）2004 第 32 卷第 2 期

作　　者：张莉　脱剑锋

简　　介：公司捐赠是公司承担社会责任的一种方式，它既能提升社会福利，又能改善公司自身形象，从而使公司利益与社会利益相协调。公司捐赠涉及很多法律问题，如公司捐赠是否背离其营利本质，如何对公司捐赠行为进行有效的激励和约束等。本文对上述法律问题作了分析，并对我国关于公司捐赠的法律规定作了探讨。

0220 完善对中小股东权益的保护机制

发表时间及载体：兰州商学院学报 2009 年第 25 卷第 3 期

作　　者：陈文婷

简　　介：2005 年修改后的公司法赋予了中小股东一系列的自益权和共益权。但是修改后的公司法并没有彻底改变中小股东受大股东摆布的命运。鉴于此，本文深入分析了《公司法》目前对中小股东权利保护相关规定的不足，并提出了完善中小股东权益保护机制的几点建议。

0221 中晚唐五代时期敦煌降魔变地神图像研究

发表时间及载体：西域研究 2010 年第 1 期

作　　者：张善庆

简　　介：敦煌降魔变的发展可以分为早晚两个阶段。第二个阶段最大的特点就是增加了地神证言这一情节。本文以地神图像为线索，分别从佛教经典、图像以及区域文化三个角度对其进行考量，指出于阗粉本的重要影响，并由此揭示出这一变化的背后所隐藏的重大历史信息，包括归义军政权的社会历史、外交关系以及宗教艺术在政治生活中所扮演的角色。

0222 永靖傩舞戏的明代文化特色论

发表时间及载体：青海民族大学学报：社会科学版 2011 年第 3 期

作　　者：庆振轩　张馨心

简　　介：永靖傩舞戏具有十分明显的地域文化和时代特征。其跳会禀说词中直接认为明初刘钊带来乡傩会事；其奉请之诸神中有大明开国功臣，有产生于明初的神话传说人物，有明代神话小说中的人物；傩舞戏又多表演《三国演义》中的故事人物。联系当地地域条件、多民族变迁融合的历史，以及一些民族神话传说中明代文化色彩，笔者认为永靖傩舞戏应是特定时代、特定地域的产物。

0223 浙江省产业结构的投入产出关联测度及应用研究

发表时间及载体：创新 2009 年第 11 期

作　　者：李国璋

简　　介：基于浙江省 2002 年和 2005 年 42 个部门投入产出表，运用投入产出分析方法分别测算各个部门的影响力系数和感应度系数，并按各个部门这两个系数的大小分别进行了排序，在此基础上对 2002 年、2005 年浙江省产业进行关联比较分析，由此发现浙江省 2002 年、2005 年主导产业部门绝大多数属于装备制造业部门，能源、原材料等基础产业部门对经济制约显著，而第三产业发育不足。为调整浙江省产业结构提出合理建议。

0224 蒙元时期契丹人婚姻研究

发表时间及载体：西北师大学报：社会科学版 2009 年第 6 期

作　　者：胡小鹏

简　　介：辽、金时期契丹人的婚姻主要是耶律和萧氏两姓间的通婚，进入蒙元时代，契丹两姓传统婚姻模式开始受到大的冲击，契丹人的婚姻呈现多样化特点，蒙古人、色目人、汉人均成为契丹人联姻的对象，而与汉人间的婚姻，又是契丹人婚姻发展的主流。多元通婚的日益普遍使得契丹人渐失本民族的特征，成为日后契丹族逐渐融合于其他民族之中的重要原因。

0225 再论我国犯罪心理测试技术的研究与应用

发表时间及载体：甘肃政法学院学报 2008 年第 5 期

作　　者：范刚

简　　介：犯罪心理测试技术在各类疑难案件的调查审理中发挥了重要的辅助作用。但是，目前我国此项技术的研究与应用，仍然存在着忽视心理科学理论的指导和研究与应用的混乱局面等问题，加之存在着诸多影响测试准确性的因素。因此，需要采取科学而慎重的态度，在科学心理学理论的指导下，对其进行科学地认识、研究与应用。同时，有关部门应加强对此项技术研究的组织、投入和应用的规范与管理。

0226 新丝绸之路经济带旅游业发展对经济影响的实证研究

发表时间及载体：开发研究 2011 年第 5 期

作　　者：李兴江

简　　介：随着全球一体化进程的加快，以及亚欧大陆桥等交通基础设施的不断完善，新时期的丝绸之路经济带已经形成。而旅游业是一个综合性产业，具有较强的产业关联效应。旅游业的发展会带动经济带上的其他相关产业的快速发展。以"新丝绸之路"经济带涵盖的甘肃省作为样本，利用 20 年的相关数据，采用时间序列相关方法对甘肃省旅游业发展对经济影响进行实证研究。结论表明：甘肃省旅游业发展对经济增长具有极大的促进作用。并据此提出了与发展新丝绸之路经济带上旅游业相关的建议。

0227 丝绸之路经济带：优势产业空间差异与产业空间布局战略研究

发表时间及载体：兰州大学学报：社会科学版 2014 年第 1 期

作　　者：郭爱君

简　　介：中国新提出的"丝绸之路经济带"的战略构想，不仅是新时期中国对外开放的新举措，也是亚欧区域经济一体化和世界经济全球化的新要求。以中国新提出的"丝绸之路经济带"空间区位为依托，以产业空间布局理论模式和产业布局原则为依据，以"经济带"局部与整体协调发展为目标，分析当前"经济带"沿途区域与国家的优势产业及特点，从经济带、国家和节点三个层面构建丝绸之路经济带的产业空间布局战略，为经济带的迅速崛起与协调可持续发展提供产业支撑，从而打造世界经济增长的新引擎。

0228 邓小平的求实与创造风范

发表时间及载体：兰州学刊 1997 年第 3 期

作　　者：武文军

简　　介：实事求是的作风和创造精神，本来是相辅相成互为一体的，然而一些人把它们看成是两种思想体系和两种工作作风，把求实精神只看成承认事实、承认现状的一种思想方法和从发展的低水平出发的工作作风，而把创造精神看作是超越现状、谋求主观愿望迅速实现的工作作风。其实，真正的求实精神正是和创造精神结伴的，邓小平同志既是实事求是的典范，又是革新创造的杰出人物，在他身上，求实与创新的作风是融为一体的。

0229 西北民族体育形成的社会基础及其品格

发表时间及载体：西北师大学报：社会科学版 1999 年第 5 期

作　　者：芦平生

简　　介：西北广袤的地域、多民族的分布、丝绸之路的文化交流与融合、现代文明的引入等人文地理背景，奠定了西北民族体育形成的社会基础。其伏根深远、覆盖广阔的民族体育共同性与特定民族性，构建了西北民族体育的社会品格，展示了西北民族血浓于水的民族情感与民族情结，表明了中华民族强大的凝聚力。

0230 山东平原出土北齐天保七年石造像内容辨析

发表时间及载体：敦煌研究 2011 年第 1 期

作　　者：贺小萍

简　　介：2007 年 9 月 27 日，山东省德州市平原出土一件北齐天保七年石造像，底座右立面的内容被定为太子出四门游观图。本文依据经典记载，通过对犍陀罗到我国中原地区相关造像的比较，认为该造像底座右立面表现的是儒童菩萨本生故事。

0231 运用社会学中的"互动"理论理解传播的本质

发表时间及载体：兰州大学学报（社会科学版）2002 年第 30 卷第 1 期

作　　者：屠海晶

简　　介：本文从社会学角度出发，试图从理论上探讨传播学在社会学中的渊源，并以韦伯、齐美尔、米德、布劳等为例，发掘他们有关传播的本质——互动的理论，及其对传播学理论的影响。从学科发展的角度来讲，传播学仍然需要借鉴其他学科的长处，以确立自身学科地位。

0232 对马克思货币理论的再认识

发表时间及载体：兰州大学学报：社会科学版 1996 年第 1 期

作　　者：成学真

简　　介：由于历史条件的变化，对马克思的货币理论需要进一步认识：马克思把货币看作是充当一般等价物的特殊商品，而纸币并不是具有内在价值的商品。马克思认为只要贵金属才能执行价值尺度、储藏手段、世界货币职能，而纸币却在事实上执行着这些职能。马克思所揭示的货币流通规律是对货币运动的高度理论概括，但这一规律在实际经济生活中也有不适用之处。

0233 略论西部大开发的宏观调控

发表时间及载体：甘肃理论学刊 2001 年第 6 期

作　　者：邓晓英

简　　介：缩小西部与东部地区之间经济的差距，中央政府的宏观调控要以更优惠的投资政策、更优惠的人才政策或收入政策以及充分发挥地区优势、加大科技教育投入等为主。

0234 浅谈日本招贴设计的发展特点

发表时间及载体：甘肃高师学报 2011 年第 1 期

作　　者：齐洪洲

简　　介：日本的招贴设计在东方设计史中独具魅力。本文以日本招贴设计的代表人物永井一正、田中一光、佐滕晃一、龟仓雄策等人的作品为切入点，通过解码日本的招贴设计，对日本招贴设计的发展特点进行归纳、总结并分析，为国内的平面设计发展提供借鉴和参考。

0235 甘肃省产业结构与经济增长研究——基于 VAR 模型的实证分析

发表时间及载体：开发研究 2012 年第 5 期

作　　者：朱智文

简　　介：在构建 VAR 模型的基础上，通过运用协整检验、格兰杰因果分析和方差分析等动态计量经济学分析方法，实证分析了甘肃改革开放后产业结构变动与经济增长间的互动关系，结果显示，产业结构变动与经济增长之间具有长期的动态均衡关系，并且具体量化了各产业结构变动对经济增长的影响。综合分析后，提出了甘肃优化产业结构，大力发展第三产业，促进经济增长的对策建议。

0236 回族社区法文化传统研究

发表时间及载体：西北民族大学学报：哲学社会科学版 2010 年第 3 期

作　　者：马敬

简　　介：回族社区法文化作为千百年来回族群众智慧的结晶，影响和规范着每一位回族成员的心理和行为，是回族群体共同意志的体现。从历史上回族社区的形成及其文化变迁，进一步分析和探讨回族社区法文化传统的渊源，可以看出回族社区法文化的独特表现形式。

0237 从非智力因素看创造性人才培养的时代意义

发表时间及载体：甘肃联合大学学报：社会科学版 2011 年第 3 期

作　　者：雷冬梅

简　　介：非智力因素包括情商、个性、意志力和气质。情商属于非智力因素的范畴，由于情商与创造性人才之间的高相关性成为教育学者关注的热点和焦点。任何一个创造性人才在成长的过程中，都是要经历无数的挫折和失败，如何面对并摆脱各种消极情绪的影响，把情绪、心理和精神调整到积极状态，却不是每个人都能做到做好的，只有具有坚忍不拔毅力和持之以恒精神的人，才能够取得最终的成功和收获创造性的劳动成果。因此，情商成为创造性人才必备的心理素质和决定性因素。

0238 论莫高窟晚唐第 9 窟探筹图非投壶图

发表时间及载体：敦煌研究 2011 年第 5 期

作　　者：胡同庆

简　　介：对于莫高窟晚唐第9窟主室中心柱南侧平顶画面内容，虽然早已有学者考证为密迹金刚力士经变，但之后另有学者则长期多次将其中探筹的画面定名为投壶图。本文通过大量文献记载与图像对照，认为应该将该画面定名为"探筹图"或"抽签图"。

0239 民族地区青年统战工作的调查与思考

发表时间及载体：甘肃理论学刊 2008年 第5期

作　　者：田波　张广才

简　　介：民族地区建构和谐社会，是建构社会主义和谐社会的重要组成部分。本文从战略高度看待民族地区建构和谐社会青年民族统战工作的作用，分析民族地区青年统战对象的群体发展态势，并深入探讨二者之间的关系，对我们拓宽眼界和工作思路，创造性地开展民族地区青年统战工作，具有十分重要的意义。

0240 汉晋赋中的自然及自然观的演变

发表时间及载体：新疆师范大学学报：哲学社会科学版 2004年第25卷第2期

作　　者：韩高年

简　　介：中国古代哲学中的物即自然，是指与人的实体性相对立的客观存在。情（或称我，即主观）与物（客观）的关系即自然观，它体现着人与自然的关系状态。在中国古代，自然观及其演进的哲学表述从来不是采取一种脱离感性经验的纯思辨的方式来完成，而是借助于文学和其它艺术形式，以一种直观的方式体现出来。因此，文学作品中的感物应物方式及其演变，也深刻地反映着自然观的演进。文章认为，从两汉到魏晋，中国人的自然观发生了根本性的变化，表现在文学创作当中，就是文学对自然的描写，经历了比德的自然—悲情象征物的自然—寄托玄想的自然—自在自为的自然的演变过程。

0241 中国上市公司关联方交易内部控制研究

发表时间及载体：西北师大学报：社会科学版 2010年第3期

作　　者：李梅

简　　介：随着20世纪90年代资产重组的出现，中国上市公司关联方交易迅速发展，势头很猛，但同时也成为许多企业特别是上市公司弄虚作假的主要手段。国内外发生的众多关联方交易事件无不表明关联方交易内部控制的重要性。然而，从我国来看，许多上市公司尚未建立起有效的关联方交易内部控制指引。本文首先分析了关联方交易内部控制的重要性，并借鉴其他国家关联方交易内部控制的经验和做法，针对我国的现状和问题，提出了完善中国上市公司关联方交易内部控制制度的路径。

0242 从马克思主义哲学学科特点谈教学方法的改进

发表时间及载体：文教资料 2011年第31期

作　　者：张红岩　姚爱琴

简　　介：马克思主义哲学课的教学方法迫切需要改进。本文通过对传统哲学学科教学方法的剖析，结合分析哲学学科的特点，提出教学方法要与学科特点相适应的观点。同时，根据这一观点，依据相关教育理论，结合教学实践，提炼和总结出了若干较为适应哲学学科特点的教学方法，以供同仁探讨和交流。

0243 国内外城乡形态问题研究述评——兼论中国城乡一体化进程中的新型城乡形态

发表时间及载体：甘肃联合大学学报：社会

科学版 2012 年第 28 卷第 3 期

作　　者：李泉　林柯

简　　介：城乡形态问题研究是区域科学、经济地理及规划建筑等领域的重要研究内容之一，不同时期国内外不同学者立足不同研究视角就城乡形态问题形成了丰富的研究成果，这些成果成为新时期中国城乡统筹发展过程中的重要借鉴。本文对国内外关于城市形态、乡村形态问题研究的已有成果及其思想演变历程进行了系统梳理和简要述评，并对城乡一体化进程中的新型城乡形态问题进行了进一步理论讨论与实践反思。

0244 政府应该为生态移民做什么——基于祁连山保护区天祝县的分析

发表时间及载体：新疆农垦经济 2010 年第 1 期

作　　者：汪慧玲

简　　介：生态移民是生态脆弱地区经济社会发展中一项涉及面广、规模宏大、影响深远的区域人地关系协调活动，对于杜绝人为活动破坏、建设地区生态屏障、改善生态恶化地区人口生活状态、实现地区经济社会和谐发展有重要现实意义。有鉴于此，本文以祁连山保护区的天祝县为典型个案，分析了政府作为生态移民这项社会活动的主导者，所面临几个复杂的突出问题，并提出了政府要做好生态移民，应该重点做好移民资金、移民方式、移民后续安置以及移民政策等几方面的重点工作。

0245 对我国现行独资企业法律制度的认识

发表时间及载体：时代经贸（下旬）2012 年第 1 期

作　　者：付音　于国红

简　　介：为鼓励创业投资，促进经济发展、扩大就业，我国现行企业法律制度确立了个人独资企业，一人有限责任公司，国有独资公司，外商独资企业等几种具体的独资企业形态。并且针对不同形态的独资企业法律，设立了差异化的规则。

0246 毛泽东思想与中国特色社会主义理论体系的关系

发表时间及载体：理论探索 2008 年第 5 期

作　　者：刘先春

简　　介：厘清毛泽东思想与中国特色社会主义理论体系的关系是一个重要问题。毛泽东思想与中国特色社会主义理论体系之间具有同质关系、承继关系和非包含关系。

0247 香港重要国际旅游中心

发表时间及载体：兰州学刊 1993 年 4 月

作　　者：武文军

简　　介：旅游业是香港最发达的产业，它同香港的国际贸易、国际金融中心的地位相似，居世界旅游业最发达的地区之一。香港的旅游业是在自由港的特殊地理历史条件下发展起来的。香港的对外贸易、富有特色的加工工业、国际金融资本的扩张，推动了旅游业的发展，而旅游业再反过来促进香港多元经济的全面发展。香港作为远东旅游中心和世界旅游业发达的地区，在今后它会继续发挥促进亚洲经济增长和世界贸易发展的作用。

0248 政治沟通在构建社会主义和谐社会中的作用和时代价值

发表时间及载体：江苏社会科学 2007 年第 2 期

作　　者：刘先春

简　　介：构建和谐社会是党的十六届六中全会的主要议题，也是建设社会主义的新起点。要构建和谐社会，必须以政治沟通为契机，妥善协调各方面的利益关系，正确处理好人民内部矛盾。

0249 先秦文学研究的新收获——以《周秦文学编年史》的编撰为中心

发表时间及载体：宁夏师范学院学报 2008 年第 29 卷第 4 期

作　者：韩高年

简　介：编年体文学史的形式有利于更加细化和立体化、全方位地展示一个时代的文学发展状况，对于先秦文学来说尤其如此。《周秦文学编年史》分西周、春秋、战国、秦四部分，对周秦时期文学的原生状态进行了描述。本书不只是材料的堆积，也不只是对前人研究成果的简单汇集，而是在多方面有所创新，有所推进。

0250 我国地方政府绩效评估结果偏差的分类研究：概念、类型与生成机制

发表时间及载体：福建论坛：人文社会科学版 2012 年第 10 期

作　者：何文盛　廖玲玲

简　介：通过分析国家社会科学地方政府绩效评估结果偏差的影响因素、生成机理及矫正对策研究（项目号 11BGL073）；中央高校基本科研业务费重大项目基于价值的政府绩效管理学体系研究（项目号 12LZUJBWZZ001）的部分成果，显示我国地方政府绩效评估在取得显著成绩的同时，存在评估结果与实际绩效产生偏差的情况。本文在以往研究的基础上，根据绩效评估的影响因素，对我国地方政府绩效评估结果的偏差进行了分类。

0251 "兴"为"取譬引类"说——兼论风、雅诗篇的一个重要创作特征

发表时间及载体：沈阳师范大学学报：社会科学版 2012 年第 36 卷第 6 期

作　者：韩高年

简　介：《诗》中相同或类似的"兴辞"常常在不同的诗篇中反复出现，用以造成相同或类似的表现效果。如"昔我往矣，杨柳依依"表示节候的兴辞出现于三首不同的诗中"；习习谷风，以阴以雨"出现在两首诗中。大体类似的如"××于飞""采采××"等，出现频率多至十数次。比较有趣的是这些兴辞亦多见于夏《小正》《月令》或《易》卦爻辞中，这表明"兴"本不专属于诗经也自有其古老的源渊。从创作方法的角度来考察，《诗三百》中的兴，常常表现为对古有现成的"兴辞"的引用，这一现象在风、雅诗篇中非常普遍。这不仅暗示着《诗经》诗作成型前经历了漫长曲折的演变历程，而且也说明风、雅诗篇在形式的选择和诗材的捕捉方面所采取的"诵古"与"造篇"相结合的创作方法。

0252 我国社会主义初级阶段的基本经济制度

发表时间及载体：甘肃社会科学 1998 年 1 期

作　者：刘家声

简　介：本文指出，我国社会主义初级阶段基本国情决定我国必须实行和坚持"社会主义公有制为主体、多种所有制经济共同发展的基本经济制度"，其结构是"一主"（公有制为主体）"三多"（所有制形式多样化，公有制形式多样化，公有制实现形式多样化）。

0253 高校自主学习型网络课程的设计策略

发表时间及载体：电化教育研究 2008 年第

12 期

作　　者：张筱兰　欧阳汝梅

简　　介：伴随着高校网络课程的建设，相关的研究也在不断增加。本文旨在通过对影响自主学习的学习动机、信息加工能力和元认知能力等内部因素和心理机制的分析，将其相关理论用于指导高校网络课程自主学习策略的设计，使高校网络课程的设计与学习心理互融，能真正支持学生有效地开展自主学习。

0254　农民工社会保障主体地位的确立及权利制度构建

发表时间及载体：甘肃联合大学学报：社会科学版 2006 年第 22 卷第 2 期

作　　者：赵蓉　张惠萍

简　　介：都市边缘群体——农民工的问题，是当前社会较为关注的热点问题。作者从农民工社会保障立法的缺失与不足入手，深入剖析与探讨其困境成因后指出，正是我国社会保障立法对农民工需求的供给不足或不能有效供给，才导致社会保障制度立法对他们群体社会保障权利的漠视与忽略，并从农民工社会保障立法路径选择和制度体系安排的出路方面，分核心、基础、辅助三个层次作了理论探讨。

0255　浅议虚拟企业文化塑造

发表时间及载体：科学．经济．社会 2005 年第 1 期

作　　者：包国宪　李文强

简　　介：虚拟企业的成功离不开企业文化，企业文化可以促进成员之间的整合，提高虚拟企业的管理效能，帮助虚拟企业生存和发展，但虚拟企业文化的塑造却困难重重。本文主要论述了虚拟企业文化的含义。

0256　浅论道德修养与道德实践

发表时间及载体：甘肃理论学刊 2002 年第 6 期

作　　者：李小玲

简　　介：知行合一、修养与实践并重是中国伦理道德的鲜明特征。然而市场经济条件下，道德修养与道德实践相互脱结、甚至背离的问题十分突出。解决这一问题，需要确立科学合理的价值导向体系，作为评判社会个体道德水准的客观标准；制定切实可行的道德行为准则，使人们有章可循；建立有效的道德激励机制，为实现知行合一提供坚实的社会基础；创建文明健康的道德环境，营造知行合一的良好氛围。

0257　对"两高"法发〔2009〕13 号司法文件的宪法质疑

发表时间及载体：甘肃政法学院学报 2009 年第 6 期

作　　者：刘淑君

简　　介：司法解释应以宪法和法律为依据。"两高"共同制定的意见在权力来源、法律依据、制定程序依据方面存有缺陷和不足，变相越权取代了全国人大常委会的法律解释权。《意见》使用"犯罪分子"的称谓，背离了无罪推定的刑法原则和人权保护的宪法原则。《意见》对自动投案认定标准的规定，不符合法律面前人人平等的宪法原则和刑法适用人人平等的刑法原则，引起了对职务犯罪与其他类型犯罪在自首条件认定标准上的不平等，导致了自首这一量刑情节方面的认定标准差距。

0258　生态需要与可持续发展

发表时间及载体：甘肃行政学院学报 2000 年第 3 期

作　　者：刘国军　王棱梧

简　　介：当前，环境污染、生态平衡遭到破坏的情况日益严重，人类生态需要遭受严重威胁，影响人类的生存。本文从可持续发展的角度探讨了如何协调人与自然的关系，更大空间提高和满足人们的生态需求。促进人的全面发展，促进社会文明和社会全面进步。

0259 经济增长质量评价指标体系研究

发表时间及载体：西北师大学报：社会科学版 2002 年第 2 期

作　　者：梁亚民

简　　介：经济增长质量评价指标体系的构建，是对经济增长质量进行定量分析和综合评价的基础，是经济增长理论与实践研究的重要内容。本文在分析了经济增长质量的特征和构造经济增长质量统计指标体系的原则的基础上，从四个方面设计了评价经济增长质量的指标体系，并提出了指标的计算方法。

0260 邓小平外交战略思想研究

发表时间及载体：濮阳职业技术学院学报 2009 年第 22 卷第 1 期

作　　者：魏迎春　石艳秋

简　　介：邓小平在新的形势下审时度势，果断地抛弃了旧的理论，得出了"和平与发展是当今时代的主题"的结论，具有总揽全局的意义。在 20 世纪 80 年代末 90 年代初，他提出"冷静观察，稳住阵脚，沉着应付，韬光养晦，有所作为"的方针，使中国继续沿着改革开放的社会主义道路前进，并最终摆脱了西方的制裁。在外交途径上，采取了政府、政党与民间相结合的方式，并主动宣传和走出去，让中国了解世界，也让世界了解中国。中国的对外开放是全方位的对外开放，不仅在范围上包括"一圈一列一片一点"，而且在内容上包括政治、经济、文化等各个方面。

0261 论中国旧民主主义革命的终结

发表时间及载体：西北师大学报：社会科学版 2010 年第 3 期

作　　者：史正宪　吴红岩

简　　介："五四"运动是中国新民主主义革命的伟大开端，但并不意味着旧民主主义革命的终结。革命领导权是区分新旧民主主义革命的根本标志。国民大革命时期，是国共合作共同领导中国革命的独特的历史时期，是新旧民主主义革命的交替时期。1927 年大革命失败后，国民党从总体上已转变为反革命的政党，中国共产党开始了独立领导中国革命的新时期，旧民主主义革命至此终结。

0262 西部民族县全面提升经济社会发展水平的模式与对策——甘肃省阿克塞、肃南、肃北三个民族自治县的调查报告

发表时间及载体：西北民族研究 2004 年第 1 期

作　　者：王文学　李含琳

简　　介：西部民族地区的小康社会建设必须走分类发展的模式，这是因为西部民族地区的经济与社会发展是多层次和多结构的。本文通过对甘肃省三个少数民族县的实地调查研究，在深入分析民族地区经济结构和经济增长要素的基础上，提出了民族地区分类建设小康社会的模式和对策。

0263 甘南藏区农牧民公共文化需求及其特征分析

发表时间及载体：甘肃社会科学 2012 年第 5 期

作　　者：李少惠

简　　介：甘南藏区独特的地域文化和民族

社会构成，决定了农牧民的文化需求结构谱系和文化利益取向。公共文化政策与制度设计只有把握好这一特定的地域文化记忆，并根据农牧民这一利益主体和群体的独特文化要求与文化接受方式，去实施有效的公共文化服务，才能使政策与制度设计真正用来回应社会要求和需求，并与社会发展的动态变化相适应。本文将视角的关注点落在甘南藏区农牧民群众的文化需求层次结构上，以期更好地实现文化供给与文化需求的有效对接。

0264 资源型省份经济增长与生态足迹的关系研究

发表时间及载体：社科纵横 2012 年第 4 期

作　　者：高新才　李佳

简　　介：随着经济的迅速发展，越来越多的经济体认识到粗放型发展方式的弊端，资源型省份不能靠无限制开采矿物资源来维持经济的高速增长。为了解决严重的环境问题，如何将经济建设和环境保护结合起来便成为学者们研究热点问题之一。用人均生态足迹来反映地区的环境状况，用地区总量 GDP 来反映地区经济增长速度，首先计算出生态足迹，再用向量自回归模型来估算二者的关系，以期为资源型省份制定经济发展政策措施提供依据。结果显示：甘肃省的人均生态足迹呈现明显的增加趋势，说明甘肃省的生态环境现状不容乐观。另外，二者的二阶差分是平稳序列，存在相关关系。

0265 再论"中国—东盟自由贸易区"

发表时间及载体：学理论 2009 年第 5 期

作　　者：王雅红　黄德明

简　　介：中国作为世界上最大的发展中国家，经济发展最快的国家，充分地利用国际国内两个市场是制胜诀窍，而东盟经济持续快速发展也得到了越来越多的关注。随着经济全球化的进一步加深，东盟也在不断地发展，并组成了"10＋3"的合作形式，其中尤以"中国—东盟自由贸易区"发展得最好。国内外对此的研究已很成熟，但多侧重于具体内容的分析，并为我们提供一些建议。这一点很重要，因为这才是研究的目的。但是，这其中也有对自由贸易区的宏观理论分析却不全面的问题，这就会导致"只见树木，不见森林"。所以，本文试图从整体的角度，再一次认识"中国—东盟自由贸易区"。

0266 科学自然观与生态小康家园建设

发表时间及载体：西北师大学报：社会科学版 2009 年第 1 期

作　　者：马西林

简　　介：本文分析了不同自然观形成和发展的原因，以及人类从事物质生产和社会活动的方向、内容和规模对自然观形成和发展所起的作用。着重论述了马克思、恩格斯辩证唯物主义自然观形成的历史背景、科学性及其重大意义，强调在新的历史条件下必须坚持科学自然观，坚持人与自然和谐相处，实现经济社会可持续发展。

0267 简析民国时期甘青地区蒙藏民族的现代教育

发表时间及载体：民族教育研究 2010 年第 1 期

作　　者：李晓英

简　　介：民国时期，在政府边疆教育的大力推行下，甘青地区蒙藏民族的现代教育得以展开。在现代教育的影响下，甘青地区蒙藏民族的民族意识、思想观念、语言文字等都发生了一些根本性的变化。

0268 论新闻侵权的抗辩事由及新闻侵权防范

发表时间及载体：甘肃联合大学学报：社会科学版 2011 年第 27 卷第 2 期

作　　者：杨晓峰

简　　介：新闻侵权是一种不同于一般民事侵权的致害行为。新闻侵权抗辩事由是指新闻媒介或记者的新闻活动虽然给他人造成了损害、被诉侵权，但如果存在舆论监督的需要、公正评论、特许报道权、受害人同意、内容真实和合理使用六种事由时，该行为依法不构成侵权行为的情形，不承担民事责任。新闻媒介可以采取避免报道内容失实、坚持角色本位、健全新闻法律制度等措施来尽量防范新闻侵权的发生。

0269 简论敦煌悬泉汉简《康居王使者册》及西汉与康居的关系

发表时间及载体：敦煌研究 2009 年第 1 期

作　　者：郝树声

简　　介：两汉时期，康居是地处中亚的西域大国，它不仅在中亚史上占有十分重要的地位，而且在中西交通史上也发挥过重要作用。但古希腊作家和古代波斯的文献都没有留下康居的记载，唯一的材料就是中国的史书。而中国史书的记载又过于简略，难窥古代康居之全貌。近年来敦煌悬泉置出土的《悬泉汉简》，有若干康居的材料，弥足珍贵。本文结合文献记载，通过对这些简牍材料的考读，揭示了古代康居与西汉王朝的来往关系，有助于西域史、中亚史和中国秦汉史的研究。

0270 跨文化交际中中英交际风格的差异

发表时间及载体：甘肃联合大学学报：社会科学版 2011 年第 3 期

作　　者：姬玫

简　　介：随着近些年文化学习在外语教学中得到愈来愈多的重视，学习者的跨文化交际能力也得到了较大的提高。然而，文化是一个内涵和外延都很广的概念，它不仅是显型的，同时也是隐型的，很多文化差异都存在于我们的意识之外。因此，对于文化的学习不能仅仅满足于表层显性的内容，更应该探求文化中那些深层的核心价值部分。本文旨在分析跨文化交际中较为隐性的中英交际风格的差异，从而探讨这一语言行为和其内含的核心文化价值，提高学习者对东、西方两种思维模式和核心文化价值观的差异的敏感度。

0271 论政治文化与政治稳定之间的关系

发表时间及载体：江汉论坛 2011 年第 9 期

作　　者：丁志刚　王树亮

简　　介：本文系兰州大学中央高校基本科研业务费专项资金项目"西北少数民族政治文化现代化与区域政治稳定研究"（项目编号 IOLZUJBWZD010）的成果之一。政治文化与政治稳定之间存在着密切的相关性。政治稳定是政治文化形成的前提条件，政治文化是对稳定的政治体系长期不断的认知、评价的结果的积淀。政治文化是构成政治稳定的深层因素。

0272 《沙州都督府图经》纂修年代及其相关问题考

发表时间及载体：敦煌研究 2003 年第 5 期

作　　者：朱悦梅

简　　介：本文对 P.2005《沙州都督府图经》的避讳特征、书写格式、文书中所涉及的沙州升都督府的时间、驿路置废的时间、西州岸头府等军政机构名称、人名结衔以及其它一些相关史事分析，就"图经"的详细编纂、添修时间做了一个尽可能细致的考查，认为《沙州都督府图》经自永徽二年以后，在沙州图经的基础上，历经武周，直至开元初，按照律令始终不断修纂。

0273 出版企业作业成本法应用模式浅探

发表时间及载体：财会月刊：理论版（下）2011 年第 10 期

作　　者：田中禾　武晓清

简　　介：成本管理是出版企业管理的重要一环，本文以作业成本法的基本思路为基点，分析了出版企业传统成本核算与管理的局限性，并从成本核算与成本管理两个方面构建了其作业成本的应用模式。

0274 对大学生网络思想政治教育的研究

发表时间及载体：社科纵横 2011 年第 8 期

作　　者：刘娟　王瑛

简　　介：当前，网络环境正以其特有的渗透力和影响力，冲击和改变着高校大学生的价值取向、行为模式、道德观念和生活方式，进而影响他们的成长。因此，我们应该充分认识加强和改进网络环境下高校思想政治工作的重要意义，认真研究网络环境下高校思想政治工作的新特点、新问题，把握机遇，迎接挑战，积极思考探索网络时代高校思想政治工作的新思路、新途径。

0275 对构建国家审计理论体系的思考

发表时间及载体：审计与经济研究 2012 年第 2 期

作　　者：杨肃昌

简　　介：本文从研究的指导性和原则性方面对国家审计理论体系进行探讨后发现，国家审计理论既要体现出一般审计理论的普遍性要求，又要具有国家审计理论的特殊性；国家审计理论体系应具有一定的逻辑结构和层次；国家审计理论基础应以政治学为主体；国家审计基础理论研究应求同存异以利于研究的深化；国家审计应用理论应注重体系化研究。

0276 中国农地制度演变的绩效评析及其启示

发表时间及载体：西北师大学报：社会科学版 2002 年第 4 期

作　　者：张永丽

简　　介：新中国成立 50 多年来，我国农地制度演变给予我们的启示是：个人化程度高、产权明晰的土地制度是有效率的。赋予农民长期而稳定的土地经营权并使其资本化、物权化、法律化，突出产权结构中土地承包权的核心地位，已成为我国农地制度创新的基本方向。

0277 吕天成《曲品》成书原因初探

发表时间及载体：甘肃理论学刊 2012 年第 4 期

作　　者：张毓洲

简　　介：吕天成的《曲品》是中国戏曲史上第一部品评批评之作。它的成书有深刻的客观原因和微妙的主观因素。明代传奇作品的繁荣、受众及戏曲学习者的迫切需要，和我国古代戏曲理论自身的不断完善和发展等因素，是《曲品》能够成书的客观原因。吕天成本人嗜好戏曲，有良好的戏曲理论修养，有宽容的批评心态，并乐于向戏曲界前辈与朋友学习与交流，这是《曲品》能够成书的主观原因。

0278 当代伊斯兰中间主义思潮与中国伊斯兰教的和谐发展

发表时间及载体：西北民族研究 2013 年第 1 期

作　　者：丁俊

简　　介：伊斯兰中间主义是当代阿拉伯伊斯兰世界日益具有广泛影响的重要思潮，它秉承伊斯兰文明中正宽容的文化传统，致力于弘扬伊斯兰教的和平理念，反对各种极端主义和恐怖主义，强调尊重文化多样性，主张不同文明的对话，谋求人类社会的和合共生与世界的持久和平。中间主义的诸多主张与中国倡导的和谐社会、和谐世界理念并行不悖，其中正和平、宽容和谐的价值取向对中国穆斯林抵御和防范各种极端思想，秉承爱国爱教的优良传统，恪守和平中正之道，参与构建宗教和顺、民族团结的和谐社会具有重要借鉴价值。

0279 加强和改进校园文化建设 构建和谐校园

发表时间及载体：党的建设 2007 年第 7 期

作　　者：刘先春

简　　介：高等学校既是和谐社会的重要组成部分，又是和谐社会的重要辐射源。加强和改进校园文化建设，是建立和谐校园的重要手段，也是构建和谐校园的重要环节。深入开展校风建设。

0280 甘南地区基督教信仰现状的调查和分析

发表时间及载体：中国藏学 2007 年第 4 期

作　　者：聂红萍　陈声柏

简　　介：本文对甘南地区基督教信仰现状的调查，从开放教会和未开放教会两方面进行。对开放教会的组织与活动、教会负责人与其周边宗教场所负责人之间的关系、教会负责人与宗教管理部门之间的关系进行了总结。对未开放教会形成的原因、政府如何应对以及宗教管理的相关法律、法规与具体实施的困难进行了调查。最后，对甘南地区基督教发展缓慢的原因作了分析。

0281 西北民族教育信息化进程探析

发表时间及载体：电化教育研究 2004 年第 12 期

作　　者：李长著　俞树煜

简　　介：文章在分析西北民族教育信息化发展背景的基础上，着重论述了西北民族教育信息化的发展现状和制约因素，并在此基础上提出了加快西北民族教育信息化进程的四项策略。

0282 哈萨克斯坦家庭结构的变迁

发表时间及载体：世界民族 2007 年第 2 期

作　　者：杨建新

简　　介：20 世纪 80 年代中期以来，随着国家独立的进程和专制制度向民主制度、计划经济向市场经济、封闭社会向开放社会、公有制向私有制的全面转型，哈萨克斯坦居民的家庭结构发生了显著的变化。

0283 我国经济增长质量的实证分析

发表时间及载体：西北师大学报：社会科学版 1999 年第 3 期

作　　者：肇英杰

简　　介：改革开放以来，我国的经济结构有所改善，这为经济的发展提供了基础，但仍存在不尽合理的方面。经济效益虽然在不断提高，但发展的水平较低 科学技术实力日益增强，但与世界先进水平相比，还有较大差距。虽然国际竞争力日益增强，但人均指标和质量指标均还很落后。可持续发展战略的确立和贯彻，使我国经济发展的质量日益改善，但由国情决定的社会问题以及环境问题仍很严峻。必须从我国经济增长质量的实际出发，采取有效措施，努力赶超世界先进水平。

0284 甘肃省县域经济空间集聚形式与成因研究

发表时间及载体：甘肃社会科学 2014 年第 5 期

作　者：郭爱君

简　介：本文运用 Moran 指数与 Gi 指数进行分析，发现了甘肃省县域经济空间集聚形式，建立空间计量模型，探索了甘肃省县域经济空间集聚的原因。研究结果表明，甘肃省县域经济存在显著的空间集聚与规律性变化，地理空间本身的异质性与工业化水平差异是导致甘肃省县域经济空间集聚的主要原因，人力资本投入量对甘肃省县域经济的空间集聚有重要影响，普遍较低的城镇化率与不合理的地方财政支出对甘肃省县域经济的空间集聚影响不显著。

0285 西部地区经济新闻报道的创新及深度服务导向挖掘的探讨

发表时间及载体：社科纵横 2010 年第 4 期

作　者：张俐　李挺

简　介：在我国进入市场经济以来，新闻报道的结构也发生了巨大的变化，经济新闻的比例在各个种类的媒体上都呈现大幅上升的趋势，它已经开始进入到人们生活的各个层面，影响着老百姓的日常生活。但是长久以来，由于我国东西部地区经济的不平衡发展问题，经济落后地区的经济新闻报道还是拘泥于传统的艰涩乏味的数字、政策、单一事件的陈述，新闻服务的导向功效没有很好地表现出来，对地区社会稳定、经济发展、人们生活和精神状态都有着直接的影响。因此，针对特定地区经济新闻采写的改革已迫在眉睫。

0286 魏晋十六国北朝西北人口发展的趋势和特点

发表时间及载体：西北人口 2012 年第 6 期

作　者：汪永臻　李清凌

简　介：魏晋十六国北朝时期，北方民族南下西迁。中原地区，尤其是关中世族，百姓避地河西，使历史上落后的河西地区人口陡增。而作为周秦汉代中原王朝政治、经济、文化核心区的关中一带，则是人口凋残，百不存一。这一局面直到隋朝统一南北后才出现了转机。

0287 转型期城市化进程中"城中村"问题研究——以兰州市安宁区水挂庄村为例

发表时间及载体：甘肃高师学报 2012 年第 2 期

作　者：汪永臻

简　介：本文以兰州市安宁区水挂庄村为例，对"城中村"经济现状进行了分析，提出以市场化为导向，控制"城中村"的衍生；以适当保留"城中村"为原则，设计不同的改造模式；打破二元分割，综合设计"城中村"治理机制；完善城市住房体系，提供低端赁住房供给；完善被征地农民的就业和社会保障制度等解决方案。

0288 20 世纪中国教育学的发生学考察

发表时间及载体：西北师大学报：社会科学版 2006 年第 4 期

作　者：高闰青

简　介：中国的教育学，从 20 世纪初的"引进"到 20 世纪末独立的学科体系的形成，呈现出一条清晰的演变轨迹。从发生学的视角来看，近代西方教育学的引进与传播、前苏联教育学的影响、中国教育学的意识形态化、中国教育学学科体系的探讨，持续并有力地介入于中国教育学的形成过程之中。由此发现，20世纪中国教育学的形成，可以视为是自我选择的结果，它也因此才得以呈现出当下的面貌。

0289 浅析高校贫困生存在的问题及其思想政治教育工作的着力点

发表时间及载体：兰州学刊2005年第6期

作　　者：王学俭

简　　介：如何解决高校贫困生存在的问题，并对他们进行有效的思想政治教育，已经成为新形势下高校思想政治教育工作者面临的一项突出的课题。本文对新形势下如何对高校贫困生进行思想政治教育工作，进行了有益的探索。

0290 我国全要素能源效率及其收敛性

发表时间及载体：中国人口资源与环境2010年01期

作　　者：李国璋

简　　介：传统单要素能源效率测度指标，只是能源投入与产出之间的关系，无法测度其他的投入要素组合对于能源效率的影响，忽略了GDP产出是由能源与资本、劳动力等相互可替代的要素投入共同组合的结果，具有比较明显的缺陷。而DEA模型可以综合考虑能源、资本和劳动因素以测度我国能源效率。本文采用中国大陆29个省市的面板数据，运用基于投入导向的规模报酬不变DEA模型，分析比较了1995—2006年各个省份、大陆地区整体及三大区域的全要素能源效率。其结果表明，我国地区全要素能源效率由西到东逐步提高，且内陆和三大区域的能源效率在1999—2002年间有所波动，但总体均呈现出上升的趋势。通过进一步对全国内陆及东中西三大区域进行全要素能源效率收敛性的分析，发现我国内陆和东中部的能源效率呈现向一个稳态收敛的发展趋势，而西部则有微弱发散的趋势。

0291 中国古典戏曲中"后花园"意象探微——以《牡丹亭》《西厢记》《墙头马上》为例

发表时间及载体：齐齐哈尔大学学报：哲学社会科学版2012年第6期

作　　者：安家琪　刘顺

简　　介："后花园"作为一个常见意象出现在中国古典戏曲中，其义涵已非纯粹意义上的地理空间所能涵盖。作为传统秩序的逸出，"后花园"是多重双向对生因素交织而成的"临界空间"，是闺阁女性超越现实秩序加诸其身之种种限制的凭依。但性别差异下的男性写作却更多消解了"后花园"之于闺阁女性的自由想象，而演化为一种"猎奇"心理的满足、"常态"生活的补偿与对作为潜在威胁的女性力量的规驯。

0292 西部大开发与甘肃对外贸易

发表时间及载体：兰州大学学报：社会科学版2002年第30卷第4期

作　　者：汪晓文

简　　介：阐述了甘肃对外贸易的现状和存在的问题，并用实证的方法分析了甘肃在劳动生产率、劳动力成本及资源禀赋等方面的比较优势，提出了在西部开发中甘肃对外贸易发展的一些新思路。

0293 转型成长中的区域经济发展问题——对落后地区实现"双重转型"的思考

发表时间及载体：开发研究2005年第1期

作　　者：姜安印

简　　介．转型成长是经济成长过程中的一个特殊阶段，是对实行计划经济体制的国家和地区向市场经济体制转变时期经济发展特征的概括。中国在转型成长中创造了很多奇迹的同时，正面临着实现区域经济协调发展的难题。本文通过对转型经济学和经济转型的区域特征两个方面的分析，对落后地区如何实现双重转型给出了一个初步的分析框架。

0294 定西地区博物馆藏长柄铜香炉——兼谈敦煌壁画的长柄香炉

发表时间及载体：敦煌研究 2001 年第 1 期

作　　者：王明珠

简　　介：本文将定西博物馆藏长柄铜香炉与敦煌壁画所绘作了对比，又据敦煌文献定名，并探讨这种香炉在古代是普遍使用的一种供养具。

0295 敦煌文献词语陕北方言证（续）

发表时间及载体：敦煌研究 2005 年第 1 期

作　　者：黑维强

简　　介：利用现代方言资料，可以有效地对古代的一些词语进行解释说明。本文利用陕北方言对敦煌文献中的十几条词语进行考证，以此为敦煌文献的整理以及有关辞书的编纂提供一点参考。

0296 城市规划与城市空间结构塑造——以深圳市为例

发表时间及载体：西北师大学报：社会科学版 2003 年第 6 期

作　　者：张志斌　靳美娟

简　　介：本文通过对深圳总体层面上历次规划的全面阐释，揭示出深圳城市规划在城市空间结构塑造中所发挥的重要作用：深圳特区社会经济发展规划大纲为城市的线状单中心结构奠定了基础深圳经济特区总体规划促使带状组团结构的形成；深圳市城市发展策略引导城市形成全境开拓的增长极核结构；深圳市城市总体规划将推动城市向网状组群结构发展。

0297 敦煌橦技小考

发表时间及载体：敦煌研究 2010 年第 4 期

作　　者：李金梅

简　　介：敦煌遗存的百戏史料较为丰富，作为我国古代百戏艺术形式之一的橦技也反映于其中。本文结合文献史料，对敦煌壁画中所反映的橦技的内容和形态特征进行考证分析，认为橦技不仅是人体文化的表现，而且也是身体、技巧、力量、心理、动律以及审美等的显示，并与现代竞技体操有着密切的血缘关系，归纳其文化意蕴和发展规律，从而进一步论证现代体操的雏形就源于中国的。

0298 我国寿险需求影响因素的实证分析

发表时间及载体：中国软科学 2005 年第 3 期

作　　者：田澎

简　　介：本文应用自回归分布滞后模型对我国寿险需求进行了实证研究，与已有的研究相比，本文消除了保费收入数据中因统计口径变化带来的影响，建模时考虑了时间序列的平稳性，而且考查了更长的时间跨度。

0299 知识、人性与治理模式的关系

发表时间及载体：甘肃政法学院学报 2005 年第 6 期

作　　者：赵更吉

简　　介：在影响国家与社会的治理模式中，知识与人性一直是两个非常重要的因素。

人们基本上以善恶阐释人性，而在知识的维度上，根据拥有知识的多少也可以把人分为不同的等级，还有理性与感性、理性与经验的关系，知识往往也是人性的构成要素。整体而言，中国传统人性论强调人的社会属性和伦理属性，贬抑人的生物属性；而西方人性论则偏重人的自然属性和认知属性，并给予正面评价。中国根深蒂固的等级人性论使得中国古代的治理模式无论是性善还是性恶最终都走向人治或人治下的法治。西方因有了自然法中的平等因子，治理模式呈现出了另一番景象。

0300 "不正之风"：一个亟待发展的概念

发表时间及载体：甘肃社会科学 2012 年第 4 期

作　　者：高太平

简　　介：在新的历史条件下，"不正之风"所涵盖的内容已经远远溢出了概念创立之初的实际，理论对实践构成了严重制约，迫切需要发展。根据已经变化的客观实际，把"不正之风"概念分解为"腐化"和"不当作为"两个概念，使用"消除腐化，纠正不当作为"的提法，改变理论落后于实际的现状，解除理论对实践的制约是当前纠正不正之风的迫切需要。

0301 从莫高窟壁画看唐五代敦煌人的坐具和饮食坐姿（下）

发表时间及载体：敦煌研究 2010 年第 4 期

作　　者：高启安

简　　介：敦煌石窟壁画所显示的饮食坐姿，与坐具、食床的变化相适应，主要有跪坐、胡坐和垂腿坐。垂腿坐虽已被社会所认可，但尚不规范，可看出由跪坐到垂腿坐的过渡痕迹。除此之外，坐具与食床正在分离，

床作为类概念的称谓仍存在。在坐具发生大变革的过程中，饮食坐姿呈现多样性，向符合人的生理特点、舒适、方便取食的方向发展，并影响到了合食制的形成，和座次、坐向等饮食礼仪。

0302 浅谈中国当下发展期的城市公共造型艺术

发表时间及载体：社科纵横 2010 年第 10 期

作　　者：达林太

简　　介：中国城市公共造型艺术存在不少问题，缺少学术、理论、法律等相关领域和专业间的有效互动和衔接，问题必须在社会各界的积极合作中才能得到解决。

0303 丝绸之路申遗甘肃段旅游地形象定位策略探析

发表时间及载体：兰州学刊 2010 年第 12 期

作　　者：董原　王嘉瑞

简　　介：随着竞争的加剧，旅游业在经历了资源驱动、产品驱动后，进入了形象驱动的阶段。个性鲜明、亲切感人的旅游地形象，以及高质量的旅游产品，可以帮助旅游地在旅游市场上较长时间地占据主导地位。对于甘肃——丝绸之路的黄金路段，准确、合理地进行旅游形象定位迫在眉睫。

0304 中国区域差距：基于金融视角的考察

发表时间及载体：学习与实践 2007 年第 6 期

作　　者：高新才

简　　介：在对我国区域发展不平衡的研究中，金融因素一直没有得到足够的重视。本文考察了我国金融区域差距的现状，分析了经济与金融的相互作用，说明了金融体系的演变对金融区域差距的影响，主张通过实施

差异性金融政策，缩小金融区域差距，推动区域协调发展。

0305 近10年我国教育电视研究论文作者机构及地域统计分析研究

发表时间及载体：电化教育研究 2004 年第 7 期

作　　者：杨晓宏　梁丽

简　　介：经过近半个世纪的发展，教育电视以其分布面广、信息容量大、传输质量高、视听效果好等特殊优势，在社会教育、学校教育、现代远程教育、电大教育等教育领域有着广泛的应用。本文以近 10 年来国内发表的"教育电视"类论文为研究对象，对论文作者的机构类型及所属地域等进行了统计和分析。

0306 甘南藏族自治州畜牧业收益与数量关系研究

发表时间及载体：西北民族大学学报：哲学社会科学版 2010 年第 3 期

作　　者：张唯实

简　　介：随着人口数量的增长以及生产力的发展，甘南自然资源和生态环境发生了很大变化。在对缺失数据进行 Monte Carlo 处理的基础上，利用 1998—2007 年甘南藏族自治州经济发展的面板数据，对畜牧业数量增长与甘南畜牧业收益的关系进行分析和研究，结果表明：甘南畜牧业经济收益与畜牧业数量之间，存在先增长后下降的倒 U 型关系；种植业、工业和服务业发展及人口规模的增加对甘南畜牧业发展有一定的挤出效应，但通过对甘南畜牧业的科学规划可以适度提高甘南的畜牧业经济收益，因此科学发展观对甘南经济的可持续发展至关重要。

0307 政府绩效评价结果管理问题的几点思考

发表时间及载体：中国行政管理 2006 年第 8 期

作　　者：包国宪　董静

简　　介：本文为兰州大学"985 工程"建设项目西部经济社会发展国家哲学社会科学创新基地阶段性研究成果。本文回顾了国内外政府绩效评价结果的利用与管理状况，剖析了我国政府在利用绩效评价结果方面存在的问题，并对政府绩效评价结果的功能进行了分析，提出了建立评价结果管理的配套机制。

0308 论地方政府促进民营经济健康发展的对策

发表时间及载体：甘肃行政学院学报 2005 年第 3 期

作　　者：张勤

简　　介：民营经济发展是社会主义市场经济的有机组成部分，也是社会主义市场化改革的重要力量，引导民营经济沿着有利于国民经济全局方向发展这是地方政府的一项重要职能。因此，本文以甘肃民营经济发展为个案，提出地方政府要把发展民营经济与搞活国有经济结合起来，鼓励民营经济吸纳国有企业分流人员，支持民营经济以多种形式参与国有企业改革和结构优化。把发展民营经济与调整产业结构结合起来，完善投资引导机制，合理调节民营经济的投资方向，运用各种政策组合与政策杠杆，引导民营投资的合理流向。深化政治体制改革、加强法制建设，规范政府行为，为民营经济提供法律保障。全面放宽民营经济投资领域和准入条件，化解中小企业融资难题。

0309 由李白第二次出长安的取道对《李白全集编年注释》编年的意见

发表时间及载体：西北师大学报：社会科学版 2003 年第 1 期

作　　者：郑文　单芳

简　　介：本文对安旗所著《李白全集编年注释》中关于李白第二次出长安的编年提出异议。本文依据李白诗歌和历史文献经过详细考证，重新确定了李白第二次出长安的时间和取道，纠正了李白全集编年注释中的编年错误，此对研究李白生平行实及其作品的感情轨迹具有拾遗补阙的重要意义。

0310 农民工农业收入对其流动行为的影响分析

发表时间及载体：生产力研究 2007 年第 7 期

作　　者：郭志仪

简　　介：本文经过研究发现：农民工的农业收入对其外出务工行为有着重大的影响，是农民工工资得以长期不涨的重要条件，但农民工的农业收入在增长速度最终要受制于农村劳动力人均家庭经营收入的增长速度，此时要保证农民工规模不缩小，就必须提高农民工的工资。并根据相关数据计算出 2003 年农民工如果放弃其农业收入，将不会有人外出务工，进一步地，算出了同年农民工所需最低农业收入。最后提出了促进农村劳动力外出务工的建议。

0311 关于敦煌文学发展的历史进程

发表时间及载体：甘肃社会科学 1999 年第 4 期

作　　者：颜廷亮

简　　介：敦煌文学研究已走过了近百年的漫长进程，出现了一批又一批敦煌文学研究的专家学者和优秀成果。在整个敦煌学研究中，敦煌文学研究也是处于诸多分支学科最前列的分支学科之一。然而，对敦煌文学发展的历史过程进行全面考察研究，迄今仍是不够的。这种状况自然影响到对敦煌文学的全面把握，影响到对敦煌文化的全面把握。有鉴于此，这里试对敦煌文学发展的历史进程进行一番考察。

0312 综合评价我国城市人口问题

发表时间及载体：兰州学刊 1981 年 2 月

作　　者：武文军

简　　介：应该怎样分析、认识我国目前城市人口问题呢？本文认为，当前有关部门和一些人口理论工作者在评价城市人口问题上，只注重单项分析和单项评价，而缺乏综合分析和综合评价。有些人只注重在自增率上评价城市人口。另外，一些人则过多地着眼于人口的就业和待业，还有一些人把人口的消费水平高低作为评价人口问题的主要标志。由于孤立地分析人口问题的某一、两个方面，往往是"仁者见仁，智者见智"，不同的人会得出互相矛盾的结论。

0313 新时期中国共产党执政文化建设探索

发表时间及载体：广西社会科学 2012 年第 6 期

作　　者：刘先春

简　　介：当今世情、国情、党情发生的深刻变化，使中国共产党执政文化建设面临着一系列的新形势。为此，我们党应增强社会主义核心价值体系的吸引力、凝聚力和导向力，转变执政理念和执政方式。

0314 生态城市理论研究综述

发表时间及载体：兰州大学学报（社会科学版）2004 年第 32 卷第 5 期

作　　者：马文国　杨永春
简　　介：本文回顾了生态城市内涵认识的变迁，对国内外生态城市理论进展和生态城市建设实践进行了较为全面的总结，指出了这一领域研究存在的主要问题，并展望了生态城市理论发展的前景。

0315 可持续发展：市场机制与国家干预的协调补缺——自然资源立法的视角

发表时间及载体：兰州商学院学报 2005 年第 21 卷第 2 期

作　　者：常丽霞

简　　介：市场经济的不同发展阶段中，市场这只看不见的手，和国家干预这只看得见的手，为了协调并促进社会发展，曾在不同的时期得以不同程度地强调过。本文试图从自然资源法的角度，通过追溯自然资源法的历史演进过程，结合各种法律手段在自然资源立法中的综合运用，指出实现自然资源领域的可持续发展必然要求市场机制与国家干预在经济发展和资源保护之间寻求一个最佳平衡点。

0316 论宋代女性的赈济活动

发表时间及载体：西北师大学报：社会科学版 2009 年 第 4 期

作　　者：铁爱花

简　　介：女性是宋代赈济活动中一股不可忽视的社会力量。宋代女性以多种方式，对亲友、乡里和灾民等进行赈济。她们从事赈济活动并非仅因情感因素使然，还与当时的国家政策、社会舆论、宗教观念以及女性关怀社会的责任意识等因素有关。其资金来源主要有奁产、大家家财、国家所赐封赏以及本家资产等。宋代女性从事赈济活动，为女性走出家庭，拓展自身生活空间提供了途径，

有利于砥砺风俗，形成和谐互助的社会氛围，对缓解社会危机，稳定社会秩序，维护国家统治均有一定影响。

0317 早期人类制度演进的成本解释

发表时间及载体：西北师大学报：社会科学版 2009 年第 3 期

作　　者：宋小明

简　　介：运用新制度经济学的成本解释方法研究人类社会制度演进问题，对早期人类制度演进的内在机理及规律性做出系统总结，其意义在于深刻把握社会制度演进的经济内涵，更好地理解目前制度的变革与未来趋势。概言之，对成本的关注和有效的成本控制，是人类社会制度演进中一种内生的需要，也是制度演进和选择社会组织形式至关重要的影响因素。人类社会制度形式的变革本质上是一个包含了多种成本考虑的过程。

0318 对加强新时期干部队伍建设的几点思考

发表时间及载体：社科纵横 2010 年第 5 期

作　　者：叶进　赵芸

简　　介：各级领导干部是贯彻落实党的路线方针政策的具体实践者，面对新时期、新阶段经济社会科学发展提出的新要求，进一步提高各级领导干部政治理论素养，提升驾驭工作的能力，全面打造一支适应市场经济体制和现代化建设需要的高素质优秀的干部团队，已成为新时期加强干部队伍建设的关键，本文就进一步提高领导干部政治理论素养、提升工作能力、形成科学的选人用人管理机制以及树立干部的自身良好形象等四个方面对加强新时期干部队伍建设进行了几点思考。

0319 甘肃城市妇女生活方式探析

发表时间及载体：西北人口 2003 年第 1 期

作　　者：韦惠兰

简　　介：本文在对甘肃省城市妇女进行全面调查的基础上，从妇女生活质量、社会交往以及闲暇活动三个方面，分析了甘肃省城市妇女的生活方式，并提出了相应的建议。

0320 甘南藏族自治州人口生育度量与分析

发表时间及载体：甘肃社会科学 2010 年 6 期

作　　者：张广裕

简　　介：本文首次用"五普"人口数据，对甘南藏族自治州妇女的生育率、分孩次率、15-50 岁妇女平均活产子女数和平均存活子女数、人口粗再生产率和净再生产率以及平均世代间隔和真正（内在）自然增长率，进行了度量和分析，并分析了影响甘南州妇女生育的主要因素，得出了一些相关的结论。

0321 汉敦煌郡境内置、骑置、驿等位置考

发表时间及载体：敦煌研究 2011 年第 3 期

作　　者：李并成

简　　介：本文依据敦煌悬泉汉简等史料并经实地考察，对于汉代敦煌郡境内的邮驿系统及其所设置、骑置、驿和若干亭的位置和所存遗址，进行了细致的调查研究。

0322 形天神话源于仇池山考释——兼论"奇股国"、氏族地望及"武都"地名的由来

发表时间及载体：河北师范大学学报：哲学社会科学版 2002 年第 4 期

作　　者：赵逵夫

简　　介：形天是开题氏的祖先 "开题"即 "形题"，也即 "雕题"或 "形天"。形天神话的背景在今甘肃西和县仇池山、洛峪镇一带，"奇股国"乃 "形天与帝争神"之地。"奇股国""武都"之义大体相当，其得名与形天有关。

0323 论语文教案的创新

发表时间及载体：考试教研版 2008 年第 4 期

作　　者：李怀顺

简　　介：教案，是教师为顺利而有效地开展教学活动而编写的具体方案，它是教师对整个课堂教学实践活动的必要准备，在教学过程中起着极为重要的作用。而备课的关键，就在于编写一套既符合学生实际情况，又具有一定教学和科研价值的教案。

0324 吴镇诗学思想初探

发表时间及载体：西北师大学报：社会科学版 2004 年第 5 期

作　　者：冉耀斌

简　　介：吴镇是清代中期陇右著名诗人，其诗学理论有许多真知灼见，带着鲜明的时代印记。吴镇论诗，主张性灵，也强调学问的重要性；他还受到格调说的影响，坚持风雅的诗教原则。更为重要的是，吴镇还继承司马迁、欧阳修等人发愤著书、诗穷而后工的思想，提出 "穷乃工诗"的观点，同情下层文士，反对庙堂文人左右诗坛的现象。

0325 银行卡盗刷纠纷法律问题的思考

发表时间及载体：社科纵横 2011 年第 9 期

作　　者：杨蓉

简　　介：随着电子信息技术的不断发展，银行卡已成为目前使用最为广泛的个人结算工具。与此同时，银行卡盗刷问题大量出现，使得银行卡业务法律风险不断增加，持卡人利益受到严重损害，银行方面也遭遇资金和声誉的双重损失，不利于银行卡业务的健康

发展。本文通过分析银行卡盗刷纠纷的主要类型、发案原因，探讨有关法律问题，提出防范银行卡盗刷法律风险的管理对策，对于保护持卡人利益、树立商业银行"安全、可靠"的社会形象，构建公平高效的金融秩序和社会主义和谐社会具有一定的现实意义。

0326 张维《陇右金石录》录文校勘二则

发表时间及载体：社科纵横 2008 年第 1 期

作　　者：崔阶

简　　介：笔者经实地考察，对张维《陇右金石录》所录《祥渊庙勅碑》、《敕赐雍古氏家庙碑》两篇碑文中的误、脱、衍等情况进行了校勘，以期还原碑文的真实内容。

0327 红西路军的时代烙印——从中共军事战略、政治策略演变的角度审视西路军历史

发表时间及载体：甘肃社会科学 2012 年第 1 期

作　　者：杨惠娟

简　　介：把红西路军置于它所在的特殊历史背景下，从中共政治策略、军事战略不断演变的角度，在具体历史进程中探寻"打通国际路线"始末，理清西路军来龙去脉。惟其如此，才能系统地全面地正确地认清西路军历史。

0328 互通与契合：公民社会与社会生态空间关联研究

发表时间及载体：西北师大学报：社会科学版 2014 年第 5 期

作　　者：王学俭　张哲

简　　介：本文是国家社会科学基金重点项目"社会主义价值与社会主义核心价值体系的内在关联研究"（12AKS005）；兰州大学

中央高校基本科研业务费专项资金资助项目"思想政治教育空间研究"(14LZUJBWYJ018)的科研成果。本文认为，公民社会与社会生态及社会生态空间存在着互通与契合的内在关联性。一方面，社会生态空间是社会生态的秩序存在，其所包含的经济生态、政治生态、文化生态、制度生态、心理生态等要素与层次。

0329 试论国有股减持及国有股权流通

发表时间及载体：兰州大学学报：社会科学版 2001 年第 29 卷第 2 期

作　　者：高新才　戈银庆

简　　介：在我国股份制的改造中，形成了国有股占很大比重但却不能流通的特有的股权结构，随着资本市场的发展，国企改革的深入，国有股的减持与流通已经是一个不能回避的现实问题。本文就国有股不流通的负面影响，国有股减持、流通的市场压力以及认识障碍进行了分析，并提出国有股减持、流通的方案设计。

0330 企业市场环境分析中的军事思想运用

发表时间及载体：商业时代 2010 年第 36 期

作　　者：刘嘉华　董雅丽

简　　介：在我国复杂的市场竞争环境下，企业如何应用本土文化更好地分析所处的市场环境已变得日益重要。本文基于易经、孙子兵法等我国优秀军事思想的全新视角，探索企业在市场环境分析中应关注的重点。

0331 《驾幸温泉赋校注》补校

发表时间及载体：敦煌研究 2003 年第 4 期

作　　者：赵红

简　　介：伏俊连先生敦煌赋校注为敦煌赋校注之集大成者，但部分录文、标点、考释

方面仍有可讨论之处，本文试以补校。

0332 论西部主考学校在自学考试中的功能拓展——作用与意义、现状与问题、内容与方法以及实践个案举隅

发表时间及载体：西北成人教育学报 2009年第 5 期

作　　者：张进　李利芳

简　　介：自学考试主考学校在构建社会主义和谐社会中具有不可替代的重要作用，尤其在西部地区更具有特殊而重要的价值。随着我国由教育大国向教育强国、由人力资源大国向人力资源强国的历史性转变，主考学校在自学考试中的功能作用必须进行相应的调整和拓展。本文在评述相关研究现状的基础上，指出了已有研究存在的问题，探讨了功能拓展的主要内容和具体方法，强调了自学考试论文选题和写作向活态文化转移的必要性和重要性。

0333 兰州鼓子的方言民俗与生态环境略探

发表时间及载体：西北民族研究 2010 年第 3 期

作　　者：张彦丽　闫新艳

简　　介：西北地区的兰州市所独有的曲艺项目——"兰州鼓子"，历史悠久，文化底蕴深厚，是曲艺的典型代表，具有浓厚的方言特征和地域民俗显现，"兰州鼓子"作为非物质文化遗产而被人们日益关注。

0334 基于双重视角的 MPPSP 及其禁忌搜索启发式算法

发表时间及载体：运筹与管理 2010 年第 3 期

作　　者：何正文　任世科　柴国荣

简　　介：本文首先界定研究假设条件并定义文中所使用的符号，随后从业主及承包商双重视角构建 MPPSP 的整数规划优化模型，针对问题的强 NP—hard 属性，设计禁忌搜索启发式算法在随机生成的标准算例集。

0335 中亚五国政治转轨的特征

发表时间及载体：甘肃社会科学 1999 年第 3 期

作　　者：张新平

简　　介：1991 年 8 月发生的震惊世界的"8·19"事件，加速了苏联的解体。从 8 月 31 日至 12 月 16 日，苏联境内中亚的吉尔吉斯、乌兹别克、塔吉克、土库曼、哈萨克五个加盟共和国相继宣布独立，一般称为中亚五国。从那时到现在，中亚五国在独立的道路上已走过了近 8 年的历程。8 年来，五国经历了风风雨雨。如何看待中亚五国所走过的道路，客观认识五国在独立道路上的选择，正确处理改革进程中的各种关系和问题，是本文所要论述的。

0336 浅析电化教育功能认识中存在的误区

发表时间及载体：电化教育研究 2000 年第 12 期

作　　者：石新茂

简　　介：文章探讨了电化教育的负向功能，分析了产生的原因，并指出，认识电教的负向功能是为了更科学地认识电教，提高我们的预性性，促进电教事业健康发展。

0337 中西方旅游目的地形象比较研究述评

发表时间及载体：甘肃社会科学 2012 年第 4 期

作　　者：魏宝祥

简　　介：旅游目的地形象研究起源于西方，

自上世纪九十年代被正式引入我国，被越来越多的研究者所重视。但中西方在旅游目的地形象研究上却有着诸多的不同之处。在西方，构建了相当完备的理论体系，研究内容上，研究的是需求方持有的旅游目的地形象，研究方法以定量分析为主，定性分析为辅 而在中国，虽然较为完整全面地引入了西方的旅游目的地形象理论，但对相关研究并没有明显的影响，仍是在本土的形象定位理论影响下进行，研究的主要是供给方持有的旅游目的地形象，研究方法以定性分析为主，定量分析为辅。本文探析了形成这些不同的原因，尝试性延伸发展了 Echtner 和 Ritchie 提出的旅游目的地形象的特性理论，提出了主观性—客观性、稳定性—动态性两个维度的特性。

0338 甘肃产业承接的路径特征及潜力分析

发表时间及载体：甘肃社会科学 2012 年第 3 期

作　　者：苏华

简　　介：本文对甘肃产业承接的规模、结构、行业分布以及产业布局等进行分析，从而揭示现象背后的本质，找准承接产业转移过程中的关键问题，确立甘肃产业承接的潜力和方向。

0339 推动兰州—西宁—格尔木—拉萨联动发展的现实基础与路径选择

发表时间及载体：开发研究 2011 年第 3 期

作　　者：聂华林

简　　介：推进西部地区的协调发展，是未来十年西部大开发战略的重要内容。为顺应国家经济重心战略调整与大城市区域化发展趋势，推进西部大开发战略的深入实施，从兰青—青藏纵深经济带的未来发展出发，提出了促进兰州—西宁—格尔木—拉萨联动发展的战略构想，并从区域市场、产业整合等方面，提出了促进四市联动发展的政策建议。

0340 现代教育技术对高校思想政治理论课教学的改革探析

发表时间及载体：电化教育研究 2010 年第 3 期

作　　者：王韵秋

简　　介：现代教育技术在高校思想政治理论课教学中的实践应用，使传统的教学模式受到极大挑战，并使构建"教""学"双中心的新型教学模式成为可能，促成了多媒体教学与传统教学在思想政治理论课教学上的完美结合，对高校思想政治理论课教师的整体教学素质和教学观念提出了新要求。

0341 内陆河流域建设节水型社会的理论与实践——以甘肃省张掖市为例

发表时间及载体：兰州大学学报：社会科学版 2005 年第 33 卷第 2 期

作　　者：李兴江

简　　介：建设节水型社会、实现人与自然和谐相处，是经济与社会可持续发展的成功之路，是 21 世纪人类社会一场伟大而深刻的革命。甘肃省张掖市从 2002 年 7 月开始的黑河流域建设节水型社会模式的理论与实践创新，有利于典型示范和推广，对我国乃之全世界干旱地区的节水型社会建设有借鉴意义。

0342 论龙门石窟路洞降魔变地神图像

发表时间及载体：中原文物 2009 年第 1 期

作　　者：张善庆

简　　介："路洞石窟降魔变"是龙门石窟唯一的一铺。它创造性地引入地神图像。和古代印度中亚地区的降魔变相比，其地神图像没有完全遵循佛传经典，而是依照《金光明经》的记载，借用了早期呈托举姿势男性化的地神造型。其创作的背景是：一是当时翻译出的佛传经典没有关于地神形象的具体描写，二是强调地神图像的降魔变粉本没有传到云冈和洛阳等地。

0343 虚拟现实技术在实践实训教学中的应用

发表时间及载体：电化教育研究 2010 年第 4 期

作　　者：张建武　孔红菊

简　　介：培养适应经济社会发展需求的应用型人才是现代教育的一项重要任务。改革传统的实践实训手段，优化实践实训环境和方法，是提高应用型人才培养规格和质量的迫切要求。充分利用现代教育技术，发挥虚拟现实技术的作用，是实施现代实践实训教学的必然选择和有效途径。

0344 教育传播研究的现代符号学视角

发表时间及载体：电化教育研究 2007 年第 8 期

作　　者：王卫军　俞树文

简　　介：传播理论研究大量吸收了信息科学的研究成果，也引领了我国教育传播理论研究的视角。符号学对传播理论研究最初的影响主要是在方法论层面，随着符号学研究从方法论走向本体论，如何从现代符号学的视野分析研究教亭传播理论，笔者作了一些思考。

0345 简论宋朝家训文献中的道德教育

发表时间及载体：甘肃理论学刊 2005 年第 6 期

作　　者：杨华

简　　介：本文探讨了宋朝家训文献中涉及的德教内容，并分析了宋朝家训文献注重道德教育的主要原因。

0346 企业离退休服务管理机构落实老龄工作"六有"目标浅析

发表时间及载体：社科纵横 2009 年第 4 期

作　　者：霍宝霞　刘文旗

简　　介："老有所养、老有所医、老有所教、老有所学、老有所为、老有所乐"（简称"六有"），是我国老龄事业的工作目标。本文阐述了对企业离退休职工服务管理机构贯彻落实"六有"目标的认识，分析了"六有"目标之间的关系、作用和要求。着重分析了"老有所教""老有所学""老有所为"三个环节，提出了落实过程中的要注意的三个问题。

0347 甘肃城市土地可持续利用研究

发表时间及载体：西北师大学报：社会科学版 2000 年第 4 期

作　　者：石惠春

简　　介：甘肃城市用地既存在一定限制因素，又具有较大的开发潜力。国家西部大开发战略的实施是甘肃城市发展的外动力，自身资源的开发、人口的增长和城市化水平的南昌市是城市发展的内动力。应采用积极培育、发展大中城市，重点发展沿黄河及铁路干线上的城市和扶持特色城市的城市土地持续开发利用模式，并探索实现城市土地可持续利用的对策。

0348 虚拟企业研究基础——实践背景与概念辨析

发表时间及载体：兰州大学学报：社会科学版 2004 年第 32 期第 6 卷

作　　者：包国宪　贾旭东

简　　介：本文通过对虚拟企业产生的背景、研究现状的分析，围绕虚拟企业的本质，对其概念进行了深入的研究，给出了具有一般意义的虚拟企业概念并进行了辨析，理清了虚拟企业与虚拟经营、战略联盟等概念间的区别和联系。

0349 论"散点透视"在中国传统绘画中的运用

发表时间及载体：社科纵横 2008 年第 8 期

作　　者：李前军

简　　介：中国传统绘画在长期的发展过程中，逐渐形成了具有民族特点的散点透视法则，它体现了华夏民族的自由的视觉空间和精神空间，是一种突破了视域局限的动态展示，成为中国传统绘画高度艺术性的风格特征之一，具有典型的东方审美意识。

0350 论民事诉讼中的部分判决

发表时间及载体：甘肃政法学院学报 2006 年第 5 期

作　　者：杜睿哲

简　　介：依据我国《民事诉讼法》第 139 条之规定，司法实践中法院作出部分判决是常见的现象。然而，由于民事诉讼立法的原则、笼统，理论研究的欠缺。实践中存在诸多问题，意见难以统一，为此，本文对民事诉讼中部分判决的概念、意义，部分判决范围的认定、部分判决既判力的客观范围与剩余部分的程序处理、及部分判决的上诉等问题进行了初步探讨，以期对完善民事诉讼立法有所裨益。

0351 甘肃企业集团发展的对策研究

发表时间及载体：兰州大学学报：社会科学版 2001 年第 29 卷第 2 期

作　　者：张玉春　李卓敏

简　　介：甘肃省列 20 户大型骨干企业集团，在甘肃国民经济中占有非常重要的地位，但目前也面临着经济体制和企业经营机制转换、市场竞争加剧等多方面的挑战。面对挑战，促进企业集团健康运行发展的对策是：要正确发挥政府的积极作用，营造有利于企业集团发展的外部环境；规范企业集团的组织结构体系，构造一个适合中长期发展的组织体制框架；加大研究与开发资金的投入力度；围绕核心竞争力强化企业集团的战略管理。

0352 光辉思想与时俱进

发表时间及载体：甘肃理论学刊 2002 年第 3 期

作　　者：柴生祥

简　　介：中国共产党成立以后，以毛泽东、邓小平、江泽民为核心的三代领导集体，把马列主义民族理论与中国民族问题的具体实践相结合，根据中国革命和建设各个时期的不同特点，制定了解决我国民族问题的方针和政策，丰富和发展了马列主义民族理论。

0353 民族地区农村社会保障的模式选择与体系构建

发表时间及载体：经济社会体制比较 2007 年第 3 期

作　　者：高新才

简　　介：社会保障制度建设在民族地区农村并不十分理想。受土地保障功能弱化和家庭核心化、小型化的影响。传统的以土地和家庭保障为主的保障模式难以为继，国家也无力全部承担广大民族地区农村社会保障的财政投入。因此，重建土地和家庭保障功能，建立新型的以土地和家庭保障为主的保障模式是民族地区农村社会保障制度建设的理性选择。

0354 平行进口的法理分析与立法选择

发表时间及载体：西北师大学报：社会科学版 2010 年第 4 期

作　　者：李玉璧

简　　介：平行进口不仅是知识产权法中的重大理论问题，而且事关国家贸易政策与本国经济利益。平行进口问题已受到国内学界的高度重视，但在许多问题上未能形成统一的认识，甚至存在着较为严重的分歧。平行进口是各国知识产权相互扩张与限制以及国家贸易政策选择的结果。权利穷竭理论不能构成平行进口的法理基础。研究平行进口问题应跳出权利穷竭理论的思维模式，从权利限制的视角，运用公共政策考量方法，理性审视平行进口的正当性问题，并据此作出正确的立法选择。

0355 唐朝"村"制度的确立

发表时间及载体：史学集刊 2008 年第 2 期

作　　者：刘再聪

简　　介：依据文献记载，"村"的概念出现于东汉中后期，直至隋朝，"村"一直作为一种自然聚落的名称。唐朝开始推行"村"制度，将所有野外聚落统一名为"村"。

0356 国家审计理论属性的探索

发表时间及载体：审计与经济研究 2010 年第 1 期

作　　者：杨肃昌

简　　介：对国家审计理论属性进行探索，可以发现，作为审计理论的一个基础命题，国家审计理论属性具有多重性。政治性是它的特有属性，实践性是它的基础属性，开放性是它的方法属性，创新性是它的动力属性。弄清国家审计理论属性有利于人们从不同方面、不同层次认识国家审计理论，提升国家审计理论研究水平，形成更高质量的国家审计理论研究成果，发挥理论指导实践的作用。

0357 应用衔接理论改进英语写作教学的实证性研究

发表时间及载体：甘肃联合大学学报：社会科学版 2009 年第 3 期

作　　者：胡淑兰　李红瑛

简　　介：衔接手段在语篇构建中起着重要作用，它不仅是深刻理解语篇的重要手段。同时也是有效创造语篇的基础，理论上认为，衔接手段与语篇构建质量的有密切关系。本文将韩礼德和哈桑的衔接理论应用到英语写作教学中进行实证性研究。通过实验数据可以看出，教师有意识的教会学生理解和运用衔接手段可以提高学生写作的能力。

0358 基于循环经济的节约型社会建设

发表时间及载体：甘肃理论学刊 2007 年第 6 期

作　　者：郑士香

简　　介：本文阐述了什么是循环经济，并结合我国实际情况，提出了建设节约型社会是实现可持续发展的内在要求，论述了发展循环经济的必要性和迫切性，及如何推动循环经济发展，建设节约型社会。

0359 园林别业与宋人休闲雅集和文学活动——以杭州张镃南湖别业为中心的考察

发表时间及载体：浙江学刊 2012 年第 5 期

作　　者：曾维刚　铁爱化

简　　介：两宋时期，私家园林——"别业"发展兴盛，不仅拓展了宋人身心游憩的空间，也成为文学活动的重要场域，对宋代文学风貌的生成具有深刻影响。南宋杭州张镃"南湖别业"作为迄今保存资料最完整的宋代园林，其规模庞大，造物精致，功能齐备，集中展现了宋人以园林别业为中心的丰富多样的休闲雅集活动，并在与园主张镃及当时文人士大夫发生密切关系的过程中，不断激发他们的艺术灵感和文学创作，从而形成一个具有丰富时代蕴涵与独特美学意味的文化场域和文学空间。以"园林"为核心空间意象的诗文创作，其走向精细和日常化的美学特征，体现了宋代诗文发展的一个重要趋向，具有独特文学史意义。

0360 著腔子唱好诗——宋人歌诗方法分析

发表时间及载体：西北师大学报：社会科学版 2003 年第 2 期

作　　者：杨晓霭

简　　介：宋人歌诗采用了一种特殊的方法——著腔子，即借用现成的曲调歌唱。这一现象，前贤略有述及，惜未作细致分析。宋人唱好诗，所借之腔主要有阳关（渭城曲）、小秦王、瑞鹧鸪、木兰花、竹枝、柳枝、鹧鸪天等，所歌诗体主要为七绝、七律。歌七绝多用竹枝，歌七律惯用瑞鹧鸪。歌唱方法或加和声，或用叠，或依字而歌。本文对其作了尝试性分析。

0361 石羊河流域区域可持续发展：本质属性、核心问题、关键任务

发表时间及载体：社科纵横 2008 年第 2 期

作　　者：高新才

简　　介：作为地处特殊地域环境条件下的石羊河流域，其区域可持续发展具有极其重要的战略价值。本文认为，石羊河流域区域可持续发展具有特殊的本质属性，在要求区域发展代际公平的同时，还内在地要求流域内游际公平，游际发展的不公平是其可持续

发展困境的本质。而人与资源（特别是水资源）的矛盾、经济发展与资源的不匹配、社会发展与资源的非协调是该流域区域可持续发展所面临的三大核心问题；实施功能区划、形成合理的空间开发格局，人口集聚与人口转移，产业结构调整与经济增长方式转变，提高流域管理水平、建设节水型社会等则是实现流域可持续发展的四大关键任务。

0362 社区：从一个社会学概念到一种基本的分析框架

发表时间及载体：甘肃理论学刊 2008 年第 5 期

作　　者：张俊浦　李朝

简　　介："社区"在从美国"转口"到中国以后，已经成为了当前比较热门的词汇，在社区研究的本土化过程中，不同的学者从不同的视角，对社区形成了很多不同的理解。本文认为，"社区"已经从一个社会学概念发展到了一种基本的分析框架。

0363 西部大开发与现代增长极理论的创新

发表时间及载体：甘肃社会科学 2003 年第 4 期

作　　者：安江林

简　　介：国外早期的增长极理论及其沿不同方向发展了的各种形态，都包含有对区域经济发展有益的内容；新产业区理论和产业集群理论是伴随知识经济兴起而出现的增长极理论的重要前沿领域；国内增长极理论的创新成果对区域经济理论的丰富、发展和国家、地区经济发展战略、发展规划的制定、实施起到了重要的指导作用；实施西部大开发战略迫切需要对增长极理论进行多方面的发展和创新。

0364 论俄国"布里根杜马"的历史地位

发表时间及载体：兰州大学学报：社会科学版 2001 年第 5 期

作　者：王起亮

简　介："俄国 1905 年革命"中产生的"布里根杜马"一直被定性为咨询性机构，但从其章程可看出，它与俄罗斯十月党《十月十七日宣言》后的新章程的法律精神相通，绝非是咨询性的，而是准立法性机关，是 1905 年 10 月后国家杜马的基础，其章程为俄国改行二元制君主立宪设计了初步框架，在俄国历史上具有一定的地位。

0365 意识形态批判与中国社会现代性成长

发表时间及载体：理论导刊 2011 年第 1 期

作　者：刘先春

简　介：发轫于欧洲启蒙运动时期的现代性指引人类创造了伟大的现代文明。当今世界多数国家将现代化建设作为自己的战略任务和目标，追求现代性成长，表明现代性仍是人类未完成的谋划。

0366 中华民族精神与教育

发表时间及载体：西北师大学报：社会科学版 2005 年第 3 期

作　者：王星霞

简　介：本文从中华民族精神的历史意蕴出发，探讨了弘扬中华民族精神的必要性，认为昂扬向上的中华民族精神需要教育的塑造和弘扬，并就如何实施中华民族精神教育提出几点建议。

0367 从"洋芋"到"土豆"的文化融合马铃薯跨文化传播现象研究

发表时间及载体：甘肃社会科学 2012 年第

4 期

作　者：楚雪

简　介：马铃薯从欧洲到中国的传播是一次典型的实物跨文化传播，也是一次从"洋芋"到"土豆"的文化融合过程。马铃薯适应中国的自然环境，在中国被大面积推广种植，目前中国已成为世界第一马铃薯生产大国，马铃薯也由一种"舶来品"成为中国的"土特产"。它不仅适应了中国的自然环境，还适应了中国的社会环境，与中国的乡土风情、文化传统相融合，在一些地方逐渐形成富有地方特色的"土豆文化"。科学技术推动了马铃薯在中国的广泛种植，而马铃薯的"本土化"又反过来促进了相关方面的科学研究。在科技、工业化、全球化的影响下，马铃薯产业已经形成。中国的马铃薯以及相关产业如何走出国门，走向世界，是本文重点思考的问题。本文认为，中国的马铃薯及马铃薯产业要想走向世界，成为全球化的品牌和产业，需要在依靠科技的同时，借力中国特有的"土豆文化"。

0368 论替换中项法——对三段论方法的新探索

发表时间及载体：西北师大学报：社会科学版 2009 年第 5 期

作　者：戴春勤

简　介：三段论的本质问题是在前提中的大、小项通过系词"是"或"不是"分别与中项直接联系的情况下，以何种方式发挥中项的"媒介"作用，使得大项和小项也用系词"是"或者"不是"直接联系起来来得出结论。研究发现，中项发挥"媒介"作用的方式（或机制）是替换中项法。替换中项法是三段论的新方法，它能够一揽子解决三段论的推理问题、判定问题、证明问题和补充省略前提等问题。而规则法、文恩图解法和还原法等三段论方法一般只能解决其中某一个问题。此外，替换中项法还能够证明三段论传统规则。因此，替换中项法具有三段论其他方法无法比拟的优越性。

0369 我国加入"WTO"及对甘肃工业引智的思考

发表时间及载体：甘肃理论学刊 2002 年第 3 期

作　　者：吴琼

简　　介：中国加入"WTO"，为甘肃省工业引智提供了前所未有的条件。要振兴甘肃经济，首先要振兴甘肃工业，要振兴甘肃工业，就要强化工业智力储备。如何抓住这次机遇，是甘肃经济腾飞的关键。

0370 我国经济转轨中的失业与就业问题及治理对策

发表时间及载体：甘肃行政学院学报 2001 年第 3 期

作　　者：张希君

简　　介：在我国经济体制转轨中，随着市场经济体制总体轮廓的确立与机制的运行，计划经济体制下僵化的统包统配的就业格局被打破，劳动力的市场化运作，在促进了劳动力的合理流动的同时也使下岗失业现象不可避免，并已成为制约我国经济持续、稳定、健康发展和社会稳定的突出问题。为了扩大就业，必须通过确保我国宏观经济的快速增长、大力发展非公有制经济、推进城市化进程、加快劳动力市场建设、完善失业保障制度、大力发展教育事业等一系列对策措施，才能收到成效。

0371 日常生活——身体：当下审美文化的新特点之一

发表时间及载体：甘肃理论学刊 2010 年第 1 期

作　　者：郭郁烈　张天佑

简　　介：在人们物质生活极大提升的今天，在现代主义、后现代主义的冲击下，审美文化产生了根本性的变异，其中之一就是审美转向了日常生活之中、身体之中。本文通过对"审美文化""日常生活""身体"等概念的辨析，以及对它们在当下审美文化中的表现的描述与分析，揭示出审美借助现代、后现代文化重新审视日常生活及其身体，在其中发现美、创造美，形成了自己的特点。它唤醒的或者参与的日常生活会使人更加热爱生活、热爱生命，会使人更加愿意生活，更加愿意在生活中看见、创造并体验审美的快乐。

0372 西北少数民族聚居区产业技术跨越条件论

发表时间及载体：西北民族研究 1999 年第 2 期

作　　者：张克让

简　　介：本文立足于民族地区产业技术现状，逐层分析了民族地区实现产业技术跨越所要依托的技术、经济、制度和文化等诸多条件，并阐述了这些条件之间的内在逻辑关系以及对技术跨越行为的制约机理。

0373 试论教育干部树立正确的权力观

发表时间及载体：甘肃理论学刊 2002 年第 2 期

作　　者：王通智

简　　介：本文提出，加强学习，努力提高政治素质、思想和道德境界；加强党性修养，增强党的意识；思想上、行动上、作风上坚持做到立党为公、执政为公，始终保持党同人民群众的血肉联系；破除官本位意识，坦然对待个人升降去留；信守为人民掌握和行使权力的原则，自觉接受人民的监督，这是当前教育干部树立正确权力观的几个重要方面。

0374 浅谈资本结构与公司治理问题

发表时间及载体：甘肃理论学刊 2007 年第 2 期

作　　者：王小燕

简　　介：在公司治理中，控制权的配置是最主要的功能。从控制权的配置角度看，公司治理要处理的是公司资本供给者确保自己得到投资回报。从资本结构的角度看，公司治理具体表现为：股权与债权的结构、股权内部的结构、债权内部结构等方面，也就是说，通过对这些结构的调整可以起到重新配置控制权的作用。本文主要从激励、约束、控制三方面分析了资本结构理论在公司治理中的作用，并提出了从优化资本结构等方面完善公司治理的几点建议。

0375 基于 P2P 技术的远程视频教学系统研究

发表时间及载体：电化教育研究 2009 年第 4 期

作　　者：文玉锋　侯虹

简　　介：开展现代远程教育必须关注新技术的发展与应用。本文分析了传统远程视频教学系统的局限性，提出了一种基于 P2P 架构的远程视频教学平台的设计方案，其中每个节点既是服务的提供者又是消费者，克服了传统的基于 C／S 结构的视频教学系统在用户数量众多时出现的网络瓶颈问题，该方案具有对网络带宽及服务器要求较低、扩展性好、构造成本低等特点。

0376 应用现代信息技术优化声乐教学

发表时间及载体：电化教育研究 2006 年第

10 期

作　　者：陈虎　赵开东

简　　介：信息技术发展到今天，与教育相结合产生现代教育技术，这为优化课程教学提供了许多便利条件。声乐教学是一种抽象而复杂的活动，传统单一的一对一的声乐教学模式有很多局限，已不适应发展的需要，而现代信息技术为突破传统声乐教学模式的束缚提供了可能，我们可以从课前、课堂、课后这三个环节人手，应用现代信息技术以优化声乐教学。

0377 生活论德育理念的逻辑悖论

发表时间及载体：西北师大学报：社会科学版 2012 年第 4 期

作　　者：靳健　赵晓霞

简　　介：生活论德育理念建构了一个抛开学习者及其生活的外在的道德教育知识体系，从而形成了一种他律的生活论哲学；并且用"道德灵魂附体不附体"和"生活改变不改变"来指导德育实践活动，结果引申出许多逻辑悖论，不利于道德教育的健康发展。相形之下，中国古代思想家创造了一个主客一体，彻上彻下，彻里彻外，已至通透之境的至善道德实践论，不但有助于人们塑造美丽人生，而且从人性和宇宙本源上有助于解决当下世界面临的诸多道德伦理问题。关注优秀传统文化，有助于人们回到纯洁、至善、神圣的道德实践之路上来。

0378 基于 EVA 业绩评价指标的公司价值与公司治理关系的实证研究

发表时间及载体：甘肃理论学刊 2012 年第 3 期

作　　者：潘永昕　李国春

简　　介：选取能够更好地反映公司价值的 EVA 指标，运用甘肃省 17 家上市公司

2003—2007 年的面板数据，实证检验了 EVA 反应的公司价值与公司治理之间的关系。结论表明：股权结构的优化有利于公司价值提升。由于对经理层激励的不足导致其与上市公司价值负相关，随着第一大股东持股比例及第二至第十大股东持股比例的下降，公司价值会增加 董事会治理从规模、结构、行为和激励方面对公司价值存在不确定的影响。

0379 产业转移承接环境研究的必要性分析

发表时间及载体：管理现代化 2009 年第 1 期

作　　者：苏华　王蔚

简　　介：区域分工和区域经济发展差异性决定了产业梯度转移的必然趋势。承接环境这个名词经常出现在有关产业转移的各种文献中，但理论界对承接环境的界定与评价没有展开研究。本文将通过对承接环境与投资环境的比较分析，说明研究产业转移承接环境的必要性与现实意义。

0380 西部地区财经类高等院校教育信息资源建设调查报告

发表时间及载体：电化教育研究 2004 年第 9 期

作　　者：王兰尊　纪永毅

简　　介：教育信息化已经成为世界教育领域发展的潮流，教育信息资源作为教育信息化的核心，其建设和发展是推动教育信息化进程的关键所在。目前我国的教育信息资源建设取得了一定成就，但还存在许多问题，而西部地区的高校在这方面尚有差距。为了了解西部高校教育信息资源的建设情况以及发展方向，本文选取具有代表性的几所西部财经类高校进行调查研究，并对相关情况进行了分析和总结。

0381 先秦儒道有限性思想研究

发表时间及载体：甘肃社会科学 2011 年第 4 期

作　　者：彭战果

简　　介：先秦儒家由"天命"这一超越存在的不确定，发现了人的生存有限性；道家则从知识的缺陷入手，阐明了认知的有限性。有限性的存在，给予了儒道两家超越自身的前提。然而，在实现超越的具体过程中，两家都有既肯定知识又否定知识的矛盾性。这种矛盾隐含着深刻的哲学意蕴，即知识的辩证综合是打破有限性、通往真理的必经之路。在有限者超越自身的过程中，先秦儒道都通过命限的存在否认实现无限和圆满境界的可能性。

0382 宋夏金时期佛教的走势

发表时间及载体：西北师大学报：社会科学版 2002 年第 6 期

作　　者：李清凌

简　　介：学术界大都认为中国佛教发展到宋代就开始转向衰落了，事实并非如此。随着社会经济文化的发展，宋代佛教经过自我调适，正处于一个新的发展时期，并有其自身的标志和特点。由此可见，衰落论者在认识上存在一些误区。

0383 少数民族贫困地区货币政策区域化问题研究

发表时间及载体：西北民族大学学报：哲学社会科学版 2010 年第 3 期

作　　者：赵晓芳

简　　介：货币政策的区域效应影响区域经济的协调发展。由于货币政策在少数民族贫困地区的传递障碍远远大于一般欠发达地区，因而应在少数民族地区建立"供给领先"的政策性金融扶植发展模式，通过改变民族地区经济金融环境、健全货币政策传导环节、完善货币政策传导机制来提高货币政策在少数民族贫困地区的实施效应。

0384 民族认同的影像表达——以《建国大业》与《建党伟业》为例

发表时间及载体：甘肃联合大学学报：社会科学版 2012 年第 28 卷第 5 期

作　　者：王莹

简　　介：本文认为，《建国大业》与《建党伟业》是两部影响巨大的献礼影片，两部影片在历史事件选择与表达方面别具手眼，具有突破性。这种突破并非是一时兴起，而是指向了"民族认同"这一深刻主题。

0385 清代进士职官迁转研究

发表时间及载体：西北师大学报：社会科学版 2006 年第 2 期

作　　者：李润强

简　　介：清代科举考试，形成了完整、严密的考选制度。清代进士从入仕到迁转的整个经历，说明了仕历在当时的优越性。一般说来，进士初仕，与其会试覆试、殿试和朝考的等第有密切关系，具有一定的规律性和专向性，但其后迁转的迟速却取决于其他因素，主要受满汉复职制和异途捐纳等外部影响。

0386 马克思主义中国化支撑体系的结构性分析

发表时间及载体：理论探讨 2011 年第 1 期

作　　者：刘先春

简　　介：马克思主义中国化之所以能够不断向前发展，得益于有一个强大的支撑体系的存在，这一支撑体系由一大根基和三大支柱构成，马克思主义中国化的坚实根基是科学地认识和把握中国国情。

0387 古籍注释类型刍议

发表时间及载体：西北师大学报：社会科学版 1999 年第 3 期

作　　者：黄亚平

简　　介：从类型学角度研究古籍注释，具有重大的方法论意义，目前这方面的研究尚在起步阶段。问题的关键是分类标准的确立，以及对各类古注的区别性特征的准确把握。古注分类的操作应遵循一个标准，避免同时共用几个标准而出现不类。每一种类型均应有自己区别于他类的明显特征，这是分类的基础。古注类型的出现和区分还要受到一定历史文化背景的制约。从内容的角度看，古注大体上应分成词义、章句、义理、史传、音义等五种类型，它们各有自己区别于他类的特点。

0388 中国共产党人的社会调查研究与群众路线

发表时间及载体：甘肃行政学院学报 2004 年第 4 期

作　　者：李赫武

简　　介：调查研究与群众路线在马克思主义认论上是统一的，在中国共产党人社会调查研究和贯彻群众路线的具体实践中也实现了完美的结合。我们党调查研究的根本特点是深入群众调查，依靠群众调查；根本形式是放手发动群众，组织和领导广泛的群众性调查。深入群众调查研究是转变党风的基础。在新时期，群众性调查研究有新的发展，是增强执政能力的基础。

0389 庆阳香包的文化符号学阐释

发表时间及载体：甘肃联合大学学报：社会科学版 2007 年第 23 卷第 4 期

作　　者：曹进　张淑萍

简　　介：作为民俗符号，"庆阳香包"以其深邃的文化内涵体现着汉民族文化心理和文化精神。本文从文化符号学的视角入手，探测并阐释了庆阳香包产生的历史文化背景及其蕴涵的以生命生殖崇拜为主题的本原哲学观、五行色彩观及从嗅觉美到人格美的美学意蕴。

0390 从婚姻法的视角看强制婚检的必要性

发表时间及载体：甘肃联合大学学报：社会科学版 2007 年第 23 卷第 5 期

作　　者：黄兆宏　任俊霞

简　　介：强制婚检的取消引发了诸多争论，问题的实质在于，婚检是强制还是自愿，以及如何解决与法律之间的冲突。针对取消强制婚检引发的社会问题及法律问题，文章从婚姻家庭法的视角考察，认为强制婚检有其法理依据，可减少无效婚姻，有助于结婚的禁止要件的落实，有利于实现婚姻法现有法律渊源的统一，因而有其必要性。

0391 江淮移民的草原吟唱——甘南藏区民间叙事诗《麻娘娘的传说》产生原因及背景探析

发表时间及载体：西北民族大学学报：哲学社会科学版 2012 年第 6 期

作　　者：王四四

简　　介：《麻娘娘的传说》是发端于明初从江淮一带西迁至甘南藏区的汉族民间传说，后经过民族融合和文化交流，也成为在回、藏民族间广泛流传有六百多年的口传民间叙事诗。全诗讲述了六百年前一位洮州的容貌娇艳的女子"麻娘娘"不为财势所动，不为强权所迫，主动追求自由婚姻幸福和造福乡里群众的感人故事。这个故事是明代江南移民到甘南草原后现实生活的需要和感情生活的升华，是江南民间文化和甘南藏、回等多民族文化碰撞、交流后产生并逐步发展

起来的。

0392 循环经济法制建设之理念基础剖析——环境美学视角

发表时间及载体：甘肃政法学院学报 2008 年第 6 期

作　　者：俞金香

简　　介：在经济研究中，循环经济已经成为一个特殊的倍受关注的研究领域。在法学的界域，循环经济法作为一门新兴的学科正在建立中。从环境美学的视角来看，人是环境的有机组成部分是循环经济法制建设理念基础之要义，而环境概念的新变化、资源观念的新变化也要求我们坚持法随时转，强化循环经济法制建设。

0393 甘肃省民勤县人口外流影响效果研究

发表时间及载体：西北人口 2012 年第 3 期

作　　者：白建明　杨都

简　　介：自 20 世纪 50 年代以来，甘肃省民勤县的人口外流始终保持着活跃之势。调查表明，最近 10 年间的各类外流人口估计超过 6 万人，"高考移民"成为本地移民文化的主要内容；人口外流的关键原因是水资源的短缺以及由此引起的生存环境恶化。人口外流的影响如何？本文利用民勤县人口外流专题调查、人口统计及人口抽样调查等资料进行综合分析，验证了人口外流对总人口自然变动的直接干预作用，揭示了人口外流对农村社区发展的复杂影响效果。

0394 理想模式与现实反思：关于回族非物质文化遗产认定等问题的思考——基于对国家级名录体系非遗代表作的分析

发表时间及载体：西北民族研究 2013 年第 1 期

作　　者：梁莉莉

简　　介：本文通过对进入国家级名录体系的回族非物质文化遗产代表作的分析，结合具体个案，探讨当前回族非遗代表作认定中不足的内容及存在的问题，并对回族非遗认定、保护等具体问题进行了一些初步的思考。

0395 藏族环境习惯法文化与环境保护

发表时间及载体：甘肃政法学院学报 2005 年第 5 期

作　　者：郭武

简　　介：藏族环境习惯法文化，是藏族人民在长期的生活中形成的关于人与自然关系的法文化形态，藏族环境习惯法具有很强的地域性和直接适应性。发展藏族环境习惯法、倡导藏族环境习惯法文化，将对藏族地区环境保护起到积极作用。

0396 兰州城区道路交通拥堵的成因及治理

发表时间及载体：甘肃高师学报 2012 年第 2 期

作　　者：陈翔　张林燕

简　　介：随着兰州市经济的高速发展和车辆保有量的急剧增加，兰州城区道路拥堵成为常态，给市民的出行和社会经济的正常运行带来了严重的影响。本文在研究兰州城区道路现状和路网特点的基础上，对兰州市区道路拥堵原因进行了分析，提出了城区道路交通治理的对策。

0397 甘肃城市化过程中的人口问题

发表时间及载体：开发研究 1987 年第 2 期

作　　者：武文军

简　　介：甘肃地处祖国西部边陲，历史上交通闭塞，经济落后，封建化程度很深，城市化进程很少得到发展。1949 年，全省城市人口仅 91.66 万，乡村人口则有 876.77 万，城市人口占总人口的比重为 9%。新中国建国后，随着经济建设的开展，城市和小城镇有了一定的发展，城市人口的比重也随之增长，但总的情况是，甘肃城市发展缓慢，经济生活的农业化程度深厚，农村人口占优势的状况始终没有改变。党的十一届三中全会以后，情况发生了巨大变化，城市（镇）的数量在不断增加；城镇人口迅速增加，占总人口的比重在上升；农村城市化的过程在加快；城乡之间的联系日益密切，城乡对立的状态趋于消失。

0398 城市拆迁的利益冲突：一个社会学解析

发表时间及载体：西北民族研究 2005 年第 3 期

作　　者：李怀

简　　介：城市拆迁中的冲突现象成为了一个不可回避的社会问题。在拆迁所形成的特定场域中，地方政府、开发商与被拆迁人等主要的三类利益主体是能动的行动者，已有的拆迁制度往往是他们为实现利益目标进行讨价还价的知识或策略，但制度并不完全限制他们的行动选择，拆迁制度的不断完善并没有从根本上改变拆迁中的矛盾和冲突。诉求公平和正义原则，强化利益表达机制，可以减少拆迁冲突，并可降低其中潜在的社会代价。

0399 失传元杂剧《秋夜蕊珠宫》本事新考

发表时间及载体：文艺研究 2005 年第 8 期

作　　者：胡颖　王登渤

简　　介：元代庚天锡的杂剧《秋夜蕊珠宫》今已失传，前辈学者严敦易等曾致力于此剧本事的发微，有成果问世。但其观点多有争议，难成定论。本文通过对元曲、话本小说等文献资料的考订、爬梳，又有所获：《秋夜蕊珠宫》之本事乃为史籍中所载王子高遇芙蓉之故事。联系元散曲等资料，此故事在元代流布甚广，庾天锡即以此题材创作杂剧。

0400 关于农村集体土地所有权制度的认识悖论

发表时间及载体：生产力研究 2012 年第 11 期

作　　者：王子龙

简　　介：当前学术界乃至社会上，关于我国农村集体土地所有权制度，在是否符合耕者有其田的价值理想、是否符合社会平等的进步趋向、是否代表农民和社会公共利益、是否具有平等的法权地位、是否体现制度创新等宏观法理层面上形成重大复杂的悖论。面对、透析和澄清这些悖论，对于提升对我国农村集体土地制度战略认识和解决当前农村集体土地保护问题都具有重大意义

0401 区县电视台为新农村建设搭建资讯平台

发表时间及载体：中国广播电视学刊 2007 年第 1 期

作　　者：王学俭

简　　介：平谷区电视台作为北京市的一家地级电视媒体，认真贯彻落实中央构建和谐社会、建设社会主义新农村的精神，结合本地区电视受众收视需求，在解决电视服务新农村建设的问题上进行了有益的尝试。

0402 关于加快欠发达地区发展的思考——庆阳、陇南两市地调查

发表时间及载体：甘肃行政学院学报 2004 年第 1 期

作　　者：武晓岗

简　　介：本文深入研究欠发达地区发展问题，掌握其发展优势和制约因素，加快欠发达地区发展进程，对于全省实现全面建设小康社会的宏伟目标，有着重要的作用和意义。

0403 市场可竞争性与绩效：对我国工业行业的实证分析

发表时间及载体：统计研究 2006 年第 6 期

作　　者：李国璋

简　　介：可竞争市场理论（The Theory of Contestable Markets）是由鲍莫尔（W.J.Baumo1）在 1981 年首先提出的。该理论是以完全可竞争市场及沉淀成本（Sunk cost）等概念的分析为中心，来推导可持续的有效率的产业组织的基本态势及其内生的形成过程。所谓完全可竞争市场，是指市场内的企业，当其从该市场退出时，完全不用负担不可回收的沉淀成本，从而能够完全自由进入和退出的市场。因此，相对于现存企业，潜在进入者在生产技术、产品质量、成本等方面并不存在任何劣势。

0404 基于结构熵权——模糊推理法的区域生态经济发展度研究——以青海省为例

发表时间及载体：经济问题 2011 年第 8 期

作　　者：郭志仪

简　　介：本文基于生态经济学理论基础，构建了区域生态经济发展度指标体系（即生态经济结构、生态经济效益、生态安全三大模块层要素和 24 项具体指标），结合结构熵权—模糊推理法对各类指标权重进行确定，进而计算省域各地区三大模块指标要素值，再通过建立模糊推理系统进行综合测评。同时以青海省为例，对其 2009 年各地区生态经济发展度进行实证研究，进而提出生态经济发展建议。

0405 中国西部地区产业结构演进与生产率增长研究

发表时间及载体：开发研究 2011 年第 5 期

作　　者：冯等田

简　　介：产业结构和产业绩效相互影响。虽然西部地区劳动生产率与东部地区的绝对差距在拉大，但西部地区劳动生产率增长率相对较快，因而劳动生产率的相对差距在缩小。本文通过分析我国西部地区 1996—1998、1998—2002、2002—2008、2008—2009 年四个时段就业构成变化和产业结构演进，以及劳动生产率水平和增长率差异，发现劳动力的结构变动度在加快；生产率的增长主要来自于产业内部，尤其是第二产业内部；劳动力在产业间流动的结构效应虽然不如产业内部增长效应大，但仍然是促进生产率增长的重要因素，这表明劳动力产业结构的变化具有明显的"结构红利"特征。

0406 中国艺术歌曲《我住长江头》的演唱策略

发表时间及载体：甘肃联合大学学报：社会科学版 2010 年第 4 期

作　　者：赵静

简　　介：艺术歌曲内涵深刻，演唱技巧复杂，是一种特定的歌曲体裁。中国艺术歌曲《我住长江头》集中了艺术歌曲的诸多精华。演唱此歌曲需做好以下几方面工作，深入了解此曲的写作背景；具备较高的演唱技巧；抒发真挚的情感；一位具备对艺术歌曲本身的文学历史性和美学趣味有深刻理解的钢琴伴奏者。

0407 信息化环境下高校混合教学模式的实践探索

发表时间及载体：电化教育研究 2005 年第 4 期

作　　者：田富鹏　焦道利

简　　介：混合式学习的核心就是要将传统课堂教学和数字化学习（E-Learning）的优势相结合，有效地提高学生的学习效果。结合实际教学对高校信息化环境下混合教学的设计思路、教学方式、学习方式、交互和评价等方面作了初步探讨。

0408 收入分配公平性偏态分布方法警戒标准研究

发表时间及载体：统计与决策 2011 年第 21 期

作　　者：邵建平　孟鑫

简　　介：度量和识别收入分配的公平性是追求公平分配的前提。文章在收入分配公平性偏态分布描述方法的基础上，根据现有分配公平性的研究作出了相对公平状态的理论假设，依据相关指标进行了研究。

0409 石窟艺术笔记——隋唐时期的敦煌莫高窟与龙门石窟

发表时间及载体：敦煌研究 2012 年第 5 期

作　　者：贺小萍　久野美树

简　　介：本文探讨敦煌莫高窟与龙门石窟造像的思想背景，列举了基于一即多，多即一法则的诸佛概念、本迹思想作用的事实。尽管初唐莫高窟出现了大幅式的阿弥陀净土变，但正壁多为释迦系造像，信仰中心仍然以法身与释迦为主。本文提出，初盛唐时期莫高窟与龙门石窟的造像主题、形式迥然不同，是由于两处石窟的功能、作用异同所致。

0410 甘肃省农民种粮直接补贴政策效果影响因素分析

发表时间及载体：开发研究 2011 年第 3 期

作　　者：尚博

简　　介：本文设定接受种粮补贴后种粮积

极性、对政策的满意程度及种粮面积变化为政策效果评价指标，通过对甘肃省 1051 个农户的问卷调查，利用 Logistic 回归模型分析发现，农户粮食自给程度为影响农民种粮直接补贴效果的主要因素，此外，农户种植效益、补贴能否按时足额发放等亦会影响补贴效果的实现。

0411 陶行知"活"的教育思想解读

发表时间及载体：教育探索 2012 年第 5 期

作　者：秦积翠　张海钟

简　介：产生于新民主主义革命时期的陶行知教育思想，今天仍然值得我们研究和学习，他的活的教育思想仍具有强大的生命活力。如他提倡教育目标要体现其鲜活生命之本性，课程资源要来源于生动活泼的真实生活，教学方法要活学活用，教师的任用要机动灵活等。陶行知活的教育思想，真正体现了教育是对生命的教育及尊重生命规律的教育的教育观。

0412 浅析校园体育文化建设与发展

发表时间及载体：社科纵横 2010 年第 5 期

作　者：汪洋

简　介：近年来，校园体育文化建设逐步走入正轨，但由于体育在学校实现的途径中明显被忽视，所以，我们把校园体育文化从内容与形式上进行重新整合，提出建设与发展校园体育文化的思路，对校园文化发展提供有益的帮助。

0413 发展县域经济促进新农村建设与区域经济协调发展——以陇南市武都区为例

发表时间及载体：社科纵横 2008 年第 1 期

作　者：马丽

简　介：县域经济是实现区域经济发展的主要组成部分，也是社会主义新农村建设的核心内容。目前，在经济发展相对滞后的西部，县域经济相对薄弱已经成为新农村建设和解决三农问题的最大障碍。本文分析了陇南市武都区县域经济发展的现状及发展的思路，在新农村建设的背景下，以花椒产业为重点来推动县域经济的快速发展的同时实现社会主义新农村建设和区域经济的协调发展。

0414 中亚华裔东干文学与美国非裔黑人文学

发表时间及载体：华文文学 2010 年第 3 期

作　者：杨建军

简　介：美国非裔黑人文学与中亚华裔东干文学虽然分属于不同的文化谱系，但存在可比性。他们的文学都属于少数族裔的移民文学，均注重吸收本民族传统文化的口传故事和民间音乐，他们的文学都反映了种族歧视问题，他们的文学还都体现了宗教信仰对文学的影响。通过比较，黑人文学取得的成就，可为华裔东干文学的发展提供借鉴。

0415 城市空间扩展中失地农民"种楼"的理性与维权——从"握手楼"景观到农民消极应对"城中村"改造的个案观察

发表时间及载体：西北师大学报：社会科学版 2010 年第 5 期

作　者：李怀

简　介：通过对"城中村"改造的个案进行研究后发现，失地农民从"种楼"到消极应对地方政府的"城中村"改造实践，表明了农民生存理性的延续和经济理性的觉醒。城市空间的扩展并没有自然带来失地农民的市民待遇的提高，反而强化了失地农民的"种楼"欲望，"拆一还一"是失地农民支持"城中村"改造的底线,保护祠堂是失地农民维权的神圣"权杖","股份固化"是失地农民维权的制度基础,村民、外来务工人员与地方企业三者之间的"共生利益链"是"握手楼"难拆的市场支持。

0416 统计数据失实的历史考察与体制分析

发表时间及载体: 兰州大学学报:社会科学版 2002 年第 30 卷第 2 期

作　　者: 梁亚民

简　　介: 统计数据质量是统计工作的生命线,也是统计发挥其信息、咨询、监督三大职能的基础。然而一个时期以来,统计数据失实成为社会关注的热点问题,严重地影响着统计职能的发挥和国家宏观经济决策。本文在对统计数据失实问题进行历史考察的基础上,重点从体制上对计划经济时期和体制转轨时期统计数据失实的原因进行了分析。

0417 唐宋西北人口与经济社会的发展

发表时间及载体: 西北师大学报:社会科学版 2012 年第 3 期

作　　者: 汪永臻

简　　介: 唐前期和北宋时期,中国西北的人口均呈上升趋势。在科学技术尚不发达的封建时代,人口数量能反映社会生产力发展的状况,唐前期西北也确实是这样,但到宋朝情况就发生了变化。由于西北的民族矛盾尖锐,民族战争不断,造成大量人力、物力损耗和经济社会发展的错位,唐中期以后出现的西北与内地经济社会发展的差距遂进一步拉大。

0418 西部大开发水是关键

发表时间及载体: 甘肃行政学院学报 2000 年第 3 期

作　　者: 彭真志

简　　介: 水是大自然在上亿年前形成的,非人力一时所能改变。西部地区特别是西北地区水资源短缺,严重制约社会经济的发展。水是西部生态环境改善与建设的前提与保证。因此,统一管理、保护、开发、节约和调配水资源,是西部生态环境建设的重要内容,也是实施西部大开发战略的关键。

0419 生活的立场:后现代教育的应有之意

发表时间及载体: 甘肃社会科学 2011 年第 1 期

作　　者: 海存福

简　　介: 后现代语境中,教育生活概念的提出,旨在以一种新的视界、立场和价值追求来重构今天的教育生活。即以生活的眼光来审视、剖析、建构今日之教育,体察现代教育的局限和不足,以生活的立场来阅读和发现"全人教育"的人性化存在及伦理基础,并以修远的勇气来面对和追求全人教育、教育自由、创造教育、教育理解、教育关爱和人的个性发展。

0420 西部民族县全面提升经济社会发展水平的模式与对策——甘肃省阿克塞、肃南、肃北三个民族自治县的调查报告

发表时间及载体: 西北民族研究 2004 年第 1 期

作　　者: 王文学　李含琳

简　　介: 西部民族地区的小康社会建设必须走分类发展的模式,这是因为西部民族地区的经济与社会发展是多层次和多结构的。本文通过对甘肃省三个少数民族县的实地调查研究,在深入分析民族地区经济结构和经济增长要素的基础上,提出了民族地区分类

建设小康社会的模式和对策。

0421 唐太宗的儒学思考

发表时间及载体：洛阳师范学院学报 2009
年第 28 卷第 4 期

作　　者：刘顺

简　　介：唐太宗的儒学思考，乃为应对汉
末以降，华夏之地域文化问题而发。唐太宗
将复兴儒学作为构建帝国意识形态的重要步
骤，而"文德"政治构想为其儒学思考核心
所在。此构想建基于贞观君臣对"君权天授、
有限合法"这一儒学精神的集体认同。在唐
太宗和贞观众臣的共同努力下，"贞观故事"
成为唐乃至后世封建政治生活的典范。

0422 多媒体技术与高校生物教学整合的探索与思考

发表时间及载体：电化教育研究 2006 年第 3
期

作　　者：龚大洁　严峰

简　　介：本文从多媒体与生物教学整合的
理论基础出发，探讨了多媒体与生物教学整
合的原则和思路。结合高校生物教学实践，
对多媒体与生物教学整合的措施和体会进行
了论述，提出了将多媒体技术与高校生物教
学有机整合的对策和建议。

0423 论抵押权次序的抛弃

发表时间及载体：甘肃政法学院学报 2004
年第 2 期

作　　者：高晓春

简　　介：抵押担保是实践中常见的一种防
范债权风险，保障交易安全的债权担保方式。
在实际运用过程中，它表现出了较大的灵活
性和复杂的变化性。抵押权次序的抛弃即为
抵押担保中发生的一种特殊现象，对它的
研究将有助于我国抵押担保制度的完善与

发展。

0424 创新及创新体系的构建

发表时间及载体：西北师大学报：社会科学
版 2002 年第 5 期

作　　者：李兴江

简　　介：创新是实现社会经济持续增长的
首要推动力。创新理论研究必须明确创新的
一般特征及其本质和规律；创新体系的构建
可以从宏观、中观、微观三个层面展开，且
不同层面的创新在特定时空有不同的重点和
内容。同时，创新及其创新体系的构建还是
一个涉及政府、企业、教育科研机构和其他
组织共同运作的系统工程。

0425 西部大开发战略的经验总结与实践反思

发表时间及载体：甘肃理论学刊 2010 年第 3
期

作　　者：李含琳

简　　介：西部大开发战略是改革开放以来
我国实施的一个非常重大的国家级战略，从
2000 年到 2010 年，这个战略已经实施了 10
年的时间。认真总结 10 年以来战略实施的
基本思路、主要战略和成效，并提出战略和
政策建议，这对于促进西部地区的科学发展
非常必要。

0426 党的建设的重点：执政能力建设

发表时间及载体：甘肃理论学刊 2004 年第
4 期

作　　者：桑维军

简　　介：党的十六大第一次把加强党的执
政能力建设列为党的建设的重要任务，胡锦
涛同志在"七一"讲话中又强调，以加强党
的执政能力建设为重点，全面推进党的建设
新的伟大工程。本文从党的思想理论建设、

执政兴国、执政为民、完善党的领导方式和执政方式、加强党的自身建设等五个方面，探讨如何加强党的执政能力建设。

0427 中国西部民族地区工业化阶段判断及发展路径选择

发表时间及载体：学习论坛 2007 年第 23 卷第 9 期

作　　者：高新才

简　　介：目前，西部民族地区处于工业化中期阶段。西部民族地区应根据自身的工业发展特征，选择具有鲜明特色的西部民族地区工业化道路。与西部民族地区实际紧密结合的工业化道路应具有开放性、特色性、民族性、知识性、可持续性的特征。

0428 《抱朴子外篇》所载东晋初年庚寅《诏书》考

发表时间及载体：西北师大学报：社会科学版 2005 年第 5 期

作　　者：丁宏武

简　　介：《抱朴子外篇》所载庚寅诏书，是司马睿在东晋建国之初颁发的一份比较重要的诏书。但由于史乏记载，学术界对此了解甚少。通过详细考辨相关文献，可以肯定，其具体颁发时间在建武元年（317 年）三月初八（庚寅），主要目的是备百官，彰宪典，为建立东晋王朝做准备。

0429 戏剧壁画的内容及意义新探

发表时间及载体：西北师大学报：社会科学版 2014 年第 1 期

作　　者：喻忠杰

简　　介：戏剧壁画是一种反映戏剧外观形象的史料，其文物实体约出现于汉代。考古发现的墓室壁画，为探讨戏剧发生与发展提供了丰富的图像资料 洞窟所存壁画为戏剧

音乐和歌舞研究呈现出诸多实物证据。神庙壁画中的戏剧现场史料则反映出更多的戏剧元素和内容。对戏剧壁画进行梳理和研究，可以深入了解壁画内容并印证相关文献的可信度。从戏剧与壁画的发生因子和发展模式看，在中国古代艺术领域中音画的发展应该是同步的。以壁画形式展现戏剧内容，则在一定程度上反映出"看图讲诵"与戏剧之间的关系。

0430 构建甘肃省藏族地区农村义务教育质量保障体系的思考

发表时间及载体：社科纵横 2012 年第 6 期

作　　者：赵跟喜　杨建成

简　　介：开展甘肃省藏族地区农村义务教育质量保障，能科学地把握甘肃省藏族地区农村义务教育质量的总体状况，有效地促进藏族地区农村义务教育的普及，提高藏族地区农村人口素质和开发农村人才资源。同时，藏族地区农村义务教育质量的稳步提升还是教育公平的重要体现，是社会主义新农村建设的重要保障。因此，要通过思考和规划农村教育发展的基本方向，加强教师队伍的建设，发展多元保障主体，从注重数量的增长转移到注重教育质量的提高，营造良好校园文化氛围，加强教育教学管理，走"特色立校"之路，重视并加强教育评价专业人才的培养，构建科学、高质、长效的藏族地区农村义务教育质量保障体系。

0431 "跨越式发展"：西北少数民族地区公民权利的生成与演进

发表时间及载体：西北师大学报：社会科学版 2006 年第 4 期

作　　者：王勇

简　　介：在中国西北少数民族地区，公民权利类型的历史变迁往往伴随着权利发展中

的质变，权利发展中的曲折和反复深受国内外政治环境的影响和制约，权利发展的历史进程表现出显著的"差序格局"特征。中国宪法载入一般人权条款，预示着西北少数民族地区公民权利保障史上的一次历史性飞跃。西北少数民族地区的特殊社会经济发展进程，为全景式观察公民权利的生长过程提供了一个极为难得的学术样本。

0432 明清时期回族哈乃斐教法的本土化

发表时间及载体：西北民族研究 2002 年第 3 期

作　　者：哈宝玉

简　　介：中国穆斯林素称自己属伊斯兰教逊尼派哈乃斐教法派别。本文认为，从明代开始，哈乃斐教法从"法"的范畴走向"俗"的领域，具有中国本土的特点。清代苏非派产生后，教法从"一元"演变为"多元"，成为一种"内行外明"的礼仪制度，中国苏非派穆斯林遵行的教法是融苏非主张、本土习俗和哈乃斐教法为一体的一个"综合体"。

0433 新时期西部资源型产业战略调整的目标导向与对策建议

发表时间及载体：科技进步与对策 2010 年第 9 期

作　　者：聂华林　李光全

简　　介：结合西部资源型城市产业发展实际，立足产业国际发展态势和产品需求的变化趋势，从城市经济可持续发展角度入手，在对西部资源型城市产业结构战略调整背景分析基础上，指出新时期产业调整。

0434 高职毕业生薪酬期望与相关因素的关系研究

发表时间及载体：社科纵横 2011 年第 2 期

作　　者：郑红

简　　介：薪酬期望是影响高职毕业生就业去向重要因素。通过抽样问卷调查，对高职毕业生的薪酬期望及相关因素分析，表明高职生对薪酬期望有显著的差异；其次高职男生和女生对薪酬期望存在明显差异，以及父母受教育程度对男女生对薪酬期望的影响关系分析。文章在此基础上提出高职学校就业指导的建议。

0435 后工业社会视域下的中国文化产业发展对策研究

发表时间及载体：商业时代 2011 年第 27 期

作　　者：王俊莲

简　　介：后工业社会是以产业标准划分的社会类型。在后工业社会中，知识与科学技术成为社会发展的主导因素，信息沟通与资源卷入超越时空，各种网络关系联系紧密，生产趋向智能化、程序化、虚拟化，消费方式体验化、休闲化、虚拟化，第三产业成为国民经济的主导产业。后工业社会的到来，为文化产业的发展带来了空前的机遇，同时也在实体网络路径依赖、文化产业链与文化丛效应、信息网络技术与人才等方面对文化产业的发展提出挑战。针对后工业社会对文化产业发展的挑战，系统性地保护中国优秀传统文化，完善与文化消费相关的配套产业，拓展产业链整合区域文化，解放思想，发展创意产业，采用现代管理理念与管理技术，重视人才在文化产业发展中的作用，深化文化管理体制改革才是中国文化产业发展的根本出路。

0436 从 WTO 看国际法律关系

发表时间及载体：甘肃行政学院学报 2002 年第 4 期

作　　者：徐大泰

简　　介："WTO"是一种公法性的国际法，国际法律关系的建立及其内容实现的前提和基础是国际法主体的意志，"WTO"法扩展了国际法律关系的主体，"WTO"法律关系的客体和内容也具有特殊性。

0437 当前中国大学生心理问题与思想政治教育的任务

发表时间及载体：社科纵横 2010 年第 7 期

作　　者：李娜

简　　介：心理健康是人才成长的先决条件，良好的心理品质是造就人才的基础。当前，随着社会生活节奏的加快，竞争日趋激烈，大学生的各种心理问题明显增多，大学生心理健康状况不容乐观，形势严峻。本文通过对当前我国大学生心理问题进行论述研究，并在此基础上提出了思想政治教育的任务，及培育当前我国大学生健康心理的途径选择，使思想政治教育深入生活、直面现实，并能有效地指导实践，从而增强大学生心理健康教育的实效性，促进大学生心理健康及综合素质的全面提高。

0438 刘熙载论物我关系

发表时间及载体：西北师大学报：社会科学版 1999 年第 4 期

作　　者：邓军海

简　　介：刘熙载是中国古典美学的最后一位思想家，他在理论上完成了对很多古典美学范畴的总结，对物我关系的论述就是其中的一例。刘熙载不仅论及物我关系的动态变化过程，而且还论及审美距离以及物我相入的生气源泉。

0439 "网络几何画板"软件的设计与开发

发表时间及载体：电化教育研究 2006 年第

6 期

作　　者：任小康

简　　介：本文针对利用网络技术进行合作式教学软件的开发这一问题，进行了深入的研究，设计并实现了网络环境下几何画板合作式学习软件。该软件从几何学性质出发，使用较为成熟的面向对象语言 Java 作为开发工具，在网络传输中采用了多线程技术，实现了几何图形变换、函数绘图以及轨迹动画等几何动态性的网络传输，解决了用户与用户通过合作式学习软件进行学习、讨论的问题。

0440 东西合作研究述评

发表时间及载体：兰州商学院学报 2009 年第 2 期

作　　者：张贡生

简　　介：东西合作是区域协调发展的大问题，因此近年来备受学界关注。文章对东西合作的内涵与外延，东西合作的形式、内容、领域和重点等问题给予了梳理，并就东西合作亟待深化的问题提出了一些看法。

0441 积极推进信息化教育促进民族高等教育快速发展

发表时间及载体：电化教育研究 2003 年第 12 期

作　　者：莫庆坤　张新贤

简　　介：教育信息化是社会发展的需要，是时代进步的必然 实践证明教育技术是促进民族高等教育快速发展的推动力。

0442 马克思主义中国化的四大根基——关于马克思主义中国化基本经验的理论总结

发表时间及载体：理论学刊 2011 年第 2 期

作　　者：刘先春

简　　介：中国共产党人在革命、建设和改革时期，都始终坚持把马克思主义的基本原理与中国的具体实际相结合，不断推动马克思主义中国化向前发展。

0443　混合式网络协同教研模型研究

发表时间及载体：电化教育研究 2013 年第 34 卷第 6 期

作　　者：李华　刘明霞

简　　介：网络教研在我国新时期基础教育发展中，是技术支持教师专业发展的一种很重要的途径与方法，值得我们研究和探索的内容还很多。建立一种有序的（教研组群内无序组合中的有序教研活动）无固定组群模式的、动态有机组合的网络教研组群（混合式网络协同教研系统），应该说是网络协同教研活动所追求的一种高级的、较为理想的教研方式。

0444　甘肃人口发展与人才资源开发问题研究

发表时间及载体：西北民族大学学报：哲学社会科学版 2010 年第 6 期

作　　者：肇英杰

简　　介：人口与人力资源是一种极其复杂的社会问题，不仅与物质资料生产和各种经济活动联系密切，而且与自然环境及社会政治、文化、意识形态等有着密切联系。受人口增长惯性和经济社会发展条件的综合影响，甘肃人口与经济、社会、资源、环境等的矛盾日益尖锐，数量庞大、整体素质不高的人口负担使就业、产业结构调整、技术进步和其他经济社会发展的诸多问题难以妥善解决。因此，必须以提高人力资源水平、加大人才资源开发为基本手段，坚持人才强省战略，以盘活现有人才为着力点，进一步解放思想、创新体制，统筹抓好以高层次创新人才为重点的各类人才队伍建设，为全省经济社会发展和全面推进小康社会建设提供强有力的人才支撑。

0445　吐蕃占领时期的敦煌宗教文明

发表时间及载体：丝绸之路 2000 年第 S1 期

作　　者：刘再聪

简　　介：在李唐王朝平定"安史之乱"时期，吐蕃乘机占领河西北广大地区达七十多年。在此期间，敦煌呈现出佛教、景教、摩尼教、苯教、祆教多种宗教共存的局面。

0446　闻喜方言近一个世纪以来的语音演变

发表时间及载体：甘肃高师学报 2012 年第 3 期

作　　者：张宇

简　　介：闻喜方言语音面貌多与中原官话一致，但是也有少许特点。以上世纪三十年代的《山西闻喜县之方言》作比照，可以看出近百年来闻喜方言语音发生了明显的变化。本文描写了闻喜话的音系，指出了变化的情况及原因。

0447　债权让与中的受让人保护——以债权善意取得为中心

发表时间及载体：西北师大学报：社会科学版 2012 年第 6 期

作　　者：吴国喆

简　　介：在债权让与场合，交易本身催生了较为强烈的债权表征的需要。如果债务人有意地制造了债权存在的假象，从而具有较为严重的过错，而受让人对此给予信任，支付对价并完成受让行为，且这种行为为一般人所能理解，即具有信赖合理性，在这种情况下，受让人即可取得本不存在的债权，从而实现对受让人的保护。

0448 新竞争环境下西部高校人力资源管理的策略

发表时间及载体：甘肃行政学院学报 2001年第 4 期

作　　者：黄怡　赵玉田

简　　介：随着经济与科技的发展，经济的全球化趋势日益明显。在 21 世纪，任何组织所面临的都是新的竞争环境。在这新一轮的组织竞赛中，人力资源已成为核心要素。高等院校是培养人才的基地，高校本身的人力资源状况对经济发展所需的人才有决定性的影响。本文主要探讨了新竞争环境下高校人力资源管理的导向，西部高校人力资源管理的现状及策略。

0449 赵壹生平著作考

发表时间及载体：兰州大学学报：社会科学版 2002 年第 4 期

作　　者：赵逵夫

简　　介：赵壹是汉代著名作家。本文对文献所载赵壹生平中几个问题加以考证，纠正归说之误，又第一次对赵壹生卒的大体年代，以及赵壹的几篇作品产生的年代进行了考证，提出较确定的看法。同时，对赵壹作品之辑佚，也有所订补。

0450 敦煌西晋画像砖中白象内涵辨析

发表时间及载体：敦煌研究 2011 年第 2 期

作　　者：戴春阳

简　　介：关于敦煌佛爷庙湾西晋画像砖墓中的白象画像砖，笔者曾提出其带有佛教文化色彩。郑岩先生以商周、汉代常见象这一艺术题材为据，认为象是传统题材。笔者从解析不同时期所谓传统题材的不同文化内涵入手，认为白象并不属于传统题材。同时其时史籍中白象的阙如，以及在佛典中的重要地位，表明白象这一艺术题材的文化渊源具有唯一性，因而白象只能源自佛典，其所承载的佛教文化信息是毋庸置疑的。

0451 想象与边界——解析博尔赫斯耄耋之作《莎士比亚的记忆》

发表时间及载体：甘肃高师学报 2012 年第 1 期

作　　者：张晓琴

简　　介：阿根廷作家博尔赫斯在他的作品中擅长呈现一种非现实意义上的真实，他构建了众多的故事迷宫。在这些故事迷宫中，各种精神遭遇随时都会发生。这些精神遭遇又像是一个个隐喻，描述着常人难以企及的某种可能性，《莎士比亚的记忆》就是这些精神遭遇中的一个。

0452 村落：民间社会的文化等级——以甘肃洮岷地区青苗会权利类型为例

发表时间及载体：西北民族研究 2010 年第 3 期

作　　者：王淑英　郝苏民

简　　介：甘肃洮岷地区"青苗会"产生于清代初期，是负责洮岷地区湫神、祭祀活动的民间组织。根据会首参选条件的不同，洮岷地区青苗会内部的权利类型可以分为家族共治型、老人治理型、个人能力与经济主导型三种。在洮岷地区的青苗会组织中，神圣与世俗、精英与民间权力并存，权力类型较为多元，民间社会的文化等级性鲜明。

0453 時祭与秦人"天下共主"意念的萌芽

发表时间及载体：青海社会科学 2009 年第 2 期

作　　者：刘再聪

简　　介：時祭源于生活于今甘肃东部的秦人的祖先祭祀神灵的礼俗。秦襄公时，時祭逐渐摆脱了原始民间的农业祭祀性质，而发展为一种国家宗教行为。

0454　参与式小组教学活动

发表时间及载体：电化教育研究 2006 年第 9 期

作　　者：郭绍青

简　　介：本文针对当前在协作学习、合作学习、研究性学习等新的教学方法与模式中普遍使用的一种教学方式，即参与式小组教学活动进行了详细的论述，阐述了小组教学活动的特征、类型、目标制定与过程设计等内容，以对教师能更好地应用这一教学方式提供参考。

0455　系统揭示曲词起源发生的历史图景——评木斋先生《曲词发生史》

发表时间及载体：中国韵文学刊 2012 年第 4 期

作　　者：曾维国

简　　介：长期以来，学界在曲词起源发生这一重大词学基本理论问题上众说纷纭，形成诗余说、燕乐说、民间说等多种说法。木斋先生的《曲词发生史》，以其多年诗学曲词研究的深厚积累、缜密扎实的文献考证，钩玄索隐，追源溯流，论述了曲词起源发生于盛唐宫廷而非民间，源于盛唐法曲清乐而非燕乐胡声，并上溯曹魏，下及晚唐，详尽梳理了词体起源发生的具体历程。该书体大思精，别开生面，首次系统揭示出曲词起源发生的历史图景，开拓出词学研究的全新空间。

0456　以"以德育人"为核心实施"以德治教"

发表时间及载体：甘肃行政学院学报 2005

年第 1 期

作　　者：张和生

简　　介：全面落实中央提出的以德治国的重要思想，在高校必须实施以德治教，坚持以德育搞好高校的道德教育。

0457　从发展含义的视角审视当代中国

发表时间及载体：商业时代 2011 年第 3 期

作　　者：苏华　元振海

简　　介：本文首先全面阐述了发展的内涵，通过该含义说明了中国在物质财富、社会发展、生态环境等方面的得与失，进而对此做出了简要评析，并探讨了如何应对。

0458　浅议新时期中学教师的素质修养

发表时间及载体：西北师大学报：社会科学版 1999 年第 2 期

作　　者：涂胜荣

简　　介：要提高中学的教育教学质量，必须大力加强师资队伍建设，努力提高教师的自身素质。本文提出，新时期一名合格的中学教师应具备以下素质，即"五度"：（1）一定的理论水平和学力水平的高度；（2）知识的广度；（3）一定的专业深度；（4）人格魅力的风度；（5）恰如其分的工作尺度。

0459　农民专业合作组织发展研究——以甘肃为例

发表时间及载体：开发研究 2011 年第 5 期

作　　者：汪晓文　李玉洁

简　　介：近年来，甘肃农民专业合作组织发展快速，在促进农民增收、繁荣农村经济、推动社会主义新农村建设方面做出了巨大的贡献。本文结合有关的调查资料，对甘肃省农民专业合作组织的发展现状、作用进行了分析，并对其存在的不足和制约甘肃农民专业合作组织发展的因素进行深入剖析，根据甘肃省农合组织存在的问题，探索其发展的新途径，并尝试提出加快甘肃省农民专业合作组织健康发展的对策与建议。

0460 兰州市经济竞争力的评价、比较与提升

发表时间及载体：商场现代化 2009 年第 2 期

作　　者：成学真

简　　介：本文将兰州市经济竞争力同西部 11 个省会城市利用 2006 年的数据运用主成分分析法进行评价和比较，得出每个城市的综合评价值，从而可以看出，兰州市在西部 11 个省会城市中的经济地位和发展水平，并分析出制约兰州市经济竞争力提高的不利因素，最后提出相应的提升对策。

0461 论西部大开发法律参入的基本设想

发表时间及载体：兰州大学学报：社会科学版 2001 年第 29 卷第 5 期

作　　者：陈永胜　宋志萍

简　　介：依法实施西部大开发，是我国依法治国方略的具体体现，和西部经济社会协调发展的客观要求，充分运用和发挥法律的功能，对于保障西部大开发的顺利进行和健康发展有重要意义。本文立足于西部经济社会条件和已有法制基础，从发挥法律的正义宗旨和调控功能等六个方面，对西部大开发中的法律参入提出一些设想。

0462 试论证券投资基金中政府行政监管职能的运用

发表时间及载体：甘肃理论学刊 2004 年第 5 期

作　　者：卫霞　康建胜

简　　介：本文中心是论述证券投资基金中政府的监管职能。文章从我国证券投资基金采取政府推动模式的理由，政府行政干预投资基金应注意的问题，及加强基金行业自律、第三方监管和加强证监会监管以配合政府行政监管等几方面，论述了如何完善和加强政府对基金业的监管，以规范证券投资基金业的有序发展。

0463 中国半干旱区人口环境意识调查报告

发表时间及载体：市场与人口分析 2002 年第 8 卷第 5 期

作　　者：韦惠兰

简　　介：本文从半干旱区人口对环境保护、环境问题的认识，对环境工作的评价，及环境行为趋向和环境知识四方面入手，对中国半干旱区人口环境意识作了调查和分析，提出了结论与建议。

0464 对近十年老舍研究的反思

发表时间及载体：北京社会科学 2003 年第 3 期

作　　者：吴小美　古世仓

简　　介：近十年来，老舍研究的成就有目共睹，但论题重复、视角单一和创见贫乏所形成的沉寂状况也日益明显。老舍研究需要在多维视野中进一步整合研究内容，提出新的研究课题并在更大视野中进一步拓展。

0465 左撇子生理心理机制的误读——大脑左右半球机能偏侧化优势研究的反思

发表时间及载体：科学.经济.社会 2011 年第 4 期

作　　者：王晓丽　张海钟

简　　介：现代生理学研究发现，左脑主管语言、概念、数字、分析、逻辑、推理等功能；

右脑主管音乐、美术、空间几何、想象、直觉、综合等功能。于是公众认为，左撇子更聪明。但科学研究更需要语言、概念、数字、分析、逻辑、推理能力，这是一个矛盾。左撇子协会网站举出许多左撇子政治家、科学家、艺术家、企业家、军事家、运动员，证明左撇子聪明，这又是一个矛盾，因为科学家和艺术家以及运动员需要不同的智慧能力。学者们只是不厌其烦地告诫家长和学校，不要强行纠正儿童的左撇子，因为左撇子聪明，却难以举例证明训练的实效性。当代中国人日常生活中也会表扬或预测左撇子聪明。但是，现代生理学、心理学特别是认知神经科学的研究证明，左右利手的人在心理机能方面各有优势，所谓左撇子聪明的神话不过是一种对科学知识的误读，只不过因为人类的活动多使用右手，专家担心右脑不能很好开发而已。人类大脑两个半球虽然有功能一侧化优势，但两个半球相辅相成、协同活动，而且可以互相补充。

0466 侵权法中正义观念的历史解读

发表时间及载体：甘肃理论学刊 2006 年第 6 期

作　　者：王旭玲　郭亮

简　　介：随着正义观念的不断演变，及其对法律观念的渗透，侵权法中的正义悄悄地注入了一种损失分配的功能。矫正正义作为传统侵权法的基础，在现代社会已不能对工业事故造成的损害的承担进行合理的解释。分配正义的观念逐渐获得了侵权法中的地位，对于损失分配的正当性获得了最佳的说明。由此形成了现今侵权法的格局，过错责任和无过错责任将联合起来，从更广泛的层面上来保护受害者的利益，侵权法中的正义从而具有了更加丰富的内涵。

0467 "后现代阅读"背景下的大学生思想政治教育工作研究

发表时间及载体：高等教育研究 2011 年第 4 期

作　　者：王学俭

简　　介：新媒体技术的发展使阅读进入了"后现代阅读"时代，从而使得新时期的大学生获取信息的途径更加快捷、获取信息的内容更加丰富，进而影响着当代大学生的思维方式。

0468 城市政府视角下生态城市建设的思路与重点

发表时间及载体：城市发展研究 2011 年第 18 卷第 2 期

作　　者：高新才

简　　介：本文基于城市自身发展演进规律，进一步明确生态城市的建设主体及其职责，认为城市政府是生态城市的主要倡导者、建设者和管理者；并从城市政府的视角，建议优化城市结构，逐步引导城市的生态化演进。

0469 甘肃省城乡收入差距的影响因素分析

发表时间及载体：兰州商学院学报 2011 年第 27 卷第 2 期

作　　者：梁亚民　朱晓静

简　　介：当下，中国地区间的收入差距及影响因素的研究颇为繁荣，而甘肃省城乡收入差距的影响因素却未被充分研究。本文拟采用泰尔指数度量甘肃省城乡收入差距，选取五个指标对甘肃省城乡居民收入差距进行测量，建立面板数据模型。在实证数据的基础上，提出了改善甘肃省城乡居民收入差距的对策。

0470 文化全球化的基本原则——"和而不同"研究反思

发表时间及载体：西北师大学报：社会科学版 2007 年第 6 期

作　　者：袁金刚

简　　介：我国学界关于文化全球化的基本原则——"和而不同"的研究，对于建构文化全球化的基本游戏规则，避免矛盾冲突，维护各个民族国家文化的独立性、主权和尊严，发展、繁荣人类文化，以及进一步弘扬中华民族优秀的传统文化，都具有重要意义。但这一研究存在着不足之处，需要开拓深化。

0471 在"五种人"高知群体中发展党员工作的调查

发表时间及载体：甘肃理论学刊 2005 年第 1 期

作　　者：李俊霞

简　　介："五种人"是指民营科技企业的技术人员、受聘于外资企业的管理技术人员、个体户、中介组织的从业人员和自由职业人员。"五种人"作为新的社会阶层的一部分吸收他们中的高知群体入党，对巩固党的执政地位，增强党的阶级基础和扩大党的群众基础具有十分积极的作用。

0472 里海石油和中国能源

发表时间及载体：兰州大学学报：社会科学版 2001 年第 29 卷第 4 期

作　　者：汪金国

简　　介：本文介绍了里海石油开发的历史，里海法律地位争议的由来及里海石油储量和管线方案，分析了我国能源现状并提出了相关建议。

0473 吐蕃统治时期敦煌石窟供养人画像考察

发表时间及载体：中国藏学 2003 年第 2 期

作　　者：沙武田

简　　介：本文通过对敦煌石窟、特别是莫高窟属于中唐吐蕃统治时期洞窟中的供养人画像的考察研究，指出这一时期敦煌石窟供养人画像的特殊性，如有供养人画像的减少、东壁门上首次出现供养人、吐蕃装男供养人与唐装女供养人共存、僧人多于俗人、供养人画像题记之简略化等新特点与新现象，作了详细分析。文中也对吐蕃统治时期敦煌石窟壁画维摩诘经变中出现的吐蕃赞普礼佛图作了探讨。

0474 逻辑与前述谓（Vorpradikativ）经验的现象学澄清（二）

发表时间及载体：西北师大学报：社会科学版 2004 年第 4 期

作　　者：李朝东

简　　介：在西方哲学中，逻辑和知识的关系是一个根本问题。理论理性的根本问题之一就是运用逻辑阐明人类知识的来源及其性质。逻辑是思想的语法形式。西方传统的形式逻辑是关于判断及其诸形式的学说，即命题逻辑或陈述逻辑，其核心是述谓判断。康德把经验直观的内容（质料）排除在逻辑之外，胡塞尔则认为逻辑的东西必须到直观内在体验中寻找其隐秘的起源，这就把逻辑的东西的范围延伸到了前述谓经验的领域，并试图通过澄清逻辑的起源方式以便对述谓判断的本质作出解释，找到真正通往真理本身之起源的道路。

0475 基于满意度视角的欠发达地区农村新型合作医疗绩效分析——以甘肃省为例

发表时间及载体：图书与情报 2010 年第 2

期

作　　者：包国宪　高选

简　　介：本文系甘肃省卫生厅委托课题《欠发达地区农村新型合作医疗制度与政策研究》阶段性成果之一。借鉴美国顾客满意度指数模型（ACSI）在政府和公共部门的使用，以满意度为视角，分析了欠发达地区农村新型合作医疗的实施情况，发现欠发达地区农牧民对农村新型合作医疗的满意度是比较高的。

0476 理想与困境：对美国多元文化教育的再认与反思

发表时间及载体：西北师大学报：社会科学版 2008 年第 5 期

作　　者：滕志妍

简　　介：多元文化主义是 20 世纪 60 年代美国"民权运动"的产物，多元文化教育是多元文化主义在教育领域的体现。多元文化主义使美国社会各方面开始反思主流盎格鲁一撒克逊新教文化客观上对少数族群造成的歧视与伤害，在教育政策与实践中进行了一系列调整，这促进了社会的进步、平等与宽容，但也深刻地冲击了美国社会，形成了对美国国民性的重大挑战，从而引起了一些美国公众对多元文化教育的责难与批评，并在政治上也出现了相应的连锁反应。多元文化教育处于发展的困境之中。我们必须清醒认识到，美国多元文化教育是弱势群体的权利诉求行动，是一个理想中的教育路向，它将与"熔炉"主义在相互的碰撞中长期共存。

0477 欠发达地区农村教育收益率评估——基于西北四省区的实地调研

发表时间及载体：教育科学文摘 2010 年第 29 卷第 1 期

作　　者：曹子坚

简　　介：教育与个人收入分配的关系引起了大量经济学家的共同关注。利用教育收益率考察教育与收入关系是主要的研究方法，研究人员试图录取不同的社会背景、从不同的教育层次和形式分析教育收益率，来考察人力资本的回报特征以及由此导致的人力资本投资行为。

0478 阳极液 Ca^{2+} 升高的原因及二次盐水测定方法的改进

发表时间及载体：中国氯碱 2003 年第 12 期

作　　者：李怀顺

简　　介：本文通过试验并分析比较，指出盐水中分子钙的存在是导致阳极液 Ca^{2+} 升高的主要因素。当二次盐水有分子钙存在时，加入高纯盐酸后再测定，可使结果更加真实、准确。

0479 现代生态农业是甘肃区域特色农业现代化的基本导向

发表时间及载体：甘肃农业 2011 年第 12 期

作　　者：杨敬宇　聂华林

简　　介：本文系国家哲学社会科学基金重大项目"西部全面建设小康社会中的三农问题及对策研究"〔04-ZD018〕、2009—2010 年甘肃省哲学社会科学规划项目"甘肃省区域特色农业现代化研究"的阶段性成果。甘肃生态区位的重要性与现实农业增长方式的粗放性是甘肃经济社会与生态发展的转型性矛盾。为此，在生态文明理念与可持续发展观的指导下，寻求适应区情国情和时代特点的农业发展模式。

0480 农村党员干部现代远程教育资源整合模式研究

发表时间及载体：电化教育研究 2011 年第 10 期

作　　者：杨晓宏　王永军

简　　介：本文分析了农村党员干部现代远程教育的资源类型，从宏观和微观两个层面提出了可行的资源整合模式，并阐述了资源整合的注意事项。期待本研究能对农村党员干部现代远程教育资源整合工作有所启示。

0481 论教师个体知识观及其对教师知识管理的启示

发表时间及载体：电化教育研究 2005 年第11 期

作　　者：周福盛　王嘉毅

简　　介：教师个人所具有的知识不仅包括显性的理论性知识，也包括隐性的实践性知识。教师知识是个体性知识，其特点有整体性、实践性、建构性、动态性等。教师知识观的转变，对教师知识管理的目的、内容、方法等，具有诸多启示。

0482 莫高窟"天王堂"质疑

发表时间及载体：敦煌研究 2004 年第 2 期

作　　者：沙武田

简　　介：本文通过对莫高窟窟顶沙山上现今被习惯称为天王堂的土塔内造像的历史钩沉，主要是对塔内彩塑主尊的历史还原，结合敦煌文书对莫高窟天王堂的记载作一讨论，认为该塔并不是真正意义上的天王堂，而是由曹延禄与于阗姬天公主发心营建的一所表现特殊内容与思想的塔寺建筑，天王堂只是人们的一种误称或俗称而已。

0483 生态发展与西部生态建设的基本思路

发表时间及载体：中山大学学报：社会科学版 2001 年第 2 期

作　　者：聂华林　路万青

简　　介：生态建设是西部大开发的切入点。该文针对西部实际，认为生态建设必须树立生态发展观，阐述了生态发展的基本内涵以及生态发展的理论意义和实践意义。据此，提出了西部地区生态建设的基本思路。

0484 论意思自治原则与诚实信用原则的冲突

发表时间及载体：甘肃联合大学学报：社会科学版 2012 年第 28 卷第 3 期

作　　者：何国萍

简　　介：在现代民法中，一般而言，意思自治原则与诚实信用原则之间是相互协调的，它们共同作用共同指导着民事立法、司法等各项民事活动，但是在司法实践中，人们却又发现了它们之间发生冲突的情形。意思自治原则与诚实信用原则间存在着冲突的实质，乃是民法基本原则内含的民法的价值间存在着冲突的可能性。本文从意思自治原则、诚实信用原则的含义入手，从功能上和司法适用两方面论述了公序良俗原则与意思自治原则存在着冲突。

0485 国际反倾销法中的公共利益原则及其对我国的借鉴意义

发表时间及载体：兰州商学院学报 2005 年第 21 卷第 2 期

作　　者：杜汶钊　张晨郁

简　　介：保护国内产业免受倾销损害，是反倾销的最直接目的。但随着其使用频率的提高、范围的扩大，反倾销的合理性也越来越受到质疑，因为其在保护国内相关产业的同时，却损害了社会的整体利益。鉴于此，有些国家或地区已经或正在考虑将公共利益原则引入反倾销立法中。研究公共利益这一新的重要课题，对我们在立法和实践中完善我国的反倾销法律制度，保护国家的整体利益，维护社会的公共利益，具有重要的意义。

0486 论我国行政复议机构的独立性和专业化

发表时间及载体：甘肃联合大学学报：社会科学版 2009 年第 6 期

作　　者：赵宁

简　　介：行政复议作为一种通过解决行政纠纷而为公民权利提供救济的制度，近几年来的实践表明，其实施效果未能尽如人意，人们所预想的及时化解纠纷、减轻法院负担及方便人民群众的制度目标均未能完全实现，究其原因主要是行政复议机构独立性和专业化存在弊端。本文就行政复议制度中存在的问题及如何确立复议机构的独立性和专业化等做了探讨。

0487 构建和创新民族地区科学发展的体制机制研究

发表时间及载体：甘肃理论学刊 2009 年第 1 期

作　　者：马应超

简　　介：本文从公共财政视角出发，对健全民族地区贯彻落实科学发展观的制度、体制和机制进行了全方位的分析，并指出，只有构建和创新民族地区又好又快发展的体制机制，在法律保障、发展战略、分工贸易、财政体制、资源转换、对外开放、扶贫开发和政府职能等十个方面加大创新力度，为民族地区科学发展提供完善的财政制度和有效的财政体制机制保障，才能加快少数民族和民族地区经济社会发展，逐步缩小发展差距，实现区域协调发展。

0488 藏族大学生民族与文化认同调查研究

发表时间及载体：西北师大学报：社会科学版 2002 年第 5 期

作　　者：万明钢

简　　介：运用问卷调查方法，对藏族大学生语言、身份、宗教、习俗等 4 个方面的认同状况进行了研究。初步分析表明，藏族大学生的民族认同在不同层面上有不同的特点。在有些层面上，情感定向的民族认同比较积极，但行为定向不太积极；有些层面上自我定向认同积极，但他人定向不积极；有些层面上微观层面认同比较积极，但宏观层面却不太积极。藏族大学生的民族认同虽然受情感因素的影响，但其间渗透着理性思考。藏族大学生所表现出来的民族认同特点，反映了藏族文化和社会所处时代背景，以及文化融合与社会现代化进程中个体的心理变化特点。

0489 西北少数民族地区新农村建设中村民自治的法律保障——以甘肃省天祝藏族自治县为例

发表时间及载体：甘肃政法学院学报 2009 年第 5 期

作　　者：周晓涛

简　　介：建立和完善村民自治，可以为发展农村、实现社会主义新农村建设"管理民主"的目标提供有效方式和制度保证。西北少数民族地区村民自治中存在着公众参与程度低、自治组织矛盾重重、民主决策虚化和民主自治变异等方面的问题。可以通过健全法律体系、完备制度建设、营造法制环境等寻求解决问题的法律手段，为村民自治的提供法律保障。

0490 关于我国土地使用制度的几个法律问题

发表时间及载体：甘肃行政学院学报 2000 年第 3 期

作　　者：胡兰玲

简　　介：土地对国家、法人和公民来说，

都是一项很重要的财富，它关系到经济发展和社会稳定。国外大多数国家和地区均实行土地有偿使用制度，并将转让土地使用权之所得，作为政府取得财政收入的重要支柱，均有法律规定。土地的所有权与使用权可以分离，其转让也是有偿的。而我国，土地有偿使用制度的确立则是处于初创时期，许多地方尚不完善。

0491 敦煌石窟中回鹘天公主服饰研究

发表时间及载体：西北民族研究 2007 年第 3 期

作　　者：谢静

简　　介：由于五代曹氏归义军祖孙三世与回鹘联姻，在曹氏归义军时期所营建的敦煌洞窟中，出现了大量穿回鹘服饰的天公主供养画像。这些回鹘天公主供养像给我们留下了研究唐五代时期回鹘贵族妇女服饰的珍贵资料，而回汉混合装也成了敦煌五代时期上层贵族妇女的时尚服饰。

0492 战时生活经验与现代国民意识的凝成——以《四世同堂》为中心

发表时间及载体：甘肃社会科学 2010 年第 6 期

作　　者：邵宁宁

简　　介：《四世同堂》是一部深刻反映了中国现代国民意识的文学作品。中国传统社会是家族本位的，人民从根本上缺乏"国民"或"公民"意识。民族战争的爆发，不但打破了中国社会生活的传统秩序，而且改变了中国人的家、国想象及自我意识。小说通过对以小羊圈胡同为中心的北平市民沦陷期生活的描写，在揭示传统家族社会受到的现代挑战的同时，也为我们反思中国现代国民意识的构成，提供了一个有意义的文本。

0493 中西文化差异与英美文学作品英汉翻译研究

发表时间及载体：甘肃联合大学学报：社会科学版 2009 年第 5 期

作　　者：辛俊武

简　　介：中西文化差异是影响英美文学作品英汉翻译的一个重要因素。比较中西文化之间的差异．分析西方文化对英美文学作品的渗透以及英美文学作品翻译中西方文化知识的重要性，有利于归化异化相结合的多元化的文化翻译策略在英汉翻译作品中的应用。

0494 论明代元剧批评的观念分立与理论延展

发表时间及载体：西北师大学报：社会科学版 2005 年第 4 期

作　　者：李占鹏

简　　介：明代的元剧批评比元代时获得了更大的进步，实为元剧研究的一座重要里程碑。它既表露着观念分立的崭新征象，又呈现出理论延展的珍贵态势。全面观照、深入解析明代元剧批评的观念分立与理论延展，对准确认识和恰当评价元代戏剧的艺术本质和历史地位，都具有难以替代的引导作用。

0495 仙人崖石窟（上）

发表时间及载体：敦煌研究 2003 年第 6 期

作　　者：董玉祥

简　　介：位于甘肃天水市附近的仙人崖石窟，其内容鲜为人知。它不但历史悠久，而且自北魏以来，代有塑绘，题材广泛，内容丰富。本文在多次实地考察的基础上，对该处石窟内容及艺术风格作了较为全面的介绍。

0496 人的素质与现代化关系的再考察——近代中日比较的启示

发表时间及载体：社科纵横 2010 年第 1 期

作　　者：赵凤崑

简　　介：要实现现代化，人是问题的核心，于是人的素质能否提高，便成为能否实现现代化的关键。提高人的素质有多种途径，其中最为重要的是教育，但并不是所有的教育都能够培养出具有现代化素质的人，这里的关键在于教育本身必须具有全民性、现代性、科学性等特点。在这方面，近代日本的一些做法很值得我们思考借鉴。

0497 生态文学：生态环境教育的新途径

发表时间及载体：社科纵横 2008 年第 10 期

作　　者：郭茂全　赵晓红

简　　介：文学不仅应当关注人的精神生态与社会生态，也应当关注生态环境。生态文学以优美的语言、鲜活的形象、真挚的情感、丰富的生态思想担当起了当代生态建设的文学责任。生态环境教育的文学途径逐渐受到人们的重视。生态文学的创作、传播、接受将在生态文明建设中发挥积极的作用。

0498 仰望高原对话生命：邢秀玲的散文世界

发表时间及载体：红岩 2012 年第 S1 期

作　　者：郭茂全

简　　介：西部散文是中国当代散文的重要组成部分，西部女性散文则以其独特的思想内蕴成为当代西部散文的有机组成部分。西部是男人的西部，也是女人的西部。如果说西部男性散文作家侧重于展现西部阳刚雄浑的一面，西部女性散文家则更多展现出西部婉约阴柔的一面。

0499 违宪审查及其中国问题

发表时间及载体：社科纵横 2008 年第 3 期

作　　者：姬云香

简　　介：本文从宪法的出现，宪法的实施，违宪审查的含义和意义入手，分析了目前世界范围内三种违宪审查模式及其基本趋势，进而剖析了中国违宪审查的现状及存在的问题，最后得出结论：为了真正解决中国的违宪审查问题，必须引入专门机关审查制。

0500 行政学研究的比较分析——从资源配置的观点看行政学学理取径

发表时间及载体：甘肃行政学院学报 2002 年第 4 期

作　　者：罗梁波

简　　介：行政学相对其他社会科学，缺乏一种内部的力量和逻辑支撑自身独立发展，走的基本是依靠外部力量推动发展的道路。对人类行为采用特定的取径差别，是各种人文社会学科区别于其他学科的基础和标志，也是该学科产生发展演化的逻辑起点。本文借助典型化纯粹化分析并结合西方经济学、政治学等学科通行的资源配置定义法，简要说明对比分析行政学理论与对其他社会科学在学理取径上的区别。一言概之，行政学是关于责任性资源配置如何有序效能配置的系统理论。

0501 试论乾隆年间清朝对西北准噶尔蒙古的武力征服政策

发表时间及载体：甘肃联合大学学报：社会科学版 2008 年第 24 卷第 4 期

作　　者：牛海桢

简　　介：乾隆年间，西北唯一能与清朝抗衡的准噶尔蒙古内战纷起，清朝政府实行武力征服政策，果断出兵，为最终统一西北边疆地区奠定了基础。在这一问题上，我们既要承认武力征服政策对促进多民族国家的形成、促进民族融合所起的作用，同时也要看到清朝统一战争的残酷性以及对准噶尔蒙古所带来的灾难。

0502 培育和践行核心价值观的原则、路径和机制研究

发表时间及载体：中国特色社会主义研究 2014 年第 3 期

作　　者：王学俭　李东坡

简　　介：本文系国家社科基金重大项目"社会主义价值与社会主义核心价值体系的内在关联研究"（项目编号 12AKS005）的阶段性研究成果。培育和践行社会主义核心价值观要深化原则、路径和机制研究，要坚持理论性与实践性相统一、历史性与现实性相呼应、继承性与创新性相结合、主导性与多元化相一致、人本性与政治性相支撑。

0503 论新中国成立后十七年间的通俗史学

发表时间及载体：淮北师范大学学报：哲学社会科学版 2013 年第 1 期

作　　者：朱慈恩

简　　介：新中国成立后，政府十分重视通俗读物的出版工作，出版了相当数量的历史通俗读物。这一时期通俗读物的编撰，都是以马克思主义唯物史观为指导。然而，通俗史学工作在取得很大成就的同时，也不可避免地存在着很多缺点与不足。

0504 断肠诗吟恩怨情——朱淑真诗词意蕴新探

发表时间及载体：西北师大学报：社会科学版 2003 年第 1 期

作　　者：刘洁

简　　介：本文结合宋代女诗人朱淑真的生平事迹来研读其诗词，对她的夫妻关系及她诗词的含义提出新的见解，认为朱淑真原本夫妻恩爱，后为丈夫疏离、遗弃，她的诗词抒写了夫妻间的恩怨之情。

0505 侦查程序法治化研究——以建立司法审查机制为视角

发表时间及载体：甘肃政法学院学报 2011 年第 5 期

作　　者：魏克强

简　　介：近年来，在我国建设现代法治社会的要求下，侦查程序法治化已成为完善公安侦查行为的重要任务之一，建立司法审查机制则是实现我国侦查程序的中立性、平等性、科学性等法治理念的一个重要途径。本文主要通过对司法审查机制的分析和研究，在借鉴和利用国外侦查程序中的司法审查机制和我国相关法律规定的基础之上，总结出在侦查程序中引入司法审查机制的主要途径，并提出了几个急需解决的重要问题，以期实现我国侦查程序的法治化。

0506 宁夏吸引外资环境优劣势分析与对策

发表时间及载体：社科纵横 2009 年第 6 期

作　　者：杨志龙

简　　介：投资与经济增长是正相关的。在新的历史发展阶段，宁夏经济发展不仅仅意味着要自我发展。更重要的是要积极设法吸引外资。而要做到这些，就必须弄清楚宁夏投资环境的现状，其次要寻求投资环境创新的对策。本文首先阐述宁夏投资环境的概况，分为优势和劣势两个方面，其次就宁夏投资环境的优势及劣势两部分展开分析，并提出了改善硬环境和创新软环境两个方面对策。

0507 创西部高校发展之先争全国同类院校之优

发表时间及载体：组织人事学研究 2011 年第 11 期

作　　者：王智平

简　　介：兰州理工大学被确定为教育部领导"创先争优"活动联系点以来，学校"创先争优"活动进一步深入推进，取得了阶段性成效。加强领导。健全机构，为"创先争优"活动的深入开展提供坚强的思想和组织保障。根据教育部党组提出的创先争优联系点高校要"在教育改革发展中走在全国本类型单位前列"的要求，学校先后两次召开"创先争优"活动专题研讨会，两次召开全校教职工动员大会。

0508 敦煌僧人彦熙生平创作考论

发表时间及载体：敦煌研究 2004 年第 1 期

作　　者：王志鹏

简　　介：敦煌 P.2605 的《敦煌郡羌戎不杂德政序》和 P.3276 背的《常定政事楼厅》是两篇晚唐五代时期的佚文，以前不为人们所注意。本文在对原文进行移录、点校的基础上，着重对作者的身份、生平活动及其创作时代进行了较为具体的考察，指出作者彦熙原是洛阳福先寺的一位讲经师，曾西行去印度取经，后来流落到敦煌。敦煌写卷中保存的这两篇文章，约创作于敦煌曹氏归义军时代。

0509 PPP 模式在新亚欧大陆桥沿线地区建设中的运用

发表时间及载体：宏观经济管理 2007 年第 7 期

作　　者：张以湘　汪晓文

简　　介：新亚欧大陆桥东起我国连云港和日照等港口城市，沿陇海、兰新铁路连通中亚，西达荷兰鹿特丹、比利时安特卫普等欧洲口岸，全长 1.09 万公里，是横贯亚欧两大洲中部地区的交通大动脉。它是继西伯利亚大陆桥之后连接亚欧的第二座大陆桥。因此，被称为"新亚欧大陆桥"。

0510 清代甘肃省循化厅歇家研究

发表时间及载体：青海民族研究 2013 年第 4 期

作　　者：杨红伟　欧麦高

简　　介：清代循化厅歇家是雍正年间平定罗卜藏丹津之后，为加强对藏边地区的控制，将原来河州厅治下以通事出身为主的番歇家，转由官办发展起来的粮赋型歇家。循化厅歇家具有就家接歇与散役的特点。他们是沟通地方政府与番民不可或缺的中介，不仅包揽番粮，还在此基础上，延伸出稽查户口、通语词讼、调查案件、调节社会纠纷、查禁贸易等职能。这表明明清时期歇家并非完全具有客店的性质，也不可能具备代表政府管理基层社会。

0511 论隐喻的翻译——兼评刘重德、Newmark 的相关见解

发表时间及载体：兰州大学学报：社会科学版 2005 年第 33 卷第 5 期

作　　者：袁洪庚

简　　介：隐喻的首创和使用，反映出作家的创作个性和想象力，它以新颖、奇妙、鲜明的形象感染读者，具有不同寻常的认知、审美能力。在分析隐喻的本质的基础上，评估了刘重德和 Newmark 关于翻译中隐喻移植问题的观点，将他们倡导的隐喻翻译方法，加以比较，提出建构在归化基础上的五种译法。

0512 多媒体教学在开放远程教育法学教学模式改革中的应用

发表时间及载体：电化教育研究 2009 年第 9 期

作　　者：陈国凤

简　　介：现代开放远程教育强调摆脱"以教师为中心"，而提倡"以学生为中心"。在这样的教育思想的指导下，以自学为主的开放教育的学员采取多媒体教学手段，能使法学专业教学取得事半功倍的效果。本文就如何利用多媒体手段开展法学教学工作作进一步的探讨。

0513 关于欠发达地区县级党政领导干部实践"三个代表"重要思想的素质

发表时间及载体：甘肃理论学刊 2004 年第 1 期

作　　者：钱效琦

简　　介：在新形势下践行"三个代表"重要思想，对欠发达地区县级党政领导干部的素质和班子优化提出了一系列新的要求。本调研报告在对目前甘肃省部分县级党政领导干部的素质状况和班子优化问题进行深入分析研究的基础上，就如何全面提高县级党政领导干部，特别是一把手的政治、业务等方面素质和优化县级党政领导班子的年龄结构、知识结构、智能结构、气质结构、工作结构等问题，提出了有针对性、可操作的、较为系统全面的改进意见和对策。

0514 教育技术专业实验课程体系改革的思路与方案

发表时间及载体：电化教育研究 2000 年第 11 期

作　　者：任来宝

简　　介：本文从信息时代、知识经济、创新教育大环境、大背景下对实验课程体系重新定位，提出构建"大模块、多功能，综合化、多层次、文理融合，以创意、创新为主线，贯穿整个实验始终的课程体系"。

0515 《礼记》与现代精神文明

发表时间及载体：西北师大学报：社会科学版 2008 年第 1 期

作　　者：赵逵夫

简　　介：《礼记》是从先秦至西汉关于《仪礼》解说、发挥文字的汇集，是我国秦汉以前的社会生活史和生活习俗、礼仪制度、人生经验的总结。有些论述有很高的概括性，有相当的理论价值。它在今天除具有认识价值外，也可以使我们知道在家庭、社会交际和为人处世以至对待本职工作、处理同大自然的关系等方面有哪些优良传统应该继承和发扬。其中关于礼的原则的论述，对今天的精神文明建设和人类活动中一些具体问题的处理有着重要的借鉴意义。

0516 信息技术支持下的数学教师专业发展策略探讨

发表时间及载体：电化教育研究 2009 年第 11 期

作　　者：孙名符　李保臻

简　　介：由于各种主客观条件的限制，部分数学教师对信息技术在数学教学中的地位、角色、作用等存在着不同程度的误解，导致信息技术支持下数学教师专业发展的理论与实践出现了许多亟须解决的问题。本文主要从理念认识、专业知识、专业技能、专业标准、发展模式等几个方面对该问题进行了分析和透视，并针对性地提出了信息技术支持下数学教师专业发展的策略及建议。

0517 中国粮食总产量的分析和预测

发表时间及载体：兰州商学院学报 2005 年第 21 卷第 1 期

作　　者：傅德印

简　　介：本文根据 1985—2003 年间中国粮食总产量变化趋势，运用逐步回归分析方法分段进行研究，分析中国粮食总产量上升和下降的显著影响因素，以及影响因素的边际和弹性，并根据最优回归模型对中国粮食总产量的未来趋势进行预测，最后对如何扭转中国粮食总产量下降趋势给出建议。

0518 全球衰退与中国经济前景

发表时间及载体：甘肃理论学刊 2009 年第 4 期

作　　者：张建君

简　　介：全球经济如能在 2010 年前回复到稳定增长的轨道，则中国经济完全可能在走出"一枝独秀"的发展态势。全球经济如在 2010 年乃至较长的一个时期都无法回到稳定发展的轨道，则中国经济有可能会面临"长期调整"的发展态势。2009 年的中国经济将受到强劲的投资拉动，消费将逐渐回暖，出口下滑的趋势完全取决于全球主要经济体的衰退程度，产业结构将呈现较大幅度地调整，失业状况将进一步加剧，如果 2009 年中国的资本市场能够保持稳定，中国经济将有可能维持在 6%–8% 左右的水平发展。

0519 全球化背景下：中国东西部地区的数字鸿沟

发表时间及载体：兰州大学学报：社会科学版 2004 年第 32 卷第 2 期

作　　者：黄少华　韩瑞霞

简　　介：随着全球化和新经济的崛起，数字鸿沟问题受到世界各国和地区的广泛关注。本文在梳理数字鸿沟的含义和类型的基础上，描述分析了目前我国东西部地区之间数字鸿沟的现状，并从社会学关于全球与地方关系的理论切入，分析了我国东西部地区之间数字鸿沟的实质；从时空伸延所形塑的现代社会制度脱域和再嵌入机制，以及西部地区具体的地方空间与信息流动空间的关系入手，探讨了西部地区跨越数字鸿沟的可能性。

0520 以节能减排为着力点促进经济增长方式的转变

发表时间及载体：甘肃科技纵横 2008 年第 11 期

作　　者：张玉斌

简　　介："十一五"期间，党中央、国务院把节能减排作为调整经济结构、转变增长方式的重大举措，摆在更加突出的位置。节能减排已成为影响我国经济增长的硬约束，要通过抓节能减排，促进经济发展方式转变，实现经济又好又快发展。

0521 高校教师教育技术能力培训主题学习网站设计研究

发表时间及载体：电化教育研究 2012 年第 5 期

作　　者：李兴笃

简　　介：本文通过对高校教师教育技术培训中存在的问题分析，提出利用主题学习网站的培训模式来提高教师的教育技术能力，设计了主题学习网站的结构和模型，并对在线培训、协作交流和考试评价三个主要的应用系统所实现的功能作了说明。

0522 中国制造业区域创新模式的比较研究

发表时间及载体：科技管理研究 2009 年第 7 期

作　　者：郭志仪

简　　介：以东莞、苏州、温州为例，对比分析制造业区域创新模式，结果表明：内外资企业比例接近的苏州制造业在创新环境、创新资本投入、创新人才投入和创新绩效方面都优于东莞和温州的制造业。中国制造业应尽快采取措施提高自主创新能力，进行技术转型。

0523 论余华小说的先锋叙事

发表时间及载体：社科纵横 2008 年第 6 期

作　　者：杨小兰

简　　介：余华的小说叙事以其超凡脱俗的先锋叙事完成了对传统叙事模式的裸露与颠覆。小说从虚构入手，以心理现实为基础，构建起一个荒诞、混乱、陌生的幻觉世界；并以偶然性作为叙事的基本链条，形成其作品内在的隐喻结构；通过个性化叙事语言，尤其是比喻手法的使用来呈现作者对于世界的独特感知；而这些叙事特点既来自于作家独特的创作观，也与中西方作家尤其是西方现代主义作家的影响直接相关。

0524 抗战时期陕甘宁边区私营商业发展的特点及意义

发表时间及载体：兰州学刊 2010 年第 11 期

作　　者：王晋林

简　　介：抗战时期陕甘宁边区对私营商业实行扶持和帮助的政策，使私营商业得到了迅速发展，对于保障边区军民日用品的供给，改善群众生活，繁荣和发展边区经济发挥了重要作用。抗战时期边区私营商业的发展，不仅是公营商业的重要补充，而且也是边区新民主主义经济的重要组成部分，呈现出显著的特点，具有重要的历史和现实意义。

0525 完善我国精神损害赔偿法律制度若干问题的思考

发表时间及载体：甘肃理论学刊 2005 年第 1 期

作　　者：史玉成　　王英霞

简　　介：精神损害赔偿作为我国一项重要的民事法律制度，目前尚存在着一定的局限性。本文从我国民法的基本理论出发，对精神损害赔偿制度中存在的若干问题进行了分析，认为对精神损害赔偿主体应进行合理界定；对精神损害赔偿范围应从人格权、身份权以及国家赔偿等多角度做适度拓展；对赔偿标准应在理解立法原意的基础上，结合我国的司法实践进行正确把握。

0526 成人高校网上录取系统的安全性能改进方案

发表时间及载体：电化教育研究 2010 年第 10 期、

作　　者：朱建平　　朱静华

简　　介：本文针对"网上录取系统"各个功能模块的具体职能实践，通过对当前局域网络环境下"网上录取系统"的分析，找出当前"网上录取系统"普遍存在的问题，在全面考虑安全、高效和实用的前提下，对网上录取系统重新进行了安全性能设计，将网上录取工作从目前的局域网环境扩展到局域网与广域网相结合的环境，并论证了其可行性与安全性。

0527 敦煌写本类书 S.7004《楼观宫阙篇》校注考释

发表时间及载体：敦煌学辑刊 2010 年第 1 期

作　　者：魏迎春　　刘全波

简　　介：一直以来，编撰格式却又迥然不同 S.7004 被当作《籝金》系写本加以研究，但是该写卷与《蕨金》系诸写本之本文通过对 S.7004 进行校注与考释，考证出其成书上限为大业四年，又因其避唐高宗之讳，知其抄写年代在唐高宗时或稍后。

0528 加大对西部农村公共产品投资建设的力度

发表时间及载体：甘肃理论学刊 2006 年第 6 期

作　　者：张平军　魏玲

简　　介：西部农村公共产品的普遍短缺，严重制约了西部农村的发展和社会和谐。因此，西部在"社会主义新农村建设"中，增加农村公共产品的供给问题就显得更为突出和重要。农业税取消后，西部基层政府财政支出困难，无力为农民提供更多的基本需求的公共产品。而西部五省区又存在着长达数万公里边境线，靠近亚洲政治敏感地带，少数民族居住占全国少数民族的 80%。因此，在构建和谐社会和边疆地区的安全问题时，迫切地需要我们对这一区域的农村公共产品供给以更多关注。并从战略高度，以新的思维方式和新的视野思考，来认识西部少数民族地区、边疆地区和贫困地区的农村公共产品的供给问题。

0529 略论安徽史前考古发现中的早期文明因素

发表时间及载体：东南文化 2011 年第 6 期

作　　者：李忠林

简　　介：安徽地区史前考古起步较早，考古工作者在这里发现了大量的新石器时代考古遗存，有些遗存中包含着丰富的早期文明因素，其中，双墩陶符、凌家滩礼玉和尉迟寺聚落形态最为典型，对于研究江淮地区早期文明起源的形式、内容及其与黄河、长江流域文明的关系有着重要的意义，值得考古工作者重视。

0530 白龙江流域藏族传统建筑文化特点研究

发表时间及载体：西北民族研究 2007 年第 4 期

作　　者：傅千吉

简　　介：白龙江流域因自然环境与地域文化的独特，形成了独具地方特色的藏族建筑风格。这些建筑因其雄伟的外形、明朗的空间、古朴的风格、多样的造型及深邃的文化内涵，在藏族建筑中别具一格，表现出独特的文化特征。

0531 风险社会及安全建构

发表时间及载体：甘肃理论学刊 2006 年第 3 期

作　　者：司睿　刘敏　徐世平

简　　介：风险的发生可以导致社会损失，中国社会已经进入"风险社会"。在我国风险社会的安全建构中，国家、市场和公民社会各自在化解风险中具有不同功能及互补关系，全球合作也是抵御风险的重要保障。

0532 电子合同初探

发表时间及载体：甘肃行政学院学报 2002 年第 4 期

作　　者：马庆伟　李国旗

简　　介：网络的发展日新月异，越来越多的交易在网上进行，相对而言，网络立法则很落后。本文简要探讨了电子合同实践中存在的问题，并提出相应的措施，比如生效的时间问题、电子签名的问题等等。

0533 新农村政策推进中的群众心理及其引导——基于庆阳市镇原县、兰州市榆中县及武威市凉州区的调查

发表时间及载体：社科纵横 2010 年第 2 期

作　　者：施泽东　马忠

简　　介：本文以分析群众心理对政策执行的影响为基础，通过对社会主义新农村建设的实证研究，探讨了新农村政策推进中群众心理存在的问题及原因，为群众心理的引导提供了相关建议。

0534 中国能源消费系统预测模型的构建

发表时间及载体：统计与决策 2009 年第 5 期

作　　者：高新才

简　　介：文章采集了大量能源消费量的历史数据，在此基础上首先利用灰色预测和多项式曲线趋势外推的方法建立了我国能源消费系统的单项预测模型。其次，通过标准差法进行权重分配，建立了我国未来能源消费量的组合预测模型，并应用此模型对 2007—2011 年的能源消费量进行了预测。

0535 我国民族教育课程改革及其政策研究

发表时间及载体：西北师大学报：社会科学版 2002 年第 6 期

作　　者：王鉴

简　　介：新一轮国家基础教育课程改革，在民族地区会遇到特殊的教育体系与内容设计等因素的影响，为此需要一系列特殊的民族教育的课程政策来保障，如民族教育的课程目标政策、课程设计的原则、三级课程的管理体系等。

0536 西藏昌都伊斯兰教的传承与发展调查

发表时间及载体：西北民族研究 2010 年第 1 期

作　　者：敏文杰

简　　介：昌都位于西藏的东大门，是康巴文化的中心。300 年前，昌都就有穆斯林繁衍生息，虽然他们屡遭劫难，但伊斯兰文化薪火传承，未曾断绝。时至今日，昌都穆斯林焕发出前所未有的生机与活力，构成了昌都多元文化的一道风景线。本文首次全方位向读者介绍昌都穆斯林的来源与现状，为相关研究人员提供了一份较为翔实的资料，填补了中国伊斯兰教研究的一段空白。

0537 唐代敦煌高僧悟真入长安事考略

发表时间及载体：敦煌研究 2010 年第 3 期

作　　者：伏俊琏

简　　介：张议潮收复敦煌，委派沙州都法律洪辩的弟子悟真入朝。悟真在长安游览佛寺，与京城高僧大德见面，吟诗赞诵，极一时之盛。敦煌遗书中有若干史料记述此事。本文对相关写卷进行了叙录，对涉及的佛寺、僧人及有关诗文进行了考证。

0538 知识社会学视域中的教育知识生产——基于国家社会科学基金教育学立项课题的统计分析

发表时间及载体：西北师大学报：社会科学版 2011 年第 6 期

作　　者：王永斌

简　　介：本文以 1983—2010 年国家社科基金教育学立项课题为统计数据源，运用知识社会学方法，通过分析教育学立项课题的学科分布、区域分布、主要阵地、核心作者等情况，认为作为知识生产的教育科学研究，特别是国家社科基金项目所支持的教育研究，是教育知识生产的主渠道之一。它在一定意义上展现了当代中国教育学学术生产格局，在促进我国教育决策科学化，推动教育实践和教育知识的创新，加强教育科学研究的能力建设等方面都发挥了重大的积极影响。但其间所反映出的教育知识生产被规划式生产制度所宰制的局面需要我们加以反思。

0539 西部地区发展现代远程教育的问题与对策

发表时间及载体：电化教育研究 2002 年第 9 期

作　　者：刘健松

简　　介：西部地区发展现代远程教育有着重要的现实意义和实际价值。但西部地区在发展现代远程教育中存在着理论研究滞后，财力、设施不足，软件、人才资源匮乏等问题是不容忽视的。在认清问题的基础上，要不断转变观念。逐步完善、开发和积累网上资源，以寻求西部地区现代远程教育的发展之路。

0540 以党的六中全会的"决议"为指针推进兰州市的精神文明建设

发表时间及载体：兰州教育学院学报 1987 年第 1 期

作　　者：武文军

简　　介：中共中央关于社会主义精神文明建设指导方针的"决议"，是一部指导我国进行社会主义精神文明建设的马克思主义重要文献。它对社会主义精神文明建设的指导思想、基本内容和基本方法，都有精辟的论述。现根据中央"决议"的精神，对兰州市精神文明建设的指导思想，发展目标和发展措施谈些认识。

0541 试论安萨里的知识论——以《宗教学的复兴》为中心

发表时间及载体：西北民族研究 2012 年第 4 期

作　　者：潘世昌

简　　介：安萨里的《宗教学的复兴》是一本重要的伊斯兰理论典籍，在伊斯兰历史上产生了极其重要的影响。安萨里在这本名著中从不同角度和层面对知识进行了分类和论证。他首先把知识分为"实践知识"和"境界知识"，然后把"实践知识"分为外部知识和内部知识，外部知识和内部知识又各自衍生为两种，这样就形成了独具特色的几何体划分格局。他的知识论具有鲜明的原创性特点，极大地影响了后来穆斯林对知识结构的认知，同时也为苏菲学的学科化和体系化奠定了理论基础。

0542 公民行政诉讼救济权的保护

发表时间及载体：甘肃政法学院学报 2003 年第 4 期

作　　者：李积霞

简　　介：我国行政诉讼法的颁布，标志着我国法院已开始依据其司法权对行政权进行制衡，并且成为监督政府行政法治化、切实保障公民的合法权益不受行政机关的侵害的重要措施。但公民的行政诉讼救济权仍受到种种制约，我国司法制度的改革应对公民的行政诉讼救济权予以关注。本文对公民行政诉讼救济权概念和内涵进行初步界定，并探讨了其保障的具体机制。

0543 全球视野下的中国管理本土研究新进展——中国管理国际学术论坛观点综述

发表时间及载体：中国工业经济 2010 年第 7 期

作　　者：包国宪　王学军

简　　介：本文对中国管理国际学术论坛的主要学术观点进行了综述。论坛围绕"全球视野下的中国管理本土研究"这一主题展开了深入的研讨，会议反映了当前中国管理本土研究的新进展。

0544 论受教育权及司法保障

发表时间及载体：甘肃政法学院学报 2004 年第 6 期

作　　者：李海涛

简　　介：受教育权是公民一项宪法性基本权利，受教育权平等不仅要求权利设定的平等，而且要求将平等原则作为保障公民受教育权的首要原则，受教育权的司法保障是受教育权平等保障的重要途径。

0545 玄奘瓜州、伊吾经行考

发表时间及载体：敦煌研究 2006 年第 6 期

作　　者：李正宇

简　　介：玄奘西行求法之旅瓜州至伊吾一段，遭遇艰难险阻最多、最集中，最能体现玄奘求法的决心及坚韧精神，成为后世缅怀追寻的一大焦点。从《玄奘传》得知，玄奘乃是依傍莫贺延碛道行进的，而当年莫贺延碛道取线如何，沿途有哪些烽戍哨卡，本文一一据实比对；在考证瓜州城、葫芦河，及第一烽、第四烽位置处所基础上，探究玄奘当年究竟怎样傍官道穿插行进，又在何处失路困顿险些丧生？本文又可为今人重走这段玄奘之路提供导引。

0546 互通与契合：公民社会与社会生态空间关联研究

发表时间及载体：西北师大学报：社会科学版 2014 年第 5 期

作　　者：王学俭

简　　介：公民社会与社会生态及社会生态空间存在着互通与契合的内在关联性。一方面，社会生态空间是社会生态的秩序存在，其所包含经济生态、政治生态、文化生态、制度生态、心理生态等要素与层次。

0547 再释书法的意义

发表时间及载体：甘肃联合大学学报：社会科学版 2011 年第 27 卷第 1 期

作　　者：马国俊

简　　介：在某种意义上，书法可以成为中国传统文化与中华民族文明的象征，书法既属于中国也属于世界。这一解释的重点价值，并不在于书法内在性质的释发上，而在于书法生存合法地位的确立和书法在世界范围内社会影响的扩大上。

0548 生态女性主义视野中女性形象的嬗变

发表时间及载体：西北师大学报：社会科学版 2011 年第 5 期

作　　者：王明丽

简　　介：如果把整个生态圈比作"生命之网"，语言则是自然与人类社会及其文化之间的症候式节点 源自西方的启蒙的宗旨是确立人对自然的无限的统治权，而灵肉一致的"人的文学"的提出，则标示着中国近现代以来的启蒙有着明显的地域意识和身体意识，以及个性觉醒后民族国家意识的生长所激发的人类性。但"人的文学"所蕴涵的生命欲望、生命感性、非理性、空间性、韵律感一直是现代中国文学所缺乏的，同时也造成沉默的"他者"——农民大众和不觉悟的妇女在对启蒙叙事与家园意识的价值冲突与裂变的重估中透视女性形象的嬗变，重释"存天理、灭人欲"的话语生成机制，"以人为本"的生态和谐的文化指向呼唤着生态文明的到来。

0549 大众传媒对公平正义的作用机制及其边界

发表时间及载体：兰州学刊 2011 年第 10 期

作　　者：杜建华

简　　介：大众传媒对公平正义建设则具有

积极能动性，并以自己特有形式推动公平正义建设。但是，必须正确认识大众传媒对社会公平正义的作用途径与二者之关系，需要综合运用包括大众传媒手段在内的一切方法措施，推进社会公平正义建设。

0550 新时期以来"现代评论派"研究平议

发表时间及载体：贵州社会科学 2014 年第 9 期

作　　者：王玉珠　古世仓

简　　介：新时期以来，"现代评论派"重新被纳入学术讨论的范畴，在政治上被重新定性的同时，大量史料的挖掘和重现也使其作为研究对象的丰富性得以提升。在此基础上，"现代评论派"研究进一步拓宽了视野和角度，并呈现出重视回归历史场景的倾向，增强了研究的历史感。总体上而言，"现代评论派"的学术地位在新时期得以较为明显的提高，但在研究视角、方法及思维模式等方面仍存在不足，并因此蕴含着新的学术生长点。

0551 犯罪学视野中的流动人口研究

发表时间及载体：西北人口 2010 年第 2 期

作　　者：傅晓海

简　　介：人口流动现象是社会转型过程中的必然产物，目前对于因人口流动而引发的犯罪问题还存在许多认识的盲区。这里采用了比较研究的方法，在阐明人口学的"流动人口"同犯罪学"流动人口"异同。

0552 少数民族民间纠纷解决机制的现实困境及其破解

发表时间及载体：西北民族研究 2008 年第 2 期

作　　者：拜荣静

简　　介：少数民族民间纠纷解决机制的诸多缺陷，是少数民族民间纠纷解决纠纷机制正常运行的主要障碍，现实困境主要表现于诉讼解决纠纷机制的弊端、非诉讼解决机制的制度设计缺陷以及二者衔接的不合理。

0553 西部民族地区特色经济研究综述

发表时间及载体：兰州商学院学报 2005 年第 21 卷第 4 期

作　　者：高新才　童长凤

简　　介：发展特色经济已经成为我国西部民族地区实现跨越式发展的有效途径，现在针对这方面的研究颇为丰富，但至今还没有被系统梳理过，本文希望对此做出有益的尝试。根据这条线索，本文从学者对特色经济概念的界定着手，进而对其理论依据进行梳理，最后对西部民族地区特色经济研究进行重点回顾。

0554 公共经济学视角下兰州市污染治理的理性选择

发表时间及载体：甘肃联合大学学报：社会科学版 2008 年第 24 卷第 5 期

作　　者：宋爱军

简　　介：兰州市空气污染世界闻名，目前针对兰州市空气污染的原因分析和解决措施的研究资料较多，但从公共经济学视角论述在既定资源约束下兰州市污染治理的最优选择的相关研究并不多见。因此，从这个角度入手，结合兰州市城市空间布局状况，将会对兰州市空气污染原因的深入剖析，进而总结政府公共政策选择的一般规律性大有裨益。

0555 中国音乐电视的发展趋向：商业主义与人文主义的对立统一

发表时间及载体：兰州商学院学报 2004 年第 20 卷第 2 期

作　　者：杨晓峰

简　　介：面对商业主义与人文主义的悖论，取道中庸以图生存的中国音乐电视，只有让商业主义作其驱动力，人文主义为其提供理想和目标，形成二者相互渗透、相互融汇的对立统一局面，才能共同推动中国音乐电视健康前行。

0556 员工角色行为对服务质量影响的实证研究

发表时间及载体：统计与信息论坛 2009 年第 3 期

作　　者：董雅丽　赵丽红

简　　介：服务质量作为有效提升企业竞争力的重要因素，正日益受到企业的关注，而员工作为服务的生产者和传递者，在服务质量的提升中发挥着更重要的作用。

0557 甘肃古代饮食名品拾遗

发表时间及载体：敦煌研究 2008 年第 5 期

作　　者：高启安

简　　介：甘肃地处丝路中段，历史悠久，文化厚重，产生了许多闻名于华夏的菜肴和食物品种，这是地方的珍贵文化遗产。本文是对甘肃历代知名饮食名品的钩沉。

0558 贞观文坛及其创作论略

发表时间及载体：湖南第一师范学院学报 2011 年第 11 卷第 5 期

作　　者：刘顺

简　　介：贞观时期的"文德"政治纲领和地域文化整合，以及士庶力量消长的历史趋势，成为影响此时文坛人员构成及创作风格的重要因素。贞观文坛在回眸过往文学经验的基础上，追求雅正、中和之美。贞观文坛的创作在太宗等人的倡导之下形成了以箴规与颂美为主流的文坛风格。

0559 理论经济学的数学化关键在引入数学思维

发表时间及载体：西北师大学报：社会科学版 2002 年第 3 期

作　　者：陈勇勤

简　　介：理论经济学的数学化，一个重要前提是需要真正理解数学思维。而只有理解了数学，数学思维才能相应地产生出来。在对哲学的概念反思和数学的演绎推理进一步认识的过程当中，还可以引申到认识物理学、生物学、经济学三学科的关系。有关理论经济学研究如何使数学思维的应用达到最优等问题，则必须通过已有的研究实践活动去考察分析。

0560 消费观念与消费行为实证研究

发表时间及载体：商业研究 2011 年第 8 期

作　　者：董雅丽　张强

简　　介：本文是国家社科基金项目《新消费文化观念构建》项目编号 08BZX011。通过构建消费观念的品牌性消费观念、超前性消费观念、实用性消费观念，并在"新消费文化观念构建"的调研数据的基础上，本文对消费行为和消费意向展开实证分析，研究结果表明品牌性消费观。

0561 民族区域自治法在西部大开发中的意义

发表时间及载体：甘肃政法学院学报 2007 年第 1 期

作　　者：马玉祥

简　　介：民族区域自治制度是中国共产党运用马克思列宁主义解决我国民族问题的基本政策．是国家的一项基本政治制度，进一步坚持和完善民族区域自治是实施西部大开发的政治基础和法律保证。

0562 美国高等教育信息化的"绿色范式"转换路径分析——解析美国2000—2011年度"EDUCAUSE十大议题调查"

发表时间及载体：电化教育研究 2013 年第 34 卷第 7 期

作　　者：蒋科蔚　李芒

简　　介：EDUCAUSE 每年发布的美国高等教育信息化的十大议题，已经成为美国高等教育信息化发展的风向标. 在美国高等教育信息化领域具有广泛的影响力。文章通过对 12 年的 EDUCAUSE 十大议题的梳理与分析，了解美国高等教育信息化的发展脉络和建设理念，期望对我国高等教育信息化的发展有所启迪。

0563 对中国抒情小说定义的再思考

发表时间及载体：兰州大学学报社会科学版 2005 年第 33 卷第 4 期

作　　者：冯欣

简　　介：从抒情小说定义的提出入手，梳理了该定义在中国现当代小说研究领域的运用和变化，讨论了研究者对这种非传统小说体式的不同理解与侧重，分析了抒情小说、散文化小说、诗化小说等概念之间的差异，总结了抒情小说对文学文类特征的综合与吸收，并提出了对抒情小说进行研究的价值与意义。

0564 说河西的墼——以敦煌吐鲁番出土材料为中心

发表时间及载体：华夏考古 2009 年第 2 期

作　　者：刘再聪

简　　介：本文以敦煌吐鲁番出土文献为中心，通过考察认为，墼不仅在西汉时期的河西地区被广泛使用，东汉时期墼仍有土坯之意，墼并不完全为砖的同义语，"墼"概念

在魏晋以后并未消失。

0565 黑河流域土地资源人口承载力动态预测分析

发表时间及载体：宁夏社会科学 2010 年第 3 期

作　　者：高新才

简　　介：据黑河流域土地利用状况，运用非线性动态模型，预测未来黑河流域人口承载力变化情况。根据研究结果，提出调整各类土地利用面积、保护耕地、控制建设用地、促进土地集约使用、有效增加土地面积，从而增加土地资源人口承载力的对策。

0566 莫高窟第 449 窟东壁北侧非《佛顶尊胜陀罗尼经变》辨析

发表时间及载体：敦煌研究 2011 年第 2 期

作　　者：殷光明

简　　介：有学者提出莫高窟经变中的经架只出现于佛顶尊胜陀罗尼经变中，而且是判定佛顶尊胜陀罗尼经变的特定标志，从而认为第 449 窟东壁门北有经架画面的报父母恩重经变应为佛顶尊胜陀罗尼经变。本文对第 449 窟东壁门北是否为佛顶尊胜陀罗尼经变进行了辨析，并说明经变中的经架并非判别佛顶尊胜陀罗尼经变的唯一标志。

0567 甘肃省发展大中型沼气工程的综合效益评价

发表时间及载体：甘肃联合大学学报：社会科学版 2010 年第 3 期

作　　者：汪晓文　衣婧

简　　介：在农村推广沼气工程是缓解我国农村能源和环境压力的有效途径，是建设社会主义新农村必不可少的环节。甘肃省近些年来发展了大批的大型养殖产业，可是对畜禽废弃物的处理还处在最简单的阶段，造成

了资源的浪费和环境的污染。大中型沼气工程与大型养殖产业配套发展，会缓解资源、环境的压力并产生很好的经济、社会和环境效益。

0568 论全球性媒体对公共领域的冲击和影响

发表时间及载体：兰州大学学报：社会科学版 2004 年第 32 卷第 1 期

作　　者：路宪民　樊亚平

简　　介：20 世纪下半叶以来，传播技术与新自由主义的市场原则和全球化汇成一股潮流，导致了全球性媒体的出现。全球性媒体所具有的彻底商业化、非管理化与高度垄断等特点破坏了公共领域赖以存在的公共性原则，使全球的公共领域面临巨大冲击和影响。本文的目的正是想探讨全球性媒体对公共领域的具体冲击与影响并寻求解决之道。

0569 一类非线性规划的模拟退火求解

发表时间及载体：控制与决策 1994 年第 3 期

作　　者：田澎

简　　介：本文针对一类非线性规划问题，提出并设计了模拟退火求解算法，分析证明了算法能够渐近致于全局最优解且具有多项式计算复杂性，为研究非线性规划提供了新的有效的求解途径。

0570 1987—1997 可持续发展思想综述

发表时间及载体：兰州商学院学报 2005 年第 21 卷第 1 期

作　　者：高云虹

简　　介：文章从发展观的演变和可持续发展概念的阐释着手，较为系统地综述了理论界关于可持续发展和区域可持续发展的理论，并指出虽然目前与之相关的研究很多，但也仅仅处于探索和起步阶段，有待于更进一步地深入探讨。

0571 甘肃省申报世界遗产战略初探

发表时间及载体：西北师大学报：社会科学版 2003 年第 3 期

作　　者：邓华陵　杨琪

简　　介：以保护第一位，开发第二位、社会开发与经济开发并重、立足长远，积极进取等为申报世界遗产工作的基本原则，加强对潜在世界遗产的论证、规划与保护；以积极争取申报世界遗产的新突破、实现均衡布局为战略目标，提出丝绸之路全线各国联合申报、丝绸之路中国段各省联合申报和麦积山甘肃单独申报等三种方案，对甘肃省世界遗产申报工作有一定的参考价值。

0572 甘肃企业融资环境与融资策略——基于金融环境的探讨

发表时间及载体：兰州商学院学报 2010 年第 26 卷第 5 期

作　　者：王霞

简　　介：文章分析了甘肃省企业外源融资的现状，认为甘肃企业融资中存在融资总量较少、融资结构不合理、利用外资规模偏小的问题，然后探讨了甘肃企业的融资环境，认为甘肃省银行业发展和资本市场发展的滞后制约了企业融资；最后在此基础上提出了甘肃企业的融资策略。

0573 贫困地区如何利用现代教育技术促进农村基础教育发展——天水市利用 VCD 促进边远山区教育发展的个案研究

发表时间及载体：电化教育研究 2004 年第 12 期

作　　者：王嘉毅　伏金祥

简　　介：实施"校校通"工程、利用信息技术促进农村基础教育发展是我国教育发展的基本策略之一。在贫困地区农村中小学如何利用信息技术来促进教师的教和学生的学还有待进一步探索。甘肃省天水市根据当地实际，在边远山区学校建立 VCD 教学放像点，利用现代教育技术促进边远山区义务教育发展，取得了明显的成效。本文以天水市的做法为个案，具体探讨了天水模式的效果及其优缺点。

0574 甘肃省计划生育的人口数量效益评估

发表时间及载体：西北人口 2004 年第 4 期

作　　者：郭志仪

简　　介：本文在借鉴有关研究成果的基础之上，运用趋势外推法对甘肃省 1973—2000 年间实行计划生育所产生的人口数量效益进行了估算。估算结果表明，在此期间因实行计划生育甘肃省共少生了约 814 万人，对人口总量控制的贡献远比社会经济发展所起到的作用大。

0575 北疆定居哈萨克族牧民的文化变迁——以萨尔也木勒牧场哈拉村为例

发表时间及载体：社科纵横 2008 年第 6 期

作　　者：玛依拉居马

简　　介：文化变迁是物质特征弱化和精神特征强化并存，民族文化处于新旧交替、传统与现代相交织的阶段。本文探讨了哈萨克族在定居后的宗教、经济、生活等方面发展与变迁。实现民族文化的现代转型不仅是时代发展的要求，也是新疆哈萨克族的内在需要和文化选择。

0576 走向生态文明的现实选择

发表时间及载体：兰州商学院学报 2004 年第 20 卷第 3 期

作　　者：张贡生

简　　介：人类社会发展的历史已经证明，那种以破坏生态环境为代价来求得经济增长或发展的思想和现实，已经使得我们所居住的这个地球的生态环境遭到极大的破坏。因此，走向生态文明必须做到：树立回归自然的理念；提倡绿色生产、分配和消费；建立产业与产业之间的循环系统；变生产者与消费者之间商品销售与消费之间的关系为服务与享受之间的关系；促使生态环境建设的产业化，并消除贫困。

0577 《李恭陇右方言发微》探析

发表时间及载体：甘肃高师学报 2012 年第 1 期

作　　者：申重实　莫超

简　　介：本文就《李恭先生陇右方言发微》一书的特色进行深入探析。分析了《陇右方言发微》在体例上的特点，并认为陇右方言在训释方面有以下特色：（一）训释方言词汇时非常注意对方言本字的探究；（二）训释方言词汇时注重对词汇语源的探究；（三）有些训释中还揭示了方言词语的民俗文化内涵；（四）广泛征引各类文献资料对方言词语释义推源。

0578 双塔堡决非唐玉门关

发表时间及载体：敦煌研究 2010 年第 4 期

作　　者：李正宇

简　　介：通过论证，指明了唐代玉门关的位置在今瓜州县（原安西县）锁阳城（唐瓜州城）西北，处于瓜州城往返常乐城的大道上。同时，也否定了唐玉门关在唐瓜州城东北之双塔堡一说。

0579 农村信用社与农村经济增长关系的实证分析

发表时间及载体：经济经纬 2008 年第 1 期

作　　者：李国璋

简　　介：本文对农村信用社与农村经济增长之间关系的实证研究表明，农村信用社的发展对农村经济持续增长具有极大的促进作用。针对农村信用社发展中面临的问题，应进一步改革农信社的股权结构、强化农信社的退出机制、有效协调对农信社的监管等，以促进农信社的健康发展。

0580 四言诗的兴起

发表时间及载体：甘肃高师学报 2011 年第 1 期

作　　者：杜永仁

简　　介：四言诗的起源问题，历来说法较多，目前大多数学者认为起源于民间歌谣，但对其产生的过程论述缺乏系统性。本文根据前人研究的成果进行了梳理和总结，主要从词汇、音乐、传播及形式上来论述四言诗兴起于二言歌谣。

0581 保护和建设甘肃草原绿色生态屏障

发表时间及载体：甘肃社会科学 2011 年第 2 期

作　　者：唐海滨

简　　介：甘肃省作为国家生态屏障地区的重要组成部分，其特殊性就在于具有生态廊道功能。甘肃的主要自然生态问题均集中在草原地区，如草原退化与荒漠化、沙化、盐碱化、水土流失等。在这里，保护好草原，建设好这一生态廊道，不仅对甘肃自身，而且对西北乃至全国都有十分重要的意义。

0582 "批评工程"与"批评之罔"

发表时间及载体：兰州大学学报：社会科学版 2005 年第 33 卷第 4 期

作　　者：张进

简　　介：针对一般理论对批评自身的历史性缺乏反思的批评之罔，新历史主义论证并实践了其批评工程论。它盘诘批评语境的合法性并将批评活动自身事件化；它考察批评的界界本质及其参与社会能量流通过程所发挥的社会文化功能；它强调批评活动构造和体验不同版本历史的实质并追求文学批评的横向超越。这对我们在当代语境中重新进行批评定位具有重要的参考价值。

0583 西部区域特色农业现代化与农地制度变革

发表时间及载体：贵州社会科学 2010 年第 4 期

作　　者：杨敬宇　聂华林

简　　介：本文是国家哲学社会科学基金重大项目"西部全面建设小康社会中的三农问题及对策研究"（04-ZD018）及 2009 年甘肃省哲学社会科学规划项目"甘肃省区域特色农业现代化研究"阶段性成果基于发展特色现代农业是西部农业现代化基本取向的认识，分析甘肃省区域特色农业发展中存在的主要农地问题，以区域特色农业实现规模化、专业化发展为取向，可以看出完善西部农地制度需要。

0584 甘肃省分县人均耕地警戒值空间差异分析

发表时间及载体：西北人口 2011 年第 4 期

作　　者：潘竟虎　胡羚

简　　介：耕地警戒值是影响政府土地管理部门加强耕地保护执法力度和国民建立耕地安全意识、参与性保护耕地的重要指标。本文以甘肃省 87 个县区为基本单元，计算了人均耕、耕地压力指数。

0585 教育信息化进程中的反思

发表时间及载体：电化教育研究 2006 年第 3 期

作　者：杨改学

简　介：教育信息化带来了教育方式和学习方式的重大变化，也改变了我们的生活方式和工作方式。但在教育信息化进程中，也出现了一些影响教育信息化健康发展的问题。这些问题如果不引起重视，将会影响到教育信息化所能产生的效益与效果。文章从投入与获取的反比现象、购房与骁修的倒挂以及信息技术教育的丰产不丰收现象等七个方面进行了阐述，以便引起我们的思考。

0586 当前我国合唱事业发展问题探讨

发表时间及载体：甘肃联合大学学报：社会科学版 2009 年第 2 期

作　者：陈新平

简　介：随着我国经济飞速发展，人民物质文化生活水平不断提高，人们的精神生活需求也不断上升，从中央到地方各级各类合唱活动丰富多样，各种各样的文艺演出日益频繁，各种层次、各种类别的合唱节也层出不穷。尤其是近几年来，在党的十六大、十七大精神的指导下，我国合唱事业飞速发展，呈现出一片欣欣向荣的景象。但在繁荣的景象背后也存在一些深层次的问题。

0587 品牌广告浅析

发表时间及载体：兰州商学院学报 2005 年第 21 卷第 4 期

作　者：许云斐

简　介：中国是制造业大国，同时又是品牌弱国，在世界品牌之林中鲜见中国品牌身影。广告作为塑造品牌的主要手段，应为品牌建设作出贡献。本文通过对品牌广告的概念、特点、产生背景的分析，评价了西方品牌广告给中国品牌广告带来的影响，并进一步探讨了中国品牌广告的未来之路。

0588 构建无地农民工融入城市的制度框架

发表时间及载体：当代经济管理 2010 年第 5 期

作　者：李光全　聂华林

简　介：国家社会科学基金重大项目《西部全面建设小康社会中的三农问题及对策研究》(04-ZD018) 无地农民工是当前中国农村经济发展的一种独特现象，其对城乡社会稳定与经济可持续发展等具有重要影响。文章立足金融危机下无地农民工融入城市必然性的分析以及在融入上存在的问题。

0589 自我表露及其作用

发表时间及载体：甘肃联合大学学报：社会科学版 2007 年第 23 卷第 3 期

作　者：豆宏健

简　介：有关自我表露的研究是心理学关于自我研究的一个重要领域，心理学家发现，展示个人信息的行为有重要的心理学意义。自我表露是个人成长和自我实现的必要环节，是个体印象管理和应对压力的有效方式，也是心理治疗的重要途径。

0590 试论近代西北地区的鸦片烟毒问题

发表时间及载体：新疆大学学报：社会科学版 2005 年第 6 期

作　者：李建国

简　介：鸦片泛滥曾是近代西北地区的一个非常严重的社会问题。西北的鸦片问题起源于英、俄等国不法商人的走私，后因清王朝、国民党政府的放纵和谋利而兴盛一时。

0591 固定资产投资与经济增长关系分析——以甘肃省为例

发表时间及载体：时代经贸：下旬 2012 年第 1 期

作　　者：汪慧玲

简　　介：固定资产投资是经济增长的重要带动因素，以计量经济学时间序列模型分析的观角对甘肃省固定资产投资和经济增长进行分析。分析结果表明，甘肃省的固定资产投资与经济增长之间存在长期均衡关系，因此，保持固定资产投资的适度规模、调整投资结构、拓宽资金来源就成为促进区域经济发展的重要手段。

0592 论大学伦理

发表时间及载体：西北师大学报：社会科学版 2004 年第 4 期

作　　者：何喜刚

简　　介：今天，我们能否简单地沿着 20 世纪科学技术的道路走下去，这要求我们重新审视大学这一社会现象，弄清大学在推进社会发展和人类良性永续中该享有何种权利又需承担何种义务，即应审视大学的伦理问题。针对人类终极关怀这一目标，在当前，大学伦理从理念到实践的建构尤为重要。

0593 基于数据包络分析的复杂系统相对有效性分析

发表时间及载体：上海交通大学学报 2005 年第 3 期

作　　者：田澎

简　　介：数据包络分析是用来评价同类型决策单元相对有效性的一种新方法。考虑到实际问题中被评价的同类型决策单元之间不一定是相互独立的，在假设决策单元之间存在合作的条件下给出了评价。

0594 试论利益平衡理念与我国公司立法

发表时间及载体：甘肃政法学院学报 2003 年第 4 期

作　　者：郝磊

简　　介：本文作者在对利益平衡理念的内涵进行剖析的基础上，以这一理念为指导，对我国的公司内外两方面所存在的利益冲突问题作了系统的研究和分析，并据此提出了修改与完善我国公司法的若干意见。

0595 欧盟的民主与一个民族国家的主权伤痛

发表时间及载体：甘肃理论学刊 2010 年第 5 期

作　　者：加文·巴雷特 王宏英（译）

简　　介：《里斯本条约》作为欧洲联盟的重要改革条约，历经八年艰辛的谈判及批准过程，终于于 2009 年 12 月 1 日生效了。其前身命运不济的《欧盟宪法条约》因在法国和荷兰遭遇"公投滑铁卢"而不幸夭折，为此，欧盟二十七个成员国中的二十六国在《里斯本条约》的批准方式上，均采用了议会批准。唯有爱尔兰由于其宪法的规定，必须采用全民公投方式批准。但《里斯本条约》在爱尔兰的公投之路并非一帆风顺，2008 年 6 月 12 日遭否决，2009 年 10 月 2 日始获通过。由于《里斯本条约》涉及欧洲的一体化进程，因而，其在爱尔兰的两轮公投备受世界瞩目。为了使得中文读者们对整个过程及其所涉及的主要相关问题有一些了解，译者选取了都柏林大学法学院专门研究欧盟法的学者加文巴雷特的文章做了翻译。

0596 藏汉双语教师培训调查研究——以甘南州夏河县为例

发表时间及载体：甘肃联合大学学报：社会

科学版 2008 年第 24 卷第 3 期

作　　者：黄维海

简　　介：藏汉双语教学是我国民族教育中的一项基本政策，提高藏汉双语教师培训的质量是发展民族教育的重要方面。本研究以甘南州夏河县藏汉双语教师培训为研究对象，经过调查问卷和深度访谈，对培训的现状、需求、产生的影响、经费及有效性等方面进行定量和定性的分析，提出影响藏汉双语教师培训的研究建议。

0597 心理学视角的大学毕业生择业错位与对策

发表时间及载体：甘肃联合大学学报：社会科学版 2009 年第 3 期

作　　者：傅涛

简　　介：伴随我国高校扩招的迅猛发展，我国高等教育大众化时代已经来临，大学毕业生数量急剧增长。同时，随着对大学生就业制度改革的不断深化，大学生拥有了更多的择业自主权和择业机会，同时也在择业中遇到了更多的困难和心理错位。从心理学角度而言，择业错位对大学生生理、心理、行为及社会认知都会产生直接冲击。对顺利择业产生十分不利的影响。如何正确认识择业心理错位、应对择业错位。以良好心态参与社会竞争和克服面临的挑战。赢得择业成功，是社会、学校、大学生普遍关心的问题。

0598 科举的利弊及清朝废除科举的教训

发表时间及载体：西北师大学报：社会科学版 2005 年第 1 期

作　　者：田澍

简　　介：科举制度作为中国古代社会的选官制度，具有相对公正性、确保精英的有序流动和较强的凝聚力等显著优点。同时也有考试内容僵化、学风浮薄和在一定程度上阻碍社会发展等消极影响。但两相比较，科举利大于弊。清废科举既有积极作用，也有深刻的教训。其仓促废除科举而无相应的替代制度，对准备科举者的出路没有做出妥善的安排，导致人心的急速流失、政局的更加混乱和政权顷刻间的土崩瓦解。

0599 金圣叹与弗洛伊德的文学创作心理理论之比较

发表时间及载体：兰州大学学报：社会科学版 2003 年第 31 卷第 2 期

作　　者：刘南南

简　　介：金圣叹和弗洛伊德都是著名的文学评论家，其理论的显著特色之一就是挖掘人性。本文尝试以创作家与白日梦和金圣叹评西厢记为例，考察两人从文学创作角度对人的心理表现这一命题的阐述，比较两者理论诸多可沟通探讨之处，并探究其相似的原因。

0600 吐蕃国相尚纥心儿事迹补述——以敦煌本羽 077 号为中心

发表时间及载体：敦煌研究 2011 年第 3 期

作　　者：马德

简　　介：羽 077 号的本阐晡为《宰相就灵龛祈愿文》《某判官为国相尚纥心儿祈愿文》和赞普祈愿文记载了公元 818 年顷，在敦煌举办的与吐蕃宰相尚纥心儿相关的三次佛事祈愿活动，主办人分别为钵阐布、专使大判官和赞普（名义），反映尚纥心儿第二次短暂住敦煌期间曾一度想辞官事佛，但又不得不重新出山的情景过程。尚纥心儿一生前后三次到敦煌，晚年又在敦煌建造圣光寺。

0601 完善基金法制环境优化基金治理结构

发表时间及载体：兰州商学院学报 2004 年

第 20 卷第 2 期

作　　者：刘志军

简　　介：证券投资基金第三方治理体制的完善是优化基金治理结构的重要内容。本文就此问题对我国基金立法监管的现状进行分析，并在此基础上探讨了基金治理结构法制环境的优化对策。

0602　敦煌古代公共墓区开始形成于西晋

发表时间及载体：敦煌研究 2009 年第 3 期

作　　者：李正宇

简　　介：汉魏时期，敦煌就近而葬，无公共墓区。西晋敦煌名人氾瑗，始葬父于敦煌城东戈壁，遭时非议。县令李充莅治敦煌，称氾瑗葬父于城东戈壁志孝合礼，舆论一变，就近而葬之旧俗随之而改。今敦煌城东南及城西大片古墓葬区，即西晋以来形成的公共墓区。

0603　论仲裁与调解相结合制度

发表时间及载体：甘肃政法学院学报 2009 年第 5 期

作　　者：朱云慧

简　　介：仲裁和调解相结合是一种复合型纠纷解决方式，相较于诉讼、仲裁、调解等传统的纠纷解决方式有着自己的独特优势，因此在世界范围内被广大的当事人所认同，逐渐从中国独创的一个特殊的程序安排发展成一种普遍为各国所采纳的纠纷解决机制。同所有的纠纷解决机制一样，仲裁和调解相结合制度也在实践中不断发展着，而这种发展就是对该制度埋论和实务操作的不断总结和创新。笔者在本文中就仲裁和调解相结合的理论、实务两个方面进行了较详细的分析和总结，并由此提出了关于我国仲裁法中对于仲裁和调解相结合制度相关规定的一些完善意见。

0604　道光朝总督群体结构研究

发表时间及载体：甘肃联合大学学报：社会科学版 2012 年第 28 卷第 4 期

作　　者：邢誉田　何金亮

简　　介：道光朝是清代乃至我国整个传统封建社会一个重要的转折点。通过对道光朝 51 位总督的民族、籍贯、出身、行政经历、到任年龄及任期和离职原因等进行分析，可以窥视出清廷在这一转折时期的用人之道以及中央与地方的关系，进而对我们理解清代中衰或有助益。

0605　唐五代敦煌的营田与营田使考

发表时间及载体：兰州大学学报：社会科学版 2001 年第 29 卷第 4 期

作　　者：冯培红

简　　介：营田是唐宋时期极为盛行的一种土地制度，它起源于南北朝边境地区的军事耕营，并在唐代均田制破坏的基础上得到广泛的推广，渐而变成以民营为主。本文利用敦煌文书，结合传统史籍，对唐五代敦煌地区的营田制度的实行史实与营田使官职进行了梳理与考证。得出以下结论：一是敦煌早在武则天时已实行民事营田，较内地为早。二是蕃占时期出现寺院营田，为其他地区所无。三是归义军时期曾大规模实行营田，仅瓜沙中心地区是民事营田，河西其他诸州为军事营田。四是敦煌地区实行了一套完整的营田使官职体系。

0606　保安语中的保汉合璧词与非汉语借词

发表时间及载体：西北民族大学学报：哲学社会科学版 2010 年第 6 期

作　　者：莫超

简　　介："合璧词"指某些语言（或方言）中的词语由两个或两个以上的语素构成，而这些语素是来自于不同语言或方言的成分。本文讨论的是甘肃积石山保安语大墩方言的特殊语词及其来源，包括保安语中的保汉合璧词与阿拉伯、波斯、突厥、藏语借词，进而论述了相关的文化现象。

0607　解析农村中小学现代远程教育的"三种模式"

发表时间及载体：电化教育研究 2006 年第 1 期

作　　者：杨晓宏　梁丽

简　　介：近年来，在实施农村中小学现代远程教育的实践中，我国逐渐形成了教学光盘播放点、卫星教学收视点和计算机教室三种远程教育工程建设模式。"三种模式"的实施，使我国广大农村的中小学生得以共享优质的教育教学资源，在信息化的环境中接受良好的教育。本文对"三种模式"的产生与实施过程、"三种模式"的系统组成与功能，以及提高"三种模式"的应用效益等问题进行了论述和分析。

0608　儒家美学的内审美性质、特点及其当代意义

发表时间及载体：西北师大学报：社会科学版 2011 年第 5 期

作　　者：王建疆

简　　介：儒家美学应该包括除了已有论述的政治伦理美学、文艺美学之外的修养美学。这种修养美学是以人生境界内审美为其特征的。这种内审美具有基于道德而超越道德的现实可能性、自我超越性、自我成就性和中庸性特点，在与感官型审美和商业化艺术的对立中保持必要的张力，对于当代人的人生境界和心灵的和谐建构，都具有重要的现实意义。

0609　论大学生法律意识的培养

发表时间及载体：社科纵横 2008 年第 10 期

作　　者：武学志

简　　介：本文从大学生法律意识的现状出发，分析了大学生法律意识偏低的原因，并提出了培养和提高大学生法律意识的途径。

0610　为官与为师——明清地方儒学教师出路研究

发表时间及载体：西北师大学报：社会科学版 2006 年第 6 期

作　　者：张学强

简　　介：明清时期，地方儒学教师作为国家的文职官员，其出路问题不仅反映了政府及社会对地方儒学教师职业性质的认识，也直接影响到这一群体的职业声望和教育教学质量，决定着地方儒学教师这一职业对已仕者和准备入仕者的吸引力，深刻地影响地方儒学教师的选拔。研究明清地方儒学教师的出路问题对于我们认识中国封建社会晚期教师职业的性质、社会地位及其发展历程等都具有重要价值。

0611　马克思、恩格斯两种社会主义构想及实践的反思——兼论社会主义改革的必然性

发表时间及载体：甘肃社会科学 2008 年第 3 期

作　　者：王学俭

简　　介：马克思提出了社会主义建设的两种构想和由发达资本主义国家进入社会主义后，建设社会主义的标准，并形成了一套完整的理论体系。

0612 实践"三个代表"加强行政学院党的建设

发表时间及载体：甘肃行政学院学报 2001 年第 3 期

作　　者：赵振声

简　　介：按照"三个代表"重要思想加强党的建设，是"七一讲话"的精髓和重要内容，是新时代马克思主义建党学说的创新与发展。加强领导班子建设是实践"三个代表"的组织保证。提高干部整体素质是实践"三个代表"的关键。其中，选拔德才兼备的基层领导干部是提高干部素质的组织保证，经常性的党性教育是提高干部政治素质的必修课，强化培训是提高干部业务素质的长期任务，完善制度和加强管理是提高干部素质的重要措施，实践锻炼是培养干部的有效途径。

0613 中国产权多元化改革 30 年的回顾与思考

发表时间及载体：财会通讯：综合（下）2011 年第 3 期

作　　者：田中禾　张晶

简　　介：本文认为，改革开放以来，所有制结构由单一的公有制逐渐调整为以公有制为主体，多种所有制经济共同发展，这种制度变迁对中国长期高速经济增长起到了积极作用，也是中国地区经济差距的重要原。

0614 非线性脉冲时滞微分方程的线性化振动

发表时间及载体：上海交通大学学报 2005 年第 2 期

作　　者：田澎

简　　介：研究了一类非线性脉冲时滞微分方程的振动性。证明了在一定条件下，可以由线性脉冲时滞微分方程的振动性判定非线性脉冲时滞微分方程的振动性。得到了非线性脉冲时滞微分方程与相应的线性脉。

0615 关于高校建设社会主义核心价值体系的思考

发表时间及载体：社科纵横 2009 年第 5 期

作　　者：景宗刚

简　　介：社会主义核心价值体系是社会主义意识形态的本质体现，高校是培养社会主义合格建设者和可靠接班人的重要阵地。高校思想政治教育必须以社会主义核心价值体系为指导，以马克思主义为行动指南，以中国特色社会主义为主要内容，以爱国主义为核心，以社会主义荣辱观为准则，高度重视学生社会实践活动，使思想政治教育实现理论与实践的有效结合，让学生受到教育、增长才干。

0616 社会性别角色获得与民族文化系统

发表时间及载体：西北师大学报：社会科学版 2004 年第 1 期

作　　者：李静

简　　介：个体性别角色定型是一种文化上的规定性。它既是民族心理的重要表征，又是民族社会化的重要体现。不同民族所处的文化环境对这个民族性别角色的形成发生重要的影响。要研究民族的深层心理问题，就需要对性别角色及其获得进行研究，需要对相关的社会文化因素进行研究。

0617 通过金融创新推动区域经济跨越式发展的路径选择——以甘肃为例

发表时间及载体：西北民族大学学报：哲学社会科学版 2012 年第 1 期

作　　者：关辉国

简　　介：区域经济"十二五"实施跨越式发展，如何消除投融资瓶颈是关键环节之一。实践证明，金融创新是克服这一障碍的利器，但金融危机也让我们认识到运用金融创新方法不能机械地模仿，必须结合区域经济特点加以选择和改造。通过金融示范创新，强化财税调节、政策倾斜的功能与效果 通过金融转化创新，促成区域资源的证券化，扩大融资源泉 通过金融组合创新，推广夹层融资等衍生新产品，增加筹资灵活度 通过金融市场创新，最终建立自主型投融资机制、实现资金良性循环，以推动区域经济—金融的可持续发展。

0618 20世纪90年代以来教学理论研究的问题清理

发表时间及载体：西北师大学报：社会科学版 2006 年第 6 期

作　　者：王兆璟

简　　介：从文本与话语分析的视角，对 20 世纪 90 年代以来教学理论研究中存在的问题，从失语与失范、"在者"与"在""真"与"假"、范式等四个层面进行了问题清理，认为其间共存的"主义式"的研究理路阻碍了对教学理论学理的冷静审视，严重地干扰了教学理论知识的有效积累，遮蔽了对教学知识形成之传统、增长之规则的冷静关切。由此启发我们应该建立一种新的教学理论研究的知识生产方式。

0619 论新时期企业文化建设的几个问题

发表时间及载体：兰州大学学报 (社会科学版)2001 年第 29 卷第 4 期

作　　者：安应民

简　　介：本文对新时期企业文化建设的时代背景、宏观环境、基本内涵及有关的几个重要问题进行了比较深入的系统的分析研究，指出现代企业必须高度重视企业文化的建设。

0620 论王世贞晚年诗歌写作的转变

发表时间及载体：浙江社会科学 2009 年第 11 期

作　　者：魏宏远

简　　介：王世贞晚年在诗歌写作方面发生了很大转变，特别在乐府诗和闲适诗方面尤为明显：乐府诗在数量上锐减，拟古倾向弱化，逸世成分增加，并以佛道入诗 闲适诗以创作律、绝一类小诗为主，主要取材参禅礼佛的日常生活，呈现出"自适"的个人化抒情倾向，减少了以往诗作的纪实性内容。两类诗作都以恬澹自然为宗，透出一种浓浓的闲适情趣。

0621 从"'梁启超式'的输入"到当代史学话语体系的建构——中国现代史学发展走向论析

发表时间及载体：天津社会科学 2012 年第 4 期

作　　者：赵梅春

简　　介：自 20 世纪初以来，在西方学术的影响下，中国史学经历了从传统史学话语体系到新史学话语体系，再到马克思主义史学话语体系的转变。近年来史学界有关建构当代中国史学话语体系的讨论，表明中国史家期望超越对西方史学话语的简单引进与仿效，要求建立根植于中国历史实际与民族文化传统的史学话语体系。这标志着经过百余年中西史学的碰撞、融合，中国现代史学已开始摆脱对外来学术的依附状态，力图确立自己的学术自主性。

0622 金融支持西部民族地区城镇化进程

发表时间及载体：社科纵横 2010 年第 3 期

作　　者：孙光慧

简　　介：进入后危机时代，由于各个国家

的贸易保护使中国出口受阻，因此拉动内需将是今后一个时期中国的重要国策。扩大内需需要加快城镇化进程，特别是推进农村城镇化和县域经济的建设。中小企业以其特有的成本优势、市场优势、创新优势和扩张优势，必将成为西部民族地区城镇发展经济的首选。本文在对中小企业和城镇化的耦合性分析中，阐述了民族地区中小企业在推进城镇化进程中所面临的融资困境及其成因，并对金融支持民族地区城镇化建设提出了相应的对策措施。

0623 新媒体环境下地方政府公信力的提升策略研究

发表时间及载体：电化教育研究 2012 年第 1 期

作　　者：周红　赵娜

简　　介：政府是公信力的客体，但却是政府诚信的发出者。公众是政府公信力的主体，也是对于政府诚信的接受者和评价者，新媒体则成为沟通两者的桥梁，并在两者之间的相互关系中承担对政府公信力放大和消减的作用。文章在分析新媒体环境对政府公信力影响的基础上，提出了尊重公众的知情权和参与权，提高政府电子网站公信力，建立政府回应机制，强化与网民的互动，健全公众利用新媒体参与政策制定制度，加强网络伦理建设，实现网民自律等新媒体环境下地方政府公信力的提升策略。

0624 期刊热中的冷思考

发表时间及载体：甘肃理论学刊 2002 年第 2 期

作　　者：阎焱

简　　介：中国期刊市场呈现六大特征，已全面启动并进入激烈的竞争时代，但发展不平衡。入世使中国期刊业面临着更大的机遇

和挑战。必须不断关注国内外市场，积极探索新形势下应对竞争的策略和方法。

0625 社会管理责任分解初探

发表时间及载体：西北师大学报：社会科学版 2001 年第 4 期

作　　者：刘正海

简　　介：从我国社会现行管理模式来看，其框架是合理的，领导与被领导的关系是明确的。但由于没有以任何形式规定出的具体的、数量化的责任分解，致使目前的社会管理工作存在着一些严重的、根本性的问题。应依据一定原则，对社会管理责任进行量化分解，进行失责分值统计。

0626 关于构建甘肃省资本运作平台的构想——甘肃省资本市场发展论纲

发表时间及载体：甘肃社会科学 2010 年第 6 期

作　　者：陈芳平

简　　介：高度重视并有效利用资本市场的作用，着力提高资本市场利用水平，使资本市场成为资金集散和信息传递的平台，成为甘肃经济发展的助推器。作者认为，我省应积极推进股票、债券等资本市场的均衡发展；建立多层次资本市场体系，完善产权交易功能；培育壮大中介机构，规范机构投资者行为；因势利导，创造条件，有序发展衍生金融市场；创设产业投资基金，推动优势产业创新发展。

0627 中国区域生产效率与西部经济发展研究

发表时间及载体：华东经济管理 2010 年第 6 期

作　　者：李国璋

简　　介：文章利用 1998—2008 年的省级

面板数据,通过 SFA 模型估计了估算了中国各省和三大区域 1998—2008 年的 TFP 水平及其效率变化和技术进步指数,研究发现要素投入差异是我国地区差距的主要决定因素之一。在此基础上,文章认为,西部在 TFP 方面要想和东部地区缩小差距在短期相当困难,西部能够缩小和东部地区经济差距的最优路径就是使自身经济更开放,突破路径依赖和锁定效应,建立以中期以制造业为核心并重心逐渐向服务业转移的长期经济发展体制,动态提高区域 TFP 以缩小与东部地区的 TFP 和经济差距,以达到共同发展建立和谐社会的目标。

0628 资本裂变时代的财富管理

发表时间及载体:甘肃社会科学 2011 年第 6 期

作　　者:陈芳平

简　　介:在经济高速发展、社会财富全面膨胀的中国,如何进行科学的投资,如何有效管理自己的财富,逐渐成为国人关注的热点问题。成功的投资理财,不仅能够改变自己的命运,而且可以延续家族的财富。从这个意义上讲,每一个投资者,甚至每一个人都应该认识到投资规划和财富管理在这个伟大时代中的巨大价值。

0629 民族共同心理素质与民族意识

发表时间及载体:兰州大学学报(社会科学版)2002 年第 30 卷第 2 期

作　　者:王三北

简　　介:民族共同心理素质和民族意识是两个截然不同的概念。民族共同心理素质是特定民族共同拥有的大脑与机能系统的特点,也就是构成民族共同的心理发展的生理条件。民族意识则应该是特定民族在长期的历史发展过程中积累起来的对客观世界的反映,可分为狭义和广义的民族意识概念。

0630 论新历史主义的逸闻主义——触摸真实与“反历史”

发表时间及载体:兰州大学学报(社会科学版)2002 年第 30 卷第 2 期

作　　者:张进　高红霞

简　　介:新历史主义将一般作为文学批评点缀的逸闻逸事,发展为一种具有根本方法论意义的逸闻主义,强调其触摸真实和反历史的重要诗学价值。这对启蒙运动以来形成并僵化了的审美与政治、文学与非文学、经典与非经典、文本与历史以及各个学科之间的界限和壁垒具有强大的爆破力,也有助于文学批评打破形式主义的文本封锁和旧历史主义堂皇叙事的话语垄断,使文学与人类生活的真实经验发生关联。这种将逸闻逸事与文学文本并置的做法显示了批评家的创造性和想象力,同时也存在着随意化和程式化的种种弊端。

0631 甘肃省法律援助机制纲要

发表时间及载体:甘肃理论学刊 2002 年第 4 期

作　　者:杜睿哲　刘芳

简　　介:20 世纪 90 年代中期,我国提出建立法律援助制度,并在立法上正式确立。同全国其他省市相比较,甘肃省法律援助实施水平较为落后。为此,本文分析了甘肃法律援助实施的现状、存在的问题,并结合甘肃的实际,从法律援助的内容、程序、模式等方面构建了法律援助机制的框架。

0632 敦煌写本吐蕃文雇工契 P.T.12974 探析

发表时间及载体:敦煌研究 2011 年第 5 期

作　　者:李并成

简　　介：敦煌写本吐蕃文雇工契（P.T.12974）为探究吐蕃文契约的样貌及其雇佣关系的性质提供了弥足珍贵的实物资料。本件吐蕃文雇工契与同期汉文雇工契相比较，在文书格式上保持独立特色的同时，更多地承袭了汉文契的模式 在雇佣关系方面契约双方地位较为平等，基本上是以役力换取粮食，属于帮工性质。

0633 兰州现代服务业现状特征及发展对策

发表时间及载体：兰州学刊 2009 年第 3 期

作　　者：金梅　杨琪

简　　介：文章通过对兰州现代服务业的发展速度、总体规模、内部结构、吸纳就业人数、以及经济效率等现状特征方面分析研究的基础上，重点探讨了兰州现阶段发展现代服务业的若干对策建议。

0634 创建和谐家庭，营造和谐社会

发表时间及载体：西北人口 2010 年第 6 期

作　　者：唐秀华　彭朝花

简　　介：和谐家庭，对个人和社会的健康发展具有重要作用。改革开放以来，由于我国经济结构的转型和中西文化的交流、碰撞和融合，我国的家庭观念、家庭结构、家庭功能等发生了重大变化。

0635 浅论"三个离不开"思想与中国社会主义民族关系

发表时间及载体：社科纵横 2010 年第 6 期

作　　者：康家玮

简　　介：党和国家一直把加强民族团结与发展放在民族工作的首要地位。我党在不同的历史时期处理民族关系等问题上，先后提出了"两个离不开"和"三个离不开"的重要思想。在新时期，"三个离不开"思想被赋予了鲜明的时代特征，牢固树立"三个离不开"思想是实现中华民族伟大复兴的客观要求，对我国民族团结与发展具有重要的历史和现实意义。

0636 麦积山第 127 窟为乙弗皇后功德窟试论

发表时间及载体：考古与文物 2006 年第 4 期

作　　者：郑炳林

简　　介：考察麦积山北朝石窟，其中有一件历史事件是应当引起我们注意的，那就是西魏文帝文皇后乙弗在麦积山的活动，及其在麦积山北朝石窟艺术中的表现与影响。对于这一问题此前学者较多谈到的有乙弗后在麦积山的墓窟第 43 窟的问题，其他则较少论及，因此本文意欲就这一问题略作讨论，以求同好。

0637 敦煌悬泉置汉简所记永光五年西域史事考论

发表时间及载体：西北师大学报：社会科学版 2009 年第 1 期

作　　者：王旺祥

简　　介：敦煌悬泉置出土的九枚汉简所记载的西汉元帝永光五年西域史事，在不同程度上填补了史书记载的缺漏，可以据此深化对汉代西域史事的认识，在研究西域史方面有着重要意义。

0638 探索欠发达地区统筹城乡教育信息化科学发展的理论与实践

发表时间及载体：电化教育研究 2006 年第 5 期

作　　者：李晶

简　　介：依靠远程教育和现代教育技术手段，缩小城乡差别，体现教育公平，实现教

育跨跃式发展，这是地处欠发达地区的甘肃省教育发展的重要选择。正确把握城乡教育信息化实践的基本特点，科学统筹全省城乡教育信息化协调发展面临的突出问题，努力探索欠发达地区教育的科学发展道路。

0639 甘肃玉门花海比家滩古绿洲沙漠化的调查研究

发表时间及载体：中国边疆史地研究 2003 年第 2 期

作　者：李并成

简　介：甘肃省玉门市比家滩古绿洲，面积约 310 平方公里，今地表景观主要为连片分布的遭受严重风蚀的弃耕地，并伴有吹扬灌丛沙堆。古绿洲上遗存丰富，有火烧沟类型文化遗存、多座汉魏时期的古城遗址等。

0640 国内社会支持的自我中心网研究综述

发表时间及载体：社科纵横 2008 年第 8 期

作　者：冯景

简　介：社会网研究是西方社会学研究的一个重要分支领域，按照其研究群体的不同可以分为自我中心网研究和整体网研究。本文试图从自我中心网研究的视角对国内社会支持研究的现状进行梳理，指出国内社会支持的自我中心网研究的特点。

0641 培养学生计算机兴趣指向和道德意识的探索——信息技术教学实践的思考

发表时间及载体：电化教育研究 2004 年第 6 期，

作　者：马若明

简　介：在中小学信息技术课教育中，加强对学生计算机兴趣的正确引导，培养他们正确使用信息技术的道德意识和社会责任感。融德育于信息技术教学当中，帮助学生树立正确的世界观，培养他们高尚的爱国主义热情和奉献精神。

0642 新形势下甘肃省中小企业融资体系实证研究

发表时间及载体：社科纵横 2010 年第 5 期

作　者：陈绍俭　聂华林

简　介：中小企业融资难，既有政策体系不完善的因素，又有企业自身经营管理的因素，既有融资渠道狭窄的因素，也有外部环境的因素。

0643 李世民与魏征关系新论

发表时间及载体：西北师大学报：社会科学版 2002 年第 5 期

作　者：王万盈

简　介：长期以来，李世民与魏征的关系一直笼罩在明君与贤臣的光环下，但对这种关系之后的深层次原因，学界讨论尚少。历史的真相是：初唐时期的政治、经济、民族关系，特别是山东问题，决定着二人之间的微妙关系。李世民利用魏征以笼络山东豪杰，并达到制约山东士族集团的目的；魏征则恃以山东势力，在中央维护山东豪杰的利益。随着山东问题重要性的下降，二人之间的关系也从重重假象中逐步显露出来。

0644 论政治工作是一切经济工作的生命线——党的"生命线理论"

发表时间及载体：社科纵横 2009 年第 6 期

作　者：李为刚　刘永哲

简　介："生命线理论"是毛泽东思想中的一个重要理论，该理论对于我们党和国家的发展具有深远的历史意义和现实意义。本文试从辨析政治工作、思想工作和思想政治工作的异同入手，探讨了"生命线理论"的形成、发展及其科学涵义，并进一步指出该理论对我们党和国家发展的历史和现实意义。

0645 西部干旱区生态公益林法律制度创新机制研究

发表时间及载体：社科纵横 2010 年第 7 期

作　　者：贾登勋　马振华

简　　介：由于西部干旱区特殊的自然和地理环境，生态公益林法律制度的设立和发展具有特殊的运行机制，确立了生态价值优先、统一机构领导、市场机制引入、林权流转灵活并以地方立法加以固定的正式制度安排。地方生态公益林法律制度的发展既要通过法律改革适应新形势以确立正式制度，也要在坚持法律继承的基础上尊重地方性本土资源的合理性并积极加以吸纳，或可构建更高效的制度创新机制。

0646 艺术设计教育中的素描基础教学

发表时间及载体：兰州商学院学报 2005 年第 21 卷第 2 期

作　　者：马刚　牛勇

简　　介：艺术设计专业素描课教学，在重视传统素描基本功训练，强调对素描本身艺术语言研究的前提下，应重视创造性思维，加强对学生的主观创造性的培养。在对不同物象的情绪表达、抽象表达、意象创造、设计构想等美学范畴的思考和训练中，要以提高学生的形态审美能力、设计表达能力和创新思维能力为目标，达到更好地与设计专业课的衔接和过渡，使素描真正成为艺术设计的基础。

0647 论进一步深化国有企业改革的对策

发表时间及载体：甘肃行政学院学报 2001

年第 1 期

作　　者：李惠庆

简　　介：国有经济是社会主义公有制经济的主要组成部分，在社会主义市场经济中具有非常重要的作用，它是社会主义市场经济的主要组成部分，国有经济对于我国发展市场经济发挥着非常重大的作用。本文首先结合目前国有经济的改革，对其在社会主义经济中的职能和作用进行了分析，然后基于此分析提出了国有企业改革的具体对策建议。

0648 "完备合同"理论与格式合同的法律控制

发表时间及载体：甘肃政法学院学报 2009 年第 3 期

作　　者：马育红

简　　介："完备合同"是能够理想地实现合同当事人订立合同的目标并具备相应必要条款的合同。"完备合同"理论既可以说明格式合同的合理性、进步性和优越性，又能据以分析格式合同制度的缺陷及其成因，为识别"不完备合同"找到客观标准，为格式合同的法律控制提供合理依据和有效方法。完善《合同法》中关于格式合同的特殊规定、加强市场竞争和公共政策的相关立法、杜绝部门保护性立法、完善行政监督机制是控制格式合同缺陷的有效方法。

0649 甘肃城乡一体化：现状评价与路径选择——基于卢曼"一般社会系统理论"的分析视角

发表时间及载体：甘肃社会科学 2012 年第 3 期

作　　者：李秉文

简　　介：城乡一体化是我国一项新的发展战略，对甘肃来说是很好的发展机遇。通过以卢曼的"一般社会系统理论"为分析视角，采取层次分析法、头脑风暴法等研究方法，构建甘肃省城乡一体化的综合评价指标体系并进行评价。结果表明，甘肃省的城乡一体化有一定程度的发展，但也存在发展动力挖掘不够、产业结构单一、农村贫困率高、社会力量动员不足等问题。因此应当采取完善规划建设，着力构建城乡一体化的基础和平台，打好"四张牌"形成推动城乡一体化的特色动力和优势等措施寻求对策。

0650 深入课堂、深入教学、深入学科：南国农先生媒传教学观

发表时间及载体：电化教育研究 2000 年第 10 期

作　　者：沙景荣

简　　介：南国农先生近半个世纪所倡导的电化教育事业，以"深入课堂、深入教学、深入学科"为突破口，构建了其丰富的媒传教学观。本文认为对南先生现代教育技术思想及其媒传教学理论体系的全面认识与深刻理解，是我国教育技术学科面向未来的重要前提。

0651 论西周家族组织存在的原因、规模及在当时的影响

发表时间及载体：鲁东大学学报：哲学社会科学版 2007 年第 24 卷第 4 期

作　　者：米迎梅

简　　介：家族组织作为一种古老的社会细胞，在我国不同时期均存在并发挥过一定的作用。本文主要就西周家族组织存在的自然因素和社会因素、家族组织的规模及其影响进行探讨，表明西周政权是血缘关系和政治关系相结合的产物，家族组织的存在对西周的政局稳定、国人的权利等方面产生了深远影响。

0652 敦煌莫高窟北区洞窟清理发掘简报

发表时间及载体：文物 1998 年第 10 期

作　　者：彭金章

简　　介：敦煌莫高窟按洞窟分布情况分为南北两区。南区洞窟大都是礼佛用窟，是过去敦煌研究的重点；北区主要是僧人们的生活用窟，过去研究较少。1988 年至 1995 年，敦煌考古工作者对北区洞窟做了多年的工作，共清理发掘僧房窟、禅窟、瘗窟和仓库窟 243 个，出土了大批遗物，包括多种文字的文献、佛经，古钱币，木、陶、铜、铁器，丝绸、棉麻毛织物以及一枚波斯萨珊朝银币。这是近年来敦煌考古的重要收获。

0653 会计信息规则性失真：经济学视阈中的解析

发表时间及载体：西北民族大学学报：哲学社会科学版 2010 年第 2 期

作　　者：田淑萍

简　　介：由于知识的局限性和有限的认知理性，会计域秩序与会计规则之间存在偏差而导致会计信息失真。因此，以建立会计域秩序和"完美"会计准则为目标的各利益相关者博弈及子博弈最终均衡条件的实现，是探讨治理会计信息规则性失真的有效途径。

0654 政府购买居家养老服务的管理机制研究——以兰州市城关区"虚拟养老院"为例

发表时间及载体：理论与改革 2012 年第 1 期

作　　者：刘红芹　包国宪

简　　介：本文 2011 年中央高校基本科研业务费项目"地方政府创新绩效评估研究基于内容挖掘的实证分析"（项目编号 11LZUJBWZY092，项目主持人刘红芹）；

国家自然科学地方政府绩效评价的组织模式及其管理研究 (项目编号 70673031，项目主持人包国宪)。政府购买居家养老服务是在养老服务中引入市场竞争机制的一种制度安排，在分析政府购买居家养老服务的内涵及其必要性的基础上，以兰州市城关区"虚拟养老院"为个案，系统分析了政府购买居家养老服务的管理机制。

0655 "比及"释义献疑

发表时间及载体：汉字文化 2008 年第 3 期

作　　者：常萍

简　　介：《汉语大词典》给"比及"列出六个义项：(1) 及至，等到 (2) 未及，未等到 (3) 既然 (4) 与其 (5) 如果，假使 (6) 连带，连同。通过对词义演变过程和具体用例的考察，我们认为其中第二个义项有待商榷。

0656 区域能源强度变动：基于 GFI 的因素分解分析

发表时间及载体：中国人口资源与环境 2008 年第 18 卷第 4 期

作　　者：李国璋

简　　介：使用指数分解分析进行能源强度变动的因素分解，是研究能源变动的主要研究方法。拉氏指数和 D 氏指数法各自都有其自身缺陷，费雪指数法则能折衷这两种指数方法，并能很好地克服拉氏指数和 D 氏指数法的缺点，因此其在实践中越来越多地被用来进行能源强度变动的因素分解分析。本文基于广义费雪指数 (GFI) 方法，将影响区域能源，强度变动的因素分解分：技术进步效应、结构变动效应和经济规模效应，并利用 1995—2005 年间中国 30 个省 (自治区、直辖市) 的相关数据，对区域能源强度变动进行了函素分解分析，发现区域结构因素是

源强度变动的主要解释因素，其次是区域技术进步，而区域经济规模的解释力较弱。

0657 甘肃古代饮食名品补遗

发表时间及载体：兰州商学院学报 2012 年第 1 期

作　　者：高启安

简　　介：甘肃古代饮食名品，除了笔者在《甘肃古代饮食名品拾遗》胪列者外，尚有"瓜州红曲""河西柰""玉门枣""张掖丰柿""驼乳糜""驴肠""浑炙犁牛""羊羔酒""西凉葡萄酒"以及"凉州白麦"等，它们都知名于当时，载之于史册，是古代东西饮食文化交流的见证。

0658 故事化新闻思维泛化的危害

发表时间及载体：甘肃联合大学学报：社会科学版 2009 年第 2 期

作　　者：王极光

简　　介：故事化新闻思维泛化已成为目前新闻实践中的一种普遍现象，其表现将新闻等同于故事、在新闻写作中将新闻过度戏剧化、娱乐化，并将故事化作为新闻写作唯一的写作规范，其危害淡化了新闻媒介作为社会雷达的功能。因此，在实践中应该对故事化新闻思维泛化有清醒的认识，并加以纠正，这成为当下实践中主要的防范途径。

0659 生态旅游中的环境审计

发表时间及载体：会计之友 2012 年第 6 期

作　　者：杨肃昌

简　　介：基于生态旅游可持续发展的需要，环境审计目前在生态旅游中的应用越趋明显。文章从我国生态旅游发展和生态旅游概念出发，结合审计学基本理论，针对生态旅游中的环境审计的概念、意义、特点和种类进行了研究，提出了一些新的理论观点。

0660 敦煌遗书民间书法特征研究

发表时间及载体：敦煌研究 2006 年第 2 期

作　　者：马国俊

简　　介：敦煌遗书民间书法特征主要表现在，民间书法的书写形式与内容之间的矛盾与融合，民间书法中大众与文人的相互交融和影响，民间书法对书体发展过程的佐证等三个方面，具体体现了率真与庄重共存、民间与经典互化、书写与书体同生的价值意义。敦煌遗书在书体字体无限变化和不断发展演进的历史文化背景下最真实地反映了特定历史阶段汉字书写的演变过程，给后人揭示了以刻石为主要呈现形式的背后，客观地存在着先民徒手书写在纸卷上的书法真迹。它在书写中的丰富变化和字体及字型结构的演进过程，给书法创作和研究提供了最佳也最真实的参照对象。

0661 课程概念：演变与冲突

发表时间及载体：西北师大学报：社会科学版 2004 年第 3 期

作　　者：杨中枢

简　　介：20 世纪，课程曾被定义为：系统的学科知识；学生的经验；教学计划；工艺系统等。人们在课程概念上的分歧反映出课程与教学的二元对立与冲突以及认识课程内涵的困难。及时吸取相关学科研究的新成果，拓展课程研究领域，深入研究课程问题是理解课程内涵的重要途径。

0662 王世贞为文的唐宋笔法及恬淡旨趣——以"持论之文"为例

发表时间及载体：杭州师范大学学报：社会科学版 2010 年第 1 期

作　　者：魏宏远

简　　介：一般来说，秦汉文说理主要通过事例进行论证，唐宋文说理则通过议论进行论证。王世贞"持论之文"与唐宋文接近，主要采用了"褒""贬""翻"三种论证手法，其中"翻案"法使用最多，成就也最突出。王世贞"翻案"之文主要源于苏轼，且能在苏文翻案基础上再行"翻案"，表现出的是唐宋文以议论说理的论证方法。晚年王世贞识随人老，趋于恬淡，以"褒"奖文为多，并提出"平常语固道"的观点，为文以恬淡自然为宗。

0663 甘肃民族地区幼儿园艺术教育现状及实施策略——以甘南藏族自治州幼儿园为例

发表时间及载体：甘肃联合大学学报：社会科学版 2012 年第 28 卷第 5 期

作　　者：蔡兆梅

简　　介：甘肃省少数民族地区由于自然条件艰苦、交通不便等原因，使得幼儿园艺术教育面临着幼儿艺术师资匮乏、幼儿艺术活动场地奇缺、艺术教育经费投入严重不足、高素质幼儿艺术人才难以留住等困难。本文以甘南藏族自治州幼儿园为例，调研了甘肃少数民族地区幼儿园艺术教育面临的问题和困境，提出了改善和提高民族地区幼儿教育的措施和策略。

0664 基于可操作性的教育技术评论体系的构建

发表时间及载体：电化教育研究 2009 年第 11 期

作　　者：张小红　张嘉楠

简　　介：学术批评向来是学科发展的重要组成部分，是学术研究进步的原动力。教育技术发展迅速，成果显著，但由于缺少必要的学术批评，无形中助长了教育技术研究的无序、随意和盲目等行为，学术不端现象也屡见不鲜，因而构建具有可操作性的教育技术评论体系，实现评论体系各要素之间的联动，寻求保障学术安全和学术进步的主动措施，是现阶段促使教育技术学科和事业健康可持续发展的必要之举。

0665 基于 ASC 的 V·ERP 系统模块化实施模式研究

发表时间及载体：科技进步与对策 2007 年第 6 期

作　　者：包国宪　苏文婷　顾波军

简　　介：综合虚拟企业及 V·ERP 理论，提出了一种以 ASC 为核心的模块化实施模式，并探讨了以 ASC 为核心的模块化实施模式的构成、运作机制及实施过程。

0666 变革时代的集镇与集镇教育

发表时间及载体：西北师大学报：社会科学版 2003 年第 5 期

作　　者：焦瑶光

简　　介：集镇既是联结城乡经济的纽带，又是农村经济、政治、文化教育的中心。农村经济结构的变化给农村集镇教育提出了许多新课题。对集镇教育如何适应集镇的发展，作者提出了四个转变的对策。

0667 对我国货币政策传递机制的分析

发表时间及载体：兰州大学学报(社会科学版)2004 年第 32 卷第 1 期

作　　者：秦领

简　　介：实现经济增长的渠道有：消费支出、投资支出、国际贸易等三个主要渠道。本文旨在分析货币是如何通过以上三条渠道影响经济活动的。近年来，我国央行采取了扩张性的货币政策工具，旨在通过增加货币供应量和降低利率水平，以刺激消费需求，增加投资需求和扩大外贸出口，进而拉动总需求的增长，实现经济复苏。但由于货币政策传递渠道不畅，其预期的效果不甚理想。本文着力分析了造成这一现象的原因并提出了相应的对策。

0668 东乡哈木则宗族形成与发展的考察研究

发表时间及载体：西北民族研究 2003 年第 3 期

作　　者：马兆熙

简　　介：本文是对东乡哈木则宗族从产生到发展壮大，并最终形成东乡族最大的宗族之一的过程和发展脉络、人口分布状况的试探性研究，试图从哈木则宗族在其发展历程中经历的语言、民族、文化、信仰等方面的变迁与交融现象及其原因中，探究哈木则宗族形成和发展巩固的主客观原因，从一个微观的角度去探索整个东乡族族源、形成和发展的历程。

0669 既得利益性质的甄别与"逆向赎买"——化解中国经济改革基本矛盾

发表时间及载体：经济体制改革 2004 年第 3 期

作　　者：曹子坚

简　　介：对既得利益进行正本清源式的、彻底的、法律和道德的逆向赎买，已经失去了现实可行性，但是对既得利益及其相关问题采取既往不咎式的态度或者回避默认的做法，事实上同广大群众的强烈愿望和市场经济的本质要求不相容，最终会走向改革的对立面。作者将既得利益按获得途径分为三类：A 类是合法合理的收益，B 类是合法但不合理的收益，C 类是既不合法也不合理的收入。甄别既得利益的性质既是社会大众和既得利益者的要求，更是深化改革的要求。而政府在甄别既得利益性质方面实际上面临两难困境，一方面有必要甄别既得利益的性质，为改革的持续推进提供法理基础，另一方面，甄别的成本在不断增加，止在逐渐丧失其必要性。为此，作者提出了化解相关矛盾的第三条道路，对各种不正常不合理的收益征收高潮税收。

0670 试析元代的流刑

发表时间及载体：西北师大学报：社会科学版 2008 年第 6 期

作　　者：胡小鹏

简　　介：元代的流刑与传统流刑虽有形似之处，却是来源于不同文化传统的新的流刑，它脱胎于蒙古法的流远、出军等惩治方式，而披上了传统流刑的外衣。仁宗、英宗以后，流远、出军、迁徙等被整合到新流刑之内，反映了在日益汉化的历史背景下，流刑在一定程度上向传统流刑的靠拢或回归。与传统流刑相比，元代新流刑具有适用范围广，惩治力度大，且渗透利用民族差别进行统治的精神等特点。

0671 试论代理关系与盈余管理

发表时间及载体：兰州大学学报（社会科学版）2004 年第 32 卷第 6 期

作　　者：董成

简　　介：本文论述了代理关系与盈余管理之间的关系。认为股东与管理当局之间存在的委托代理关系是盈余管理产生和发展的基本条件，代理人竞争是盈余管理的重要影响因素，代理人追求自身效用最大化是盈余管理目的多元化的动因，并认为理顺代理关系是控制盈余管理的有效途径。

0672 马克思主义和谐实践观的内在特质及其现实意义

发表时间及载体：西北师大学报：社会科学版 2008 年第 4 期

作　　者：苏星鸿

简　　介：唯物论与辩证法相结合的世界观、个人与人民群众相结合的价值观、合规律性与合目的性相结合的历史观构成马克思主义和谐实践观的内在特质，坚持三者的有机统一是坚持和发展马克思主义实践观的客观要求，也是落实科学发展观和构建社会主义和谐社会的现实需要。

0673 勤政廉政心经

发表时间及载体：兰州学刊 1998 年 4 月

作　　者：武文军

简　　介：官员腐败为国家之大患。虽经数年惩治，使一些蠹国硕鼠落网受法，但贪赃纳贿、以身试法之徒大有人在，腐败之风尚未完全遏止。此与建立廉洁政府之目标尚远矣！余痛感贪黩之徒，穷奢极欲，置国家不丰、人民尚穷而不顾，结党营私，官商勾结，收民脂民膏，侵国家资产。

0674 《汉书·艺文志·诸子略》语词札记四则

发表时间及载体：甘肃联合大学学报：社会科学版 2010 年第 4 期

作　　者：王金娥

简　　介：《汉书·艺文志·诸子略》是古代汉语文选的重点篇章，但我们在教学中发现，其中有些语词或各教材均不注，或各家注释不一致，不便于教师教、学生学。本文选取了"者流""哗众取宠""三老五更""右鬼"等四个语词，通过语言文献追根溯源，进一步考证、训释了其意义。

0675 针对上市公司控股股东与经营层合谋的内部控制

发表时间及载体：财会研究 2011 年第 15 期

作　　者：田中禾　张海燕

简　　介: 上市公司的权力来源于控股股东, 其价值由投资者共享。控股股东与经营层合谋利用个人权力攫取了公共价值。加强对控股股东合谋的内部控制是保证公司价值、保障投资者利益的必备之举。

0676 传统文化的真谛

发表时间及载体: 兰州学刊 1997 年第 2 期

作　　者: 武文军

简　　介: 所谓传统文化的真谛, 就是指传统文化的基本宗旨。本文认为, 中国传统文化的基本宗旨是做人治世。所谓做人, 就是通过文化的教诲, 使人变成具有一定道德水准和知识水平的人; 所谓治世, 就是通过对人的教诲达到"平天下"的目标。即由合标准的人来调整统治者与被统治者以及各类人之间的相互关系, 形成有序、和谐的人际关系, 发达繁荣的太平盛世。做人、治世首先在于做人, 做人包括做什么样的人, 怎样做人, 也就是做人既要有标准也要有途径。

0677 百年沧桑世纪梦圆——论香港的沦丧与回归

发表时间及载体: 兰州大学学报: 社会科学版 1997 年第 3 期

作　　者: 杨建新

简　　介: 本文详细地论述了 19 世纪中后期香港割让给英帝国主义的经过, 以及自香港沦丧之日起的百余年间, 中国人民及政府为了收复香港而进行的种种努力乃至流血牺牲。

0678 明清地方儒学教师考核制度论略

发表时间及载体: 西北师大学报: 社会科学版 2009 年第 6 期

作　　者: 张学强　郭文博

简　　介: 明清时期对地方儒学教师的考核是明清教育管理体制中的重要组成部分, 它对于维持地方儒学基本的教学水平、保证正常的教育教学秩序起到了一定的积极作用。本文从明清地方儒学教师的考选及试用、在职考核、俸满考核、大计考核等方面对这一问题进行了探讨, 分析了明清地方儒学教师考核制度的特征。

0679 非物质文化遗产的特点及挖掘与保护思路

发表时间及载体: 社科纵横 2010 年第 8 期

作　　者: 李俊霞

简　　介: 非物质文化遗产是文化遗产的重要组成部分。兰州各族人民在长期生产生活实践中创造的丰富多彩的非物质文化遗产, 分析兰州非物质文化资源的特点, 挖掘和保护兰州非物质文化遗产是保持兰州非物质文化的独特性和多样性, 增强文化实力, 实现兰州经济社会的全面、协调、可持续发展的一项重要战略措施。

0680 我国西部地区的人口控制政策与措施

发表时间及载体: 西北人口 2000 年第 4 期

作　　者: 郭志仪

简　　介: 由于严格的人口控制政策, 使西部地区在人口规模、人口素质、计划生育和人口经济等方面取得了一定的成绩。但是, 与发达地区相比, 仍存在着很大的差距, 除了经济发展水平、区位劣势以外, 人口问题具有举足轻重的地位。本文就西部地区的人口再生产如何真正实现由"高、低、高"到"低、低、低"的转变, 提出了一些有针对性的人口控制政策与措施。

0681 只有加强农业基础地位才能促进农民稳定增收

发表时间及载体：甘肃理论学刊 2003 年第 1期

作　　者：张平军

简　　介：农民收入增长缓慢是近年来农业经济发展中的突出问题，也是近年来研究的难点和热点，但研究者大都集中在种植业结构调整，农民负担过重等方面，本文的研究主要集中在针对影响农民收入增长的宏观性政策调整问题，即对农业基础地位的建设投资问题而引起农业生产成本升高，市场价格无竞争力，影响农业经济发展，农民难以增收。因此对存在的问题，从不同方面提出了对策性研究。

0682 政府公信力：服务型政府的基础

发表时间及载体：西北师大学报：社会科学版 2007 年第 6 期

作　　者：周红

简　　介：政府公信力即政府依据自身信用所获得的社会公众的信任度。政府公信力的加强，有利于建设服务型政府，带动整个社会的诚信建设，促进和谐社会发展。这就要求强化政府公共责任，建立诚信的制度规范与政府信用考评机制，培养公务员的公共精神与服务意识，实施诚信的政府行为，增强政府公信力。

0683 我党的意识形态建设是预防"和平演变"的重要基点

发表时间及载体：兰州学刊 1991 年 01 期

作　　者：武文军

简　　介：东欧一些共产党已蜕变为资产阶级民主党。引起这些党变质的原因是多方面的，有经济的政治的原因，尤其有西方资本主义和平演变战略的作用。但是，我认为东欧一些党重权力再分配而忽视意识形态的建设，是他们走向解体的重要因素。从东欧党的反面教训中，应当引起我们全党对意识形态建设的高度重视。

0684 "借新还旧"法律解析及规制

发表时间及载体：兰州商学院学报 2009 年第 25 卷第 1 期

作　　者：何立慧

简　　介："借新还旧"问题对我国商业银行的健康发展具有重要的现实意义，但现实中对其理解争论很多。本文将从其概念、特征、产生的效应、实然合法性、应然合理性及其规制等方面进行较为系统的论述。

0685 简论和谐视域下高校青年教师师德师风建设

发表时间及载体：丝绸之路 2011 年第 22 期

作　　者：郑茹月

简　　介：办学育人以教师为本，教师素质以师德为先。青年教师良好的师德师风是实现学校培养目标、提高育人质量的关键，关系到科教兴国战略的实施。本文主要通过对加强高校青年教师师德师风建设必要性的分析，提出和谐视域下青年教师师德师风建设的路径。

0686 拓展中间业务，强化营销策略与手段

发表时间及载体：甘肃行政学院学报 2004年第 3 期

作　　者：吕轶

简　　介：加入"WTO"后，中国银行面临巨大的挑战。本文立足商业银行角度，从中间业务入手，分析了我国商业银行现状，阐明了必须有针对性地进行中间业务拓展和

创新，同时要强化、优化营销策略与手段，尽最大努力占据市场份额以应对日益激烈的市场竞争。

0687 中国西部地区法律教育和法学研究的比较优势

发表时间及载体：甘肃政法学院学报 2003 年第 5 期

作　者：王勇

简　介：在法律教育和法学研究方面，我国的法律院校，尤其是西部地区的法律院校 (含系、所) 存在着一个共同的误区：法律人才培养市场定位的唯城市取向和法律学术生产市场定位的唯城市取向。这对西部地区的大部分法律院校来说恰恰是扬短避长。如何充分发挥西部地区高等法律教育和法学研究的比较优势，进而实现全国法律教育和法学研究的优势互补和均衡发展，是当前我国法律教育和法学研究中面临的一个重大课题。

0688 教育信息化对少数民族教育发展具有革命性影响

发表时间及载体：电化教育研究 2014 年第 35 卷第 9 期

作　者：杨改学　胡俊杰

简　介：《国家中长期教育改革和发展规划纲要（2011—2020 年）》指出：信息技术对教育发展具有革命性影响。这种影响同样影响到少数民族教育的变革与发展。文章从教育信息化对民族教育发展的影响以及进一步完善和改革创新促进民族教育信息化大发展两个大的方面进行了较为全面的论述。

0689 加强供给 解决中小企业融资困难

发表时间及载体：甘肃理论学刊 2002 年第 2 期

作　者：王正军

简　介：融资困难是制约中国中小企业发展的重要原因之一，形成原因是有效供给不足。发展多层次、多种形式的融资机构，进行金融创新不断地推出适用的金融工具增加供给是解决中国中小企业融资困难的根本之路。

0690 关于大学校园网络文化的定位与发展

发表时间及载体：电化教育研究 2001 年第 7 期

作　者：衡均

简　介：校园网络文化的兴起与发展，改变着高校师生的思维方式、学习方式、生活方式和价值观念，传统的校园主流文化受到严重的冲击与挑战。本文从校园网络文化反映现代大学的办学理念、推动高等教育深化改变的高度出发，分析了校园网络文化如何定位、如何发展的问题。文章提出 校园网络文化是弘扬先进文化的阵地，是推动素质教育的平台，是师生信息交流的桥梁，是教育资源的宝库，校园网络文化应在加强网络硬件、软件、网站、队伍、学科等建设中不断发展。

0691 试论民间跨文化传播对少数民族文化保护的启示——以藏族锅庄舞在兰州市的流行为例

发表时间及载体：甘肃社会科学 2011 年 4 期

作　者：张利洁

简　介：本文认为藏族锅庄舞在兰州市等地的民间跨文化传播，对和谐文化建设具有典型的示范作用，也是对少数民族文化的有效保护。以此为例，进而认为：普通大众的广泛参与、选择恰当介质使民间传播与媒介传播良性互动、对现代元素的不断吸收等，是民间跨文化传播现象对加强少数民族文化保护的有益启示。

0692 关于伏羲文化的西向传播问题

发表时间及载体：敦煌研究 2006 年第 6 期

作　　者：颜廷亮

简　　介：本文主要讨论伏羲文化的西向传播，特别是和伏羲文化西向传播直至敦煌和吐鲁番地区有关的问题。在列举了笔者所见有关伏羲文化西向传播的资料，指出伏羲文化西向传播不仅较诸东向传播来晚了数千年，而且似乎是由其东向传播的终极地区直接西传至今敦煌、吐鲁番地区的；然后探讨了出现这种情况的原因，还探讨了伏羲文化西向传播的一些特点。

0693 浅谈穆罕默德·阿布杜的"存在神学"观

发表时间及载体：西北民族研究 2006 年第 3 期

作　　者：马福元

简　　介："存在神学"问题是东西方文明，尤其是宗教学和宗教对话问题研究中非常重要的大问题。有位宗教学家说过，没有各宗教之间的和平，便没有各民族之间的和平。没有各宗教之间的对话，便没有各宗教之间的和平。没有对各宗教之基础的研究，便没有各宗教之间的对话。为使人们对伊斯兰的"存在神学"问题有明确认识，本文拟就伊斯兰现代主义者穆罕默德阿布杜的"存在神学"观，做较为深入的研究。

0694 试论约翰·亚当斯对美国政府的设计

发表时间及载体：兰州大学，历史文化学院

作　　者：韦军亮

简　　介：约翰·亚当斯是美国早期最重要和最有影响的政治家之一。在美国建国初期，他率先系统地提出了邦联——共和主义政府设计方案，并亲自参与了美国第一期宪政体制确立的过程。1780 年之后，亚当斯在政府设计理念上又较快地实现了从邦联制向联邦制的转变。其间，亚当斯发表的一些重要的政治论文和宪法性文件，通过各种渠道对 1787 年宪法的产生和权利法案的追加发挥了不可忽视的影响，为美国民主共和政体的确立做出了非常重要的贡献。

0695 大学生网名生成方式的符号学研究——以兰州市某独立学院为例

发表时间及载体：电化教育研究 2009 年第 11 期

作　　者：曹进　陈文婷

简　　介：网名是网络语言的重要组成部分，与传统命名方式相比有着很大的独特性，具有传播流行文化的符号功能。本文以兰州市某独立学院外语系 128 名同学的 372 个网名为例，从符号学视角分析其组合规则和构成特点，认为网名使用的符号是一种开放性的符号，主要体现在它的随意性以及意义与指称之间的矛盾等方面。

0696 品牌价值评价模式与方法评介——基于财务面的视角

发表时间及载体：甘肃理论学刊 2007 年第 2 期

作　　者：李艳

简　　介：品牌资产评价是品牌管理领域中一个认识尚未完全统一的重大问题。本文在回顾文献的基础上，从财务面的视角对国内外较有影响的几种品牌价值评价模式与方法进行了介绍，并分析评介了各种评价方法的特点和差异。

0697 我国自然垄断产业规制改革的特殊性与规制体制创新

发表时间及载体：甘肃理论学刊 2008 年第 6 期

作　者：李振佑

简　介：我国自然垄断产业规制改革是在西方国家放松规制运动兴起的背景下开始的，其改革措施与西方国家虽有某些相同或相近之处，但我国自然垄断产业规制改革却有着自身的特殊性。本文主要从我国自然垄断产业规制改革背景、规制目标、规制主体、规制对象、规制任务、规制改革内容等方面分析了其特殊性，在此基础上提出了创新我国自然垄断产业规制体制的对策建议。

0698 网络道德文化与大学文化建设

发表时间及载体：电化教育研究 2003 年第 11 期

作　者：衡均

简　介：网络道德文化是信息技术时代赋予大学文化的一个崭新内容，本文从网络道德行为失范的现象入手，分析和论述了网络道德文化是大学思想道德教育的重要组成部分，是大学先进文化建设的重要内容和本质需求。进而指出：网络道德建设必须重视人的道德需求，保证网络主体道德义务和权利的履行，引发网络主体道德内省，最终实现网络道德从他律走向自律。

0699 信息技术辅助语言教育的研究范式

发表时间及载体：电化教育研究 2010 年第 6 期

作　者：姜秋霞

简　介：信息技术在语言教育中的应用不仅改变了传统的语言教育观念，而且深刻地影响着语言教育的研究范式。本文对信息技术辅助语言教育研究的科学基础及技术路线、人文结构及思辨范式、哲学（认知论）范式及其理论体系进行了探讨。

0700 衡量中国现代化的指标和人的现代化

发表时间及载体：甘肃联合大学学报：社会科学版 2011 年第 4 期

作　者：李晓英

简　介：现代化研究是 20 世纪 50 年代末和 60 年代中迅速兴起的一门社会科学的边缘学科。但是至于什么是现代化的指标问题却是众说纷纭。本文就此问题展开讨论，认为人的现代化是中国现代化中最为重要。

0701 甘肃的人力资源开发与经济社会协调发展

发表时间及载体：甘肃理论学刊 2008 年第 4 期

作　者：李龙

简　介：作为经济发展的关键要素之一，人力资本对于甘肃经济的协调发展有着非常重要的影响。本文首先从一般意义上分析人力资本对地区协调发展中的作用，然后分析我省人力资源开发中存在的问题，最后提出开发和合理配置人力资本，促进甘肃经济协调发展的对策建议。

0702 政府绩效评价模式与评价结果相关性研究——以就业支出绩效评价为例

发表时间及载体：甘肃社会科学 2012 年第 1 期

作　者：保海旭

简　介：政府绩效评价近年来在我国各地火热开展，根据组织权归属的不同可以将政府绩效评价模式分为三类。通过逻辑与实证完成对于评价模式与评价结果相关性的论证。实证分析模型构建以一种已经发生的绩效评价模式为侧重，通过推演选取了另外两种评价模式下评价结果构成的替代指标，形成了对同一部门三种评价模式的同时评价，再通过评价结果与评价模式相关性"零假设"的证伪，完成研究模型的构建。将甘肃省就业支出绩效评价嵌套该模型进行实证分析，用以比较三种模式评价结果的差异，在该模型的假设条件下，得出评价模式对于评价结果的确有相关性，为理论界进一步研究评价模式对于评价结果的影响提供参考。

0703 突发公共事件中群体心理的非理性因素探究

发表时间及载体：甘肃理论学刊 2010 年第 3 期

作　者：马忠　施泽东

简　介：文章归纳了群体心理的非理性因素的特点及其原因，重点分析了暗示机制在群体心理中的作用，并由此得出结论：应从文化感染、提前教育和准确报道三个方面合理运用暗示机制，从而对群体心理进行正确地控制和引导，有效防止非理性因素可能带来的不良后果。

0704 《天问》与《山海经》的神格化意象互证

发表时间及载体：社科纵横 2012 年第 6 期

作　者：强韵嘉　单芳

简　　介：在中国现存典籍文献中，关于古代神话传说的文化遗存及神话意象形态的传承演变过程来看，《天问》与《山海经》中所载神话颇多启承之处，对二者相似相通的神化意象结合文献进行比较分析，互证其文化意蕴及艺术意象，探寻中国传统文化发展历程中中原文化与楚地文明之间多元互融的

一体化脉络。

0705 社会性别视角下的少数民族妇女贫困问题研究

发表时间及载体：甘肃理论学刊 2011 年第 5 期

作　者：马东平

简　介：民族和性别平等是人类发展的基本权利之一，关注少数民族妇女贫困问题是实现民族和性别平等的基本要求。少数民族妇女贫困问题叠加了民资妇女和贫困概念，有着特殊的表现形式，产生缘由减贫机制。本文论述了少数民族妇女多维度视角下的贫困，从国家和相关部门整体的扶贫规划和实践出发，评价了 2000 年以来我国政府对少数民族贫困区域的扶贫政策，从社会性别的视角，对民族地区反贫困政策和措施中的贫困问题进行了评述和对策性研究。

0706 工人阶级新变化与当代世界社会主义——兼论对当代中国社会主义的启示

发表时间及载体：福建行政学院学报 2010 年第 4 期

作　者：刘先春

简　介：当代工人阶级已经发生和正在发生新变化，这些新变化给人们带来了极大的思想困惑，使马克思工人阶级先进性理论面临严峻挑战。

0707 改革开放三十年党对中国社会制度变革现实目标的继承

发表时间及载体：甘肃理论学刊 2008 年第 6 期

作　者：马雅伦　马斌

简　介：改革开放三十年来，党对中国社会制度变革现实目标的继承与创新，应以党

的十六大为界，划分为前后两个阶段来考察和认识。十六大前的改革开放阶段，党在继承新民主主义社会制度变革现实目标的基础上，创立了中国特色社会主义的新的社会制度变革现实目标。十六大后的改革开放新阶段，党在继承中国特色社会主义社会制度变革现实目标的基础上，创立了构建社会主义和谐社会的新的社会制度变革现实目标。

0708 国有企业经营者激励与约束机制探讨

发表时间及载体：内蒙古科技与经济 2007 年第 4 期

作　　者：苏华　张莉琴

简　　介：本文从国有企业经营者激励约束机制的现状出发，从现实和理论两方面论述了建立国有企业经营者激励约束的必要性，并尝试提出相应的对策。

0709 论行政法律意识及其现代化

发表时间及载体：甘肃政法学院学报 2005 年第 4 期

作　　者：刘志坚

简　　介：行政法律意识是人们关于行政法及其现象的心理、思想与评价的总称。而行政法律意识的现代化既是指一个由传统社会的行政法律意识向现代法治型社会行政法律意识转变的渐进的历史过程，也是指人们的行政法律意识水平在现实社会生活条件下所达到的与现代法治型社会进程相适应的状态。行政法律意识及其现代化的评价标准包括人们对行政法的认知程度、对行政法的信仰程度、对行政法的遵守与执行程度，以及人们对行政法运做状态与行政法环境的综合评价。行政法律意识及其现代化要受社会因素、自然因素、主体因素等的影响或制约。

0710 浅析成人教育在终身教育体系中的地位和作用

发表时间及载体：甘肃行政学院学报 2003 年第 2 期

作　　者：汉义功　王宝珠

简　　介：应在终身教育的框架内认识成人教育，成人教育是终身教育的重要组成部分，与终身教育的其他因素具有互补性和延续性，是构建终身教育体系过程中的主干渠道、起重要作用。成人教育作为现代教育体系的一个重要组成部分，必将为全面建设小康社会，开创中国特色社会主义事业新局面，实现中华民族的伟大复兴，发挥越来越大的历史作用。

0711 嘉靖变革的多维透视——大礼议与嘉靖朝的人事更迭

发表时间及载体：西北师大学报：社会科学版 2008 年第 2 期

作　　者：田澍

简　　介：在百余年的明史研究中，学界根据不同时代的现实需求，对明代的局部问题进行分散的点状研究，系统、深入、全面的基础性研究远远不够，形成了明史研究中长期存在的"两头大，中间小"的现象，在许多重大问题上人云亦云，陈陈相因，缺乏深度的理性认识。在明代 270 余年的历史长河中，嘉靖朝处于承先启后的特殊地位，与其前后的明代历史有着密切的关系，无视多变的嘉靖时代而一再地重复"腐败""黑暗""混斗"的老调，将不可能真正认清明代历史变化的轨迹。对其进行全方位的客观研究，特别是以理性的心态消除传统的阴影，正确对待多变的嘉靖时代特征，将大大改变明史的研究格局，提升明史研究的整体水平，推动明史研究的不断深入。近十多年来，嘉靖朝历史研究成为明史研究中的一个亮点，并持续升温，新成果不断涌现，大大地突破了传统看法，对长期以来将几近半个世纪的嘉靖政治简单地描绘成漆黑一团、进而凸现张居正影响下的万历初政的学风有较大的触动，促使人们对相关的问题进行新的审视。

0712 空间生产、资本逻辑与城市研究

发表时间及载体：宁夏社会科学 2012 年第 6 期

作　者：白永平

简　介：空间生产的实质，就是空间被开发、设计、使用和改造的过程，是社会利益集团通过控制土地和建筑物等空间主要特征来塑造和影响城市空间形态和组织的过程，而这一空间生产过程又受资本逻辑的支配。中国的城市作为世界空间生产体系的重要节点，也是空间生产和资本逻辑的反映，中国的城市化引发了一系列问题，在当代语境下必须给予应答。本文对城市空间生产过程中权力的作用、城市空间正义、地理差异与空间生产、资本逻辑的关系以及中国城市研究的本土意识作了进一步的讨论。

0713 西部地区加快城镇化发展是实现小康社会的必由之路

发表时间及载体：甘肃行政学院学报 2003 年第 3 期

作　者：杨学调

简　介：党的十六大提出，我国将全面建设小康社会并向基本实现现代化的目标迈进。加快西部地区城镇化的进程，是地方政府的一项重要职能和主要的战略目标，也是我国城乡经济协调发展和区域经济结构优化的重中之重，更是全面实现小康社会的主要途径和手段。

0714 试论猪八戒的原型为瓦拉哈

发表时间及载体：明清小说研究 2011 年第 3 期

作　者：张同胜

简　介：本文依据《西游记》文本中猪八戒的叙事、描写特征，论证了猪八戒的原型是印度神话中毗湿奴的第三次化身野猪瓦拉哈：《西游记》中的猪八戒是一个"猪头人身"的形象，不是中国古代神话中猪神的"人头猪身"形象，而瓦拉哈也是一个"猪头人身"的形象；猪八戒是黑猪精，不是《西游记杂剧》中的金色猪，而瓦拉哈也是一头黑色的野猪；猪八戒曾是主管天河的天蓬元帅，而瓦拉哈则是印度神话中力大无比、将大地从海底拯救上来的水神。从猪八戒与瓦拉哈的形貌特征、水神身份等完全相符的事实以及印度神话对中国古代文学的深远影响，可推知瓦拉哈就是猪八戒的原型。

0715 毛泽东同志的实践观和实践方法

发表时间及载体：兰州学刊 1982 年 1 月

作　者：武文军

简　介：毛泽东同志在实践问题上，系统地继承和发展了马克思主义的认识论。毛泽东同志有关实践的一系列论述是我们党和人民的极其宝贵的财富。今天进一步学习研究毛泽东同志的实践观点和实践方法，对端正广大干部的思想方法和工作方法，对正确地进行四化建设，都是十分有益的。

0716 我国财政货币政策反经济周期作用实证研究

发表时间及载体：改革与战略 2011 年第 27 卷第 2 期

作　者：汪慧玲

简　介：文章回顾了改革开放以来我国 5 轮经济周期和 8 次主要反经济周期的财政货

币政策。通过构造实际经济增长率、广义货币增长率和财政赤字增长率三变量 VAR 模型对财政货币政策的反经济周期作用进行实证分析，发现货币政策的作用时效和强度均优于财政政策，同时二者存在双向联动倾向。另外，文章也分析了政策出现不同效果的原因，认为我国反经济周期应构建以货币政策为主、财政政策为辅的调控体系。

0717 土耳其政治现代化的历史轨迹

发表时间及载体：西北师大学报：社会科学版 2008 年 第 1 期

作　　者：刘云

简　　介：加强中央集权的奥斯曼帝国改革，导致了官僚集团内部推动现代化力量的形成，这一力量最终推翻了帝国的王朝统治。奥斯曼帝国的改革和凯末尔改革都遵循着自上而下的权威主义模式，改革的内容主要集中在军事和政治方面，经济现代化长期受到忽视。凯末尔改革造成了上层官僚的世俗文化与下层人民的伊斯兰文化的断裂。当代土耳其多党民主制与经济现代化的发展将广大的农村人口卷入到现代化进程之中，同时经济精英也成长起来，土耳其的政治现代化有了国家体制之外的推动力量，权威主义的现代化模式遇到了挑战。军事政变与政治伊斯兰的兴起都反映了当代土耳其两种现代化道路与模式之间的矛盾与斗争。

0718 抗拒性阅读中的诗歌文本——中西方现代主义诗歌中的女性意象之比较

发表时间及载体：兰州大学学报（社会科学版）2005 年第 3 期

作　　者：杜宁

简　　介：运用女权主义的抗拒性阅读的策略，从三个层面分析中西方现代主义诗歌中的女性意象：作为异化大众的女性意象；作为性和情爱对象的女性意象；作为叙述意识的女性意象。从而揭示出中西方现代主义诗人女性态度存在重大差异的深层原因，在于受文化精神时代错位的影响。

0719 评海德格尔对传统形而上学的批判

发表时间及载体：西北师大学报：社会科学版 2003 年第 3 期

作　　者：刘开会

简　　介：本文评述了海德格尔对以柏拉图、亚里士多德、笛卡尔、尼采为代表的传统形而上学的批判。在评述中，作者展示了海德格尔心目中传统形而上学的发展轨迹以及他的看法，指出了海德格尔对传统形而上学的批判所具有的重要意义和影响。不过，作者同时也指出，从后现代哲学观点看，海德格尔仍然是用形而上学反对形而上学。他所说的本真存在是没有根据的。

0720 十四、十五世纪英国议会的发展

发表时间及载体：贵州社会科学 2012 年第 4 期

作　　者：刘鹏

简　　介：十四、十五世纪，在社会全面发展的背景之下，英国议会也获得了长足发展。首先，它实现了定期召开，有了固定的集会地点，并形成了一套有序的会议程序 其次，它形成了独特的两院制结构，为自身发展创造了有利条件。再次，它获得了授权征税、创制法律等重要权力，成为王国政治体系中不可或缺的组成部分。英国议会的上述发展为其在近代早期的革命性变化打下了基础。

0721 国有企业改革：突破与展望

发表时间及载体：甘肃理论学刊 2011 年第 6 期

作　　者：杨国寿

简　　介：国有企业存在的根本问题是所有者与经营者之间的委托—代理问题。国有企业前期改革经历了放权让利和建立现代企业制度两个阶段，试图解决这一问题并取得了一定成绩，但也存在种种局限。国务院国资委的建立为从根本上解决这一问题奠定了体制基础，是实现国有企业改革的重大突破。展望未来还需正确认识和调整国务院国资委的定位，正确处理国务院国资委与地方国资委的关系，建立对各级国有资产监管机构的制衡和问责机制。

0722 中国民族解放战争中的重要政治资源

发表时间及载体：甘肃理论学刊 2005 年第 5 期

作　　者：康民

简　　介：在日本帝国主义大举入侵中国后，中国社会各种政治力量对民族利益的基本态度的重大改变，其政治立场出现的重大调整，都可视为政治资源的整合，这一整合过程所表现出来的巨大力量，是中华民族爱好和平、自强不息、团结御敌伟大精神的一次升腾。

0723 麦积山早期洞窟的弥勒造像与信仰

发表时间及载体：敦煌研究 2010 年第 3 期

作　　者：王裕昌

简　　介：麦积山石窟早期洞窟的造像中，弥勒造像是最为重要的题材之一，有交脚、半跏思惟及佛装三种形式，其表现手法不一，代表了不同的内涵和信仰。

0724 现代消费主义文化形成中的媒体及其作用

发表时间及载体：兰州大学学报（社会科学版）2004 年第 32 卷第 1 期

作　　者：杨魁　静恩英

简　　介：形成于 20 世纪初的现代消费主义文化，是西方资本主义消费文化发展的重要阶段和主要表现形式，它的最大特征就是追求炫耀性、奢侈性和时尚性，追求无节制的物质享受和消遣，并以此作为生活目的和人生价值。在现代消费主义文化的形成过程中，现代媒体发挥了重要的作用。现代传播媒体的宣传促进了传统价值观念的解体和新的消费观念与消费方式的形成，本文试图对此进行分析，希望能对中国消费文化的良性建设有所补益。

0725 西北民族地区城市社区建设中的各族居民参与研究

发表时间及载体：西北民族研究 2006 年第 1 期

作　　者：高永久　刘庸

简　　介：西部大开发的推进使西北民族地区城市社区建设进入了一个新的发展时期，可是城市社区建设中的各族居民参与现状却并不理想，具体表现在各族居民参与率低、参与主体差异性大、参与意愿不强、参与形式单一、参与程度不深等方面。本文根据西北民族地区城市各族居民对社区建设参与的现状，提出了应该培育各族居民的社区意识、建设社区内部的软硬环境、强化社区建设的力量以及优化社区外部软环境等建议。

0726 基于联盟模式的西部财经类高校教育信息资源建设策略研究

发表时间及载体：兰州商学院学报 2005 年第 21 卷第 4 期

作　　者：高军　王谛

简　　介：在教育信息化进程中，信息资源的建设和应用处于核心地位。然而，西部地区由于受经济、地域、文化等因素影响，教育信息资源建设明显滞后，而且相关调查显示，西部地区的信息资源建设在目前还存在一些不足和误区。针对这一问题，本文对西部财经类高校教育信息资源的建设模式和策略进行了分析，并对教育信息资源联盟这一构想进行了初步探讨。

0727 共生理论对于建构西北城市回族社区的启示

发表时间及载体：甘肃高师学报 2012 年第 3 期

作　　者：马歆星　罗云平

简　　介：共生 (Symbiosis) 一词的概念源于生物科学，后被引入到社会科学领域，并广泛运用，特别成为社会学界研究社会问题的独特视角和方法论。文章通过对共生理论的介绍，以西北城市回族社区为例，希望通过共生理论，寻找到适合于西北城市回族社区的建构方法，努力构建一个和谐、稳定，互惠共生的城市新社区。

0728 论西部大开发中政府管制体系的解构与重构

发表时间及载体：西部论丛 2001 年第 1 期

作　　者：郭爱君

简　　介：西部大开发是党和政府制定的跨世纪的发展战略。在过去的二十多年里，东部沿海地区的高速发展既得益于政策创新，也得益于制度创新。党的十四大明确指出，社会主义经济体制改革的目标是建立社会主义市场经济体制，随着新体制的逐步成熟，政策资源的功能日益递减。在此背景下的西部大开发中，西部各省区政府的首要任务之

一，就是制度创新。

0729 饶应祺与新疆矿务

发表时间及载体：新疆大学学报：哲学. 人文社会科学版 2011 年第 39 卷第 1 期

作　　者：赵维玺

简　　介：光绪二十一年（1895 年），饶应祺署理新疆巡抚。在其抚新期间，内忧外患，对新疆地区的社会稳定构成很大威胁。为此，他一方面精心料理边务，安定边疆的同时对于新疆的开发也甚为关注。为了发展新疆的经济，率先办理新疆矿务，提出了一些开发新疆矿产的思想并付诸实践。尽管受时势所限，许多实践活动并未取得应有的成效，但其开发新疆矿产的尝试，对于后来边疆地区的开发无疑具有重要的参考价值和借鉴意义。

0730 张孝嵩斩龙传说历史背景研究

发表时间及载体：敦煌研究 2004 年第 2 期

作　　者：赵红

简　　介：S.788、S.5448、P.3721 敦煌地方志书中，记载了张孝嵩在沙州玉女泉斩龙的故事。故事流传中不断丰满、完善，有其深刻的历史背景。为了求得中央王朝授予旌节和封爵，张氏归义军政权第二代统治者张淮深开始冒认为张孝嵩后人，因此，由原先标榜的清河张改为南阳张郡望。其授予旌节与封爵为南阳郡开国公，与张氏利用此故事有关。

0731 维特根斯坦论怀疑论与确定性

发表时间及载体：兰州大学学报（社会科学版）2001 年第 29 卷第 5 期

作　　者：戚本芬

简　　介：在国内外已有研究成果的基础上，对维特根斯坦；论确定性进行了进一步

的研究；简顾争论的历史背景，以便使争论的意义更清晰；突出深化争论的要点、揭示思想观点之间的联系；阐明、评价维特根斯坦关于确定性的新观点，引申它对于我们的启发。

0732 莫高窟北区出土回鹘蒙古文卖身契约残片

发表时间及载体：敦煌研究 2010 年第 1 期

作　　者：敖特根

简　　介：编号 B127.11 文书出自莫高窟北区第 127 窟。文书残宽 12.1 厘米，残高 14.0 厘米，残存墨书草体文字 8 行，内容为一件卖身契约末尾处的证明部分。这是目前所发现的唯一一件蒙古文买卖人口文书。其书写年代有可能为 14 世纪中后期，至于其性质，应为私契。

0733 法律是统治阶级意志的表现吗？

发表时间及载体：西北师大学报：社会科学版 1999 年第 5 期

作　　者：陈力军

简　　介：世界著名法典的形成过程，说明法不是统治者意志的表现，乃是人类社会文明发展的表现。中外思想家对法的理论反思，阐明人民是法的主体，法则标志着人民对自身地位、权利和利益的自觉和维护的水平。马克思对这种观点的批驳，深刻剖析了统治阶级意志说的理论失误。统治阶级意志说所造成的实践后果，必然会使法治沦为人治，使以法治国成为泡影。

0734 从经堂教育看回族社会关系网络的建构

发表时间及载体：天水师范学院学报 2008 年第 3 期

作　　者：李晓英

简　　介：回族具有夷夏相糅的诸多特征，在以汉族为主体的中国社会中，回族为了把本民族从各个分散的地域联系起来，他们必然要通过各种方式建构自己独特的社会关系网络，以加强回族穆斯林社会的向心力。

0735 公共政策传递质量研究

发表时间及载体：社科纵横 2008 年第 3 期

作　　者：魏军

简　　介：本文应用信息论的基本概念，对影响公共政策传递质量的因素进行分析和描述，旨在提高公共政策传递系统的可靠性和有效性，以便达到系统的最优化。

0736 关于教育技术学本科专业计算机程序设计核心课有关问题的探讨

发表时间及载体：电化教育研究 2001 年第 5 期

作　　者：张学军

简　　介：教育技术学本科专业课程体系改革方案已经出台，笔者针对其中计算机程序设计核心谭的有关问题提出一种新的解决思路。

0737 试论增强党执政的忧患意识

发表时间及载体：甘肃理论学刊 2005 年第 3 期

作　　者：朱彩萍

简　　介：社会在发展，历史在前进。一个政党要保持自身的先进性，必须做到居安思危，增强忧患意识。我们党历经革命、建设和改革开放实践考验而变得日益成熟、自信和坚强，这是同党一贯保持的深深的忧患意识、高度的历史使命感和厚重的社会责任感分不开的。新世纪新阶段，面对新形势新任务新挑战，我们应从党和国家长治久安的高度，深刻认识增强党执政的忧患意识的重要性和紧迫性，不断增强对前进道路上可能出现的各种困难和风险的警觉程度，保持奋发向上的进取精神和艰苦奋斗的优良作风，时刻为实现党的纲领而奋斗。

0738 现代社会工作知识观视域的"理解"——以行为异常人士为例

发表时间及载体：社科纵横 2010 年第 11 期

作　　者：张姝

简　　介：在传统知识观影响下，精神健康领域出现医学趋向和认知行为治疗，对精神病及精神病人士采用科学和工具理性的取向，因其解决方法和后果过分简单化，忽视了精神病人士独特的背景、感受、经历、社会情境等；现代社会工作知识观认为科学知识本身不是固定不变的，它不仅具有不确定性、建构性，还具有社会性、情境性、复杂性、默会性等主客观兼备的特性；知识还包括如何操作的技术、如何理解、生活世界的经验等层面的内涵，对精神病患者和康复人士的人道关怀、理解，成为重新建构社会工作在精神康复领域信念的重要元素。

0739 "过牧"的制度解释及治理的制度设计

发表时间及载体：兰州大学学报（社会科学版）2004 年第 32 卷第 4 期

作　　者：高新才　姜安印

简　　介：黄河源区草地生态环境的恶化趋势，并没有因近几年政策的投入而得到遏制。因此，有必要对其形成原因及治理的制度结构进行分析，以厘清此类地区实现可持续发展所必需的制度创新。以黄河源区的玛曲县近三十年过牧历史为案例，对高寒牧区制度变迁中的路径依赖和锁定问题进行了新的阐释，并对可持续性的制度框架进行了设计。

0740 民族主义与近代中国民族觉醒——以近代中国北部、西部边疆危机为例

发表时间及载体：兰州大学学报（社会科学版）2005 年第 33 卷第 3 期

作　　者：杨志娟

简　　介：民族与民族主义的概念产生于西方，并被赋予很强的政治含义：在西方的民族理论中，民族以建立民族国家为政治目标，民族主义是建立民族国家的理论基础。这种思想在近代传入中国，对中国的民族觉醒以及国家主权意识的培育产生了相当大的影响，也是近代以来西方殖民主义染指中国边疆民族地区，策划少数民族独立、分裂中国的理论依据。近代以来，在民族与国家关系的处理中，以中华民族为依托的国家观念在外力的作用下得到加强，使边疆危机最终得到化解。

0741 莫高窟第 9 窟"嵩山神送明堂殿应图"考

发表时间及载体：敦煌研究 2011 年第 3 期

作　　者：赵晓星

简　　介：莫高窟第 9 窟中心柱西向面所绘白描画，以往根据题记定名为"嵩山神送柱图"，但对于其所绘内容一直不能确定。作者根据最新释读出来的教条榜题，确定此图名为"嵩山神送明堂殿应图"，所绘之事为武则天修明堂时，嵩山神为其送明堂殿冲天柱之事。作者联系武则天建明堂、封嵩山、好祥瑞等一系列史实，阐述了此图的创作背景。结合此窟的营建背景，讨论此图的绘制时代与意义。

0742 贫困地区人口科学文化素质对生态环境的影响——以甘肃省定西县为例

发表时间及载体：西北人口 1994 年第 1 期

作　　者：韦惠兰

简　　介：人口科学文化素质与生态环境的关系，理论探讨在人口与生态环境关系问题的研究中，目前学术界一般较侧重于人口数量方面，即讨论由于出生、死亡及迁移等因素的变化而引起的人口数量变动与生态环境的关系，分析一些数量方面的变动对生态环境产生了何种有利或不利的影响。

0743 石羊河流域经济发展特征及结构调整分析

发表时间及载体：西北民族大学学报：哲学社会科学版 2011 年 第 2 期

作　　者：汪慧玲

简　　介：历史上石羊河流域优越的自然条件润泽抚育了流域的人民，促进了社会经济的发展。但石羊河流域地处我国西北内陆荒漠绿洲区，由于人类不断开发和疏于保护，使本身脆弱的流域生态环境不断恶化，荒漠化日益严重。为了克服人类发展与自然保护的矛盾，达到二者和谐相处，有必要从流域目前的经济发展结构入手，分析流域经济结构现状及特征、提出经济结构存在的问题，为石羊河流域经济结构调整提供依据。

0744 关于民族发展和民族关系中的几个问题

发表时间及载体：西北民族研究 2002 年 第 1 期

作　　者：谷苞

简　　介：5000 年的文明史，960 万平方公里的神圣领土，近 13 亿人口，56 个相互依存、共同发展的兄弟民族，这一切从时间、空间和文化内涵上说，都是一个巨大的客观存在。经历了历史上的风风雨雨，经历了严峻的历史考验。

0745 杜亚泉的教育救国思想及成就

发表时间及载体：西北师大学报：社会科学版 2003 年 第 1 期

作　　者：欧阳正宇

简　　介：杜亚泉是近代中国著名的以科学报国、教育救国的先驱，毕生致力于近代科学知识的传播和普及，视教育为救国自强的根本，为推进社会进步最有效的途径。他开办学校，主编杂志，编撰教科书，著书立说，力图造就有觉悟、有良好品格和素养的新型国民，并提出了一套改革教育体制的方案，对近代教育结构的领域及功能进行了有益的探讨。

0746 国学的意义

发表时间及载体：社科纵横 2009 年 第 1 期

作　　者：武砺兴

简　　介：本文试图不偏不倚地面对国学研究方面的基本特征，来论证"国学的意义"这个关于国学研究方面需要加以心领神会的最根本的问题。以免大道多歧亡羊。因此，笔者在诠释与论证过程中，试图从不同角度，对国学的定义和范围做出比较精准的阐明，以期达到对国学意义的正名求实方面的认知成就。因为国学自己就是自己的目的，而它所有的意指也都只指向其自身。所以，国学的意义并不是不可定义的。

0747 对甘肃反贫困实践的思考

发表时间及载体：西北师大学报：社会科学版 2003 年 第 3 期

作　　者：岳子存

简　　介：贫困是一种综合的社会症结，相应地，人类对贫困的治理行为也是一种复杂的社会行动体系。20 多年来的反贫困实践已基本改变了甘肃农村普遍贫困的局面，但农村经济发展水平落后的状况仍未从根本上得

甘肃省文化资源名录 第四十一卷 社科研究 Ⅲ

论文

以改变。甘肃的反贫困又面临着新的问题：一是贫困问题的性质已发生了深刻的变化；二是返贫问题突出。而原有的反贫困模式，既存在着投入的不足，又存在着制度创新的不足，同时还存在着科学化、市场化水平较低的问题。这一切客观上要求我们必须重新调整反贫困对策。

0748 敦煌的身占文献与中古身占风俗

发表时间及载体：敦煌学辑刊 2012 年第 2 期

作　　者：王晶波

简　　介：敦煌保存的唐五代宋初的身占文献及相关记载，包括 P.2621V、P2661V、P3398 等。是研究中古时期身占习俗的重要材料。本文通过对这些文献的分析考察，并联系吐鲁番出土的回鹘文占卜书，探讨了中古时期有关身体生理现象的占卜习俗及内容影响。

0749 玛哈图木·阿杂木后裔在中国的活动与文化变迁——兼论清代民族宗教政策的包容性

发表时间及载体：世界宗教研究 2012 年第 2 期

作　　者：王希隆

简　　介：阿杂木之后裔自明代后期进入中国境内传教，新疆、甘肃、北京都留下了他们活动的历史记忆。直至民国时期，他们的活动尚有明显的轨迹可寻。在新疆、甘肃，尤其是在北京，他们经历了本土化的漫长过程，文化发生了变迁。他们的活动与际遇是中国穆斯林民族源流的一个个案，也反映出清代民族宗教政策具有很强的包容性。

0750 现代儿童文学童年想象的三种形态

发表时间及载体：珠海城市职业技术学院学报 2006 年第 12 卷第 3 期

作　　者：李利芳

简　　介：中国现代儿童文学中的童年想象有三种形态，即"人的想象""田园想象""民族想象"，三种形态充分体现于现代儿童文学的理论观念及创作实践中。

0751 商业银行多角度介入投资基金业务之我见

发表时间及载体：兰州大学学报（社会科学版）2001 年第 29 卷第 6 期

作　　者：朱明礼　高育红

简　　介：本文介绍了投资基金这一我国新兴的资本市场融资工具，阐述了商业银行参与投资基金的可行性和必要性，指出了商业银行多角度介入投资基金业务的切入点，及商业银行与投资基金融合发展的趋势。

0752 敦煌阴氏地位研究

发表时间及载体：敦煌研究 2007 年第 2 期

作　　者：张永安

简　　介：本文主要对敦煌阴氏的地位问题进行了讨论。通过对阴稠支的政治地位、阴氏的经济文化状况、阴氏同其他敦煌大族的关系以及与僧界关系的分析，认为敦煌阴氏政治经济上都占有及其重要的地位，是各个政权不可忽视的力量，但是其文化上比起其他大族如张氏则稍欠不足，说其为豪族是再也恰当不过了。

0753 资源型城市善治的制度逻辑

发表时间及载体：甘肃社会科学，2011 年第 6 期

作　　者：李怀

简　　介：通过实地调查西北地区某个案资源型城市治理的实践过程，从城市政府与企业互动的视角分析了资源型城市走向善治的

制度逻辑，即资源型城市善治的实质是不同的城市治理主体（城市政府、企业与市民）围绕城市的治理行动更多地建立在合乎情理的组织决策与广泛认同基础之上。合乎情理的组织决策与广泛认同的合作规则是资源型城市善治的合法性制度逻辑，合乎情理的制度逻辑有利于城市治理的资源动员，合乎情理的制度逻辑体现了城市治理与外部环境（自然环境与社会环境）的相互依赖。

0754 中国古代戏剧观念的渊源追溯、流变检讨与层面透视

发表时间及载体：西北师大学报：社会科学版 2002 年第 1 期

作　　者：李占鹏

简　　介：中国古代戏剧观念最早可追溯到史前先祖初民为谋生图存与凶禽猛兽进行的顽强搏斗，经过漫长悠久的历史流变方始指舞台表演艺术，自明清以迄近代因主体社会地位不同又显现出倾向分明的悬殊差异。

0755 销售方式的选择对交易双方理财的影响

发表时间及载体：兰州大学学报（社会科学版）2001 年第 29 卷第 6 期

作　　者：薛邦城

简　　介：随着市场经济的不断发展，销售方式的种类愈来愈多且不断发生变化，如何有效的选择和运用，对交易双方的理财影响是很大的。

0756 教育信息化对少数民族教育发展具有革命性影响

发表时间及载体：电化教育研究 2014 年第 35 卷第 9 期

作　　者：杨改学　胡俊杰

简　　介：《国家中长期教育改革和发展规划纲要（2011—2020 年）》指出：信息技术对教育发展具有革命性影响。这种影响同样影响到少数民族教育的变革与发展。文章从教育信息化对民族教育发展的影响以及进一步完善和改革创新促进民族教育信息化大发展两个大的方面进行了较为全面的论述。

0757 自然神神名考

发表时间及载体：西北民族研究 2012 年第 3 期

作　　者：杨建军

简　　介：自然物被神化后，仍用原来的名称称呼。诗经《黄鸟》："彼苍者天，歼我良人。"诗经《瞻印》："瞻印昊天，则不我惠。孔填不宁，降此大厉。"诗句中的天用"苍""昊"形容，它是自然物的天 又能"歼良人""降大厉"，它又是被神化、有意志的天。自然物的天被神化后仍称为"天"，鲜明地表现在诗句中。《晏子春秋》卷一：齐景公因久不降雨而让卜人占卜原因，卜人回话："祟在高山广水。"话语中的山、水分别用"高""广"修饰，它们是自然物的山水 又能作祟，它们又是被神化、有意志的山水。自然物的山、水被神化后仍称为"山""水"，显豁地表现在话语中。

0758 吐蕃统治敦煌时期洞窟修建经济原因初探

发表时间及载体：世界宗教研究 2009 年第 4 期

作　　者：陈双印

简　　介：本文以敦煌文书记载为依据，结合后人在洞窟分期、修建以及敦煌文书等方面的研究成果，探讨了吐蕃统治敦煌前后两个时期洞窟营建的经济原因，指出敦煌的一般民众是敦煌莫高窟洞窟修建的主要施主。有了他们广泛而积极的参与和施舍，在吐蕃

统治敦煌后期, 中到大型窟的修建成为可能, 而经济是洞窟开凿规模的决定因素。

0759 由敦煌各类绘画反映出的画稿问题试析

发表时间及载体: 敦煌研究 2006 年第 5 期

作　　者: 沙武田

简　　介: 本文以敦煌洞窟壁画、绢画、麻布画、版画等各类绘画作为基本资料, 通过实物的分析考察了大量敦煌绘画与画稿及其使用关系。

0760 先秦儒、墨、道、法教育哲学三题

发表时间及载体: 西北师大学报: 社会科学版 2002 年第 1 期

作　　者: 张学强

简　　介: 儒、墨、道、法的思想是集哲学与教育于一体的, 教育思想以坚固的哲学理论为其根基, 哲学理论通过教育思想表达其浓厚的实践意愿, 哲学与教育是一而二、二而一的关系。哲学与教育是儒、墨、道、法思想统一体中不可分割的两个方面, 从这个角度出发, 可以很合理地把握儒、墨、道、法的教育思想各自的丰富性、完整性与特殊性。

0761 市场经济条件下企业选才用人问题的几点思考

发表时间及载体: 甘肃理论学刊 2001 年 第 5 期

作　　者: 范鹦

简　　介: 在社会主义市场经济条件下, 在实行公司制改革的过程中, 企业首先要转变用人观念; 其次, 要改进选才方式; 最后, 要完善用才方法。

0762 基于联通主义的个人学习环境（PLE）研究综述

发表时间及载体: 电化教育研究 2014 年第 35 卷

作　　者: 田富鹏　田斐予

简　　介: 非正式学习不是新现象, 目前基于 VLE（虚拟学习环境）和 Web2. 0 工具的非正式学习已经被证明是有效的, 但是在 MOOCs（大规模在线开放课程）的影响下, 2012 年掀起了在个人学习环境（PLE）中混合学习的热潮。综述介绍了开放教育资源的发展, 并以开放教育资源运动为背景, 以个人学习环境平台为主要研究对象, 从网络非正式学习的有效性角度进行个人学习环境的分析和论述。

0763 中西思维方式差异的原因建构

发表时间及载体: 兰州大学学报（社会科学版）2004 年第 32 卷第 4 期

作　　者: 陈声柏

简　　介: 从发生学意义上说, 中国思想与西方思想的差异根基于中西思维方式的不同。中国传统思想体现的是社会、实用、经验（体证）三位一体的实践思维方式; 西方传统思想（哲学）体现的则是一种本体（实体）、语言、逻辑三位一体的理性思维方式。本文从中西不同的知识观、语言观及语言结构三方面对中西思维方式作了发生学意义上的原因建构。

0764 对从众心理影响下大学生行为的探讨

发表时间及载体: 甘肃联合大学学报: 社会科学版 2009 年第 3 期

作　　者: 姚建银

简　　介: "从众"是一种比较普遍的社会心理和行为现象, 人们普遍具有从众心理。

当代大学生在所处群体影响下的从众行为表现在学习、生活和消费等各个方面。研究大学生从众现象，对于优化群体结构，利用大学生从众行为的积极影响，防止其消极影响，具有极其重要的作用。本文通过对从众心理影响下的大学生行为的分析，就大学生从众行为的表现、从众行为的原因进行分析，明辨大学生的从众行为。为大学生行为提供正确的行为导向，树立正确价值取向。

0765 西北农村体育公共服务发展的社会因素分析

发表时间及载体：甘肃高师学报 2012 年

作　　者：李航　强科学

简　　介：从社会学的角度来分析论述西北农村体育公共服务发展的社会因素。研究结果表明：政策、经济、管理等因素对其都有较大的影响，从而为西北农村体育公共服务的发展提供有力的支持。

0766 我国犯罪预备立法之检讨

发表时间及载体：甘肃政法学院学报 2009年第 1 期

作　　者：张建军

简　　介：我国刑法在划定犯罪预备的处罚范围时所秉持的是"原则上予以处罚"的立场，该立法不仅与刑法的最后手段性要求相悖，在司法实践亦无此可能和必要，造成立法的虚置与浪费。此外，由于对预备犯规定的处罚原则是"得减"而非"必减"，不仅在理论上与罪刑均衡原则的要求相左，而且在实践中容易引发适用法律的尺度宽严不一的现象。因此，有必要对我国犯罪预备立法的弊漏进行理论上的反思与检讨，并在现行立法的基础上加以完善。

0767 论抗战时期陕甘宁边区的土地政策与实践

发表时间及载体：甘肃理论学刊 2007 年第 2 期

作　　者：王晋林　杨晓敏

简　　介：解决农民的土地问题是中国革命的基本问题。抗战时期陕甘宁边区的土地政策与实施，是中国共产党在新的历史条件下，为建立和发展抗日民族统一战线，解决农民土地问题而进行的成功实践。在整个抗日战争中，陕甘宁边区成为新民主主义类型抗日民主根据地的原因是多方面的，而中国共产党对陕甘宁边区土地问题的正确政策和成功实践是主要原因之一。抗战时期陕甘宁边区的土地政策和实践，是陕甘宁边区政治建设和经济建设的重要组成部分。

0768 内蒙古自治区资本存量 K 的估算

发表时间及载体：西北民族研究 2006 年第 1 期

作　　者：邓艾　钱力

简　　介：在分析经济增长过程中，不可避免的要涉及对资本存量 K 的估算。近年来，国内外一些学者对中国的资本存量进行了估测，但由于在方法和细节处理上的差异，从而造成估算的结果存在很大的差距。对于我国民族地区而言，由于统计数据的缺乏，因而对资本存量进行估算则更加困难。本文基于现有研究成果和相关统计资料，对内蒙古1952—2003 年间资本存量进行了估算，以弥补相关文献空缺。

0769 财政体制改革的政治学分析

发表时间及载体：兰州大学学报：社会科学版 1996 年第 2 期

作　　者：郭爱君

简　　介：本文在掌握大量材料的基础上，

纵向考察了新中国成立以来财政体制改革所引起的中央和地方关系的变动情况 着重分析了改革开放以来中央和地方关系失衡在财政体制上的原因，并提出了以分税制重塑中央和地方财政关系时应注意的几个问题及解决措施。本文认为，高度集中的政治体制、计划经济体制和统收统支的财政体制是相互依存、密不可分的。建立社会主义市场经济体制必然要求实行分税制和分权制，必然要求以财政及其它经济手段作为调整中央和地方关系的主要手段。

0770 混业经营趋势下我国建立金融业统一监管机构的构想——基于次贷危机后美国金融监管体制改革的启示

发表时间及载体：武汉金融 2010 年第 10 期

作　　者：成学真

简　　介：金融业混业经营是全球趋势，我国已经形成事实上的混业经营，现行的分业监管体制已经暴露出缺陷，改革势在必行。本文通过研究次贷危机后美国金融监管体制改革方案给予的启示，提出在我国建立金融业统一监管机构的设想。

0771 对列宁外交思想的历史考察

发表时间及载体：西北师大学报：社会科学版 2008 年第 1 期

作　　者：李玉君

简　　介：列宁的苏维埃外交思想是在十月革命后的实践中形成和发展的。列宁在苏维埃外交领域的探索和贡献不仅在于他放弃了世界革命思想，提出了和平共处政策，更在于在 20 年代初期的历史条件下，在战后资产阶级和平主义初露端倪之时即看到这一不同于传统资产阶级的政治力量的追求并客观阐述了它在国际政治生活中的积极意义。列宁对资产阶级和平主义的认识

为苏俄和平共处对外政策的实行奠定了科学的理论基础。

0772 学校教育资源管理平台的建设与应用

发表时间及载体：电化教育研究 2004 年第 11 期

作　　者：吴永红

简　　介：随着学校信息化环境建设步伐的加快，教育资源信息的短缺和资源的收集与管理的问题成了各级各类学校所面临的主要问题。本文从学校教育资源管理平台建设的特点入手，阐述了学校教育资源管理平台建设的模式和方法，认为教育资源平台的建设主要是资源的收集和整理，资源平台建设的最终目的是应用，并提出了教育资源平台在学校教学中应用的方法、作用及优势。

0773 基于生态足迹的甘肃生态经济可持续发展研究

发表时间及载体：甘肃社会科学 2010 年第 3 期

作　　者：汪晓文　衣婧

简　　介：以可持续发展理论为指导，运用生态足迹模型对甘肃省 2007 年的生态足迹进行说明，衡量了甘肃省生态承载力及可持续发展程度，并得出当前甘肃省的发展是通过消耗自然资本存量来弥补生态承载力不足的结论。甘肃省经济要发展，但是不能以牺牲环境为代价，必须要转变经济增长方式，实现经济社会与环境的可持续发展。

0774 甘肃青少年体育消费心理预期行为的研究

发表时间及载体：社科纵横 2008 年第 8 期

作　　者：黄淑萍　范海荣

简　　介：本文采用问卷调查等方法对甘肃

城市青少年的体育消费心理和消费行为进行了调查研究。研究表明：甘肃青少年的体育和健康的意识初步形成，消费动机基本合理，消费需求呈多元化趋势。消费的价值观取向和消费行为为本省特点。表现出选择传统的大众化，消费价格低廉的项目较多，对休闲娱乐项目选择较少。有关部门要进行宣传教育和引导，体育营销市场注意调整服务品牌和经营方式，更好地为青少年体育消费服务。

0775 人大代表选举"城乡相同比例"原则的政治正义视角分析

发表时间及载体：河南师范大学学报：哲学社会科学版 2010 年第 3 期

作　　者：王学俭

简　　介：按照"城乡相同比例"原则选举各级人大代表，是第十一届全国人民代表大会第三次会议通过的《选举法》修正案的一项重要内容。该原则有利于进一步巩固我国的国家性质。

0776 清真饮食文化的深刻内涵及其社会功能探析

发表时间及载体：西北民族大学学报：哲学社会科学版 2011 年第 4 期

作　　者：罗小芳

简　　介：从历史上"清真"一词的出现和《古兰经》中有关清真饮食的论述结合起来，深入探讨清真饮食文化的深刻内涵及其社会功能别有意义。清真饮食文化是承载伊斯兰各民族信仰灵魂之所在，在历史的长河中对伊斯兰各民族的社会发展产生过很多影响。合理地利用这一精神资源，将会推动伊斯兰各民族的社会发展，并为实现和谐社会增添和谐音符。

0777 "夸父逐日"的仪式结构及其文化内涵

发表时间及载体：西北民族研究 2006 年第 2 期

作　　者：韩高年

简　　介：夸父逐日神话中的"入日"与甲骨文中的"入日"一样，都是关于太阳崇拜的祭祀仪式。这种仪式有比较固定的行事日期和祭祀场所，带有测度日影的早期天文学观察性质。夸父之"杖"及由此变化而成之"邓林"，则是用以观测日影的"圭表"的神圣化。从操蛇之神夸父与舜帝的关系来看，夸父神话为早商民族的神话。

0778 文化传播的商贸媒介思考

发表时间及载体：兰州商学院学报 2005 年第 21 卷第 6 期

作　　者：张建生

简　　介：商贸活动对人类文明进程的影响，不仅是物质交流，而且也是文化传播的重要媒介；历史证明，商贸活动中的主导地位，决定着文化传播的主导地位，决定着文化传播的主导方向；文化结构的社会功能对认识今天商贸活动对文化传播的影响，有重要意义。

0779 当代俄语规范问题及相关政策

发表时间及载体：兰州学刊 2011 年第 12 期

作　　者：何瑾　刘敬敬

简　　介：近二十年来，俄语中出现大量不规范现象，这些问题的产生受社会、经济巨变的影响，大众传媒亦有不可推卸的责任。俄政府出台《语言法》等相关政策、措施对存在的语言问题进行干预和纠正，并利用研究机构、各类传媒对民众的语言行为和语言水平、文化水平加以引导和提高。当然，语言规范的保持仅靠政府和一些社会团体的干预和管理远远不够，还需要语言使用者和学习者的自觉行为。

0780 用"开放发展"的理念引领我校稳步快速前进

发表时间及载体：兰州商学院学报 2009 年第 2 期

作　　者：王新兰

简　　介：改革开放 30 年，我们党领导全国人民高举中国特色社会主义伟大旗帜，坚持教育优先发展，坚定不移地实施科教兴国战略和人才强国战略。中国教育发展的巨大成就创造了人类教育发展史上的奇迹。如何在新的历史起点上，把握时代脉搏，遵循高等教育发展规律，实现学校全面、协调、可持续快速发展，是我们当前要深入思考和探讨的一个问题。

0781 论甘肃粮食可持续发展的战略构想和对策

发表时间及载体：甘肃社会科学，1998 年第 3 期

作　　者：王阳

简　　介：粮食是关系国计民生的重要商品，是国民经济的基础性商品。粮食生产的发展和充分供给，关系到国民经济发展和社会稳定。粮食的可持续发展对于一个国家或一个省(区)来说，则更具有长远的战略意义。

0782 西部开发中土地资源的法律配置

发表时间及载体：西北师大学报：社会科学版 2002 年第 1 期

作　　者：苟军年

简　　介：土地资源是不可再生的稀缺资源，在市场经济条件下它是一种特殊的商品，不论是国家所有还是集体所有都不能被任意、无偿地占有、使用。在西部大开发中，必须始终贯彻十分珍惜，合理利用土地和切实保护耕地的基本国策，坚持依法管理，合理配置。

0783 论西部地区人力资源开发

发表时间及载体：西北师大学报：社会科学版 2004 年第 1 期

作　　者：符得团

简　　介：西部大开发的实质是区域发展问题，在现代文明和高速发展的科学技术条件下，知识已成为生产力的内在要素，知识经济表面凸现出来的是科学与技术，而知识经济的根本在于人的创造力量；劳动者的受教育程度、科学文化素质以及职业技术水平是决定一个国家和地区经济与社会发展的关键因素和基础条件。提高对西部地区人力资源开发重要性的认识，分析西部地区人力资源开发与利用现状，采取有效措施，搞好人力资源开发，把沉重的人口负担转化为强大的人力资源，可以推动西部地区经济快速健康发展。

0784 信息技术与课程整合探究

发表时间及载体：电化教育研究 2004 年第 5 期

作　　者：韩晓红

简　　介：信息技术与学科课程整合改变了传统的教学思想、教学观念、教学方法和教学模式。本文就信息技术与学科课程整合从理论框架到整合的具体形式、方法提出了几点意见，以探求更高层次的整合之路。

0785 发展中国家区域经济一体化与比较优势的拓展

发表时间及载体：甘肃理论学刊 2012 年第 6 期

作　者：于倩　郭鹏辉

简　介：本文基于传统的比较优势理论的运用，通过立足于发展中国家的角度，构建模型分析发展中国家参与区域经济一体化前后比较优势的变化以及优势的拓展，试图对发展中国家是否应该参与区域经济一体化以及如何参与区域经济一体化和应该注意的问题进行理论上的探讨。

0786 从游赏娱乐、慷慨励志到黍离悲歌——两宋时期多景楼登临诗词的历时态考察

发表时间及载体：东南大学学报：哲学社会科学版 2007 年第 9 卷第 6 期

作　者：曾维刚

简　介：镇江多景楼，自宋以来虽迭经兴废，但始终是文人士子登临游赏的名胜之地。两宋时期，多景楼登临诗词呈现出三个阶段的变化：（1）北宋时期，登临主体是一群文人雅士，登临性质属于旅游，主要抒写游赏娱乐之情，体现的是"乐感"意识。（2）宋室南渡至南宋中后期，登临主体是一群忧国志士，登临性质属于壮游，主要抒写慷慨激越的复国之志，体现的是"忧患"意识。（3）宋末元初，登临主体是一群遗民隐士，登临性质可称之为神游，主要抒写黍离之悲，体现的是"悲感"意识。两宋时期多景楼登临诗词的历时态嬗变，展现出两宋不同时代的社会风貌与文人士子的心路历程，具有独特的认识意义和审美价值。

0787 基于管理经济学的我国职业排球俱乐部竞争力分析

发表时间及载体：兰州商学院学报 2005 年第 21 卷第 3 期

作　者：张伟

简　介：对我国职业排球俱乐部的竞争力进行分析研究的管理经济学或企业经济学的基本理论框架是：首先，在企业家精神关于我国职业排球俱乐部文化的创新理念指导下，形成俱乐部组织学习的知识理论体系。然后，在俱乐部组织学习的知识理论体系指导下，形成俱乐部核心能力理论体系。最后，俱乐部核心能力理论体系与俱乐部战略性或关键资源理论体系相互影响，形成俱乐部竞争优势与俱乐部持续竞争优势的理论构架，并最终形成以根据核心能力理论为基础发展起来的蓝本构造的、以综合企业资源理论、能力理论、知识理论和以创新理论基本观点为基础发展起来的研究我国职业排球俱乐部竞争力理论的管理经济学基本框架。

0788 凯末尔改革中的伊斯兰教

发表时间及载体：西北师大学报：社会科学版 2002 年第 1 期

作　者：刘云

简　介：凯末尔世俗化思想的形成，一方面是由于他继承了早期的世俗主义，另一方面是由于民族解放战争的推动。凯末尔改革使土耳其走上了现代化之路，但改革只局限在大城市和精英阶层，这种局限性为日后土耳其的伊斯兰复兴埋下了伏笔。

0789 战国屈氏世系及其对屈原的影响

发表时间及载体：荆州师专学报 2001 年第 1 期

作　者：赵逵夫

简　介：论文在广泛搜集文献资料的基础上，结合包山楚简、长沙铜量铭文等地下出土文字资料，对战国屈氏世系加以考察、排列，比以前屈氏世系者多出十多人，填补了以往谈屈氏世系者在春秋末年的屈生、屈申

之后即接伯庸（误以为屈原父亲）的巨大空白，纠正了错误。论文也分析了屈氏先世对屈原思想的影响。

0790 《传法宝记》的作者及其禅学思想

发表时间及载体：敦煌研究 2006 年第 5 期

作　　者：王书庆

简　　介：敦煌发现的《传法宝记》写本是研究唐代禅宗难得而重要的历史资料，从其内容可以看出作者杜胐应是北宗禅法的信徒。该文献所述印度与中国禅宗祖师的世系均与目前佛教界和学术界广泛接受的世系是不同的，有自己独特的个性；在修禅方法上，主张不立文字，反对执著文字和言语，主张禅修应自离心中的种种妄想，反对当时比较流行的静坐与念佛相结合的禅修方法，反映了唐代禅宗北宗的基本禅学思想。

0791 也论诱惑侦查的规制——刑事诉讼法再修改的视角

发表时间及载体：甘肃政法学院学报 2005 年第 2 期

作　　者：王宏璎

简　　介：诱惑这一刑事法律并未规定的侦查手段在刑事案件的侦查中被广泛应用，其对刑事诉讼最终价值目标的实现。有着一定的理论和现实价值；面临刑事诉讼法的再次修改，如果不从立法上对诱惑的条件、范围、对象等予以明确规定、对诱惑的方式进行有效的规制，侦查机关的这一侦查行为，必将演变为引诱者与被引诱者的共同犯罪行为。本文从诱惑的表现形式入手，结合司法实践及国外有关情况，对诱惑侦查的有效规制提出了自己的见解，并提出了立法建议。

0792 邓小平市场经济思想概述

发表时间及载体：兰州学刊（增刊），2004 年

作　　者：李健

简　　介：文章主要对邓小平的社会主义也可以搞市场经济，市场经济不等于资本主义，社会主义市场有其必然性，计划经济不等于社会主义，社会主义经济形式的重新认识等重要论断进行探讨。

0793 泡沫经济的成因及治理对策研究

发表时间及载体：改革与战略 2008 年第 24 卷第 9 期

作　　者：汪慧玲

简　　介：文章通过对虚拟经济、羊群效应和资金流动性过剩这三种经济现象的分析，揭示了泡沫经济的生成机理及危害，并提出对泡沫经济的防范、治理要采取宏观政策调控和微观心理引导双管齐下的策略，防范金融风险，保持宏观经济的健康、稳定发展。

0794 "七七斋"之源流及敦煌文献中有关资料的分析

发表时间及载体：敦煌研究 2004 年第 4 期

作　　者：杜斗城

简　　介：本文通过对敦煌文献的排比、分析，指出当时民间流行的七七有多种类型：子女为父母；父母为子女；兄弟之间；夫为妻；为僧尼等。其中父母为子女做七七斋的情况较为特殊；生人为自己做七七斋，亦是颇为耐人寻味。

0795 国企改革的关键在于建立有效管理机制

发表时间及载体：甘肃行政学院学报 2001 年第 3 期

作　　者：罗杰群

简　　介：随着国企改革深化和现代企业制度的建立，国企资源配置权和经营上的决策权将完全内部化。本文由此出发，阐述了国家如何从外部对企业实施管理，以及国企内部建立怎样的监督——约束、制衡机制等两方面的问题。

0796 高校共青团是加强社会主义核心价值体系教育的中坚力量

发表时间及载体：社科纵横 2010 年第 6 期

作　　者：郭建东　巨生良

简　　介：高校共青团组织是培育和塑造社会主义核心价值体系最重要、最关键、最有效的力量之一，共青团组织加强对于高校青年人社会主义核心价值体系的教育，关系到高校稳定，关系到国家的未来和民族的复兴。高校共青团组织应该提高认识，加强共识，开拓社会主义核心价值体系教育的新途径。

0797 南、北石窟寺七佛造像空间布局之渊源

发表时间及载体：敦煌学辑刊 2010 年第 1 期

作　　者：董华锋　宁宇

简　　介：通过梳理七佛造像的发展历程，我们发现南石窟寺第 1 窟和北石窟寺第 165 窟将七佛置于正壁、弥勒置于前壁的做法借鉴自克孜尔石窟第 80 窟。而将七佛分散于三壁来表现的做法则是参考了云冈石窟第 13 窟七佛，并略作改动而成。可见，南石窟寺第 1 窟和北石窟寺第 165 窟的七佛造像布局既受到来自西部的影响，同时也接受了来自东部的影响。东、西两个方向的七佛造像布局方式在河西走廊与中原交界处的古泾州之地相遇，使得南、北石窟寺的七佛既有继承也有革新，形成了独特的陇东地方特色。

0798 基于农民工"过渡性"特点的刘易斯转折点分析

发表时间及载体：西北人口 2011 年第 1 期

作　　者：郭志仪　刘晋

简　　介：本文以二元经济理论为基础，从农民工的过渡性特点出发，利用改造后的刘易斯模型分析我国劳动力转移现状，解释了民工潮和民工荒交替发生的原因，结论认为当前农民工的工资上涨是在剩余劳动力数量依然庞大和工资水平极低的背景下发生的，从而认为我国的刘易斯转折点还没有到来，应把关注重点放在如何尽快实现农民工市民化和加快城市化进程上来。

0799 外语学习课堂焦虑与课堂气氛的相关研究及其教学意义

发表时间及载体：西北师大学报：社会科学版 2003 年第 6 期

作　　者：王琦

简　　介：焦虑是外语学习中的重要情感障碍。在梳理国外相关文献的基础上，通过问卷调查和描述性的统计分析，研究了外语课堂焦虑和课堂气氛之间的关系。研究结果显示：(1) 引起课堂焦虑的主要因素是交际畏惧和惧怕负评价，外语课堂缺少互动及师生的支持。(2) 男生焦虑指数高于女生，其课堂气氛指数低于女生。(3) 文科班焦虑状态略高于理科班，其课堂气氛却大大低于理科班。(4) 课堂焦虑与课堂气氛呈负相关。受试者的焦虑指数差异小，课堂气氛指数差异大。

0800 宋儒"身体诗学"刍论

发表时间及载体：北方论丛 2011 年第 5 期

作　　者：刘顺

简　　介：宋儒的身体诗学奠基于身体观之上，在"身体意象"的营造与书写中，展现

其文化内涵与生命境界。儒学由礼乐向心性之学的内转、宋人生活的雅化与人文化为宋儒"身体诗学"的出现提供了历史土壤，而儒学传统中的三相一体的身体观、作为"窍"的身体观、社会化的身体观则为宋儒提供了直接的理论根基，身体成为宋儒营造个人生活世界与心灵空间的重要文化符号。

0801 小国寡民及桃花源的"后文明"特质

发表时间及载体：科学、经济、社会 2012年第 1 期

作　　者：高原

简　　介：老子的"小国寡民"与陶渊明的"桃花源"是一"后文明社会"，并非如常人所想当然的原始落后不开化的社会。明确这一点，才能对"小国寡民"与"桃花源"进行准确定位，也才能够正确地评价它们的意义与价值。

0802 维特根斯坦的两种逻辑——形而上学观试探

发表时间及载体：兰州大学学报 (社会科学版)2004 年第 32 卷第 1 期

作　　者：戚本芬

简　　介：什么是形而上学？形而上学与逻辑的本性是什么？它们之间的关系究竟是怎样的？后现代主义者反实在论、反基础主义给予的根据是什么？我们应当如何看待这些问题？本文试图围绕这些问题，通过对形而上学和逻辑的本性及其相互关系的简要历史回顾，特别是通过对一种对后现代主义有着深远影响的维特根斯坦的逻辑——形而上学观的探讨、评价，来加深我们对这些问题的理解。

0803 现代小人物社会大悲剧——论加拿大小说家卡拉汉的《天堂余欢》

发表时间及载体：兰州大学学报（社会科学版）2001 年第 29 卷第 2 期

作　　者：赵慧珍　吕丽塔

简　　介：天堂余欢是加拿大小说家卡拉汉的一部现实主义力作，作品用悔过自新的前科犯基普·卡雷平白无辜地被毁灭的悲剧来唤起人们对社会不公的抗议。本文分析了卡雷在重塑自我、实现自我价值的过程中被毁灭的根源，指出了代表社会力量的各界人士并不真正相信罪犯能被改造好，并未给予卡雷重新做人的机会，而是形成一张将他层层围困的网，致使他痛苦挣扎直至毁灭。卡雷的悲剧，既是现代小人物的悲剧，又是社会大悲剧。

0804 从考古资料看甘州回鹘的文化

发表时间及载体：兰州学刊 2010 年第 5 期

作　　者：热依汗牙生　杨富学

简　　介：甘州回鹘是 9 世纪晚期至 1028年间由河西地区的回鹘人以甘州为中心建立的民族政权。史书对其记载甚少。唯敦煌出土古代写本与石窟考古资料对其有较多反映，弥足珍贵。从考古资料可以看出，回鹘由漠北迁入甘州以后，其宗教文化深受当地影响。宗教信仰上，原来被奉为国教的摩尼教虽继续流行，但势力越来越弱。而在漠北时期并不流行的佛教却异军突起，取代摩尼教而成为甘州回鹘国最为流行的宗教，同时萨满教遗俗继续存在。在文化上，回鹘文开始流行，其服饰与风俗习惯虽保留旧有风格，但已深受汉文化的濡染。高度发展的回鹘文化反过来又对西夏文化产生了影响。

0805 马克思主义美学的本质特征及其中国化——按着董学文、朱立元先生讲

发表时间及载体：西北师大学报：社会科学版 2010 年 第 1 期

作　　者：王建疆　徐大威

简　　介：马克思主义既是实践的也是存在的，马克思主义美学是马克思实践论与马克思存在论的结合，建立实践存在论美学有着马克思主义的思想根据。马克思主义美学应该是物质实在性与精神实践性的统一，而又以精神实践性为其本质特征。艺术和审美就是一种精神实践。在中国发展马克思主义美学，就要从中国的实际出发，从中国的传统出发，而不是从主义出发或从本本出发。

0806 WTO 与我国农业

发表时间及载体：甘肃理论学刊 2001 年 第 6 期

作　　者：姚莉

简　　介：本文基于对农业"公共物品"属性的认识和对 WTO 农业政策的研究，提出在我国农业发展中政府和农户担当的不同角色。同时，对有关农业发展的制度建设问题也提出了一些主张。

0807 当代行书创作略论

发表时间及载体：社科纵横 2011 年 第 4 期

作　　者：张永刚

简　　介：在当代书法艺术生存状态转型的背景下，行书作为书法的主要组成，逐渐成为书法发展和表现的主体。行书在继承和扬弃传统经典的同时，不断吸收当代视觉艺术理念与技法，行书创作进入了繁荣发展的时期。展厅效应和竞争规则使行书创作必须适应当代环境和要求。当代行书的发展需要国家的支持和书法界的共同努力，时代选择了行书，行书表现了时代，行书对书法艺术的发展和中国文化的表现，将发挥出主要作用。

0808 西北名优农产品最终加工原产地化模式的产品筛选方法

发表时间及载体：安徽农业科学 2011 年第 23 期

作　　者：邵建平　张晓媛

简　　介：通过对西北地区实施名优农产品最终加工原产地化模式的必要性与现实可行性的分析，提出了"名优农产品最终加工原产地化"产品筛选体系的设计方案，旨在促使西北名优农产品最终加工原产地化。

0809 90 年代以来我国的五大现代教育技术实验

发表时间及载体：电化教育研究 1999 年第 6 期

作　　者：南国农

简　　介：本文扼要介绍了现代教育技术实验的基本内涵和 90 年代以来我国五大现代教育技术实验的基本经验。

0810 我国三次产业就业增长率影响因素分析

发表时间及载体：工业技术经济 2009 年第 28 卷第 5 期

作　　者：李国璋

简　　介：我国经济高增长，低就业的现象违背了奥肯定律，学界对此给予了很多解释，对影响就业的因素进行了大量的分析，然而各因素在三次产业中的作用是否相同，影响度有多大，却鲜有研究，本文采用 1978—2006 年的分产业数据对影响三次产业的就业增长率的因素进行实证，发现影响各产业就业的主要因素并不相同，收入水平的提高对我国就业结构的改变有很大的影响。

0811 "学生房":裕固族民族教育中一种文化现象的研究

发表时间及载体:西北民族研究 1995 年第 2 期

作　　者:江波　钟福国

简　　介:"学生房",裕固族民族教育中一种文化现象的研究。对少数民族地区教育状况的研究,近年来一直是民族学工作者十分关注的焦点问题。我们本着对这一热点问题的浓厚兴趣,于 1994 年 10 月赴甘肃省肃南县裕固族自治县明花区的附近乡村进行了实地调查。

0812 试论逻辑概念与直言命题的法律效应

发表时间及载体:甘肃行政学院学报 2003 年第 2 期

作　　者:吴婉霞

简　　介:目前,随着我国法制建设的不断完善,对执法人员的业务素质也就有了更高的要求,依法办案绝不是凭借实践中自发形成的思维习惯就可以做到的,本文旨在提出逻辑概念和直言命题在法律中的运用,探索逻辑在法学领域中的作用,以适应法律建设的需要。

0813 "主持人串讲式"电视培训教材的设计——农远三种模式应用的实践视角

发表时间及载体:电化教育研究 2010 年第 5 期

作　　者:张筱兰　欧阳汝梅

简　　介:"主持人串讲式"电视培训教材,是"农村中小学现代远程教育工程教育资源"建设项目中针对三种模式应用的教学方法开发制作的培训包。本系列教材的设计与制作力图体现三种模式环境的教学功能及特点,帮助教师掌握农远三种模式中常用的信息化教学方法。本文着重阐述了"主持人串讲式"电视教材的设计理念、系统结构和呈现形式,并对此培训教材的特点、使用方式进行了论述。

0814 教师教育的模式评析——兼谈教学原则的理解

发表时间及载体:西北师大学报:社会科学版 2003 年第 5 期

作　　者:徐继存

简　　介:教师教育的个性特征模式不切实际,行为主义模式被动机械,学科技术模式视野狭窄,教学技能模式不明事理,角色模式偏于混乱,教学原则模式却能使教师懂得在课堂上采取各种行动的道理,并据此做出明智的课堂决策。教学原则模式要求教师必须同时是一个教学研究者,恰恰顺应了当前基础教育课程改革所努力倡导的教师角色的转变。

0815 我国住房消费与经济增长的互动关系——基于计量模型的实证分析

发表时间及载体:消费导刊 2009 年第 20 期

作　　者:李国璋

简　　介:居民消费已经成为我国国民经济进一步良性发展的重要瓶颈。其中,住房消费是我国居民消费的重要组成部分,加之住房消费与房地产市场、资本市场密切相关,使得住房消费与国民经济的互动关系引人关注。本文通过建立数量模型,刻画出两者之间的互动关系,通过其数量关系,尽可能的揭示两者之间的影响程度和规律。

0816 上古时称大采、小采命名之义初探

发表时间及载体:殷都学刊 2002 年第 1 期

作　　者：雷紫翰

简　　介：殷卜辞中使用过的时间术语——大采、小采，大约在战国末至汉代以前失传了。因此，后人长期不得其解，或知其然而不知其所以然。鉴于古文献中保留下来的相关资料十分稀罕，本文首先通过逐一考察自古及今有关的各种解说，梳理出问题之脉络与症结；进而，运用文化语言学的阐释方法，对诸如本义采摘、采集的为何被用作了时间术语？大采、小采相对时序位置后面蕴藏着什么样的自然背景和人习习俗等问题逐层予以探索和考证，初步揭示了大采、小采作为时称的命名之义。

0817 甘肃民族地区农村少数民族剩余劳动力转移问题探析

发表时间及载体：甘肃联合大学学报：社会科学版 2012 年第 28 卷第 5 期

作　　者：李世勇　葛艳玲

简　　介：甘肃民族地区经济社会发展滞后，农牧民人口比重大。农村剩余劳动力转移是增加农牧民经济收入的重要手段。少数民族群众文化程度相对较低、宗教意识和传统观念浓厚，生计方式变迁导致的文化适应困难是制约甘肃民族地区剩余劳动力转移的主观因素 甘肃民族地区产业结构单一，城市化、市场化程度较低，劳务输出机制不健全等是制约剩余劳动力转移的客观因素。高度重视剩余劳动力的转移在民族地区现代化过程中的重要作用，大力推进民族地区市场化、城镇化建设步伐，加强劳动技能培训，健全劳动力转移相关配套制度是有效解决甘肃民族地区剩余劳动力转移的重要措施。

0818 从庚子退款看中美关系

发表时间及载体：赤峰学院学报：汉文哲学社会科学版 2012 年第 5 期

作　　者：孟君　颉斌斌

简　　介：1909 年美国首先决定退还庚子赔款的部分款项，用于中国的文化教育事业。由于成效显着，以英国为首的其他国家也纷纷效仿。许多人认为庚子退款是帝国主义对中国的文化扩张或称文化侵略。本文通过分析美国退款的动机、美国退款在中国产生的影响，及其与其他侵略国家的退款行为作比较，说明从《辛丑条约》后美国对华问题上的表现有别于其他侵略国，我们可以从另一个角度审视这一史实。在今天，与最先进国家保持交流，建立良好关系，是后进国家发展的必要条件，中美间的退款兴学活动，是中美人民的文化与友谊的典型范例。

0819 甘肃高校大学生党建工作中的制度建设所面临的主要问题研究

发表时间及载体：社科纵横 2011 年第 10 期

作　　者：田春苗　高国富

简　　介：高校作为培养社会主义建设人才的园地，应坚定不移地加强和改进大学生党建工作，尤其要加强大学生党建工作中问题比较突出但具有根本性、全局性、稳定性和长期性的制度建设。当前甘肃各高校大学生党建工作中的制度建设虽已取得丰硕成果，但还存在大学生党员制度意识比较薄弱 现有党建制度不够科学完善，如制度体系不够健全、内容不够科学、配套衔接不够合理、重实体而轻程序等以及重制定、轻执行现象比较突出。只有准确找到问题根结所在，才能真正改进大学生党建工作。

0820 中学历史课程编制研究（下）

发表时间及载体：西北师大学报：社会科学版 2001 年 第 1 期

作　　者：姬秉新

简　　介：编制中学历史课程应制订历史课

程的具体教育目标，并遵循明确性、具体性、可行性、整体性和发展性原则；在课程目标中对初中和高中历史课程这两个层次设计不同的具体要求；强调价值性教育目标与功能性教育目标相结合。

0821 中国区域 30 年：发展战略的嬗变

发表时间及载体：社会科学家 2008 年第 11 期

作　　者：高新才

简　　介：改革开放 30 年来，中国区域发展战略经历了一个非均衡、协调、统筹区域发展的渐进陛嬗变过程。这样一种渐进性战略嬗变决定了中国的区域政策，深刻地影响着中国区域经济的现实格局，也导致了中国区域经济发展过程中的若干顽疾。文章全面总结了中国区域发展战略的嬗变过程，并对中国区域经济发展中存在的问题进行了反思。

0822 《吴礼部诗话》之版本暨诗学思想考述

发表时间及载体：西北师大学报：社会科学版 2010 年第 1 期

作　　者：雷恩海

简　　介：吴师道乃元代颇有成就的大学者，在学术史、思想史上都有一定的地位，且于文学亦有造诣。《吴礼部诗话》比较集中地表述了吴师道的论诗主张，而此书自元代便有散佚，后世流传不广。本文考述《吴礼部诗话》的流传及版本情况，进而论述了吴氏的诗学主张。吴氏以理学名家，且又深晓文情，论诗文，崇气节，尚立意，注意篇章建构、组织经营，强调实际经历对创作、鉴赏的重要性，皆能从大处着眼 而谈论诗艺，亦能细大不捐，皆有一己之体味，非率尔之言，值得珍视。在论诗及辞、论辞及事之时，

特别留意于文献辑存，为厉鹗编纂《宋诗纪事》所珍重，辑录遗佚，多有补益。是书在元代诗话史上，有着比较鲜明的理论色彩和独特的文献价值。

0823 足球运动艺术审美探析——以英格兰足球为例

发表时间及载体：社科纵横 2012 年第 4 期

作　　者：伏彦冰

简　　介：足球是一种运动艺术，它在竞技过程中涵含着丰富的美的追求。足球所呈现的美是一种阳刚之美，主要体现在力量之美，人体运动的速度之美，竞争之美，球场、观众和球员共同创造的壮观之美以及残酷的竞技中表现的悲壮之美。英格兰足球正是这种美的集中体现。

0824 试论建设服务型马克思主义执政党的时代价值

发表时间及载体：中共太原市委党校学报 2014 年第 1 期

作　　者：刘先春

简　　介：建设服务型马克思主义执政党是新形势下提高党的执政能力、加强党的建设的重要任务。以人民本位为理论基础，探究中国共产党建设服务型马克思主义执政党的价值理性。

0825 西部文化建设论略

发表时间及载体：西北师大学报：社会科学版 2002 年第 5 期

作　　者：彭岚嘉

简　　介：西部大开发不仅具有重大的经济意义，而且具有重大的文化意义。通过文化复兴来促进西部经济振兴和通过经济开发来促进文化发展，是西部大开发战略中不可偏废的两个方面，片面强调经济振兴而忽视文

化复兴，必将会导致西部开发的畸形发展。只有在经济开发的同时重视文化建设，才能促进西部地区的全面发展。

0826 从游牧到定居是游牧民族传统生产生活方式的重大变革

发表时间及载体：西北民族研究 2004 年第 4 期

作　　者：阿德力汗·叶斯汗

简　　介：随着社会的发展、人口的增加、文明的进步，游牧民族对物质、文化生活的要求越来越高。在自身需求与政府行为的推动下，世界上很多游牧民族已经转为定居生产生活方式。实践证明，从游牧到定居是一个民族走向文明的重要标志。本文以新疆为例，阐述了游牧民族的概况、生产生活方式特点，并从三方面对游牧民族定居的重要意义进行浅析：一是我国全面建设小康社会的必然选择；二是实现游牧民族兴旺发达的重大战略举措；三是增进民族团结、保持社会稳定的根本保证。

0827 中学体育素质教育浅谈

发表时间及载体：兰州学刊 2011 年第 3 期

作　　者：徐亚妮

简　　介：体育素质教育一直停留在理论探讨阶段，新的体育标准意味着中学体育素质教育进入实施阶段。对中学素质教育教学上进行系统、全面、实用的研究，强调可操作性、可指导性，确定中学体育素质教育的实用性、基础性、可接受性，确立先进的现代科学教育思想和方法，是目前体育教育的当务之急。

0828 我国资本市场内部联动性研究——基于上海证券市场的协整分析

发表时间及载体：兰州商学院学报 2008 年第 24 卷第 1 期

作　　者：付强　梁亚民

简　　介：由于处于同一政治和经济环境因素的影响之下，所以在我国股票、债券和基金市场的波动之间应该存在一种趋势联动的运行特征。本文以上证综合指数、上证基金指数和上证国债指数为研究指标，通过协整检验、误差修正模型和因果关系检验考察我国股票市场、基金市场和国债市场在不同市场行情中的长期均衡关系及短期波动影响，以反映我国资本市场之间的联动性特征。

0829 贸易与竞争政策

发表时间及载体：兰州商学院学报 2004 年第 20 卷第 3 期

作　　者：吴亮　孙光霞

简　　介：发达国家在新加坡部长级会议上提出将贸易与竞争问题纳入世贸组织新一轮谈判。在此后的谈判中，这一问题就成为发达国家与发展中国家贸易谈判的一个焦点问题。本文从分析贸易与竞争政策入手，研究了发达国家和发展中国家集团在该问题上的冲突，并对多边贸易体制下的贸易与竞争政策问题的发展趋势进行了探讨。

0830 马克思主义劳动价值论的新解读

发表时间及载体：甘肃省经济管理干部学院学报 2004 年 2 期

作　　者：武文军　张玉斌

简　　介：物资世界和人类社会都处在永恒地发展中，因而反映自然变化和社会变化的科学范畴都不是永恒的。重新认识和研究马克思主义劳动价值论具有重大现实意义。劳动在其发展中会突破其一般性的规定性，出现不同的历史特点和发展特征。作为反映和概括抽象劳动发展规律的劳动价值论，也应当有它的不同的理论形态。全文被中国人民大学书报资料中心 2004 年 9 月《社会主义经济理论与实践》复印发表。

0831 敦煌壁画中的妇女红粉妆——妆饰文化研究之三

发表时间及载体：敦煌研究 2005 年第 6 期

作　　者：卢秀文

简　　介：本文按时代分期，探讨了古代妇女与敦煌妇女粉脂妆发展的特点。敦煌妇女红粉妆作为妆饰文化的主要内容，反映了整个古代妇女妆饰史的盛衰及审美观的递嬗，显示出了各个时代敦煌妇女的精神面貌，在中国古代史上占有相当重要的地位。

0832 张晋交游考

发表时间及载体：西北师大学报：社会科学版 2003 年第 3 期

作　　者：赵逵夫

简　　介：本文考索清初甘肃著名诗人张晋所交游南北诗人共 27 人，从中可以看出张晋在当时的影响及清代初年西北同南方的文学交流情况。文中引述的一些材料也反映了明清易代之际知识分子思想感情和政治态度转变的历程，对于正确把握满清入主中原在知识分子思想上的反映有一定的参考价值。

0833 岳麓书院藏秦简《质日》历朔检讨——兼论竹简日志类记事簿册与历谱之区别

发表时间及载体：历史研究 2012 年第 1 期

作　　者：李忠林

简　　介：岳麓书院秦简入藏后很快得以面世，嘉惠学林，善莫大焉。顷读原简，令人欣喜难耐，今不辞固陋，试对《质日》简涉及的历朔资料做初步检讨，并藉此说明记事簿册不同于历谱之处，敬希聆教高明。

0834 重识中国彩陶艺术价值

发表时间及载体：文艺研究 2001 年第 6 期

作　　者：程金城

简　　介：本文主要从艺术发生论和艺术发展史的角度，论述了中国彩陶艺术的特殊价值，提出建立中国彩陶艺术整体观的主张并予以阐述；依据彩陶自身的特点，从理论上探讨了中国彩陶的艺术史定位；论述了彩陶纹饰对于中国艺术精神的深远影响，揭示其渊源关系。

0835 东西部大学生文化价值观比较研究

发表时间及载体：甘肃联合大学学报：社会科学版 2006 年第 22 卷第 4 期

作　　者：张生勇

简　　介：大学生作为一个国家的精英群体，其文化价值观集中反映了这个国家文化价值观的基本取向和发展趋势。当前，有关我国大学生群体文化价值观的研究越来越受到学术界的关注，本文在详实的调查资料基础上，通过东、西部两地大学生在现代化、传统文化、科学教育与人文教育等九个方面的认知及态度异同进行了比较分析。为人们了解大学生群体的思想状况作了有益的探索。

0836 甘肃影视旅游开发存在问题及解决对策

发表时间及载体：经济研究导刊 2012 年第 1 期

作　　者：马子力　米文佐

简　　介：甘肃因独特的地质地貌和丰厚的人文资源，越来越受到影视导演们的青睐。受全国影视旅游热潮和甘肃影视作品的传播和拍摄因素的影响，甘肃近年来影视旅游业得到了迅猛的发展。但也存在许多问题，这些问题的顺利解决，可以更好地推动甘肃影视旅游向更好的方向发展。

0837 新时期藏区宗教信仰的特点及自我调适

发表时间及载体：西北民族大学学报：哲学社会科学版 2011 年第 4 期

作　　者：卓逊　多杰

简　　介：宗教问题是构成藏区主要问题的组成部分，宗教文化是藏族传统文化的重要内容，宗教信仰仍然是大多数藏族人的精神依托，藏传佛教对藏区的影响仍将长期存在。藏传佛教积极与社会主义社会相适应，教职人员应当成为优秀宗教文化的继承人和传播者，爱国爱教，维护祖国统一，拥护中国共产党的领导，是社会组织对每个公民最基本的政治要求，也是每个公民最基本的责任与义务。

0838 灾后重建与我国地震保险制度之完善

发表时间及载体：兰州商学院学报 2010 年第 26 卷第 2 期

作　　者：王肃元　康耀坤

简　　介：2008 年四川汶川大地震的发生暴露了我国地震保险在灾后补偿中的不足及存在的问题。我国地震保险制度应该在借鉴国外地震保险模式的基础上，充分发挥政府与市场的双重作用，优化地震保险管理，合理化解地震灾害损失。

0839 美学视野下的理论体系建构——评程金城的《中国陶瓷美学》

发表时间及载体：甘肃联合大学学报：社会科学版 2009 年第 5 期

作　　者：韩伟　董亮

简　　介：《中国陶瓷美学》从中国陶瓷艺术的典型特征入手，并从中国文化的广阔背景出发。探索其独特的美学意蕴，再现了中国陶瓷艺术的发展脉络。从中提炼出独有的艺术价值和美学价值，最终完成对中国陶瓷美学体系的建构。具有较强的实用性、系统性和理论性。

0840 经济学视角下的森林资源社区共管改进对策

发表时间及载体：农村经济 2012 年第 4 期

作　　者：韦惠兰

简　　介：实践证明社区共管是一项效果不错的资源管理制度，其先进的理念与手法，以民生为本的人文关怀激励着林缘社区居民，社区的稳定性和资源管理的有效性增加是不争的事实，但社区共管至今没有相应的法律地位，也未在更大的范围内推广，笔者就此进行了较为深入的研究，给出了森林资源社区共管是否可能的基本判断及如何可能的对策与建议。

0841 国家基础教育课程改革中信息技术与中学数学课程整合的若干思考

发表时间及载体：电化教育研究 2005 年第 1 期

作　　者：孙名符　刘岗

简　　介：分析了信息技术与数学课程整合的数学基础、教育基础和社会基础 提出信息技术与数学课程整合是一种从课程目标、课程内容、教学过程到教学评价的全方位的整合 对信息技术与数学课程整合的评价要遵循科学性原则、整体性原则、教育性原则和有效性原则。

0842 英语教师的语言意识水平：调查与启示

发表时间及载体：西北师大学报：社会科学版 2004 年第 6 期

作　　者：王琦

简　　介：以语言意识理论为背景，通过问卷调查、访谈及统计分析，发现英语教师的语言意识水平普遍偏低，这直接影响其教学观念和教学方法的创新；并认为提高教师的语言意识水平是提高教师素质的重要条件，也是推进中小学英语教育改革的重要保障。

0843 建国以来发现于河西的音乐文物

发表时间及载体：敦煌研究 2000 年第 4 期

作　　者：尹德生

简　　介：建国以来，甘肃文物工作者与音乐工作者在河西走廊发现了一批重要的音乐文物，其内涵丰富，品类繁多。本文撷取其中较有代表性的一小部分，试作简述。

0844 制度变迁：文化转型的内在动力机制

发表时间及载体：甘肃理论学刊 2003 年第 1 期

作　　者：李怀

简　　介：20 世纪的中国社会充分展现了一幅巨大变迁的历史画卷，其变迁的核心内容是中国社会的文化转型。本文通过揭示制与文化的基本内涵，从理论与实践相结合的角度梳理了近代以来中国文化转型的基本面貌，并分析了中国文化转型的内在动因。制度变迁是中国社会文化转型的内在动力机制。

0845 河西走廊汉唐古绿洲沙漠化的调查研究

发表时间及载体：地理学报 1998 年第 2 期

作　　者：李并成

简　　介：运用考古学，历史地理学的方法，实地调查了河西走廊汉唐古绿洲 10 大片沙化区域，其总面积约 4700 多平方公里，揭示了这些古绿洲沙漠化区域的若干特征，简要探讨了其形成的过程和机制。

0846 史学的发展与史学理论的探索——读修订本《史学导论》

发表时间及载体：中国图书评论 2003 年第 11 期

作　　者：赵梅春

简　　介：20 世纪 80 年代以来出版了多种史学概论著作，这是我国史学理论研究的丰硕成果。这些史学概论著作各有所长，共同为史学理论建设做出了贡献，其中以白寿彝主编的史学概论（宁夏人民出版社 1983 年出版）和姜义华等所著史学导论（陕西人民出版社 1989 年出版）最具特色。

0847 元代西北教育的特点

发表时间及载体：西北师大学报：社会科学版 2008 年第 6 期

作　　者：李清凌

简　　介：元朝是我国封建社会继宋以后，进一步将儒学普及到地方府州县的重要历史阶段。元代西北陕甘两个行中书省的官学、书院教育亦很普及，并具有区域性特点和独特的社会作用。

0848 信息技术环境支持下的中小学校本培训机制研究——基于传播学与知识管理视野

发表时间及载体：电化教育研究 2014 年第

35 卷第 4 期

作　者：刘智明

简　介：本文建立在传播学与知识管理相关理论的基础上，通过运用传播学与知识管理的相关知识研究教师培训过程，提出在培训中进行培训情境、培训模式、传播手段、组织建设和知识转化等五个方面的改进，以求优化培训过程，提升培训效果。

0849 基础教育课程改革中的信息技术与学科课程的整合：问题与对策

发表时间及载体：电化教育研究 2004 年第 12 期

作　者：焦瑶光

简　介：信息技术与学科课程的整合。逐步实现了教学内容的呈现方式、学生的学习方式、教师的教学方式和师生互动方式的变革 充分发挥了信息技术的优势。为学生的学习和发展提供了丰富多彩的教育环境和有力的学习工具，但在具体操作中也还存在一些不可忽视的问题。本文通过对兰州市部分中小学信息技术与学科课程整合现状的调查，在肯定成绩的同时。对存在的问题进行了分析，提出了相应的对策。

0850 环境公益诉讼的理论解读与制度创新

发表时间及载体：甘肃政法学院学报 2008 年第 3 期

作　者：何国萍

简　介：环境公益诉讼是当环境作为一种公共利益遭受侵害或有被侵害的危险时，法律允许公民或团体为维护环境公共利益而向法院提起诉讼的制度。环境公益诉讼包括民事、行政、刑事三种类型，环境公益诉讼的目的是维护环境公共利益，它不要求原告与本案有直接利害关系。环境公益诉讼制度的内涵包括环境公益诉讼的制度化、原告资格的适当放宽、环境公益诉讼的受理范围、举证责任的分配、诉讼费用的分担、建立原告奖励制度、发展环保团体和防止诉讼滥用。

0851 甘肃省农民种粮直接补贴政策效果影响因素分析

发表时间及载体：开发研究 2011 年第 2 期

作　者：尚博

简　介：本文设定接受种粮补贴后种粮积极性、对政策的满意程度及种粮面积变化为政策效果评价指标，通过对甘肃省 1051 个农户的问卷调查，利用 Logistic 回归模型分析发现，农户粮食自给程度为影响农民种粮直接补贴效果的主要因素。此外，农户种植效益、补贴能否按时足额发放等亦会影响补贴效果的实现。

0852 西汉后期士林中的退隐之风与文学创作的新变

发表时间及载体：西北师大学报：社会科学版 2002 年第 5 期

作　者：韩高年

简　介：西汉后期士林中出现了朝隐与退隐现象，通过对焦延寿和扬雄两个个案的分析，可知隐逸之风导致了西汉后期文学的新变，如抒情本体回归，语言上趋于通俗化等。

0853 试论中小学教师教育技术态度与行为

发表时间及载体：电化教育研究 2007 年第 12 期

作　者：朱雪峰

简　介：现代教育技术的应用能够有效地推进学校教育信息化，促进教育的改革与发展。教师的教育技术态度和行为是决定教育技术能否普及并促进教育教学改革和发展的重要因素。每一位教师只有以积极的态度接受和肯定现代教育技术。并在教育教学行为中广泛应用现代教育技术，充分发挥其优势，才能有效推进学校教育教学改革，提高教育教学质量。本文重点分析探讨了影响教师教育技术态度与行为的主要因素，提出了促进教师教育技术态度与行为一致性的有效途径。

0854 教师培训项目的效果评估研究——以中国 UNICEF "灾区教师培训"项目为例

发表时间及载体：电化教育研究 2014 年第 35 卷第 5 期

作　　者：郑立海　石大维

简　　介：培训效果评估是保证培训质量的有效途径和提升培训管理水平的重要措施。文章分析了国内外培训评估模型和我国教师培训评估的现状，在此基础提出了教师培训项目的评估方案，并以中国 –UNICEF "灾区教师培训"项目为例开展了评估活动，依照评估结论对培训进行了改进。

0855 区域整合：对外贸易增长迅速的解决途径

发表时间及载体：国际经贸探索 2008 年第 24 卷第 2 期

作　　者：李国璋

简　　介：对外贸易的激增一方面拉动了我国经济增长，一方面又产生了许多问题。其对经济增长的拉动固然重要，但由此所产生的问题也不容忽视，因此，深入分析产生问题的深层次原因并找出解决方案就变得尤其重要。文章认为增加国内贸易是解决对外贸易激增的最佳方案，而区域整合形成的区域市场一体化又可以促进国内贸易；区域整合和区域市场一体化是解决问题的有效途径。

0856 日本财界与大陆政策

发表时间及载体：甘肃社会科学 1999 年第 4 期

作　　者：刘金萍

简　　介：财界作为日本对外经济活动的主体，在日本社会中的作用主要是其经济参与和政治参与。甲午战争前，财界实际上是从外部施加压力，影响政策，具有政治压力团体的性质。但是，中日甲午战争后，由于财界的实力大增，社会地位提高，开始正式地加入政府的经济政策的制定过程。它在推进"大陆政策"，进而在日本帝国主义形成过程中占据着极其重要的地位。本文拟通过对财界的"朝鲜政策""中国政策"的剖析，来揭示财界对推进日本"大陆政策"所起的作用。

0857 对话：中国马克思学研究创新之道

发表时间及载体：甘肃理论学刊 2010 年第 2 期

作　　者：张国锦

简　　介：对话是中国马克思学研究创新之道。与经典马克思主义文本对话是保证中国马克思学研究科学性的必然选择，与世界马克思主义对话是体现中国马克思学研究时代性的现实要求与中国传统文化对话是推进中国马克思学大众化的必由之路，与中国现实问题对话是实现中国马克思学研究创新的必然取向。

0858 甘肃省小城镇发展的特殊性及对策

发表时间及载体：西北师大学报：社会科学版 2002 年第 2 期

作　　者：沈滨

简　　介：小城镇发展水平低既是甘肃二元社会、经济结构的一个显著特征，又是导致形成这种二元结构的重要原因。甘肃小城镇发展的现状与特殊性，规定了甘肃小城镇在发展目标和模式选择上的独特性。也决定了必须从理论认识、制度安排、经济结构等层面上推进小城镇发展，并对近期、中期和远期发展目标做出前瞻性规划，才能顺利推进甘肃省城乡一体化的实现，极大地促进甘肃社会经济的进步。

0859 经济学家和法学家就中国土地制度的对话与争鸣——天则经济研究所"《土地管理法》修法建议"研讨会实录

发表时间及载体：甘肃行政学院学报 2010 年第 2 期

作　　者：罗梁波　杨俊锋

简　　介：北京天则经济研究所和郑州大学中国土地法律研究中心于 2010 年 2 月 3 日在北京湖北大厦联合召开了"《土地管理法》修法建议"研讨会，与会的经济学界和法学界的二十余位知名学者围绕我国《土地管理法》修改总体构想与土地产权制度、土地利用制度和土地征收制度如何变革等重大主题展开学术交流与对话。本文采取实录的形式来反映会议的内容和进程。

0860 西北少数民族地区小康建设的难点探析

发表时间及载体：甘肃理论学刊 2003 年第 3 期

作　　者：李喜芸

简　　介：党的十八大报告提出了全面建设小康社会的宏伟目标，对社会经济发展总体水平相对滞后的西北民族地区而言，如何在新的国际国内形势下，克服面临的重重困难，推动经济社会全面发展，顺利实现小康成了社会各界关注的焦点。对制约该地区快速发展的重点问题进行深入研究，具有重大的现实意义。

0861 女性主义理论及其对教育传播的价值

发表时间及载体：电化教育研究 2011 年第 11 期

作　　者：王永军

简　　介：女性主义理论追求男女平等、体现女性价值、崇尚人类和谐的哲学理念自诞生以来就在教育与传播领域产生了深刻影响，一直以来为改善女性的不公平地位发挥了重要作用。教育传播学作为教育学与传播学的交叉学科，同样应该关注女性主义理论，并加强教育传播学女性主义理论研究。本文对女性主义理论的背景、主要流派及其对教育传播的价值作了简要阐述。

0862 中国西部法律文化的基本型态与现实表征

发表时间及载体：西北师大学报：社会科学版 2001 年第 6 期

作　　者：王勇

简　　介：法律文化研究中的传统性与现代性、人治与法治的二元分析模式并不能准确阐释当代中国西部法律文化的复杂特性；当代中国西部法律文化明显具有多元混合、交织并存的特点，其基本型态可概括为臣民人治型法律文化、草民自治型法律文化、牧民神治型法律文化和公民法治型法律文化四种。阐释西部多元法律文化互动的现状及其未来变迁的趋势，进而为西部乃至整个中国的法治建设寻找最佳的切入点，将具有重大的理论和现实意义。

0863 城市土地经营：欠发达地区推动经济快速发展的有效途径

发表时间及载体：当代教育与文化 2005 年第 3 期

作　　者：聂华林　任海军

简　　介：始于 20 世纪 80 年代末的城市土地经营理论与实践，为我国城市经济的发展与"二元经济"的转变，起到了重要作用。而我国欠发达地区的城市土地具有相对比较富足，但城市设施建设落后。

0864 感悟敦煌艺术

发表时间及载体：西北师大学报：社会科学版 2004 年第 6 期

作　　者：穆纪光

简　　介：艺术哲学，是以艺术作品作蓝本，对人的存在状态进行理性的触摸。用哲学方法研究敦煌艺术，就是要把敦煌艺术放在大视域中，寻找其背后诸多横向的未出场的联系，为敦煌艺术构建一种透视其历史内涵和当代意义的美学话语。

0865 略论安徽史前考古发现中的早期文明因素

发表时间及载体：东南文化 2011 年第 6 期

作　　者：李忠林

简　　介：安徽地区史前考古起步较早，考古工作者在这里发现了大量的新石器时代考古遗存，有些遗存中包含着丰富的早期文明因素，其中，双墩陶符、凌家滩礼玉和尉迟寺聚落形态最为典型，对于研究江淮地区早期文明起源的形式、内容及其与黄河、长江流域文明的关系有着重要的意义，值得考古工作者重视。

0866 ICT 支持的人类学习方式的发展与变革

发表时间及载体：电化教育研究 2013 年第 34 卷第 5 期

作　　者：童慧　杨彦军

简　　介：技术的进步，推动了社会的快速发展，深刻影响着人类生活方式和思想观念的转变。尤其是信息传播技术（ICT）的出现，对教育事业的发展与进步起着毋庸置疑的推动作用。"学习方式"作为教育理论研究的重要方面。也受到了 ICT 的深刻影响。文章将以"学习方式"的广义含义为出发点，从学习者地位的改变（被动变主动、个性化学习得到发展）、学习交互方式的变革（人际交互方式的变革和人机交互方式的变革）以及学习环境的改善（多媒体学习环境—虚拟学习环境—智慧学习环境）等三个方面梳理和总结 ICT 支持的人类学习方式的发展与变革。

0867 不同时空中灵魂的悲剧——《阿毛姑娘》与《包法利夫人》比较

发表时间及载体：西北师大学报：社会科学版 2002 年第 4 期

作　　者：王明丽

简　　介：丁玲的《阿毛姑娘》和福楼拜的《包法利夫人》，揭示出不同的时空中，社会转型期间，受到现代都市文明吸引、觉醒的乡村女性对于幸福的苦苦追寻，和这一要求实际上不可能实现而窒息的独特的生命形态。两位作者不同的情感态度，鉴照出两位女性主人公所生存的典型环境、性格深层的差异。一个是对自我的他者的审视，一个却恪守无动于衷的原则，追求着神圣的客观性。

0868 试论蒙古部落的聚合过程

发表时间及载体：西北师大学报：社会科学版 2001 年第 5 期

作　　者：徐黎丽

简　　介：蒙古族源于东胡的传统说法虽然正确，但不够全面，还应加上突厥，即蒙古族源于东胡和突厥。蒙古部落从公元 10—13 世纪经历了氏族、部落、部落联盟的聚合过程。

0869 高校思想政治理论课教育教学中存在的问题及对策研究

发表时间及载体：思想政治教育研究 2006 年第 2 期

作　　者：王学俭

简　　介：高校思想政治理论课在培养合格的社会主义建设者和可靠接班人，以及提高当代大学生思想政治素质等方面起着重要作用。

0870 论匡文留诗歌的西部特色

发表时间及载体：甘肃联合大学学报：社会科学版 2009 年第 25 卷第 1 期

作　　者：李占祥

简　　介：满族女诗人匡文留，成长于中国的西部。黄河等西部山水风景成为诗歌抒写的主要对象，那些生活在西部的人在诗人的笔下显得极其多情，西部少数民族风情也在诗歌中得以充分的展现。

0871 对我国农业经济改革的几点思考

发表时间及载体：甘肃理论学刊 2002 年第 5 期

作　　者：张中祥　王承军

简　　介：我国农业过去二十多年改革的经验和西方现代化农业的发展已明确告诉我们：发展规模经济、特色经济，走两高一优的高科技农业和集约化经营发展之路，实现农业生产的规模效益、特色品牌效益、高科技商品效益是发展我国现代化农业的基础和根本出路。

0872 甘肃省城市居民贫困问题的分析与思考

发表时间及载体：西北师大学报：社会科学版 2002 年 第 5 期

作　　者：李淑华

简　　介：贫困问题是普遍存在的重大社会经济问题。甘肃城市居民的贫困，从整体上看，除极少数人绝对贫困外，大多数则处于相对贫困状态。城市贫困群体的产生，既受宏观经济因素的影响，也受微观个人因素的制约。因此，现阶段应采取有效措施，搞好城市扶贫工作，帮助贫困居民脱贫解困。

0873 党校系统卫星远程教学的实践与思考

发表时间及载体：电化教育研究 2003 年第 8 期

作　　者：董向东

简　　介：本文在结合党校卫星远程教学实践及应用的基础上，着重分析卫星远程教学方式的组成、特点、取得的良好效果以及今后发展的思考，试图探索适合党校特色的卫星远程网络教学方式。

0874 我国新型农村合作医疗的运行机理与制度困境分析

发表时间及载体：中国卫生经济 2011 年第 3 期

作　　者：包国宪　陈晓洪

简　　介：甘肃省卫生厅立项资助项目"西部欠发达地区新型农村合作医疗制度与政策

研究"。在我国广泛实施的新型农村合作医疗由于制度设计本身的缺陷，其实施面临着一定的局限和困境。影响了农民的参合意愿及满意度，使新型农村合作医疗的制度绩效大打折扣。

0875 "闲愁最苦"——稼轩心境探论之一

发表时间及载体：平顶山学院学报 2013 年第 28 卷第 6 期

作　　者：庆振轩　张馨心

简　　介：被誉为英雄之词的稼轩词，豪放之外弥漫着浓浓愁思。乡思乡愁，融入词人抗金复国的人生理想之中。羁旅行役之愁，投射出失意英雄驱驱行役的旅愁，别恨离愁，超出了个人离情别绪而显露其忧国忧民的悲怨"闲愁最苦"，是对老却英雄似等闲的难以言说和痛苦品味。

0876 微信与 QQ 支持下基于任务驱动的协作学习之比较研究

发表时间及载体：电化教育研究 2013 年第 34 卷第 11 期

作　　者：王晓玲

简　　介：为把微信、QQ 应用于教学，文章讨论了对两种技术支持下基于任务驱动的协作学习设计，阐述了基于微信和 QQ 的协作学习具有的一些特点、功能。以"影视后期制作"课程为例，就教学利用这两种技术手段表现出来的差异。如群聊的发言频数、发言数频度的活跃程度、学习的满意度等作了分析。对相关图表数据的总结得出：利用微信进行协作学习具有一定优势，学习反馈比较及时，学习更便捷、灵活，能够更有效地激发学生的学习兴趣，促进协作学习顺利进行，取得比较好的教学效果。

0877 中国区域生产效率与经济发展差距研究

发表时间及载体：统计与信息论坛 2010 年第 25 卷第 8 期

作　　者：李国璋

简　　介：利用 1998—2007 年的省级面板数据，通过 SFA 模型利用超越对数函数估算了中国各省市区和三大区域历年的资本和劳动产出弹性、全要素生产率（TFP）水平及其效率变化，研究发现，东中西部的资本产出弹性大于劳动产出弹性。在此基础上对各省市区历年的全要素生产率水平进行了分析，结果表明，在 1998—2007 年间，东部的 TFP 增长率最高，中部地区高于西部地区。以上研究表明，TFP 是造成区域社会经济发展差距扩大的主要因素之一。提高中西部全要素生产率生产效率和国家增加对中西部的投资可以缩小中国区域经济发展差异。

0878 自然保护区林缘社区产业发展研究——以甘肃白水江国家级自然保护区为例

发表时间及载体：林业经济 2010 年第 6 期

作　　者：韦惠兰

简　　介：社会经济的飞速发展与保护区社区"贫困化"现象的不断加剧，促使人们反思保护区与当地社区的协同发展问题。事实上保护区资源具有很大的经济价值，合理利用区内资源发展社区经济是当地社区的基本权利。以甘肃白水江自然保护区林缘社区为案例，结合经济学理论，剖析当地社区产业发展中的问题，并提出一些建议。

0879 对党内民主带动人民民主的思考

发表时间及载体：西北师大学报：社会科学版 2011 年第 3 期

作　　者：孙继虎

简　　介：以党内民主带动人民民主，不仅是中国特色社会主义民主政治建设的经验总结，也是发展我国人民民主的战略选择和有效途径，从根本上讲则事关坚持和完善中国特色社会主义政治发展道路这一重大问题。党内民主发展的现实决定了推进以党内民主带动人民民主的战略选择，关键在于实现党内民主的机制创新。从制度层面看，党内民主机制创新应当从党内直接民主和间接民主两个方面着手，这是实现以党内民主带动人民民主战略目标的最根本和重要保证。

0880 素质教育下公安高等院校教师知识结构的优化转型

发表时间及载体：甘肃政法学院学报 2003年第 3 期

作　　者：俞文

简　　介：实施素质教育是新时期教育改革的根本方向，对于起步晚、底子薄、处于初级发展阶段的公安高等院校而言，加快教育改革步伐、搞好素质教育的关键是全面提高公安教师队伍的整体素质。本文从分析目前公安高等院校教师队伍中普遍存在的知识结构方面的不足和缺陷入手，着重探讨了公安高等院校教师知识结构优化转型的必要性及其对素质教育将会产生的重大影响，提出了重量型、综合型、开放型和创造型四者合而为一的新型知识结构体系。

0881 商业银行开展个人金融业务的影响因素与对策

发表时间及载体：兰州商学院学报 2004 年第 20 卷第 1 期

作　　者：张立新

简　　介：个人金融业务在我国刚刚起步。学习和借鉴外国成功经验，研究影响个人金融业务开展的主要因素，积极发展商业银行的个人理财业务，对商业银行的可持续发展具有积极的现实意义。

0882 对我国犯罪心理学研究中若干问题的思考

发表时间及载体：甘肃政法学院学报 2007年第 6 期

作　　者：孙秋杰

简　　介：犯罪心理学的研究对治理犯罪及其刑事一体化发挥着重要的作用，不仅对治理犯罪具有重要的理论价值，而且具有重要的实践功用。二十多年来，我国犯罪心理学的研究取得了很大的发展和成绩，但也存在不足。我国犯罪心理学的研究应进一步明确学科性质与定位，准确界定学科概念，对基础理论与实际应用问题的研究并重，加强与有关学科的联系和沟通，以深化学科研究。推动学科发展。

0883 中国民事上诉审制度目的与功能之反思

发表时间及载体：社科纵横 2009 年第 6 期

作　　者：刘琳　巩海平

简　　介：设置上诉审制度的目的在于纠正错误裁判，保障当事人合法权益及统一法律适用。上诉审制度功能分析应以上诉审制度目的为指导。上诉审制度对当事人而言，有保障裁判正确、维护当事人正当权益的功能，对国家的法律秩序而言，具有统一法律适用的功能。此二者属于上诉审制度的显性功能。上诉审制度还具有满足当事人的权利感情、增加当事人及公众对法院裁判的信任，以及社会控制功能等隐性功能。中国上诉审制度缺失统一法律适用这一目的，导致上诉审制度功能不完备。中国民事审级制度的完善，应弥补现行上诉审制度缺失的统一法律适用的目的及相应功能，针对地方权力膨胀的现状，加强上诉审制度的社会控制功能。

0884 基于物联网的智慧图书馆服务架构设计与实现

发表时间及载体：电化教育研究 2013 年第 34 卷第 10 期

作　　者：陈秀兰　于丽萍

简　　介：随着信息技术的发展，图书馆服务逐渐向智能化转变，文章探讨了在物联网、云计算及关联主义理论基础上建立智慧图书馆的硬件、软件组成要素和功能框架，提出了智慧图书馆服务模式、服务内容的建设，探讨了如何利用先进的信息技术优势整合图书馆业务，在未来与移动计算实现更好的结合和发展。

0885 论我国少数民族的文化

发表时间及载体：甘肃理论学刊 2006 年第 2 期

作　　者：杨建新

简　　介：民族文化是与民族共同体一并产生、形成和发展的。每一个民族以其独特的文化而区别于另一个民族，民族文化是一个民族共同体的灵魂。

0886 全球化语境中的民族文化溯源与形象书写——当代"先秦诸子历史小说"论

发表时间及载体：山西师大学报：社会科学版 2011 年第 38 卷第 2 期

作　　者：权绘锦

简　　介：1990 年代以来，一批以先秦诸子为题材的历史小说致力于对中国传统文化的溯源和对中国文化的形象书写。作家们站在全人类和世界主义的立场与高度，通过对儒道兵诸家文化的阐发，力求使中国传统文化在全球化语境中成为全世界人民可以理解接受和共识共享的精神财富，从而完成使中华民族优秀的传统文化通过文学艺术走向世界，并与其他民族文化交流对话的战略任务。

0887 生态文明建设提出的经济学背景分析

发表时间及载体：社科纵横 2008 年第 6 期

作　　者：韦晓宏

简　　介：本文结合中国经济社会发展状况及在新的历史条件下发展体现出的新特征和新问题，从实际出发分析了中国提出生态文明建设的经济学背景。

0888 中国特色社会主义道路的形成发展和科学内涵

发表时间及载体：甘肃理论学刊 2008 年第 6 期

作　　者：王渊

简　　介：党的"十七大"的一个重大理论贡献，就是对改革开放新时期形成的正确道路进行科学界定，深刻阐述了中国特色社会主义道路的科学内涵。这条道路，包括"一个中心、两个基本点"的基本路线，确定了巩固和发展社会主义制度的根本目的，涵盖了中国特色社会主义事业四位一体的总体布局，提出了我国发展的战略目标。在当代中国，坚持中国特色社会主义道路，就是真正坚持社会主义。学习贯彻党的"十七大"精神，在新的历史起点上坚持和发展中国特色社会主义道路，必须坚定不移地继续解放思想，坚持改革开放，推动科学发展，促进社会和谐，为夺取全面建设小康社会新胜利而奋斗。

0889 录放像监视系统检测调整的内容和方法

发表时间及载体：电化教育研究 1996 年第 2 期

作　　者：李华

简　　介：录放像监视系统设备是电视节目制作中的必备设备，为保证电视节目制作和播出的质量，录放像监视系统工作在最佳状态，必须对系统设备进行检测调整。现就检测调整的内容与方法作一介绍。所用的仪器设备有：录放像监视系统一套，示波器一台，检验带（内录制有各种不同的标准测量信号图像、伴音等）一盒。

0890　论不起诉合意

发表时间及载体：甘肃政法学院学报 2004 年第 6 期

作　　者：张芸

简　　介：不起诉合意是现实社会生活中大量存在的现象，由于立法的欠缺和理论研究的不足，实践中存在诸多问题，意见难以统一。为此，本文对不起诉合意的概念、构成要件、法律性质以及在司法实践中应如何处理等问题进行了探讨，以期对完善立法和规范司法实践有所裨益。

0891　敦煌写本《董保德功德颂》的年代及有关问题

发表时间及载体：敦煌研究 2007 年第 6 期

作　　者：李刈

简　　介：本文考订了敦煌写本 S.3929、S.3937 敦煌画行都料《董保德诸佛事功德颂》的年代为公元 968 年前后，关于董保德手迹及于僧繇，笔势邻于曹氏的赞誉道出了敦煌石窟佛教艺术中国化的历史渊源，董保德所造普净塔的大体位置在今莫高窟第 96 窟弥勒大像前面的台地上。

0892　法律人格问题的比较分析

发表时间及载体：甘肃政法学院学报 2005 年第 1 期

作　　者：王存河

简　　介：不同文化中的认知模式对法律人格制度的形成具有潜在影响。无论是古代社会还是近现代社会，中西方在法律人格问题上呈现出不同的特点。就目前而言，我国不仅面临抽象人格制度建构上的难题，还面临着紧迫的具体人的问题。我国的具体人问题非由市场造成。

0893　西部大开发中的金融支持

发表时间及载体：兰州大学学报（社会科学版）2001 年第 29 卷第 5 期

作　　者：阮银兰

简　　介：本文从多个层面论述了如何运用政策性的经济杠杆服务于西部大开发，以先导的金融手段强有力地支撑西部地区经济的发展，使金融的支持成为驱动区域经济快速发展的动力源，利用金融支持实现西部大开发的战略目标等问题。笔者认为，在西部开发的大环境中，西部地区金融业必须进一步转变观念，完善各项金融支持体系，以加强金融对经济的支持力度。

0894　论史书中的帝王形貌记载及其演变

发表时间及载体：中国典籍与文化 2011 年第 1 期

作　　者：王晶波

简　　介：古代史书所记载的帝王形貌往往都表现出种种的奇异特征，这些特征随时代变化而呈现不同的特点。本文梳理了历代史书中有关帝王形貌描写的演变过程及其特点，结合不同的时代文化背景，讨论了相人术、谶纬迷信及佛教相好观对帝王形貌描写的影响，指出史书从天命神授观出发对帝王进行神化的实质。

0895 人类食物的限度——从敬畏情怀的立场看可吃的伦理问题

发表时间及载体：甘肃社会科学 2011 年第 6 期

作　　者：成兆文

简　　介：国人可吃的伦理缺失为世界侧目，从现实出发，探讨造就此一现象的原因，是随着工商文明的全球扩散，快乐主义变为普世价值，结合近代以来国人对敢为天下先精神的呼唤，造成敬畏感的缺位，导致食物的无界限状态。重归敬畏是建设精神家园之必需，这就需要重新为人自身划界，提倡同类不相残的基本价值底线。但是，目前人类总体处在边界越来越模糊化的进程中，唤醒敬畏感有诸多困难。

0896 论台湾作家陈映真的小说

发表时间及载体：甘肃联合大学学报：社会科学版 2008 年第 24 卷第 6 期

作　　者：严英秀

简　　介：在今天的中国台湾文坛上，著名作家、文艺理论家陈映真正在二十年如一日地和民族分裂主义进行着斗争，他是中国台湾思想文化战线上坚决维护祖国统一的战士。他的小说创作建立了民族文学的风格。充满着深沉的民族主义内涵和强烈的爱国情感，他表现了丰富而复杂的中国台湾的"内心"。陈映真是中国台湾新文学的一面旗帜。

0897 论环境影响评价中公众参与的主体、内容和方法

发表时间及载体：兰州大学学报（社会科学版）2005 年第 33 卷第 5 期

作　　者：田良

简　　介：环境影响评价法、关于公众参与的规定中存在一些需要进一步细化的问题，环境影响评价公众参与主体的确定重要而复杂，一般可以采取计划单位识别、第三方识别和公布有关消息由公众自我识别三种方法；公众对一个计划的介入可以分为知道、介入和参与三个水平，可以按公众参与的程度，将公众参与划分成从完全没有参与、有所参与、平等地分享计划权力到完全控制计划过程的不同等级；公众参与的发展是一个过程，必须与整个国家的民主法制建设、政治文化、公众素质相适应。

0898 知识经济、企业竞争与名牌战略

发表时间及载体：发展 1999 年第 3 期

作　　者：聂华林　高新才

简　　介：随着知识经济的悄然到来，企业参与市场竞争的方式、手段、观念、文化等都会发生重大变化，这些变化对企业经营战略都是一个严峻的考验，对企业名牌战略的实施都会带来深刻的影响。

0899 政治学视野中的西北问题——国家政权系统与西北地区治理

发表时间及载体：西北师大学报：社会科学版 2005 年 第 5 期

作　　者：丁志刚

简　　介：西北问题是指制约西北地区政治经济社会发展和现代化的具有复杂性、长期性、艰巨性、全局性、根本性的问题。如何破解西北问题这一难题，加快西北地区经济社会发展，是国家决策层、理论界乃至普通民众关心的问题。而政治学视野中的西北问题，首当其冲的是国家政权系统对西北治理的状况；其次是西北地区治理的特殊性。

0900 文化旅游新形态的出现及产业发展对策研究

发表时间及载体：开发研究 2012 年第 4 期，2012 年 4 月 22 日出版

作　　者：李俊霞

简　　介：近年来，文化产业发展出现新业态，即文化与旅游、工业、现代农业、体育、建筑、科技等融合的态势，且成为地区经济发展的新的增长点。以兰州为例，兰州文化旅游业目前存在着文化基础设施滞后、文化与其他产业融合不够、资金缺乏、高层次文化人才不足等现状。因此，需科学规划、加快文化基础设施建设、加大文化与其他产业融合力度、培育文化品牌、加大创新力度等，提高文化产业增加值及占 GDP 的比重，推动文化旅游业成为国民经济的支柱性产业。

0901　基于多媒体技术的高校音乐教学的优化

发表时间及载体：电化教育研究 2011 年第 5 期

作　　者：陆洋

简　　介：多媒体技术集文字、图片、动画、视频、音频等信息单元于一体，基于多媒体技术的现代化教学手段是传统教学手段无法比拟的。本文从音乐教学的实际出发，在分析高校音乐教学应坚持的原则基础上，探讨了现代多媒体技术在高校音乐课堂中的实践与应用。

0902　土耳其穆斯林与德国社会

发表时间及载体：中国穆斯林 2010 年第 2 期

作　　者：敏敬

简　　介：在欧洲国家中，德国的穆斯林人口仅次于法国，达四百多万人，主要是土耳其人。1993 年，美国学者亨廷顿发表"文明冲突"论，断言伊斯兰文明将与西方文明为敌。很多人担心"文明冲突"可能会给德国带来严重后果，德国的媒体也开始不断渲染国人与"外国人"（一般指土耳其人）发生冲突的危险，并且把矛盾焦点对准穆斯林和穆斯林文化。

0903　存在、宗教、家园与世纪末情绪——重读《潘渡娜》

发表时间及载体：科普研究 2012 年第 7 卷第 1 期

作　　者：张懿红　王卫英

简　　介：张晓风的《潘渡娜》是台湾第一篇科幻小说，它以"人造人"的悲剧，表达了对科技万能思想的批判。这种批判一方面通过科技受害者的切身感受追问生存的意义，直抵生命存在之本体论的哲理思考；另一方面还从基督教那里寻求理论支持，具有鲜明的宗教色彩；而诸多的中国意象寄托了海外游子对故国家园的思念；最后小说以象征、暗示、梦幻、潜意识、环境烘托等多种手法，营造出一种悲凉、感伤、颓废、绝望的世纪末情绪，强化小说的悲剧感。

0904　西部地区提高科技进步贡献率的对策分析——以甘肃省为例

发表时间及载体：工业技术经济 2009 年第 28 卷第 1 期

作　　者：汪慧玲

简　　介：本文从实证角度出发，以甘肃省社会经济发展数据为样本，构建适合的估计模型，测定出了甘肃省科技进步对经济增长的贡献率。结果表明，甘肃省科技进步对经济增长的贡献率正在逐步提高，但是，与其他发达省份相比，甘肃省科技进步贡献率水平仍然还有一定差距。因此，应在加大科学普及、增加科技投入、加强人力资本投资、转变政府宏观职能等方面做好工作。

0905 基于灰色关联的我国人口就业结构、产业结构与城市化水平研究

发表时间及载体：西北人口 2012 年第 3 期

作　　者：韩燕　胡强

简　　介：本文从人口就业结构、产业结构及城市化水平的演进趋势入手，采用灰色关联分析的方法，分析了人口就业结构与城市化水平、人口就业结构与产业结构之间的关系，结果表明：城市化水平的提高和产业结构层次的提升对于我国人口就业结构都能产生积极的影响，并据此提出相应的对策建议。

0906 海德格尔与中国哲学界的文本积淀

发表时间及载体：西北师大学报：社会科学版，2003 年第 1 期

作　　者：陈春文

简　　介：哲学是什么？如果从哲学的文本价值来说，哲学就是由希腊神话文本翻译而来的，亚里士多德有效完成的人语文本。直至海德格尔的思语文本，哲学开始发生转向。着眼于西方文明文本和中国文化文本的实质，做一个真正思者而不是命名的哲学家，在中西思想撞击与磨合的深层次背景下，中国哲学界在文本积淀层面上应承担起自己负有的任务。

0907 西部大开发、关键是克服西部的软投入制约

发表时间及载体：软科学 2002 年第 16 卷第 1 期

作　　者：李国璋

简　　介：本文在充分肯定西部大开发诸多有利因素的前提下，指出西部大开发关键的制约因素，是西部软投入质量较低形成的制约；西部软投入质量较低，主要是由体制、政策和观念等非科技型软投入质量较低决定的；如果未来西部软投入的质量在原有水平上徘徊，则西部大开发的目标将不能如期实现，这是西部大开发的风险所在。在具体分析软投入对西部大开发的制约作用的基础上，提出未来进一步提高西部软投入质量的对策建议。

0908 论国有企业核心竞争力的主要问题及对策

发表时间及载体：甘肃联合大学学报：社会科学版 2008 年第 24 卷第 4 期

作　　者：兰国庆　姚昌义

简　　介：当今经济全球化趋势使国内外市场竞争日益激烈，怎样进一步提高国有企业的核心竞争能力，有效应对严峻的挑战，已成为影响我国国民经济持续快速增长的重要课题。我们应当认真研究国有企业的发展战略，开发核心技术，强化内部管理，参与世界市场竞争，努力提高国有企业的核心竞争力。

0909 积极稳妥地处理好共产党员信仰宗教的问题

发表时间及载体：甘肃理论学刊 2004 年第 2 期

作　　者：刘永哲

简　　介：在少数民族聚居地区和信教群众聚居地区开展保持共产党员先进性教育，必须注重研究解决好特殊性问题。在解决共产党员信仰宗教问题上不能犯操之过急的幼稚病，要坚决纠正在共产党员信仰宗教问题上存在着的认识误区，坚定不移地贯彻执行党的宗教信仰自由政策，坚持不懈地对党员进行马克思主义无神论教育，把党员信教与随顺民族风俗区别开来，积极而稳妥地处理好共产党员信仰宗教的问题。

0910 卫星远程教学应用研究

发表时间及载体：电化教育研究 2009 年第 4 期

作　　者：董向东

简　　介：卫星远程教学作为一种独具特色的远程教育方式，已经成为创建学习型社会，推进终身教育、素质教育及干部教育进程中无法取代的重要手段，必然会在教育信息化、教育现代化进程中发挥极其重要的作用。本文在结合党校卫星远程教学实践及应用的基础上，着重分析探究卫星远程教学方式的独特优势、取得的良好效果，试图探索适合党校特色的干部网络教育的有效途径。

0911 唐代河西走廊交通道路考

发表时间及载体：丝绸之路 2009 年第 6 期

作　　者：李并成

简　　介：河西走廊历史上曾是中原通往西域、中亚、西亚以至非洲、欧洲的必经孔道，是闻名于世的丝绸之路最重要的干线路段之一。本文通过敦煌文献，对唐代河西走廊交通道路加以考证。

0912 甘肃省循环经济发展评价及对策研究

发表时间及载体：开发研究 2012 年第 4 期

作　　者：潘永昕

简　　介：本文从资源产出和消耗、资源综合利用、废物排放和环境治理四个方面构建循环经济指标评价体系，对甘肃省循环经济发展水平进行了综合评价，进而从产业链、科技智力支撑、资金供给、政策法规和发展氛围等方面分析了制约甘肃循环经济发展的具体因素，并有针对性地提出了甘肃省进一步促进循环经济发展的对策思路。

0913 教育技术创新理论与创新实践的开拓与探索 2007 年全国教育技术学博士生学术论坛综述

发表时间及载体：电化教育研究 2008 年第 2 期

作　　者：李乾　冀付军

简　　介：本文综述了 2007 年全国教育技术学博士生学术论坛的主要内容。文章主要围绕论坛主题——做教育技术创新理论与创新实践的开拓者与探索者、专家报告和论坛专题展开。专题包括教育技术基本理论、教学设计与课程开发、教师专业发展、教育信息化、信息技术与课程深层次整合、远程教育、协作学习、教学资源、智能教学系统与知识管理、教育游戏与虚拟现实、新技术在教育中的应用等。

0914 产业转移新趋势下甘肃省承接产业选择研究

发表时间及载体：西北民族大学学报：哲学社会科学版 2010 年第 5 期

作　　者：曹颖轶

简　　介：本文基于产业转移理论和国际产业转移相关研究，计算产业梯度系数及对甘肃省优势行业的实证分析发现，在产业转移的新趋势下，甘肃省在能源供应、资源、劳动力成本等方面具有竞争优势，可以选择矿产资源的开采加工行业、装备制造业、农产品加工、纺织、医药等劳动密集型产业作为产业转移承接的重点。

0915 黑城出土两件蒙古文印刷品残片

发表时间及载体：西北民族研究 2007 年第 3 期

作　　者：N.TS. 孟库耶夫　敖特根 [译]

简　　介：本文对柯兹洛夫黑城收集品中的两件回鹘蒙古文印刷品残片进行了释读、辨识、翻译与注解，并认为残片一大概就是《大元通制》蒙译本"入官"条下有关各类官员及其责任和义务方面的内容；残片二好像是一张纸的上半截，显然是一本书的残页，残存文字七行（无一完整），纸质与第一件同。

0916 资源节约型城市评价指标体系及方法研究

发表时间及载体：甘肃社会科学 2011 年第 6 期

作　者：康玲芬

简　介：建设资源节约型城市是缓解资源供需矛盾，保障国家经济安全和实现城市经济持续发展的必然选择，也是推进和谐社会建设的必要途径。构建科学合理的资源节约型城市评价指标体系及方法是资源节约型城市建设的基础工作。本文提出了四层次（含35 项指标）的资源节约型城市评价指标体系以及涉及资源节约度和资源节约综合指数的评价方法。这对科学评估和有效指导资源节约型城市建设具有重要意义。

0917 赋体溯源与先秦赋述论（下）

发表时间及载体：辽东学院学报：社会科学版 2008 年第 4 期

作　者：赵逵夫

简　介：论及先秦赋，有的将《楚辞》中包括《天问》《九歌》在内的全部作品皆划入其中。论及赋的源头，有的认为来自行人辞令，而大部分是据"赋者，古诗之流也"及"赋者，铺采摛文，体物写志"的概念空泛加以推论。本文认为应根据已定型的汉赋的几种体式，分别探讨其源头。实际上骚赋、文赋、诗体赋和俗赋在战国晚期都已形成。屈原在西周末年以来诵诗的基础上，吸收楚民歌的特征创造了骚赋和诗体赋。作为赋的主体的文赋，过去学者们或以为出于诸子，

或以为出于行人之官，实际上其文本来自议对和行人辞令，但由应用文字而转变为文学的一种形式，同瞍矇的赋诵活动有关。

0918 维果茨基与现代心理科学

发表时间及载体：西北师大学报：社会科学版 2003 年第 5 期

作　者：王光荣

简　介：维果茨基是苏俄心理科学的主要奠基者，社会文化历史学派的创始人。在世界众多的心理学家中，维果茨基的学说独树一帜，他首创高级心理机能历史起源的理论，最早将历史主义原则引入心理学，创造性地提出最近发展区的概念，力倡辩证唯物主义心理学方法论，创立了苏俄心理学史上最大的心理学流派，为心理科学的发展做出了重大贡献，并对现代心理学的研究方法、理论构建和学科发展均产生了深远的影响。

0919 出资人、需求者：地方政府之于地方性金融机构监管职责的角色诉求矛盾

发表时间及载体：云南财经大学学报：社会科学版 2012 年第 1 期

作　者：马雪彬　赵晶晶

简　介：随着近年地方性金融机构快速发展及由此产生的风险问题频发，强化地方政府监管职责进入决策层与理论研究者的视野，我们从地方政府之于地方性金融机构监管责任入手，以多重角色诉求矛盾为视角，提出了弱化地方政府出资人、需求者的角色诉求，促使其有效履行监管职责的建议。

0920 清代甘肃书院的时空分布特征

发表时间及载体：青岛科技大学学报：社会科学版 2005 年第 2 期

作　者：李并成

简　　介：清代甘肃书院的发展，在时空分布和地域分布上有和全国发展相一致的地方，也有自己的特点。在乾隆时期达到高峰，经过一段衰落以后，在同治和光绪时期又达到另一次高峰。

0921 空军国防生军政理论课教学实践与模式探讨

发表时间及载体：甘肃联合大学学报：社会科学版 2009 年第 25 卷第 1 期

作　　者：冯怀义

简　　介：国防生军政理论教学对培养国防生的军人素质和军官潜质具有十分重要的意义。但由于多方面的原因，国防生军政理论教学在运行和质量提高上还存在一些问题和矛盾。这就需要我们从国防生军政理论教学模式等多方面加以研究和实践，使其掌握专业技术知识和基本军事素质。国防生的培养既要突出"军政兼技术、以技术为主"。又要为其成长为技术专家、中高级指挥干部奠定坚实的基础。本着突出重点、注重实效的原则，分年级设置教学课程，科学拟制教学计划，部分学习内容可安排自学或者统一安排在署期集训、入伍集训中实施，确保国防生能够全面系统地学习掌握必备的军政理论。

0922 对菲利普斯曲线的几点补正

发表时间及载体：甘肃社会科学 2002 年第 6 期

作　　者：闵正良

简　　介：菲利普斯曲线所描述的通货膨胀率与失业率之间此消彼涨的替代关系是成立的，之所以它在各国的表现不同，是因为影响经济活动因素的复杂性，由这些复杂因素及其组合在各国之间的差异入手，可以对菲利普斯曲线走势的差异作出更为确切

的解释。

0923 由脂评解读林黛玉小性儿、多心的实质

发表时间及载体：甘肃高师学报 2012 年第 1 期

作　　者：宋运娜

简　　介：林黛玉形象是中国文学史上最具艺术魅力的形象之一，也是《红楼梦》众多女性形象中作者最着力刻画的人物形象之一，这个形象贯穿着作者的理想。但是，在今天青年人的心目中，对林黛玉形象有许多误读，他们把全书数次多人提及的她的小性儿、多心、爱恼人，这些传统解读的基础和依据，作为对林黛玉形象的评价，造成了对林黛玉形象的误读。而脂砚斋、畸笏叟等人的评语是我们理解《红楼梦》人物形象非常重要的参照。因此，笔者试图借助脂评了解曹雪芹笔下的林黛玉形象的实质，对林黛玉的个性进行重新解读，正解千古情痴林黛玉。

0924 隋代通守考论

发表时间及载体：兰州大学学报（社会科学版）2002 年第 30 卷第 5 期

作　　者：王兰平　冯培红

简　　介：通守是隋末设置的一个具有特定功能的官职，为其他朝代所无，主要用于镇压隋末农民起义。通守的设置，既是大业末年政局形势所迫，也是隋代加强中央集权、削弱郡守功能的结果。通守尽管为郡级佐官，但其实际功能已经取代其或超越了太守。

0925 当前人民币汇率升值压力解析——从国际收支状况所进行的分析

发表时间及载体：兰州商学院学报 2005 年第 21 卷第 4 期

作　　者：赵明霄

简　　介：本文从国际收支的角度对当前人民币面临的升值压力进行了分析，认为在我国目前情况下，外汇储备的管理重在结构而非单纯是总量，并从建立和完善调节国际收支的市场机制和管理体制等方面，提出了缓解人民币升值压力的对策建议。

0926 城市化背景下的城市社会心理研究课题导论

发表时间及载体：重庆科技学院学报：社会科学版 2012 年第 23 期

作　　者：张海钟

简　　介：19 世纪末 20 世纪初，齐美尔对大城市及其精神生活的论述，是城市社会心理研究的开端。西方社会心理学基本上以城市居民作为被试，其研究成果对我国城市和谐社会建设具有借鉴意义。目前我国城市化进程日益加快，出现了一系列具有中国特色的社会心理问题。可将城市作为一个特殊区域，以其中的市民为对象，以心理学取向的社会心理学和跨文化心理学为理论基础，着力研究城市化过程中发生的影响和谐社会建设的微观和宏观心理学问题

0927 世界主要期货市场监管模式的比较及其对我国的启示

发表时间及载体：甘肃行政学院学报 2001 年第 1 期

作　　者：丁永平

简　　介：随着我国经济市场化进程的推进，我国期货业作为一个新的产业，已初具规模。但是，由于起步较晚，违规事件屡屡发生，分析原因，问题不在期货市场本身，而在于期货市场的监管上。

0928 在法与社会的流变中探寻和谐支点

发表时间及载体：甘肃理论学刊 2010 年第 1 期

作　　者：雍赟

简　　介：时移世易、变法亦矣，不变则废。法律制度作为社会大变革的制度因素，自然会随之发生巨大的转型，冷静梳理中国社会与中国法律的变迁过程，发现二者间的关联互动脉络，寻求动静之中的和谐，动中求稳，变中求中，将有助于适合中国的法学理论的建构。

0929 王稼祥土地革命时期的思想政治教育理论与方法研究

发表时间及载体：兰州学刊 2011 年第 11 期

作　　者：哈玉红　门忠民

简　　介：中国土地革命时期，杰出的理论家、领导人王稼祥同志对我党我军的思想政治教育工作做出了突出贡献。强调因材施教和理论联系实际的思想政治教育模式；提出了正确发扬批评与自我批评的教育原则和方法；采用了主次分明的具体化的教育模式；倡导挖掘典型、以点带面的宣传方法；采取奖励先进、促进后进的激励措施。对我党我军的思想政治教育理论与方法的形成、发展和完善起到了承上启下、继往开来的重要作用。因此，研究王稼祥的思想政治教育理论与方法，对当前的思想政治教育工作有重要的借鉴意义。

0930 南国农学术思想对甘肃地方电教事业发展的影响

发表时间及载体：电化教育研究 2010 年第 9 期

作　　者：杨晓健

简　　介：我第一次聆听南先生的讲话是在

2002 年 9 月甘肃省电化教育工作会议上，这也是我成为甘肃省电化教育中心主任以后第一次近距离接触仰慕已久的南国农先生。我当时的感觉至今记忆犹新，80 多岁高龄的南先生的精彩报告，折射出他的渊博的学识、博大的胸怀、敏锐的思维和对甘肃与中国电教深度了解所产生的思想火花。南先生身在大西北的高校，却始终关注着中国电化教育事业的发展。我庆幸身边有这样的大师可以接近，享受到大师的教诲和指点。

0931 麦茨与普罗普：一种电影研究方法论的联系

发表时间及载体：电影评介 2012 年第 4 期

作　　者：刘文江

简　　介：麦茨的第一电影符号学放弃了寻找电影中最小单位的努力，转而强调电影语法中的"造句法"，这让他的方法论不同于了列维－斯特劳斯式的发现静态的文化结构的作法，而是侧重了普罗普式的电影经验现象中的组合关系，也就是电影的叙事功能或者说大组合段。但是研究这一功能必须在人的意识领域。因此，在完成了这一阶段之后，麦茨的电影理论自然地转向了对电影观影主体的心理分析研究，也就是电影第二符号学。

0932 网络文化背景下高校德育模式的重构

发表时间及载体：电化教育研究 2004 年第 5 期

作　　者：刘基

简　　介：网络文化是信息网络技术和文化互动的产物。网络文化全方位地走进当代大学生的精神世界，传统德育在网络文化背景下出现困惑，面临挑战。重构适应网络空间的德育新模式成为高校德育的必然选择。重构高校德育模式必须正确处理网上和网下、

自律教育和他律教育、全球化和民族性的关系。

0933 法理的社会学分析

发表时间及载体：西北师大学报：社会科学版 2003 年第 4 期

作　　者：许春清

简　　介：法理亦即法本质。法本质隐藏于法现象，法现象则根植于社会历史。社会既是社会实体，也是社会关系或社会结构。社会结构实际上是拥有不同的给利能力和加害能力的社会实体所生成的利害格局。以此为基准，社会历史呈现为平等、冲突、合作三种类型。作为社会关系的调节机制，法是社会结构的动态反映，也是社会实体的博弈结果。法的本质在冲突社会首先是暴力集团的意志，而在合作社会则更多社会理性。意志或者理性，均受制于一定的物质生活条件，因而法本质最终是利害格局的历史诉求。

0934 马克思跨越理论的历史考察与时代价值

发表时间及载体：山西财经大学学报 2007 年第 10 期

作　　者：刘先春

简　　介：马克思把俄国"农村公社"这一独特的土地所有制结构作为其设想的起点，得出俄国在一定的历史条件下，有可能跨越资本主义"卡夫丁峡谷"而直接进入社会主义的结论。

0935 西部地区文化素质教育与文化的多元性

发表时间及载体：兰州大学学报（社会科学版）2002 年第 30 卷第 5 期

作　　者：王学俭　买艳霞

简　　介：文化素质教育是高校加强素质教

育、改革人才培养模式的重要切入点，也是推进素质教育的重要和有效途径之一。本文针对中国西部地区多元化并存这一显著特色，从国家安全、社会稳定、培养西部地区建设人才的需要这三个方面，论述了西部地区高校在多元文化并存这一特色下进行文化素质教育的必需性，从而论证了文化素质教育应重视文化多元性的重大意义及相互关系。

0936 论中国共产党对政法工作的领导

发表时间及载体：甘肃政法学院学报 2011年第 4 期

作　　者：吉敏丽

简　　介：政法工作是国家政治经济社会工作非常重要的组成部分，党的领导是我国的根本政治原则。党对政法工作的领导是通过政治领导、思想领导和组织领导实现的，党对政法工作的领导是为了保证政法工作能够更好地为依法治国的基本方略保驾护航。

0937 论韩愈对《文心雕龙》创作思想的认同与借鉴

发表时间及载体：湖南大学学报：社会科学版 2011 年第 25 卷第 1 期

作　　者：雷恩海

简　　介：以创作思想为例，论述韩愈对《文心雕龙》之认同与借鉴。韩愈创作思想主张以情为主，强调"不平"之思、感激怨怼、"勃然不释"之情对文学的感召、激发，与《文心雕龙》"立文本源"之"情者文之经，辞者理之纬"一脉相承。创作修养上，二者皆主"虚静"说，主张多积累、多体验 文学风格上，韩愈认同刘勰之风格多样化的主张，坚守执正驭奇的基本指导思想。韩愈从创作思想上，认同与借鉴刘勰之理论主张，从而建立了正确而通达的基本文学理论，取

得了巨大的艺术成就。

0938 古诗词中比喻的翻译研究：一个符号学的视角

发表时间及载体：甘肃高师学报 2011 年第 1 期

作　　者：赵海娟　何浩

简　　介：中国古典诗歌是中华民族文化的一个重要组成部分，也是世界文化的一朵奇葩，吸引了众多中西学者竞相译介。比喻是汉语现象中最活跃、最富生命力的表达技巧，也是中国古诗词中不可忽视的修辞方法。古诗词中比喻的翻译往往直接影响到整首诗的翻译质量。从文学符号学的角度探讨几类常见的比喻的英译策略。

0939 论拓跋鲜卑民族的融合

发表时间及载体：西北师大学报：社会科学版 2001 年第 6 期

作　　者：王万盈

简　　介：文化上的转变是完成民族融合的重要一步，这种转变促使了拓跋鲜卑民族成员社会心理与社会行为的变化。对汉文化进一步内化的结果，使鲜卑人原初的民族意识逐渐消失，新的民族意识日益形成。当入主中原的拓跋鲜卑民族形成了与汉族相同的民族意识之后，就意味着二者之间的融合已经完成。因此，民族意识的转化是考察民族融合的关键。

0940 当前高校毕业生就业形势分析与问题研究

发表时间及载体：社科纵横 2010 年第 11 期

作　　者：赵泓博

简　　介：20 世纪 90 年代末开始的大学扩招，造成了大学毕业生相对过剩，就业压力增大；近年的金融危机更使大学生就业难上

加难，就业形势越来越严峻。本文从多个方面对人学生的就业形势进行分析，以求让人学生们认清形势、转变就业观念，从而更好地实现顺利就业。

0941 大学生与儿童钢琴学习动机之比较研究

发表时间及载体：甘肃联合大学学报：社会科学版 2009 年第 2 期

作　　者：续萍

简　　介：学习动机是推动和维持学生进行学习活动的内部力量和机制。在钢琴学习中，动机同样发挥着非常重要的作用。本文采用问卷调查的方法，对大学生和儿童钢琴学习动机的特点以及形成这种特点的原因进行了系统的分析。另外，本文对大学生和儿童在钢琴学习中的抱负水平及归因特点也作了分析和比较。

0942 新闻评论的舆论引导能力分析

发表时间及载体：社科纵横 2010 年第 11 期

作　　者：侯煜　杨恒

简　　介：舆论需要引导，加强舆论引导，使表达趋于理性，让舆论呈现积极的、向上的、健康的、公正的一面，就非常必要。媒体是舆论的旗舰，评论是媒体的旗帜。在信息化时代，评论日益成为媒体的核心竞争力，成为引领社会舆论的强劲引擎。新闻评论在舆论引导中必须坚持三个原则：新闻评论必须站在客观、公正的立场说话；新闻评论必须具有思想性；新闻评论必须适合于大众阅读。

0943 试论毛泽东群众路线思想的基本蕴义

发表时间及载体：思想政治教育研究 2014 年第 2 期

作　　者：王学俭

简　　介：毛泽东把马克思关于人民群众是历史的创造者的科学原理，同中国革命和建设的实践相结合，形成并确立了群众路线的思想，并将其运用于我们党的一切实际活动中，使其发展成为一种认识论、工作。

0944 近百年戎族特征及称谓研究综论

发表时间及载体：史学月刊 2014 年第 8 期

作　　者：雷紫翰　姚磊

简　　介：纵观戎族研究的百年学术史，学界对于戎族特征及其称谓的认识，可谓众说纷纭。各家从古文献中归纳出戎族的一系列特征，诸如戎处西部、戎非华夏、戎非顺族、文化后进、尚武好战、以牧为业、分布地域广且具有流动性等。20 世纪 80 年代以前，主要是从不同角度对戎族特征进行初步探讨；80 年代以来，则围绕"戎"是泛称还是单一民族专名展开争论，逐渐形成了"泛称说""专名说""具体分析说"等多种观点。全面总结、反思、评论近百年来海内外学者对戎族特征及其称谓所持的各种观点，对于进一步探究戎族的历史文化源流演变等，有所裨益。

0945 文化研究学派思想及对我国教育传播研究的启示

发表时间及载体：电化教育研究 2011 年第 6 期

作　　者：王妍莉

简　　介：文化研究学派主要以英国文化研究学派为主要代表，是传播学的批判理论之一。通过梳理其发展历史及主要代表思想。并在此基础上从教育传播四要素出发，探讨了文化研究学派对于我国教育传播研究的启示，如对于教育者权威身份的质疑、对于教育信息适应性的思考、对于教育媒体编码效果的评价、对于学习者解码能力的促进以及对于教育者与学习者之间的认知差异问题等等。

0946 虚拟企业的利益分配与协调研究

发表时间及载体：科技进步与对策 2012 年第 24 期

作　　者：包国宪　王学军　柴国荣

简　　介：虚拟企业利益的合理分配，是保证虚拟企业有效运转和增加合作伙伴信任程度的核心要素之一。首先，根据虚拟企业运行特点，构建了其利益分配指标体系，设计兼顾"功能性"和"均衡性"。

0947 论古典诗歌叙述口吻的模糊性

发表时间及载体：兰州大学学报（社会科学版）2002 年第 30 卷第 1 期

作　　者：曹胜高

简　　介：本文从诗学沿革、文体流变、创作心理和接受美学等视点审视了我国古典诗歌叙述口吻模糊性的特征这一命题，认为口吻互渗、口吻互叠、口吻的转移与替代等因素使诗歌表述具有不确定性和多向性，这是促成中国诗歌独特美学品格和艺术个性的一个原因。

0948 民间、区域与整合各学科资源——基于清代书院研究视角、方法的思考

发表时间及载体：甘肃联合大学学报：社会科学版 2012 年第 28 卷第 4 期

作　　者：陈尚敏

简　　介：书院研究日益成为一门专学——书院学的要使某一学术领域的研究不断深入、长期繁荣，更新研究视角和引入新的理论方法无疑是必要的。重视书院发展中的民间因素、引入区域概念以及整合各学科资源三个方面，似尤应注意。

0949 论民营高科技企业风险投资法律机制的缺失与完善

发表时间及载体：甘肃联合大学学报：社会科学版 2007 年第 23 卷第 2 期

作　　者：刘颖

简　　介：21 世纪是知识经济时代，高新科技的发展已成为各国经济增长的核心和国力竞争的焦点。高科技企业具有"高风险、高投入、高收益"的特征，决定了其必然要求风险资金的及时、大量介入。本文在分析了我国风险投资业发展现状的基础上，明确了其中存在的证券、担保、税收等方面的诸多法律障碍，并相应提出一定的完善建议。

0950 解决失地农民问题的对策思考

发表时间及载体：沈阳建筑大学学报：社会科学版 2008 年第 4 期

作　　者：刘先春

简　　介：失地农民是工业化和城市化的产物。失地农民问题越来越受到社会的关注。解决失地农民问题需要按照又好又快的发展要求，促进工业化和城镇化的健康发展，防止失地农民数量的非常态。

0951 新课改以来我国数学探究教学的回顾与反思

发表时间及载体：教学与管理：理论版 2011 年第 9 期

作　　者：毛耀忠　张锐

简　　介：21 世纪的数学教育是以培养学生创新精神和实践能力为重点的素质教育，探究教学正是适应这种改革要求的一种新的教学方式。探究教学关注的是学生的发展和学生的学习方式，提倡人的主体性、能动性、独立性，把学生置于一个动态、开放、主动、多元的学习环境中，推动了学习方式的变革。

0952 甘肃少数民族非物质文化遗产特点和保护的思考

发表时间及载体：甘肃高师学报 2012 年第 3 期

作　　者：冯小琴

简　　介：甘肃是历史文化富集的地区，少数民族非物质文化遗产特点突出，占据十分重要地位。在少数民族现代化的进程中，将非物质文化遗产的保护和少数民族地区经济社会发展相结合，保护和传承非物质文化遗产，是摆在我们面前的紧迫任务。分析甘肃少数民族非物质文化遗产特点、以往保护的成就和不足，比照非物质文化保护理念，提出自己的思考。

0953 大学科技园建设的回顾与思考

发表时间及载体：中国高校科技与产业化 2005 年第 6 期

作　　者：何文盛　王定峰

简　　介：新中国高等教育发展几十年来，取得了令人瞩目的成绩，特别是改革开放的基本国策为高等院校的发展创造了良好的机遇。但中国的科研体制长期以来一直存在的"重研究、轻转化"的倾向。

0954 我国钢铁行业发展态势分析

发表时间及载体：西北师大学报：社会科学版 2006 年第 5 期

作　　者：李福祥

简　　介：我国钢铁行业的未来发展将呈现出六大新态势，行业集中度将逐步提高，购并重组势在必行，产业布局向沿海地区和主要矿石资源地区倾斜，需求总量保持平稳增长，需求档次逐步提高高附加值、高技术含量的"双高"产品将获得较快增长，铁矿石进口量仍将维持高位，但增速将减缓，行业内部分化加剧，利润将向大企业转移。

0955 交际策略使用有效性的研究

发表时间及载体：甘肃联合大学学报：社会科学版 2010 年第 6 期

作　　者：赖红玲

简　　介：本文采用两种不同的交际任务，从外语学习者的语言水平和性别探讨交际策略使用的有效性问题。研究发现，外语学习者的语言水平和性别特征会影响交际策略使用的有效性，即其言语交际的可理解度。调查影响外语交际有效性的因素，如交际信息的可理解度如何具体形成，将有助于提高外语学习者对交际有效性的意识，有利于外语教师寻求培养外语学习者交际活动成功的途径。

0956 国外思想政治教育的特点及其借鉴研究

发表时间及载体：社科纵横 2009 年第 6 期

作　　者：张江波

简　　介：世界各国都高度重视本国的思想政治教育。并且有很多值得借鉴的经验和方法。我们要积极借鉴国外的先进经验，创新我国思想政治教育体制，做好新时期社会主义市场经济条件下的思想政治教育工作。

0957 西部"农村中小学现代远程教育工程"存在的主要问题及对策研究

发表时间及载体：电化教育研究 2008 年第 8 期

作　　者：李建珍

简　　介：本文依据"田家炳'两岸三地'教育技术西部行"所收集的各种资料，对西部"农村中小学现代远程教育工程"存在的主要问题进行了归纳总结，并分别从"三种技术模式层面""组织管理层面"和"应用层面"就如何解决存在的问题进行了探讨。

0958 陆机研究的反思与展望

发表时间及载体：西北师大学报：社会科学版 2006 年第 4 期

作　　者：刘志伟

简　　介：古今陆机研究，大体可分为生前至唐初、唐初以后至现代、近二十多年以来等三大阶段，其进展已为未来研究打下较坚实基础。但也存在整体性与系统性不够、方法相对落后的不足及亟待拓展、深化的方面。近年来的浮躁学风还造成新的研究弊病。故全面占有、研读、消化旧有材料和古今成果，充分关注、利用新发现的文选等新材料，合理借鉴、融汇当代文化人类学、语言学、心理学、形式美学、接受美学、历史地理学、地域学、传播学诸学科的理论成果，以最符合陆机创作思想与创作实际的思维方式，进行全面、深入、系统的整体研究，应是 21 世纪陆机研究的重要发展方向，也可由此提出陆机整体研究的十大构想。

0959 语言的选择与旋律的贯通

发表时间及载体：甘肃理论学刊 2009 年第 2 期

作　　者：彭金山

简　　介：诗歌的语言有着独特的审美价值，其语言方式不是叙述和解说，而是呈现生命和语言的一体化，使诗的语言具有不可替代不可置换的特性。诗歌语言是合乎生命自然的、化合态的、旋律化的、富有新鲜时代感的语言，是以规则的体式来规范生命的诗性体悟。语言的选择和生命的律动是诗歌由生命向语言转化或同构呈现的两个方面。新诗从情绪表现到语感呈现，既有许多成功的尝试，也存在"非诗化"倾向。只有通过对诗歌文本中语言的体悟与研判，才能达到诗与非诗的最终界定。

0960 西部小城镇发展模式探析

发表时间及载体：兰州大学学报（社会科学版）2001 年第 29 卷第 4 期

作　　者：梁亚民

简　　介：西部地区，小城镇发展速度缓慢，水平低下，严重制约着西部城市化的进程。借鉴沿海发达地区发展小城镇的成功经验，结合西部地区的资源和产业优势，培育产业支撑体系，拉长产业链条，发展以物流、旅游业为主的各类小城镇，对提高西部地区城市化水平意义深远。

0961 宏扬中国知识分子的优良传统担负起今日教育工作者的责任

发表时间及载体：西北师大学报：社会科学版 1999 年第 2 期

作　　者：李秉德

简　　介：以国家人民为重的忧患意识与强烈的责任感是从古至今知识分子一贯的优良传统。在今日之时代，作为今日教育工作者的知识分子不但应该继承这种优良传统，而且在今日世界与中国发生巨大变化、教育科学研究取得新认识与新成果的历史背景下，更应对之予以发扬光大。

0962 求实与创造是三中全会路线的基本特征

发表时间及载体：兰州学刊 1998 年 6 月

作　　者：武文军

简　　介：二十年前召开的党的十一届三中全会，开创了中国历史发展的新纪元，它是一个端正党的思想路线的重要会议，是把中华民族引向繁荣富强的会议。二十年来，在三中全会路线的指引下，我国取得了举世瞩目的成就，为我国胜利跨进二十一世纪奠定了坚实的物质基础和丰饶的思想文化条件。这里就三中全会以来党的路线的基本特征作以分析。

0963 中国区域间生产效率差异和TFP增长率分解：1978—2007

发表时间及载体：统计与决策 2010 年第 10 期

作　　者：李国璋

简　　介：文章使用数据包络分析方法，利用整理出来的面板数据，分时段分区域考察了 1978—2007 年间，中国 30 个省区市的生产效率水平，同时分析了 TFP 增长率及其组成。结论是：（1）1978—1990 期间，我国的平均生产效率水平是上升的，但 1990 年代以后呈下降特点；且东部平均生产效率水平大于中、西部；（2）效率改进和技术进步均是我国 TFP 增长的重要来源，不过在不同的时段，二者地位不一；（3）东部的 TFP 增长率大于中、西部；但是各区域 TFP 增长的主要来源不同。

0964 "入世"与甘肃经济发展理论研讨会观点综述

发表时间及载体：甘肃理论学刊 2002 年第 4 期

作　　者：张守佼

简　　介：加入世贸组织使我国经济社会发展面临诸多机遇与挑战，对甘肃经济发展的影响是全面和深远的。

0965 提高甘肃河西移民生活水平的思路与对策

发表时间及载体：甘肃社会科学 2012 年第 1 期

作　　者：张恩和

简　　介：移民问题是一把促进或制约经济发展和社会稳定的双刃剑。20 世纪 80 年代至今，甘肃省陆续向河西输入大批移民，但截至目前，仍有为数不少的移民生活异常贫困。本文从河西移民区的现状出发，分析了河西移民发展中主要面临的六大障碍，探讨了移民区改变现状的机遇，并提出了相应的思路和对策建议。

0966 论甘肃历史文化资源的四大特点及不可替代性

发表时间及载体：科学. 经济. 社会 2006 年第 24 卷第 1 期

作　　者：张克非

简　　介：在甘肃众多的旅游资源中，历史文化资源是最具特色、最有竞争力的。它们具有起源早、持续时间长，类型多、谱系全，文物数量大和地下遗存丰富，体现多民族、多种文化的交流融合等四大特点和许多方面的唯一性，必须充分认识、确立甘肃历史文化资源在旅游开发中的独特价值和核心地位，尽快将历史文化旅游开发提上议事日程。

0967 敦煌买卖契约法律制度探析

发表时间及载体：敦煌研究 2000 年第 4 期

作　　者：陈永胜

简　　介：本文通过对敦煌买卖契约的分析，认为敦煌买卖契约构成我国古代民商法律制度的重要组成部分。契约要素条款齐全，合意制度，担保制度，时效制度等现代契约制度都得到了较充分的体现，而且已萌生出"官有政法，人从私契"公法与私法之法律基本分类。

0968 城市商业银行跨区域经营与内部控制问题研究

发表时间及载体：甘肃社会科学 2012 年第 6 期

作　　者：杨肃昌

简　　介：随着跨区域经营战略的深入实施和管理链条的不断延伸，城商行长期积累下来的一些矛盾和问题逐步显现，加强城商行内部控制机制建设刻不容缓。总结分析当前城商行跨区域中存在的安全问题，提出城商行跨区域经营发展与加强内部控制关系处理的基本原则，并借鉴领先银行实践经验，对城商行跨区域经营过程中的内部控制问题提出具体解决途径。

0969 面向英语口语学习的虚拟体验教学平台

发表时间及载体：电化教育研究 2009 年第 10 期

作　　者：魏军梅

简　　介：现代学习理论强调学习的过程，是人与环境相互作用的过程，缺乏必要的语言环境一直是英语口语教学的一个重要障碍。随着虚拟现实技术的发展，通过计算机构建虚拟体验教学环境成为可能，从而为英语口语教学提供了一种全新的辅助手段。本文针对英语口语教学存在的问题，分析了虚拟体验口语教学的理论基础，论述了虚拟体验教学平台的设计原则、功能结构和教学流程，给出了一种可定制虚拟情境、可自然交互、可提供私有和共享学习空间以及多种学习模式的虚拟体验口语教学平台解决方案。

0970 兰州市城中村居民对城中村改造的心态调查——以安宁区三个社区为例

发表时间及载体：甘肃联合大学学报：社会科学版 2009 年第 4 期

作　　者：陆喜元

简　　介：城中村应当是最容易实现城市化的地带，因为城中村能够直接感知城市文明。

城中村居民的市场意识、民主法治意识、城市生活意识比较强；从现实看，城中村又是城市化过程中矛盾最集中、对城市化反应最激烈的一个地带。兰州市安宁区城中村三个社区居民对城中村改造的心态各异。但在经济、政治、文化等方面的心态有很多共性。因此，对城中村的改造要针对不同心态，实现一村一案；针对消极心态，将心态和形态的改造结合起来。

0971 兰州地区非物质文化遗产与城市发展刍议

发表时间及载体：甘肃社会科学 2010 年第 6 期

作　　者：冯小琴

简　　介：兰州历史悠久，非物质文化遗产丰富多彩，具有西北黄土高原文化的地域风貌，体现了甘肃文化开放多样、浑融并蓄的特点，且具有较强的资源性特征。从这些特点研究出发，在兰州城市现代化进程中，必须将非物质文化保护与兰州城市、社会发展相结合，加大对非物质文化遗产的普查力度，唤醒"文化自觉"，塑造城市精神，打造非物质文化的精品项目，在兰州文化的本源、文脉中，彰显文化特色，提升地区发展综合实力。

0972 社会主义核心价值观研究述要

发表时间及载体：思想政治教育研究 2013 年第 4 期

作　　者：王学俭

简　　介：社会主义核心价值观研究在破解主要问题的过程中，逐渐加快提炼和整合社会主义核心价值观的步伐，在引领社会思潮的过程中逐步加紧探索社会主义核心价值观大众化的路径，在教育和传播的过程。

0973 关于提高本科生毕业论文质量的思考

发表时间及载体：社科纵横 2010 年第 11 期

作　　者：张皞昕

简　　介：本科生毕业论文是高等学校本科教育过程中最后一个重要的实践教学环节，毕业论文质量在一定程度上反映了高校的教学水平。本文分析了当前本科生毕业论文质量下降的主要原因，并结合实践，就如何提高毕业论文质量提出了对策。

0974 混业经营：我国金融业发展的大势所趋

发表时间及载体：兰州商学院学报 2004 年第 20 卷第 2 期

作　　者：秦领

简　　介：在近 10 年来的金融业运作中，分业经营模式存在着很大的缺陷，其主要弊端表现在以下三个方面：分业经营使金融风险进一步加大；分业经营严重阻碍了我国金融业的发展；分业经营使金融业经营成本增加。金融业混业经营制度，目前已呈现出世界性的发展趋势。为了适应全球金融业混业经营发展的潮流，中国金融业必须趋向混业经营。

0975 回汉民族杂居地区民族族际交往心理与文化互动

发表时间及载体：兰州学刊 2010 年第 10 期

作　　者：李静　戴宁宁

简　　介：文章基于对宁夏固原市回汉民族交往状况的田野调查获得的资料，探讨回汉民族杂居地区人们的交往心理与文化互动，认为深入的民族认知与理性、开往的交往态度是回汉民族文化融合的心理基础，民族认知与交往态度对民族间的交往具有规约性作用，同时，文化因素是影响民族间交往关系与交往程度的重要因素。

0976 文学本质探源

发表时间及载体：中国文学研究 2004 年第 3 期

作　　者：吴小美　古世仓

简　　介：本文以古今中外的文学文本为依据，对文学创作和文学研究进行分析探讨，认为文学是作为生存竞争中信息需求的必然产物，其功能价值和美学价值均以生存竞争作为标准尺度。从神话到英雄传说，从强群、强个体到弱群、弱个体的角色转换，是对于人的群体生存和个体生存认识深化引起的两次文学大革命。如何处理人的外在和内在的关系，如何运用具象和抽象的艺术手法，是文学流派纷呈及其差异的所在。

0977 大学生生命道德教育方法的创设及运用

发表时间及载体：西北师大学报：社会科学版 2011 年第 6 期

作　　者：彭舠珺

简　　介：生命道德教育作为德育的重要组成部分，是整个教育的原点。针对传统教育理念指导下的生命道德教育方法陈旧、单调和僵化的现状，选取价值澄清引导法、生命体验法、感染教育法、心理疏导法以及自我修养法进行探索，从方法论这一领域弥补生命道德教育的不足，为生命道德教育提供有力的支撑。

0978 WTO 争端解决机制中发展中成员的优惠待遇分析

发表时间及载体：对外经贸实务 2010 年第 7 期

作　　者：程政　柴国荣

简　　介：从 1995 年初建立 WTO 到 2010

年 1 月 14 日，在世贸组织争端解决机构（DSB）共受理协商请求 403 件中，发达成员所提出的投诉案件共 240 件。其中，以发达成员为应诉方的 144 件，以发展中成员为应诉方的 96 件。

0979 税收增长与经济增长关系的实证分析

发表时间及载体：税务与经济 2006 年第 5 期

作　　者：高黎　聂华林

简　　介：运用回归分析方法对我国税收增长与经济增长的关系进行实证分析的结果表明：我国税收增长处于合理增长范围，税收增长与经济增长关系基本协调。

0980 关于西部地区基础教育经费问题的若干思考

发表时间及载体：社科纵横 2008 年第 1 期

作　　者：王根顺　孟子博

简　　介：教育经费问题是关系教育发展的重要因素，也是影响西部地区基础教育发展的重要原因，文章从西部地区整体基础教育经费的现状出发，分析了西部地区基础教育经费存在的问题及原因，并提出了相关的对策。

0981 楚辞研究的深入与拓展（笔谈）——楚辞研究前景的展望

发表时间及载体：甘肃社会科学 2006 年第 1 期

作　　者：赵逵夫

简　　介：目前的楚辞研究面临着两个问题：第一，有没有研究的必要？第二，如果有必要，则应当如何去做？在我看来，楚辞永远都有着研究的价值，这既是因为研究中还有些未能解决或者解决得并不完满的问题 也是因为楚辞作为我国古代文学的精典作品与

民族精神的集中体现，随着社会的发展与人们思想认识的不断转变，关于它的研究也会不断继续下去。至于将来的研究，则既要注意出土的材料，注意其他相关学科的发展情况，又要吸收新的研究方法，并有一个好的学风 同时，研究队伍要形成一个创新、综合、普及互相协调的合理机制。

0982 正确审视互联网技术对高等教育的作用

发表时间及载体：电化教育研究 2002 年第 6 期

作　　者：何俊林　金彦钟

简　　介：互联网进入高校校园，对促进高校教学科研水平的提高和教育事业的发展起到了不可估量的作用，校园多媒体教学网与互联网联接，在开展基于 Internet 的远程网络教育的同时，多功能、高效率地为学校的教育教学和科研服务。

0983 张议潮出行图中的乐舞

发表时间及载体：敦煌研究 2003 年第 5 期

作　　者：陈明

简　　介：敦煌莫高窟第 156 窟中的张议潮出行图，是一幅反映张议潮统军出行的历史画卷。图中的乐舞是我们研究晚唐河西地区甚至整个中古时代中国音乐史的重要资料。本文从晚唐河西地区的乐舞背景入手，具体分析了归义军时期的乐舞状况，进而探讨了张议潮出行图中的音乐是西凉乐，舞蹈是万年丰、永世乐等。

0984 民族唱法歌唱技巧策略研究——从借鉴美声唱法的角度出发

发表时间及载体：甘肃联合大学学报：社会科学版 2009 年第 2 期

作　　者：马国英

简　　介：本文通过对美声唱法和民族唱法发声技巧的比较，对二者的共同规律与个性差异进行了分析与研究，指出在民族唱法的演唱中有效借鉴美声唱法的几个切入点，提出广采博纳的声乐艺术发展思路。

0985　中国西部农村中学生英语学习焦虑的调查研究

发表时间及载体：西北师大学报：社会科学版 2001 年第 5 期

作　　者：王琦

简　　介：以西部农村中学生为研究对象，调查分析了他们英语学习焦虑指数以及不同类型受试者之间的相关性。研究发现：西部农村中学生英语学习焦虑指数偏高，并与学业成绩呈负相关；问卷试题表明英语学习焦虑源更多来自交际畏惧；男生的焦虑状态高于女生，差等生的焦虑状态高于优等生，文、理学生无焦虑差异。

0986　曾燠幕府雅集与乾嘉之际文人心态

发表时间及载体：西北师大学报：社会科学版 2012 年第 6 期

作　　者：侯冬

简　　介：曾燠于乾隆朝后期任两淮都转盐运使，在职期间，鼓扬风雅、提倡创作，对扬州诗坛的再度兴盛功不可没。他以其幕府为中心，汇集了一大批优秀的诗文创作者和文化名流。曾燠幕府是乾嘉之际最大的诗人幕府，其幕府雅集活动典型地反映了乾嘉之际文人生活与创作的各个方面，尤其体现出在清王朝由盛转衰的历史背景下，文人士子们不同以往的心理状态。由于曾燠幕府已处于清朝盛世末期，朝廷对诗坛的控制力相对减弱，因而其幕府文人创作牢骚颇多，有风人之旨，其幕府雅集活动也体现出乾嘉之际诗坛"朝""野"离立之势的增强。

0987　借助体育赛事开展城市营销的系统模式研究

发表时间及载体：体育与科学 2011 年第 6 期

作　　者：罗睿　于洋

简　　介：对国内外体育赛事与城市营销案例进行考察，从系统的角度探讨了如何借助体育赛事开展城市营销。以城市发展愿景为出发点，提出借助体育赛事开展城市营销的系统模式，其核心内容包括：城市发展愿景、赛事规划、组织和执行、赛事控制及协调。

0988　张璁：明代六十年改革的开启者

发表时间及载体：西北师大学报：社会科学版 2011 年第 1 期

作　　者：田澍

简　　介：明武宗猝死后，明代政治需要大刀阔斧的改革，但改革所依靠的力量不是杨廷和集团。恰恰相反，要改革，首先必须要清除杨廷和集团。杨廷和集团违背武宗遗诏挑起的大礼议为新科进士张璁提供了脱颖而出的平台。张璁以其敏锐、自信、求实和坚强意志经受住了大礼议的考验，同时得到了世宗的赏识和信赖，这才是嘉靖改革的起点。张璁是明代六十年改革的开启者，是明代改革第一臣。

0989　压抑心理及其自我超越

发表时间及载体：科教导刊 2011 年第 20 期

作　　者：郭爱玲　常小莉

简　　介：压抑心理是一种较为普遍的病态社会心理，有典型的心理特点和行为表现，其成因源于个体自身和外部环境因素，自我调节是缓解或消除压抑心理的有效措施。

0990 全球化时代的新恐怖主义

发表时间及载体：兰州大学学报（社会科学版）2004 年第 32 卷第 6 期

作　　者：杨恕　徐慧

简　　介：1990 年代所发生的恐怖事件表明，以全球化为背景的恐怖主义已经出现了新的变化和发展趋势。攻击目标的泛化、追求大规模杀伤、与宗教联系密切、国际化、攻击工具和载体变化是新恐怖主义的主要特征。本文对这些特征及新恐怖主义出现的基本原因进行了分析，并阐明了新恐怖主义与全球化的关系以及近年来反恐斗争给与我们的启示。

0991 《伊斯兰精神性全书》评介

发表时间及载体：西北民族研究 2008 年第 1 期

作　　者：马效佩

简　　介：对宗教的精神性研究是上个世纪 80 年代以来在国际宗教学界兴起的一个学术新潮流，至今尚未引起国内学界的足够重视。本文分四个部分对 25 卷大型系列丛书《世界精神性—宗教追求史全书》的伊斯兰教专卷《伊斯兰精神性全书》作了评介。

0992 关于"课程""素质"两个概念的认识和界定问题

发表时间及载体：西北师大学报：社会科学版 2002 年第 1 期

作　　者：胡德海

简　　介：课程与素质是近年来教育研究中使用频率较高、范围较广的两个概念。但同时又是缺乏深度理论表述、教育研究者认识分歧较大的两个概念。对此，作者探讨了歧义产生的原因，并从原初意义上对这两个概念进行了个人释义。

0993 甘肃文化资源的整合与开发

发表时间及载体：西北师大学报：社会科学版 2003 年第 6 期

作　　者：彭岚嘉

简　　介：分析了甘肃文化资源的六种类型，阐述了文化资源整合的社会效益与经济效益，强调文化资源开发中应当坚持保护性、整体性、协调性、适度性、多样性、持续性的六大原则，以免使文化资源在开发中受到破坏和损害。

0994 陈云的反腐倡廉思想及其现实意义

发表时间及载体：马克思主义研究 2005 年第 4 期

作　　者：王学俭

简　　介：陈云的反腐倡廉思想，内容完备、切中时弊、自成体系，极大地丰富和发展了中国共产党的建党学说。这一思想为保持党的先进性和纯洁性，提高党的凝聚力和战斗力，发挥了重要的历史作用。

0995 国有小型企业推行股份合作制的规范化

发表时间及载体：甘肃行政学院学报 2000 年第 1 期

作　　者：杨子平

简　　介：把国有小型企业改造成股份合作制企业，是对国有经济进行战略性重组的重要形式。前几年，推进股份合作制一哄而上，效果并不十分理想。该文对我省改制企业出现的不规范现象进行了总结，从股份合作制企业的运行机制、法人治理结构等方面分析了股份合作制企业制度的内在缺陷。提出不规范现象的出现是由于企业制度的内在缺陷以及对缺陷的认识不足造成的。该文最后在分析的基础上提出了若干规范改制行为的措施。

0996 仪式与秩序建构——对青海省互助县土族村落背经转山的民族学考察

发表时间及载体：西北民族研究 2013 年第 3 期

作　者：赵利生　钟静静

简　介：背经转山是土族聚居区的传统仪式，其功能主要是农田祭祀与管理。在仪式中，多元信仰和民间组织的互动，建构了个人与个人、个人与村落、村落与村落之间内生的秩序。这种由传统资源建构的内生性秩序，为民族地区和谐社会的建设提供了有力保障。

0997 审美："忧生"抑或"忧世"——兼论生命美学的失误（二）

发表时间及载体：西北师大学报：社会科学版 2005 年第 5 期

作　者：黄怀璞

简　介：老庄、孔孟哲学思想中都包含着忧生与忧世、入世与出世的生命观，这是一种更高层次上的人生忧虑。生命美学论以西方思想作为理论支点，在曲解忧生、忧世关系，否认现代中国美学成就的过程中陷入自设的二元对立，表现出唯我独尊的美学错觉；生命美学要为中国美学补神性，但内在地显示了夸大美学功能的倾向，其目的是为生命美学造神。

0998 信息加工视域下的广告心理研究：广告说服模型

发表时间及载体：西北师大学报：社会科学版 2007 年第 1 期

作　者：王沛

简　介：当代广告心理学研究深受信息加工理论的影响，形成了广告信息加工的说服模型这一理论走向与研究范式。文章依次阐述和评价了四种广告信息加工说服模型及其相互关系，讨论了说服模型与实现广告心理效果的关系，并对广告信息加工的未来研究方向进行了展望。

0999 现代教育技术在小学数学教学中应用原则初探

发表时间及载体：电化教育研究 2000 年第 11 期

作　者：管尊慧

简　介：本文首先简述了传统教学中的七项教学原则。接着指出在现代教育技术条件下，课堂教学还应遵循趣味性原则、参与性原则和过渡性原则三个教学原则，并经小学数学课堂教学为例，详细地论述了这三个教学原则在课堂上的应用效果。

1000 圣训的语言艺术与释教关系初探

发表时间及载体：西北民族研究 2009 年第 4 期

作　者：潘世昌

简　介：将圣训语言与宗教教义融为一体的交叉研究，无疑会为伊斯兰研究及伊斯兰审美给出一个新的视角。本文以穆圣传教的三个不同时期为经，以三个时期中最具有代表性的演讲、部分圣训和信函为纬，综合阐述圣训教义精髓与语言之美的关系。

1001 文学经典：一个必不可少的参照系

发表时间及载体：甘肃社会科学 2012 年第 1 期

作　者：韩伟

简　介：对文学经典进行广泛和深入的阅读，是文学创作者以及文学批评家的必备素养，是普通读者提高文学审美和鉴赏能力的有效途径，也是人民大众感受民族文化、了解民族历史的一种方式。本文将参照当下文学现实，从文学经典对于创作者、批评家和大众读者三类人群，以及对于文学生态和整个民族所具有的意义角度，来阐释文学经典所具有的参照性意义和价值。

1002 "后阿富汗战争时代"阿富汗政治稳定发展研判：国家治理的视角

发表时间及载体：南亚研究 2014 年第 1 期

作　　者：汪金国

简　　介：2001 年塔利班倒台后，阿富汗启动了制度转型历程，实现了对政府、市场与社会各自内部的制度结构以及三者之间耦合关系的建构。

1003 语料库网络资源与大学英语教学信息融合研究

发表时间及载体：电化教育研究 2014 年第 35 卷第 4 期

作　　者：吴晓昱　王秋燕

简　　介：文章从大学英语课堂教学模式、网络知识与技能、信息融合能力、语料库知识等方面对高校大学英语教学进行探讨，并就利用语料库网络资源与大学英语教学信息融合作了教学实践研究，力使语料库资源成为大学英语教学的有机组成部分，继而使网络资源与大学英语教学相融合，打破"课堂＋课本"的局限，利用超越式发展的网络技术创设理想的大学英语教学环境，从根本上改变高校传统的大学英语教学结构，促进学生综合语言运用能力的提升。

1004 "大推进"战略：实现中国农业现代化的重要途径

发表时间及载体：甘肃理论学刊 2011 年第 1 期

作　　者：丁汝俊

简　　介：要解决制约我国实现现代化进程中的"三农问题"，实现农业现代化，应适时组织实施"大推进"战略。这一战略的内涵是通过对"三农"涉及许多方面进行大规模的投资，而获得规模经济性，从根本上提升"三农"基础，加快农村城镇化，推动我国农业经济全面起飞。其实施的主体要以政府为主，按照我国区域经济发展的不平衡性，采取区域性逐步推进方式进行。

1005 丰繁的民俗事象——鲁迅小说和散文的民俗表现

发表时间及载体：甘肃行政学院学报 2003 年第 1 期

作　　者：郭茂全

简　　介：鲁迅的小说和散文中有着丰富多彩的民俗景观，这些民俗中蕴含着乡土中国传统农业文化下人的生存状态和精神状态，本文通过对这些民俗景观的阐述，来理出鲁迅对传统民俗痼病及心理病态的文学批判。

1006 西秦乞伏飞桥有关问题辨正

发表时间及载体：敦煌学辑刊 2012 年第 1 期

作　　者：刘满

简　　介：此文从西秦乞伏飞桥的建造年代、建桥者、位置、飞桥所在地的景观特点和地貌特征，以及飞桥的长度和高度诸方面，通过比较，说明西秦乞伏飞桥与河厉不是同一座桥 通过以上诸方面的分析论证，证明飞桥建在今甘肃永靖县岘塬乡李家塬头南、原刘家峡上峡口的河峡上 同时还证明乞伏飞桥根本不会建在今炳灵寺侧的黄河上。所谓飞桥在炳灵寺侧黄河上的说法，一是前人的误判，二是后人疏于考证的认同。

1007 主体功能区建设与区域利益的协调——以河北省为例

发表时间及载体：城市问题 2011 年第 11 期

作　　者：咎国江

简　　介：推进主体功能区建设是贯彻落实科学发展观、促进区域协调发展的重大战略举措。区域利益是客观存在的，良好的区域利益协调机制有利于区域利益的协调和主体功能区建设的顺利推进。河北省主体功能区建设中面临着区域主体不成熟、地方政府理性的有限性、区域主体参与性不强和区际间区域利益关系尚未理顺等问题，需要着力构建一个包括协调目标、协调内容、协调主体、协调程序、协调手段及实现途径等在内的完善的区域利益协调机制，并通过成立专门的协调机构、推进区域治理主体多元化、构建区别对待的政府绩效考核机制与区域利益补偿机制等途径实现区域利益的有效协调。

1008 社会动员与新中国建立初期青海牧区政治现代化的开启——以泽库县政权建设为例

发表时间及载体：青海社会科学 2013 年第 2 期

作　　者：杨红伟　马欢

简　　介：中华人民共和国的建立，使青海牧区迎来启动政治现代化的机遇。依靠中国共产党的组织保证，借助于社会动员的社会运动形式，激发了广大牧民的政治热情，保障了县政建设的民主性，与广大牧民当家作主权利的落实。这一政治实践，以其前所未有的形式与内容，处处感染着广大牧民，增强了国家认同，增进了中华民族大家庭的和谐。由此，青海牧区政治现代化终于在历尽蹒跚之后敲响了开启之门。

1009 临夏八坊回族民俗文化中的伊斯兰文化特质及建构

发表时间及载体：西北民族研究 2008 年第 2 期

作　　者：马东平

简　　介：本文阐述了临夏八坊回族民俗文化中的伊斯兰文化特质，并应用"生活世界即民俗学的领域"的理论解构了八坊民俗文化，厘清了生活世界、不同层面民俗文化和伊斯兰文化特质之间的关系。其次，为八坊回族民俗文化中伊斯兰文化特质的建构分析了原因。

1010 新形势下甘肃省中小企业融资体系实证研究

发表时间及载体：社科纵横 2010 年第 5 期

作　　者：陈绍俭　聂华林

简　　介：中小企业融资难，既有政策体系不完善的因素，又有企业自身经营管理的因素，既有融资渠道狭窄的因素，也有外部环境的因素。本文立足 2008 年《甘肃省中小企业信用融资状况调查问卷》的结果，结合甘肃省中小企业信用与融资的实际情况，从政府、企业、银行以及金融生态环境等方面分析了中小企业融资难的原因，以期从不同的视角来探讨新形势下影响甘肃省中小企业融资难的综合因素，从而为解决中小企业融资难的问题提供可行性策略。

1011 论我国传统生态文化对中国特色社会主义生态文明建设的启示

发表时间及载体：云南社会主义学院学报 2013 年第 3 期

作　　者：刘先春

简　　介：党的十八大报告中强调把生态文明建设放在突出地位，融入经济建设、政治建设、文化建设、社会建设各方面和全过程，形成"五位一体"的中国特色社会主义事业总布局。

1012 宇宙主释迦佛——从印度到中亚、中国

发表时间及载体：敦煌研究 2003 年第 1 期

作　　者：宫治昭

简　　介：印度在笈多朝时期，佛教艺术开始追求超越佛陀自身永恒的图像，称作宇宙主的释迦像，是由初说法、舍卫城神变（千佛化现）、大光明神变发展而来的，传入中亚和中国（敦煌）再经发展，敦煌第 428 窟一般称作卢舍那的佛像，应为这种宇宙主的释迦像。

1013 南水北调西线工程视野下的甘肃水问题研究

发表时间及载体：甘肃理论学刊 2010 年第 3 期

作　　者：吴晓军

简　　介：甘肃省是中国乃至世界上最缺水的地方之一，境内水资源的开发已至极限。要想从根本上解决甘肃的资源性缺水问题，只有立足国家南水北调西线工程，实施跨流域调水。重点在于以引洮济西工程为骨干，解决甘肃中部黄土高原干旱区、天水陇南北部区缺水问题；规划引黄济庆工程，解决陇东黄土高原缺水问题；规划南水西北调工程，解决河西缺水及荒漠化问题。为了早日将上述构想变成现实，就需要让全社会充分认识甘肃缺水的严重性及实施西线调水的迫切性；及时把握西线工程最新动态为甘肃水利建设决策服务；集全省科技力量研究西线工程向甘肃调水问题；逐步规划省内水利工程与未来西线工程的匹配与衔接。

1014 西北民族地区经济发展差距及其产业经济分析

发表时间及载体：民族研究 2006 年第 1 期

作　　者：高新才

简　　介：加快西北民族地区经济发展是西部大开发与统筹区域发展的重要内容。本文对西北民族地区经济发展中存在的多重差距进行了全面检视 通过产业经济分析，揭示了区域产业结构不合理、区域产业发展水平低是西北民族地区经济发展存在多重差距的内在原因。

1015 21 世纪中小企业营销模式的战略选择

发表时间及载体：甘肃理论学刊 2005 年第 5 期

作　　者：罗哲

简　　介：21 世纪全球经济一体化、生产经营数字化和商业竞争国际化的发展彻底改变了中小企业的生长环境。中小企业的市场营销如何应对市场变化和国际企业的挑战成为其必须重视和解决的关键问题之一。作者认为，迅速应变新世纪的市场营销环境，改变传统的运作模式，不断开发新产品，进行品牌创新和服务创新，以逆向模式、创新模式、特色模式、撤退模式等来开拓市场，参与国际竞争是中小企业营销模式的战略选择。

1016 归义军乐营的结构与配置

发表时间及载体：敦煌研究 2000 年第 3 期

作　　者：李正宇

简　　介：沙州归义军乐营，由乐营使、乐营副使及都史组成乐营的行政班子 音声博士及各色艺人组成演艺班子。演艺班子内又按照不同的专业行当如雅乐、法乐、军乐、燕乐、散乐、作语、借色（道具、布景）分别编组不同的编组各有领班（被称为头）、

一般音声人（歌人、舞人、乐人、散乐人、作语人、借色人）及音声弟子若干人。此外，还当有工人若干人。估计总人数在 50~100 人之间。有关归义军乐营结构与专业配置的资料，在我国古代乐舞建置史上具有拾遗补缺的价值。

1017 晚唐五代敦煌寺院与中原田庄比较研究

发表时间及载体：西北民族研究 2005 年第 2 期

作　　者：张久献　段小强

简　　介：晚唐五代时期敦煌处于吐蕃和归义军的统治，此时的寺院模式与中原历代形成的田庄极为相似。通过二者在阶级构成、经济生产、社会关系等方面的比较，可得出结论：此时之敦煌寺院为不完全之田庄。

1018 中国现代文学价值选择的启示

发表时间及载体：文学评论 2006 年第 6 期

作　　者：程金城　冒建华

简　　介：中国现代新文学在各种价值冲突和选择中，逐步生成了偏重历史责任和伦理规范的价值追求，与偏重自由超越和生命意义的价值追求两大基本文学价值系统，它们都在促进文学自身价值重建中介入了现代社会思想文化的价值重建。作者认为，要确立以人为价值主体的文学观，消除对立，整合融通，在新的逻辑起点上寻求文学价值内涵的普遍认同与价值结构的科学和谐，选择并建立相对合理、较为稳定、既有主导倾向又有开放性的文学价值系统。

1019 构建开放式实验教学模式全面提高学生专业素质——浅谈电视节目制作实验课教学改革

发表时间及载体：电化教育研究 2004 年第 4 期

作　　者：曹海仙　土骏

简　　介：电视节目制作是广播电视编导专业基础课之一，所涉及的知识面很广且具有很强的实践性。因此，在整个教学过程中提高电视节目制作课的教学实验是非常重要的一环，也足实施素质教育、提高学生专业素质的有效途径。

1020 "篇不谋而合，辞不修而工"——杨万里文学创作论探讨

发表时间及载体：甘肃联合大学学报：社会科学版 2010 年第 3 期

作　　者：马海音

简　　介：杨万里是南宋创作成就斐然的文学家，他建立在实践基础上的文学主张独具个性，自成一家。他在文学的创作方法上讲"活法"，强调"活法"的最高境界就是"师法"自然。本文主要探讨杨万里文学创作思想中对创作方法的思考。

1021 新自由主义经济学研究中必须澄清的几个问题

发表时间及载体：甘肃理论学刊 2006 年第 2 期

作　　者：马应超

简　　介：作为一个历史的范畴，新自由主义经济学是为了解决工业化国家所面临的两难困境即：在不威胁到民主政府的基本原则的条件下，如何通过体制改革来限制政治家过分热衷于短期的相机抉择行为而催生的一个体系庞杂、结构松散的理论体系。新自由主义经济学不能提供解决中国所有问题的现成药方，但其理论会对我们有所启迪。我国改革与发展已经超越了西方的语境。超越了西方任何现存理论的框架。中国的理论家必须有能力从西方、第三世界以及传统中国的

理论中汲取智慧，有能力深入地、实事求是地、而非意识形态化地研究中国自身的问题。

1022 关于一脉相承与创新发展的辩证思考

发表时间及载体：甘肃行政学院学报 2003 年第 4 期

作　　者：史国珍　吴生寿

简　　介：三个代表重要思想是当代中国发展着的马克思主义。一脉相承是马克思主义本身内在的本质要求，创新发展是马克思主义的不竭动力和源泉，一脉相承与创新发展是辩证统一的有机整体。

1023 吉尔吉斯斯坦国家政权建设存在的问题

发表时间及载体：新疆师范大学学报：哲学社会科学版 2010 年第 3 期

作　　者：丁志刚　董洪乐

简　　介：独立后的吉尔吉斯斯坦是中亚地区稳定性最为缺乏的国家之一。它连续两次经历了国家政权的非制度化更迭，反映了其国家政权建设存在着严重问题。虽然独立后为国家政权建设付出了不少的努力。

1024 回归文本：语文阅读教学的真正出路

发表时间及载体：语文教学之友 2011 年第 6 期

作　　者：董沼

简　　介：新课程背景下的语文教学，以语文素养为目标，革除极端工具主义的弊端，弘扬语文教育的人文性，反对"满堂灌"的僵化模式，注重教学的情境化和体验性。这些改革无疑符合语文教育的本质特征。但是在这种新理念的冲击下，许多教师矫枉过正，从一个极端走向了另一个极端，较多地重视

了"怎么教"的问题。

1025 敦煌写本《寅年令狐宠宠卖牛契》中的瑕疵担保制度

发表时间及载体：甘肃政法学院学报 2003 年第 3 期

作　　者：陈永胜

简　　介：敦煌写本《寅年令狐宠宠卖牛契》（S.1475 号文书）是对《唐律疏议》有关契约立法的民间实践。这件买卖契约文书以生命物为标的，约定了标的物所有权的转移及瑕疵担保规则，对进一步完善现代中国民事立法有重要启示作用。

1026 "四种意识"：一种自我审省政党气质的表述

发表时间及载体：思想理论教育导刊 2014 年第 4 期

作　　者：刘先春

简　　介：党的十八大报告郑重告诫全党，必须增强忧患意识、创新意识、宗旨意识和使命意识。"四种意识"表达着中国共产党自身蕴涵的一种反思自省、行动自觉、激励自勉的独特政党气质。

1027 翻译中的政治——读道格拉斯·罗宾逊的翻译与《帝国：后殖民理论解读》

发表时间及载体：社科纵横 2011 年第 1 期

作　　者：安澜　徐剑

简　　介：道格拉斯·罗宾逊的翻译思想富有创见，研究涉及面广泛。本文通过分析他的翻译与《帝国：后殖民理论解读》一书，一来介绍他对后殖民翻译理论的研究，二来阐释翻译不单指语言文字著述在不同语种间的传播和流布，更重要的是包括著述在内的诸种思想、观念、礼俗和制度等通过何种渠

道、采取怎样的方式，被不同的文化所认识、选择、重组和阐释。后殖民主义翻译研究正是以这种权力差异为基础，来研究权力差异语境下不同价值取向的译者在自觉不自觉间所采用的翻译策略。

1028 由"三五"论司马迁"究天人之际"思想

发表时间及载体：甘肃理论学刊 2012 年第 4 期

作　　者：赵继宁

简　　介：关于司马迁的"究天人之际"思想，学界讨论不多且欠深入。我们认为，《史记·天官书》是该思想的集中体现，由其中的"三五"之说可知，"究天人之际"思想的实质就是究"天命"，重在探究人类社会变化特别是"王权更迭"是如何受"天命"支配和控制的。司马迁推究"天命"最主要的手段是《天官书》所阐述的星占学，此外，还有历法、日者、龟策、封禅等。尽管司马迁有怀疑"天命"的个别论述，但就《史记》全书的基本思想来看，司马迁是相信"天命"的。

1029 炳灵寺西秦立佛造像风格的再认识

发表时间及载体：甘肃联合大学学报：社会科学版 2008 年第 24 卷第 3 期

作　　者：王锡臻　仇宇

简　　介：炳灵寺西秦时期立佛造像的共同特征是从贴体的薄衣内显现出人体解剖结构。炳灵寺第 169 窟第 7 龛残存立佛造像的基本风格承袭了秣菟罗系笈多时期佛立像样式，和其他西秦时期的造像一样，也程度不同的受到早期传入新疆地区的犍陀罗、萨尔那特式及当地的特点后形成的龟兹造像样式的影响。同时，在这种西域混合式造像风格的基础上又融合了本地的社会时尚及塑造者本人的一些审美情趣等因素，形成了以秣菟罗—笈多造像样式为主体，并具有鲜明的地方特色和民族特色的风格。

1030 榆林窟第 25 窟 T 形榜子再探

发表时间及载体：敦煌研究 2011 年第 5 期

作　　者：沙武田

简　　介：敦煌石窟中书写藏汉文字的 T 形榜子颇具时代特征，榆林窟第 25 窟八大菩萨曼荼罗造像中的 T 形榜子更具研究价值，有三个方面的问题需作研究：为什么榆林第 25 窟 T 形榜子仅出现在八大菩萨曼荼罗造像中？为什么该 T 形榜子中未写藏文？为什么主尊 T 形榜子中汉文题名"清净法身卢舍那佛"，而与主尊本身的大日如来形象不合。

1031 论和谐社会的本质与基石：社会公平

发表时间及载体：长春工业大学学报：社会科学版 2012 年第 24 卷第 2 期

作　　者：陈维荣

简　　介：构建和谐社会关键在于维护社会公平。社会公平作为一个古老的话题，它是人们对于维持社会公共秩序、维护自我及群体利益关系最基本的理念，它涉及人们社会生活的各个方面、各个领域，包含公正、正义、平等诸多相关范畴，是人们向往和追求的理想的社会利益关系状态，是和谐社会的本质与基石。

1032 析几个错误的税收观念

发表时间及载体：甘肃政法学院学报 2004 年第 1 期

作　　者：张永忠

简　　介：我国之所以公民不能积极履行纳税义务，依法治税难以推进，政府收入紊乱，乱收税乱收费难以消除，财政面临严重危机，公共财政难以建立，宏观调控能力被严重削弱，统一市场难以形成，一个非常重要的原因是我们的一些税收观念存在重大的错误：将纳税人程序性权利等同于纳税人权利的全部，纳税人意识被异化为纳税意识，从治民到治吏的税法定位从一个极端走向了另一个极端，将事权与财权的对称等同于事权与税权的对称。因此，必须纠正和更新我们的税收观念。

1033 企业生态效率指标的应用与评价研究——以宝钢、中国石油和英国BP公司为例

发表时间及载体：兰州商学院学报 2011 年第 27 卷第 1 期

作　　者：周一虹　芦海燕

简　　介：联合国会计和报告标准（ISAR）建议的生态效率指标将企业现有经济考核指标和环境指标很好地结合了起来，能较充分反映和适当评价企业的环境效益和经济效益。本文通过对生态效率指标体系的构建以及在对宝山钢铁、中国石油和英国 BP 公司的应用案例分析，认为需要将 ISAR 推荐的生态效率指标中分母修正为经营活动现金净流量，并结合企业所处的行业特点适当补充企业特有指标以及其他有意义的生态效率指标，在此基础上我们可以更加客观准确地评价企业的生态效率，促进企业实现经济业绩与环境业绩的"双赢"。

1034 西夏文献版本五题

发表时间及载体：敦煌研究 2008 年第 1 期

作　　者：束锡红

简　　介：本文在广泛调查英国国家图书馆、法国国家图书馆等多家收藏单位所藏西夏文献的基础上，从纸张纸质、印刷术、版本鉴别、版画、装帧形式等五个方面对西夏文献进行了较为全面、系统的阐述和考证。

1035 敦煌壁画中的杖具——笞杖、球杖考

发表时间及载体：敦煌研究 2009 年第 5 期

作　　者：胡同庆

简　　介：本文结合敦煌文献和相关图像史料，对敦煌壁画中的笞杖和球杖图像进行了考证，认为：其一，古代笞杖作为一种刑具，其长度和粗细具有严格的规定，汉唐时期的刑法具有很强的可操作性，而且当时学堂的师生以及画工等老百姓都有较强的法律意识；其二，敦煌壁画中球杖图像的形状、长短等具体形象特征，均与史料记载吻合；球杖之柄是人之手臂的延伸，而弯曲的杖头是人之手掌的仿制品。

1036 农村城镇化进程中的土地经营模式——农村土地股份制的探索

发表时间及载体：甘肃行政学院学报 2009 年第 2 期

作　　者：蔡小平

简　　介：农村城镇化进程的加快势必意味着农村集体土地被大量征用，但现行的征地补偿办法和补偿标准不能从根本上解除失地农民的后顾之忧。同时，随着农村现代化水平的提高，农村现行经济管理体制中不适应生产力发展的部分逐渐显露，矛盾突出。这些矛盾，又较集中地表现在土地的使用和管理上。为解决以上问题。本文对农村城镇化进程中的土地经营模式进行了研究，提出农村土地股份制并从经济、法律两个方面对其可行性进行分析。

1037 石羊河流域生态补偿机制研究

发表时间及载体：安徽农业科学 2009 年第25 期

作　　者：汪慧玲

简　　介：研究了石羊河流域生态补偿的必要性，从博弈论的视角分析了石羊河流域生态补偿机制的构建。结果表明：在短期内引入惩罚机制，生态补偿可以矫正博弈双方背离集体理性的行为，达到理想的博弈均衡在长期，博弈双方是否有进行生态保护与建设的积极性取决于双方的经济发展水平，必须通过生态补偿机制征收补偿费用支持石羊河流域经济的发展，缩小流域内以及流域与全国经济发展的差距，并最终使收入水平相对均衡。

1038　思想政治理论课的改革与实践

发表时间及载体：高等理科教育 2008 年第 2 期

作　　者：王学俭

简　　介：文章结合 2005 年全国高校思想政治理论课的改革，联系兰州大学思想政治理论课程的改革实践，把学科建设作为促进思想政治理论课改革的基础，促进了教学单位良性发展把组织建设作为推进思想。

1039　提高农民工资性收入的有效途径探索——以甘肃省为例

发表时间及载体：发展研究 2012 年第 10 期

作　　者：汪晓文　刘佳

简　　介：农民增收问题既关系到国民经济持续发展和社会安定，也是社会主义新农村建设及和谐社会构建的关键所在。近几年，农民收入结构发生了重大转变，工资性收入逐渐取代家庭经营性收入，成为农民收入增长的新源泉。在运用灰色关联度分析方法对影响农民工资性收入的因素进行关联度分析的基础上，发现农村劳动力素质、城镇化水平以及农村剩余劳动力的转移水平对农民的工资性收入增加有着重要的影响。因此，提

高农民的教育水平、积极推进城市化进程、加快发展乡镇企业和非农产业，促进农村剩余劳动力的转移等措施逐渐成为增加农民收入的关键。

1040　论区域经济板块——基于区域经济系统的视角

发表时间及载体：甘肃理论学刊 2007 年第 4 期

作　　者：王宇辉　聂华林

简　　介：区域经济板块现象是区域经济发展过程的一种典型的常态表现。在以往的区域经济研究中，通常主要关注的是经济活动的区位和区域两个空间层次，而对区域经济板块层次的作用与功能关注的较少。本文试图在区域经济系统的分析框架内，阐述区域经济板块在区域经济发展中的重要性。

1041　藏族英雄史诗《格萨尔》中的民族体育事象研究

发表时间及载体：西北民族大学学报：哲学社会科学版 2010 年第 3 期

作　　者：李军

简　　介：《格萨尔》是我国藏族人民创作的世界上最长的一部伟大的英雄史诗，是世界文化宝库中的一颗璀璨明珠，又是一部全面包含古代藏族社会生活的大百科全书，史诗中有大量描写古代藏族民族体育事象的活动内容，对这些体育事象以及其所反映出的体育思想内涵和达到的社会功能进行分析研究，旨在弘扬中华民族传统体育，促进对外经济文化交流。

1042　新中国成立以来民族关系发展的回顾与思考

发表时间及载体：西北师大学报：社会科学版 2010 年第 1 期

作　　者：王宗礼

简　　介：回顾了新中国成立以来我国民族关系发展的历史进程，总结了60年来中国民族关系发展所取得的主要成就，并从总结经验和展望未来的角度，对在新形势下进一步推进民族关系发展的思路进行了探讨。

1043 男权意识视野下的明代小说女性形象

发表时间及载体：小说评论 2011 年第 S1 期

作　　者：王忠禄

简　　介：关于明代小说中的女性形象，学界已作了许多有益的探讨。但对这些女性形象的演变轨迹，有待于进一步的探讨。综观明代小说中的女性形象，我们发现，从明初到明末，经历了一个逐渐的演变过程。对这一演变轨迹的研究，不仅有助于加深对女性形象的认识，而且对明代作家的女性观的认识，也有积极意义。

1044 传统政治法律思想中的德法之辨及其实践理性

发表时间及载体：西北师大学报：社会科学版 2011 年第 2 期

作　　者：董爱玲

简　　介：儒家和合中庸思想在社会治理的德法之辨上，认为德教是道，法治为术，遵道而执术，是执政者长期执政的实践理性。另一方面，儒家非常强调和重视执政者自身的道德修养，要求为政以德，提倡仁者宜在高位等仁政思想；德治是旨在解决人的本体性存在和人的社会性存在之间的紧张关系的理性实践，崇尚大公无私。这些丰富的政治思想对于后金融危机时代全球的经济政治治理模式能够发挥重大的实践价值论功用。

1045 从敦煌遗书《谨案二十五等人图》看中国古代的道德教育

发表时间及载体：敦煌研究 2005 年第 5 期

作　　者：马翼虹

简　　介：敦煌遗书谨案二十五等人图是一份关于区分人的等级的规约类文献，反映了儒家经学思想，突出强调了人的道德品质的地位和作用，把衡量人的道德标准与进行道德教育结合在一起。

1046 反垄断法对企业合并规则的实体法研究

发表时间及载体：甘肃行政学院学报 2001 年第 4 期

作　　者：石旭雯

简　　介：本文主要研究反垄断法对企业合并的界定，企业合并构成垄断的认定原则，对企业合并规制的实质标准和企业合并的垄断豁免。以及我国反垄断法对企业合并进行规制时应注意的问题。

1047 论先秦寓言的成就

发表时间及载体：陕西师范大学学报：哲学社会科学版 2006 年第 4 期

作　　者：赵逵夫

简　　介：先秦寓言的成熟和繁荣不仅体现为作品数量众多，还表现在：一是寓言作品已成为独立的文学体裁，并广泛流传；二是出现了类型化的寓言人物；三是产生了寓言作品专集《说林》和《储说》；四是战国早期、中期和晚期分别出现了在寓言收集、改编、创作、运用上的代表性人物墨翟、庄周与韩非，其中韩非更是先秦寓言收集、改编、创作之集大成者。对于先秦寓言的认识，我们应该根据中国自己的文学实际来总结其历史实绩，从而作出恰如其分的理论概括。

1048 美学敦煌——全球化背景下的敦煌文化、艺术和美学

发表时间及载体：西北师大学报：社会科学版 2004 年第 6 期

作　　者：王建疆

简　　介：敦煌石窟艺术既是中华传统艺术的典范，又是全球交往和全球化的产物。敦煌莫高窟藏经洞因为全球化而遭劫掠。但就敦煌学的国际化和敦煌艺术的蜚声世界而言，却又是因应全球化而采取的民族文化保护、传播和交流的结果。敦煌艺术既是继往开来的典范，又是在全球化背景下化全球的先声。这不仅从敦煌艺术史成就可以看出中华文化的吸纳性、同化性和创新性特点，而且从当今的敦煌学国际研究现状和敦煌艺术的创作成就看也可以得到肯定的回答。美学敦煌是中华文化伟大复兴的强势话语。敦煌艺术的强大功能就在于它不受作为物理存在的时空有限性制约，敦煌艺术作为中华文化传统的现代生成，其艺术的启迪作用仍然会长存人间。

1049 正视国际贸易中的绿色壁垒

发表时间及载体：兰州大学学报（社会科学版）2005 年第 33 卷第 2 期

作　　者：田晓菁

简　　介：随着全球的环保意识和健康意识的增强，绿色贸易已成为当今世界国际贸易的发展趋势。绿色贸易的发展在提高产品质量、保护环境的同时，又形成了一种新的贸易壁垒——绿色壁垒。由于这种壁垒有其鲜明的、不同于其他非关税壁垒的特征，因此，在关税壁垒逐渐降低和非关税削减之后，绿色壁垒已成为发达国家保护本国产业的主要措施。这对发展中国家既是机遇又是挑战，研究绿色壁垒具有重要的现实意义。

1050 长鞭效应的实质与弱化措施

发表时间及载体：中国管理科学 2000 年第 S1 期

作　　者：田澎

简　　介：本文研究供应链中长鞭效应产生的原因及相应的弱化方法。建立了供应链的多级库存控制系统模型，给出了其系统方框图及传递函数，求出了使整个供应链稳定的临界条件，给出了仿真结果。

1051 异化劳动·异化消费·金融危机——"异化"理论视域中的金融危机

发表时间及载体：甘肃理论学刊 2010 年第 6 期

作　　者：张智　王学俭

简　　介：本文从经典马克思主义的"异化劳动"理论和西方马克思主义的"异化消费"理论来解读国际金融危机发生的根源和实质，认为它是资本主义所奉行的以人的异化和人的异化消费为根源的消费主义文化价值观盛行的必然结果，而要克服人的当代异化，消除"异化消费"，走出消费主义的迷途，破除经济危机循环的魔咒，就必须消灭资本主义私有制。

1052 从传统文化到现代文明——一个文化视野中的和谐社会

发表时间及载体：甘肃理论学刊 2005 年第 3 期

作　　者：曹富雄

简　　介：诠释传统文化，既可以文为视角归纳其实体性特征，也可以传统为视角归纳其过程性特征。当传统文化以实体性内化于社会的经济、政治、文化时，便构成三位一体的社会文明，即物质文明、政治文明、精神文明。当传统文化以过程性贯穿于社会的

经济、政治、文化时，三位一体的社会文明又呈现出文明时代的古今演变，即古代文明、近代文明、现代文明。本文着眼于传统文化与现代文明的关系，旨在从中国传统文化的实体性和过程性中寻求现代和谐社会的根基和命脉。

1053 地方政府治理创新视角下的中国东西部发展差距分析

发表时间及载体：北京行政学院学报 2007年第 4 期

作　　者：包国宪　刘斌

简　　介：我国东西部地区发展差距的拉大是一个历史演化的过程，这可从多重视角进行归因，但制度与治理差异才是地区发展差距产生的根源所在。

1054 在对比中表现主题——评《教授的房子》中对照手法的成功运用

发表时间及载体：兰州大学学报（社会科学版）2005 年第 33 卷第 3 期

作　　者：杜翠琴

简　　介：写作手法的不断创新是薇拉凯瑟文学创作的主要特征之一。在教授的房子中，凯瑟标新立异，在构成小说的三大部分之间进行宏观对比，并且进一步在人物之间进行微观对比。本文旨在探讨这种对比的作用以及所取得的效果。

1055 美国现代课程理论的发展及影响

发表时间及载体：甘肃联合大学学报：社会科学版 2008 年第 1 期

作　　者：黄维海

简　　介：课程理论作为教育理论的一个分支，成为专门、独立的学科是现代教育的产物。从杜威到泰勒，再到结构主义课程直到人本主义课程、后现代主义课程，20 世纪美国现代课程理论的发展在很大程度上代表了整个课程理论发展的历程并对世界教育产生了深远的影响。

1056 敦煌吐蕃译经三藏法师法成功德窟考

发表时间及载体：中国藏学 2008 年第 3 期

作　　者：沙武田

简　　介：本文通过结合敦煌吐蕃名僧译经三藏法师法成在敦煌的活动线索，对莫高窟第 161 窟进行了深入研究，认为第 161 窟极有可能就是吐蕃统治时期法成在敦煌营建的功德窟。

1057 一种特殊的自我参照效应：群体参照效应

发表时间及载体：宁波大学学报：教育科学版 2011 年第 33 卷第 2 期

作　　者：张海钟　张鹏英

简　　介：文章通过分析和总结群体参照效应的研究现状，对群体参照效应的概念、研究范式、机制等相关问题进行了阐述。对个体自我参照效应和群体自我参照效应作了比较，在此基础上指出群体参照效应研究的不足及其展望。

1058 略论市场体制下的民主政治建设

发表时间及载体：人大研究 1993 年 8 月

作　　者：武文军

简　　介：我国是人民民主专政的社会主义国家。实现高度民主是社会主义国家性质所决定的。但是，在计划体制下和在市场体制下，民主的形式和内容都会表现出不同的差异，也就是计划经济体制和市场经济体制对政治民主有不同的影响。本文试就计划体制和市场体制对政治民主的不同影响，以及市场经济下的政治民主建设问题，进行一些初步分析。

1059 论中国西部独特艺术及其研究思路

发表时间及载体：兰州大学学报（社会科学版）2005 年第 33 卷第 5 期

作　　者：程金城　李向辉

简　　介：文章首次提出中国西部独特艺术的概念，并对其内涵与外延作了界定。对西部独特艺术的主要内容进行了初步归纳和分类，对其价值意义和研究思路做了思考，提出了基本看法。

1060 论中国共产党执政合法性的基础及其巩固

发表时间及载体：西北师大学报：社会科学版 2007 年第 2 期

作　　者：牛正兰

简　　介：政党执政的合法性对每一个执政党来说至关重要，因为它关系到执政的持久性和执政的成本。面对世纪之交的风云，中国共产党的执政合法性面临的新的挑战主要是三方面的：意识形态领域的"多元化"的挑战，政绩合法性的挑战，制度建设的缓慢。应对的主要策略有保证党在意识形态领域的优势，扩大意识形态的包容性 树立正确的政绩观、发展观加快制度建设，保证制度的实施。

1061 近五十年来古代散文研究的重大理论问题

发表时间及载体：新疆大学学报：哲学．人文社会科学版 2006 年第 34 卷第 2 期

作　　者：宁俊红

简　　介：对近五十年来古代散文研究中研究范围、做文史的发展规律、散文流派、晚明小品与现代散文关系、做文的分类等问题进行回顾与总结。其观念、方法的更新使做文研究有了较大的突破，但做文概念不清、研究范围不一致、古代散文文论的研究没有跟上时代的要求，散文研究没有能建立起自己特有的批评话语等问题，是古代做文研究没有形成应有的论争和繁荣局面的重要影响因素。

1062 城镇化视角下的农村人力资本投资研究

发表时间及载体：城市发展研究 2007 年第 14 卷第 3 期

作　　者：郭志仪

简　　介：本文在分析农村人力资本投资对城镇化的重要作用的基础上，指出了当前农村人力资本投资中存在的影响城镇化发展的种种不足。最后，在城镇化的视角下，提出了改善农村人力资本投资的建议。

1063 中国历史上第一部"英雄"传记——试论王粲《英雄记》

发表时间及载体：兰州大学学报（社会科学版）2002 年第 30 卷第 3 期

作　　者：刘志伟

简　　介：王粲的《英雄记》，是我国历史上第一部专门记载英雄的传记。该书全书已佚，存在书名讹误、材料真伪与具体写作时间等问题。据史料分析，其主体部分当写成于建安十三年 (208 年) 九月，作者归曹前，反映了曹操统一北方以前汉末群雄割据时代最宽泛的英雄概念。

1064 鲁迅与戏

发表时间及载体：甘肃联合大学学报：社会科学版 2012 年第 28 卷第 2 期

作　　者：张向东　刘永睿

简　　介：鲁迅成年以后，对戏剧（尤其

是中国旧戏）的态度的发生了很大的转变，这既是"五四文学革命"后整体文学观念的更迭使然，同时也与鲁迅童年对绍兴地方戏的狂欢记忆和早年形成的文艺之本质在"使观听之人，为之兴感怡悦"的艺术观有关。

1065 多媒体教学课件质量与教学效果的因素探析

发表时间及载体：电化教育研究 2007 年第 5 期

作　　者：金燕

简　　介：本文对多媒体教学课件质量与课堂教学效果之间的关系进行了调查研究，并对调查结果进行了相关因素分析。分析结果表明，多媒体教学课件制作的质量与课堂教学效果之间存在高度正相关。这说明，在应用多媒体教学课件进行教学时，教师制作多媒体教学课件的水平与质量都将对教学效果产生较大影响。同时调查结果也显示，教师对使用多媒体课件教学的态度，学生对多媒体教学课件的评价和学习态度也是影响教学质量的重要因素。

1066 德藏《吐鲁番本文选》《校议》摭遗校补

发表时间及载体：敦煌研究 2010 年第 3 期

作　　者：秦丙坤

简　　介：德国柏林印度艺术博物馆所藏《吐鲁番本文选》残卷，经束锡红、府宪展二先生的德藏《吐鲁番本文选校议》一文的整理，已初步彰显其版本及文献校勘价值。但该文尚有大量异文未予出校，在对原卷校勘整理的基础上，本文对校议未出校之处另出条目进行摭遗校补。

1067 晚唐五代敦煌归义军行政区划制度研究（之二）

发表时间及载体：敦煌研究 2002 年第 3 期

作　　者：郑炳林

简　　介：关于晚唐五代敦煌归义军政权的行政区划制度设置情况，两唐书、元和郡县志、通典等史书均无记载。本文利用敦煌文献中的零碎材料，进行爬梳考校，分类排比，基本解决了归义军政权县一级行政区划制度的大致情况，弥补了传统史书记载的不足。

1068 法律视野中"线人"的制度缺失及其建构

发表时间及载体：甘肃政法学院学报 2007 年第 4 期

作　　者：吕志祥

简　　介：在我国，法律视野中的"线人"已成为打击有组织犯罪、毒品犯罪的有力武器。在个别地区，"线人"的人数甚至要多于侦查机关的工作人员，而且还出现了"专职耳目"和"职业线人"。但由于"线人"制度的缺失，我国目前"线人"的使用存在严重的失范现象，"线人"侦查中也暴露出许多亟待解决的法律难题。总结我国"线人"的实践经验，借鉴国外相关立法，建立具有中国特色的"线人"制度已迫在眉睫。

1069 中亚华裔东干文学与地域文化

发表时间及载体：中央民族大学学报：哲学社会科学版 2009 年第 2 期

作　　者：杨建军

简　　介：中亚华裔东干文学是世界华裔文学界尚待深入研究的一个新领域，华裔东干文学受中国秦陇地域文化和中亚游牧地域文化的影响，属丝绸之路上中外文化交流的一个特例。地域文化对东干文学的影响具体可分：文学语言、民俗意蕴、作家影响三个层而，受地域文化影响的中亚东干文学对世界华裔文学研究具有启示意义。

1070 地方性知识视野中的民族教育问题——甘南藏区地方性知识的社会学研究

发表时间及载体：甘肃社会科学 2012 年第 6 期

作　　者：王鉴

简　　介：地方性知识是指在一定的情境中生成并在该情境中得到确认、理解和保护的知识体系。在一个多民族、多元文化的国家中，地方性知识常常是和多元文化分不开的，相对于一个国家中的主流文化而言，各少数民族的文化基本都成了地方性知识。民族地区的地方性知识源于地方人对自身所处的自然、人文、社会环境的认识，是地方人长期总结出的处理人与自然、人与人、人与社会之间关系的一些规则和策略。地方性知识更是地方人的一种实践智慧，它有效地解决了地方人所面临的自然环境和人文环境中存在的各种问题，对地方人的生存和发展有着不可替代的价值。民族地区学校教育应该关注地方性知识，并将其作为地方课程的主要内容。

1071 甘肃省民办高校党建工作存在的问题及对策研究

发表时间及载体：甘肃理论学刊 2007 年第 2 期

作　　者：康民　曹殊

简　　介：民办高校中的党的建设工作，是一项关系到巩固党的执政地位，保证民办高校健康发展的重要途径。民办高校的党建工作存在着政治地位难确定、党员难找、组织难建、经费难筹、活动难开展等较为突出问题，已经成为制约民办高校党建工作顺利推进的关键性问题。加强党对民办高校的领导，充分发挥民办高校党组织的政治核心作用，是民办高校在日益激烈的竞争形势下健康发展的政治保证。

1072 《论语集解》以玄释儒辨

发表时间及载体：社科纵横 2010 年第 3 期

作　　者：杨鸿源　陈晓龙

简　　介：旧常谓《论语集解》以玄释儒，语涉玄虚。本文以为其实不然，并以《论语集解》成书之经过、《论语集解》著作之体例《论语集解》旧谓玄虚处辨等三种途径析之，以证明《论语集解》实恪守儒家之学，所谓以玄释儒实不可信。

1073 集成化供应链的历史与发展

发表时间及载体：中国流通经济 2002 年第 2 期

作　　者：田澎

简　　介：集成在企业管理领域不断被赋予新的涵义，供应链的竞争力就在很大程度上取决于集成的模式和效率。本文认为，高效的集成化供应链是建立在信息技术有力支持的基础上的，不同阶段信息技术基础上。

1074 筹建兰州安宁 SHOPPING MALL 可行性的分析

发表时间及载体：兰州商学院学报 2005 年第 21 卷第 1 期

作　　者：徐爱芬

简　　介：Shopping mall 在欧美发达国家是一个成熟的业态，是各国经济发展到特定阶段后出现的商业高端集聚形式。购物中心在西方发达国家已经有几十年的发展历史，积累了许多成功的经验。本文通过介绍各大城市购物中心的发展规划、先进的经营理念，提出了发展兰州市安宁区购物中心的建议。

1075 王重民敦煌遗书手稿整理

发表时间及载体：敦煌研究 2004 年第 5 期

作　　者：李永宁

简　　介：王重民先生 20 世纪 30 年代在巴黎、伦敦，就法、英国家图书馆所存部份敦煌文书资料的定名及录文，前已有总目或书刊出版，但现在以其手抄卡片、录文，对照上述出版物，仍有可作校勘、缀合、纠错、补阙之价值。其所作的归类卡片，虽辑集不全，但亦对敦煌文书的专题研究者有一定作用，而其中某些卡片的简单说明，亦可对某些文集和大正藏的某些失阙进行校补。

1076 基于混合学习理论的英语专业师范生多元识读能力培养的实践研究——以西北师范大学英语专业师范生为例

发表时间及载体：电化教育研究 2012 年第 5 期

作　　者：吕文澎　侯晓蕾

简　　介：培养师范生的多元识读能力是新媒介时代师范教育的必然趋势。本研究依据混合学习理论，采用任务型教学法，利用课堂多模态 PPT、演示演讲方式，以西北师范大学英语专业师范生为例探讨了多元识读能力培养模式。为期两学年的混合式教学实践研究表明：演示演讲方式有助于提高学生的多元识读能力，其效果突出表现在多元识读表达形式方面，但对表达内容影响不大 后续调查发现师范生认同该方式的有效性。混合式教学完全适宜于培养师范生的多元识读能力。

1077 欠发达地区电子政务信息资源开放共享现状调查与对策研究

发表时间及载体：西北民族大学学报：哲学社会科学版 2011 年第 5 期

作　　者：马鸿雁

简　　介：信息资源开放共享是电子政务网建设的重要环节。以甘肃省电子政务为研究对象，对推进政府信息资源开放共享进行研究，通过文献研究、问卷调查、网上调查、实际走访、数据收集与分析等研究方法，探讨目前我国欠发达地区电子政务信息资源开放共享的现状及发展对策。

1078 包罗万象的敦煌石窟壁画艺术

发表时间及载体：图书与情报 2006 年第 4 期

作　　者：沙武田

简　　介：敦煌石窟壁画艺术包罗万象，是一部形象的历史。文章从较为宏观的视角，就敦煌壁画艺术中的尊像画、经变画、故事画、供养人画像、出行图、装饰图案、音乐舞蹈、飞天、生产生活画、交通资料、建筑画、服饰画、动物画等几个方面进行了介绍，使我们对敦煌壁画艺术宝库的了解有一个较为清晰的线索。

1079 创新中国特色的公共行政管理案例教学模式与方法

发表时间及载体：甘肃行政学院学报 2005 年第 3 期

作　　者：李喜童

简　　介：21 世纪是以能力为本位的社会。公共行政管理案例教学法对提高公共行政管理人才的综合能力具有重要作用。因此，我们研究和创新出系统的具有中国特色的行政管理案例教学模式方法至关重要。

1080 敦煌版画的性质与用途

发表时间及载体：敦煌研究 2005 年第 2 期

作　　者：余义虎

简　　介：敦煌版画是佛教的信仰和宣传用

品，它以版画形式广泛流传于公元 10 世纪的敦煌社会各阶层，特别是民间的广大信众中。敦煌版画在传播学方面也具有重要的历史意义。

1081 格式合同研究

发表时间及载体：甘肃行政学院学报 2002 年第 1 期

作　　者：靳新宇　郭宏伟

简　　介：二十世纪以来，契约方面出现了新趋向即格式合同的普遍采用。垄断经济的发展，公益事业的需求，使建立在双方当事人地位完全平等基础上的契约自由原则遭到严重破坏，以致引发了格式合同究竟是否为合同的争议，有学者甚至发出了契约的死亡这一感叹。各国经济立法、民商法律逐渐注意到格式合同的不合理之处，并着手从立法上加以限制。

1082 网络时代党的群众工作路径探析

发表时间及载体：思想政治教育研究 2014 年第 3 期

作　　者：王学俭

简　　介：在全党深入开展以为民务实清廉为主要内容的党的群众路线教育实践活动背景下，网络给群众工作带来了新变化。在分析网络时代群众工作新特点基础上，探讨了网络时代群众工作的新机遇和新挑战。

1083 马克思主义学习型政党：学习型社会的示范工程

发表时间及载体：甘肃理论学刊 2010 年第 2 期

作　　者：麻艳香　蔡中宏

简　　介：建设马克思主义学习型政党，是建设学习型社会的示范工程。不仅对于加强

和改进新形势下党的建设具有重要理论和现实意义，而且对于建设学习型社会具有重要的示范和带动作用。

1084 河西走廊地区绿洲农业生态系统的能值分析

发表时间及载体：甘肃理论学刊 2012 年第 1 期

作　　者：魏奋子

简　　介：运用能值分析方法定量分析了 2000—2009 年间甘肃省河西走廊地区绿洲农业生态系统的发展变化。研究结果表明：甘肃省河西走廊地区绿洲农业生态系统能值自给率从 2000 年的 0.3335 下降到 2009 年的 0.3045，同期环境负载率从 4.2255 上升到 4.6760，可持续发展指数从 0.7992 下降到 0.7596。这说明甘肃省河西走廊地区绿洲农业生态系统经济的快速发展，是建立在对本地资源的过度依赖和高强度利用的基础之上的，给本地环境生态系统带来了较大的压力，现有的发展模式在一定程度上是不可持续的。

1085 非金融机构支付服务中的金融监管问题

发表时间及载体：合作经济与科技 2011 年第 14 期

作　　者：马雪彬　王绍琴

简　　介：本文在分析我国非金融支付中的问题的基础上，借鉴国外发达国家对非金融机构的监管经验，并结合最近新出台的非金融机构支付服务管理办法就如何更好地规范引导非金融机构健康发展，给出一些建议。

1086 简论近代甘肃的驿运业

发表时间及载体：甘肃社会科学 1995 年第 2 期

作　　者：李建国

简　　介：甘肃古代曾是我国对外贸易的重要通道。丝绸之路横贯全省. 后随着海上商道的开辟。丝绸之路逐步衰落。甘肃在国际商业贸易中的地位下降，但仍不失为勾通内地与西北地区的交通要道。

1087　论大众传媒在农村科技传播中的功能与途径

发表时间及载体：甘肃科技纵横 2010 年 11 月

作　　者：张玉斌

简　　介：科技在社会主义新农村建设中起着支撑性的作用，加强农村科技传播是新农村建设的要求。传媒是农村科技传播的重要方式和渠道，在新农村科技传播中发挥着重要的功能。但是传媒在农村科技传播中面临着困境，需要转变思路，拓展路径，从而更好地发挥作用。

1088　"成人"抑或"成才"——基础教育培养目标的价值取向

发表时间及载体：西北师大学报：社会科学版 2012 年第 6 期

作　　者：许邦兴

简　　介：相对于专业教育而言，基础教育的终极价值是"成人"而非"成才"。"成人"与"成才"内涵的自然择定，是基础教育本质特征的应有之义，是政策法规赋予基础教育的基本义务。基础教育培养目标只有归其本位，坚持"成人"的应有价值取向，在具体实施中方能脚踏实地，克服浮躁行为和极端功利行为，从而引领我国的基础教育走向健康发展之道。

1089　影响甘肃非公有制经济发展的环境因素分析

发表时间及载体：甘肃理论学刊 2009 年第 3 期

作　　者：吴立贤　海新权

简　　介：甘肃非公经济发展严重滞后的环境因素，表现为内外部两大环境条件，即非公企业自身发展过程中的内因问题，以及影响非公企业可持续发展的市场、政策法规、体制等诸多软环境和硬环境因素。综合分析不同环境因素对非公经济发展的影响程度，对于评价政府改善非公经济运行环境的政策措施，具有一定的针对性和借鉴意义。

1090　基于经济发展方式转变的政府责任研究

发表时间及载体：甘肃理论学刊 2011 年第 3 期

作　　者：刘震

简　　介：经济发展方式转变中政府负有特殊而重要的责任。基于这种责任，政府促进经济发展方式转变的主要着力点应体现在理念宣传、规划引领、法规规制、政策引导、监管督导、带头实践等层面。需要通过推进全面改革、促进政府管理创新、完善公共服务、创新社会管理来加快推进经济发展方式转变。

1091　民族地区文化资源开发路径的实证分析

发表时间及载体：东岳论丛 2011 年第 5 期

作　　者：高新才

简　　介：根据当前我国文化产业加快发展的需要，作者力图在一个更深的层面对民族地区文化资源的开发路径展开研究。研究表明：文化价值取向的条件收敛性构成了文化资源开发的必要条件，为此，根据收敛性的强弱可进一步细分出两种不同的文化资源开发路径。对于强收敛性的文化资源，主要以市场机制为主进行开发；对于弱收敛性的文化资源，通过构建文化资源开发的前台与后台，可以实现文化资源开发与保护的并举。

1092 我国农民工就业存在的问题及对策研究

发表时间及载体：新疆农垦经济 2011 年第 3 期

作　　者：汪慧玲

简　　介：中国农村劳动力流动是伴随中国社会转型和经济体制转轨时期出现的重要经济现象。被称为"农民工"的流动人口为中国经济发展贡献了巨大的力量，但国际金融危机的影响使得中国从出口导向向内需拉动转型，由此解决农民工就业问题更显迫切。本文通过系统分析农民工就业所呈现出的特点及目前面临的结构短缺、分层分化等就业问题，提出相关对策建议。

1093 晚唐凉州节度使考

发表时间及载体：敦煌研究 2007 年第 6 期

作　　者：李军

简　　介：由于史书记载简略，长期以来学术界对晚唐时期凉州节度设置的具体情况存在一定的分歧。本文利用敦煌文献等资料，进一步证明了史书中关于唐政府设置凉州节度的可信性，而且还对晚唐凉州节度使的人选及其任职时间做了具体的考证。

1094 企业应收账款问题的形成与解决对策

发表时间及载体：兰州商学院学报 2005 年第 21 卷第 4 期

作　　者：郭亚玲

简　　介：目前，不少企业在经营中，为了扩大销售，提升市场占有率，盲目采取赊销策略，从而造成了应收账款的长期挂账，总量逐年递增，企业虚盈实亏。本文对这一现象产生的原因及解决此问题的相应对策进行了分析。

1095 科学地对待马克思主义

发表时间及载体：社科纵横 2010 年第 2 期

作　　者：颜华东　景晓锋

简　　介：马克思主义是我们党和国家的指导思想，是全国各族人民共同奋斗的思想基础，对我们各项工作都具有重要的指导作用。但是，如何对待马克思主义不仅关系到各项工作的成败，也关系到党和国家的生死存亡。历史已经并将继续证明只有科学地对待马克思主义，才能不断丰富和发展马克思主义，才能将我们的各项事业不断引向胜利。

1096 社会学与社会教育

发表时间及载体：兰州大学学报（社会科学版）2001 年第 29 卷第 2 期

作　　者：李宝刚　赵利生

简　　介：如何搞好社会教育，引导社会协调发展，是当前摆在理论工作者面前的现实任务。本文从实证调查资料入手，运用社会学的视野、理论与方法对当前社会教育面临的困难、问题与出路进行了分析。

1097 社区党组织在社区治理中的角色探析

发表时间及载体：甘肃理论学刊 2007 第 6 期

作　　者：普登学　谢晓春

简　　介：社区建设的目标导向是构建多元的协同治理模式。社区多元治理主体的分工与合作，使社区党组织在社区中处理事务所需要的资源从单一的组织资源发展到需要通过调动组织资源、社会资本、经济资源以及政策资源等才能得以实现，这就要求社区党组织必须找准角色，明确定位，在实际工作上要采取各种有效的措施增强党组织的影响力和渗透力,充分发挥领导核心作用。本文从社区治理的含义及基本形态、社区党组织在社区治理中的功能定位、正确处理社区党组织与社区多元治理主体的关系三个方面,对社区党组织在社区治理中的角色进行了较为深入的分析。

1098 县长难为:民国时期县级官员的艰难处境——以甘肃省为例

发表时间及载体:西北师大学报:社会科学版 2009 年第 2 期,甘肃兰州

作　　者:尚季芳

简　　介:民国时期,县长在行使职权时受到多方掣肘,诸如地方军阀的控制、土豪劣绅的干预、更迭的频繁、行政经费以及薪水不足等因素的影响,县长在其任上很难伸展自如。由此执政往往敷衍应付,地方事务推进维艰,成为一个无效率的官员。本文以甘肃为例,试图对这一现象进行剖析,为民国时期地方社会失控、行政乏力提供另一个观察的视角。

1099 "中国模式说"值得商榷

发表时间及载体:学术界 2010 年第 4 期

作　　者:丁志刚　刘瑞兰

简　　介:近来"中国模式说"一时兴起,但这一说法值得商榷。人类社会发展中不存在某种固定的发展模式 发展经验不等于发展模式 中国模式说既不符合中国发展现实,又不符合中国迅速变化。

1100 提高我国刑事诉讼效率的思考

发表时间及载体:甘肃政法学院学报 2009 年第 2 期

作　　者:焦盛荣

简　　介:诉讼效率对于控制犯罪和保障人权具有重要的意义。就目前我国刑事诉讼效率状况而言,由于各种因素的影响,在司法实践中存在着许多与诉讼效率的要求相违背的情形,值得引起我们的注意。提高诉讼效率,尽量缩减诉讼成本。减少诉讼中的不必要的投入,最大限度地利用和优化配置有限的司法资源,建立高效率的诉讼成本机制,无疑应当成为今后我国刑事司法体制改革的努力方向。

1101 大学生信仰教育的突出问题与对策

发表时间及载体:思想教育研究 2010 年第 11 期

作　　者:王学俭

简　　介:信仰教育是关于世界观、人生观、价值观及理想和信念的教育,在我国对于青年学生的信仰教育就是马克思主义信仰教育。推动马克思主义信仰教育的创新与发展,化解信仰教育的矛盾。

1102 论企业多元化经营战略

发表时间及载体:甘肃社会科学 1999 年第 5 期

作　　者:刘瑞盛

简　　介:目前随着国有企业改革的深入,一大批跨地区、跨行业、跨所有制和跨国经营的大型企业集团已经形成,它们实施多元化经营战略也已屡见不鲜。现今世界 500 强企业,94% 都实行这一战略。多元化经营之所以成为世界各国企业发展的一种基本取向,有其客观必然性。

1103 飘零忧国杜陵老——作为心灵史载体的严羽诗歌

发表时间及载体:西北师大学报:社会科学版 2004 年第 4 期

作　　者：雷恩海

简　　介：严羽以诗论闻名于世，其诗歌则不大为人所重视。一般以为他的诗宗法盛唐，偏重于妙远。其实，作为一位杰出的理论家和诗人，作为一名爱国忧民的志士，严羽的诗歌是其心灵史的主要载体，比较集中地反映了他的思想和所处时代的风云。探讨其诗歌创作，对于理解严羽的诗学理论是有裨益的。

1104 中国特色社会主义理论体系的主题和内容结构探析

发表时间及载体：甘肃理论学刊 2010 年第 6 期

作　　者：王晓平

简　　介：理解中国特色社会主义理论体系的重点和难点在于把握其理论主题与内容结构。中国特色社会主义理论体系的理论主题是发展中国特色社会主义，围绕这一理论主题，中国特色社会主义理论体系形成了由理论原则、理论主题、基本理论、具体理论和观点组成的内容丰富的逻辑结构。

1105 防范油气资源产业环境灾害的对策建议

发表时间及载体：环境保护 2009 年第 4 期

作　　者：郭志仪

简　　介：在中国经济高速发展过程中，油气资源产业在中国发挥着极其重要的作用，同时在污染环境、引发环境灾害方面具有不可低估的影响，防范油气资源产业环境灾害对中国经济实现又好又快发展具有十分重要的意义。本文在分析环境灾害的一般特点的基础上阐述了油气资源产业引发的环境灾害，并从可持续发展的视角提出防范环境灾害的对策建议。

1106 浅谈多媒体技术运用于音乐教学中的优势

发表时间及载体：甘肃高师学报 2012 年第 2 期

作　　者：张翰玉

简　　介：在介绍媒体技术特征的基础上，分析了多媒体技术运用于音乐教学的优势，以期对多媒体技术运用到音乐教学的实践有所帮助。

1107 中亚文化语境中的东干口歌口溜

发表时间及载体：西北师大学报：社会科学版 2006 年第 1 期

作　　者：常文昌

简　　介：对东干口歌口溜概念的内涵作了界定，考察了中亚文化语境中东干口歌口溜的特殊作用及其意义，探讨了其独特的文化价值及民族特点，同时，对东干口歌口溜与中国西北谚谣的传承关系作了比较研究。

1108 人权与宪法关系刍议

发表时间及载体：甘肃理论学刊 2002 年第 4 期

作　　者：岳海湧

简　　介：宪法与人权有着密切关系，人权是宪法的灵魂和核心内容；宪法是人权思想的产物，是人权保障书。实施宪政即是实现人权。人权与宪法的关系可从其产生、普及、社会化、新的发展时期四阶段加以认识。

1109 地方保护主义的危害及其应对策略

发表时间及载体：兰州大学学报（社会科学版）2001 年第 29 卷第 4 期

作　　者：刘正海　赵更吉

简　　介：指出地方保护主义是我国社会进步、经济发展中存在的一大弊端，它严重地阻碍、甚至破坏社会主义市场经济的正常动作，干扰社会的安定团结。这种不顾全局、危害国家和人民利益的作法几乎渗透到了各个部门和行业，对大多数干部来说，它绝非是简单的思想认识问题，而是在认识问题庇护下的犯罪活动，应毫不手软地予以严肃处理。

1110 对甘肃省农村以土地为核心的社会医疗保障的现实调查和反思

发表时间及载体：甘肃政法学院学报2005年第3期

作　　者：赵蓉

简　　介：本文通过对甘肃省农村几地社会医疗保障现状及土地医疗保障能力的抽样调查与分析，揭示了西部农村土地在有效防范农民医疗风险方面能力有限，且有逐渐弱化趋势的问题。且就该问题从国家制度缺失、财政投入不足、医疗救助手段的匮乏等方面进行了深入反思。指出在当前甘肃农村，正确认识土地医疗保障能力，将对广大农户参加合作医疗产生积极的影响，有助于甘肃农村合作医疗制度的推广。同时，就如何建设适合甘肃农村的合作医疗制度的新机制，笔者从模式类型的选择、资金筹集与管理、非正式安排、地方立法安排等方面提出了对策。

1111 兰州牛肉面的经济学味道

发表时间及载体：经济学家茶座2008年第3期

作　　者：高新才

简　　介：世界上很难再寻找出这样一种食品，穿过不算漫长的历史走廊，遍布在一方水土的大街小巷，深刻地影响着一个城市的日常脉动，扯动着千家万户的大事小情，成为一道极富冲击力的民生风景。这就是"地球人都知道"的兰州牛肉面。作为兰州最具

特色的大众化经济小吃，一碗牛肉面，俘虏了难调众口，弥漫在大街小巷的，永远有那股独特的牛肉面的清香。有"瓜果之城"美誉的兰州，其实更应称为"牛肉面之城"。

1112 翻译中的文化意识

发表时间及载体：甘肃联合大学学报：社会科学版2009年第5期

作　　者：魏双霞

简　　介：作为跨文化交际的桥梁，语际间的翻译正起着不可替代的作用。每一种语言都从文化中获得生命和营养。所以我们不能只注意如何将一种语言译成另一种语言，而要力求表达两种文化思维方式与表达情感方面的习惯。因此，翻译不仅仅是语言文字转换形式，更是不同文化的移植活动．翻译所涉及的不仅是两种语言，更是两种文化。译者不仅要掌握两种语言，还必须熟悉两种文化，以期作出更好译文。

1113 童真世界的浪漫诗吟——钟代华儿童诗创作论

发表时间及载体：重庆文理学院学报：社会科学版2009年第28卷第6期

作　　者：李利芳

简　　介：钟代华的童诗创作可以分为三个阶段：早期聚焦于田园梦想童年形态，以乡土与自然中的童年情境为诗意审美的主要源泉 中期将艺术表现转向对儿童生命成长进程的关注，以孩子广阔的内宇宙的精神思想事件为迸发诗情的主要原料 近期创作延续中期的美学追求，但思想意涵与表现容量都较此前有明显的扩展与深化。

1114 税收激励对外国直接投资的影响研究

发表时间及载体：宁夏大学学报：人文社会

科学版 2008 年第 6 期

作　　者：高新才

简　　介：外国直接投资 (FDI) 对东道国经济增长有显著贡献这一点在理论上已经得到广泛认同，因此世界各国竞相出台税收激励政策吸引 FDI。国内外文献对税收激励在跨国公司时外投资决策中的影响以及有效性没有一致的结论。实践中，政府使用的税收激励工具是否有效，决定于多种因素，包括本国的投资环境、跨国公司的特征与动机、母国的税收政策等。许多国家的经验表明，税收激励是成本很高的促进投资方式。影响外国直接投资的因素很多，激励措施只是其中之一，因此政府还应着力改善基础设施、完善制度环境、提高人力资本等。

1115　甘肃的创业环境分析

发表时间及载体：甘肃理论学刊 2006 年第 2 期

作　　者：李宏源　陈福来

简　　介：本文运用现代创业理论对甘肃省创业环境中的各要素进行了认真分析。通过研究我们发现，甘肃有利的创业环境因素主要集中在硬环境因素方面，不利的创业环境因素主要集中在软环境因素方面。这为我们如何进一步完善创业环境指明了方向。

1116　区域全要素生产率的估算及其对地区差距的贡献

发表时间及载体：数量经济技术经济研究 2010 年第 5 期

作　　者：李国璋

简　　介：基于 1978—2007 年的省级面板数据，本文利用变技术进步参数的固定效应模型估计了我国的资本产出弹性，并根据索洛余值法测算了各省历年的 TFP 水平，同时对劳均产出差异进行了方差分解。结果表明：

人力资本在我国经济增长中发挥着越来越重要的作用 要素投入差异是我国地区差距的主要决定因素，但是其贡献程度自 20 世纪 90 年代以来逐渐下降，而全要素生产率的作用则不断提高，将成为未来地区差距的主要决定因素。此外，本文还发现全要素生产率与要素投入的正交互作用对地区差距的影响越来越大。

1117　智力因素对中国大学生外语学习影响的实证研究

发表时间及载体：甘肃联合大学学报：社会科学版 2006 年第 22 卷第 4 期

作　　者：王惠洁

简　　介：国内外许多学者对智力因素对外语学习的影响做了大量的探讨与研究，但是讨论结果却不尽一致。针对这种情况，本文侧重研究智力因素对课堂教学条件下的中国大学生的外语学习有无显著影响。本文通过随机抽取兰州大学 14 个院二年级的 100 名学生进行智商测试，并以他们在第二学期的英语四级考试成绩作为外语学习效果的参照，用 SPSS11.5 对所得数据进行量化分析。结果表明，智力因素对我国大学生外语学习有显著影响。并在此基础上提出对外语教学的启示。

1118　西部民族高校教师教育技术应用现状调查与分析

发表时间及载体：电化教育研究 2007 年第 10 期

作　　者：焦道利

简　　介：随着西部高校校园网工程的实施，西部民族高校的信息化教学环境得到了质的改善。本文从实际调研出发，详细分析了目前西部民族高校教师在教学活动中教育技术的应用状况以及存在的问题。提出从转变观念、建设特色资源、改革教学模式、鼓励应用、完善管理等几个方面来改善教育技术的应用现状。

1119 基于城市更新的城市转型问题探讨

发表时间及载体：商业时代 2011 年第 32 期

作　　者：郭翠花　刘鹏飞

简　　介：以甘肃省兰州市 2005 至 2010 年间城市更新区域为研究对象，通过高精度卫星图像与实地调查相结合，基于统计数据分析兰州城市更新特点，研究城市转型过程与存在的问题。研究结果表明兰州城区处于外部扩展与内部更新并存的高速发展阶段。外围城区更新快，存在大量连片更新区域，内城以点状更新为主。住宅用地与工业用地更新绝对数量大，城市发展的中心正在从工业转向第三产业，城区工业外迁趋势明显，转而以第三产业填补工业外迁后的城区经济发展空白。城市更新过程中存在以地产与经营导向为主，文化导向不足，以及外围城区公共服务资源更新落后于经济发展的问题。

1120 宋代杂剧与两宋党争简论

发表时间及载体：郑州大学学报：哲学社会科学版 2012 年第 45 卷第 1 期

作　　者：庆振轩

简　　介：现存文献中的宋代杂剧片断，具有鲜明的时事剧特色，较为集中地反映了关乎国家民族兴衰存亡的两宋党争，从一个独特的角度为我们研究历史和戏剧艺术提供了便利。

1121 从汉简看两汉时期量词的发展

发表时间及载体：敦煌研究 2008 年第 4 期

作　　者：肖从礼

简　　介：通过对敦煌、居延、悬泉和尹湾等汉简中的 89 个量词进行研究后，可以看出个体单位量词的大量涌现、度量衡单位量词和时间单位量词的相对稳定以及动量词的出现是两汉时期量词发展的三个主要特点。据此可认为两汉是古汉语中量词发展的一个重要时期。

1122 汉代法制转型中的宗教因素

发表时间及载体：西北师大学报：社会科学版 2004 年第 2 期

作　　者：马克林

简　　介：法律与宗教、道德等作为社会控制的重要手段，在历史上经历了由混合到分离的嬗变过程。在西汉中期的法制转型中，随着儒家学说定于一尊，被囊括在儒家思想之中的宗法性宗教对汉代法制产生了直接影响，赋予法律以神秘的力量，使汉代法制具有宗教性特征。

1123 全国高校马克思主义理论学科研究会第 14 次学科论坛综述

发表时间及载体：思想理论教育导刊 2013 年第 11 期

作　　者：王学俭

简　　介：为深入贯彻学习党的十八大精神，推进社会主义核心价值体系建设，推进社会主义核心价值观培育和践行，加强马克思主义理论学科建设。

1124 毛泽东评《金瓶梅》的问题视域

发表时间及载体：菏泽学院学报 2009 年第 31 卷第 3 期

作　　者：张同胜

简　　介：毛泽东关于《金瓶梅》的阐释都是把时代性的问题视域作为他理解的"先有结构"而产生的，这一新的文学意义的生成是他的问题视域与小说本文视域融合的结果。这就说明了理解和阐释不仅受小说文本之规定性的影响，而且也受时代性问题视域的影响，问题视域决定了理解的何所向，二者的视域融合生成了此在的文学意义。

1125 当代视野下的"现代性"解读——浅析卢前文学思想中的现代因素

发表时间及载体：甘肃高师学报 2012 年第 1 期

作　　者：李晓梅

简　　介：卢前是一位在二十世纪三四十年代产生重要影响的学者。接受新式教育的他能够在研究中自觉运用中西文化比较研究的方法，更加注重研究的科学化、体系化，因而取得了许多实绩。研究卢前的思想流变对我们全面考察中国文化的"现代性"进程、更加全面地认识中国文学现代化转变的复杂性和多样性有一定帮助。

1126 构建西部开发的科技支撑体系

发表时间及载体：甘肃理论学刊 2001 年第 5 期

作　　者：谢俊春

简　　介：西部开发必须走"科技兴西"之路。西部地区科技与经济相脱节，科技力量游离于企业之外，科技成果转化率低于全国水平，制约了西部的腾飞。因此，要积极推进西部地区科研院所的改制工作，加速科研院所向企业化转制，提高西部高校科技创新能力，服务于西部地区经济和社会发展，把西部地区的企业培养成科技创新主体，完成开发西部、振兴西部的历史重任。

1127 敦煌壁画舞蹈"S"形肢体符号研究

发表时间及载体：敦煌研究 2008 年第 2 期

作　　者：曹佳坞

简　　介：本文从舞蹈学的视角，尝试分析敦煌壁画舞蹈 S 形肢体符号、运动形态及形成动因，进而探讨 S 形舞蹈的空间制约性及敦煌壁画舞蹈语言的衍化与融合。

1128 基于户籍制度视角的农村劳动力返流现象分析

发表时间及载体：西北人口 2012 年第 1 期

作　　者：郭志仪

简　　介：在城市化快速发展过程中，农村劳动力返流现象受到社会各界的关注。基于当前劳动力返流的现状从户籍制度的视角分析我国劳动力返流的演进历程，建立农村劳动力返流的理论分析框架．并且解析户籍制度政策效应对农村劳动力返流的影响，最后从减少返流与安置两个角度提出应对我国农村劳动力返流的对策建议。

1129 从社会公平的层次看社会不公平的累积与放大——对中国社会不公平现象加剧的一种认识

发表时间及载体：甘肃理论学刊 2002 年第 2 期

作　　者：曹子坚

简　　介：社会公平的内容，包括具有明显递进性质的五个层次，即人格公平、机会公平、交易公平、分配公平和心理感受公平。与此相对应，社会不公平的内容也呈现出五个层次。中国社会不公平现象加剧的原因，就在于社会不公平的层次性累积和放大。

1130 唐代家庭财产的法律继承和遗嘱继承

发表时间及载体：甘肃政法学院学报 2005 年第 1 期

作　　者：李润强

简　　介：隋代以来的析籍政策将大家族、

大家庭解体为家庭、小家庭，随之而来的是大范围的分家析产。唐代初期，为了确保国家的赋役，防止百姓借合户析户逃避纳赋服役，唐王朝先后制订了与解决这些问题有关的分家析产政策，终于催生了一套户令为中心、实际可行的分家及家产继承法令，这是中国历史上第一部成熟的相关法令。同时，这些政策、法令的施行，又为家产的遗嘱继承提供了可能，家产预分开始得到人们的重视。家产的遗嘱继承，既依照分家及家产继承法令，也突出了家长对财产的处分权和子孙的析产愿望。至唐代中晚期，以遗嘱继承为主要形式的家产预分，成为分家析产的重要方式。

1131 汉晋赋管窥

发表时间及载体：甘肃社会科学 2003 年第 5 期

作　　者：赵逵夫

简　　介：论文就汉、晋时代几篇赋佚文的辑录、认定、归并和篇名问题等进行了严密的考证论述。考定此前所谓东方朔旱颂为贾谊旱云中的文字，崔骃武赋佚文实即崔骃武都赋中佚文，该赋写了一个古老的少数民族的活动中心；论证了蔡邕所协和婚赋协初赋实为一篇，篇名应协初赋；团扇赋圆扇纨扇赋本为一篇等。纠正了以往学界认识上的错误。此外，或对原文进行恢复，或增补佚文，或揭示其艺术上之特色，俱有助于对这一时期赋创作及有关作家之认识。

1132 觉醒游戏理论对幼儿园多媒体教学的启示

发表时间及载体：电化教育研究 2005 年第 11 期

作　　者：郑名

简　　介：运用现代教育技术促进教学改革已经成为广大教育工作者的共识，但目前人们关注较多的是幼儿教师是否应用了现代教育技术，而较少从理论上考虑现代教育技术的应用是否恰当以及有效性问题。本文从觉醒游戏理论的角度，阐明了环境刺激与幼儿的自我平衡机制是维持机体觉醒状态的机能双翼，分析了外界刺激与幼儿主体的关系，提出激发幼儿的内部动机、重视教学内容和媒体表现形式的合理性是有效应用现代教育技术的重要因素，为幼儿园多媒体教学的实施与改革提供一条思路。

1133 沙沟总管设置与清代循化厅所辖藏区族群政策

发表时间及载体：史学月刊 2012 年第 12 期

作　　者：杨红伟

简　　介：清朝在"中外无别""华夷一家"民族观指导下，继承与扬弃前代少数族群羁縻制度，实施流官监领下的土官有限自治。这对维护多族群国家的统一与缓和族群冲突起到了积极作用。然而，由于清朝在羁縻制度框架内大力推行少数族群分立与制衡政策，不仅阻碍了区域社会内族群认同的整合，还加剧了区域社会内部的紧张关系，为持续不断的族群内部冲突埋下了祸根。1875 年沙沟总管的设置，既为观察清代少数族群治理的分立与制衡政策提供了一个动态的过程，也提供了一个便于观察的动态场景。

1134 兰州市流动人口调查报告

发表时间及载体：西北民族研究 2006 年第 3 期

作　　者：马忠才　郝苏民

简　　介：本文在大规模问卷调查基础上，对兰州市流动人口的民族构成、结构特征、生活、就业状况及其社会互动关系等内容进行了逐一描述、归纳，对目前出现的有关表象作出了分析和评述。

1135 西部民族地区经济发展的现状与思考

发表时间及载体：西藏大学学报 2011 年第 26 卷第 1 期

作　者：高新才

简　介：西部民族地区整体经济发展水平不仅滞后于全国平均水平，而且大大低于东部地区。恶劣的生态环境，保守的思想观念，落后的农业经济，素质较低的人口构成了西部民族地区经济发展的障碍。为促进西部民族地区经济发展，合理的对策思路有：生态环境建设与保护；转变思想观念，鼓励创新思维；发展现代农牧业，实行多样化经营；发挥地缘、人缘优势，发展边境贸易；发挥旅游资源优势，大力开发旅游产业；重视人力资本投资，鼓励科技制度创新。

1136 两汉时期官吏的致仕制度

发表时间及载体：温州大学学报：社会科学版 2011 年第 24 卷第 2 期

作　者：张艳玲　李锋敏

简　介：我国先秦时期就已经存在官吏致仕的现象，西汉时期官吏致仕制度正式形成。致仕制度既是汉代官吏制度的重要组成部分，也是汉代养老制度中的一项重要内容。汉代官吏致仕的主要原因是高龄导致的身体状况不佳。汉代官吏致仕，形式上是主动退休，实质上是在礼俗和制度约束下的被动退休。汉代官员致仕后回家养老的基本费用得到保障，保证其晚年生活无后顾之忧。而且很多官员受到政治礼遇，可以继续发挥余热。汉代官吏致仕后死亡时也享有一定的丧葬待遇。

1137 论唯物质主义

发表时间及载体：西北师大学报：社会科学版 1998 年第 1 期

作　者：刘笑平

简　介：唯物质主义是指把对物质的获取、占有和消费作为人生唯一目标的价值观念。这种价值观念的主要危害是：资源和生态体系承受巨大压力并遭到破坏，人们生活质量的提高受到限制，精神文明建设也大受影响。鉴于此，应遏制唯物质主义。应采取的主要措施为：生产者和消费者确立新的经济伦理观念，政府发挥其调控作用，思想界大力肃清唯物质主义的有害影响等。只有如此，才能防止唯物质主义的滋生蔓延，并有力地促进经济发展和社会进步。

1138 我国农村民间金融法律制度创新研究

发表时间及载体：兰州学刊 2010 年第 12 期

作　者：王肃元

简　介：农村民间金融内生于农村经济发展的客观需要，对弥补正式金融制度供给的不足和解决三农问题提供了新的路径。农村民间金融有不同于城市金融的特殊性，而这些正是研究该制度存在、发展和变革创新的基础。农村民间金融法律制度创新是农村金融制度改革的必然要求，对此必须在遵循一定原则的基础上，进一步明确其法律地位，规范其与正规金融的公平竞争关系，加强宏观调控，建立有效的监管体制，从而促进农村民间金融的健康发展。

1139 落后地区发展市场经济中的若干矛盾与社会犯罪

发表时间及载体：甘肃社会科学 1999 年第 4 期

作　者：张谦元

简　　介：建立社会主义市场经济体制，积极推进经济增长方式转变，必将极大地促进落后地区经济的振兴和社会各项事业的蓬勃发展。同时，经济体制的嬗变又会促使新的矛盾和新的问题的产生，而某些矛盾的产生对社会犯罪的滋生具有不可低估的影响，亦即在发展过程中各种矛盾相互作用将会导致社会犯罪在一个时期内的大量发生，这在某种程度上又会阻碍经济的发展。因此，对于落后地区来说，要保持经济社会的全面稳定协调发展，注重各类矛盾的化解，并正确认识和有效地防范社会犯罪就显得十分重要。

1140 论上市公司会计政策对信息披露的影响

发表时间及载体：兰州商学院学报 2004 年第 20 卷第 1 期

作　　者：雒京华

简　　介：文章就上市公司如何从会计政策入手，运用会计的职业判断，提高会计信息披露的质量这一问题进行了探讨。

1141 论利益博弈机制的制度化对于保障公共利益的作用

发表时间及载体：社科纵横 2010 年第 1 期

作　　者：达昱岐

简　　介：本文首先阐述了利益博弈机制的制度化和公共利益的保障之间的联系，同时对我国目前利益博弈机制制度化的现状及其在公共利益保障的过程中出现的问题进行了分析。阐明了利益博弈机制的制度化对于保障公共利益的重要性。

1142 明确少数民族事业内涵，重构"十二五"建设重点

发表时间及载体：西北民族大学学报：哲学社会科学版 2012 年第 2 期

作　　者：祁永安

简　　介：少数民族是我国一个独特的发展单元。推进少数民族事业的发展，需要进一步明确少数民族事业的内涵。根据其内涵，"十二五"所面临的形势与任务和我国少数民族地区的实际，制定其发展重点。本文应用区域发展规划一般理论，重构了我国少数民族事业"十二五"发展重点，可为政府部分制定规划提出决策参考。

1143 论我国政府统计调查的归一化管理

发表时间及载体：兰州大学学报 (社会科学版)2002 年第 32 卷第 3 期

作　　者：樊元

简　　介：实施政府统计调查的归一化管理是确保我国政府统计信息质量的有效途径。在我国现阶段实施政府统计调查的归一化管理既具有必然性，又具有可行性，更具有现实意义。

1144 甘肃河西河东城乡男女居民攻击性调查研究

发表时间及载体：兰州工业高等专科学校学报 2011 年第 18 卷第 1 期

作　　者：张海钟　张小东

简　　介：以甘肃省为例，探讨不同区域居民的攻击性状态。采取分层抽样的方法，抽取甘肃省 11 个市域成人居民为调查对象，运用攻击性问卷 (AQ) 进行测量。结果表明，甘肃居民的攻击性都不高，但其攻击性倾向却普遍存在，且攻击性的表现形式多以言语攻击和敌意认知为主；男性的身体攻击、言语攻击显著高于女性，女性的愤怒情绪显著高于男性；农民的攻击性各维度及总分均显著高于市民；河东居民的身体攻击和攻击性总分显著高于河西居民；文化程度低的居民

身体攻击、愤怒情绪和攻击性总分均显著高于文化程度高的居民。同时指出区域是影响攻击性的重要因素。

1145 浅析陆贾对汉代儒家思想发展的推动

发表时间及载体：青年文学家 2012 年第 11 期

作　　者：朱永胜　王新霞

简　　介：陆贾是汉代第一个提倡大力发展儒学的思想家。他提出儒家思想为适应社会发展应做出调整，调整的过程中应有选择地吸收法家、道家和阴阳家的思想，使儒学的发展为统治者所关注。陆贾不仅为儒学在汉初的复兴立下了汗马功劳，并且为儒学在汉代的发展指出了方向。

1146 论中国本土心理学研究的几个问题

发表时间及载体：当代教育与文化 2012 年第 4 卷第 1 期

作　　者：王晓丽

简　　介：世界心理学正面临着本土化议题的不断挑战，随着西方主流心理学解释力的下降以及与生活现实问题的相互分离，心理学界正在呼唤心理学本土化，中国心理学也顺应时代潮流，加入了心理学本土化改革的大潮中。以中国传统文化为中国心理学研究的框架，开展中国本土心理学研究，将中国心理学赋予中国的文化内涵，将是中国本土心理学研究的应有之义，也是中国本土心理学研究的未来取向。

1147 基于"合作剩余"的西部资源型产品最终加工原产地化路径研究

发表时间及载体：安徽农业科学 2011 年第 22 期

作　　者：苏小敏　张永

简　　介：2010 年甘肃省社科规划项目从公共治理视角出发，对西部资源型产品最终加工原产地化的运行模式进行研究，提出了"合作治理"的新模式，并对其运行机理进行了分析。

1148 西海固精神的负载者——论石舒清笔下的女人

发表时间及载体：民族文学研究 2011 年第 6 期

作　　者：马梅萍

简　　介：石舒清的作品善于刻画女人，他笔下的女人勤劳、内省、虔诚，成为西海固精神的承载者。这种精神即回族传统的伊斯兰教信仰和汉族传统的厚家恋土观念。赞母失父的潜在情绪构筑了西海固的群体人格：西海固如一个自尊的未成年人一样在忧伤中思索自我、探寻终极关怀。

1149 论大学文化及其养成

发表时间及载体：西北师大学报：社会科学版 2006 年第 3 期

作　　者：王利民　丁虎生

简　　介：大学文化是教师、学生和管理者共同传承和创造的精神成果的总和，是学校传统和学校作风的综合体现，是大学区别于其他社会组织的重要象征，是一所大学赖以生存和发展的重要根基和不竭动力，是大学的精神和灵魂。大学从本质上讲是学术机构，发展学术、追求真理、培养人才是大学的使命，因此，建设民主、科学、平等、高效的制度文化，是当前高校面临的迫切任务。行为文化是师生员工在学校所表现出的精神状态、行为操守和文化品位，它是学校精神、价值观和办学理念的动态反应 大学是一种特殊的环境，它既来自现实社会，服务于社会，又高于现实社会，因此，大学必须重视建设优良的环境文化，坚持以经过精心设计、改造的物质环境和经过选择提炼的精神环境熏陶学生，让整个校园环境起到潜移默化的育人作用。

1150 空间价值二元化：区域发展的空间演进特征

发表时间及载体：西北师大学报：社会科学版 2010 年第 1 期

作　　者：姜安印

简　　介：空间结构优化是一个在空间约束与限制下的空间选择问题，空间选择是自然选择和人为选择的共同结果。已有的空间理论一般都以空间要素的流动性、替代性为出发点，对空间要素的不可流动性和不可替代性与空间结构优化之间的关系重视不足，这两点恰好是发展对空间功能分割的现实依据。本文从中国发展的区域实践出发，提出了以空间价值二元化为基础的空间价值二元论，并在此基础上构建了空间结构优化分析框架。

1151 在山沟村民与神灵共娱的艺术世界里思考（一）——甘肃环县道情皮影表演仪式及其剧目举隅

发表时间及载体：西北民族研究 2009 年第 2 期

作　　者：杨静　郝苏民

简　　介：国家级扶贫的一个革命老区县，其首批国家级"非遗"代表作"道情皮影"红火不衰，足显其"文化遗产"的不菲。物质极度贫困，又何以保存、传承了传统民间文化的丰富？本文据近年数次田野工作，对所观察到的这一"事象"的生态与文化植被、生存与生活态度、神灵与人的谋略和智慧等，思考、描述，期以引发今天的我们对民俗学与人类学某些问题的联想，以挖掘一种深远意义的表述。

1152 伊玛目古筛勒及其影响

发表时间及载体：西北民族大学学报：哲学社会科学版 2012 年第 1 期

作　　者：潘世昌

简　　介：伊玛目古筛勒为伊历 5 世纪著名学者、苏菲大师，其代表作古筛勒《苏菲论集》在苏菲领域具有重大而深远的影响，它为其后的伊斯兰正统苏菲的登堂入室铺平了道路。伊玛目古筛勒的中和思想不但极大地影响了他之后的学者，而且对我们今天正确认识伊斯兰同样具有积极的意义。

1153 基于循环型生态农业基础上的兰州现代农业模式构建

发表时间及载体：甘肃理论学刊 2008 年第 4 期

作　　者：彭伟

简　　介：农业经济的落后已成为兰州市全面建设小康社会的主要制约因素。以发展循环型生态农业为切入点构筑现代农业新模式，实现农业内部各产业之间以及与之相关的其他产业间的互补与联功发展，是提升兰州农业发展水平，实现城乡统筹发展的必由之路。

1154 试论中晚唐时期的"銮舆播迁"

发表时间及载体：兰州大学学报（社会科学版）2005 年第 33 卷第 1 期

作　　者：张景平

简　　介：中晚唐时期，屡次出现皇帝因为各种危机而逃离长安即所谓銮舆播迁的现象。笔者通过具体分析指出，统治者素质的严重退化导致军事防御中一系列战略战术上的失误，而长安危急时的仓皇逃离又充分显示出其无能与怯懦；另一方面，统治者在仓皇逃离长安后却力求速为收复，其重要出发点是对长安财富与宫室的贪恋。正是基于这样的主观原因，统治者不顾关中经济残破、强敌侵逼的事实，继续定都长安并以政治权力维持其稳定与繁荣。这种定都格局，导致一系列连锁反应，对唐的灭亡乃至后世都产生了深远的影响。

1155 论历史上撒拉族的亲属制度及社会组织结构

发表时间及载体：西北师大学报：社会科学版 2001 年第 4 期

作　　者：高永久　徐亚清

简　　介：历史上撒拉族的舅权制度、阿格乃和孔木散形式、社区组织工等都是撒拉族社区存在过的亲属制度及正式、非正式社会组织形式。其对撒拉族群体的影响和作用值得研究、重视。

1156 新比较经济学四大学派的形成及其发展

发表时间及载体：经济学动态 2005 年第 12 期

作　　者：高新才

简　　介：20 世纪 80 年代繁荣一时的比较经济学因其内在的缺陷以及苏东巨变而在一夜之间陷入困境。但詹科夫、施莱弗等（DLLS，2003）认为："比较经济学不会消亡。从传统比较经济学的废墟上又浮现出了一个崭新的领域，我们称之为新比较经济学。"

1157 树立和落实科学发展观促进甘肃经济社会协调发展

发表时间及载体：甘肃行政学院学报 2005 年第 3 期

作　　者：徐守盛

简　　介：树立和落实科学发展观，首先要充分认识科学发展观提出的理论基础、基本内涵及其重大意义发展观是关于发展的本质、目的、内涵和要求的总体看法和根本观点，它不仅包括要发展，而且包括为什么发展和怎样发展的问题。

1158 我国行业协会发展的障碍分析

发表时间及载体：发展 2006 年第 11 期

作　　者：陆苏华　汪福俊

简　　介：我国行业协会发展的现状分析目前，我国的行业协会以三种形式存在：自上而下的行业协会、自发的行业协会和中间型的行业协会。自上而下组建的行业协会就是官方行业协会，自发的行业协会就是企业自发组建的行业协会。

1159 西部地区工业污染治理效率评价研究

发表时间及载体：开发研究 2010 年第 4 期

作　　者：聂华林

简　　介：本文基于 2001—2008 年西部 11 省（自治区、直辖市）的面板数据，利用 DEA 方法和 Malmquist 生产率指数测算了西部地区工业污染治理的静态效率和跨期动态效率变化。结果表明，西部工业污染治理存在 32.6% 的投入资源浪费；从动态上看，西部地区工业污染治理的全要素生产率平均提高了 8.3%，其提高主要是技术进步带来的贡献，而技术效率变化不但没有贡献，反而在一定程度上降低了工业污染治理的效率水平。

1160 论现代远程教育在高等教育自学考试中的作用

发表时间及载体：电化教育研究 2004 年第 6 期

作　　者：王爱兰　金东海

简　　介：应用现代远程教育手段是高教自考实现手段现代化的必由之路。本文对现代远程教育在高教自考中的作用进行了探讨，认为高教自考要实现可持续发展，就必须走现代化、信息化和网络化的道路，这是高教自考改革与发展的必然选择。

1161　音乐教育目标系统阐释

发表时间及载体：西北师大学报：社会科学版 1999 年第 3 期

作　　者：康建东

简　　介：音乐教育目标系统是一个在教育总目的和艺术教育目的控制与制约之下的、富有逻辑层次和严格顺序的、呈金字塔结构的系统存在。音乐教育目标系统的构建，使课程计划、教材编写、教学评价和管理有了实际依据，使音乐教育行为过程更具规范性和严谨性，同时，也为音乐教育理论研究提供了较清晰的范围。

1162　布里恩·汉德森关于电影叙事时间的理论浅议

发表时间及载体：电影文学 2012 年第 1 期

作　　者：刘文江

简　　介：布里恩·汉德森关于电影时间关系的论述是建筑于法国叙事学家热拉尔·热奈特的原创性文学叙事理论基础之上的。他所建立的这一理论体系包括电影时间的次序、持续性以及频率。在汉德森看来，电影在其经典叙事时期受到了小说艺术的影响，但是在其现代叙事期，电影发展出了一些自身独有的技巧与手段，产生了自己的体裁独特性。最终这也意味着电影成为和现代主义小说能够平等对话的独立艺术体裁。

1163　旅游经济发展的客观条件

发表时间及载体：兰州学刊 1981 年 1 月

作　　者：武文军

简　　介：所谓旅游经济是指投入旅游过程的人力、物力和财力，表现在价值上是指直接服务于旅游事业的收入和支出。专门的旅游事业是近代、现代社会发展起来的一门新兴事业。

1164　论我国的民族意识研究

发表时间及载体：西北师大学报：社会科学版 1999 年第 4 期

作　　者：王万盈

简　　介：20 世纪 80 年代以来民族理论学界在民族意识的内涵、层次性结构、功能、特点、调控研究等方面取得了较大进展。但由于研究起步晚，学科综合性强，因而出现了方法论误区、概念界定误区、民族意识与民族共同心理素质或民族心理关系的误区、民族意识与民族自我意识关系的误区以及个体民族意识与群体民族意识关系的误区，需要反思和调整。此外，学术界在今后的民族意识研究中还应加强对几个盲区的研究。

1165　网络境域中马克思主义大众化传播模式的构建

发表时间及载体：电化教育研究 2011 年第 9 期

作　　者：苏星鸿

简　　介：在分析网络境域中马克思主义大众化传播主体、受众、传播介质和传播信息关系的基础上，构建了以传播者互动式为取向的模式、以传播介质多样化为取向的模式、以传播信息平民化为取向的模式，使网络成为马克思主义大众化的坚实阵地。

1166 资源节约型城市评价指标体系及方法研究

发表时间及载体：甘肃社会科学 2011 年第 6 期

作　　者：康玲芬　赵有翼

简　　介：资源节约型城市建设是缓解资源供需矛盾，保障国家经济安全和实现城市经济持续发展的必然选择，也是推进和谐社会建设的必要途径。构建科学合理的资源节约型城市评价指标体系及方法是资源节约型城市建设的基础工作。本文提出了四层次（含35 项指标）的资源节约型城市评价指标体系以及涉及资源节约度和资源节约综合指数的评价方法。这对科学评估和有效指导资源节约型城市建设具有重要意义。

1167 厄罗斯的非现实化与现实化的厄罗斯——马尔库塞的弗洛伊德人的概念的过时性解析

发表时间及载体：西北师大学报：社会科学版 1999 年第 3 期

作　　者：张和平

简　　介：马尔库塞的弗洛伊德人的概念的过时性理论，并非是指弗洛伊德的理论已经过时，而是指社会现实的异化程度更趋严重，人与社会现实已经一体化了。马尔库塞的过时性正是在这个意义上表述的。不仅如此，在马尔库塞看来，弗洛伊德的厄罗斯理论是实现社会解放的哲学基础，这就清楚地表明，马尔库塞晚期的、独立的哲学思想是奠基在弗洛伊德主义基础上的。

1168 为什么利率下调却储蓄不减——兼论经济分析的综合方法

发表时间及载体：甘肃社会科学 1999 年第 3 期

作　　者：田秋生

简　　介：自 1996 年以来，中国人民银行连续六次下调金融机构存贷款利率。第一次和第二次分别是 1996 年 5 月 1 日和 8 月 23 日。第三次是 1997 年 10 月 23 日。第四次、第五次和第六次分别是 1998 年 3 月 25 日、7 月 1 日和 12 月 7 日。以一年期定期存款为例，1996 年 5 月 1 日调整前，利率为 10.98%，1998 年 12 月 7 日第六次下调之后的利率即现行的利率为 3.78%。三年下调 7.20 个百分点，下调幅度为 65.6%。仅 1998 年三次下调，就达 1.89 个百分点，下调幅度为 33.3%。存款利率的下调，除了主要是为了配合贷款利率的下调以外，还有减少居民储蓄，鼓励居民消费，启动消费市场的考虑。

1169 解体后俄罗斯爱国教育体系的重构及其特点

发表时间及载体：西北师大学报：社会科学版 2008 年第 1 期

作　　者：韩莉

简　　介：苏联解体后，以马克思主义意识形态和政治理论为基础的传统价值体系随之崩溃，传统的爱国主义思想价值在俄罗斯遭遇了前所未有的贬值，公民道德基础被破坏，国民的整体素质下降，国家安全面临潜在的威胁。青年是国家的未来，是国家复兴大业的基础，建立健全现实可行的青年一代社会化机制势在必行，其中重构一个以爱国主义为核心的科学民主的思想教育体系尤为迫切和重要。与前苏联的思想教育体系相比，新的体系在内容上更为科学和完善，在形式和方法上更为多样。

1170 维果茨基的认知发展理论及其对教育的影响

发表时间及载体：西北师大学报：社会科学版 2004 年第 6 期

作　　者：王光荣

简　　介：维果茨基是 20 世纪最具影响力的心理学家之一。20 世纪初维果茨基提出的认知发展理论给西方教育思想带来了强有力的冲击。美国著名心理学家布鲁纳根据维果茨基认知发展理论提出了支架式教学的教育模式。基于维果茨基认知发展理论还引申出了一些新的教学观念，这些均对当代西方教育理论与实践产生了重要而深远的影响。

1171 非母语学习中非知识因素的影响

发表时间及载体：兰州交通大学学报 2011 年第 30 卷第 2 期

作　　者：张军民　何亚军

简　　介：语言学习的知识因素对语言学习者的影响是非常重要的。而多种语言的学习，使语言学习者出现非母语学习的诸多接受困难，其中，非知识因素的影响是不容忽视的一个重要方面，语言获得动机的影响、学习者心理因素的影响以及非主观因素的影响都对非母语学习者的学习状态存在着决定性的意义。因此，探讨非语言因素的影响对非母语学习者有积极的帮助作用。

1172 汉字构形的义摄和汉语语法的神摄

发表时间及载体：汉字文化 2006 年第 6 期

作　　者：张建民

简　　介：汉字构形和汉语语法的关系是非常密切的。以前这方面的研究，或者像古代的小学家那样，着眼于汉字构形的原理，或者像传统的语法学家那样，留意于汉语语法的特点。近年来，人们将研究转向汉字文化和汉语语法的人文性，取得了很大成绩，但很少将汉字构形和汉语语法系联起来，寻绎其深层通约性。本文拟在这种系联上作一点

讨论，以求教于方家。

1173 MOOCs 背景下我国高等教育教学模式的变革与创新

发表时间及载体：电化教育研究 2014 年第 35 卷第 4 期

作　　者：焦炜

简　　介：正在席卷全球的 MOOCs 潮流，是一场极其深刻的教育创新与学习革命，将推动大学课程体系和学习方式步入信息时代，迫使大学重新审视自己的价值与使命，重塑开放包容的大学精神与文化，并对传统大学改进教学与创新发展产生重大和深刻的影响。然而，MOOCs 在表现出大规模、专业化、开放性、学习的自由度与灵活性等基本特征与优势的同时，其发展也面临着教学模式、学习评估、证书认可及商业模式等问题的挑战。因此，积极开发国内 MOOCs 课程，强化国际合作，充分发挥大学传统教学和 MOOCs 教学的优势，创新学习评价理论与方法以及推进 MOOCs 课程认证体系建设，是 MOOCs 背景下我国高等教育教学模式的变革与创新的核心内容与基本方向。

1174 影响力系数、感应度系数与主成分分析方法比较研究——以甘肃省产业关联度为例

发表时间及载体：甘肃社会科学 2010 年第 4 期

作　　者：金梅

简　　介：影响力系数和感应度系数是常用的评价产业部门拉动作用和推动作用的方法，但其方法所反映的客观事实存在一定的缺陷。本文以甘肃省为例，利用影响力系数和感应度系数分析方法及主成分分析方法对甘肃各产业相互关联程度进行比较研究，从而确定甘肃省未来的主导产业，为甘肃省产

业规划提供一定的理论依据。

1175 从牧民到农民——对甘肃裕固族黄土坡—双海子移民项目村的一项人类学考察

发表时间及载体：西北民族研究 2007 年第 4 期

作　　者：江波　赵利生

简　　介：肃南是甘肃省重要的牧业基地之一，但近年来伴随着生态环境恶化，西部裕固族生产与生活面临困难与问题，生态移民成为政策选择的重点。文章以从莲花乡黄土坡村到明花农业开发区双海子村移民为个案，对移民的过程及文化适应与整合进行了描述与分析，对移民遇到的困难与问题以及进一步发展的对策进行了一定思考。

1176 我国地方政府绩效评估结果偏差探析：基于 PV-GPG 模型的分析

发表时间及载体：中国行政管理 2014 年第 10 期

作　　者：何文盛　姜雅婷

简　　介：政府绩效评估源于地方政府的探索，在取得巨大进步的同时也开始暴露出评估结果难以真实反映政府绩效的问题。从评估的逻辑来看，政府绩效评估结果出现偏差的根源是公共价值的缺失。

1177 新发现 Дх.01325v 为敦煌《张仲景五脏论》又一写本

发表时间及载体：敦煌研究 2006 年第 1 期

作　　者：李应存

简　　介：Дх.01325v 残卷，三木荣称其为医书，马继兴将其定名为不知名医方第四十种。但经仔细考察发现，其为《张仲景五脏论》的又一写本，这一发现，使敦煌《张仲景五脏论》的写本增加为五种。

1178 新时期全面深化改革的内在逻辑解析——深入领会党的十八届三中全会精神

发表时间及载体：中共贵州省委党校学报 2014 年第 1 期

作　　者：刘先春

简　　介：党的十八届三中全会的召开为新时期全面深化改革绘制了蓝图，全会系统全面地阐述了改革的总目标、总布局和总任务，为改革指明了航向。

1179 基于"课例研究"的教师教学智慧发展研究

发表时间及载体：电化教育研究 2014 年第 35 卷第 11 期

作　　者：杨彦军　童慧

简　　介：教学智慧是教师在教学过程中应对预设之外生成性的复杂教育情境时，表现出来的一种迅速并创造性地采取合乎教育目的性与规律性行动的能力，其核心表征是教师在教学活动中处理"预设"与"生成"关系的能力。研究通过对教师将教学设计方案转化为课堂教学活动过程中对教学预设的生成性处理方式的细化分析，深入探讨课例研究对促进教师教学智慧发展的机制与作用。

1180 国有企业改革的目标与路径

发表时间及载体：甘肃理论学刊 2006 年第 4 期

作　　者：王娟熔　郑国富

简　　介：国企改革的目标是建立现代企业制度，这已成为共识。产权改革是国企改革的一个有效途径，而不是唯一途径，是达到目的的一种手段，而不是目的本身。国企改革不是为了改革而改革，而应当注重经济效率的提高和改革成本的降低，实现社会约束条件下的效益最大化。本文以产权理论和超产权理论为基础，对国企改革的目标和路径选择进行了解析，思考了国企改革过程中所存在的一些突出问题，并进一步探讨了完善改革的可循途径。

1181 乱世情怀渐入词——王建时期的西蜀词

发表时间及载体：西北师大学报：社会科学版 1998 年第 2 期

作　　者：张兴武

简　　介：王建统治的 20 多年，是西蜀词发展的关键时期。词乐词调的不断丰富、创作环境和词人心态的日益成熟、词人与歌词数量的逐步增加以及"花间词风"的基本确立，都标志着西蜀词创作已取得了超乎前人的艺术成就。而西蜀词初兴的历史文化契机，并非如前人所说是在西蜀君臣醉生梦死的淫侈中，而是唐末五代初持久的战乱为歌词创作在蜀中的发展创造了独特的历史机遇。

1182 《元曲选》宾白的是非问句考察

发表时间及载体：淄博师专学报 2006 年第 4 期

作　　者：常萍

简　　介：在《元曲选》宾白疑问句的是非问句中，根据疑问手段的不同可分五类，以带疑问语气词"么"为主要形式。是非问句中疑问语气词有"么、来、那、哩、也、乎"六个，表测度义的疑问副词十一个，有敢系、莫系、怕系、恐系。疑问副词"可"在是非问句中起纾缓语气和搭衬语调的作用。

1183 新时期的人才成长与责任担当

发表时间及载体：甘肃社会科学 2012 年第 2 期

作　　者：王兴隆

简　　介：本文从研究古今中外杰出人物成才的主要动因出发，试图从一个侧面回答"当前中国为什么培养不出更多杰出人才"的"钱学森之问"。认为除了教育体制、培养方式外，最根本的原因是学校、家庭和社会缺乏对社会责任感教育的高度重视和有效实施。分析了社会责任感教育的极端重要性，提出了进行社会责任感教育的基本内容和方法。

1184 地震灾区灾后重建的多维度思考——以甘肃文县灾区为例

发表时间及载体：甘肃理论学刊 2010 年第 3 期

作　　者：马东平　丁和远

简　　介：5.12 地震发生已一年有余，灾后重建也在如火如荼地进行，本文对甘肃陇南市文县地区灾后重建工作的多维度效应及遭遇的现实困境进行了深入的调查研究。研究者提出，建立完善的灾后救助体系，实践"以人为本"思想，听民情、重民生、维民意，努力实现灾区援助的多元化和持久化。

1185 欠发达地区创新型城市评价实证分析——基于甘肃省十四个地州市的研究

发表时间及载体：三峡大学学报：人文社会科学版 2012 年第 34 卷第 6 期

作　　者：李莹华　蔡文春

简　　介：构建了适合评价欠发达地区创新型城市发展状况的 4 个一级指标，23 个二级指标体系；并采取数学模型和聚类分析方法对甘肃省 14 个地州市城市创新能力进行综合评价和实证分析；提出了提高欠发达地区城市创新能力的对策建议，指出欠发达地区创新型城市建设成为当前经济、社会发展的一种必然趋势。

1186 以工代赈在农村扶贫开发中的效益——基于甘肃省以工代赈政策实施的调查

发表时间及载体：甘肃社会科学，2011 年第 3 期

作　　者：斯丽娟

简　　介：坚持开发式扶贫的方针是我国现阶段反贫困战略实施的重大举措，以工代赈作为扶贫开发中的一项重要农村扶贫政策，为缓解农村贫困地区的贫困状况起到了积极作用。甘肃是中国贫困人口最多的省区之一，自 1984 年实施以工代赈政策以来，在贫困地区建设了一大批农村公路、农田水利、基本农田、河道堤防、小流域治理、人畜饮水等基础设施工程，为改善甘肃省贫困地区生产生活条件，增加农民收入，促进贫困地区发展，加快农民脱贫致富进程，做出了不可替代的重要贡献。通过分析以工代赈在农村扶贫开发中的作用和影响，提出今后进一步搞好以工代赈的对策。

1187 在甘肃行政学院 2004 年春季主体班开学典礼上的讲话

发表时间及载体：甘肃行政学院学报 2004 年 第 1 期

作　　者：李膺

简　　介：甘肃行政学院第十六期县市区长业务进修班、第十一期全省市州地处级公务员业务进修班和第十三期省直机关处长任职培训班今天开学了。

1188 水浒人物身体叙事的文化阐释

发表时间及载体：现代语文：上旬. 文学研究 2011 年第 9 期

作　　者：张同胜

简　　介：水浒人物中有的须发为黄发、黄须、赤发、赤须、卷发等；有的眼睛是绿色即碧眼、有的眼睛是红色等；肤色有白色、黑色、黄色等；在形体上，有的特别长大健硕。种种体貌特征表明水浒人物中有一部分是鲜卑人的后裔或色目人，因为鲜卑人的体貌特征为"须黄、肤白"；而色目人则是碧眼、赤须、红发。这也表明在中华文化的形成过程中既有汉化，又有胡化，但更多的是民族之间的互化。

1189 解放思想，走中国式民主之路

发表时间及载体：思想理论教育 2010 年第 15 期

作　　者：王学俭

简　　介：改革开放以来，我国的民主治建设取得了伟大成就。在当代中国社会，民主观念已被普遍认同，但社会各界包括理论界存在有混淆中国特色社会主义民主与西方资本主义民主的界限"。

1190 工矿城市转型和区域工业化：白银模式的阐释与解读

发表时间及载体：兰州商学院学报 2005 年第 21 卷第 6 期

作　　者：聂华林　任海军

简　　介：本文从结构较为单一的工矿城市转型和区域工业化两个角度阐释和解读了白银模式。指出，白银是工矿城市转型与区域工业化相结合的一种发展模式。同时，分析了白银模式进一步发展的方向。

1191 敦煌翟氏郡望和族源新探

发表时间及载体：敦煌研究 2004 年第 2 期

作　　者：陈菊霞

简　　介：通过对大唐伊吾郡司马上柱国浔阳翟府君修功德碑记所序列的翟氏世系的分析和考证，认为敦煌翟氏自称的浔阳和上蔡郡望都并非实望，而是出于某种政治和其他

因素的考虑，附会了浔阳士族翟汤一门。其实，敦煌翟氏迁自陇西，其族属最早为丁零或高车人。当其与鲜卑部落融合并迁徙至陇西一带时，史称乞伏部鲜卑或陇西鲜卑。

1192 零起点阿拉伯语专业学生常见写作错误分析

发表时间及载体：甘肃联合大学学报：社会科学版 2008 年第 24 卷第 5 期

作　　者：马和斌

简　　介：外语教学中的"语言错误"常常困扰教者与学者。本文根据错误理论及错误分析的观点，对零起点阿拉伯语专业学生在语言习得中出现的语言错误进行了归纳与总结，提出了解决这些难题的方法。

1193 当代资本主义发生的深刻变化及其原因探析

发表时间及载体：兰州大学学报：社会科学版 2003 年第 1 期

作　　者：刘先春

简　　介：江泽民同志四个如何认识发表后，在学术界引起了广泛的关注和深入的研究。本文只就当代资本主义发生变化在生产力、生产关系以及上层建筑等方面的表现和引起变化的主要原因进行了分析。

1194 环境治理的问题研究与对策——对兰州市环境污染治理的思考

发表时间及载体：科技管理研究 2007 年第 12 期

作　　者：包国宪　何小琏

简　　介：温家宝总理在政府工作报告中指出：要抓紧解决严重影响人民群众健康安全的环境污染问题，让人民群众喝上干净的水，呼吸清新的空气，有更好的工作和生活环境。

1195 语音意识研究对大学英语教学的启示

发表时间及载体：甘肃高师学报 2012 年第 1 期

作　　者：倪娜

简　　介：从语音意识的概念入手，明晰了语音意识的内涵。通过回顾国内外相关研究，表明语音意识和英语阅读能力间存在显著正相关关系，文章阐释了语音意识作用于阅读的原因。研究表明，重视语音意识，采取科学的方法对语音意识进行训练是提高大学英语阅读能力的新的有效途径。本文提出了具体的提高语音意识的教学方法。

1196 完善我国政府间责任划分与支出分配的法律思考

发表时间及载体：甘肃政法学院学报 2006 年第 6 期

作　　者：梁红梅

简　　介：中央政府与地方政府间的责任划分及支出分配是政府间财政关系的核心，也是财政体制力图解决的根本性问题。文章通过分析我国政府间责任划分与支出分配的法律制度现状及存在的一系列问题，提出应建立以《宪法》为根本，以《预算法》《政府间责任法》《税收基本法》为主导，以《财政收支划分法》《政府间转移支付法》等相关法律为主体的法律体系，使我国政府间责任划分与支出分配进一步明确和完善。

1197 政治合法性：研究意义、现状及不足

发表时间及载体：西北师大学报：社会科学版 2002 年第 6 期

作　　者：岳天明

简　　介：探讨政治合法性问题符合我国学科发展的当代潮流，加强对此问题的研究既

有十分突出的理论价值，又有非常重大的现实意义，但目前我国对合法性问题的研究还缺乏综合性、系统性，实证倾向和本土化研究还有待加强，同时也缺乏对社会宏观背景的关注，这就在某种程度上削弱了政治合法性问题应该有的社会底蕴。因此，在现有的相应学科积淀的基础上，目前，应该更多地从政治社会学的学科视角出发进行政治合法性问题的相关研究，要密切关注中国的政治社会现实，将理论研究和政策研究有机结合起来，使其更具现实感和解释力。

1198 试论东乡民族的语言态度

发表时间及载体：中国穆斯林 2012 年第 6 期

作　　者：敏春芳

简　　介：东乡族主要集中在甘肃省临夏回族自治州东乡族自治县，有语言没有文字。由于东乡语长期处于汉藏语系语言的包围之中，再加近三十年来东乡族大力推行双语教学，现在的东乡语，无论语言结构还是使用功能都发生了很大变化。据我们考查，对兼用汉语持肯定态度，而对学习母语没有足够的热情，是东乡语变异的主要原因之一。

1199 从《二郎爷赶山》的传说说到白马人的来源与其民俗文化的价值——《首届陇南白马人民俗文化保护研讨会论文集》序

发表时间及载体：西北民族研究 2009 年第 4 期

作　　者：赵逵夫

简　　介：陇南至四川有多处叫"二郎坝""二郎山"和叫"鸡石坝""石鸡坝"的地名，也广泛流传着"二郎神斩蟒"的传说，反映了氐人由仇池山、骆谷一带向南迁徙的踪迹。四川平武县的白马老爷山是仇池山的象征，平武白马人中关于白马老爷山的传说从另一个方面反映了氐人由陇南经文县到平武的经历。文县铁楼石鸡坎等处白马人是氐人南迁中最早留下来的一支，保留着氐人较原始的民俗和生活习惯。

1200 困境与对策：三江源区藏族生态移民适应性研究——以果洛州扎陵湖乡移民为例

发表时间及载体：甘肃联合大学学报：社会科学版 2007 年第 23 卷第 3 期

作　　者：马宝龙

简　　介：文章通过实地调研，以扎陵湖乡生态移民为个案，分析了三江源地区藏族生态移民在生产环境与生产方式、生活方式、语言环境、思想观念等方面的适应困境。认为多渠道帮助移民实现顺利转产、打破传统思想束缚、建构一套特殊的支持政策是促进该区生态移民适应能力提高的主要对策。

1201 基于农民工"过渡性"特点的刘易斯转折点分析

发表时间及载体：西北人口 2011 年第 1 期

作　　者：郭志仪　刘晋

简　　介：本文以二元经济理论为基础，从农民工的过渡性特点出发，利用改造后的刘易斯模型分析我国劳动力转移现状，解释了民工潮和民工荒交替发生的原因。

1202 网络课程：交互、合作学习设计模式及策略

发表时间及载体：电化教育研究 2009 年第 2 期

作　　者：王星霞　刘桂珍

简　　介：交互水平的高低和效率是衡量网络课程设计质量的基准。交互课程设计的理论基础是多元的、合作教学、活动教学、问

题解决教学、关系教学显然是从各自不同的角度对现代教和学的理解和阐释。在特定的环境中，同伴、团体、个人围绕学习任务和活动情景而产生的交互支持行为和情感交出对合作学习具有重要意义，分清学习任务本质、类型及与电子媒介的匹配是网络课程的关键，各种支持策略是网络交互课程的保证。

1203 光化三年 (900) 张承奉领节事钩沉

发表时间及载体：敦煌研究 2005 年第 1 期

作　　者：杨秀清

简　　介：本文通过公布辛酉年二月刘善通牒（拟），揭示了公元 901 年唐朝廷使者到达敦煌授张承奉归义军节度使的史实，从而使这一事件有了明确的答案。同时，还探讨了张承奉时期敦煌归义军政权同灵武（朔方）节度使的关系。

1204 当代人类学视角下的"原生态"概念：综述与反思

发表时间及载体：甘肃理论学刊 2010 年第 5 期

作　　者：马莉

简　　介：原生态，一个新生的文化名词近年来广泛流传，学术界对这个概念的指认各持观点。笔者从当代人类学视角对此进行了综述与反思。笔者认为，所有文化事象都不是孤立存在的，而是一个有机联系的整体，考察它一定要从其文化生态环境与社会生活环境入手，寻找其强劲的生命力。

1205 生态文明《循环经济法》的基本理念

发表时间及载体：甘肃政法学院学报 2008 年第 3 期

作　　者：李玉基

简　　介：生态文明是一种高级的文明形式，是与物质文明、精神文明、政治文明四位一体，相辅相成的，是科学发展观的重要内涵，是一种全新的发展理念。建设生态文明必须要有法制作为保障。正在制定中的《中华人民共和国循环经济法》作为发展之法要高举生态文明的伟大旗帜，以生态文明为其基本理念。

1206 借鉴国际经验促进我国零售业电子商务发展

发表时间及载体：兰州商学院学报 2009 年第 25 卷第 4 期

作　　者：杨志龙　李敏

简　　介：伴随着全球化电子商务的快速发展，我国的零售业正面临着巨大的机遇和挑战，国外先进零售业进入国内市场，在给国内零售业带来巨大冲击的同时。也带来了先进的零售业电子商务模式。本文通过借鉴国外先进零售业的经验，分析了我国零售业电子商务发展存在的问题，并针对这些问题提出了相应建议。

1207 社会管理创新中的公民导向

发表时间及载体：甘肃理论学刊 2012 年第 3 期

作　　者：杨平

简　　介：我国的社会管理创新具有明显的公民导向，表现在：社会管理理念的创新彰显公民价值、社会管理任务的创新关涉公民权益、社会管理主体的创新有赖公民参与、社会管理机制的创新指向公民福祉、社会管理方式的创新凸显公民地位。我国应该明确以公民导向引领社会管理创新，保证社会管理创新正确的发展方向。

1208 儿童文学的"立体文本观"——对薛涛一部作品几种版本不同"命运"的反思

发表时间及载体：辽河 2005 年第 4 期

作　　者：李利芳　贺龙柏

简　　介：薛涛是当下儿童文学创作群体中少有的一位颇具艺术自觉意识的作家。从成人文学写作转向儿童文学并取得丰硕的成就，薛涛的艺术视景是当代文坛可资深入观察的一种现象，其间生长隐含的文背景与理论话题颇具时代内涵，可以跟踪、追击、揭示时代文艺发展走向的一种景况，同时又因作者对艺术恒久性的图式化表达，提供了认知艺术深层涵义和价值生成的有效途径。

1209 敦煌本《类林》的分类特征和意义

发表时间及载体：敦煌学辑刊 2010 年第 2 期

作　　者：沙梅真

简　　介：《类林》是我国唐初私撰小型类书的代表之作，它的分类体系属于下分篇二级类目体系。本文通过对现存敦煌本、西夏本以及王三庆、史金波等先生研究恢复的版本之间的相互比较，讨论《类林》的分类特征和意义。

1210 基于 SWOT 分析的甘肃文化产业发展研究

发表时间及载体：甘肃高师学报 2012 年第 5 期

作　　者：谭伊茗　王国兴

简　　介："十二五"时期是甘肃省文化产业大发展的关键时期，甘肃省是具备发展文化产业所需要的历史积淀和现实基础的，文化产业将成为甘肃未来经济发展的主导产业，运用 SWOT 分析法对甘肃文化产业进行了综合分析，并提出甘肃文化产业发展的策略和建议。

1211 新世纪教师教育体制机制问题反思与培养模式探索——以兰州城市学院为例

发表时间及载体：内蒙古师范大学学报：教育科学版 2011 年第 24 卷第 7 期

作　　者：孔庆浩　张海钟

简　　介：新世纪以来，我国的教师培养基本实现了三级师范向二级师范的过渡、师范教育向教师教育的过渡，但教师培养并没有实现预期的提高质量的目标。学前教育、小学教育、中学教育、大学教育师资的培养出现了分离倾向。因此，急需进一步改革体制机制，实现教师教育职前培养职后培训一体化。学前教师实施按照艺术、科学、社会等方向设立专业的培养方案，小学教师培养综合化与专业化分合，初中教师培养本科化、高中教师硕士化，职业技术教育师资双师化。综合大学 / 学院要设立教师教育课程中心，严格执行教师资格证书制度，编写适应不同阶段教师培养的教材，鼓励新建本科学院发展教育硕士专业学位教育。

1212 面向信息化的教师实践性知识发展机制研究

发表时间及载体：电化教育研究 2013 年第 34 卷第 12 期

作　　者：杨彦军　童慧

简　　介：教师实践性知识是教师教学实践能力的内部心理基础，是经过教师实践经验确证的个人信念、行动准则和经验技巧等的综合性知识，它实质地主导着教师处理具体教育情境时的行为。面向信息化的教师实践性知识从横向构成的角度看，包括学科内容知识、教学法知识、学科教学知识和整合技术的学科教学知识等九种要素；从动态生成的视角看，会经历公共知识、奉的理论、成熟概念、实践性知识或个人理论等几种不同形态。面向信息化的教师实践性知识发展是经历内化、转化、外显化、社会化等心理过程实现不同形态知识转化的过程，也是实现教师理论知识学习、教学观念转变、教师行为模式改变和角色身份转换的综合过程。

1213 公务员正常退出机制的构建与保障

发表时间及载体：甘肃联合大学学报：社会科学版 2012 年第 28 卷第 5 期

作　　者：杨红　王健

简　　介：2008 年国家公务员局的成立，标志着我国公务员管理机构的专门化，以此为契机，公务员制度的完善工作也被提上了议事日程，其中，公务员退出机制的完善被列为重中之重。公务员退出难是综合原因形成的，有内在制度的缺陷，也有外部环境的因素。在公务员制度的完善方面，应当规范考核、问责制度，推行聘任制，完善提前退休和辞退制度。从外部来说，可以考虑从转变就业观念，改进社会保障，完善权利救济等方面加强对公务员的保障。

1214 石室札记——重新解读莫高窟第 285 窟北壁八佛

发表时间及载体：敦煌研究 2003 年第 1 期

作　　者：贺世哲

简　　介：敦煌莫高窟第 285 窟北壁的壁画八佛之名称及所据经典等，目前有 5 种说法，对此。本文依据北大方等陀罗尼经授记分等，认为此八佛为无量寿佛、释迦牟尼佛、维卫佛、式佛、随叶佛、拘楼秦佛、拘那含牟尼佛、迦叶佛。

1215 西部经济发展滞后省份自我能力提升与跨越式发展——以甘肃省为例

发表时间及载体：开发研究 2012 年 4 期

作　　者：宇涛

简　　介：本文综述了国内外理论学术界对区域经济与跨越式发展的研究观点，论述了中国西部地区经济发展滞后省份自我发展能力提升与跨越式发展中存在的主要问题及其价值，提出了中国西部地区经济发展滞后省份自我发展能力提升与跨越式发展的战略选择，诸如中国西部地区经济发展滞后省份自我发展能力提升与跨越式发展战略的一般选择和特殊选择，具体涉及发展的基础、内生动力与后劲不足、发展的历史机遇、区域发展战略与跨越式发展的有机结合、新农村建设、发展方式转变、工业强省、循环经济、基础设施和生态环境建设、生态修复与安全保障、科教兴省和创建文化大省与强省、对内深层的改革和对外科学的开放等。

1216 中东伊斯兰国家社会转型中的文化重建

发表时间及载体：西北民族大学学报：哲学社会科学版 2012 年第 1 期

作　　者：丁俊

简　　介：当代中东伊斯兰国家正处于重大的社会转型时期，而社会成功转型的深层内容就是与之相适应的文化重建。自公元 7 世纪以来，一直不曾有任何一种意识形态或文化形态能够取代伊斯兰教而成为中东伊斯兰国家的主流价值观。伊斯兰教始终是伊斯兰文化的核心与渊源，没有伊斯兰教就没有伊斯兰文化。因此，没有伊斯兰教的维新，也就不会有当代伊斯兰文化的重建。通过教法创制实现宗教维新，是当代中东伊斯兰国家社会转型时期文化重建的一项重要内容。中东伊斯兰国家正在兴起的伊斯兰"中间主义"思潮致力于开展与时俱进的教法创制，强调要实现伊斯兰文化的更新与重建，必须摒弃各种极端颓废思想，恪守中正和谐之道。显然，伊斯兰"中间主义"思潮的勃兴正是中东伊斯兰国家宗教维新与文化重建的重要表现，其一系列主张值得予以关注和研究。

1217 传统符号在现代标志设计中的运用

发表时间及载体：甘肃联合大学学报：社会科学版 2008 年第 24 卷第 2 期

作　　者：杨文

简　　介：现代标志设计是一种特殊文字或图像组成的大众传播符号，它的基本功能是以图形符号传达信息，传统符号正是基于此与现代标志设计完美结合，在"整体美"的统一架构中创造了具有一定文化内涵和审美取向的视觉传播艺术。

1218 产业差异动态分析与西部开发

发表时间及载体：兰州大学学报（社会科学版）2001 年第 29 卷第 2 期

作　　者：谢承华

简　　介：由于自然和历史的原因，我国地区之间的经济发展极不均衡，在总量上东西部地区差距有不断扩大的趋势，而在结构上又呈现同质化趋势，面对两大难题同时并存，本文提出了从发展优势产业和产业转移等方面开发西部的新思路。

1219 PS-F 系列灌浆材料的强度特性

发表时间及载体：敦煌研究 2009 年第 6 期

作　　者：李最雄

简　　介：先用超声波无损检测、再用抗折试验和单轴无侧限抗压试验相结合的有损检测法，分别表征不同龄期的 PS-F 系列灌浆材料在逐步失水条件下的强度特征。随着充填于 PS-F 系列灌浆材料孔隙中液态水不断散失，固态骨粒间的 PS 无机胶粘剂的强度逐渐增长，因此，浆液结石体的超声波速值出现有规律的起伏，给出不同龄期的 PS-F 系列灌浆材料在初期强度小范围波动的条件下超声波速与失水率之间的关系，在失水率基本相同的条件下超声波速与强度之间的关系。另一方面，通过回归拟合的数学方法，试图建立不同龄期 PS-F 系列灌浆材料的抗折强度和单轴无侧限抗压强度之间的函数关系。

1220 正确认识国家农村远程教育工程中三种硬件模式与教学模式

发表时间及载体：电化教育研究 2005 年第 11 期

作　　者：郭绍青

简　　介：本文通过对当前国家远程教育发展中存在的构建三种模式下的教学模式的不正确认识的分析，论述了教学方法与教学模式、教学资源与教学模式之间的关系，进而说明了在当前远程教育资源应用中需要认真对待的几个问题。

1221 人口因素对西北地区经济发展的影响分析

发表时间及载体：当代教育与文化 1997 年第 2 期

作　　者：郭志仪

简　　介：本文运用了人口经济学的一些基本原理对西北地区人口因素对经济发展的影响进行了深入地分析与论证，并在此基础上，提出了缩小东西部经济发展差距，着力改善人口产业结构，提高人口素质的一些对策建议，均具有理论和实践指导意义。

1222 从政治经济学到社会主义发展经济学

发表时间及载体： 兰州学刊 1997 年第 4 期

作　　者： 武文军

简　　介： 邓小平对马克思主义经济理论有多方面的贡献，而从经济学科体系上看，他的最重要的贡献是在继承马克思主义政治经济学的基础上，提出了社会主义发展经济学的一系列科学论断。可以说，邓小平是社会主义发展经济学的创立者和理论家。马克思主义经济学实际上是一种有严密科学体系的政治经济学，所谓政治经济学就是研究经济领域属于生产关系的学说。马克思主义创始人当初把经济科学的重点定位于政治经济学，是有充分理由的。

1223 信息时代教育的思考

发表时间及载体： 西北师大学报：社会科学版 2007 年第 6 期

作　　者： 杨改学　张炳林

简　　介： 从现代教育技术和信息技术给教育领域带来的五大变化，阐述了对未来教育问题的五大思考。这五个思考包括对教学信息量超越的思考、教学资源垄断打破的思考、人体器官延伸的思考、教师角色转变的思考、信息杠杆"支点"观的思考以及教师能力与素质问题的思考。

1224 贯彻三个代表思想必须克服传统民本主义

发表时间及载体： 甘肃政法学院学报 2004 年第 4 期

作　　者： 陈力军

简　　介： 三个代表重要思想是现代民主思想的进一步发挥，但有些同志受传统民本思想影响太深，用传统民本思想理解和贯彻三个代表思想，这必然造成南辕北辙的结果。本文认为，传统因为民本思想和现代民主思想是根本对立的贯彻落实三个代表思想，必须克服传统民本主义。

1225 司马迁评商鞅探微——兼论《史记》"太史公曰"的独立价值

发表时间及载体： 兰州大学学报：社会科学版 2012 年第 40 卷第 5 期

作　　者： 杨玲

简　　介： 司马迁在《史记》中分别为先秦法家的商鞅、韩非、李斯列传并作评价。对韩非和李斯，司马迁在批判的同时还表现出了一定的同情。而对商鞅，司马迁则是矛盾的。一方面是史记《太史公自序》《秦本纪》和《商君列传》正传中对其历史功绩的充分肯定，另一方面却是《商君列传》的"太史公曰"中不能抑制的苛责和怒斥。之所以如此，一方面在于李陵事件对司马迁身心的影响，另一方面是《史记》"太史公曰"独立价值的体现，同时也是儒法两家思想在司马迁身上合而未融的反映。

1226 全面建设小康社会对我国社会保障提出的挑战

发表时间及载体： 兰州商学院学报 2004 年第 20 卷第 2 期

作　　者： 唐正彬

简　　介： 党的十六大提出了全面建设小康社会的战略目标，这一目标的实现离不开健全的社会保障体系。本文在对我国社会保障现状进行分析的基础上，指出我国社会保障立法应坚持以人为本的理念，首先解决失业保险问题，保证中央立法、地方立法、部门规章与 WTO 规则一致，强化社会保障的实施机制。

1227 中国古代"死而复生"故事的类型与演变

发表时间及载体：甘肃社会科学 2012 年第 6 期

作　　者：王晶波　钱光胜

简　　介：中国古代的死而复生故事内容丰富，意义独特。本文依据文献的记载，全面梳理了古代死而复生故事发展演变的历史脉络，依据历史阶段与文化内涵的特点，首次将古代的死而复生故事划分为五种类型，依次分析各个类型的特点、内涵，并探讨其中所体现之宗教信仰及人生观念。

1228 关于敦煌地区早期宗教问题

发表时间及载体：敦煌研究 2010 年第 1 期

作　　者：颜廷亮

简　　介：在敦煌地区历史时期早期的总体文化格局中，居于主体和主导地位的是原有的中原传统文化；从宗教流行格局方面说，当时的敦煌地区道教流行不仅早于佛教，而且比佛教更广泛、更深入和更有优势，既和儒家文化等共为当时敦煌地区总体文化格局中的主体和主导，又在当时敦煌地区流行的各宗教中居于优势地位。

1229 教育信息化环境对新课程改革的支撑

发表时间及载体：电化教育研究 2005 年第 6 期

作　　者：张筱兰

简　　介：本文在对新课程改革分析的基础上，阐述了教育信息化从资源、学校教育活动、学生学习方式等方面对新课程改革产生的作用与支撑的形式，借以说明教育信息化在新课程改革中的功能与作用。

1230 抗战胜利的必由之路——论陕甘宁边区农业生产的互助合作

发表时间及载体：甘肃理论学刊 2004 年第 4 期

作　　者：王晋林

简　　介：抗日战争时期，陕甘宁边区实施农业生产中的互助合作政策，把分散的个体农民组织起来进行集体生产劳动，提高了劳动生产率，改善广大农民的生活状况，促进了农业生产的发展。陕甘宁边区农业生产的互助合作，对促进边区农业发展和边区经济建设起了重要作用，是中国共产党进行新民主主义经济建设的成功实践。

1231 近年来西方多元文化课程与教学研究简论

发表时间及载体：西北师大学报：社会科学版 2001 年第 5 期

作　　者：王鉴

简　　介：西方多元文化课程与教学的主要目标在于将现存主流文化为中心的课程与教学变更为能够容纳不同族群文化的多元文化教育。课程改革的重点是如何剔除课程材料中的偏见与歧视。教学领域则致力于多元文化教学的主要策略。二者最终为建构多元文化课程与教学的有效模式服务。

1232 论西部大开发与国有经济的关系

发表时间及载体：甘肃理论学刊 200 年第 6 期

作　　者：赵金锁

简　　介：我国西部地区是国有经济较为集中的地区，国有经济在西部大开发过程中仍然具有不可替代的重要作用，这是促进西部地区经济发展的决定性力量。

1233 高昌畏兀儿亦都护谱系管见——兼论其与蒙古统治者的关系

发表时间及载体：甘肃联合大学学报：社会科学版 2009 年第 3 期

作　　者：杨继红

简　　介：高昌畏兀儿亦都护巴而术阿而忒的斤在蒙元时期较早归顺成吉思汗并与蒙古统治者建立了密切的关系。蒙古统治者在畏兀儿地区建立机构管理和控制畏兀儿地区。由于西北藩王的叛乱迫使畏兀儿人内迁，畏兀儿亦都护也迁居永昌堡。亦都护谱系的变化反映了元廷政局的变化。由撒连的斤、火赤哈儿之死到帖睦儿补化、太平奴之死，无不反映了元廷局势的变动对亦都护家族的影响。内迁之后，畏兀儿亦都护变成了元廷丧失原来领地的特殊大臣。

1234 怨尤与无奈：首辅张居正的困局——以《明史·张居正传》为中心的考察

发表时间及载体：西北师大学报：社会科学版 2012 年第 6 期

作　　者：田澍

简　　介：隆、万之际的政局演变属于正常的皇位更迭，万历初期并不是一个相对独立的历史单元。张居正依靠内廷获得首辅权力，但他不可能获得广泛的支持。内阁之怨、宦官之怨和言官之怨，既是他行政的产物，又是他无法有效控制的表现。这些怨恨在他生前就在不断蔓延，在他死后顷刻汇成洪流将其淹没。只有辩证地看待张居正的成功与失败，才能理性地认知万历政局的走向。

1235 在大学推广媒介素养教育的必要性和紧迫性

发表时间及载体：电化教育研究 2005 年第 4 期

作　　者：任傲

简　　介：媒介素养教育是近年来我国教育学者和传播学者一直关注和研究的课题。文章在简介媒介素养教育含义的基础上，论述在大学推广媒介素养教育对社会健康发展、个人全面发展以及高等教育改革与发展的重要意义．提出高校开展媒介素养教育工作需要注意的问题。

1236 环境艺术设计专业学生专业素质教育与就业分析

发表时间及载体：甘肃联合大学学报：社会科学版 2008 年第 24 卷第 3 期

作　　者：万学汇

简　　介：素质教育是当前教育改革的主要课题。在当前就业形势异常严峻的形势下，如何加强高职高专环境艺术设计专业学生的专业素质，造就适应现代社会和市场发展需要的高素质人才，成为我们目前必须研究和探讨的问题。本文针对环境艺术设计专业学生在就业中存在的问题，社会对环境艺术设计专业学生专业素质要求的分析，就如何加强和提高环境艺术设计毕业生的专业素质，提高学生的就业率等问题进行一定的探讨。

1237 天命观对中国人格心理的构建与影响

发表时间及载体：心理学探新 2011 年第 31 卷第 1 期

作　　者：姜永志　张海钟

简　　介：中国文化传统强调天与命对人的控制，天命是人格神对人的主宰。这种思想深远的影响着中国人对人格的建构，形成了中国人典型的人格特征，并影响和渗透到现代人生活的各个方面，影响着现代社会中人对人与人、人与社会、人与自然关系的建构。

1238 西部大开发视域下的甘肃人才发展环境探讨

发表时间及载体：甘肃理论学刊 2010 年第 2 期

作　　者：郭爱玲

简　　介：积极探索实现培育市场、繁荣经济、完善政策、发展教育、营造舆论、创新科研、便利生活、美化自然的对策和措施，是优化和改善甘肃人才发展环境的必然选择。

1239 敦煌归义军曹氏统治者果为粟特后裔吗

发表时间及载体：敦煌研究 2006 年第 6 期

作　　者：李并成

简　　介：荣新江、冯培红先生于《历史研究》2001 年 1 期同时刊出大作，均认为归义军曹氏统治者为粟特后裔。这一结论有商榷的必要。考之史籍早在秦汉之际中原曹姓就已入居敦煌，其子孙又在河西一带枝叶分布。据《曹通神道碑》等，唐初谯郡曹通家族又因官居于瓜州，且屡立军功，荫及子孙，遂成为瓜沙颇为显赫的大族。归义军节度使曹议金很可能为其族属。此外从归义军曹氏之婚姻关系、曹氏统治时期粟特后裔的地位及其影响等分析，都无法证明曹氏为粟特后裔。莫高窟一些洞窟中绘有曹议金的大幅供养画像和题记，画面上曹议金丝毫没有胡人相貌特征，完全为汉族面貌。

1240 朾哇土族生计方式新陈代谢的田野考察

发表时间及载体：北方民族大学学报：哲学社会科学版 2014 年第 5 期

作　　者：田俊迁

简　　介：甘肃卓尼县朾哇乡土族人生计行为中的新与旧主要表现在以下四个方面：从"牛马亲家"到"承包代牧"林中"割柳"与"柳"失其用 "春小麦"被"冬小麦"代替导致农作物种植结构变化 "啦叭洞"从圣地变为旅游地。反映了朾哇土族人生态与技术、文化互动的结果，也是支撑生计的资源日益缺乏的表现，更是边远地区人群适应市场经济的体现。

1241 甘肃省人口与经济协调发展评价与分析

发表时间及载体：甘肃理论学刊 2010 年第 2 期

作　　者：蒲婷婷　王家勋

简　　介：文章从人口数量、人口质量、人口结构、经济实力、经济结构及经济效益六方面筛选 32 个指标构建了人口与经济协调发展度评价指标体系，通过建立协调度评价模型，采用指标体系综合评价法对 1998—2007 年甘肃省人口与经济协调发展状况进行了评价与分析，结果表明 1998—1999 年甘肃省人口与经济系统处于不协调状态，2000—2007 年转变为协调状态，且协调程度不断提高 1998—2005 年经济发展滞后于人口发展，2006—2007 年人口发展滞后于经济发展。

1242 甘肃农民专业合作社发展现状、问题与建议

发表时间及载体：科学．经济．社会 2012 年第 3 期

作　　者：张克非　李加福

简　　介：本文根据 2011 年 7 月的实地调查结果，总结出近年来甘肃省农民专业合作社发展具有的 6 个特点，以及合作社在发展中面临的资金不足、管理机制不够规范、专业人才缺乏、政策不到位和发展不均衡等主要困难和问题，并有针对性地提出了相应的对策建议，即通过调整思路、加强规范管理

和指导、解决资金问题、提供人才支持及公共服务、延长产业链、改善农经部门条件及加强技术指导等方面的工作，促使甘肃农民专业合作社健康快速发展。

1243 论会计舞弊及其审计

发表时间及载体：兰州大学学报（社会科学版）2002 年第 30 卷第 2 期

作　　者：苏孜

简　　介：随着经济体制改革的不断深入，审计在反舞弊领域中的作用愈来愈明显。为了更好地发挥审计的作用，本文在研究会计舞弊的特征、类型、形成机理的基础上，提出了一些相应的审计对策。

1244 教育：文化发展的内在机制——教育与文化的关系研究

发表时间及载体：西北民族大学学报：哲学社会科学版 2010 年第 1 期

作　　者：麻艳香

简　　介：教育是人类文化的传承与创造，文化是教育的本性。教育与文化的关系最为密切，教育是文化发展的内在机制。从教育对文化的选择与批判、教育对文化的传承与传播、教育对文化的适应与创新三个方面，探讨教育的文化本性，揭示教育对文化的作用及其机制，对于准确把握教育与文化的关系具有重要意义。

1245 检察权属性的法理分析

发表时间及载体：甘肃行政学院学报 2003 年第 2 期

作　　者：左星宇

简　　介：检察机关作为法律监督机关在依法治国这一战略使命中处于重要地位。其职权的完全发挥，直接关系到依法治国的成败，对检察权性质定位的不同，已严重影响了检察权职能的发挥和我国司法改革的方向。笔者针对目前几种学说的缺陷，提出了自己的见解，明确地指出了检察权在市场条件下的法律属性。

1246 加强官产学研联合推动科技成果转化

发表时间及载体：兰州大学学报（社会科学版）2001 年第 29 卷第 5 期

作　　者：郝远

简　　介：培养人才，科学研究，成果转化与国际交流是高校的四大功能之一。为了贯彻科教兴国战略，迎接知识经济的挑战，我国必须大力促进科技成果的转化。根据我国国情，官产学研联合是高校科技成果转化的主要形式，兴办新型高新产业是高校科技成果转化的最佳途径，建设工程技术中心是官产学研联合的重要环节。

1247 甘肃民族地区人力资源开发现状及对策

发表时间及载体：兰州大学学报（社会科学版）2005 年第 33 卷第 4 期

作　　者：李盛刚

简　　介：如何将甘肃民族地区人力资源激活并转化为可直接为经济发展服务的人力资本——即高素质的劳动力是甘肃民族地区经济社会发展的重要问题。为此，应对人力资源进行系统开发和多层次开发，消除能力贫困和机会贫困，提高人力资源开发的经济效益。

1248 城市商业银行风险管理体系研究——种"垂直与集中型"模式的构建

发表时间及载体：会计之友 2012 年第 11 期

作　　者：杨肃昌

简　　介：文章介绍了一种城市商业银行全面风险管理模式。首先分析了当前城市商业银行风险管理中存在的普遍性问题，然后提出了构建全面风险管理体系的基本原则和构成因素，最后从创新的角度重点阐述了一种"垂直与集中型"模式的风险管理组织架构与管理体制。

1249 《仲裁法》的实施与存在问题的探讨

发表时间及载体：兰州大学学报（社会科学版）2002 年第 30 卷第 6 期

作　　者：张晋兰　张企平

简　　介：阐述了仲裁的性质和法律特征，并就《中华人民共和国仲裁法》1995 年实施以来的执行情况和存在问题进行了分析，提出了解决问题的具体方法和立法方面的建议。

1250 城市生态病及其治理

发表时间及载体：环境研究 1986 年 4 月

作　　者：武文军

简　　介：城市在发展中，在出现巨大的物质文明和精神文明的同时，以人口膨胀、住房紧张、交通拥挤、环境恶化为特征的"城市病"，越来越引起人们的关注。这里浅谈有关保护城市环境，保持城市生态系统平衡的问题。

1251 区域循环经济的灰色聚类评估方法

发表时间及载体：统计与决策 2008 年第 4 期

作　　者：韦惠兰

简　　介：循环经济是实现区域可持续发展的战略选择。文章依据区域循环经济的内涵，构建了区域环经济评估指标体系。并运用三角白化权函数得到区域循环经济的灰色聚类评估模型。

1252 《周易》卦爻辞古歌的辑录原则及意义

发表时间及载体：西北师大学报：社会科学版 2011 年第 6 期

作　　者：周玉秀

简　　介：《周易》卦爻辞中含有一些古老的歌谣，其文学价值正在于此。辑录《周易》卦爻辞中的古歌，应根据每卦的具体情况分别对待。解释这些古歌的意义，首先须弄清楚其原始意义，再探索其象征意义。研究显示，《周易》古歌的原始意义多与古代礼俗制度及先民的日常生活有关。

1253 沙粒起动风速的影响因素研究

发表时间及载体：中国沙漠 2010 年第 4 期

作　　者：武建军　孙焕青

简　　介：通过对风场中沙床表面沙粒的受力分析，建立了坡面沙粒起动风速的理论公式，并将计算结果与已有实验研究结果进行了比较，结果表明，给出的理论计算公式是正确的。

1254 政治和谐是构建和谐社会的重要内容

发表时间及载体：新疆社会科学 2011 年第 1 期

作　　者：丁志刚　徐占元

简　　介：政治和谐是和谐社会的重要组成部分，实现政治和谐是构建和谐社会的重要内容。一个和谐社会必然是政治和谐的社会，并通过政治和谐促进社会其他领域的和谐。

1255 不可避免的溃败：关于抗战初期国民党战场溃败原因的历史考察

发表时间及载体：青海师范大学学报：哲学社会科学版 2001 年第 3 期

作　　者：党庆兰

简　　介：抗战初期，中国国民党战场出现了一溃千里的局面。导致这一局面出现的主要因素是日本是一个强国，中国是一个弱国。这种敌强我弱的状况，造成了国民党的溃败。此外，消极防御，以打阵地战为主。

1256 盛唐文学的精神价值：以李白、杜甫诗歌为例

发表时间及载体：重庆社会科学 2009 年第 3 期

作　　者：刘顺

简　　介：文儒与吏能之争在有效促成开元盛世的清明政治文化的同时，也完善了文儒诗学的理论思考。有唐文学在开元、天宝之时，达其极盛，诗家辈出，佳作如林。大体言之，盛唐诗歌的艺术风格，可分为前后两期，前期以浪漫高华为主体风格，后期则转入沉郁顿挫。然风格虽有转变，但成就前后两期风格乃至成就盛唐诗歌风格的仍为"气"与"情"，"气"盛而"情"真。盛唐文学的文化精神亦因之而凸显。

1257 甘肃城乡收入差距与经济增长关系——基于时间序列数据的实证分析

发表时间及载体：甘肃社会科学 2011 年第 6 期

作　　者：姜安印

简　　介：利用甘肃省 1978—2008 年间时间序列数据，通过协整关系检验和向量误差修正模型考察了城乡收入差距与经济增长的长期均衡关系和短期动态特征，结果表明，经济增长、投资、人力资本与城乡收入差距存在长期均衡关系。方差分解结果显示经济增长、投资对城乡收入差距的解释力度随滞后期延长逐渐增强。

1258 关于古希腊奥林匹克竞技会文化意义的探索

发表时间及载体：西北师大学报：社会科学版 2003 年第 5 期

作　　者：王尚达

简　　介：古希腊奥林匹克竞技会是古代文明的标志。它以祭祀宙斯的名义举办，发挥着积极进取、公平竞争、和平和友谊的文化内涵。竞技会展示健美的体格，更推崇高尚的道德，特别是关于和平和休战的规定，促进了社会进步，是古代文明的伟大创造。奥运会已成为全人类共同的精神财富，而当今世界也面临巨大的挑战：生态环境恶化，冲突不断，吸毒和犯罪猖獗，许多人精神空虚，因而，发掘、发扬古奥运会的优秀文化传统和价值观念，仍然具有重要的现实意义。我们热烈期盼着 2008 年北京奥运会把当今时代和平与发展的两大主题推向新的高潮。

1259 丝绸之路汉代体育简牍研究

发表时间及载体：敦煌研究 2005 年第 3 期

作　　者：李重申

简　　介：丝绸之路出土的简牍具有较高的学术价值，它不但记载了秦汉时期政治、经济、军事、社会风俗等方面的史实，也记载了射箭、刀、剑、走、跑、跳等人体竞技运动和增强体质健康的内容，为体育史研究提供了极为珍贵的新材料。本文根据汉简中有关体育运动的内容，运用考古学、文献学和体育学等方法，进行考证分析和整理，为研究中国古代体育活动提供了有价值的材料，也为体育史学研究开辟了一个新领域。

1260 区域经济增长的要素贡献度研究——基丁中国四大经济区域面板数据的实证分析

发表时间及载体：学习与探索 2012 年第 12 期

作　　者：杨肃昌

简　　介：基于 1997—2010 年中国 31 个省份的面板数据，通过建立面板回归模型与误差修正模型，分区域对中国以及东、中、西、东北地区经济增长的要素贡献度做出实证分析，结果表明：在长期和短期内，生产要素对经济增长的促进作用有所不同，其中交通在短期内对经济增长的带动作用要优于长期，而教育、人才及专利等生产要素对经济增长的促进作用在长期内表现得更加明显。在不同的区域，生产要素发挥的作用大小差异明显。

1261 敦煌咒愿文刍议

发表时间及载体：社科纵横 2008 年第 4 期

作　　者：刘清玄　刘再聪

简　　介：敦煌文书中保存有近二十篇咒愿文，根据内容来分析，其目的主要是用于婚礼上为新婚夫妇祝福的一种酬唱颂诵之作。文书所反映的内容弥足珍贵，是了解中古时期敦煌社会思想文化等方面的绝佳材料。同时，它反映了中古时期敦煌社会的一种婚俗，为后人展现出了一幅中古时期敦煌社会的婚俗风情画。其性质已由原来与宗教有关的咒愿演变为专门在婚礼上用来表达喜庆吉祥的祝贺之词，并已成为敦煌婚俗的一部分。本文试就这类文体的类型、体制、内容、创作者、咒愿后的赏赐和特点等问题作一番粗浅的探讨。

1262 中介语石化与重形式教学

发表时间及载体：社科纵横 2010 年第 3 期

作　　者：张爱萍

简　　介：中介语的石化是第二语言习得区别于母语习得的一个重要特征，中介语石化现象的研究在二语习得研究领域倍受关注。本文简要概述石化现象产生的原因，并提出用二语习得中的重形式教学方式（focus on form）对可能石化的语言现象进行干预，从而预防、解决石化现象，避免因教学方式的不当而造成语言石化，以求对二语的教与学有所启示。

1263 "解放思想"要特别关注"怎么解放"

发表时间及载体：甘肃理论学刊 2012 年第 6 期

作　　者：鲜静林

简　　介：解放思想是促进经济社会又好又快发展的"金钥匙"，在解放思想的实践中要关注"怎么解放"，破解"怎么解放"的难题，从而明确解放思想的立足点、着力点和切人点，掌握解放思想的观念、思路和方法，通过不断持续的思想解放来实现甘肃经济社会的转型跨越发展。

1264 文化是一点一点养出来的——读范鹏总主编《陇上学人文存》

发表时间及载体：甘肃社会科学 2011 年第 6 期

作　　者：杨光祖

简　　介：文化单元区，不仅需要学者，更需要大学者。我认为，学者就是学问搞得好的人，而大学者不仅学问大，更是气量大、视野大、胸怀大。他们既能闭门研究学问，著书立说，更能海纳百川，提携后进，改善本地区的文化生态。

1265 新时期文学民族性建构之反思

发表时间及载体：陕西师范大学学报：哲学社会科学版 2011 年第 40 卷第 5 期

作　　者：叶淑媛　程金城

简　　介：中国新文学是在民族性和现代性的张力中发展的。新文学在与外来文化的碰撞交融中，建构文学的民族性。其理想的状态不是简单地确认和复归传统，亦非模仿和移植外国文学，而是在多种文化因素相互作用下重构。它要以多种文化为参照系，穿越中西文化的壁垒，在人类性的高度上重新理解民族文化传统，在文学创作和研究中对其进行取舍，以具有民族独特性的文学来表达具有世界共通性的文化精髓，达到民族性的借重和人类性的超越。新时期文学对此进行了自觉的实践，其成就和不足都对当下中国文学的发展具有重要的启示意义。

1266 宗教：执政党需要正视和处理的长期性问题

发表时间及载体：甘肃理论学刊 2011 年第 3 期

作　　者：敏生兰

简　　介：在我们党的长期执政过程中，始终面临着如何正视和对待宗教的问题。随着我国宗教出现一些新变化，如何处理执政的长期性和宗教存在的长远性的关系、执政的群众基础与宗教的群众性的关系，以及对外开放条件下执政的复杂性与宗教传播的国际性的关系，是我们党亟待解决的问题。正确对待和处理这些问题已经成为当代社会执政党执政能力的重要内容之一。

1267 敦煌契约文书词语考释十三则

发表时间及载体：甘肃联合大学学报：社会科学版 2012 年第 28 卷第 6 期

作　　者：陈晓强

简　　介：敦煌契约文书保存了许多唐、五代口语词和俗语词，是研究近代汉语词汇的重要语料。这里选择数例《汉语大词典》未收之词进行考释。

1268 兰州方言的文白异读

发表时间及载体：西北师大学报：社会科学版 2011 年第 5 期

作　　者：张文轩

简　　介：兰州方言中的文白异读字有 60 多个，其成音机制可分为八种。从时间层面来说，有白读音先于文读音者，也有文读音先于白读音者，字数正好持平。白读音先于文读音的观点不完全适用于兰州方言。

1269 甘肃省中等职业教育发展状况调查分析

发表时间及载体：西北成人教育学报 2011 年第 1 期

作　　者：保承军　王文卓

简　　介：甘肃中等职业教育在办学规模、办学条件、贫困生资助以及联合办学等方面都取得了一定的成就，但也存在着认识落后、实践条件差、师资不足、专业建设不科学等问题。因此，针对存在的问题，提出了提高认识、加大资金投入、深化合作办学内涵、建设"双师型"教师队伍、组建职业教育集团等可持续发展的策略。

1270 以整合活动为有效推动方式促进信息技术在教学中的应用——"甘肃省首届信息技术与课程整合展示活动周"综述

发表时间及载体：电化教育研究 2004 年第 12 期

作　　者：何泳忠

简　　介：由甘肃省教育厅主办、甘肃省电化教育中心承办的"甘肃省首届信息技术与课程整合展示活动周"于 2004 年 10 月 22 日至 27 日在兰州举行。来自全省 14 个地、州、市及 87 个县的 6000 多名教师、教研人员、电教工作者参加了会议。会议的目的是总结展示全省信息技术与课程整合及信息技术应用方面的成果，开展信息技术有效支持教学改革的教师培训。

1271 甘肃旅游资源与文化资源整合战略研究

发表时间及载体：西北民族大学学报：哲学社会科学版 2010 年第 3 期

作　　者：王生鹏

简　　介：旅游资源与文化资源有着很强的关联性和互补性，以发展文化旅游为互动基础，整合旅游资源与文化资源是提升甘肃旅游产业和文化产业竞争力的有效途径。从旅游与文化的互动关系研究入手，通过对甘肃旅游资源优势与文化资源概况的梳理，可以看出甘肃旅游资源与文化资源整合是十分必要与迫切的。

1272 中国古代游牧民族与农耕民族在经济上的互补与非平衡需求

发表时间及载体：西北师大学报：社会科学版 2003 年第 1 期

作　　者：贺卫光

简　　介：中国古代游牧文化与农耕文化间关系的基础是经济上的互补性，这种互补性关系的形成是由不同文化所分布的自然环境决定的。而不同生态环境下生计方式的差异又决定着互补关系的内容及其发展方向。历史上游牧民族与农耕民族间在经济上互补关系的主要内容有朝贡贸易、互市贸易以及战争这种非正常的互补形式。

但是，在经济互补关系的实际运行过程中，双方在产品需求方面是一种非平衡需求关系，而这种关系又往往成为互补关系中各种矛盾的诱因。

1273 古今档案保护技术及其利弊分析

发表时间及载体：甘肃联合大学学报：社会科学版 2012 年第 28 卷第 6 期

作　　者：严锐

简　　介：本文探究了我国各时期具有不同代表性的档案虫霉防治技术，就档案保护技术的利弊进行了分析，认为我国古代档案虫霉防治技术在当时科技条件下处于世界领先水平，具有代表性．许多虫霉防治技术的经验是利多于弊的，且有许多经验值得我们借鉴．许多方法和原则蕴含着当今档案虫霉防治技术的发展方向。

1274 认清差距抓住重点加快发展

发表时间及载体：社科纵横 2010 年第 7 期

作　　者：高新才

简　　介：近期，国务院办公厅发文进一步支持甘肃经济社会发展，表明了国家对甘肃的高度重视。本文从中国区域发展战略演变的角度分析了《意见》出台的背景、意义及当前甘肃存在的发展差距，阐述了《意见》的含金量所在及其主要作用领域，并指出甘肃在结合《意见》实施中应该展现出的新形象。

1275 "散点透视"论质疑

发表时间及载体：西北师大学报：社会科学版 1999 年第 3 期

作　　者：陈则恕

简　　介：所谓散点透视，不论是指透视成象，还是指画面构成，都是经不住推敲的，因为它既违背了透视成象的客观规律，也不符合我国传统画论所讲的远近法，更与势忌散，追求万象归一的艺术主张相左。

1276 英汉成语互译过程中的语用失误和相应策略

发表时间及载体：甘肃联合大学学报：社会科学版 2008 年第 24 卷第 4 期

作　　者：秦小红

简　　介：成语是语言的精华，是文化的结晶。具有鲜明的民族特色。英汉成语各自承载着不同的文化信息，体现不同的文化特色，这使得其在互译时易因不当的转换造成语用失误。本文从英汉成语的特点入手，分析了造成英汉成语互译中语用失误的原因并提出了一定的处理策略。

1277 兰州市大气污染支付意愿影响因素分析

发表时间及载体：城市问题 2011 年第 1 期

作　　者：高新才

简　　介：兰州市是我国大气污染比较严重的城市。利用国际上较为成熟的意愿调查价值评估法，对兰州市城区居民的大气环境支付意愿进行了评估，得出居民对空气质量达到二级标准的平均支付意愿是 140.97 元 / 户 / 年，进一步通过单因素方差分析证明只有收入水平是影响居民支付意愿的显著因素；利用虚拟变量回归模型估计了不同收入群体的平均最大支付意愿差异。

1278 资源枯竭地区经济转型评价体系研究

发表时间及载体：统计研究 2012 年第 2 期

作　　者：庞智强

简　　介：基于实现资源枯竭地区经济转型的根本路径在于促进其经济发展方式从资源依赖型向创新驱动型转变，本文构建了一套以反映发展目标、模式、资源、资本、技术、制度以及市场机制创新为核心内容的资源枯竭地区经济转型评价指标体系，确定了相应的评价标准，并通过典型地区经济转型进程的实证分析，揭示了资源枯竭地区经济转型的突出制约因素和主要着力点。

1279 历史文化名城武威旅游资源定量评价

发表时间及载体：兰州大学学报（社会科学版）2002 年第 30 卷第 5 期

作　　者：李巧玲　王乃昂

简　　介：在实地考察和分析数据的基础上，运用层次分析法和模糊数学法对武威市旅游资源进行了定量评价，得到旅游资源各评价因子的权重、分值及综合评分值，并对其进行等级划分，为武威旅游业的发展提供了基础资料和依据。

1280 由文本阅读到文化阅读——百年中国的西方文学阅读历程

发表时间及载体：甘肃联合大学学报：社会科学版 2006 年第 6 期

作　　者：赵如荃

简　　介：在中国面向现代的转型过程中，思想界一直将关注的重心放置在制度、器物与文化层面的变迁过程，而文学则由于一直以大众阅读的形式出现，被视为一种文本阅读的浅层体验没有受到应有的重视，随着全球化的展开与深入，中国对西方文学的阅读逐渐脱离了浅层的文本阶段与文化猎奇心理，进入了深层的文化阅读，这一转向有助于将文学论域的拓展与上向延伸，同时也对文学阅读提出了新的挑战与课题。

1281 试论体育在公民道德建设中的地位与作用

发表时间及载体：甘肃理论学刊 2003 年第 2 期

作　　者：任莲香　马静红

简　　介：体育活动以及由此而形成的体育文化对公民道德建设有着特殊的渗透力和影响力；宣传科学的健身理论有利于公民科学素养的提高；传播先进的体育文化有利于公民文化品位的提高；增进身心健康有利于提高人们的生活质量。科学素养、文化品位和生活质量的提高从某种意义上讲就是公民道德建设的题中应有之意。

1282 积极缩小地区经济差距实现东中西部地区协调发展

发表时间及载体：兰州商学院学报 2004 年第 20 卷第 1 期

作　　者：谭蓉娟

简　　介：改革开放以来，我国东中西部经济差距不断扩大已是不争的事实，这有其历史的必然性。缩小地区间经济差距是个历史过程，当务之急是阻止经济差距急剧扩大和过分悬殊，以利于经济健康发展。西部开发与实现东、中部地区协调发展计划时期我国经济和社会发展的重要战略任务之一。经过 20 多年的改革开放和经济建设，东部地区获得了长足的发展。现在，促进中西部地区更快发展特别是贫困地区的可持续发展是我们面临的重大课题。

1283 交流、沟通、和谐——《好工作》中的自由间接引语探析

发表时间及载体：甘肃联合大学学报：社会科学版 2012 年第 28 卷第 2 期

作　　者：蒋翃遐

简　　介：戴维·洛奇的《好工作》通过描写大学讲师罗玢和工厂厂长维克之间的成见、误解、隔膜的消除过程，表达了学院与工业世界之间交流、结合的思想主旨。该小说运用自由间接引语的形式再现了人物意识活动。这一话语方式不仅有效揭示出人物的性格特征，而且在情节的设置、主题的表现及作者与读者的交流等方面发挥了重要作用。

1284 管理运筹学课程的教学改革与实践

发表时间及载体：教育教学论坛 2011 年第 34 期

作　　者：何丽红　陈士成

简　　介：管理运筹学作为一种科学决策方法，具有很强的应用背景。本文从实践导向性出发，从三个方面对该课程进行了教学改革与实践针对不同的教学对象，选择适合其特点和水平的教学内容。

1285 "赔命价"——种规则的民族表达方式

发表时间及载体：甘肃政法学院学报 2000 年第 3 期

作　　者：衣家奇

简　　介：杀人"赔命价"是一种古老的民族习惯法，在许多民族地区都曾存在并发挥过现实的规范作用。随着民族习惯法的回潮，该现象再次引起社会的关注。但是，在当今社会里"赔命价"习惯法与现代法治的基本精神和要求形成悖论，应当在深刻认识正确理解的基础上，解决该习惯法与国家统一法制的矛盾冲突，在两者之间形成沟通与融合。

1286 论敦煌壁画艺术的美学风格

发表时间及载体：敦煌研究 2007 年第 2 期

作　　者：李映洲

简　　介：本文从美学理论与实证的方法视角系统论证了敦煌壁画艺术所蕴含的崇高与优雅、对称与和谐、阴柔与阳刚、悲壮与英勇、庄严与浪漫等五个方面的美学风格。

1287 交河故城衰落的原因分析

发表时间及载体：敦煌研究 2005 年第 6 期

作　　者：孙满利

简　　介：交河故城是丝绸之路上的明珠，它的发展兴盛和丝绸之路的兴衰有着密切的关系，自然环境和军事科学技术的历史变化使交河古城逐渐恶化了生存的条件，只是增加了它重建的难度，丝绸之路的衰落才是它的灭亡的根本原因，兴亦丝绸之路，亡也丝绸之路。

1288 东西部的贫富差距究竟有多大——西北民族地区同全国及东南沿海一些省市的比较分析

发表时间及载体：西北民族研究 2003 年第 1 期

作　　者：杨森

简　　介：贫富差距是一个世界性的问题。本文从我国西北民族地区同全国及东南沿海一些省市的生产力发展水平、社会产业结构、固定资产投入、财政收支、人员素质、人口增长率及人民生活水平等一系列人均指标的对比分析中，更具体地认识到东西部差距在进一步拉大的客观事实。这种差距已经影响到社会的长治久安，经济的持续增长，各民族的团结，进而关系到坚持社会主义道路和方向的问题，从而引起了国家及社会普遍的关注。国家在加大对西部地区的投入，西部地区的各族人民更应该面对现实，艰苦奋斗，与时俱进，加快发展，以实现祖国各族人民共同繁荣、共同富裕的目的。

1289 我国引入小额诉讼程序的理论解释

发表时间及载体：甘肃政法学院学报 2009 年第 6 期

作　　者：李玉璧

简　　介：小额诉讼程序的创建可以极大地改善民众的权利救济环境，使蕴含诉讼民主、诉讼和谐、程序效益、程序多元的诉讼文化深深地植根于普通民众的法律生活之中，使民众的诉讼活动变得非常直接、快速和低廉。我国民诉法中的简易程序在诉讼理念、诉讼程序和诉讼费用等方面与小额诉讼程序追求不需要法律技巧的简易和效率的理想相距甚远。督促程序虽有其自身的优势，但在我国因先天设计的不足，使这一制度几乎处于瘫痪状态，无法完成简速解决民事纠纷的任务。为实现司法的大众化理想，有必要在民诉法中引入小额程序。

1290 敦煌曹氏归义军时期石窟四角天王图像研究

发表时间及载体：敦煌学辑刊 2012 年第 2 期

作　　者：米德昉

简　　介：曹氏归义军时期，敦煌开窟之风依然盛行。其间曹氏家族及其族属在莫高窟开凿了诸多大型佛窟，所不同的是，部分新建洞窟窟顶四角出现四天王图像，其样式独特，在之前敦煌石窟未见类似案例。四角天王图像的产生，一方面是受西域于阗佛教思想影响的结果 另一方面与当时曹氏内忧外患的政治格局密切相关。其特殊形制既表达了一定的宗教思想，也隐合了某种社会世俗意义。

1291 陕西省经济增长质量的动态研究——基于索罗模型的考察

发表时间及载体：西北大学学报：哲学社会科学版 2011 年第 41 卷第 2 期

作　　者：高新才

简　　介：本文以索罗模型为基础，结合各项经济指标，对陕西省 1990—2009 年经济增长的方式、质量和稳态水平做了实证性质的分析。通过剔除价格因素，计算出全省经济的实际增长率，通过建立时间序列计量经济模型估算出了各要素的贡献率，并以此为基础得到了全要素生产率和技术进步率的值，再通过对模型中各项系数的假设和测算得到了在稳态水平下的有效人均资本和有效人均产量，随后对模型作了动态分析，得出了从 2009 年开始经济朝稳态水平运行的速度和到达稳态一半的水平所需的时间. 最后对实证分析的精确度作了简要讨论。

1292 略论我国大地带经济布局

发表时间及载体：1986 年 1 月

作　　者：武文军

简　　介：中共中央在"七五"计划的建议中，提出了六条重要方针。其中第六条方针对我国大地带经济发展战略作了精辟的分析。指出："正确处理我国东部，中部，西部三个经济地带的关系，充分发挥他们各自的优势和发挥它们相互间的横向经济联系，逐步建立以大城市为中心的，不同层次，规模不等，各有特色的经济网络。"

1293 关于深化信息技术与语文课程整合的几点思考

发表时间及载体：电化教育研究 2009 年第 6 期

作　　者：石义堂

简　　介：信息技术与语文课程整合已经成为语文课程改革与发展的内在要求与必然趋势，但当前在整合过程中依然存在着盲目化、简单化、形式化、功利化的弊端。要革除这些弊端，就必须了解信息技术与语文课程各自的本质特点与内在要求，使两者之间达到高度契合，深化整合的程度。

1294 玉树文化产业重建的路径探索

发表时间及载体：西北民族研究 2011 年第 2 期

作　　者：羌洲

简　　介：玉树地震之后，重建成为玉树最为急迫的问题。结合玉树的地区实际和现有资源情况看，文化产业重建成为玉树重建的重要部分。本文分析了玉树文化产业重建在自然、人文、历史、民族、宗教方面的资源优势，并在此基础上剖析了玉树文化产业重建目前面临的显性和隐性矛盾。在经过正反两方面的思考之后，本文提出了从人力开发、观念破壁以及推进玉树文化产业集群化发展等方面切实稳步拓展玉树文化产业重建之路，以恢复玉树的发展，并借此契机实现其经济与文化上的腾飞的建议。

1295 农户生计资本对其风险应对策略的影响——以黑河流域张掖市为例

发表时间及载体：中国农村经济 2012 年第 8 期

作　　者：苏芳

简　　介：本文以英国国际发展部的可持续生计方法分析框架为研究基础，通过对黑河流域张掖市农户风险应对策略的调查，运用多元 Logit 模型对农户风险应对策略的影响因素进行了实证分析。研究表明：人力资本和金融资本是影响农户风险应对策略最显著的因素，物质资本和社会资本次之，自然资本是影响农户风险应对策略最不显著的因素。研究同时还发现，可以通过增加金融资本、提升农户的人力资本等措施，增强农户的抗风险能力。

1296 和阗文物哈定搜集品获自摩尔多瓦克说

发表时间及载体：敦煌学辑刊 2012 年第 2 期

作　　者：王冀青

简　　介：英国驻喀什噶尔副领事哈定于 1923 年在新疆和阗获得近百件文物，现藏印度国家博物馆、英国国家图书馆等机构，是比较重要的一批近代外流新疆文物。1928 年出版的斯坦因第三次中亚考察详尽报告书亚洲腹地第一次著录了哈定搜集品。斯坦因、安德鲁斯均认为，哈定搜集品获自和阗英籍商人巴德鲁丁汗，此说一直延续至今。最近美国华盛顿大学丹尼尔沃和英国国家图书馆乌尔苏拉西姆斯. 威廉姆斯在英国皇家地理学会发现两幅斯克兰拍摄的和阗文物照片，从中分辨出哈定搜集品、斯克兰搜集品和特林克勒尔搜集品，贡献很大。但该文依据斯坦因、安德鲁斯旧说，认为这两幅照片拍摄于巴德鲁丁汗家，哈定搜集品获自巴德鲁丁汗。本文依据斯坦因考古档案等资料，认为斯克兰搜集品、特林克勒尔搜集品获自巴德鲁丁汗和摩尔多瓦克两人，而哈定搜集品应来自摩尔多瓦克，两幅文物照片应系由斯克兰于 1922 年 11 月 26 日或 27 日在摩尔多瓦克家拍摄。

1297 论严可均《全上古三代文》之失与《全先秦文》的编辑体例

发表时间及载体：西北师大学报：社会科学版 2004 年第 5 期

作　　者：赵逵夫

简　　介：严可均《全上古三代（秦汉三国六朝）文》，是我国现存隋以前经、史、子之外散文文献的总集。但今天看来，问题很多，而先秦一段问题最为突出。本文是正在编辑中的《全先秦文》的编辑体例。该书对严书除补阙、删伪、正误之外，无论在收录时间上限、收录范围、编排顺序还是校勘、作者小传等方面，都有大的改进，使之更加科学，能更好地反映先秦史、先秦文献、先秦文学研究的新成果。该书将完全以作者时代先后为序编排，一般以最早记载文本为底本，加以校勘，并对真伪、作者、时代等加以考订和说明。

1298 教育信息化环境对学生自主学习的支撑

发表时间及载体：电化教育研究 2006 年第 12 期

作　　者：常咏梅

简　　介：自主学习既是一种学生学习的方式。也是学生为更高阶段的学习及终身学习作准备的一种能力。本文阐述了教育信息化环境在作为自主学习的认知工具、学习资源、交互平台及评价体系等方面的支撑作用，从而促使学生"能学""想学""会学""坚持学"。

1299 关于清代祭祀青海神制度的两个问题

发表时间及载体：中南民族大学学报：人文社会科学版 2010 年第 4 期

作　　者：杜党军　王希隆

简　　介：临海祭祀青海神是清廷政府在平定罗布藏丹津叛乱后为加强对青海的直接统治而创立的一项重要制度，而祭海日期和参祭官员构成两个问题则是这项制度在不断完备过程中调整的主要内容。本文依据中国第一历史档案馆藏朱批奏折等资料对这两个问题作了进一步的探讨。

1300 企业生态效率指标的应用与评价研究——以宝钢、中国石油和英国BP公司为例

发表时间及载体：兰州商学院学报2011年第27卷第1期

作　　者：周一虹　芦海燕

简　　介：联合国会计和报告标准（ISAR）建议的生态效率指标，将企业现有经济考核指标和环境指标很好地结合了起来，能较充分反映和适当评价企业的环境效益和经济效益。本文通过对生态效率指标体系的构建以及在对宝山钢铁、中国石油和英国BP公司的应用案例分析，认为需要将ISAR推荐的生态效率指标中分母修正为经营活动现金净流量，并结合企业所处的行业特点，适当补充企业特有指标，以及其他有意义的生态效率指标，在此基础上，我们可以更加客观准确地评价企业的生态效率，促进企业实现经济业绩与环境业绩的"双赢"。

1301 浅析现代企业管理中的情感管理

发表时间及载体：甘肃行政学院学报2004年第2期

作　　者：刘广桥　高伟

简　　介：在现代企业管理中，员工的情感投入对企业的发展至关重要。本文论述了情感管理的概念及其在人力资源管理中的作用及地位，通过挖掘员工的情绪天赋，把握管理实践中的情感管理方式，促进员工的情感投入，使企业持续成功。

1302 偷听——《红楼梦》中无所不在的"耳朵"

发表时间及载体：西北师大学报：社会科学版201年第2期

作　　者：冉耀斌

简　　介：本文从《红楼梦》中的一个特殊现象—偷听入手，展示了书中描写的形形色色的偷听现象，进而运用马斯洛人本主义心理学的需要层次理论，揭示各种各样偷听行为背后的心理动机，剖析人物内在的心理活动，并深入探讨偷听情节的描写在塑造人物形象和推动故事发展中的重要作用。

1303 法与社会相和谐的行走路径

发表时间及载体：甘肃理论学刊2008年第2期

作　　者：王宏英

简　　介：法的出现犹如人类的诞生，均属偶然，但法源于人本能的理性，是人基于自我的正义感所做出的反自然的选择，是人类自我保存的必须。尽管它借助了有序冲突的形式，但其意义却在于构建人类社会的和谐。法应为人类社会的和谐而生，这注定了法与社会之间的和谐问题应属一个重大命题，解决中国法与社会相和谐的路径必须改变。

1304 语法重新分析与关联词的构成

发表时间及载体：西北师大学报：社会科学版2007年第2期

作　　者：杨永发

简　　介：关联词语中以连词居多。本文从语法化的角度，具体探讨了十多个因语法重新分析凝结而成的连词。这类连词可分为并列式、附加式、压缩式三种。

1305 大学生士兵服役初期人生观现状调查与研究

发表时间及载体：社科纵横2011年第8期

作　　者：毛乃佳　丛冰玉

简　　介：如何使大学生士兵树立正确的人生观，是我国军队保持革命化、正规化的重

甘肃省文化资源名录 第四十一卷 社科研究Ⅲ

论文

要任务。本文调查并分析了地方大学生士兵入伍初期人生观现状，针对其特点及存在的问题和部队管理教育中出现的新情况，加强思想政治教育工作，把培养大学生士兵服役初期树立正确的人生观，作为部队战斗力提高和科学发展的崭新课题来研究。

1306 论老子重生思想的源流与道教思想的孕育

发表时间及载体：兰州大学学报：社会科学版 2007 年第 4 期

作　者：赵逵夫

简　介：《老子》一书中的重生思想上承容成子，而下开杨朱、秦失、南郭子綦一派。据考，杨朱、秦失等本是秦人。春秋战国之时中原一带长期处于战乱之中，秦地相对稳定，故一些避世之士向秦地流徙。这当中也反映出一部分知识分子和旧贵族对西周时代相对安定社会的憧憬。汉书《地理志》中对秦地的评说，实反映了秦汉以前人的普遍看法。同见于文献记载的中原人至秦地寻求建功立业的现象比起来，为避世全生而至秦地的是一股潜流。但正是这类人的增多，养生、重生的思想在秦地滋长起来。春秋战国时的几位名医产生于秦地，也反映了这个事实。老子因周王室的种种事变，使他对当时的社会失去了信心，故西入秦；而杨朱、秦失这些本生于秦地，又受过老子思想影响的人则东至宋、鲁之地，传播具有道家色彩的重生思想，以求以此救世。秦地重生、养生思想同燕齐神仙家思想的结合，孕育了道教，也形成了道家中重生、养生思想向道教思想的转变。

1307 西北民族省区城镇化战略模式选择与制度创新

发表时间及载体：民族研究 2002 年第 6 期

作　者：高新才

简　介：本文在分析西北民族省区城镇化现状和归纳相关理论研究进展的基础上，从加快市场化进程的视角，讨论了市场主导型多元城镇化战略，并从具体区情出发，进一步阐述了市场主导型多元城镇化路径依赖。文中强调城镇化进程中政府规制与市场机制的正确定位，对创新户籍制度、城乡土地流转制度、社会保障制度、人口政策和设市体制的法律安排进行了探讨。

1308 构建有效的中国公司治理结构——从法学与经济学的角度考察

发表时间及载体：兰州大学学报（社会科学版）2001 年第 29 卷第 4 期

作　者：周江洪　范晓宇

简　介：本文从法学与经济学的角度，考察了学者们所共同关心的公司治理结构问题，探讨了公司治理结构的涵义、各国模式，分析了构建有效的公司治理结构所形成的理论基础，并运用资本、劳动、管理三种逻辑相协调的经济学理论和企业自体、相关利害团体参与的法学理论对中国现有的公司治理结构进行了批判性的反思，并在此基础上就如何构建有效的中国公司治理结构提出了一些建设性的建议。

1309 指数交叉对偶理论及其本质探讨

发表时间及载体：统计与信息论坛 2011 年第 26 卷第 10 期

作　者：汪慧玲

简　介：指数交叉对偶理论的问世，是指数理论发展史上灿烂的一页，指数交叉对偶的方法在消除指数公式选择过程中出现得偏性、提升公式检验水平的研究中得到了广泛的应用和发展，也获得了令人瞩目的成就，为指数理论的研究和实际应用开辟了新天地。按照参与期的标准，把指数交叉对偶划分为两位置交叉与多位置交叉并对其实现方式进行分别探讨，针对理论界一些值得商榷的观点给予了剖析，并通过对交叉公式与基本公式及交叉公式之间相对离差趋势的研究，揭示其在运算过程中对公式及数据偏性进行修正。

1310 21世纪金融人才应具备的素质

发表时间及载体：甘肃行政学院学报 2002年第 2 期

作　　者：裘红霞

简　　介：21 世纪金融人才应具备不断学习不断进取的精神，具有敏捷坚实的财务智商；具有良好的个人品质、个人修养；具有良好的职业道德、敬业精神；具有良好的心理素质及身体素质；具有超前的思维、前瞻的世界意识；具有谨慎态度与冒险创新精神融合的能力。

1311 区域经济增长机制转换：误区及矫正

发表时间及载体：甘肃社会科学 1999 年第 5 期

作　　者：李含琳

简　　介：进入"九五"计划以后，我国开始了产业结构与区域产业布局的调整，目前，正在发生第三次区域经济重心转移，中西部地区日益成为新一轮经济增长和战略发展的热点地区。然而，近几年来西部省区在适应性结构调整和战略新选择的过程中或多或少带有盲目的特征，形成了许多结构调整和战略决策的误区。对此有必要做比较深入讨论。

1312 完善我国证券法律责任制度的几项基本原则

发表时间及载体：甘肃行政学院学报 2002年第 2 期

作　　者：何立慧

简　　介：本文基于对我国证券法律责任制度设计和运行的基本条件和现实状况的认识和分析，提出了完善我国现行证券法律责任制度必须坚持的六项原则，即严格责任、强化监管的原则，催生和发展的原则，公正与发展相协调的原则，实体与程序并重的原则，强调民事责任的原则，强化个人责任的原则。

1313 正确理解马克思主义中国化的几个问题

发表时间及载体：西北师大学报：社会科学版 2007 年第 3 期

作　　者：孙继虎

简　　介：无论是在理论上，还是在实践上，如何理解马克思主义中国化，在今天仍是一个值得讨论的问题。其中，正确认识"马克思主义中国化"的科学涵义和实质，及"马克思主义中国化"和"中国实际马克思主义化"的关系是最为关键的几个问题。

1314 美学敦煌——突破：从研究敦煌艺术再生开始

发表时间及载体：西北师大学报：社会科学版 2009 年第 1 期

作　　者：王建疆

简　　介：敦煌艺术应该包括原生和再生两部分。研究敦煌艺术再生问题不同于传统敦煌学的地方在于，回答现实中亟需解决的问题 正确认识全球化的两面性，把握民族文艺发展的契机 揭示敦煌艺术的同化力，寻求国家文化发展战略的路径。再生的敦煌艺术不仅创造了新的艺术，而且更主要的在于创造了新的文化。研究敦煌艺术的再生问题，不仅会在敦煌学的现实意义和思想境界上，而且还会在敦煌学的学科建设上实现全面的突破。

1315 基于 WEB 技术试题库系统的研究与开发

发表时间及载体：电化教育研究 2003 年第 7 期

作　者：赵宏　余冬梅

简　介：针对目前考试方式的特点，采用基于 WEB 的数据仓库技术，提出开发开放式网络考试系统的方法以及对考试中抽题、定时、试卷分析、成绩处理等各个环节的实现。

1316 关于实施非物质文化遗产保护工程的若干思考

发表时间及载体：西北民族研究 2006 年第 1 期

作　者：彭金山

简　介：非物质文化遗产的衰落是摆在振兴传统文化这一课题面前的难题，要做好保护工作，就要发掘其自身的生长要素，从而采取相宜的措施。这些措施主要有提高民众的自觉意识、实现可能的功能转换、政府的重视和支持等几个方面。实施非物质文化遗产保护工程，要防止只做"搭台"的角色、搞"形象工程"、脱离群众、不看对象搞"一刀切"、过度开发和文化造假。

1317 和谐社会构建中企业六个层次的诚信关系及其管理

发表时间及载体：兰州商学院学报 2005 年第 21 卷第 5 期

作　者：王维平　蒋春燕

简　介：本文论述了企业在构建社会主义和谐社会中的地位和作用，企业诚信关系与和谐社会构建的关系，由此提出和分析了企业员工之间、企业对员工、员工对企业、企业与政府、企业与企业、企业与消费者等六个层次的诚信关系的内容和处理原则，最后论证了这六个层次诚信关系的几条管理对策。

1318 主体功能区建设中的基本公共服务均等化问题研究

发表时间及载体：西北师大学报：社会科学版 2009 年第 2 期

作　者：孙健

简　介：主体功能区建设是中央政府解决区域发展失衡、保护生态环境的新举措。在推进主体功能区建设中，需要重点解决基本公共服务均等化问题，因为它是实现主体功能区建设的重要政策手段和必要条件。主体功能区建设中实现基本公共服务均等化的途径多种多样，但从现实看，关键在于财政政策改革，建立起符合基本公共服务均等化要求的财政制度，其主要内容包括纵向转移支付制度的改革，建立横向转移支付制度和转移支付监督制度。

1319 关于党的建设总体新布局的几点思考

发表时间及载体：甘肃理论学刊 2009 年第 4 期

作　者：朱彩萍

简　介：认真学习和深入贯彻十七大精神的一个重要的方面，就是要牢牢把握党中央提出的一系列重大战略思想及其理论创新成果。本文重点就胡锦涛总书记提出的党的建设总体新布局问题，谈了几点认识和体会。

1320 少数民族地区城市发展的若干思考——以甘南藏族自治州为例

发表时间及载体：民族论坛 2006 年第 12 期

作　　者：王雅红

简　　介：本文通过对甘南藏族自治州城市发展状况的分析，总结了少数民族地区城市发展过程中的基本规律和主要问题，并提出了少数民族地区在城市发展观念、城市发展战略、碱城市发展模式等方面的对策性建议。

1321 试论民间融资与中小企业发展

发表时间及载体：社科纵横 2008 年第 10 期

作　　者：刘晖霞　吕文广

简　　介：民间融资作为银行等间接融资和股票、债券等直接融资的有效补充，伴随着中小企业的快速发展，已经形成了从无到有、从小到大、从地下到地上的发展格局，逐步显示出了强大的生命力，但究其根源，却体现了我国中小企业发展过程中融资难的问题。因此，民间融资的发展壮大，不仅是融资渠道、融资方式多元化的表现，更是体现了中小企业的融资困境与无奈。

1322 美国市政债券发行规模的影响因素分析及对我国的启示——基于灰色关联度的实证研究

发表时间及载体：经济与管理 2012 年第 26 卷第 4 期

作　　者：马雪彬　刁杨

简　　介：本文选取美国 2010 年 51 个州的市政债券相关数据作为初始样本，利用灰色关联分析的方法，对影响美国市政债券发行规模的因素进行实证研究。结果显示：财政赤字、现有流通规模、财政收入等因素会不同程度地影响美国市政债券发行规模。而我国地方政府确定市政债券发行规模时也应考虑地方政府资金需求、地方政府偿债能力及投资者需求等因素，从而形成有效的债务约束机制。

1323 中国省、市、自治区 GDP 份额演变及其影响因素分析

发表时间及载体：数量经济技术经济研究 2007 年第 24 卷第 8 期

作　　者：李国璋

简　　介：基于新经济地理理论，本文应用 1978—2005 年中国各省市区面板数据，对省级区域 GDP 份额进行了分析，构建了动态时空模型，建立了多区域经济体的结构分析框架，并将其应用于区域经济增长的动态效应分析，从而将区域经济增长的动态效应分解为相邻效应和整体效应。实证研究发现，无论是宏观经济增长效应还是区域相邻效应，都对中国省、市、自治区经济集聚具有很好的解释力，这对思考中国地区间差距问题提供了一些启示。

1324 我国公共行政核心价值取向分析

发表时间及载体：云南社会科学 2008 年第 4 期

作　　者：包国宪　周云飞

简　　介：公共行政价值是行政人员对某种价值对象的认同和信奉，是公共行政活动的动力源泉和理性后盾。应该从纵向和横向两个维度分析当前我国公共行政核心价值取向的生态环境，借鉴西方的优秀成果。

1325 跨文化交际与旅游英语专业人才培养

发表时间及载体：社科纵横 2011 年第 8 期

作　　者：于方方　姜焕文

简　　介：随着全球一体化进程的逐渐深入，各种文化间的交流与碰撞越来越频繁，跨文

化交际已经深入到社会的各个层面。笔者在对跨文化交际的概念进行总结、整理、归纳的基础上，剖析了跨文化交际与旅游英语专业人才培养的关系，并进一步指出了跨文化交际对旅游英语专业人才培养的重要性，以期能对当前的旅游英语专业教学以及旅游英语专业人才培养的研究起到抛砖引玉之力。

1326 特色课程需要不断精心打造——以国家级精品课程西北师范大学"敦煌学"课程建设为例

发表时间及载体：当代教育与文化 2011 年第 3 期

作 者：李并成

简 介：课程建设是高等院校教学工作的基本建设。国家级精品课程——西北师范大学敦煌学本科课程，牢固树立精品意识，不断精心打造，不断强化、完善课程体系，努力扩大敦煌学课程的受益面，重视课程基础。

1327 版权与出版权——从出版商到作者

发表时间及载体：甘肃行政学院学报 2002 年第 2 期

作 者：林新生

简 介：版权法制度经历了从重点保护出版商到作者与出版商保护并重甚至偏向于作者的过程，对出版商与作者权利的不同定位同特定社会的主导思想有关，从我国的现实情况分析，我国的著作权立法应重点保护作者权利。

1328 从繁琐描述法到科学抽象法——干部思想方法论之一

发表时间及载体：1985 年 2 月

作 者：陈德霞 武文军

简 介：事物总是以现象形态存在，人们感官所感受到的千差万别的事物都是事物的现象。马克思说得很深刻："如果事物的表现形式和事物的本质会直接合二为一，一切科学都成为多余的了"。但是，人认识事物的目的不是反映和描述事物的现象，而是要揭示事物的本质，把握事物发展的必然趋势，从而作出改造自然、改造社会和改造自身的决策。

1329 数字出版对传统出版业的影响探析

发表时间及载体：社科纵横 2010 年第 8 期

作 者：肖林霞

简 介：数字出版是传统出版内容与信息技术、数字技术、网络技术相结合的一种新型出版形态，目前数字出版已成为未来出版业发展的一大趋势和方向。本文从中国数字出版的现状入手，分析了数字出版对传统出版业带来的机遇与挑战，并提出了从传统出版业向数字出版的转型的途径。

1330 试论数字图书馆的建设及应用

发表时间及载体：电化教育研究 2009 年第 11 期

作 者：许新龙

简 介：本文在列举国内外典型的数字图书馆定义的基础上，分析了数字图书馆的特征、功能，比较了国内外数字图书馆的建设情况，提出了数字图书馆建设、应用的发展前景，使人们对数字图书馆有了更加清晰的认识。

1331 关于创建中国国际关系理论不能回避的几个问题

发表时间及载体：河北师范大学学报：哲学社会科学版 2010 年第 2 期

作 者：汪金国

简　　介：我国学术界在创建中国国际关系理论过程中，仍然没有就一些常识性的问题达成共识。因此，应改善和提高学术过程中汉语的驾驭能力，剔除学术中存在一些不良现象。

1332 试论管理工作的实效性与艺术性

发表时间及载体：甘肃高师学报 2012 年第 4 期

作　　者：黎兆跋

简　　介：随着社会的进步和发展，管理的理念和学说有了不断变化和发展，但其共同特点是探求最佳的途径和方法，追求管理的实效性和艺术性。为了避免没有实效或效果不佳的管理造成管理工作的失败，可以从提高管理者的综合素质和领导艺术的角度出发，与时俱进，学习、适应现代管理的理念和经验，采用知人善任的态度，形成"释能型的用人机制"，完善制度管理与加强民主管理，营造宽松、和谐、积极的文化氛围，建立激励机制，充分发挥员工的潜能、智力等方面的优势，同时研究并运用先进管理成果，使之成为提高工作效率和效益的重要途径，从而达到提高管理工作的实效性与艺术性的目的。

1333 信托法发展史上的两个重要成文法

发表时间及载体：甘肃政法学院学报 2004 年第 1 期

作　　者：余辉

简　　介：英国 1536 年《用益法》的颁布，奠定了近现代信托法律制度形成和发展的基础。而英国国王亨利八世在 1540 年和 1542 年颁布的两个《遗嘱法》从广义上讲是《用益法》的重要内容，对《用益法》是一个重要的补充和修正，因此也是研究信托法律制度形成和发展的重要环节。对这两个法案的研究，将会弥补我国外国法制史和民法学界对信托发展史研究的欠缺。

1334 论邓小平社会主义本质论的理论创新

发表时间及载体：甘肃理论学刊 2004 年第 6 期

作　　者：武劼

简　　介：邓小平社会主义本质论，以其深刻的理论内涵超越了以往理论上的社会主义要素论、社会主义特征论，超越了以往社会主义实践中的社会主义模式论，超越了以往理论和实践中对待社会主义的左、右两种错误，体现了对社会主义本质、社会主义建设规律、社会主义发展规律认识的理论创新，因而具有重大的理论意义和现实意义。

1335 1995—2010 年居民家庭生活消费碳排放轨迹

发表时间及载体：开发研究 2012 年第 4 期

作　　者：刘莉娜

简　　介：居民家庭生活消费碳排放是指居民在家庭生活消费过程中所产生的间接碳排放量。根据生活碳排放研究方法，计算了 1995—2010 年中国 31 个省区人均家庭生活消费碳排放量，并从时间、空间角度对我国居民家庭生活消费碳排放特征进行分析。结果表明，在时间上，1995—2010 年，人均家庭生活消费、人均家庭生活消费碳排放、碳排放强度均呈逐渐上升趋势，各项人均家庭生活消费碳排放主要处于波动上升趋势，其中文教、娱乐用品及服务消费和居住消费碳排放上升趋势最显著。在空间上，中国人均家庭生活消费碳排放存在很大的区域差异性，由东南沿海各省向西北内陆各省递减。

在此基础上，对我国居民家庭生活消费节能减排提出相应对策及意义。

1336 肃南县绵羊群最优结构模型

发表时间及载体：农业技术经济 1986 年第 8 期

作　　者：李国璋

简　　介：肃南裕固族自治县是以养羊业为主的畜牧业县，是甘肃省养羊业基地县和先进县。该县培育成功的绵羊优良品种——甘肃高山毛肉兼用细毛羊，1984 年荣获国家经委、国家科委、农牧渔业部等联合授予的奖项。目前，该县养羊业尚存在如下问题：羊只数量超过草场载畜量（冬春季尤为突出），适龄母羊比例较低，羊只淘汰只限于老龄羊。

1337 尊重国情和历史，坚持实事求是原则——评析"第二代民族政策"论点

发表时间及载体：西北民族大学学报：哲学社会科学版 2012 年第 4 期

作　　者：贾东海

简　　介：第二代民族政策提出者，没有尊重历史国情，造成理论混乱、概念混乱、逻辑混乱，这是不容置疑的。第二代民族政策的提出者们所说的美国、巴西、印度的民族大熔炉政策，并不是什么"好经验"、"好方法"，而是严重的"民族同化"之举，"民族压迫"之策。这种"强制同化"已被历史证明是失败的，已被多元文化主义之策所替代。第二代民族政策提出者，违背中国宪法原则，违背基本国策和基本政治制度，丢掉了实事求是原则，应当引起党政部门和学术界的高度重视。

1338 五大保障促进循环经济建设

发表时间及载体：中国国情国力 2009 年第 12 期

作　　者：王学俭

简　　介：循环经济作为可持续发展的战略模式和科学发展观的重要内容，已经成为促进我国经济增长、科学发展及新型工业化道路的必然选择。

1339 明代文学史书写三论

发表时间及载体：湖南第一师范学院学报 2011 年第 11 卷第 5 期

作　　者：魏宏远

简　　介：自 20 世纪中叶起，明代文学史的书写逐渐摆脱钱基博、宋佩韦《明文学史》的写作模式，形成新的格局，受"白话文运动"的影响而重小说、戏曲，轻诗文，追逐"纯文学"的写作，视复古为摹拟剽窃，将七子派复古的目的和手段错位，形成"复古与反复古""格调—性灵—神韵"的写作模式。因进化论文学史观的引入而使明代文学史的书写呈现出"西化"的倾向。

1340 促进甘肃省农业产业化龙头企业融资的问题与建议

发表时间及载体：开发研究 2011 年第 6 期

作　　者：罗哲

简　　介：本文选取甘肃省最具代表性的马铃薯和蔬菜加工典型企业，以问卷调查的形式，对农业产业化龙头企业的融资现状进行了研究。分析发现，资金缺乏是制约龙头企业发展的主要瓶颈，并从经济与政策环境、政府扶持力度、金融体系运作机制与企业自身发展能力等四方面深入分析了造成甘肃农业龙头企业融资困境的原因。最后，从加大地方政府扶持力度，加强人民银行对商业银行的激励、引导与监管，鼓励金融机构全面创新，规范企业管理制度等方面提出了缓解甘肃省农业产业化龙头企业

融资困难的建议。

1341 汉唐西北农牧分界线变迁原因研究

发表时间及载体：农村经济与科技 2010 年第 6 期

作　　者：汪慧玲

简　　介：我国南北经济结构差异明显，而畜牧经济在北方尤其是西北地区的经济结构中占据着主导地位。本文以经济史学为出发点，通过对汉唐时期西北畜牧业经济区域分界线变迁的梳理和研究，填补中国经济史上关于区域畜牧经济研究的空白，同时也对当前分析、决策西北区域经济发展产生积极的意义。

1342 要善于掌握和运用科学的抽象法

发表时间及载体：理论力学 1982 年 2 月

作　　者：武文军

简　　介：马克思认为，在政治经济学的研究方法方面，存在"两条道路"。第一条道路是寻求经济现象外部联系的方法。例如，从一国的人口现象研究起，考察"人口的阶级划分，人口在城乡海洋的分布，在不同部门的分布"，然后分析产品的输入，全年的生产和消费，商品价格等等，最后再"从分析中找出一些有决定意义的抽象的一般关系，如分工、货币、价值等等"。

1343 结构变迁理论视角下的流动穆斯林城市适应的障碍性因素分析——以兰州市回族、东乡族为例

发表时间及载体：西北人口 2011 年第 4 期

作　　者：高翔　鱼腾飞

简　　介：随着城市化进程的加快，越来越多的少数民族人口进入城市，尤其是大城市。这一群体在接受"城市化"和"现代化"洗礼的过程中，加入了民族意识、民族宗教习俗。

1344 明清时期回族哈乃斐教法的本土化

发表时间及载体：西北民族研究 2002 年第 3 期

作　　者：哈宝玉

简　　介：中国穆斯林素称自己属伊斯兰教逊尼派哈乃斐教法派别。本文认为，从明代开始，哈乃斐教法从"法"的范畴走向"俗"的领域，具有中国本土的特点。清代苏非派产生后，教法从"一元"演变为"多元"，成为一种"内行外明"的礼仪制度，中国苏非派穆斯林遵行的教法是融苏非主张、本土习俗和哈乃斐教法为一体的一个"综合体"。

1345 对近年来我国教育技术研究的几点看法

发表时间及载体：电化教育研究 2006 年第 9 期

作　　者：张小红

简　　介：教育技术是一个热门的教育话题，教育技术是一个多变的教育问题，教育技术学是一门新兴的学科，教育技术学也是一门复杂的学科。正因为其是新兴的、复杂的、多变的，所以对教育技术的研究一直是教育研究的一片热土，从而对教育技术研究的研究就显得尤为必要。

1346 多元文化背景中的全球教育与世界公民培养

发表时间及载体：西北师大学报：社会科学版 2005 年第 6 期

作　　者：万明钢

简　　介：全球化是人类社会发展的内在要

求。具体地说，一是当前人类遭遇共同的困境、面临共同的问题，从而在应对面临的共同问题时人类逐步形成了共同的价值观，民族国家之间、区域之间、人与人之间在文化问题上有了更多的共识。二是对于西方主导的全球化，发展中国家和弱势文化所能选择的是三种应对策略，一是接受，二是抗拒，三是寻求平衡。第一种态度只能导致多样性的遗忘和抑制，是一种文化同化的策略；第二种态度可能会加剧与文明主流的距离和敌意，唯有第三种态度合理可行。所谓平衡，就是以本土文化与强势文化的整合，以多样性缓和一体性，在交流和对话中发展全球背景下的特殊文化。

1347 加强甘肃省社会保险基金投资运营管理的对策建议

发表时间及载体：社科纵横 2010 年第 9 期

作　　者：蒋俊生　王庆

简　　介：社会保险是我国社会保障制度得以确立并解决特定社会问题的核心内容，在保证社会公平、促进社会稳定、推动经济发展等方面有着不可替代的作用。地方政府以社会保险名义累计的基金本应通过投资获取收益率，这既是社会资源的充分利用，也是社会保障的水平提高。甘肃属经济欠发达省份，社会保险压力很大，更应通过加强社保基金投资运营管理体制，来扩大投资行为。

1348 生态学马克思主义对马克思主义生态意蕴的建构、梳理和拓展

发表时间及载体：兰州商学院学报 2014 年第 4 期

作　　者：陈增贤

简　　介：全球生态问题渐趋严重，生态学马克思主义在建构马克思历史唯物主义生态维度、梳理蕴含于辩证唯物主义哲学中的生态意蕴的同时，拓展了马克思主义生态思想。从制度、技术和消费三个维度对西方生态问题展开批判，认为资本主义制度是造成生态危机的根源，并主张要解决当代的生态危机，就应该实行制度和价值观的双重变革，走生态社会主义道路。生态学马克思主义探寻生态危机产生根源及解决路径的思路和方法，为我们解决人类面临的日益严重的生态问题提供了崭新的视角。

1349 从文学看和谐社会之构建

发表时间及载体：唐都学刊 2005 年第 21 卷第 4 期

作　　者：韩伟　程金城

简　　介：在市场经济的今天，文学遇到了前所未有的挑战。文学如何面对新的社会生活，作家如何艺术地反映社会现实，这一切成了值得作家和文学研究者共同深思的话题。

1350 我国碳金融发展存在的问题及对策

发表时间及载体：经济纵横 2011 年第 11 期

作　　者：杨肃昌

简　　介：全球气候变暖使碳金融得以产生并迅速发展。发达国家率先建立起相关法律法规及完善的碳交易市场，其碳金融走在了世界前列。我国碳金融起步较晚，存在认识不足、政策制度不完善及交易不规范等问题。应借鉴发达国家的经验，建立健全相关法律法规及完善的碳交易市场体系，促进我国碳金融健康、快速发展。

1351 现代教育技术与外语教学改革

发表时间及载体：电化教育研究 1998 年第 6 期

作　　者：陈晖

简　　介：引言语言和文字是人类社会传播信息的最基本载体。语言、文字在发展、演化过程中又形成了不同的语系、语族和语种，人类种群在发展和生存竞争中必须经常不断地沟通和交流信息，这就需要不同语种之间的转换，因此产生了外语的概念，所以外语是相对于母语或不同语种而言。

1352 隐退与填补：未成年人司法制度检视

发表时间及载体：甘肃理论学刊 2009 年第 6 期

作　　者：刘慧明

简　　介：宽严相济刑事政策的合理向度，是推进未成年人司法制度的改革契机和动力。在坚守法治精神和双向保护原则的前提下，为消解我国未成年人司法制度面临的道德、政治以及法律困境，应倡导和推行不可或缺的举措：填补立法空白，建立未成年人保护法律体系；弥补法律漏洞，构建未成年人司法机构；修复社会关系，探究具体适用制度。

1353 关于计算机基础教育新阶段的教学改革思考

发表时间及载体：电化教育研究 2005 年第 10 期

作　　者：曹文泉

简　　介：随着高校计算机基础教育改革的不断深化，使计算机基础教学步入了一个规范的，快速发展的新阶段。本文对新阶段非计算机专业计算机基础教育改革的现状及其存在的问题进行了客观分析，并结合笔者的教学体会，提出为了适应信息化时代高等教育发展的要求，进一步提高非计算机专业计算机基础教育的教学质量，应将信息技术基础课程引入到计算机基础教育中，旨在培养学生的信息处埋能力，提高学生的信息素养，使他们能从个人发展和专业发展的角度，不断进行自我调整，以适应社会和技术的发展。

1354 明代八股文文体述论

发表时间及载体：西北师大学报：社会科学版 2004 年第 6 期

作　　者：田澍

简　　介：八股文兴盛于明代，这是科举考试文体不断演变的客观结果。在明代，官方和社会认可的八股文是典雅纯正，而非怪诞浮华。作为考试文体，因应试者的学识参差不齐，故在考场上所写的八股文有优有劣。也正因为如此，才能进行适应当时社会的所谓的人才选拔。只有对八股文多一些宽容和理性，才能对其有一个客观的认识。

1355 新会计准则对水电企业财务管理的影响

发表时间及载体：社科纵横 2010 年第 7 期

作　　者：尚怀锋

简　　介：如何应对新会计准则，完善企业财务管理水平，是水电企业的当务之急，本文首先简单地介绍了新会计准则对水电企业财务管理的影响，然后有针对性地提出了一些对策和建议。

1356 规范与美德的结合：现代伦理的合理选择

发表时间及载体：西北师大学报：社会科学版 1999 年第 5 期

作　　者：肖群忠

简　　介：规范伦理与美德伦理是道德的基本构成要素，从而也是伦理学理论的基本类型。近年来，我国学术界重视规范伦理、制度伦理的倾向有其合理性，但也有可商榷之处。现代道德建设应是规范伦理与美德伦理的合题与统一。美德伦理与规范伦理有出发点、核心问题、外延、特点、服务宗旨、强调重点、作用机制的不同。

1357 "工合"运动与抗战时期中国西北慈善事业

发表时间及载体: 周口师范学院学报 2012 年第 29 卷第 4 期

作　　者: 杨红伟　米龙

简　　介: 抗战时期工业合作化在西北地区的业务展开，远远超越了工业合作化本身，包括着更为广泛的慈善性内容。其在安辑流亡、慈善教育、慈善医疗、妇女工作等方面都做出了突出成绩。相对之前的慈善事业而言，"工合"运动不仅扩展了慈善的领域，在目标的追求上，也意味着从简单的具体的治标慈善，转向为积极的彻底的慈善。"工合"运动在西北地区开展的慈善事业具有了系统性意义，代表着慈善事业的整体性转向，寄希望于在更高经济发展水平上的社会公正与人人得享幸福。

1358 关于临夏回族自治州穆斯林群体劳务输出状况的调查研究

发表时间及载体: 北方经济: 综合版 2011 年第 10 期

作　　者: 苏华　马素琳

简　　介: 临夏回族自治州是回族、东乡族、保安族、撒拉族等穆斯林民众的聚居地。这些穆斯林群体的劳务输出工作在临夏回族自治州尤其应受到重视。本文通过问卷调查及分析，发现了穆斯林群体劳务输出过程中存在的问题，并对问题的成因进行了简要分析，最后结合实际情况给出了相应的对策与建议。

1359 苏轼元祐时期军事思想探论

发表时间及载体: 乐山师范学院学报 2011 年第 26 卷第 2 期

作　　者: 庆振轩

简　　介: 元祐时期是苏轼仕宦的巅峰时期，苏轼在新旧党的夹攻之中，纯文学创作渐少，实用性文字增多，内容繁富，其军事思想值得关注。对苏轼元祐时期军事思想的研究，主要集中于其两任边州所提出的具体军事对策和针对性举措，针对鬼章被擒所提出的"和、战、守"三者辩证关系的方略，以及针对辽和高丽提出的防范措施。

1360 科学、客观主义与境域

发表时间及载体: 甘肃理论学刊 2009 年第 3 期

作　　者: 山郁林

简　　介: 实证主义知识观对科学制度规范的设定有重大影响，客观主义立场和方法长盛不衰。科学的特性被等同于不受境域限定的客观性表现，这一表述中对真理的看法和对知识的规定，实际上还停留在经典力学的科学架构之中，无法和以现代物理学为标志的现代科学取得一种对应关系。这种表述也完全忽视了技术社会中引起重大反响的对于科学的人文反思，客观主义的规范效力面临时代性和思想性的质疑。

1361 《投资性房地产》准则应用中应注意的几个问题

发表时间及载体: 社科纵横 2008 年第 3 期

作　　者: 李文琦

简　　介: 中国财政部于 2006 年 2 月 15 日发布的新的企业会计准则，与现行的企业会计准则相比较，在许多方面都发生了很大变化，体现了与国际会计惯例趋同的精神，其中第 3 号准则投资性房地产，借鉴了国际会计准则第 40 号——投资性房地产中的相关规定，本文通过对该准则的分析，提出其在应用中需注意的几个问题。

1362 天马与诗神一略论杜甫"凌云健笔意纵横"的美学追求

发表时间及载体：西北师大学报：社会科学版 2001 年第 4 期

作　　者：杨晓霭

简　　介：杜甫在诗中对马作了丰富多彩、形神毕肖的描绘，最能体现其凌云健笔意纵横诗歌神韵的要数天马意象。天马的劲健骨力和骁腾神采正体现了杜甫所追求的诗歌美学理想。

1363 忽必烈薛禅汗玉瓮考述

发表时间及载体：西北民族研究 2005 年第 3 期

作　　者：却拉布吉

简　　介：中统三年 (1262 年)，蒙元帝国的第四代王汗忽必烈薛禅汗在燕京琼华岛修建了广寒殿，殿内依蒙古族传统设置大酒瓮和马头琴。本文对俗称渎山大玉海的玉制酒瓮的图案设计及其文化内涵进行了考述。

1364 论农民工的政治参与

发表时间及载体：社科纵横 2008 年第 5 期

作　　者：邱云慧

简　　介：农民工作为中国社会转型时期的生力军，由农村转移到了城市，为城市的现代化建设做出了巨大的贡献。但是他们的权益却没有得到完全的保障，究其原因，很大程度上在于农民工的政治参与现状的不乐观。本文分析了相关的原因，试图引起大家对于此问题的关注。

1365 甘肃企业融资难的内部环境分析与对策

发表时间及载体：甘肃社会科学 2012 年第 1 期

作　　者：王霞

简　　介：融资难的问题长期以来严重制约着甘肃企业的发展。本文在分析甘肃企业融资现状的基础上，从企业的规模和资金实力、企业的发展潜力及在市场上的竞争能力、企业的内部管理水平、企业的信息披露及信用状况四个内部环境的角度分析了其融资难的原因，并提出了相应的对策建议。

1366 十九世纪蒙汉文化交流的一面镜子——《泣红亭》及其汉译本述评

发表时间及载体：西北民族研究 2005 年第 3 期

作　　者：杨才铭

简　　介：本文就蒙古族古典文学名著一层楼的姊妹篇《泣红亭》的创作受汉文化及镜花缘等古典文学影响的情形进行了简略评述，并着重对泣红亭汉译本的得失进行了分析评论。

1367 全面建设小康社会与我国现代化的实现

发表时间及载体：甘肃理论学刊 2003 年第 1 期

作　　者：聂华林　拜琦瑞

简　　介：本文分析了全面建设小康社会是我国基本实现现代化的重大战略举措这一理论，指出了全面建设小康社会所面临的一系列问题，诸如三农问题、区域经济差距等，并针对这些问题提出了相应的对策及建议。

1368 中国古代思想政治教育研究综述

发表时间及载体：甘肃联合大学学报：社会

科学版 2008 年第 24 卷第 2 期

作　者：王惠英

简　介：中国古代思想政治教育思想是中华民族宝贵的精神财富，对其予以正确的扬弃，既是对中华传统文化的弘扬，又是在新的历史条件下加强和改进思想政治教育工作的有益借鉴。我国思想政治教育学界对此做过不少专门研究，取得了不少有价值的研究成果，这些成果大多散见于诸多学术期刊。因此，中国古代思想政治教育的诸多问题在今天看来仍具有极大的研究意义。本文拟对中国古代思想政治教育的发展阶段、教育方法、基本特点、教育内容、教育原则、现代价值等方面的研究现状作一综述。

1369 略论匈奴汉赵政权与两晋的关系

发表时间及载体：西北民族大学学报：哲学社会科学版 2010 年第 4 期

作　者：庄金秋

简　介：西晋初年，匈奴尚与西晋保持臣属关系，西晋则延续曹魏政策，在怀柔、安抚的同时，限制匈奴的发展。"八王之乱"爆发后，以刘渊为首的匈奴贵族趁机壮大实力，建立政权，最终消灭了西晋，将晋朝势力驱逐出北方。进入前赵后，石勒在北方崛起，前赵忙于在北方的争夺与扩张，与东晋并未发生大规模战争。在此过程中，汉赵政权在国内建立封建职官体系，保护农业的发展，大力推行汉族文化，加速了匈奴的汉化。汉赵政权虽然存在时间短暂，但却揭开了此后百余年少数民族在北方争夺中原霸主的斗争，同时引起了少数民族对汉文化的认同，出现了中国历史上第一次民族融合的高潮。

1370 构建地方广电传媒核心竞争力刍议

发表时间及载体：兰州学刊 2010 年第 11 期

作　者：汪永国

简　介：广电媒体核心竞争力是广电传媒的生命线，是广电传媒运行、发展的动力源。通过对地方广电媒体核心竞争力的内涵、基本特征的分析，提出了构建地方广电媒体核心竞争力的主要途径和实现可持续发展的要素。

1371 同气相求：贞元时期刘禹锡、柳宗元、韩愈的思想与创作

发表时间及载体：西北师大学报：社会科学版 2005 年第 4 期

作　者：雷恩海

简　介：贞元前期，正当元稹、白居易、李绅定交，准备科举试，酝酿新的文学、政事活动之时，刘禹锡、柳宗元、韩愈在政坛、文坛上初步展示了他们的才能，开始了轰轰烈烈的事业，从而成为贞元前期文坛、政坛的新秀。比较接近的思想认识，是刘、柳、韩定交的基础，由此也开始了其共同的政事活动和文学创作。考察这一细微之处，有助于认识刘、柳、韩的思想发展和创作成就。

1372 中国共产党人对近代中国国情的调查研究

发表时间及载体：甘肃行政学院学报 2003 年第 1 期

作　者：李赫武

简　介：中国共产党人在认清中国的社会性质和中国革命与建设的道路等问题上做了大量的调查研究工作，取得了丰硕的理论成果，积累了宝贵的实践经验，这些丰硕的理论成果和宝贵的实践经验，是进一步认识社会主义初级阶段国情的基础。

甘肃省文化资源名录

第四十一卷

社科研究 Ⅲ

论文

1373 谈小学教育专业本科生的可持续学习能力培养

发表时间及载体：甘肃高师学报 2012 年第 4 期

作　　者：洪文梅　刘淑红

简　　介：教师的专业发展依赖一种可持续的学习能力，而可持续学习能力的培养要靠教师学习来完成。教师专业发展所必须的可持续学习能力，可以在就职以前的专业学习中逐步培养。小学教育专业本科生的可持续学习能力的培养，应该从以下三个方面进行引导：用先进的教育教学理论引导学生。促使其形成良好的知识建、构意识 帮助学生树立"自主学习"的理念，发展其自我导向的学习能力 加强实践课程的教学，努力提高其反思性实践的能力。

1374 我国高收入群体消费结构探析

发表时间及载体：西北师大学报：社会科学版 2010 年第 5 期

作　　者：胡晓春

简　　介：消费是人类社会经济生活中的重要行为和过程，消费活动既是经济活动的终点又是起点，消费是拉动经济增长的主要动力之一。本文通过对《中国统计年鉴》中高收入群体相关数据的分析，阐述了高收入群体消费结构、消费倾向的变动趋势，并据此提出了进一步激活和引导消费、优化消费结构的建议。

1375 民商法学、经济法学研究综述

发表时间及载体：甘肃政法学院学报 2005 年第 1 期

作　　者：任尔昕

简　　介：1991—2000 年十年间，在民商法学、经济法学领域，甘肃省法学理论界在以下两方面的研究取得了较为丰硕的成果，并且在全国独树一帜：第一，运用经济学理论和方法，对民商法和经济法的基本理论问题和一些具体法律制度进行深入的分析。其代表人物为周林彬、王肃元，并被誉为 20 世纪 90 年代中国法律经济学研究的西北学派的领军人物。第二，运用比较法学的方法对商事法律的基本制度进行了全方位的研究。其代表人物为任先行、李功国、周林彬。此外，学者对这一领域中的其他重要问题，也进行了有益的探讨，并取得了一定的成果。

1376 对兰州商学院学生体质健康现状分析及建议

发表时间及载体：社科纵横 2008 年第 1 期

作　　者：冯艳琳

简　　介：本文通过对兰州商学院 8096 名学生的测试数据处理和统计，与全国 12208910 名学生体质健康标准测试的数据比较，分析了兰州商学院学生体质健康现状，并提出了解决问题的建议。

1377 多媒体教学环境下的口译教学

发表时间及载体：社科纵横 2011 年第 8 期

作　　者：靳松

简　　介：本文从多媒体教学的优势入手，结合口译课程的特点，对如何利用多媒体有效地改进、提高口译教学工作加以探讨。

1378 虚拟企业沟通面临的挑战及对策

发表时间及载体：科技进步与对策 2005 年第 2 期

作　　者：包国宪　李文强

简　　介：本文认为，面向 21 世纪教育振兴行动计划 (985 计划) 沟通是虚拟企业管理的重心，也是虚拟企业运营的基础，就此论点，提出了解决虚拟企业沟通问题的对策。

1379 基于自我的跨文化心理学整合新视野

发表时间及载体：天水师范学院学报 2012 年第 2 期

作　　者：王晓丽　姜永志

简　　介：自我的研究一直以来都是心理学研究的焦点问题之一。20世纪80年代以来，中国心理学家开始关注自我的研究，前期研究主要集中在翻译西方研究成果上，随后，我国港台学者开始对中国文化下的自我进行研究，在人情、面子、孝道、耻、报恩与报复、自我等方面取得一定成果。但是研究仍主要集中在中国传统的宏观文化层面，没有深入到具体的微观文化中来，以致于出现对中国人自我的研究偏差或是以偏概全的现象。因此，从区域跨文化心理学的理论出发来进行中国人自我探索，从宏观文化与微观文化同时进行研究，会更加全面地了解中国人的自我探索。

1380 中国交易效率的衡量

发表时间及载体：财经问题研究 2012 年第 12 期

作　　者：杨肃昌

简　　介：交易效率的变化是经济增长的重要前置条件或内在要求，在我国高速的经济增长中，交易效率与要素投入、技术进步一样具有重要的意义。本文通过对交易效率影响因素的分析，从六个层面构建了衡量中国交易效率的综合指数，计算的结果显示，1979—2009 年，我国的交易效率有了较大的提高，其中基础设施的变化具有重要作用，而进一步提高交易效率则有赖于公共服务水平的提高和政府行政效率的改善。

1381 唐宋时期敦煌大众思想史研究的几个问题

发表时间及载体：敦煌研究 2011 年第 3 期

作　　者：杨秀清

简　　介：本文在近年来具体问题研究的基础上，尝试性地探讨了唐宋时期敦煌大众思想史研究的几个主要问题，以期建立大众思想史研究的基本框架，从而进一步加深对大众思想史问题的研究。

1382 论工作应激源及应激效应

发表时间及载体：甘肃联合大学学报：社会科学版 2008 年第 24 卷第 5 期

作　　者：豆宏健

简　　介：工作应激是组织和员工个人必须面对的问题。由于工作环境是物理、社会、文化、心理诸因素交互作用的场所，因此工作应激物复杂多样。工作应激影响员工的工作绩效和身心健康，必须用组织的和个人的方法加以管理。

1383 甘肃省居民收入分配基尼系数的测算和回归分析

发表时间及载体：西北人口 2008 年第 29 卷第 4 期

作　　者：曹子坚

简　　介：收入分配差距是我国社会各界关注的焦点问题之一。本文采用适当的方法，计算了甘肃省近十年以来城镇内部、农村内部以及城乡总体基尼系数，通过回归模型对甘肃省收入差距的主要影响因素和发展动态进行了实证分析，并据此得出了相应的政策性结论。

1384 高校档案利用情况分析

发表时间及载体：甘肃行政学院学报 2002 年第 3 期

作　者·陈晖

简　　介：档案的凭证、依据和查考作用是档案主要价值体现。档案工作的主要目的是提供利用，通过利用情况的分析，找出其内在规律，以便分析存在的问题并加以解决，从而提高档案重复利用率，发挥更大作用。

1385 西北民族地区社会主义政治文明建设的实证研究

发表时间及载体：西北民族研究 2007 年第 4 期

作　　者：刘荣

简　　介：社会主义政治文明建设是社会主义建设的一个重要组成部分。文章从政治制度的实施情况、西北民族地区农民的政治认知和政治参与状况方面，论述了西北民族地区的政治文明建设现状，对我国社会主义政治文明建设的研究有着积极的意义。

1386 敦煌本《百行章》所反映的唐初统治思想

发表时间及载体：敦煌研究 2001 年第 2 期

作　　者：陆离

简　　介：本文主要结合史籍中有关贞观年间唐太宗君臣论治的记载，从七个方面探讨了敦煌本《百行章》所反映的唐初统治思想。

1387 论查慎行的纪游诗

发表时间及载体：西北师大学报：社会科学版 1998 年第 1 期

作　　者：孙京荣

简　　介：查慎行的纪游诗内容广泛全面，不仅真实生动地描绘出了祖国各地绚丽多姿、各具风韵的风光美景，以及丰富多彩、千姿百态的乡情民俗，而且还情景交融、物我一体，凸现出一种寄情山水、拥抱自然的审美情操。在艺术风格和创作手法上，诸体皆备，尤精律绝，表现出气势宏阔、辞意舒畅、擅用白描、语言朴素的特点。

1388 先秦两汉医官制度综述

发表时间及载体：兰州大学学报（社会科学版）2005 年第 33 卷第 1 期

作　　者：高伟

简　　介：本文就文献中所能见到的有关资料，梳理了先秦两汉的医官制度，涉及医官设置、医官来源、帝王疾病医治等问题，认为，汉代医官制度的性质就是为皇室和官僚服务。

1389 以生物产业为重点培育发展定西首位产业的思考

发表时间及载体：开发研究 2012 年第 4 期

作　　者：徐生云

简　　介：持首位产业发展是推动当前甘肃经济社会发展总体水平和促进区域发展优化产业布局提出的新要求，对各市州发挥比较优势，提升发展后劲具有重要意义。定西作为典型的传统农业区，发展动力不足，而以马铃薯、中药材和畜产品精深加工为主的生物产业发展势头强劲，发展潜力巨大。因此，在比较分析的基础上，把生物产业确定为定西的首位产业，重点发展生物医药、生物农业、生物制造、生物服务业等产业，从而为定西经济社会发展提供新的动力和增长点。

1390 甘肃生产者服务业与制造业产业关联实证研究

发表时间及载体：开发研究 2012 年第 1 期

作　　者：许晓永

简　　介：甘肃省 1997、2002、2007 年三个时间段的投入产出表，对生产者服务业与制造业的关联效应研究提供了数据基础，也使从细分行业层面来探究二者互动演化的发展规律成为主要研究内容。结果表明：1997—2007 年，生产者服务业各行业对制造业的支持作用全面下降，对生产者服务业的需求集中于重化工业；影响力系数大并且一直保持在高位的支柱性产业主要集中于装备制造业，而生产者服务业影响力系数下降很快，对制造业发展的促进作用在减弱；科学研究事业、金融保险业、综合技术服务业等新兴服务业对甘肃经济的拉动作用增强。

1391 为西部大开发营造规范化的语言环境

发表时间及载体：甘肃行政学院学报 2002 年第 4 期

作　　者：孙洁

简　　介：《中华人民共和国国家通用语言文字法》颁布实施两周年了。在该法的保障和推动下，语言文字工作的规范化、标准化得到了长足的发展，但还存在着误区、盲区，该法的社会认知度还不够。笔者从开发西部需要良好的投资环境、建设环境、干事创业的环境的角度出发，认为这三个环境的形成都需要营造规范化的语言环境要积极推广普通话、推行规范汉字，呼吁让语言文字法为三个环境充分发挥其法制作用。

1392 草原牧歌、乡村悲歌与城市挽歌的交响——王新军小说论

发表时间及载体：北方论丛 2011 年第 3 期

作　　者：权绘锦

简　　介：作为第三代西部小说家中的佼佼者，王新军的创作个性鲜明，风姿多态。在草原牧歌、乡村悲歌与城市挽歌的交响中，较为完整、全面和深刻地体现了千里河西走廊丰富多元的人们的生存样态和精神状况，极大拓展了当代中国西部文学的审美边界和文化色谱。

1393 《辽、金史国语解》的史学价值

发表时间及载体：兰州大学学报 (社会科学版)2001 年第 29 卷第 5 期

作　　者：赵梅春

简　　介：《辽、金史国语解》是其编撰者所独创的史著编撰形式，体现了辽史、金史的民族史特色，同时也反映了其作者把握历史特点的史识。本文分析了"国语解"的史学价值，指出了其在中国史学编撰史中的学术地位。

1394 《图式理论和大学英语》（全新版）系列教材

发表时间及载体：甘肃联合大学学报：社会科学版 2009 年第 3 期

作　　者：雷在秀

简　　介：图式理论的研究强调两个核心：一是读者对语篇的整体感知，二是已知图式对当前认知活动所起的决定作用。本文拟以《大学英语》（全新版）综合教程 1 的 Unit 1 Writing for Myself（为自己写作）一文为例，来说明该套教材如何体现图式理论的编写原则，以使教材的使用者更清楚地了解教材体系。

1395 金融发展与城乡收入差距的实证研究

发表时间及载体：统计与决策 2011 年第 3 期

作　　者：成学真

简　　介：文章运用 1978—2008 年的相关数据，利用基于 VAR 模型上的协整检验和 Granger 因果关系检验，对甘肃省金融发展与城乡收入差距之间的关系作出了实证分析。结果显示，金融发展和城乡收入差距之间存在着长期的均衡关系，且金融发展

与城乡收入差距正相关。最后文章从金融抑制的角度对这一实证结果做出了解释，并从金融方面入手提出了缩小城乡收入差距的政策建议。

1396 论经济发展与环境保护的政策协调

发表时间及载体：兰州大学学报 (社会科学版)2004 年第 32 卷第 5 期

作　　者：赵俊　周一虹

简　　介：本文讨论了经济发展与环境保护的协调关系，分析环境保护问题上的市场失灵和政府失灵，提出完善环境保护政策的政策思路。

1397 试论环境合同的概念——以循环经济理念为视角

发表时间及载体：社科纵横 2008 年第 8 期

作　　者：马育红

简　　介：如何界定环境合同的概念是环境资源法理论研究中的难点问题。从循环经济理念出发。分析已有的相关概念，将会有助于我们准确界定环境合同的概念，为建构环境合同制度体系奠定坚实的基础。

1398 农村信用社股权结构对绩效影响的实证分析

发表时间及载体：开发研究 2012 年第 6 期

作　　者：黄晓梅

简　　介：随着农村信用社改革的不断深化，公司治理问题已成为关注的热点，而股权结构是公司治理结构体系的基础，是影响农村信用社稳健经营和绩效高低的重要因素。本文根据甘肃省农村信用社的调研数据，实证分析了甘肃省农村信用社现有股权结构对绩效的影响，发现，提高股权制衡度一定程度上有利于农信社绩效，

适当提高经理人持股比例将有利于农信社服务"三农"的深度。

1399 论公司作为普通合伙人的理论基础和现实依据

发表时间及载体：甘肃政法学院学报 2010 年第 6 期

作　　者：包哲钰

简　　介：长期以来，我国理论界对公司是否可以作为普通合伙人一直存有争议。2006 年修订的《合伙企业法》，不仅允许了公司可以作为有限合伙人，而且还允许了公司可以作为普通合伙企业的合伙人和有限合伙企业的普通合伙人。我国立法之所以做出这样的选择，是基于公司作为普通合伙人不仅具有充分的理论基础，还有可行的现实依据。然而，令人遗憾的是，对于公司作为普通合伙人的立法和现实，目前仍缺乏正确的认识，思维仍停留在公司不能参与合伙的传统认识中。因此，探究公司作为普通合伙人的理论基础和现实依据具有非常重要的意义。

1400 我国创业板市场的规范化问题

发表时间及载体：兰州大学学报 (社会科学版)2001 年第 29 卷第 5 期

作　　者：郭全中　潘留栓

简　　介：我国创业板市场的建立不仅有助于完善我国的资本市场体系，而且还能为极具发展潜力的中小型创新企业提供良好的融资服务，为风险投资提供退出渠道。因此，它的建立必将推动我国中小企业和高新技术企业的迅速发展。但由于创业板市场具有门槛低、风险高等特点，因此必须在创业板市场建立之前就制定出一套完善的规章制度，以使我国创业板市场在规范化、市场化和国际化的基础上有效运行。

1401 浅析民族地区网络媒介对突发事件的舆论引导

发表时间及载体：西北民族大学学报：哲学社会科学版 2010 年第 6 期

作　者：石静

简　介：突发事件发生后的新闻报道，既是对政府部门执政能力和协调能力的考验，也是对新闻媒体社会责任感的检验。本文认为，要大力研究少数民族地区发生突发事件后网络媒介所起的舆论引导作用，强化少数民族地区网络媒体的舆论引导意识，为网络媒体进行相关舆论引导提供建议，从而优化少数民族地区的信息传播环境，强化网络媒介为少数民族地区的信息服务与舆论导向。

1402 瞿昙寺中的五方碑刻资料

发表时间及载体：中国藏学 2011 年第 1 期

作　者：吴景山

简　介：矗立于瞿昙寺内的五方汉藏双文合璧碑刻，无论是它们悠久的年代，还是恢宏伟岸的形制与雕刻艺术的精美手法，都是西北地区其他寺院所存碑刻难以相提并论、比肩媲美的。石碑上的文字记述，则更是生动地反映出了明朝统治者利用宗教在安抚西北地方少数民族部众所表现出的良苦用心，不失为研究当年藏传佛教弘扬传播的珍贵文献资料。以前一些书籍中曾将这些石碑文字部分或全部介绍收录，但是其中多有错讹衍漏，文章谨据现存石碑文字并参照各书著录将各碑碑文以行列顺序录出，且对每座石碑的大致状况及校正分别介绍于后，以期为学术界利用这些碑刻资料提供方便。

1403 昭武九姓族源与居延汉简中姓氏的关系

发表时间及载体：敦煌研究 2008 年第 2 期

作　者：王慧慧

简　介：本文通过对居延汉简姓氏的整理，从姓氏的角度考察昭武九姓的族源，在强调粟特人与昭武九姓是两种概念的同时，认可传统史书关于昭武九姓与月氏关系的记载，即昭武九姓与月氏人具有族源上的联系。

1404 生态美学的生发语境及学术困境

发表时间及载体：西北师大学报：社会科学版 2014 年第 1 期

作　者：黄怀璞

简　介：生态美学生发于特定语境，它以人类生存中遭遇的生态危机为现实基础，力求在传统哲学中汲取思想资源，以寻求对以艺术为核心对象的传统美学的完善、丰富和充实，建立人与自然平等共生的亲和关系。但是，中国生态美学理论的深化发展目前面临着学科定位不清、缺乏实践操作性、中西理论基点差异导致的思维偏向等学术困境，这也是理论体系自身的生态"非平衡"问题。

1405 近代英国的度量衡国家统一化

发表时间及载体：首都师范大学学报：社会科学版 2009 年第 4 期

作　者：柴彬

简　介：英国自中古尤其是近代以来，以法律为主要手段，逐步实现了度量衡制的国家统一化，使得英国早于西欧其他国家完成了统一的民族经济秩序的构建，并为后来的经济发展奠定了基石。

1406 "图""画"说史：方志地图与国家舆地图绘制方法的分流及回流——以《安西采访底本》附图为中心

发表时间及载体：西夏研究 2014 年第 1 期

作　者：刘再聪

简　介：西晋以后，国家舆地图与方志地图绘制分流，各成体系。至晚清，国家舆地图绘制技术已相当成熟，但方志地图依然使用示意绘画法。

1407 形式的力度与色彩的纯度——论表现主义先驱梵高的艺术特质

发表时间及载体：社科纵横 2008 年第 5 期

作　　者：俄玉楠

简　　介：梵高作为表现主义绘画流派的先驱，凭藉沸腾的生命力和敏感的心灵，创造出真实表现自己内心感受的艺术作品，对后世的艺术家产生了影响的深远。梵高的绘画艺术带有强烈的个人风格和鲜明的艺术特征。本文将着重从笔触、色彩两方面来具体分析梵高的艺术特征及其形成过程。

1408 政府行为绩效的经验考察与"复合治理"的构建

发表时间及载体：华中师范大学学报：人文社会科学版 2009 年第 48 卷第 1 期

作　　者：郭爱君

简　　介：一定市场范围内或者贸易潜在区在处理政府和市场之间关系时必须构建一定的市场治理结构。随着政府和市场边界划分的不同，市场治理结构有着不同的形式。文章在结合中国大陆 31 省份 2000—2006 年相关经验数据和面板数据计量经济学模型相关估计方法的基础上，通过对政府投资、消费行为绩效的经验考察，得出了政府行为低效率的结论，并由此倡导建立"复合治理"的市场治理结构。

1409 知识产权战略与西部产业核心竞争力研究

发表时间及载体：西北师大学报：社会科学版 2005 年第 3 期

作　　者：李玉璧

简　　介：知识产权与产业核心竞争力之间存在正相关关系。拥有自主知识产权的科技创新和在此基础上形成的品牌效应，是一个国家或地区产业核心竞争力的体现。知识产权资源存量和增量的有限性，严重制约着西部地区新型工业化道路的实现。因此，从战略高度充分认识知识产权的重要性，强化自主知识产权的创造与管理，有效实施知识产权战略，形成知识产权资源的比较优势，是提升西部地区产业核心竞争力的必然选择。

1410 甘肃省中等职业教育发展状况调查分析

发表时间及载体：西北成人教育学报 2011 年第 1 期

作　　者：保承军　王文卓

简　　介：甘肃中等职业教育在办学规模、办学条件、贫困生资助以及联合办学等方面都取得了一定的成就，但也存在着认识落后、实践条件差、师资不足、专业建设不科学等问题。本文针对存在的问题，提出了提高认识、加大资金投入、深化合作办学内涵、建设"双师型"教师队伍、组建职业教育集团等可持续发展的策略。

1411 论童话的本质及其当代意义

发表时间及载体：兰州大学学报（社会科学版）2003 年第 31 卷第 2 期

作　　者：李利芳

简　　介：本文从理论角度对 20 世纪中国儿童文学界一直热切关注的一个美学命题——童话的本质给予了全新的理解。认为传统的以成人为中心的童话立足点与思维方式所产生的童话观片面狭隘，没有透彻把握住童话的本质属性。突破这一思维定势的局限，应当从两个观察点重新切入：考察童话的历史发生、追溯其原初艺术品质；以儿童视角切入透视童话的现实生成。这样就会发现童年精神气质是童话一以贯之的、亘古不变的本质属性，这一本质属性对于当代人类精神家园的营建会产生重要的意义。

1412 建筑工程项目成本控制即时化研究

发表时间及载体：中国科技博览 2014 年第 32 期

作　　者：杨鹏

简　　介：随着房地产市场的逐渐火热，建筑企业之间的竞争也越来越激烈，如何在激烈竞争环境下取得更高利润，实现企业的长远发展，成为建筑企业追寻的目标。

1413 论语言学习中的文化因素

发表时间及载体：社科纵横 2008 年第 4 期

作　　者：冯蓉　靳松

简　　介：本文通过对语言与文化关系的分析，探讨了文化在语言学习中的重要作用。语言的产生和发展离不开文化，文化的传播又离不开语言。要学习语言就要学习相关的文化，通过文化的学习了解语言构成和发展的轨迹，了解由于文化不同形成的思维定势的不同对语言的作用力。本文作者通过以汉语和英语为比较蓝本，分析说明文化因素对语言学习的影响，试图为语言学习者进一步拓宽语言学的途径。

1414 碳金融市场发展的制度设计

发表时间及载体：经济问题探索 2012 年第 9 期

作　　者：杨肃昌

简　　介：全球碳交易量和碳交易额的迅速增加为我国碳金融市场的发展奠定了基础，低碳经济需要金融市场的大力支持，本文通过碳金融市场交易机制及实践状况研究，分析碳金融市场发展的现实困境，对我国碳金融市场发展进行制度设计，以金融手段量化方式引导企业和消费者采用低碳的理念生产和消费，从而促进我国低碳经济发展、推进我国经济增长方式的转变。

1415 稼轩放翁军事思想比较散论

发表时间及载体：上饶师范学院学报 2011 年第 2 期

作　　者：庆振轩　张馨心

简　　介：稼轩与放翁由于共同的时代感召、相近的家庭教育和相通的人生理想，二人声气相较，在军事方略上时有异同。一生主战，反对主和 在注重正面战场的前提下，提倡灵活机动的战略战术，遣谍离间，乘敌之隙，待机而动，在建都对于北伐恢复的重要性方面，二人有共通之处。其差异之处在于，稼轩是一位军事家，放翁乃一文士。稼轩之论全面冷静客观，切合实际，放翁之思，热烈激情，却时有差误。相比较而言，二人之军事见解，虽同中有异，但略逊于辛。

1416 西藏发现的《喇蚌经》为敦煌写经

发表时间及载体：敦煌研究 2009 年第 5 期

作　　者：马德

简　　介：西藏山南隆子县卓卡寺保存的吐蕃时期专供赞普御用的喇蚌经，与敦煌藏经洞所出藏文写经十万般若内容和形式完全一致，部分抄经生与校经师的姓名也相吻合，又据相关的背景资料，可知这批经页为吐蕃统治时期在敦煌抄写并运送至吐蕃本土供奉于赞普的。喇蚌经是西藏地区保存下来的写经，它反映了敦煌在吐蕃历史特别是文化发展中的重要地位。

1417 回族流迁人口城市适应过程研究的理论探讨

发表时间及载体：西北人口 2009 年第 4 期

作　　者：高翔

简　　介：民族迁移者在城市接受城市化和现代化"洗礼"的过程比较一般农民工的适应。由于加入了民族文化、民族传统与民族意识的变量，显得更复杂、更丰富，成为当前城市面临的焦点问题。

1418 论西北少数民族日常交往的心态

发表时间及载体：西北民族大学学报：哲学社会科学版 2011 年第 4 期

作　　者：马进

简　　介：西北少数民族日常交往的心态指由认知、情感、意志、行为构成的心理反应机制对日常交往所做出的反应，所表现的态度。认知心态是以信念为核心的心态，情感心态是以爱憎为核心的心态，意志心态是以尊重准则为核心的心态，行为心态是以表现得体为核心的心态。贯穿西北少数民族交往心态的是以"善"为核心的民族文化的影响。西北少数民族在宗教信仰"善"的影响下，在长期的交往实践中形成了以善为本、以情为本、以诚为本的日常交往心态。西北少数民族日常交往的心态是非功利的心态，是希望表达真情实感的心态，也是利他主义的心态。

1419 对增强党的阶级基础和扩大党的群众基础问题的一点思考

发表时间及载体：甘肃理论学刊 2002 年第 1 期

作　　者：胡国兴

简　　介：随着我国经济的发展和社会的进步，党要真正做到"三个代表"，就要在自己政党的性质和阶级基础、群众基础上，在组织建设和成立构成上，必须与时俱进，赋于新的涵义。现阶段，党的阶级基础和群众基础应包括一切符合"三个有利于"标准，并为此做出贡献的阶层和集团，即应包括当今社会的全体劳动阶级和劳动群众。

1420 荀子"辩"论刍议

发表时间及载体：绥化学院学报 2009 年第 29 卷第 6 期

作　　者：刘顺

简　　介：荀子《辩学》涉及辩之发生学、辩之功能学及辩之本质论等诸多方面，因而成为先秦辩学理论的大成者。但是做为儒家重要的代表人物，荀子《辩学》继承了儒学对于伦理领域关注的学派特点，其辩学理论也因此有轻视知识论维度的倾向，由于荀子理论对中国数千年来的深刻影响，今日国人理论商谈发展不足，当与荀学有关。

1421 中亚安全和阿富汗毒品

发表时间及载体：东欧中亚研究 2001 年第 4 期

作　　者：汪金国

简　　介：20 世纪 70 年代以后，阿富汗成为世界上最大的毒品产地之一，其鸦片生产已占世界总量的 3/4，且有一半以上输出到中亚，对当地安全造成严重影响。

1422 我国区域开发立法的制度经济学分析

发表时间及载体：甘肃政法学院学报 2008 年第 3 期

作　　者：张旭晨

简　　介：区域开发是一个与生产力发展密切相关的范畴，其内涵和外延随着人类发展的不同阶段而变化。纯粹的权力延伸和经济占领并不是现代意义上的区域开发，而宏观、系统、和谐以及科学原则，要求区域开发在国家层面的立法规范。在古典经济学完全竞争模式的完美诉求前，制度规范成了交易主体之间信息对称的一个基本保证。正是在这个简单抽象的范式下，本文运用新制度经济学的分析工具，为区域开发立法提供了经济学视角的阐释。

1423 信息化时代信息素养的内涵与培养

发表时间及载体：电化教育研究 2007 年第 11 期

作　　者：郭朝明

简　　介：信息社会中信息素养的概念、组成、内涵，提出在新的时代如何通过学习与培训以及日常工作生活中的实践和锻炼，来不断地提升人们的信息素养。

1424 制作电视教材设备的闲置及使用率低的调查分析

发表时间及载体：电化教育研究 1995 年第 1 期

作　　者：窦绍合　唐敏

简　　介：在 1993 年的全国医学电教工作会议上，我们了解到，高等医学院校制作电视教材的设备闲置和使用率低的情况突出，为此，我们对十所大专院校作了调查，但由于设备种类、型号繁杂，还有些院校不愿公开拥有闲置设备的数量等情况，我们在此无法作详细的统计学处理，只能把整个情况作一估计。调查发现，从设备的种类上看，闲置量最大的是各型号的单管摄像机。这十所院校均已将其淘汰入库；其次是 JB-200 特技机，仅有一所医学院校尚在使用。

1425 诗学概论

发表时间及载体：西北民族大学学报：哲学

社会科学版 2012 年第 5 期

作　　者：才旦夏茸

简　　介：《诗学概论》包括三部分内容，即诗学的本体、庄严和除过。本期刊出的是其第一部分内容—诗学的本体。着重对藏文诗学在藏族传统文化中的重要地位以及诗学本体的性质、本体与庄严间的关系，诗学的题材范围、写作方法、写作体裁、写作风格、写作语种等方面结合诗歌实例从理论上做了全面的介绍，使读者对诗学的本体有总体的了解。

1426 内涵·韵律·规范·技巧——"中华经典诵读"中的"读什么"和"怎么读"

发表时间及载体：语文建设 2011 年第 12 期

作　　者：张军民

简　　介：教育部语用司倡导的"中华经典诵读"活动已经开展四年了，这一旨在引导国人亲近经典的活动，不但发挥着传承中华优秀文化的作用，而且在推广普通话和提高语言能力等方面也有着积极的意义。在活动广泛开展的过程中，我们积累了一些经验，同时也发现，一些最本源的问题依然需要认真商榷。所谓本源问题，概括地看，就是"读什么"和"怎么读"的问题。

1427 医学的宗教化：道教存思修炼术的创造机理与渊源

发表时间及载体：兰州大学学报 (社会科学版)2004 年第 32 卷第 5 期

作　　者：刘永明

简　　介：将医学理论和养生实践宗教神学化，由健身疗疾、延年益寿的医学养生术演化出长生不死、飞身成仙的宗教方术，这是存思修炼术形成和不断发展的内在机理；存思修炼术发端于老庄的守一养生术，结合医学理论、养生实践、神灵崇拜和神仙方术，历经《太平经》《老子中经》《黄庭内景经》和《上清大洞真经》而渐趋完善，由此确定了其重在养生和重在成仙的两个发展方向。本文对道教修炼术和神仙世界，以及道教炼养学的医学理论创造进行了讨论。

1428 莫高窟第61窟五台山图中几则地名及其有关问题考

发表时间及载体：敦煌研究 2003 年第 2 期

作　者：党燕妮

简　介：本文考证了莫高窟第 61 窟"五台山图"中河北道从镇州到五台山线路之有关地名，确定图中永昌之县即历代之行唐县，并进而推断此图粉本当创作于后晋天福十二年 (947)。

1429 有马克思主义信念是中国共产党真正的优势

发表时间及载体：理论学习 1986 年 3 月

作　者：武文军

简　介：邓小平同志在全国党的代表会议上提出了一个极为重要的观点，就是我们党的"真正优势"，是"因为我们有马克思主义和共产主义的信念"。他号召全党新老干部都要学习马克思主义理论，运用马克思主义的基本原则和基本方法，"积极探索解决"我国社会主义现代化建设中的新问题。那么，为什么说有马克思主义信念就是我们党的真正优势？如何在现代化建设中发挥这个优势？本文就这个问题谈些个人的见解。

1430 后国际金融危机时期政府与市场关系研究

发表时间及载体：理论学刊 2011 年第 5 期

作　者：王学俭

简　介：起始于美国次贷危机的国际金融

危机给世界经济和政治产生了重大影响，在后国际金融危机时期必须进行反思和研究。新自由主义下政府与市场之间的关系，强调市场的自我调节，反对政府的调控。

1431 甘肃城乡居民消费水平差异对经济增长的影响

发表时间及载体：甘肃理论学刊 2010 年第 1 期

作　者：聂华林　李秀蕊

简　介：本文采用 1999—2008 年 10 年数据，对甘肃城乡居民消费水平差异和收入情况进行了比较，并对甘肃城乡居民消费对经济增长的影响进行了分析，结合甘肃城乡经济发展的特点，对促进甘肃城乡居民消费和经济协调发展提出了一些建议。

1432 "常羊"之山与"商羊"之舞——从神话发生角度看宗教事象的形成

发表时间及载体：西北民族研究 2002 年第 3 期

作　者：王贵生

简　介："常羊"本源于刑天神话，为古羌氏民族祭祀祖神之山，象征部族生存。"常羊"既是"帝"对刑天实施断首葬首巫术手段的凭借，也是刑天以无首之躯兴干戚巫舞的力量之源。基于此，在后世衍生出名为"商羊"的民间宗教舞蹈及相关文化事象。

1433 关于构建中国社会信用体系的思考

发表时间及载体：甘肃理论学刊 2002 年第 4 期

作　者：张立公　戴慧英

简　介：稳定可靠的社会信用体系是市场经济有效运行的基础条件。鉴于我国目前社会信用的缺失，及信用体系的不完善，本文提出，尽快建立和完善社会信用体系是当务之急。

1434 敦煌文化资源的利用和产业开发

发表时间及载体：甘肃理论学刊 2004 年 第 4 期

作　　者：高启安

简　　介：甘肃全面实现小康社会，必须扬长避短，走超常规、跨越式的道路。而丰富的文化资源的开发利用则是甘肃发挥自身优势的首选战略。敦煌文化是甘肃首屈一指的文化品牌。敦煌文化有着广阔的开发前景和巨大的商业价值。本文认为应该加深对敦煌文化资源的认识，加大敦煌文化资源的利用和开发，为西部大开发和振兴地方经济服务。

1435 汉简所见汉代河西羌人的生活状态

发表时间及载体：西北民族大学学报：哲学社会科学版 2011 年第 6 期

作　　者：马智全

简　　介：汉代羌人在河西的活动，史籍记载得较为零散。上世纪居延、敦煌等地出土的简牍文献，为我们了解汉代河西羌人的生活状态提供了诸多信息。汉简不仅记载了羌人在敦煌和居延等地活动的情况，还反映出汉朝对羌人的有效管理。河西郡县及时处理羌人的各类纠纷，登记归义羌人名籍，重视与羌豪的联系，对于稳定羌汉关系具有重要意义。羌人在河西的生活以畜牧为主，简文记载了羌人养马与养羊的情况，同时简文还记载羌人从汉地购买谷物、铁器，反映出羌汉民间交易的存在。随着羌汉交往的加深，一些羌人从事河西边塞事务，如徒、御、邮、骑、啬夫等具体事务，体现出西汉中后期羌

汉友好相处的局面。

1436 甘肃民族体育旅游产业化研究

发表时间及载体：兰州商学院学报 2005 年第 21 卷第 5 期

作　　者：高小岩

简　　介：本文从甘肃民族体育旅游资源的现状与特点入手，探讨了发展民族体育旅游过程中存在的问题，提出了加快甘肃民族体育旅游产业化的思路。

1437 先秦时期甘肃的民族（一）

发表时间及载体：西北民族研究 2003 年第 3 期

作　　者：刘光华

简　　介：本文主要介绍秦始皇帝统一中国以前甘肃地区的民族状况。计有黄帝、周、嬴秦、犬戎、氐、羌、大夏、月氏、义渠、乌氏等族。其中有发源于甘肃者，有发源并长期活动于甘肃者，还有一度活动于甘肃者。它们很早就与中原地区的民族和政权发生联系，并相互斗争，在斗争中融合，成为华夏民族的一分子。

1438 浅析利用犯罪过程中的信息转移侦查破案

发表时间及载体：社科纵横 2008 年第 7 期

作　　者：王刚

简　　介：犯罪过程中所蕴涵的各种信息必须依托于犯罪现场，侦查破案的过程就是对这些信息寻找、发现，并加以利用的思维历程。本文剖析了犯罪过程中信息转移的必然性、构成及规律，着重刚述了其在侦查破案中的现实作用，分析了犯罪过程中的信息转移在现实侦查工作利用中存在的问题，以期能对各类案件的侦破工作提供一定的借鉴和帮助。

1439 甘肃产业集群的发展与对策研究

发表时间及载体：兰州商学院学报 2005 年第 21 卷第 6 期

作　　者：张秀峰

简　　介：产业集聚是提高产业竞争力的基本因素，产业集群已成为一国或地区竞争力的基本因素。甘肃产业集群发展存在的主要问题是：制度缺损、产业链缺损、专业化分工缺损、产业集群竞争优势缺损。要促进甘肃产业集群形成与发展，提高甘肃区域经济发展竞争力，必须做好以下工作：实施有利于产业集群生成与发展的制度创新；培育建立高度分工、密切合作的一体化生产体系；培育、发展具有竞争优势的特色产业集群；充分发挥政府在产业集群形成与发展中的引导作用。

1440 关于经济增长质量统计的若干理论问题

发表时间及载体：西北师大学报：社会科学版 2002 年第 2 期

作　　者：樊元

简　　介：随着可持续发展战略的提出，有关经济增长质量的理论及统计议题显得格外重要。为此，试就我国经济增长与经济增长质量的关系、设置衡量经济增长质量指标体系的原则、经济增长质量指标体系的构建以及经济增长质量的综合测评等四个方面的问题进行探讨。

1441 基于收入结构视角的西部地区农民增收问题研究

发表时间及载体：经济纵横 2009 年第 11 期

作　　者：聂华林　翟彬

简　　介：本文是国家社科基金重大委托项目"西部全面建设小康社会中的'三农'问题及对策研究"（批准号 04ZD-018）的成果。全面建设小康社会的重点、难点都在农村，其关键在于增加农民收入。"三农"问题的解决与农民收入的增加，直接关系到社会主义新农村建设与和谐社会的构建。

1442 试论中国画艺术的"形神说"

发表时间及载体：甘肃联合大学学报：社会科学版 2008 年第 24 卷第 2 期

作　　者：莫晓捷

简　　介：形与神是每个中国画家十分关注的极为重要的两个问题，因此古人提出"以形写神"理论，荀子提出的"形具而神生"，最终确立了"形神说"的学术位置。不求形似是与追求神似相对而言的，怎样用形来传神，并且神可以从形当中解放出来、改造、甚至变形，而不受形的制约。在当代美术的大环境中，中国画与西方绘画的相互交融，"形神说"具有了新的活力，焕发出勃勃生机。

1443 虽作头陀不解禅——清初遗民诗人归庄与佛教

发表时间及载体：西北师大学报：社会科学版 2003 年第 4 期

作　　者：张兵

简　　介：明遗民逃禅是清初思想文化史上的一种独特现象。这一独特文化景观的形成，以晚明以来禅宗的风靡、禅悦之风的兴盛为铺垫，以明清易代的社会大变革为契机。在这批遗民僧中，归庄是一个典型，亦僧亦儒的生活，对诗人的思维方式与审美情趣均产生过深刻的影响。尽管"虽作头陀不解禅"，但这极不情愿的皈依，不仅给佛国世界注入了一股新鲜血液，使儒学获得了渗入佛学的最佳心理氛围与心理基础，使中国佛教思想文化史上长达千余年的儒释融合达到了一种全新的境界，而且使佛教与文人士大夫的关系也出现了一种前所未有的新气象。

1444 试论明清时期河湟文化的特质与功能

发表时间及载体：兰州大学学报 (社会科学版)2001 年第 29 卷第 6 期

简　　介：明清时期河湟文化的特质为伊斯兰文化、汉文化、藏传佛教文化多元鼎立、兼容并包，各文化既独立发挥着自身的功能，又以这些功能保持着相互间割舍不断的联系。其中，汉族以强大的政治、军事功能，以先进的科技功能；回族以商业功能，以门宦制的组织功能，非主流文化的功能；藏族以政治权力分享的土官制、以共建军事防御体系为功能与主流文化紧密联系在一起。本文在表现文化多元的同时，又探讨了相互间联系的机制，这是河湟文化的关键所在。

1445 环境审计的概念、发展与实施

发表时间及载体：开发研究 2005 年第 4 期

作　　者：杨肃昌

简　　介：近十几年来，环境审计在国外有了较快的发展。本文结合国外环境审计理论与实践，探讨环境审计的概念、发展与实施，以对我国环境审计理论的建立、实践与发展作出有益的启示。

1446 论刑事诉讼中的认证

发表时间及载体：甘肃行政学院学报 2001 年第 1 期

作　　者：卢永红

简　　介：刑事诉讼从本质上来看就是一个收集证据、审查判断证据、运用证据认定案件事实的过程，即证明过程。其中，收集证据主要是侦查阶段的任务，而后两项内容即审查判断证据、运用证据认定案件事实，主要为审判阶段之任务，这两项任务之完成，

主要依靠庭审活动，庭审活动由举证、质证、认证这三个基本环节构成，而认证直接关系到质证后之证据对案件事实的证明，直接关系到案件的终局裁判。

1447 甘肃资源型城市科学转型的思路与对策

发表时间及载体：新疆农垦经济 2010 年第 8 期

作　　者：翟彬　聂华林

简　　介：伴随着主体资源的枯竭，曾为国家和地区经济发展以及城市化进程做出了重要贡献的资源型城市，将不得不面临转型的现实选择。

1448 诗文的作时与背景

发表时间及载体：西北师大学报：社会科学版 2006 年第 2 期

作　　者：杨晓斌

简　　介：颜延之由于党附刘义真，并得少帝刘义符的信任，引起权臣忌恨，最终成为了废立事件的牺牲品。景平元年，他出为始安太守，年末到达浔阳，与好友陶渊明相聚。景平二年五月五日前到湘州汨潭，祭祀屈原，撰《祭屈原文》。大约在六、七月间到零陵，祭祀舜帝，作《祭虞舜文》。约于元嘉元年秋冬之际到任，约一年后离任，回到家乡过了一段隐居生活，其间作有《寒蝉赋》、始安郡还都与张湘州《登巴陵城楼作》等。元嘉三年三月被征为中书侍郎，作和《谢监灵运》。

1449 《宋会要辑稿》张宗元资料辨误

发表时间及载体：甘肃广播电视大学学报 2012 年第 22 卷第 4 期

作　　者：曾维刚

简　　介：徐松《宋会要辑稿》记载南宋高

宗朝进士张宗元资料，以张宗元为宋南渡大将张俊侄孙，所载有误。本文据宋代文献资料，证实张宗元为张俊嫡孙。

1450 民族地区乡镇基层党组织执政能力建设初探——以甘肃民族地区为例

发表时间及载体：经济与社会发展 2011 年第 3 期

作　　者：刘先春

简　　介：民族地区乡镇基层党组织是推动民族地区经济社会发展和维护地区稳定的关键所在，其执政能力水平对基层社会的稳定发展至关重要，客观分析和认识甘肃民族地区乡镇基层党组织执政能力建设。

1451 幼儿师范专科学生心理健康状况微观分析

发表时间及载体：当代教育论坛：管理版 2011 年第 12 期

作　　者：李兰芳

简　　介：文章通过对幼儿师范专科学生心理健康状况进行微观分析，提出教育者应重视学生的情绪问题，积极关注"被忽视型"学生，适当满足有特殊需求的学生，让学生获得心理调适实用技术，以促进学生心理的健康发展。

1452 试论和亲公主的外交使臣作用

发表时间及载体：甘肃高师学报 2012 年第 3 期

作　　者：曹国宁

简　　介：中国古代历史上的"和亲"作为历代统治者处理民族关系的一种策略，旨在缓解民族矛盾、调解民族关系。和亲公主作为维护和平的使者，肩负国家的政治使命，在对外关系中起到了非常重要的作用。

1453 《洪迈野处类稿》辨伪

发表时间及载体：文献 2006 年第 3 期

作　　者：曾维刚　铁爱花

简　　介：《洪迈野处类稿》自宋以来广为流传，为诸种文献书目所著录，多种诗文总集所收编。然除其中二首诗外，其余八十二首诗与《朱松韦斋集》卷一、卷二中的作品重出互见。清洪汝奎增订钱大昕编《洪文敏公年谱》时，曾注意到《野处类稿》之伪，钱钟书先生亦曾提到这一问题，惜均未予以考辨证实，亦未引起世人注意和重视。至王德毅重编《洪容斋先生年谱》时，在《野处类稿》真伪问题上，不仅未能进一步证伪，反而认为洪汝奎"所言近于武断"。而后世各种文学史与诗文总集均仍然相沿为误，讹误流传至今而未止。因而，本文拟就宋代以来文学史上这一罕见的伪案予以考辨，以证伪于既往，免传讹于将来。

1454 论加强基层建设学习型党组织的战略管理

发表时间及载体：长春师范学院学报：人文社会科学版 2011 年第 5 期

作　　者：刘先春

简　　介：党的十七届四中全会明确提出，要"把建设马克思主义学习型政党作为重大而紧迫的战略任务抓紧抓好"。但是，有些基层党组织缺乏一定的战略意识，或是不清楚基本概念，或是图圄于技术层面。

1455 技术支持的批判性思维培养模型研究

发表时间及载体：电化教育研究 2014 年第 35 卷第 7 期

作　　者：郭炯　郭雨涵

简　　介：在信息化时代背景下，批判性思维的重要性日益凸显，但人们对批判性思维的认识并没有提高。在现行教育制度、升学压力等因素的影响下，学生缺乏基本的批判性思维能力。基于此，文章在文献研究的基础上，从批判性思维的核心本质出发，重新界定了批判性思维涵义及构成，并对批判性思维的具体过程和外显特征进行分析，构建了技术支持下批判性思维培养的一般模型，将批判性思维培养大致分为三个阶段：发现问题（或产生观点）阶段、收集处理信息阶段和问题解决（或观点论证）阶段。该模型的构建为技术支持下的批判性思维培养研究提供了实践依据。

1456 新疆少数民族婚姻家庭的法律问题探析

发表时间及载体：西北民族研究 2011 年第 4 期

作　　者：阿依古丽

简　　介：新疆少数民族婚姻习俗及伊斯兰习惯法与国家现行婚姻法之间存在着基本原则、婚姻成立的实质要件和形式要件等方面的冲突。解决这些问题，必须让国家制定法与伊斯兰习惯法对接，充分协调好国家现行婚姻法律制度及新疆维吾尔自治区补充条例与伊斯兰习惯法的关系，减少或消除二者之间的冲突。

1457 关于多媒体教学软件的开发设计和实践

发表时间及载体：电化教育研究 2001 年第 7 期

作　　者：黄建利

简　　介：本文简要探讨了多媒体计算机辅助教学软件的设计方法、素材准备及其分析设计过程，从程序开发环境、程序设计控制开发，说明了多媒体软件的开发设计思路及开发过程。

1458 文化对宗教本土化的影响和启示——以基督教研究为例

发表时间及载体：西北民族大学学报：哲学社会科学版 2010 年第 5 期

作　　者：钟邦定

简　　介：纵观我国和世界各宗教的历史演进及现状，可以看出文化对宗教本土化的影响和启示是重要而深刻的。深入研究文化及其衍生出来的宗教文化与本土化之间复杂而互动的关系问题，对进一步挖掘宗教和宗教文化的和平、和谐等内涵产生重大作用，对构建和谐社会同样会发挥积极作用。

1459 群众路线：共产党人提高执政本领的根本途径

发表时间及载体：甘肃理论学刊 2011 年第 5 期

作　　者：刘亚军

简　　介：密切联系群众是我们党的最大政治优势，脱离群众是我们党执政后的最大危险。实践的推进越来越清晰地昭示我们：共产党人提高执政本领最根本的途径，便是真正掌握和运用好党的群众路线。群众路线是中国共产党掌权执政必须始终遵循的一条重要法则，强化"一切为了群众，一切依靠群众"的执政意识，是其产党人提高执政本领的重要前提，牢固树立马克思主义的群众观点是当代共产党人提高执政本领的根本要求。

1460 外国直接投资的贸易效应：文献述评

发表时间及载体：兰州商学院学报 2004 年第 20 卷第 2 期

作　　者：朱廷珺

简　　介：本文对有关 FDI 的贸易效应的理论和实证研究文献进行了梳理和评论，发现了前人研究存在的若干缺陷，提出了需要进一步研究的重点问题和思路。

1461 以人为本：市场经济条件下社会主义核心价值观的根本基点

发表时间及载体：理论与现代化 2007 年第 3 期

作　　者：刘先春

简　　介："以人为本"的思想源远流长，科学发展观赋予了"以人为本"独特的涵义和价值取向，在市场经济条件下，"以人为本"必然成为社会主义核心价值观的根本基点。

1462 抗战时期的移民潮对西北社会的影响

发表时间及载体：西北师大学报：社会科学版 2008 年第 1 期

作　　者：李建国

简　　介：抗日战争时期，大量的沦陷区人员西迁，形成了巨大的移民潮。作为当时大后方之一的西北地区，移民数量也很庞大。总体来看，这些移民的素质和层次相对较高，知识阶层和各类技术人员众多，工商人士聚集，为抗战大后方建设提供了人才保障，对当时西北社会影响巨大，在教育、科技、工农业生产和商贸等方面都发挥了很重要的作用，极大地促进了西北社会的进步。

1463 多媒体课堂公平问题的实证研究

发表时间及载体：电化教育研究 2014 年第 35 卷第 4 期

作　　者：李洪

简　　介：多媒体教学的普及化为现代教学注入了新的活力，但在使用过程中出现了许多教学公平问题，这一问题的负面影响日益凸显，寻求解决之道刻不容缓。教育的本质使人有智慧，而智慧只有在公平和谐的教学氛围中才能产生。因此，健全制度，多种教

学方式互融，正确评价课堂是基础 学高为师，身正为范是关键 转变教育观念，提升教师素质是催化剂。作者通过长期的多媒体和传统课堂的教学实践，并通过与学生、教师的大量访谈、调研等，发现影响多媒体课堂公平问题主要是相关制度、物理环境、师德、教育能力和教学评价五个方面，并由此展开了实证研究分析，印证了上述结论。

1464 河湟花儿传唱的多民族性研究

发表时间及载体：兰州学刊 2011 年第 7 期

作　　者：周亮

简　　介："花儿传唱"在河湟流传地域发挥着它特有的社会作用，作为地域色彩和民族风格十分鲜明的民间艺术，既是一种音乐事象，也是一种重要的社会文化现象。文章首先介绍了"河湟花儿"发源地的地理和经济概况，其次论述了"河湟花儿"多民族性的社会历史成因和"河湟花儿"艺术表现上的多民族特点，分析研究了"河湟花儿"传承流变中的民族融合性及"河湟花儿"在民族关系中的特殊作用，得出"花儿"这一多民族文化对于中国各民族文化关系史的研究是有重要意义的，并且对于研究中国西北各少数民族民俗文化的多样性、融合性有着重要价值。

1465 西北生态脆弱区生态保护与区域经济发展双赢模式研究

发表时间及载体：三峡环境与生态 2010 年第 5 期

作　　者：汪慧玲

简　　介：在阐述西北生态脆弱区生态保护与区域维护发展现状的基础上，就该地区生态环境与区域经济发展的关系进行了探讨。本质上生态保护与区域经济发展是相互契合的，但现实中二者却相互割裂。解决二者的矛盾需要将生态资源的利用置于市场经济的

框架下，推动生态经济化与经济生态化，建立与完善市场机制、市场主体、政府主体以及利益监督协调机制，促进生态与经济按照双赢的模式发展。

1466 民族区域自治法在西部大开发中的意义

发表时间及载体：甘肃政法学院学报 2007年第1期

作　　者：马玉祥

简　　介：民族区域自治制度是中国共产党运用马克思列宁主义解决我国民族问题的基本政策．是国家的一项基本政治制度，进一步坚持和完善民族区域自治是实施西部大开发的政治基础和法律保证。

1467 信息时代高校教师队伍建设的新视角

发表时间及载体：电化教育研究 2002年第10期

作　　者：刘正海

简　　介：21世纪是信息时代，以高新信息技术为依托的现代教育技术，被誉为人类教育"第四次革命"的教育模式，高等学校教师掌握和应用现代教育技术，是21世纪高校教师队伍建设的新视角。本文从加强现代教育技术专业教师队伍建设、强化高校教师现代教育技术培训、创造应用现代教育技术的环境三个方面，对如何加强高校教师队伍建设进行了探讨。

1468 学校健康教育在教育体系中的地位

发表时间及载体：中国学校卫生 2012年第33卷第2期

作　　者：张一英

简　　介：学校健康教育是健康教育的重要组成部分，是一种以学生为对象，针对其学习、身体发育特点和对健康的需求而进行的有目的、有计划的健康知识和技能的传播和教育活动。

1469 新形势下高校保卫工作要做到"八抓八促"

发表时间及载体：社科纵横 2008年第10期

作　　者：马礼　陈君武

简　　介：高校保卫工作关系到和谐校园的构建，关系到学生的成才成长，关系到师生员工的切身利益和社会稳定。当前，高校保卫工作面临严峻的挑战，办学模式不断改变，对外开放程度增加，后勤服务多元化，面对教育责任、学术责任、服务社会责任与一定程度的社会控制责任交织的局面，高校保卫工作如何应对时代赋予的新命题，如何在构建和谐校园的新形势下做好安全保卫工作。

1470 略论黑格尔对王权和任性的基本观点

发表时间及载体：甘肃政法学院学报 2003年第3期

作　　者：赵民

简　　介：黑格尔强调王权作最后决断的主观性，王权是其设计的政治制度的主要环节，实际上肯定了"王权就是任性"。但是，统观法哲学原理可以看出，黑格尔明确指出，主观任性并不具有真理性，不能解决犯罪及其处罚等法律问题，黑格尔反对和否定主观任性，具有十分深刻的法哲学意义。

1471 以民为本论

发表时间及载体：甘肃理论学刊 2005年第2期

作　　者：何继龄

简　　介：以民为本就是指党的一切理论和

工作都要以广大人民群众的根本利益为出发点和归宿，以广大人民群众的需要和意志为转移。坚持以民为本，是无产阶级政党的价值取向，"三个代表"重要思想的本质体现，是全面建设小康社会的必然要求，是新一届党中央领导集体的执政理念。

1472 现代中国文学大众话语的起源

发表时间及载体：西北师大学报：社会科学版 2007 年第 3 期

作　　者：郭国昌

简　　介：现代中国文学大众话语起源于晚清的下层社会启蒙运动。"国民"与"新民"概念的提出及其泛化确立了文学大众话语的接受主体，以"开通民智"为核心的启蒙目标的确定，使文学变成了政治启蒙的工具，促成了晚清"文学民众化"的潮流的发生。白话报刊的创办和戏剧改良的盛行，是晚清"文学民众化"潮流的主要表现形式，晚清的"文学民众化"运动开启了"五四"时期的"文学民众化"潮流，其本质是一种意识形态的再生产，具有强烈的政治化倾向。

1473 由敦煌雕版佛画管窥中国古代版画的美术历史作用

发表时间及载体：敦煌研究 2005 年第 2 期

作　　者：周安平

简　　介：敦煌雕版佛画是今天所能见到的年代最早的中国版画。中国古代雕版佛画，是被因宗教民间信仰所选择和适应文化生活之需要，以一种方便传播、适合群众从事简化佛事活动的宗教器物形式出现并发展起来的。以其生动、简便的可视形象方式增强了佛教教义更为广泛的宣播，而且对后世的版画及年画艺术的发展有着不可忽视的原动力作用，在与亚洲、欧洲各国的文化交流中甚至影响到日本版画及西方近代美术，在美术发展史上有着不朽的价值和地位。

1474 美学：期待平等多元的对话——兼论生命美学的失误（三）

发表时间及载体：西北师大学报：社会科学版 2006 年第 6 期

作　　者：黄怀璞

简　　介：审美言说使人与自身、与外部整体世界形成一种对话关系，并确立了审美活动中主客体间的平等交流关系，包括"一切活动和行为"在内的实践活动，既是关系性的也是超越性的，关系性使人既成为个体的也成为社会的人，超越性使人在自由创造中打开了通往审美的理想之路。在西方美学框架内展开的生命美学的言说方式，并未向人们昭示出全新的美学意义，没能真正架通人生现实与审美理想之间的精神桥梁。

1475 城市化、公共政策与城市认同——市民创造城市

发表时间及载体：甘肃理论学刊 2011 年第 1 期

作　　者：阿兰·哈德逊（Alan Hudson）田杜国（译）

简　　介：三十年来，中国经济社会在发展中形成了具有典型意义的模式，也一次次校正着我国现代化发展的理念，这在城市社会学产生和发展方面表现得尤为明显。本文就城市的规划机制同市民生活经验之间如何发生冲突和相互影响进行了探索。笔者认为，这种相互影响的形式和本质正是社会与公共政策两种理念相互碰撞所体现出来的主旨。笔者对带有建设 21 世纪标志性城市这样明确目的的中国城市的发展进行了相关的评述，也对政府、市场和市民之间的重要关系进行了讨论，并提出市民创造城市的新理念。

1476 论敦煌说唱文学的叙事艺术

发表时间及载体：敦煌研究 2005 年第 6 期

作　　者：单芳

简　　介：敦煌说唱文学是敦煌文学最重要的组成部分，不仅内容丰富多样，而且形式新颖别致。尤其在叙事艺术方面更是独出心裁，另辟蹊径，大胆运用敦煌其他文学样式罕用的铺陈敷衍、想象虚构和夸张渲染诸表现手法，使中国古代叙事文学首次跨入长篇巨制的创作时代，为推动中国古代长篇叙事文学的发展繁荣做出了不可忽视的卓越贡献。

1477 公法人制度及其对经济体制改革的意义——兼析经济体制改革的法制模式

发表时间及载体：兰州大学学报（社会科学版）2001 年第 29 卷第 4 期

作　　者：楚风华　魏建国

简　　介：经济体制改革不断深化与错综复杂之时，须理性解决法律制度的保障问题。本文拟从国外行政法上的公法人制度与私法人制度入手，探索经济体制改革中，不同主体在不同层面的特点及与之相适应的法律模式，以便更好地解决当前在改革中无法很好解决或还没有解决好的一些问题。

1478 论海外华文作家的"河流"情结——以虹影、张翎为例

发表时间及载体：社会科学家 2014 年第 4 期

作　　者：彭岚嘉　孙胜杰

简　　介：海外华文作家异乡生存的特殊经历，在对故乡的追忆中会无意识产生与生活和环境相关的某些情结。海外华文作家在对故乡的反复书写中，通过"河流"意象表现出家园意识、救赎意识、逃离意识等，虽然华文作家在作品中对"河流"的表达不同，但都存在着可以称之为"河流"情结的体验。另外，以作家个人的情结来反观作品，也可以对作品从更深层次进行解读其内涵和意味。

1479 全面解读教育信息化

发表时间及载体：电化教育研究 2005 年第 1 期

作　　者：杨晓宏　梁丽

简　　介：教育信息化是实现教育现代化的基础和条件，是教育现代化的重要内容和主要标志，以教育信息化带动教育现代化是当今世界教育改革与发展的共同趋势。本文从教育信息化的起源、教育信息化的定义、教育信息化的特征、教育信息化的本质、教育信息化的目的、教育信息化的范围、教育信息化的层次、教育信息化的政策及规划、教育信息化的要素和教育信息化的意义等 10 个方面对教育信息化进行了全面论述。

1480 制造链中合作研发的契约设计研究

发表时间及载体：软科学 2012 年第 12 期

作　　者：宗胜亮　柴国荣

简　　介：在考虑制造链中一个制造商和多个供应商的努力水平下，构建其合作研发的一般契约和利益共享契约模型。结果表明，在一般契约中转移支付价格与供应商努力水平和制造商成本系数呈正相关。

1481 科技成果转化评价指标体系设计及应用研究

发表时间及载体：软科学 2010 年第 2 期

作　　者：柴国荣　许崇美

简　　介：本文旨在构建科技成果转化评价指标体系，运用 Delphi 法和相关分析法对评

价指标体系进行实证分析和检验，并引入减小"异常点"影响的无量纲化方法，采用兼顾"功能性"和"协调性"的综合方式，对科技成果转化平价指标体系的设计和应用进行了探究。

1482 甘肃经济空间结构的现状、问题与战略选择

发表时间及载体：人文地理 2003 年第 4 期

作　　者：聂华林　赵超

简　　介：甘肃省软科学基金区域经济空间结构和产业结构一样，是不断发展变化的经济结构，具有向合理化和高级化变化的趋势。本文从区域经济空间结构要素的角度详细的考察了甘肃城市体系、交通体系和经济集中区的情况。

1483 甘肃省居民生育意愿与生育目的的调查研究

发表时间及载体：西北人口 2009 年第 30 卷第 5 期

作　　者：郭志仪

简　　介：文章利用 2007 年调查数据，分析研究了甘肃省居民的生育意愿和生育目的。调查发现，随着经济的发展和社会的进步，甘肃省居民的意愿生育数量不断减少，已经略低于更替生育水平，男孩偏好的意愿生育性别倾向仍然广泛存在，期望生育一儿一女是大部分甘肃居民最为普遍的愿望，意愿妇女初育年龄不断推迟。生育目的呈现出多元化趋势，但养老送终、传宗接代仍是目前最重要的生育目的。

1484 试论 90 后大学生思想政治教育的新途径

发表时间及载体：社科纵横 2010 年第 10 期

作　　者：徐鹏

简　　介：90 后大学生作为大学校园的新主人，具有其独特的个性特征和独立意识，为传统的思想政治教育工作提出了新的要求和挑战。高校思想政治教育必须针对 90 后大学生思想政治教育工作的特殊性，从大学生的心理特质入手，不断更新旧的思维定势，积极探索与时代相吻合、符合发展规律、符合教育对象特征的新途径。

1485 从天理与善恶关系的角度看程颢与程颐天理的异同

发表时间及载体：兰州大学学报（社会科学版)2004 年第 32 卷第 4 期

作　　者：李晓春

简　　介：程颢的天理与气为一体而尚未能分离，故而在程颢看来，气的善恶必须由理的善恶来负责。程颐则放弃了其兄理有善恶的观点，而将以善镇恶之理发展为纯善无恶之天理。此即将天理与气区分开来，理不再对气的恶负责，从而将恶的根源完全推给了气。这样，程颢与程颐的学术重心便很不相同，程颢的天理与气一一对应，故而其理与气关系的问题不多，主要的问题在于天理与性的关系问题，即天理的善恶如何经心性拣别而形成善性的问题。程颐则已解决了此一问题，其性即理将性与理直接贯通，其学术的中心在于如何处理理与气的关系。

1486 价值转型

发表时间及载体：甘肃理论学刊 2003 年第 1 期

作　　者：饶旭鹏

简　　介：文化转型的核心是价值体系的转型。我国近代以来的文化转型是由集体本位文化向个体本位文化转型的过程。随着市场经济体制的逐步完善和西部大开发战略的实施，研究我国西部的文化转型问题显得十分

必要。西部走向市场经济过程中文化转型需要确立合理的价值牵引机制。

1487 毛泽东对马克思主义学习型政党建设的贡献与启示

发表时间及载体：思想理论教育导刊 2011 年第 1 期

作　　者：刘先春

简　　介：党的十七届四中全会明确提出了"建设马克思主义学习型政党"的重大任务。毛泽东虽然没有明确提出"学习型政党建设"这一概念，但他提出了许多关于党的建设与学习教育之间关系的思想，很值得研究。

1488 法律论证理论的思想基础与基本问题论要

发表时间及载体：甘肃理论学刊 2009 年第 3 期

作　　者：陈航　唐渡

简　　介：法律论证理论旨在通过提出一系列论证规则，进而构建一个民主开放的商讨性论证机制，将人们对法律正义的追求转化为程序性共识，其哲学基础是生成性的哲学思维，法理基础是法律商谈理论。法律论证理论的基本问题涉及程序启动前提、活动主体、论证过程、论证规则、论证责任分配及论证结果等六个大的方面。

1489 从源头上防治腐败应加强程序性规则的建设

发表时间及载体：甘肃理论学刊 2001 年第 5 期

作　　者：张守佼　王文善

简　　介：从源头上防治腐败的本质是维护正义，而正义往往与程序公正联系在一起。本文的主旨是用程序捍卫公平正义，做到从源头上防治腐败。

1490 "约定俗成"与"音近义通"说思辨

发表时间及载体：西北师大学报：社会科学版 2010 年第 2 期

作　　者：陈烁　陈晓强

简　　介：汉语词汇的发生、发展经历了原生阶段、派生阶段与合成阶段。原生阶段汉语词汇的音义关系，表现为"约定俗成"，派生阶段汉语词汇的音义关系，主要表现为"音近义通"；合成阶段"音近义通"现象，主要存在于连绵词之中。"约定俗成"是音义关系理据性和任意性的辩证统一，"音近义通"是汉语词源学的基础理论。

1491 新媒体实践与马克思主义传播体系构建

发表时间及载体：学术论坛 2012 年第 2 期

作　　者：王学俭

简　　介：随着新媒体技术的高速发展和广泛应用，马克思主义传播开始进入"E—science"时代。当前不断涌现出的新媒体不仅改变了马克思主义大众化传播中传者和受者之间的关系，颠覆了大众媒体传统。

1492 论毛泽东军事思想的基本点

发表时间及载体：甘肃理论学刊 2001 年第 5 期

作　　者：王晋林

简　　介：在毛泽东军事思想的科学体系中，实事求是是精髓，群众路线是核心，独立自主是基础，这三者是相互联系、相互贯通、辩证统一的有机整体，是毛泽东军事思想的基本点，自始至终地贯穿于毛泽东军事思想的各个方面。

1493 论教师领导

发表时间及载体：西北师大学报：社会科学

版 2007 年第 3 期

作　者：金建生

简　介：教师领导是学校迈向学习型学校的必然，其概念是从教学领导、道德领导、转换领导、平行领导特别是分布式领导和参与式领导等学校领导研究中渐渐明晰的。教师领导的实施过程有利于校长成为"领导者的领导"，从而放弃"英雄领导"模式 有利于教师的积极参与和专业成长，从而使教师职业具有魅力，有利于学校学习共同体的形成，从而提升学校创造未来的能力，最终达成学生发展的目的。

1494 WTO 时代功能主义国际私法之最密切联系原则分析

发表时间及载体：甘肃政法学院学报 2004 年 5 期

作　者：王广宇

简　介："最密切联系原则"，在二十世纪六、七十年代美国的冲突法革命中，逐渐成为一种引人注目的学说。在 WTO 所推动的全球化的今天，"最密切联系原则"更是各国国内立法和实践的一个重要内容。本文试图从法哲学角度对该原则进行剖析，指出其对传统概念主义国际私法观的改良及影响，并对多年来的法律实践所展现的该原则的隐患进行分析，以使我国相关司法工作能够完善。

1495 生活质量视阈下的环境公平问题

发表时间及载体：西北师大学报：社会科学版 2011 年第 6 期

作　者：董光前

简　介：本文综述了近 20 年来学界对生活质量和环境公平关系问题的研究，认为对生活质量的不同研究在宗旨上具有趋同性并

逐步走向一致，都是为了实现人类个性的发展和幸福及生活的舒适和满足，都把环境问题特别是环境的保护和公平问题置于人类个性发展、幸福生活的基石之位。学界逐步认识到环境公平与生活质量的提高具有一致性。在环境公平与人类发展的关系问题上，从价值观、责任背负和政策设计等方面提出了一些相应的观念变革和应对措施。

1496 中国区域跨文化心理学理论探索与实证研究

发表时间及载体：心理科学进展 2012 年第 20 卷第 8 期

作　者：张海钟　姜永志

简　介：中国区域跨文化心理学是以文化学、社会学、人类学、人文地理学、社会心理学、跨文化心理学等学科理论为基础，比较研究中国城乡区域、地理区域、历史区域、行政区域、生态区域等文化区域居民的个体心理和群体心理共同性和差异性的学科。本文采用系列问卷，在 2004 年和 2009 年先后三次对甘肃省河西、河东汉族为主的地级市属各个县市区城乡居民以及蒙陇、湘陇的跨省域居民进行抽样调查。结果表明，区域文化同一性和差异性以及具体的生态环境、生活方式、经济发展、政治体制、社会结构、教育水平、风俗习惯、风土人情等差异，是影响区域居民心理健康、性格特质、社会态度、刻板印象等心理机能的重要变量。

1497 投资银行声誉与上市公司 IPO 募资变更行为——基于保荐制下的实证分析

发表时间及载体：兰州商学院学报 2009 年第 25 卷第 1 期

作　者：刘志军

简　介：本文选择保荐制实施后公开发行

股票融资的上市公司为样本，实证检验了投资银行声誉与上市公司 IPO 募资变更行为之间的关系。结果显示，投资银行声誉与 IPO 募资变更几率负相关，投资银行声誉与上市公司 IPO 募资变更家数比例负相关。这说明声誉高的投资银行所承销的公司质量较好，募集资金使用效率较高；同时也证明保荐制实施后投资银行在筛选推荐发行项目、督导上市公司方面都发挥了显著的积极作用。

1498 跨国投资与东道国市场结构：一个文献综述

发表时间及载体：北京工商大学学报：社会科学版 2012 年第 3 期

作　　者：杨肃昌

简　　介：跨国投资对东道国市场结构的影响已成为国内外长期关注和争论的一个问题。本文在梳理国外关于跨国投资与东道国市场结构变动相关文献的基础之上，从影响渠道、最终结果和产业案例等三方面归纳了我国自改革开放以来跨国投资对我国市场结构的影响，最后总结并展望外资与东道国市场结构的研究方向。

1499 区域协调发展的广义梯度评价指标体系研究

发表时间及载体：甘肃理论学刊 2011 年第 2 期

作　　者：李具恒

简　　介：笔者以创新区域协调发展理论为目的，以认识传统梯度理论之梯度概念为突破口，整合区域经济理论，构建广义梯度理论，界说广义梯度范畴的内涵，提出了区域广义梯度评价指标体系，将区域广义梯度分解为自然要素梯度系统、经济梯度系统、社会梯度系统、人力资源梯度系统、生态环境梯度系统、制度梯度系统 6 个一级指标，且

将一级指标细分为 24 项二级指标和 92 项三级具体指标。

1500 少数民族和民族地区发展的几点思考

发表时间及载体：兰州大学学报（社会科学版）2004 年第 32 卷第 2 期

作　　者：李景铭

简　　介：本文旨在研究正确理解、全面认识少数民族和民族地区发展的重要性，具体研究和分析少数民族和民族地区发展的环境条件（包括自然环境、人文环境、制度环境），选择适当发展战略，准确把握优势，探索一条少数民族和民族地区跨越式发展的新路。

1501 论中国先锋小说卡夫卡式的文艺审美观

发表时间及载体：江汉大学学报：人文科学版 2007 年第 26 卷第 2 期

作　　者：韩小龙　程金城

简　　介：中国先锋作家吸收并整合了卡夫卡的文艺审美观，在超验世界里煎熬，在悖谬情理中体悟，同时用消解的方法化解超验之思与体验之思的冲突，从而由卡夫卡的表现主义走向后现代主义。

1502 论敦煌壁画中的格式塔优化现象

发表时间及载体：敦煌研究 2009 年第 2 期

作　　者：胡同庆

简　　介：本文运用格式塔心理学研究方法，从视觉中心优化现象、视觉平衡优化现象、视觉组合优化现象等方面初步探讨了敦煌壁画中的格式塔美学心理现象。

1503 敦煌写本《古贤集》《典出史记》考

发表时间及载体：甘肃联合大学学报：社会

科学版 2012 年第 28 卷第 6 期

作　　者：王金娥　孙江璘

简　　介：《古贤集》现存九个抄本，是敦煌遗书中一部重要的民间文学作品，也是唐五代民间流行的有关历史知识的蒙书之一。该作品的特点是大量运用典故，其中疑似出自《史记》者约 15 处。本文对这 15 处典故作了考论，求证了其实际情况。

1504　顾客满意度测评模型

发表时间及载体：系统工程理论方法应用 2002 年第 3 期

作　　者：田澎

简　　介：本文基于美国顾客满意指数的模型，分析了影响顾客满意的诸多因素，并针对目前国内市场上存在的实际情况，增加考虑了信息一致性因素对于顾客满意度的影响，藉此提出新的测评模型。

1505　甘肃建设生态文明省探析

发表时间及载体：甘肃理论学刊 2010 年第 6 期

作　　者：任建军

简　　介：建设生态文明省是甘肃当前和今后一个时期的战略任务，事关国家的生态安全和全面建设小康社会的进程。完成这一历史任务需要全省人民解放思想、真抓实干、艰苦奋斗、开拓创新。本文就此问题进行了比较深入的探讨，并提出了一些有益的对策和建议。

1506　中国中小企业品牌经营策略研究

发表时间及载体：社科纵横 2010 年第 1 期

作　　者：蔺全录　王金辉

简　　介：本文从困扰中国中小企业发展的品牌经营作为切入点，分析了品牌经营对中小企业发展具有重大意义 结合中国中小企业在品牌经营过程中出现的种种漏洞，分别从品牌意识、品牌定位、品牌创建、品牌形象塑造、品牌保护和品牌推广等方面提出具体的经营对策。

1507　论西北地区旅游资源的开发

发表时间及载体：社会科学 1983 年 1 月

作　　者：武文军

简　　介：西北地区包括陕、甘、宁、青、新五省区，总面积 303.15 万平方公里，总人口 6934 万。西北地区历史悠久，文物古迹甚多，自然景观雄伟壮丽，物产丰富，工业和交通已有较大发展，开发旅游资源前途广阔，具有重大的经济战略意义。

1508　论行政强制与基本人权保障

发表时间及载体：甘肃行政学院学报 2003 年第 4 期

作　　者：杨红

简　　介：行政强制行为对相对人来说是一种损益行为，应以保障基本人权为权力运作的法律底线。为此，必须严格适用条件，完善强制手段，规范强制程序，拓展救济途径，以保障公民基本人权，防止权力滥用。

1509　高校创新型外语人才的时代特质与培养机制

发表时间及载体：西北人口 2010 年第 2 期

作　　者：张美玲

简　　介：培养创新型外语人才是知识社会的时代需求，是高校外语教育建设创新型国家的历史使命。我国创新型外语人才培养的分层次特色培育模式及其未来走势，把培养高水平创新型外语人才作了新的定位。

1510 外语多媒体网络教学资源整合与重组——问题与对策

发表时间及载体： 电化教育研究 2005 年第 8 期

作　　者： 曹进　靳琰

简　　介： 外语多媒体网络教学资源目前存在着资源分散、各行其是、合力不足、应用水平低及管理效能不高等问题。本文从时代背景及教育现代化发展需求的角度，探讨如何结合外语教育目的、语言学习特点及学校的实际，进行外语多媒体网络教学资源整合与重组，旨在达到外语多媒体网络教学资源的合理配置，发挥其最大效能。

1511 中国五大藏区人口变动与迁移

发表时间及载体： 人口与经济 2009 年第 1 期

作　　者： 郭志仪

简　　介： 中国藏族人口主要分布在西藏、青海、甘肃、四川、云南五个省区，其中西藏、青海、四川三省区藏族人口占全国藏族总人口的 90% 左右。50 多年来，各个藏区的人口在迅速增长的同时，因经济、社会条件的不同，人口分布呈现出不同的特征，随着社会、经济条件的发展，藏区内部人口流动频繁成为藏族人口迁移的主要特征。

1512 兰白都市圈发展的思路与对策

发表时间及载体： 甘肃高师学报 2010 年第 2 期

作　　者： 聂华林　唐志静

简　　介： 近几年来，国外都市圈理论的引入和借鉴对我国区域城市的发展实践产生了积极的影响，尤其是对我国中东部沿海地区的发展产生了巨大的推动作用，使得西部地区与东部的差距进一步扩大。

1513 环境公益诉讼的理论解读与制度创新

发表时间及载体： 甘肃政法学院学报 2008 年第 3 期

作　　者： 何国萍

简　　介： 环境公益诉讼是当环境作为一种公共利益遭受侵害或有被侵害的危险时，法律允许公民或团体为维护环境公共利益而向法院提起诉讼的制度。环境公益诉讼包括民事、行政、刑事三种类型，环境公益诉讼的目的是维护环境公共利益，它不要求原告与本案有直接利害关系。环境公益诉讼制度的内涵包括环境公益诉讼的制度化、原告资格的适当放宽、环境公益诉讼的受理范围、举证责任的分配、诉讼费用的分担、建立原告奖励制度、发展环保团体和防止诉讼滥用。

1514 金融创新及其法律监管

发表时间及载体： 甘肃行政学院学报 2001 年第 4 期

作　　者： 郭豫

简　　介： 金融活动已成为现代社会经济活动的核心。随着社会经济的飞速发展，金融创新日新月异，金融创新的层出不穷使金融市场在短期内发生了令人眼花缭乱的变化，在带来巨大利润的同时，也增加了金融风险，对法律监管提出了更高的要求。各国政府和国际社会都在加强对金融机构的监督，探索建立更有效的金融监管体制，以防范和控制金融风险。

1515 试论城乡发展差距的统计监测

发表时间及载体： 兰州商学院学报 2005 年第 21 卷第 6 期

作　　者： 庞智强

简　　介： 在传统经济向现代经济转变过程中城乡发展差距的出现有一定的必然性，但过大的城乡差距如果长期存在，也会带来一系列严重的社会问题。因此，必须加强对差距大小的监测分析。本文专题探讨了开展城乡发展差距统计监测的意义、城乡发展差距统计监测体系基本框架的构建、以及实施城乡发展差距统计监测的保障措施。

1516 甘肃馆藏佛教造像调查与研究（之一）

发表时间及载体：敦煌研究 2012 年第 4 期

作　　者：魏文斌

简　　介：甘肃省博物馆所藏佛教造像较多，时代从十六国至明清时期均有，多由甘肃省各地出土，系统的整理与研究工作尚未开展，部分精品造像不断被各种图录发表。从目前所发表的资料来看，对于其年代、真伪等方面的判断存在一些问题。本文选择十六国铜造像、西魏大统二年造像塔、"太平真君二年"款铜菩萨像，以及出自麦积山石窟的泥塑造像等几件年代稍早的作品，结合其他资料，对其年代及特点、来源等做必要的补充说明及辨识。

1517 孟子仁政学说的思想渊源和理论基础

发表时间及载体：甘肃联合大学学报：社会科学版 2009 年第 3 期

作　　者：孙祖眉

简　　介：孟子继承孔子的仁学思想，创立"性善论"，并提出"仁义礼智"为仁政之"四端"，从内在性上深化、超越了孔子的仁学，并将其扩展到政治、经济领域。他将孔子的"仁"的观点诉诸"不忍人之心"，并由此论性善。由性善论天与命，提出"民贵君轻"，以"仁心"行"仁政"的治国理想，从而将儒家思想发展到一个新的高峰。本文追溯"仁"及"仁政"的由来。说明仁政学说产生的思想渊源和理论基础。

1518 企业国有产权转让的现实思考

发表时间及载体：发展 2007 年第 3 期

作　　者：苏华

简　　介：随着国有企业产权制度改革步伐的进一步加快，国有产权转让的交易量不断增大，有力地推进了国有经济布局和结构的战略性调整。但企业国有产权转让涉及一系列深层次的矛盾和问题，需要在理论与实践中进行更深入的探索和研究，科学地理解和掌握企业国有产权的理论内涵，对推动国有产权有序流转、规范企业国有产权转让，促进国有经济布局和结构的战略性调整具有非常重要的现实意义。

1519 当代西部文化资源简论

发表时间及载体：甘肃理论学刊 2005 年第 3 期

作　　者：唐欣

简　　介：本文认为，当代西部文化还是一个生长、发展、变化的概念，是尚待填充的巨大空间，它也是当代中国文化的重要组成部分。并依次分析了西部文化资源的几个主要构成，指出当代西部文化建设的潜力和可能性。

1520 成长逻辑：中国共产党党内民主建设的几点启示

发表时间及载体：理论探讨 2014 年第 1 期

作　　者：刘先春

简　　介：梳理中国共产党党内民主的成长逻辑，我们可以得出几点启示：发展党内民主要坚持党的领导有序稳步推进，坚持党内民主制度化建设的基本方向，坚持党员的民主权利是党内民主建设的中心内容。

1521 低成本、平民化外语专业网络课程建设思路与教学

发表时间及载体：电化教育研究 2008 年第 7 期

作　　者：武和平　曹依民

简　　介：本文旨在探索英语专业网络课程开发和建设的有效途径和教学模式。文章介绍了英语专业网络课程开发的总体思路和模块结构，并根据英语专业课程的具体特点，讨论了"资源支持型"和"群组支持型"两种类型英语网络课程的模式。文章认为，依托 Google 网络应用平台，走平民化、低成本的网络课程开发路线，一线英语专业教师可以突破开发网络课程的技术壁垒，建设他们会用、易用、好用的网络课程。

1522 论果洛藏族民间信仰的生态伦理

发表时间及载体：西北民族大学学报：哲学社会科学版 2010 年第 6 期

作　　者：才让卓玛

简　　介：每一个古代民族因其对世界万物的认识，对社会的认识，构成了该民族的原始文明。果洛藏族人对山川水源、地下矿藏、水中鱼类乃至旷野中的野生动物持有万物有灵思想。在他们的意识里，自然界的山、水、草木都笼罩着一种神圣的面纱，因而对周围环境和动植物存在广泛的禁忌行为，这一些神圣观念源自青藏高原生态基础上原生的自然崇拜，是以原始宗教观念形态表现出来的集体表象。

1523 甘肃食品工业发展的成就、问题与若干对策思路

发表时间及载体：甘肃社会科学 1998 年第 1 期

作　　者：吴解生

简　　介：随着经济发展和居民生活水平的不断提高，食品工业在国民经济中的地位日趋突出。近年来，甘肃食品工业也取得了长足的进展，其在甘肃经济增长中的作用越来越重要。但是，与全国相比，甘肃食品工业的发展尚有较大差距，并且存在着一些比较突出的问题。充分认识这些问题，并努力寻求解决这些问题的对策，应当引起有关部门的重视。

1524 "天"与中国古代的民本思想——民本思想得以成立的一种结构分析

发表时间及载体：甘肃社会科学 2012 年第 3 期

作　　者：陈声柏

简　　介：民本思想何以成立，现代主流的学术观点多从现实政治需要的角度出发去解释，认为统治者是慑于民众的反抗，才不得不"以民为本"。这种观点忽视了信仰因素，没有注意到"天"的观念对古代中国人的影响 以天、君、民三元结构为分析框架，强调重视"天"在古代民本思想中的重要作用，以及天、君、民三者之间的有机互动 因为天佑民众，而君惧天威，于是君才有了"民本"思想。因此，中国古代对"天"的信仰是民本思想得以成立的关键根由之一。

1525 东亚汇率协调的风险与收益分析

发表时间及载体：亚太经济 2010 年第 5 期

作　　者：成学真

简　　介：全球经济一体化促进了区域之间的货币合作，产生了最优货币区理论。目前人们更多关注东亚各国汇率协调及其协调过程中面临的风险与收益，这些风险与收益如何影响东亚各国之间的汇率协调是目前东亚

汇率协调的研究重点。怎样在汇率协调中降低风险，是影响汇率协调有效性的重要因素之一。

1526 气候变化对中国半干旱区农民生计影响初探——以甘肃省半干旱区为例

发表时间及载体：干旱区资源与环境 2012 年第 26 卷第 1 期

作　　者：韦惠兰

简　　介：气候变化不仅是全球关注的热点，且对半干旱区农民的生计产生了广泛而深刻的影响。文中在此背景下，分析气候变化对案例区农民生计资本的影响，通过一个最优化模型，求证受影响区农民生计策略的改变，同时给出了该区具有操作性的应对气候变化的建议与对策。

1527 经济博弈论思想的产生与发展

发表时间及载体：贵州财经学院学报 2010 年第 4 期

作　　者：杨丽娟　高新才

简　　介：最早的博弈思想的出现，可以追溯到公元 5 世纪时巴比伦的犹太法典，对于贸易中契约曲线的一般推论代表了早期经济博弈论思想的研究。在零和博弈和囚徒困境研究的基础上，纳什等人进一步研究了非合作博弈战略均衡，明确提出了纳什均衡理论，而后，这一理论得到了更为深入的研究和非常广泛的传播与应用。尽管经济博弈论的研究已取得颇为骄人的成就，但反对这一思想的观点始终存在。从研究方向的水平纬度和历史意义的垂直经度对经济博弈论思想进行整理和研究，不仅有益于进一步了解这一领域的发展状况、精髓和脉络，而且可以为研究具有中国特色的社会主义市场经济博弈问题提供有益的思路和借鉴。

1528 《元曲选》宾白的疑问语气词

发表时间及载体：甘肃广播电视大学学报 2008 年第 18 卷第 1 期

作　　者：常萍

简　　介：《元曲选》宾白使用的疑问语气词共 8 个：也、乎、来、那、哩、呢、么、呀。根据时代特征分三类：文言中遗留的语气词"也、乎"，近代汉语普遍使用的"来、哩、那"，现代汉语中仍使用的"么、呢、呀"。通过分析可看到近代汉语疑问语气词的过渡性特征。

1529 制度教化与高校德育关系研究

发表时间及载体：兰州大学学报：社会科学版 2013 年第 5 期

作　　者：王学俭

简　　介：当前，高校德育工作面临着两大问题：一是高校德育培育目标中"知识与认识之间、为学与为人之间、理性与价值之间"相脱离的问题，二是高校德育培育实践中偏重从"知"到"行"。

1530 佛教授记思想研究现状与论著目录

发表时间及载体：敦煌学辑刊 2012 年第 1 期

作　　者：杨郁如

简　　介：古德吉藏云："授记既是法华要义亦是众经大宗。"而现代学者则认为授记思想是原始佛典过渡到大乘经的关键要素。可知不论古今，授记思想都是了解佛教与佛教史的重要课题之一。中国古代高僧对大乘诸经的疏释是研究授记思想的开始 接着，现代学者通过语言学、佛教史的角度探讨授记思想之起源与流变，关于中国佛教授记思想及其在艺术等方面的展现，则是方兴未艾的新议题。

1531 论古代敦煌环保意识基础及其与现代大西北可持续发展之关系

发表时间及载体：敦煌研究 2001 年第 3 期

作　　者：胡同庆

简　　介：本文通过敦煌壁画论述佛教宣传的众生平等、因果报应是古代敦煌佛教环保意识的思想理论基础，认为只有建立在一定思想理论基础上的环保意识，才有利于环保行动和环保建设的可持续发展。

1532 山东回族研究的回顾与反思（1978—2011）

发表时间及载体：宁夏社会科学 2012 年第 5 期

作　　者：于衍学　姚爱琴

简　　介：1978 年以来，山东回族研究在发表论文数量、质量、文献材料收集、整理与出版等方面取得较大进展，研究队伍壮大，刊物发表多元化，成果显著。本文建议在今后的研究中，更注重社区实地调查，强化实证研究、比较研究和多学科综合研究等。

1533 魏晋南北朝诗赋的骈偶化进程及其理论意义

发表时间及载体：辽东学院学报：社会科学版 2008 年第 10 卷第 3 期

作　　者：韩高年

简　　介：《四库全书总目提要：四六法海》说："自《李斯谏逐客书》始点缀华词，自邹阳狱中《上梁王书》始点缀故事，是骈体文之渐萌也"。骈偶化倾向虽萌芽于周秦两汉，但从汉末魏晋始才成为诗、赋创作一种自觉的形式上的诉求，至南朝宋，诗、赋骈偶句比例发展至最高峰，齐梁以后则比例下降，表现出在更高层次上追求形式均衡美、对称美、和谐美的理性思考。本文拟考察此过程中文人创作心态上呈现出的对骈偶化的

"部分趋同—过度趋同—理性认同"的阶段性特征，并揭示其对诗、赋文体的影响。

1534 左宗棠的甘宁青回族政策探析——以防范、隔离和民族同化为考察点

发表时间及载体：北方民族大学学报：哲学社会科学版 2010 年第 3 期

作　　者：赵维玺

简　　介：清同治年间西北回民起义结束后，左宗棠为了加强对甘宁青地区回族的管理，采取了防范、隔离和民族同化的政策。从政策本身来看，防范和隔离具有强制性，要求就抚回民严格遵守；而民族同化政策，作为一项长远规划，体现出了一定的灵活性和弹性。这一民族政策的推行，一方面维持了战后一个较长时段的社会稳定，同时也在一定程度上阻碍了甘宁青地区回族的发展。

1535 "中国工业可持续发展"网络系统中的远程教育平台建设

发表时间及载体：电化教育研究 2005 年第 9 期

作　　者：张文学

简　　介：远程教育不受地域、时间的限制，使人数众多的继续教育、终生教育和专业培训成为可能。本文就"中国工业可持续发展"中的远程教育平台建设进行了探讨，提出了为中国工业可持续发展事业相关的工业企业、政府部门及其他机构提供环保知识的教学、推广与交流平台构建的具体解决方案。

1536 教育及语文教育的高度、宽度与温度——由"国培计划"研修引发的思考

发表时间及载体：语文教学通讯：学术（D）2011 年第 6 期

作　　者：雷岩岭　冯玉

简　　介：面对当前亟待变革的教育大趋势，结合参加"国培计划"研修的促动，加之对《国家中长期教育规划纲要》的学习，促使我们对我国的教育特别是语文教育的现状进行了较为深入的思考与研究，并提出了变革我国教育(语文教育)的高度、宽度与温度的理念。

1537 国企改革的另一种思路

发表时间及载体：甘肃行政学院学报 2001年 第3期

作　　者：崔秀梅

简　　介：国企改革的目标是要建立现代企业制度，建立现代企业制度在当前又集中地体现在公司治理结构的运行上，而运行公司治理结构的关键在于明确法人主体，要明确法人主体必须首先明晰产权，因而，我们在这里试着讨论明晰产权的一种方法——存量资产分解，以此从另一个角度来看待我们的国企改革。

1538 突发社会灾害中的经济犯罪治理

发表时间及载体：甘肃政法学院学报 2003年第3期

作　　者：黎明

简　　介：在突发社会灾害状态下惩治经济犯罪，是整顿市场经济秩序的重要手段，本文拟从界定和描述突发社会危机中的经济犯罪入手，提出具体对策和建议，以有利于打击危机时期经济犯罪活动，对保证经济发展、维护经济秩序发挥积极作用。

1539 东乡族女童学习困难及其失辍学——语言因素影响的研究

发表时间及载体：西北民族研究 2004 年第 4期

作　　者：何晓雷　王嘉毅

简　　介：在对影响东乡族基础教育发展因素调查的基础上，本文从语言机制的角度，对东乡族女童学习困难以及失辍学的原因进行了分析，并提出了相应的建议。

1540 论新媒体背景下马克思主义的有效传播

发表时间及载体：兰州大学学报：社会科学版 2012 年第 1 期

作　　者：王学俭

简　　介：以互联网为代表的第四媒体和以手机为代表的第五媒体等新媒体的强势发展，正在引领着新的信息革命，也改变着信息传播的环境和方式。

1541 现阶段党内关怀的变化与实践——兼论党组织对内职能的转变

发表时间及载体：安徽师范大学学报：人文社会科学版 2011 年第 3 期

作　　者：刘先春

简　　介：党内关怀是更富有生活气息和人文内涵的党建工作内容。现阶段，党内关怀呈现出视野更加开阔、目光触及日常生活层面和更加注重心理层面的特点。

1542 论国际刑事审判实践的新发展及影响

发表时间及载体：甘肃政法学院学报 2004年第 6 期

作　　者：张丽娟

简　　介：近十几年各种国际刑事审判机构纷纷建立，对犯有国际罪行的个人追究责任。与传统的国际司法理论和实践不同，近年来的国际刑事审判具有一定的强制性。在国际刑事审判实践中，国家主权受到一定的限制，国际刑法和国际刑事合作得到进一步的发展。

1543 敦煌的农民工匠及其"兼业"

发表时间及载体：敦煌研究 2010 年第 5 期

作　　者：马德

简　　介：在古代，敦煌农民身份的工匠一般被称为"博士"（把式），他们在务农的同时，也受雇于人从事一些手工业劳动，在中国古代被视为农民的"兼业"。这一现象一般认为在中国宋代才出现，但在敦煌的唐代文献中就有相关记载，说明敦煌唐代就出现了农民工匠兼业。这与敦煌的地理位置、生存条件及政府的管理不是太严格等有关。

1544 敦煌契约文书词语考释四则

发表时间及载体：西北民族大学学报：哲学社会科学版 2011 年第 1 期

作　　者：陈烁

简　　介：文章运用敦煌契约文书内部互证法，考释与"抛擿""均亭""醒甦""口分"相关的四组词语。在这四组词语中，有些词《汉语大词典》等大型辞书尚未收录或尚未释义，有些词前人考释还有商榷余地，有些词的字形变异值得研究。

1545 七十五年来西路军研究述评（下）

发表时间及载体：甘肃社会科学 2012 年第 4 期

作　　者：董汉河

简　　介：从 1937 年 3 月中旬西路军失败至今，已过去了 75 年。涉及西路军的论述和研究可分为两个大的阶段：第一阶段 1937 年 3 月至 1979 年，共 42 年。第二阶段 1979 年至 2012 年，共 33 年。第一阶段，张国焘路线论占统治地位，但共产国际和陈昌浩当

初对此是有不同意见的，有些资料和观点具有重要研究价值。第二阶段，随着新资料的发掘和实事求是的探讨，西路军研究有了突破性实质性的进展，具体内容可分为 11 个方面：（1）对西路军形成的研究；（2）西路军的苏维埃政权建设研究；（3）西路军的民族统战工作研究；（4）西路军左支队进驻新疆及返抵延安研究；（5）对西路军失败原因的研究；（6）西路军的功绩、历史地位和意义研究；（7）对西路军的营救研究；（8）西路军与长征的关系研究；（9）西路军战俘及流落将士的研究；（10）西路军与共产国际之关系研究；（11）权威著作对与西路军相关内容的修订。对其加以述评，有重要而积极意义。

1546 族群及其未来：我们如何面对——读哈罗德·伊罗生《群氓之族——群体认同与政治变迁》

发表时间及载体：西北民族研究 2010 年第 1 期

作　　者：刘永红

简　　介：在 20 世纪的百年中，特别是 50 年代以后，族群意识、族群认同、族群冲突以及与之相关的政治变迁成为学术界的焦点，一方面，族群（民族）问题成为当代国家政治和社会的最为棘手的难题，另一方面，不同的族群在国际关系、政治、经济、文化领域的竞争日趋激烈，冲突加剧。

1547 民族院校哲学社会科学研究服务社会能力的分析

发表时间及载体：西北民族大学学报：哲学社会科学版 2012 年第 2 期

作　　者：马景泉

简　　介：高校是我国哲学社会科学事业的主力军，民族院校也不例外。提高民族院校

哲学社会科学研究质量，是增强我国民族地区哲学社会科学服务社会能力的重中之重。本文通过概述民族院校提高哲学社会科学研究创新能力，着重揭示了提高民族院校社会科学服务社会经济的举措。

1548 论宏观调控体系中地方政府的角色

发表时间及载体：兰州大学学报：社会科学版 2000 年第 28 卷第 5 期

作　　者：郭爱君

简　　介：在建构与社会主义市场经济体制相适应的宏观调控体系时，地方政府的作用是不容忽视的。表文从社会角色理论出发，分析了地方政府在宏观调控体系中的角色集特征以及由此所导致的角色冲突，并探讨了地方政府在对本地区经济进行宏观调控时应遵循的角色规范。

1549 评前苏联哲学教科书对马克思主义哲学中国化的影响

发表时间及载体：甘肃理论学刊 2011 年第 5 期

作　　者：闫晓勇

简　　介：前苏联哲学教科书是长期在包括前苏联、中国在内的社会主义国家里学习马克思主义哲学的经典读本。它从上世纪 30 年代传入中国后，在实现马克思主义哲学中国化的过程中，发挥了直接的中介作用，特别对毛泽东哲学思想的形成有着明显的影响。

1550 中国伊斯兰教"爱国爱教"的理论与实践

发表时间及载体：西北民族大学学报：哲学社会科学版 2010 年第 1 期

作　　者：丁俊

简　　介：中正和平、宽容和谐、敬主顺圣、爱国爱教是伊斯兰教的基本精神。长期以来，中国穆斯林在践行伊斯兰教和平理念的历史进程中，有过艰难而可贵的理论探索和丰富的实践活动。他们始终秉承和恪守"爱国爱教"的和谐之道与和平之道，在中华大地上与各族人民合和共生，绵延发展，为构建中华民族多元一体、和而不同的和谐文化做出了可贵的贡献。

1551 大开发的真正动力——关于中美两国西部开发主体的考察

发表时间及载体：青海师范大学学报：哲学社会科学版 2005 年第 6 期

作　　者：党庆兰

简　　介：美国的西部开发是非常成功的。在西部开发过程中，美国实行的是多主体开发，其私人、企业和各级政府等都是开发主体，而中国实行的主要是单一主体开发，除中央政府以外，其他开发主体尚未出现。

1552 有效市场假说与我国上市公司财务信息披露差异分析

发表时间及载体：兰州大学学报（社会科学版）2002 年第 30 卷第 4 期

作　　者：李培根

简　　介：财务信息披露的差异性是资本在国际间合理流动的主要障碍之一。本文以有效市场假说理论为依据，通过实证研究发现，在不同会计规范体系下，某些上市公司的财务信息披露在国内市场（A 股）和香港市场（H 股）表现出重大差异。这种差异应引起利用资本市场信息进行决策的信息使用者的高度重视，同时，也是完善公司治理结构不应回避的问题。

1553 反腐倡廉：纵贯中共 90 年历史的一条主线

发表时间及载体：甘肃理论学刊 2011 年第 3 期

作　　者：张嘉选

简　　介：之所以将反腐倡廉视为贯穿于党的 90 年历史上的一条主线，是因为从建党至今，它都无间断地在存在，而且无论在哪个时期、哪个阶段，无论在什么样的情势下，它都发挥了重大的、无可替代的作用。中国共产党正是通过坚持不懈的反腐倡廉的实践，方能自始至今一直保持着纯洁性、先进性。在新民主主义革命时期的战争中，党开展的行之有效的反腐败和廉政建设胜似雄兵百万。在社会主义建设时期，反腐倡廉是我们党能够经受住长期执政、改革开放和建立健全社会主义市场经济的考验、能够从容应对来自各个方面的挑战、能够化解种种矛盾的重要保证。

1554 论信息化教育资源的应用

发表时间及载体：西北师大学报：社会科学版 2009 年第 6 期

作　　者：杨改学

简　　介：在中小学教育信息化和农村中小学现代远程教育工程实施过程中，影响工程项目顺利开展的一个重要因素之一就是资源。在资源拥有后，能够呈显教学水平与效果的还应该是资源在教育中的有效应用。就此，文章从"用"与效果的关系、"用"与有效应用的关系、"用"与用坏的关系、"用"还不如不用、以及重拥有、轻应用等五个方面进行了论述。

1555 制度差异与中国区域经济发展研究

发表时间及载体：统计与决策 2011 年第 7 期

作　　者：李国璋

简　　介：文章采用我国东、中、西部 1996—2008 年的面板数据，运用面板协整理论和模型首次分析了制度差异对我国东、中、西三大区域经济增长影响。研究发现，东、中、西部地区制度差异变量与区域经济增长变量之间都存在长期均衡关系。全国和区域的制度差异对社会经济发展差异有一定的影响。在不同的区域条件约束下，全国和区域的人均 GDP 和开放存在相互因果关系。缩小区域经济发展差距，建立可持续均衡发展的经济增长模式，对中国经济长远发展相当重要。

1556 从契约伦理的视域看"以德治国"

发表时间及载体：西北师大学报：社会科学版 2002 年第 5 期

作　　者：牛正兰

简　　介：本文从契约伦理的角度论述了古今德治之划界以及在现代民主制度下实现以德治国的问题。孔子从性本善的人性论假定出发，以德治、民本和礼治三者统一建构了传统中国社会道德理想主义的基本理论框架，但孔子德治思想的存在背景是私民社会，现时代德治思想的提出背景则是公民社会。私民社会是个无契约的社会，公民社会则是个契约社会，只有在契约伦理的视域中才能正确理解以德治国的科学内涵和重要意义。江泽民同志提出的依法治国和以德治国相结合的思想，是对古今中外法制和道德自律思想的高度概括和科学总结，它根植于中外优秀思想而有所超越。

1557 西部地区的文化圈及文化板块

发表时间及载体：兰州大学学报（社会科学版）2001 年第 29 卷第 6 期

作　　者：彭岚嘉

简　　介：西部因历史流变而形成的文化圈和因地理单元的独特性造成的文化板块，使西部文化整体上具有一致性，而层面上又有特殊性。只有正确处理好历史文化的厚土与现实文化的重负之间的关系，处理好经济一体化与文化多样化之间的关系，依据不同地域的文化形态制定文化发展战略，确立富有西部特色和多民族色彩的经济与文化综合开发模式，才能推动西部社会的全面发展。

1558　现代合同法的发展之路

发表时间及载体：甘肃行政学院学报 2002 年第 4 期

作　　者：马文静

简　　介：法律制度的发展常常借助于法律思维的变化，本文通过考察东西方的历史及人文背景，努力探求东西方人类法律思维的变化，进而找到这种变化对于现代合同法律制度的影响。

1559　流动人口避孕药具发放管理的实践和思考

发表时间及载体：中国中医药咨讯 2010 年第 13 期

作　　者：郭爱君

简　　介：我街道地处市区中心区，工业经济发达。随着经济社会的不断发展，城市经济体制的不断改革，流动人口大量进入我街道就业，队伍不断庞大。如何加强新形势下流动人口的药具发放管理，是我们需要不断实践、不断思考的问题。

1560　国内法庭科学中文件制成时间检验技术简析

发表时间及载体：甘肃政法学院学报 2004 年第 4 期

作　　者：王婕

简　　介：文件制成时间的检验多年来一直是国际法庭科学的热点问题。20 世纪 30 年代以来，各国法庭科学工作者利用各种现代分析仪器对墨水字迹、圆珠笔油墨字迹形成时间进行广泛研究，取得了许多研究成果。我国对墨水字迹书写时间检验技术的研究起步较晚，始于 50 年代，经过三十年的努力，与国外先进水平之间的差距逐步缩小。但是，在许多基层办案部门，受技术水平、仪器设备等条件的限制，开展该项业务还缺乏科学规范性。

1561　论经济法基本权利范畴

发表时间及载体：甘肃社会科学 2012 年第 6 期

作　　者：杨三正

简　　介：范畴是一个学科得以生成与长久发展的基石。相对于其它法学学科，经济法学对其范畴的研究还相当不成熟，这在很大程度上制约了经济法作为独立法律部门的制度构建与经济法学作为独立法学学科的理论构建。经济法基本范畴的研究应当立足于其逻辑基础和内部构造，在此前提下可将经济法基本权利范畴归纳为宏观调控权、市场监管权和市场公平权。

1562　论公共舆论对政府权力的监督

发表时间及载体：管理观察 2011 年第 19 期

作　　者：白奉源　白一琳

简　　介：随着现代媒体的不断发展，舆论监督因其自身的特点和作用方式开始登上制约政府权力的政治舞台。本文围绕什么是舆论监督、为什么要进行舆论监督和如何实现舆论监督政等三个方面阐述了政府行政过程中舆论监督的理论基础，对我国公共舆论监督政府权力的现状从经济、政治、文化和社会等四个方面进行了分析 探讨了舆论监督制度的构建问题，提出了公共舆论监督政府权力的的正确路径。

1563 答疑系统在网络教育中的应用研究

发表时间及载体：电化教育研究 2010 年第 1 期

作　　者：冯丽霞

简　　介：答疑工作作为教学工作中的一个重要环节，在网络教育中受到越来越多的重视。网络教育在"教"与"学"中的分离性，让教师和学生对高质量的答疑系统的需求显得越来越迫切。就目前常见的答疑方式而言，大都或多或少地存在着一定的弊端，如何设计出高效的答疑系统依然是网络教育亟须解决的问题。

1564 论提升天水装备制造业的思路与对策

发表时间及载体：天水师范学院学报 2010 年第 3 期

作　　者：聂华林　赵栋

简　　介：装备制造业是一个国家科技水平、工业水平的综合体现，是国家经济实力和竞争力的集中代表。进入新世纪以来，我国理论界和政府职能部门对装备制造研究大为加强，产业政策也明确向装备制造业倾斜。

1565 解构中的建构："两桩案件"的侦探小说程式分析

发表时间及载体：兰州大学学报（社会科学版）2001 年第 29 卷第 6 期

作　　者：袁洪庚

简　　介：尤凤伟的短篇小说《一桩案件》的几种说法采用传统侦探小说的程式，暴露、探讨社会现实，可视为是与加西亚马尔克斯一件事先张扬的人命案互为文本性的玄学侦探小说。本文认为，由于对现实主义的不同理解，尤凤伟虽然在技法上受到当代西方玄学侦探小说的启迪，但是在作品中承袭的仍是本土文学、本土侦探文学中所表现出的载道意识。

1566 绿色会计的要素确认及计量

发表时间及载体：西北师大学报：社会科学版 2006 年第 3 期

作　　者：胡晓春

简　　介：随着经济的发展，环境资源日益遭到破坏，为实现经济的可持续发展，绿色会计作为传统会计的一个新兴分支悄然兴起。但目前绿色会计的要素确认和计量体系尚未形成共识。根据传统会计要素的概念及环境的特点，本文将绿色会计要素分为绿色资产、绿色负债、绿色所有者权益、绿色费用、绿色收益等五个要素，并提出对绿色会计计量采用实际成本法、机会成本法、边际成本法、人力资本法、生产率变动法和预防性支出法等六种方法。

1567 西北地区古籍文献资源存藏现状概述

发表时间及载体：社科纵横 2008 年第 9 期

作　　者：易雪梅　金颐

简　　介：文章从西北地区古籍文献资源存藏特点、单位分布及条件等方面，概述了西北地区古籍存藏现状，指出西北地区古籍文献资源保护任重而道远。

1568 解读优质资源共享在教育信息化中的地位

发表时间及载体：电化教育研究 2005 年第 4 期

作　　者：杨改学

简　　介：在新的教育环境下，使优质资源做到共享，不仅能克服硬件资源的浪费，又可促进教育的公平、平等发展。本文从教育资源的概念，教育资源在教育信息化中的地位与作用，以及如何寻求优质资源共享的途径与方法等方面进行了论述。

1569 浅谈企业财务风险及防范

发表时间及载体：社科纵横 2010 年第 4 期

作　　者：傅莉玲

简　　介：财务管理是企业经营管理的关键环节，在经营活动中要时刻警惕和防范企业财务风险，以确保财务安全。

1570 敦煌吐鲁番出土文书饮食量词训释

发表时间及载体：艺术百家 2010 年第 4 期

作　　者：敏春芳

简　　介：量词是汉语的重要要素之一，研究量词的语法功能及其形成的历史，在当代语言学界是一个重要而热门的课题，尤其是近代汉语量词的研究。敦煌文献和吐鲁番文书的发现，从语言的角度来看，给我们提供了极其丰富而宝贵的第一手资料，其中敦煌社邑文书（保存了近四百件）就是其中之一。社邑是中国古代的一种基层社会组织，从先秦到近代，源远流长。我们对其中的量词进行描写研究，并证之于敦煌其它文献，有助于我们了解敦煌乃至西北地区汉语量词的发展状况。

1571 能动司法视角下马锡五审判方式的再审视

发表时间及载体：甘肃政法学院学报 2011 年第 3 期

作　　者：任尔昕

简　　介：马锡五审判方式是革命政权在特定的经济背景、司法背景和政治背景下产生的一种走群众路线的审判方式，它同时与马锡五的个人特质有密切联系。马锡五审判方式曾长期淡出，又在能动司法背景下作为一种重要的审判方式在近年迅速走红，成为司法界回应社会不满司法现状的一种重要措施。马锡五审判方式的回归不应是制度性的选择，而只是司法界回应社会的一种态度，其核心是强调司法为民的理念，回归必须有助于维护司法权威，实现社会公平正义。

1572 徐灿伤春悲秋词刍议

发表时间及载体：甘肃联合大学学报：社会科学版 2010 年第 6 期

作　　者：杨泽琴

简　　介：徐灿是明末清初的著名女词人，清人对其评价甚高，认为可与李清照并峙千古。有关她的研究比较薄弱，笔者通过具体的文本解读，试就徐灿的《拙政园诗馀》中的伤春悲秋词加以探究，解读其独特丰富的内心世界。

1573 唐宋敦煌岁时佛俗——二月至七月

发表时间及载体：敦煌研究 2001 年第 1 期

作　　者：谭蝉雪

简　　介：唐宋敦煌岁时佛俗：二月八日设道场讲经说法、行像。二月十五日营会供养、设供悼念佛逝世等。三月寒食清明设乐踏歌、上坟祭拜。每个季度未都举行罢四季道场，祈福禳灾。四月八日佛诞辰日有造幡、写经、四月大会、寺院礼佛、求儿女等活动。五月端午节僧官向节度使献物送礼，佛家以受气法供养十方诸佛。七月盂兰盆节整修粉刷佛堂、设盂兰盆道场、造盆破盆、户内祭拜、造花树、图像写经。

1574 《张伯苓年谱长编》一部别具深意的学术力作

发表时间及载体: 博览群书 2010 年第 9 期

作　　者: 张克非

简　　介: 南开大学校史专家梁吉生教授精心编撰的三卷本《张伯苓年谱长编》, 作为"十一五"国家重点图书出版规划项目, 由人民教育出版社呈献给广大读者。展读是书, 收获与感慨良多, 亟愿向广大读者和所有对近代中国高等教育史感兴趣、关注当今教育事业发展的同好们推荐。

1575 社会福利、经济增长与区域发展差异——基于中国省域数据的耦合实证分析

发表时间及载体: 中国人口科学 2012 年第 3 期

作　　者: 郭志仪

简　　介: 文章测度了 2003—2009 年中国省域社会福利和经济增长水平的变迁特征, 并通过耦合模型衡量了二者的协调发展程度, 借此系统论述了中国区域发展的差异。研究结果表明, 近年来中国社会福利与经济增长的区域差异明显, 且各区域均存在福利的拐点。社会福利与经济增长协调度的下降和福利拐点的到来, 将恶化二者的耦合趋势。因此, 当前各省应发挥增长在二者耦合关系中的主导作用, 并结合自身发展特征加速经济发展方式转型, 持续促进社会福利与经济增长的协调共进, 从而缩小区域发展差异, 深化和谐社会建设。

1576 以史为鉴, 构建和谐的民族关系——以同治年间西北回族起义为例

发表时间及载体: 甘肃民族研究 2011 年第 4 期

作　　者: 何生海　董知珍

简　　介: 同治元年（1862 年）西北回族起义, 时以陕西的关中为发轫, 席卷整个西北, 历时 17 年, 是一场具有明显的反抗民族压迫、争取民族生存权利的民族运动。若把回族起义作为我国历史上固定时空下民族问题的视角来理解, 总结清王朝治理民族地区失败的经验教训以史为鉴, 促进我国民族关系的和谐发展, 会为我们提供一个难得的反面教材。

1577 文化的理性与自由的失落——立足于法权理性的文化评价

发表时间及载体: 甘肃理论学刊 2004 年第 1 期

作　　者: 郭吉军

简　　介: 法权文化和其他文化形态一样, 也有其特定的精神在体者和价值承担者。当法权理性作为法权文化特殊的审美对象和固有的价值内容时, 能否认识法权理性的承担者内在的价值倾向和审美冲突, 是我们判断法权制度的设定合理与否的标志。本文正是立足于此, 从文化审美的角度, 展开了对法权文化的价值评析。

1578 回族社群文化视野下性道德的伦理价值研究

发表时间及载体: 西北民族大学学报: 哲学社会科学版 2012 年第 1 期

作　　者: 哈玉红

简　　介: 回族是中国信仰伊斯兰教的民族之一。在回族社群中, 人们自觉地将伊斯兰教法所要求的社会伦理、道德规范、价值取向、民族禁忌作为规范人们日常行为的准则和依据, 从而形成了独特的回族社群伦理文化。本文以回族社群中所遵循的性伦理文化对回族大学生的性价值取向的影响为例, 探讨民族社群中的伦理道德规范对个人生活价值观

的重要影响，从而提出在构建社会主义和谐社会中，引导各具特色的社群建立与社会主义主导价值体系相适应的、积极的、有序的社群文化，是精神文明建设必不可少的选择。

1579 道德建设是预防犯罪的重要途径

发表时间及载体：甘肃社会科学 1999 年第 5 期

作　　者：何苑

简　　介：从古至今，道德对于预防犯罪，保持和维护良好的社会秩序都具有重要作用。全社会的法律制度永远经历着一个不断发展和完善的过程，相对于纷繁复杂、千变万化的现实生活，即使再完善的法律制度，也不可能把人们的行为规范到包揽无遗的程度。因此，社会成员的道德意识是非善恶观念以及荣辱观念、羞耻心理等，对于营造一个健康有序的社会，有效地抵制和预防犯罪具有重要的意义。

1580 西北古代农田水利建设的技术

发表时间及载体：甘肃联合大学学报：社会科学版 2006 年第 22 卷第 4 期

作　　者：李清凌

简　　介：农田水利建设是西北农业开发的前提和基本条件。数千年来，西北先民在水利建设上倾注了无数的心力和物力，不仅修建了数以千计的渠坝堰井，而且在农田水利技术上也获得了骄人的成果，"治渠之善，东南弗过也"。本文仅就个人文献所及，简介西北古代的引流灌溉，坝堰池塘和水车、井灌等技术发展状况。

1581 实现中央银行金融监管法制化的逻辑构想

发表时间及载体：兰州大学学报 (社会科学版) 2001 年第 29 卷第 3 期

作　　者：焦克源　史正保

简　　介：实现中央银行金融监管的法制化，不仅是中央银行职能的本质体现，也是确保我国金融业稳健发展的迫切需要。从中央银行实施监管的客观法律环境分析，必须加强中央银行的法律地位，健全金融监管法律制度，以应对金融业国际化发展的复杂局面和我国加入世贸组织后的各种挑战。

1582 失业保险制度的国际比较与借鉴

发表时间及载体：甘肃行政学院学报 2002 年第 3 期

作　　者：康春燕

简　　介：近年来我国的失业保险制度已在很大程度上得到完善，但与国际上先进的失业保险相比，尚需改进。本文在比较了国外一些先进失业保险制度后，对我国目前失业保险状况作了分析并借鉴国外失业保险制度的成熟经验，提出我们今后努力的方向。

1583 试论唐初的教育、科举与儒学传播

发表时间及载体：殷都学刊 2012 年第 2 期

作　　者：刘顺

简　　介：经典解释权与官员选拔制度对于传统社会结构的再生产具有重要的影响力，而此两项又每与儒学有关，因此在儒学的传播过程中，教育与科举直接影响儒学实际社会效应的产生。唐初教育特别是官方教育系统，对于儒学教育的贯彻以及科举考试，亦为儒学所笼罩，强化了儒学在此时期的传播，但儒学的制度化同时也是儒学的意识形态化。

1584 民事二审判决的生效时间检讨：结合案例的分析

发表时间及载体：甘肃政法学院学报 2011年第 5 期

作　　者：蒋为群

简　　介：我国民事二审判决何时生效，法律并没有作明确的规定，这是一个立法漏洞，同时也给实务操作带来发很大的困难。本文结合两个案例，通过分析现有法律规定，认为裁判文书的最后送达时间是二审判决的生效时间，这样更有利于保护当事人的利益。

1585 略论市场体制下的民主政治建设

发表时间及载体：人大研究 1993 年 8 月

作　　者：武文军

简　　介：我国是人民民主专政的社会主义国家。实现高度民主是社会主义国家性质所决定的。但是，在计划体制下和在市场体制下，民主的形式和内容都会表现出不同的差异，也就是计划经济体制和市场经济体制对政治民主有不同的影响。本文试就计划体制和市场体制对政治民主的不同影响，以及市场经济下的政治民主建设问题，进行一些初步分析。

1586 甘南藏族自治州金石碑铭目录提要

发表时间及载体：甘肃民族研究 2002 年第 2 期

作　　者：吴景山

简　　介：甘南藏族自治州地处甘肃省的西南部，总面积 4.4 万多平方公里。位于地理座标东经 101 度 15 分至 104 度 28 分，北纬 33 度 6 分至 36 度 10 分之间。其地东北与青藏高原相接，东南与黄土高原为邻。这里高下起伏，地形复杂，既有覆盖于峡谷沟壑之上的原始森林，也有展布于冰峰雪岭之下的广袤草原。

1587 跨文化因素与外语教学

发表时间及载体：甘肃行政学院学报 2001年第 4 期

作　　者：石静

简　　介：世界外语教学的一个重要特点和重大发展是引进文化因素，把它作为同以前传统语言、语法、词汇及修辞相并列的教学内容。本文从跨文化因素对外语教学的影响、跨文化因素教学的原则以及如何在外语课堂中融入跨文化因素这三个方面论述了跨文化因素与外语教学这两者之间的关系，在具体的教学实践中有一定的可操作性。

1588 关于艺术设计教学的一点思考

发表时间及载体：社科纵横 2010 年第 5 期

作　　者：刘志刚

简　　介：商业社会避免不了商业行为。艺术设计教学要为培养服务于社会的设计人才进行努力，但是失去了文化的设计，没有了思想的教育又怎么能够成为创造价值的手段呢？高等院校所肩负的根本任务又如何实现呢？本文通过对人文精神以及文化对艺术设计教学的重要影响作用，以及对艺术设计教学中一些问题的看法，阐述在设计教学中如何体现核心理念提出自己的一点思考。

1589 诗画的"一顷刻"与诗的广阔性——再论莱辛的诗画异质论

发表时间及载体：西北师大学报：社会科学版 1999 年第 3 期

作　　者：王为群

简　　介：诗与画在历史发展的相互联系中表现出各自的差异，这种差异在莱辛的《拉奥孔》提出的诗画一顷刻这一同形异质的时空概念中得到充分的展示。他认为造形艺术以静态的形式暗示一个过程，静态的物质形式要求绘画展现给人们的只是动作的某一阶段的某一顷刻 而诗则揭示运动的全过程。因此，绘画应该选择情节发展到顶之前的那最富有孕育性的顷刻。

1590 从《敦煌歌辞》中乐妓形象看中古时期中国文化审美价值体系的多元化态势

发表时间及载体：西北师大学报：社会科学版 2007 年第 2 期

作　　者：刘洁

简　　介：敦煌歌辞中有相当多的篇章以乐妓作为表现对象，不仅表现了对她们的充分理解、同情，而且还将她们职业性的广告，以及她们央媒思嫁的千娇百媚、男女相悦的火爆场面等，都纳入写作的内容，可谓真切、大胆，别开生面，是一种奇特的、值得关注的文学现象。这种文化现象表现出中国盛唐——即中古时期的中国文化审美价值体系的多元化态势。

1591 浙藏敦煌文献《子年金光明寺破历》考略

发表时间及载体：敦煌研究 2001 年第 3 期

作　　者：马德

简　　介：敦煌文书浙敦 116 号，记录了五代时期敦煌金光明寺有关窟头供养、修佛堂等项目的各种支出，提供了有关莫高窟赤岸窟、工匠雇价等方面的新资料，以及敦煌金光明寺与莫高窟关系的新证据。

1592 20 世纪发现戏曲文献的意义指归

发表时间及载体：西北师大学报：社会科学版 2010 年第 1 期

作　　者：李占鹏　张春红

简　　介：在中国戏曲学史上，20 世纪发现戏曲文献犹如一座庋藏金玉、胪列珠玑的煌煌宝库，令人叹为观止，欣喜不已。作为中国古代戏曲文献不可分割的有机组成部分，它们蕴涵着极为丰富的戏曲学意义，其大致可概括为恢复戏曲历史风貌、揭示戏曲文献特征、提供戏曲交流资讯、审视戏曲生存环境、拓展戏曲研究视野等五个方面。深入分析、细致解读它们的意义指归，对全面观照和系统把握中国戏曲文化的魅力、地位、影响具有转换观念的推动作用与提升认识的促进功能。

1593 地缘经济安全：一种新型的国家安全观

发表时间及载体：西北师大学报：社会科学版 2001 年第 2 期

作　　者：丁志刚

简　　介：地缘经济安全是一国从事经济活动时基于地理区位、经济的空间分布及与相邻地域经济单元间关系而产生的安全问题。作为一种新型的国家安全观，地缘经济安全在当今世界经济全球化背景下已引起各国的高度重视。作为初始的理论探讨，对地缘经济安全的涵义、地缘经济安全的地位和作用、地缘经济安全护持的原则及主要手段作了一般性论述。

1594 专家引领下的网络远程混合指导模式与策略研究

发表时间及载体：电化教育研究 2014 年第 35 卷第 8 期

作　　者：张绒　郭绍青

简　　介：文章以"应用型课题促进英特尔未来教育基础课程理念向教师教学能力迁移的实践研究"项目中专家团队的指导为研究

点，对研究团队的指导设计与指导过程进行理论总结。实践证明，专家引领下的网络远程混合指导活动的开展，在项目实施中起到了极其重要的作用，远程指导成为连接专家团队与项目学校的纽带，存在于教师网络学习、教研、实践、反思的方方面面，是项目取得成功的关键之一。文章期望该项目的指导模式与实施策略对同类型的指导活动能够起到一定的借鉴作用。

1595 试论法华判教思想对敦煌北朝——隋石窟的影响

发表时间及载体：敦煌研究 2008 年第 5 期

作　　者：张元林

简　　介：中国佛教与法华相关的判教思潮，即法华判教，最早始于南北朝中晚期，至隋代天台智集大成。他以法华经、涅槃经判为最高阶位的五时教，对当时的佛教理论和信仰层面均影响广泛。本文首次提出，北朝——隋敦煌石窟中出现的法华题材与涅槃题材并举之艺术现象，虽然有着复杂的思想背景，但其中之一当是受这一判教思想的影响。具体来讲，北朝窟中表现为法华经题材与涅槃题材的组合，隋窟中又表现为法华题材与维摩诘经题材的组合。

1596 艾滋病污名研究述评

发表时间及载体：西北师大学报：社会科学版 2007 年第 4 期

作　　者：杨玲　朱雅雯

简　　介：艾滋病污名是影响艾滋病预防、治疗及艾滋病患者生活质量的重要因素。文章从艾滋病污名的概念、理论、研究方法及干预措施等几个方面，回顾了国外近 20 几年来研究者关于艾滋病污名的研究脉络，在此基础上，提出了今后有待研究的五个问题。

1597 美国联邦预算管理与政府会计责任

发表时间及载体：兰州商学院学报 2005 年第 21 卷第 6 期

作　　者：常向东　王庆

简　　介：随着我国政府规模越来越大，政府行为与市场冲突不断。人们普遍要求加强政府会计责任，建立高效廉洁的服务型政府。针对这一背景，本文通过对美国联邦政府预算实践的介绍，指出在技术性安排方面，不断加强政府的会计责任对规范政府行为、保障财政资源的高效配置方面是最为奏效的，而作为制度性安排的预算程序一般都能取得有效控制政府行为，提高财政资源使用效率等多重目标。因此，政府预算是实现政府会计责任的有效手段之一。

1598 构筑西部物流产业发展的政策框架

发表时间及载体：西北师大学报：社会科学版 2004 年第 1 期

作　　者：陆凤英

简　　介：在我国加入 WTO 和西部大开发的双重背景与形势下，加快发展物流业对于提高西部地区的整体竞争能力有着十分重要的现实意义。因此，有必要实行积极的物流产业政策，加快培育物流产业市场，实施统一规划、协调发展的宏观调控政策，以促进西部物流产业健康、稳定、快速发展。

1599 知识营销与我国超市新竞争优势的形成

发表时间及载体：西北师大学报：社会科学版 2002 年第 2 期

作　　者：张慧文

简　　介：面对知识经济时代，我国超市必将会有更为广阔的发展空间，同时也会带来更加激烈的竞争。超市原有的竞争手段已无法使其保持长久不衰的竞争优势，取而代之的将是一种全新的营销理念及竞争手段，这就是知识营销。

1600 定西县土地人口承载力研究

发表时间及载体：干旱区资源与环境 1993 年第 2 期

作　　者：韦惠兰

简　　介：本文在全面分析定西县自然资源的基础上，运用系统动力学模型，对定西县土地人口承载力进行了较为深入的研究，同时提出了协调人地关系，促使定西县经济较快发展的建议与对策。

1601 甘肃省区域发展规划与兰州市道路建设管窥

发表时间及载体：经济研究导刊 2012 年第 16 期

作　　者：雷岩岭 李韶华

简　　介：甘肃省和兰州市的经济发展近年来出现了令人瞩目的变化，随着省委、省政府制定的甘肃省"十二五"区域发展规划的出台，我们完全可以期待甘肃省、兰州市更加美好的未来。研究发现，作为其基础的兰州市道路建设，尚存在一些值得规划者和建设者思考和纠正的问题。

1602 西北地区产业结构对经济增长的效应分析——基于偏离一份额分析法

发表时间及载体：改革与战略 2009 年第 25 卷第 1 期

作　　者：郭爱君

简　　介：文章以 1992—2007 年统计数据为基础，利用偏离——份额分析方法，对西北地区产业结构变迁对区域经济增长的效应进行总体评价，进而重点研究了西部开发以来，西北地区产业结构对经济增长贡献的地域差异，在此基础上，提出相应建议。

1603 城市物流对城市经济发展影响的实证研究

发表时间及载体：城市发展研究 2012 年第 12 期

作　　者：聂华林 杨坚

简　　介：以兰州市为例，按照相关的经济指标以及物流发展情况的各种衡量指标进行定量分析，利用 EVIEWS 软件，运用多元回归、时间序列模型、改进的 C-D 生产函数等分析方法对兰州物流产业对经济发展。

1604 解放思想与西部发展

发表时间及载体：甘肃理论学刊 2009 年第 2 期

作　　者：张嘉选

简　　介：国家实施西部大开发战略使西部的方方面面都获得了迅速发展。但与此同时，西部同东部地区在发展中的差距仍在不断拉大。本文分析了东西部发展差距的主要原因，认为决定发展的一系列"硬件"（如资金、基础设施、自然环境、科技实力、资源、能源等）的差别是西部与东部地区在发展中存在差距的主因，而决定发展的一系列"软件"（如决策、发展战略、思想观念等）的差别是西部与东部在发展中差距拉大的主因。据此，本文从对西部干部队伍在思想观念方面存在的问题剖析入手，提出了西部地区要改变落后面貌必须进一步解放思想，敢于实现跨越式发展的若干意见。

1605 甘肃省中介服务业发展的障碍及其突破

发表时间及载体：兰州学刊 2010 年第 5 期

作　　者：金梅

简　　介：文章从税收的角度，概述了我国中介服务企业税收征管政策的现状，直面甘肃省中介服务企业发展的障碍，并结合甘肃实际，立足行业发展的特殊性，探讨了甘肃省中介服务企业实行"定率征收"所得税的可行性。

1606 甘肃保安族服饰的文化内涵及其传承发展

发表时间及载体：中国服装（北京）2012年第3期

作　　者：尹立峰

简　　介：本文从民族融合、宗教文化对保安族服饰的影响，来阐述保安族服饰的传承与发晨。分析了作为保安族文化生动载体的保安族服饰新体现的心理素质、审美观念。在社会生活中具有的特殊意。

1607 思想政治教育本质问题再探讨

发表时间及载体：教学与研究 2012年第12期

作　　者：王学俭

简　　介：国内学术界关于思想政治教育本质的阐论虽未达成一致，却已形成三种基本观点。倘若要科学求解思想政治教育本质，那就必须首先逻辑地追问："本质"的内涵、"思想政治教育"的界定。

1608 抗战时期文化民族主义对少数族群非物质文化遗产保护的启示

发表时间及载体：阜阳师范学院学报：社会科学版 2011年第3期

作　　者：杨红伟　储竞争

简　　介：文化民族主义对于当今各国非物质文化遗产保护的兴起有着重要的推动作用，但回顾历史，我们还要看到，在抗战时期西北少数族群地区尚未有完全自觉的中华民族意识的状态下，西北旅行者对于西北少数族群非物质文化遗产的调查研究，存在着大汉族主义的取向，强调以汉族的文化取代西北少数族群的异质文化。随着中华民族多元一体格局的日益巩固，在当前文化民族主义的影响下，我国不断加强各族群非物质文化遗产的保护工作，但依然要警惕在非物质文化遗产保护工作中可能出现的大汉族主义及民族分离主义的趋向。

1609 20世纪中国诗歌的流变与趋向

发表时间及载体：甘肃理论学刊 2009年第5期

作　　者：林野

简　　介：中国诗歌在八十多年的流程里，几经波折，形容百般，诗歌流派和群落明明灭灭，新、旧两体明分暗渡，构成20世纪中国诗歌灿烂的星空。自由体新诗在新文化运动中、30年代、80年代掀起三个高潮后回落，中国诗歌数度陷入迷惘和困境。当代诗歌繁而不荣，昌而未盛，意象芜杂、零乱，题材雷同，主观意绪排挤诗质，语言粗陋且平庸，诗歌产品"私有化"现象严重……中国诗歌以何种姿态推启新世纪的门扉？笔者认为，中国诗歌必须调整目前的"自流"状态，注重纵向汲取和传承，不废横向移植，吸纳姊妹艺术的优质，潜入现实社会生活和人类灵魂的内层，追求诗歌本来命义，重建现代汉诗的语境。

1610 基于科学发展观的政府绩效评估体系

发表时间及载体：甘肃理论学刊 2006年第6期

作　　者：胡淑晶

简　　介：科学的发展观是推进和实现政府

绩效评估科学化、规范化、制度化的理论前提。本文探讨了科学发展观指导下的政府绩效评估原则和指标体系，并分析了国外政府绩效评估及对我国的启示。

1611 英国全面绩效评价体系：实践及启示

发表时间及载体：北京行政学院学报 2010年第 5 期

作　　者：包国宪　周云飞

简　　介：全面绩效评价是英国在 2002—2008 年间用于评价地方政府工作绩效与持续改进能力的工具，是英国绩效评价发展历程中历时最长、成效卓著的评价形式。在全面绩效评价完成其使命后，梳理其演化。

1612 掌握工具，学会学习——基于电脑音乐软件的非音乐专业音乐素养类课程教改研究

发表时间及载体：电化教育研究 2005 年第 2 期

作　　者：张雪莉

简　　介：关于电脑音乐软件的教学功能，许多专家学者和音乐教育工作者都多有论述，但太都是关于电脑音乐软件如何促进音乐专业教育的。本文以教育技术学专业为例，针对其"音乐基础""电脑音乐"等音乐素养类课程教学中存在的问题，论述了如何发挥电脑音乐软件在提高学生自学能力芳面的强大功能，从而有效促进该类课程教学改革的问题。

1613 半干旱区生态农业与生态环境可持续发展对策研究

发表时间及载体：兰州大学学报（社会科学版）2005 年第 33 卷第 5 期

作　　者：杜延军　柳建平

简　　介：我国半干旱区的发展与否直接影响到中国现代化的实现。然而，随着时间的推移和人口的剧增，使得人们对自然资源的需求持续扩大，再加上掠夺式经营和不合理开发，导致了本区的生态失衡、结构失调、环境污染等一系列问题，对本区的可持续性构成了威胁。本文在借鉴国外同类地区发展经验及国内大量研究的基础之上，根据本地实际，提出了黄土高原半干旱区农业与生态环境可持续发展的七条对策。

1614 《搜神记》巫术灵物的文化意蕴

发表时间及载体：甘肃联合大学学报：社会科学版 2008 年第 24 卷第 6 期

作　　者：马得禹

简　　介：《搜神记》的主要内容是"集古今神祇灵异人物变化"，这些内容包含了中国古代丰富的巫术文化。在巫术活动中要使用一定的工具作为一种沟通人神的媒介。这种工具一般被称为巫术灵物，也叫巫术实物。大多数灵物是被用于驱鬼辟邪由此而体现了深邃的文化意蕴。《搜神记》中所记录的神鬼巫术故事中运用最多的巫术实物是植物和动物。这些作为巫术实物的动植物体现着中国早期人类在认识自然过程中所凝结的文化蕴涵，也反映出中国早期人类的宗教思想。

1615 韩国汽车产业发展模式对中国汽车产业的启示

发表时间及载体：甘肃科技 2010 年第 3 期

作　　者：李国璋

简　　介：1970 年，韩国的汽车年产量仅为2.8 万辆。经过近 40 年的发展，2007 年，韩国的汽车产量已经达到 408.6 万辆。这对于一个总人口不足 5000 万的国家来讲，是一

个了不起的成就。本文运用定性分析方法，通过研究近 40 年来韩国汽车产业发展模式（先后分别为政府扶植的自主发展模式、出口导向模式、融入全球化模式），结合中国汽车产业状况提出有益建议。韩国汽车产业发展模式对我国的启示，政府必须更加有效的扶植汽车产业；中国汽车工业必须自主创新，形成核心技术，创立自主品牌；在此基础上可以融入全球化。

1616 唐代茶法考述

发表时间及载体：甘肃理论学刊 2002 年第 1 期

作　　者：王晓燕　赵晓芳

简　　介：文章对唐代税茶的具体时间进行了考证，认为应当出现在唐德宗建中三年九月。文中还引用大量史料，论述了唐代税茶、榷茶的发展阶段及其走私与禁私之法。

1617 电教使英语教学步入一个新的领域

发表时间及载体：电化教育研究 1998 年第 5 期

作　　者：马爱华

简　　介：随着科学技术的发展，电教媒体如录音、录像、投影等作为教学的辅助手段，在教学活动中得到越来越多的运用，它改变了呆板的"一本书、一块黑板"的传统课堂教学，大大活跃了教与学的气氛，促进了教学手段的现代化。目前，电化教育已经成为教学现代化的重要标志之一。

1618 国内五十年来的回民起义研究述评

发表时间及载体：云南社会科学 2001 年第 5 期

作　　者：杨永福　张克非

简　　介：本文对新中国建国后 50 年来关于回民起义的研究进行了研究和总结，提出了在新时期加强回民起义研究的几点建议。

1619 西部家园的立体建构——析万小雪的诗情世界

发表时间及载体：甘肃联合大学学报：社会科学版 2009 年第 2 期

作　　者：谢和安

简　　介：万小雪的诗视野开阔、情感真挚，立足于西部地域文化。从陇南天水梦乡到河西风情，从西部女性的多方位展现到西部历史文化的追溯，诗人逐步建构起壮美与柔美并存的诗意家园，实现了西部家园的多层次、立体化建构。

1620 我国结构性失业的现状、原因及对策

发表时间及载体：经济纵横 2005 年第 5 期

作　　者：成学真

简　　介：我国社会经济的变革引发劳动力需求结构的巨大变动，但由于劳动者家庭、教育体系及劳动力市场等方面的原因，导致劳动力供给结构的调整不能适应劳动力需求结构的变动，形成结构性失业。本文从劳动力供给结构角度，分析我国结构性失业问题的形成原因，以找到缓解的方法。

1621 投资组合风险价值分解方法研究

发表时间及载体：华中科技大学学报：自然科学版 2005 年第 3 期

作　　者：田澎

简　　介：提出了两种分别对组合损失和极端损失进行线性近似的投资组合风险价值 (VaR) 分解的新方法——非对称响应模型估计法和局部线性近似估计法。两种方法均可

用于分解参数法与非参数法计算出的投资。

1622 安多藏族地区的金石碑路

发表时间及载体：西北民族研究 2002 年第 4 期

作　者：吴景山

简　介：安多藏族地区散布有大量的碑刻铭文资料，它们涉及了本地从唐代直至如今的历史、经济、文学、军事等各个方面的内容。本文对这些碑拓资料的收集与整理以及它们的重要性都作了详细的论述。

1623 西北少数民族地区生态环境法律保护研究

发表时间及载体：甘肃理论学刊 2009 年第 5 期

作　者：韩海

简　介：西北少数民族地区在全国可持续发展的大格局中占有举足轻重的地位。这个独特区域的生态环境却极为脆弱。由于在经济发展中缺少相应法律对生态环境的有效保护，导致西北少数民族地区的经济发展与生态环境的保护出现许多矛盾，由此引发的民族关系、人与自然的矛盾、社会发展和经济发展等问题逐渐突现。本文从可持续发展的角度出发，对该地区现有的生态环境保护法律资源进行了细致的梳理，分析了西北少数民族地区生态环境保护法律立法和执法方面的不足，有针对性地提出了西北少数民族地区生态环境保护法治化的基本思路。

1624 论警察权的监督机制

发表时间及载体：甘肃政法学院学报 2004 年 5 期

作　者：谢生华

简　介：对警察权进行有效的监督，既是依法治国、依法行求。当前，对警察权的监督存在机制性和制度性的问题，必须从完善警察机关内部监督机制、增强警察权运行的透明度、正确认识警察权的法渊、强化动态监督、落实警务经费保障、注重对监督者的监督以及整体监督和专项监督并用等方面入手，才能建立起完善的警察权监督体系。

1625 论唐宋时期的刺青习俗

发表时间及载体：西北师大学报：社会科学版 2003 年第 5 期

作　者：王万盈

简　介：唐宋刺青习俗是古代文化史上引人注目的现象，目前对这种文化现象尚缺乏历史学、文化人类学以及心理学方面的系统考察。从唐宋变革的角度入手，本文剖析了刺青习俗产生的原因、变迁以及刺青者的心理动机，可以认为刺青是由转型期前的政治化社会还原成世俗化社会，由过去的政治人还原成社会人、世俗人的体现，是对传统价值观、道德观的挑战，从某种意义上讲是社会进步的表现。

1626 三江源地区可持续发展的制度选择

发表时间及载体：改革 2005 年第 10 期

作　者：郭志仪

简　介：当前，三江源地区可持续发展中存在一些问题，既有气候变化的自然原因，又有草场产权制度不尽合理、资源与环境法律制度不够完善以及游牧文化向农耕文化不断转换等深层次的制度原因。应通过改革草场产权制度、加强法治建设、精简政府机构、建立生态补偿机制和国际合作机制以及保护高原文化多样性等制度性措施，保证三江源地区的生态安全，促进三江源地区可持续发展。

1627 现代远程教育教学方式设计与课件制作

发表时间及载体：电化教育研究 2000 年第 4 期

作　　者：王秋云

简　　介：本文分析了现代远程教育教学的一些特点，主要讨论了基于 Internet 的现代远程教育在教学实施过程中，与教学方式设计以及课件制作有关的若干问题，并提出了远程教育教学方式设计与课件制作的几个原则。

1628 师生课堂互动过程与学校效率管理

发表时间及载体：西北师大学报：社会科学版 2006 年第 2 期

作　　者：安雪慧

简　　介：实证研究表明，良好的课堂互动关系对学生学业成绩的提高有显著的作用，教师丰富的人力资本，教学资质和良好的教学组织与管理环境对改善课堂教学互动质量有一定的作用。基于这一研究，本文认为学校物质资源并不是改善学生学业成绩的唯一因素，教学过程中一些软的因素，尤其对师生教学互动质量的改善，对学生学业成绩的提高和学校效率的改善有积极的作用，这对物质资源缺乏的农村学校显得尤为重要。

1629 证券法价值的三维透视

发表时间及载体：西北师大学报：社会科学版 2002 年第 6 期

作　　者：李玉基

简　　介：证券法具有不同于其他法律部门的独特的价值属性，以主观性和客观性加以衡量，证券法的价值是公平与效率的统一；以相对性与绝对性加以衡量，证券法的价值是自由与秩序的统一；以目的性和手段性加以衡量，证券法的价值是利益衡平与投资者利益优位。这种三维的价值属性及其矛盾运动是证券法的固有特点，也是证券法与其他法律部门相区别的标志。因此，在研究证券法时不应忽视对证券法价值的研究。

1630 甘肃省平凉市城乡统筹就业问题研究

发表时间及载体：西北民族大学学报：哲学社会科学版 2010 年第 1 期

作　　者：马海英

简　　介：统筹城乡就业是就业制度的一场革新，是对城乡"二元"就业体制的一场革命。如何在经济欠发达地区推进统筹城乡就业对树立和落实科学发展现、消除城乡"二元"经济社会壁垒、建设和谐平凉都具有十分重要的意义。本文从平凉市人口、劳动力资源与城乡就业结构，三产总值及从业人员结构以及农村劳动力就业基本现状三方面分析了平凉市统筹城乡就业的基本状况，在推进统筹就业原则的基础上，论述了平凉市在城乡劳动力统筹就业方面存在的问题，并探讨了实现城乡劳动力统筹就业的对策建议。

1631 论中国改革中的四大关系

发表时间及载体：发展 2000 年第 4 期

作　　者：刘先春

简　　介：中国的改革从总体上看是渐进性的，但并不排除某个阶段、某个领域的激进性。我们的改革主要是涉及社会主义发展的机制问题，但也涉及到产权问题、涉及到所有制等基本制度问题。

1632 拉卜楞红教寺及其法会考述

发表时间及载体：西北民族大学学报：哲学社会科学版 2010 年第 2 期

作　　者：扎扎

简　　介·甘肃省甘南藏族自治州夏河县的拉卜楞，是一方民族宗教文化的传承圣地。这里多种民族杂居，多元文化并存，就藏族宗教而言，除了闻名遐迩的格鲁派拉卜楞寺外，尚有特色鲜明、自成体系的宁玛派红教寺。拉卜楞红教寺的历史沿革及其驱邪镇魔法会，有其独特的特点。

1633 建党九十年以来马克思主义启蒙的历史经验

发表时间及载体：理论探讨 2012 年第 2 期

作　　者：刘基

简　　介：全球启蒙话语经历了卢梭、康德、福柯等时代，进入后现代的语境。马克思主义的诞生使启蒙的进程发生了转向。马克思主义在中国的传播也使中国的启蒙进程发生了转向。中国共产党建党以来，马克思主义启蒙经历了民主革命、社会主义革命和建设、"文革"、80 年代的新启蒙运动等阶段。回顾建党以来马克思主义启蒙的历史道路，应该总结正反两方面的经验，以更好地推进马克思主义启蒙。

1634 历史发展的新阶段科学理论的新境界——学习

发表时间及载体：甘肃理论学刊 2002 年第 6 期

作　　者：康民　曹振江

简　　介：江泽民论建设有中国特色的社会主义（专题摘编）中所阐述的创新理论，主要围绕着建设有中国特色社会主义的政治、经济、文化和党的建设等重大理论和现实问题而展开，进一步回答了什么是社会主义，怎样建设社会主义、建设一个什么样的党，怎样建设党等一系列重大理论和现实问题。这一理论创新对我们具有深刻的启示。

1635 殷代神灵信仰的动因与实质述论——写在甲骨文发现一百周年之际

发表时间及载体：兰州大学学报 2001 年第 29 卷第 1 期

作　　者：雷紫翰

简　　介：以殷代人崇拜各类神灵的主要动因作为视角，对殷代神灵信仰现象及其所蕴藏的内在实质，进行了论述。

1636 《古兰经》的喻义与实义之辨

发表时间及载体：西北民族研究 2014 年第 1 期

作　　者：潘世昌

简　　介：对于《古兰经》中是否存在有喻义的经文，伊斯兰各教义学派几乎都提出了自己的看法。赞成存在喻义者以穆阿泰齐勒为主，反对存在喻义者以伊本·泰米叶最为出名。喻义与实义之争论，与各派的教义密切相关，分歧凸现了各派在真主本体与属性上认识的差异。双方围绕《古兰经》的思辨，很大程度上是中世纪伊斯兰哲学思辨的启蒙，也是伊斯兰哲学思辨的延续。它极大地推动了人们对《古兰经》的认知，对于我们今天理解《古兰经》有着积极的借鉴意义。

1637 麦积山石窟艺术研究所藏古藏文经卷考录

发表时间及载体：敦煌研究 2009 年第 5 期

作　　者：张延清

简　　介：在麦积山石窟艺术研究所的文献资料室里，有一批珍贵的文献资料，共编号 1500 个，其中藏文文献有 15 件。在这 15 件文献中，既有印刷品，也有手抄件；除麦研 T.16（出自敦煌莫高窟藏经洞）时代为唐代外，其他 14 件均为明清时代文献。

1638 检察权的配置：回归原点与制度修正

发表时间及载体：甘肃社会科学 2012 年第 3 期

作　　者：杜睿哲

简　　介：检察权具有制约与监督国家权力的双重功能，一个国家选择的权力控制理论和模式是理解检察权制度目的的理论基础。"三权分立"理论下的权力制约模式是西方国家实行权力控制的有效尝试，注重分权与制衡。"权力一元分立"理论下的权力监督模式是我国实行权力控制的现实选择，注重权力的内部分工与外部监督。正因如此，中西方国家的检察制度在"原点"价值上存在着根本的区别。长期以来，我国检察理论和实务界逐渐疏远了制度"原点"价值的学术争论和实践探索，弱化了检察权的法律监督功能。为增强检察机关在法律监督中处于更优越的地位，应将检察机关的诉讼权能与监督权能相分离，权力制约与监督相区分，坚持"禁止双重监督"的原则，跳出传统检察权制度的框架和仅限于诉讼监督的范围，回归我国检察制度的"原点"，以对行政权和审判权的监督为核心重新配置检察机关的权能，走自我完善和自主创新的道路。

1639 中国半干旱区公众环境意识历史演变的研究

发表时间及载体：干旱区资源与环境 2003 年第 17 卷第 3 期

作　　者：韦惠兰

简　　介：本文通过对半干旱地区公众环境意识历史演变的分析，总结出了环境意识演变的特点，指出了半干旱区公众环境意识历史演变形成的误区，并在此基础上提出了其变革的对策。

1640 论隐私权

发表时间及载体：兰州大学学报（社会科学版）2001 年第 29 卷第 6 期

作　　者：胡兰玲

简　　介：对公民的隐私权进行法律保护，是社会文明进步的标志。隐私权包括隐私保密权、隐私支配权和隐私保护权。在处理好隐私权与知情权关系的同时，应借鉴国外立法经验，在我国有关立法中承认隐私权并对其予以完善的保护。

1641 加强企业文化建设打造核心竞争力

发表时间及载体：甘肃行政学院学报 2002 年第 2 期

作　　者：高伟　王克岭

简　　介：企业在市场上的生存发展能力，取决于企业的核心竞争力。企业的核心竞争力主要是企业文化。随着全球经济的一体化，企业将通过创造和生产文化来获利。企业文化的建设将成为市场经济和企业自身发展的坚定基石，是企业增强国际竞争力的有力保障。企业应当构建有特色的科学的企业文化，不断地提高综合竞争力。

1642 论敦煌西魏石窟佛教艺术的多元化特征

发表时间及载体：敦煌研究 2010 年第 4 期

作　　者：余义虎

简　　介：本文以敦煌莫高窟西魏时期建造的第 249、285 窟为切入点，由它们展示的佛教石窟从洞庭建筑、塑像、壁画逐步中国化过程等方面，探讨了敦煌佛教艺术的多元化特征。

1643 唐二帝播越对成都佛教的影响

发表时间及载体：敦煌学辑刊 2012 年第 2

期

作　者：陈双印　张郁萍

简　介：本文主要依据传世的佛教文献和方志材料以及正史记载，论述了唐代玄宗和僖宗二位皇帝播越成都，对本来已经非常发达的成都佛教所造成的影响。

1644 乡镇政府职能异化与乡镇负债的关系探析

发表时间及载体：甘肃行政学院学报 2005 年第 4 期

作　者：张秀英

简　介：乡镇负债已成为影响我国农村经济乃至整个国民经济持续健康发展的重大问题。形成乡镇负债的原因很多，农村政治体制改革滞后，导致乡镇政府职能异化是乡镇负债形成的重要制度原因。

1645 论我国民族自治地方立法的指导思想

发表时间及载体：西北民族大学学报：哲学社会科学版 2010 年第 5 期

作　者：康耀坤

简　介：民族自治地方立法的指导思想是立法中的灵魂和核心因素，准确把握其内涵和基本内容，明确指导思想间的逻辑关联，对我国民族自治地方立法具有重要指导作用。

1646 从恩格斯科学道德观反思当今学术道德问题

发表时间及载体：甘肃社会科学 2011 年第 3 期

作　者：张云德

简　介：当今学术道德问题已成为社会各界关注的热点问题，该文试图通过对恩格斯科学道德观的哲学基础的解析及其科学道德观与杜林的唯心主义道德观的区分，为如何看待学术道德、如何处理学术道德失范问题提供不同的视角和思路，以期获得对科学的、自然的人性观的回复，使学术最终回归学术。

1647 试论冯梦龙情教思想的矛盾性在女性形象中的显现

发表时间及载体：甘肃高师学报 2012 年第 1 期

作　者：关薇

简　介：冯梦龙在"三言"中塑造了诸多的女性形象，从不同角度传达出了作者的"情教"思想。一方面，作者希望以呼唤个性自由为出发点来肯定女性的爱情追求；另一方面，却又不自觉地显现出对理性规范的妥协。这是时代赋予文人的矛盾的创作观。

1648 李繁生年及其《相国邺侯家传》考辨

发表时间及载体：兰州大学学报（社会科学版）2005 年第 33 卷第 5 期

作　者：韩文奇

简　介：考李繁生年当为唐代宗大历九年 (774 年)。其《相国邺侯家传》约亡佚于南宋末年。现存家残文总计八十三条，约七千四百言。《类说》之节录与《通鉴考异》之征引，保存了较多的家传残文，也最接近原貌。

1649 中国西部世界遗产的申报状况及其对策

发表时间及载体：西北师大学报：社会科学版 2005 年第 6 期

作　者：彭岚嘉　邓华陵

简　介：随着第 28 届世界遗产委员会会议在苏州召开，全国性的申遗热潮再度升温。我国西部是一个自然资源和文化资源十分丰富的地区，也非常重视世界遗产申报工作。本文分析了中国西部已有世界遗产的分布格局，并统计了西部地区申报世界遗产的基本情况，提出宜大不宜小、宜精不宜粗、宜特不宜平和宜并不宜孤的四项对策性原则，以有利于西部地区申报世界遗产工作能科学有序地进行。

1650 青少年网络成瘾的教育对策

发表时间及载体：电化教育研究 2005 年第 12 期

作　　者：刘丽平

简　　介：网络是一种新兴媒体，它的迅速发展和日益普及，使人类社会迈向了网络时代。青少年是未来的主人。而网络是未来世界的最主要的呈现方式，网络要伴随青少年成长，因而青少年的成长将会打上网络的烙印。网络对青少年的影响犹如一把"双刃剑"。本文主要就青少年网络成瘾进行了界定，分析了青少年网络成瘾的成因，重点提出了应从国家和社会、家庭、学校以及青少年自身等方面采取一系列科学有效的教育对策，以充分发挥网络的积极作用。

1651 西北少数民族地区政府权力运行机制的历史类型及其演进

发表时间及载体：甘肃政法学院学报 2007 年第 5 期

作　　者：王勇

简　　介：西北少数民族地区政府权力运行机制经历了建国前、建国后至改革开放前、改革开放至今三个发展阶段。依据权力运行的合法性来源不同，可大体上将这三个阶段占主导地位的政府权力运行机制分别概括为传统型政府权力运行机制、魅力型政府权力运行机制和法理型政府权力运行机制。当然，这种分类仅仅是一种理论上的抽象，实际情况往往错综复杂，而且在阶级性质上也有根本的区别。

1652 沙州贞元四年陷蕃考

发表时间及载体：敦煌研究 2007 年第 4 期

作　　者：李正宇

简　　介：沙州陷蕃年代，诸说不一，各有其理，然而均属推论，悉难坐实。考北新0822 号毗尼心一卷报恩寺僧离烦题记称：唐贞元三年十月廿日造。既用唐朔纪年，知贞元三年十月廿日（公历 787 年 12 月 4 日）沙州尚属唐土；S.2729 吐蕃辰年三月五日算使论悉诺罗接谟勘牌子历所署辰年，诸家皆断为贞元四年戊辰，即公元 788 年。知是年三月五日（公元 788 年 4 月 15 日）沙州已属蕃朝。证之以 P.4660 李颙撰李和尚写真赞敦煌沦陷，甲子云期及 P.2716 残诗可昔惜沙州好川愿原，自从破落六十年之语，自沙州光复之大中二年（788）上推六十年，为贞元四年（788），则知贞元四年即沙州沦陷之年。上与北新 0822 号题记之唐贞元三年恰相衔接；下同 S.2729 吐蕃辰年之款年契合不二。沙州陷蕃之年由此可定论为贞元四年春。

1653 试论新疆地区非传统安全问题及其特点

发表时间及载体：西北民族研究 2010 年第 3 期

作　　者：李正元

简　　介："东突"问题、非法宗教活动、跨国毒品犯罪、水资源短缺和土地荒漠化等问题，是近年来新疆地区安全面临的主要非传统威胁（"东突"分裂势力同时也是传统安全领域的威胁），这些威胁在全球化和经济一体化背景下，呈现出民族性、宗教性、跨国性、交织性和长期性、复杂性、艰巨性的特点。

1654 明肃藩王妃金累丝嵌宝石白玉观音簪

发表时间及载体：敦煌研究 2008 年第 2 期

作　　者：郭永利

简　　介：本文对出土于兰州市白衣寺多子塔的两件观音造像簪的定名、功能、造像特点以及装饰题材的内涵进行探讨，并兼及明代肃藩王家族王位承袭问题。

1655 维柯主要著作及其思想探析

发表时间及载体：甘肃联合大学学报：社会科学版 2008 年第 24 卷第 2 期

作　　者：叶淑媛

简　　介：国内外维柯研究的现状要求全面和重新认识维柯著作的思想观点。本文系统归纳了维柯主要著作的思想观点及其来源，在新的背景上评价其人类思想史价值，特别对维柯的代表作《新科学》的意义和影响作了较深入辨析，指出维柯思想具有多方面、多维度的意义。

1656 区域金融发展与农村居民收入关系的实证

发表时间及载体：统计与决策 2012 年第 24 期

作　　者：郭志仪

简　　介：文章根据甘肃省 1978—2011 年的数据，建立 VAR 模型，采用协整检验、误差修正模型、格兰杰因果关系检验、脉冲响应分析和方差分解对甘肃省金融发展与农村居民收入的关系进行了实证分析。结果表明，长期内甘肃农村居民收入和金融发展及经济增长显著相关，农村居民收入和人均 GDP 存在双向的格兰杰因果关系，并且是金融发展规模的单向格兰杰原因。

1657 曾国藩家庭伦理思想渊源刍论——和谐视域下的曾国藩家庭伦理

发表时间及载体：天水师范学院学报 2011 年第 31 卷第 6 期

作　　者：孙翔　雒季

简　　介：曾国藩家庭伦理思想的理论渊源，由传统儒家思想和中国传统家训思想两部分构成，其经验来源主要是曾氏家族的世传家风和自身经历，这大大丰富了曾国藩治家的践行途径。构建社会主义和谐社会，我国传统文化中的重德思想无疑是一大精神基石，探讨曾国藩家庭伦理思想可以促进现代家庭伦理道德的建设，进而为构建社会主义和谐社会提供重要的思想文化资源。

1658 中国法制现代化几个问题的思考

发表时间及载体：甘肃政法学院学报 2003 年第 1 期

作　　者：谢俊春

简　　介：法制现代化是社会主义现代化建设的重要组成部分，也是依法治国的必然要求。中国的封建法律文化、中国革命中形成的革命法律思想与司法体制、新中国成立后长期的计划经济，都是法制现代化的障碍。要完成中国的法制现代化，必须首先树立现代法律意识和法制观念，建设社会主义物质文明、政治文明和精神文明，作为法制现代化的基础工程，推进政治体制和司法体制改革，建立现代化的法律运行机制，形成以民商法为重心的反映现代化的法律体系，并吸收和借鉴西方发达资本主义国家的法制文明，加快中国法制现代化的步伐，使法制现代化的变革运动成为社会主义现代化的源动力之一。

1659 基于 ARDL 模型的我国固定资产投资与经济增长关系的统计分析

发表时间及载体：兰州商学院学报 2009 年第 25 卷第 1 期

作　者：赵煜

简　介：文章基于动态建模思想，对我国投资与经济增长的关系进行统计分析。由 1980—2006 年的样本数据验证得到二者存在长期显著的双向关系，进一步建立 ARDL 模型，量化并分析了固定资产投资与 GDP 之间的长期影响系数。

1660 以教材多样性为核心的开放式大学英语教学体系

发表时间及载体：西北民族大学学报：哲学社会科学版 2011 年第 1 期

作　者：王杨

简　介：本文所提出的"以教材多样性为核心的开放式大学英语教学体系"，是以个性化教学理念为内涵，以心理学家皮亚杰的认知教学理论为基础来实现"因材施教"。在实践中，强调以教材多样性为核心的开放式动态分级教学、以学生为主体的开放式课堂教学、以多元化信息为支撑的开放式网络自主学习、以专业为导向开设高级英语选修课、终结性与形成性相结合以及教师评估与学生评估相结合的评估机制、兴趣型的课外实践与实战型的社会实践相结合。

1661 发挥咨政育人作用 助推经济社会发展

发表时间及载体：社科纵横 2011 年第 2 期

作　者：励小捷

简　介：哲学社会科学事业是党的意识形态工作的重要组成部分，关系到党和国家的盛衰成败。大力推进马克思主义理论创新，不断繁荣发展哲学社会科学，是中国特色社会主义的重大任务，也是广大哲学社会科学工作者的历史责任和崇高使命。

1662 用"七一"讲话精神审视甘肃民族地区农牧区党

发表时间及载体：甘肃理论学刊 2001 年第 5 期

作　者：周学军

简　介：本文以江泽民"七一"讲话精神为指导，全面总结了改革开放以来甘肃民族地区农牧区党的基层组织建设的基本经验。提出，必须解放思想，开拓创新，使党的基层组织建设始终充满生机和活力；必须坚持按照"三个代表"重要思想的要求建设党与围绕党的基本路线建设党的有机统一；必须把"三个代表"重要思想作为检验党的基层组织建设成效的根本标准。

1663 农村经济开放、农业生产效率提高与农民增收——基于省际面板数据的实证分析

发表时间及载体：江西财经大学学报 2012 年第 5 期

作　者：汪晓文　何明辉

简　介：利用 1999—2008 年省际面板数据，分别从全国及东中西三个区域对中国农村经济开放、农业生产效率提高与农民增收之间的关系进行实证分析。研究发现，农村经济开放、农业生产效率提高对农民增收有促进作用，但是这种促进作用存在着显著的区域性差异。从全国来看，农村经济开放、农业生产效率提高都显著地增加了农民收入，东中西部地区农村经济开放都对农民增收促进作用显著，而只有西部地区农业生产效率提高显著地促进了农民增收。同时，也只有东部地区农村经济开放显著地提高了农业生产效率。增加财政支农支出、扩大农民

家庭生产性固定资产投资、提高转移农村富余劳动力幅度都能够显著地增加农民收入。

教育产业不公平的表现形态、原因分析及对策研究三个方面探讨了这一问题。

1664 我国风险投资业发展面临的问题

发表时间及载体：甘肃理论学刊 2001 年第 6 期

作　　者：李登武

简　　介：和大多数国家一样，中国风险投资业的发展也需要解决三个方面的问题，即风险资本来源与组织、风险投资如何退出与风险投资的政策支持。本文基于对此三个方面的分析，指出我国发展风险投资业应注意的问题。

1665 近代甘肃新闻事业述评

发表时间及载体：西北民族大学学报：哲学社会科学版 2010 年第 6 期

作　　者：杨公成

简　　介：近代甘肃诸多的传播媒介在甘肃民众中产生了重要而独特的作用。本文主要对近代甘肃的诸多信息传播媒介产生的背景、发展状况进行简单的梳理，勾勒出近代甘肃电影传播活动的发展轨迹，并从传播理论视角进行解读和分析，从而完整把握甘肃近代传播活动的进程和特点。

1666 论我国教育产业中的不公平问题

发表时间及载体：西北师大学报：社会科学版 2002 年第 2 期

作　　者：杨敬宇

简　　介：教育产业不公平是当前教育研究的热点——教育产业中的一个新问题。由于教育产业不公平而带来的诸多教育问题已广为人们关注。为此，研究教育产业中的不公平问题就具有相当重要的意义。本文从我国

1667 读张承志的长篇生态散文《匈奴的谶歌》

发表时间及载体：文学教育 2010 年第 15 期

作　　者：郭茂全

简　　介：《匈奴的谶歌》是张承志生态散文的代表作品之一。文中，作者探求了祁连山一带生态恶化的原因，发出了生态预警的呐喊。此外，《匈奴的谶歌》奔涌着激昂澎湃的情感，并给我们以深刻的生态启悟。

1668 政府公共投资的区域经济增长效应比较——基于门槛回归分析的实证研究

发表时间及载体：贵州财经学院学报 2012 年第 6 期

作　　者：马雪彬　魏鑫

简　　介：本文将中国划分为东、中、西三个区域，构造门槛回归实证检验模型，采用 1997—2011 年的数据，验证了各地区政府公共投资存在门槛效应及 Armey 曲线关系。研究指出，东、中、西部最佳公共投资规模应分别为各地区 GDP 的 13.974%、21.557%、32.666%，政府公共投资的规模超过最佳公共投资规模时会对经济增长产生负效应。整体而言，东部地区政府公共投资过剩，而中西部地区却存在投资不足。因此，东部地区需要进一步优化投资结构，合理利用资金，避免基础设施的重复建设，中部地区应适度扩大其公共投资规模，控制公共投资规模不超过门槛值，同时也应注重资金的合理配置，提高投资的效益，西部地区需要大幅扩大其公共投资规模。

1669 浅析我国中小企业负债经营

发表时间及载体：甘肃理论学刊 2010 年第 6 期

作　　者：刘建青　罗雯

简　　介：为了有效实现财务管理的根本目标——企业价值最大化，负债经营已成为一种普遍的财务手段。适度的负债经营，能有效地提高企业的资金收益能力，但同时负债经营也增大了企业的财务风险。本文将就我国中小企业负债筹措资金的相关问题进行探讨。

1670 思想政治教育的语境及定位

发表时间及载体：党政论坛 2010 年第 9 期

作　　者：刘基

简　　介：思想与话语的探讨需要共同的平台，即"语境"。思想政治教育也有不同的语境和言说方式。对不同语境或言说方式的混乱理解和使用，会使思想政治教育的实际效果大打折扣，影响思想政治教育的科学发展与学科深化。因此，正确区分思想政治教育的语境，不同侧重地推进，这才是科学发展思想政治教育的路径。

1671 市场经济中政府作用及职能转变

发表时间及载体：甘肃行政学院学报 2001 年第 1 期

作　　者：申庆涛

简　　介：公平竞争是市场经济的本质要求，社会主义市场经济同样需要一套健全和规范的政治经济体制来保证公平竞争。政府主体，尤其是我国政府主体，现在正处在我国经济转轨的特殊时期，在整个经济体系中具有独特的作用，甚至决定着我国市场经济的运行是否能够保证公平竞争的顺利完成。

1672 中国共产党人马克思主义观研究的意义和方法

发表时间及载体：社科纵横 2011 年第 4 期

作　　者：李发展　曹富雄

简　　介：本文为国家社会科学基金项目"中国共产党人的马克思主义观研究"的研究成果（批准号：07XKS001）。从历史上看，马克思主义的历史命运总是与马克思主义观紧密相连；从逻辑上看，中国共产党人马克思主义观研究的意义至少表现在学术、理论和实践三个层面。"中国共产党人的马克思主义观"作为特定的研究对象，在研究方法上应遵循历史与逻辑相统一、现实与文本相联系、个别与一般相结合的原则。

1673 军休档案管理与开发

发表时间及载体：社科纵横 2010 年第 12 期

作　　者：姜艳

简　　介：军休干部档案资源管理与开发是档案工作的一种新领域，是军休档案传统管理体制的必然进步。军休干部档案工作要适应信息时代的需要，要科学地选择军休干部档案工作的发展途径，主动与社会信息接轨，为顺利地完成军休干部档案信息化管理与开发做好理论准备。

1674 网络时代的自我迷恋和迷失

发表时间及载体：兰州学刊 2010 年第 9 期

作　　者：陆青　张睿

简　　介：文章对网络中网民生存状态的关注，说明技术、社会和网民心理三者在网络生活中体现出的互相影响的关系，即网络生存的参与是一个现实和虚拟难以区分，彼此推动的过程。

1675 明清之际民间宗教信仰对基督教在华传播的影响

发表时间及载体：甘肃理论学刊 2003 年第 5 期

作　　者：李琼

简　　介：明清之际，基督教与中国民间宗教信仰的接触，是基督教在华传播史上的重要内容。本文分析了中国民间宗教信仰与基督教的差异，以及明清之际民间宗教信仰对基督教的同化、对抗与排斥，认为民间宗教信仰对基督教当时在华的传播产生了重大的影响，在二者的接触中始终处于主导地位，决定着基督教在华传播的命运。

1676 断裂与承续：清季民国甘肃士绅的社会流动

发表时间及载体：陇东学院学报 2012 年第 23 卷第 6 期

作　　者：陈尚敏

简　　介：引发清季民国士绅社会流动变化的原因是多元的：首先与科举废止有关。科举废止后，清廷除了鼓励士绅进入新学，同时还通过举贡考职等手段，使得士绅依旧有着入仕机会；其次，民国鼎革，国体变更，意味着士绅作为传统社会特权阶层历史命运的终结。自晚清以降，实业兴国思想激荡，商人地位提升，士绅进入工商领域成为时尚；最后，基于习惯、民国文官制度未能及时建立以及新学教育普及不够等原因，遗民、入仕、塾师依旧为士绅的生存方式。

1677 和谐社会的图书馆功能再造

发表时间及载体：甘肃行政学院学报 2005 年第 4 期

作　　者：李英

简　　介：图书馆是精神文明的滋养地，是传播知识的沃土，是科技的传承，是资源共享的服务平台。在和谐社会的建设中起着承上启下的作用，对个人与组织的发展都具有重要的影响，在构建和谐社会中承担着重要职能。

1678 高等教育信息化发展中的几个热点问题研究——网络安全与信息管理

发表时间及载体：电化教育研究 2009 年第 9 期

作　　者：李华

简　　介：随着我国高等教育信息化的深化发展及 Internet 的普及，信息化网络技术已经深入渗透到高等学校教育教学的各个方面，教育管理者、科研工作者、教师及莘莘学子们享受信息化校园网络带来方便的同时，网络安全、信息安全问题也日益突出。本文就目前我国高等教育信息化发展中的网络安全与信息管理问题进行研究，结合当前高等教育信息化深化发展的实际，在问题分析的基础上，提出了一些问题解决的建议与对策。

1679 敦煌出土早期回鹘语世俗文献译释

发表时间及载体：敦煌研究 1994 年第 4 期

作　　者：杨富学

简　　介：敦煌出土早期回鹘语世俗文献译释牛汝极，杨富学自本世纪初以来，敦煌地区相继出土了为数相当丰富的回鹘语文献，它们大致可分为两部分。其一为莫高窟藏经洞（第 17 窟）听出，另一部分则出自 464、465 等元代洞窟。前者属早期文献（12 世纪以前者），后者则属蒙元时期。

1680 如何加强电视媒介系统部门内部的管理

发表时间及载体：社科纵横 2008 年第 9 期

作　　者：程雪松

简　　介：电视媒介系统中，部门一级在全局工作中处在承上启下的重要地位。因此，如何搞好部门管理，调动每个人的工作积极性，就显得格外重要。本文基于电视文化影视频道近两年的部门管理实践探讨了部门管理问题。文中认为：部门管理的实质在于充分调动人员的工作积极性，在部门形成一种激励竞争机制；部门管理应突出节目管理的中心地位；部门管理的手段在于分配制度的奖优罚劣、优劳优酬。

1681 对犯罪现场勘查的再认识——以犯罪嫌疑人的作案心理为视角

发表时间及载体：甘肃政法学院学报 2004 年第 6 期

作　　者：雷中坚

简　　介：犯罪现场勘查是多层次、多元素相互作用的复合体，是具有系统意义的现象。在犯罪现场勘查过程中，我们通常对手印、足迹等传统上的物质痕迹比较重视，研究得较多，但对心理痕迹即对犯罪嫌疑人作案时的心理特点重视不够，导致我们常常对犯罪现场不能做出合理的解释，影响破案。本文就是针对这个问题的探讨，旨在丰富犯罪现场勘查理论和促进勘查实践的发展。

1682 有关跖起义几个问题的探讨

发表时间及载体：甘肃社会科学 2004 年第 4 期

作　　者：赵逵夫

简　　介：本文对众多相关书中籍提到的盗跖起义有关问题进行了深入的探讨，认为跖生活于春秋战国之交，大体与墨翟同时，跖领导的起义是一次奴隶起义；过去，一些文献上关于盗跖冢的记载虽异，实际上只是地名的沿革变化，并不矛盾，即在旧时章丘东南。跖起义活动地带大体不出今山东一带。

1683 从划分战区看太平洋战争期间的美英争霸

发表时间及载体：西北师大学报：社会科学版 2009 年第 2 期

作　　者：李怀顺

简　　介：太平洋战争期间，尽管美英两国结成同盟抗击日本的侵略，但是两国仍然追逐帝国主义目的。从划分作战区域来看，美英的矛盾十分尖锐，各自顾及战时和战后利益。

1684 信息化：优化西部民族省区可持续发展能力的现实选择

发表时间及载体：西北人口 2002 年第 2 期

作　　者：郭志仪

简　　介：本文从探讨信息化与可持续发展间关系的角度出发，对我国三十一个省市自治区的区域信息化水平与可持续发展总能力做了线性相关分析，结果表明两者间存在着良好的正相关性，在此基础上阐明了现阶段大力推进信息化对于优化西部民族省区可持续发展能力而言的必要性和紧迫性，并进一步提出了相应的对策与措施。

1685 论查慎行诗歌的艺术特色

发表时间及载体：西北师大学报：社会科学版 2003 年第 4 期

作　　者：孙京荣

简　　介：查慎行诗歌创作的艺术特色表现在：意境阔朗，气势豪壮，想象丰富，格调劲健；情感真挚，细腻入微，直抒胸怀；诸体皆备，尤精律绝；大量运用白描手法；

语言清新质朴，自然天成，通俗浅显，准确生动。

1686 汉译佛经诵读方式的来源

发表时间及载体：敦煌研究 2002 年第 2 期

作　　者：伏俊琏

简　　介：以前的研究认为，汉语佛经的诵读来自梵文的诵经。本文认为，汉译佛经的诵读方式，更多地是借用中国传统的唱诵形式，或者说，以此为基本方法而吸收了梵文诵经的某些方式。主要根据是咏经之声律创自曹植的说法，是咏经之声传自汉代的证据；译文者众，而传声盖寡，是佛教翻译家对华声之诵经主要吸收我国传统吟诵形式的间接说明；汉译佛经的本文采用传统赋的形式，从另一个方面说明汉译佛经的诵经方式是对传统赋的讲诵方式的继承；佛家的俗讲主要借用秦汉以来俗赋的诵读方式，这进一步证明，汉译佛经的诵读方式源于秦汉以来赋的诵读方式。

1687 浅谈现代体育与科技发展的互动作用

发表时间及载体：甘肃高师学报 2012 年第 5 期

作　　者：高岐　冯庆德　崔明

简　　介：科技的进步为体育的发展创造了有利的条件；而现代体育人文、体育管理、体育自然学科的渗透与发展，使体育功能的范畴更加广泛，体育与体育科技的发展带动社会经济的发展，从而推动了科技的进步。

1688 今天的绿洲较古代绿洲大大缩小了吗？——对于历史时期绿洲沙漠化过程的一些新认识

发表时间及载体：资源科学 2001 年第 2 期

作　　者：李并成

简　　介：本文通过对历史时期河西走廊敦煌绿洲和石羊河下游绿洲的研究，认为沙漠化过程的发生并不一定意味着流域绿洲总面积的缩小，而在很大程度上则表现为一种绿洲的转移。

1689 清初洮岷地区反清复明起义始末

发表时间及载体：西北民族研究 2011 年第 2 期

作　　者：丁士仁

简　　介：清军入关后，统治者推行民族歧视和压迫的野蛮政策，激起了各民族"反清复明"的斗争。清顺治五年，洮州回族在丁嘉升的率领下揭竿而起。由于史料的缺乏，这一起义的始末已无人知晓。《清代蒙藏回部典汇》一书的面世，使得一些尘封的历史大白于天下，丁嘉升领导的起义逐渐浮出水面，变得清晰。本文以洮州地区的口传史料和官府文牍为线索，考察这一起义的始末，填补地方史和清代革命史研究的空白。

1690 投资性救济初探

发表时间及载体：1980 年 3 月

作　　者：武文军

简　　介：目前，无论是发展中国家还是发达国家，都设立社会救济金，以赈济那些陷入贫困的或无法维生的公民。我们国家也不例外，需要从同民收入中拿出一定的份额，救济那些陷入贫困状态的居民。但是，不少人在这个问题上存在许多模糊认识。

1691 敦煌壁画在当代中国画教学中的意义探索

发表时间及载体：大众文艺：学术版 2012 年第 2 期

作　　者：高宇琪

简　　介：中国传统绘画艺术的具有深邃的精神和丰富的审美意趣，这些特点在敦煌壁画艺术中得到了淋漓尽致的体现。通过空间、造型、色彩等艺术表现形式特点的分析，揭示敦煌壁画的艺术价值。对其进行研究，从中体会中国艺术的精神内涵，并探索对当代中国画教学具有哪些重要启示意义。

1692 老舍与中国革命论纲

发表时间及载体：文学评论 2004 年第 2 期
作　　者：吴小美　古世仓
简　　介：中国现代作家都面对与中国革命的关系问题，他们都曾试图参与到中国革命的复杂建构中去，但又都无例外地被中国革命的政治所建构。因为他们不同的文化类型，他们与革命也形成了不同的关系形式。本文在此基础上论述了老舍参与革命建构的独特形式和基本的主体原因，以及他因此而被革命政治所建构而显示的独特之处。从这一视角观照思考，会使老舍文学的历史价值及其对于今天的文化与文学建设的意义更加凸显。

1693 我国最早的歌舞剧《公莫舞》演出脚本研究

发表时间及载体：西北师大学报：社会科学版 2002 年第 3 期
作　　者：赵逵夫
简　　介：宋书乐志所载汉代巾舞歌诗《公莫舞》一篇，读起来如同说苑所越人歌的越语原词，无从断句，也莫名其妙。因为是璞玉未理，它的价值也就很难估量。我曾对它花了很多时间，来排比字组，琢磨文意，探求体例。终于发现，它是一个代言体 3 场歌舞剧脚本。最近看到杨公骥先生的西汉歌舞剧巾舞公莫舞的句读和研究（刊中华文史论丛 1986 年第 1 辑），鄙见有的地方与杨先生

看法不谋而合，因而窃喜千虑一得之不谬；但还有些心得或为杨先生所未道及，或与杨先生看法有所不同。今写出来，庶几有助于对这篇珍贵戏剧资料的认识与评价，并向杨先生求教。

1694 教学研究的功能与价值——兼论新世纪我国教学研究的重点与方向

发表时间及载体：西北师大学报：社会科学版 2002 年第 5 期
作　　者：王嘉毅
简　　介：分析与检讨教学研究的功能与价值，是新世纪社会存在对我国教学论的客观诉求。教学理论要对教学实践发生真效力，必须根据社会对教学研究的多方面的需求，积极调整教学研究的重点与方向，发挥教学研究的功能，充分体现教学研究的价值，才能使教学研究更好地为教育教学改革与发展服务。

1695 吐蕃敦煌抄经制度中的惩治举措

发表时间及载体：敦煌研究 2010 年第 3 期
作　　者：张延清
简　　介：吐蕃统治敦煌期间，在敦煌大兴弘佛之举。举措之一便是赞普墀祖德赞发起的大规模的抄经活动。为了完成赞普的弘佛意愿，僧相钵阐布贝吉云丹和墀祖德赞的王妃贝吉昂楚亲赴敦煌指导并亲自参与了佛经校对工作。在吐蕃官方政令的强力支持下，吐蕃在敦煌的抄经制度上升到了法律的高度，本文将就吐蕃敦煌抄经事业中的惩治举措作一初步探讨。

1696 邓小平对当代中国社会制度变迁的伟大贡献

发表时间及载体：甘肃理论学刊 2004 年第 4

期

作　　者：马雅伦

简　　介：邓小平对当代中国社会制度变迁的伟大贡献，主要表现在四个方面，一是正确选择了当代中国社会制度变迁的方式和手段；二是正确选择了当代中国社会制度变迁的突破口；三是创新了当代中国社会制度变迁的现实目标或价值取向；四是正确制订了有中国特色社会主义改革总路线。

1697 甘肃省文化软实力现状及提升路径分析

发表时间及载体：兰州工业高等专科学校学报 2012 年第 19 卷第 5 期

作　　者：侯宗辉　王田祖

简　　介：甘肃省文化资源丰富，"十一五"期间，文化产业发展成就喜人，公共文化服务体系建设亦取得了明显进步。目前，甘肃发展的政策叠加，文化软实力的提升仍有较大空间。针对当前存在的问题，应采取建立文化软实力评估模型、促进文化与科技融合、加速文化人才培养以及持续宣扬"甘肃精神"等举措，为甘肃省文化软实力提升创造良好环境，助推文化大省目标的实现。

1698 字幕的不同呈现方式对外语学习者视频理解效果的影响

发表时间及载体：电化教育研究 2012 年第 5 期

作　　者：王电建

简　　介：通过测试三种不同字幕呈现方式对外语学习者视频整体理解和词汇理解效果的影响，探究不同字幕的呈现方式对语言水平不同的外语学习者的作用。结果表明汉语全字幕最有利于外语学习者对整个视频的理解，英文全字幕对低年级的学生帮助大于英语关键词字幕，而对于高年级的学生不明显，英语关键词字幕最有利于外语学习者对词汇的理解，在视频内容理解上，关键词字幕更适合语言水平高的学生，而对语言水平低的学生几乎没有作用，字幕呈现方式的选择有赖于学习目的和学生的外语水平。

1699 论计算机远程教育网和继续教育

发表时间及载体：甘肃理论学刊 2002 年第 1 期

作　　者：王亚强

简　　介：本文从计算机远程教育的概念开始，从计算机远程教育是未来重要的教育方式、继续学习是知识经济时代的生存概念以及计算机远程教育网络是继续教育的学校等三个角度论述了计算机远程教育的优势和发展趋势，提出了一些观点和见解。

1700 略论市场经济体制下的民主政治建设

发表时间及载体：人大研究 1993 年 8 月

作　　者：武文军

简　　介：我国是人民民主专政的社会主义国家。实现高度民主是社会主义国家性质所决定的。但是，在计划经济体制下和在市场经济体制下，民主的形式和内容都会表现出不同的差异，也就是计划经济体制和市场经济体制对政治民主有不同的影响。本文试就计划体制和市场体制对政治民主的不同影响，以及市场经济下的政治民主建设问题，进行一些初步分析。

1701 题材选择与魏晋诗赋文体演进

发表时间及载体：西北师大学报：社会科学版 2001 年第 6 期

作　　者：刘志伟

简　　介：题材选择是魏晋诗、赋关系的重

要方面。建安时代，以提纯文学创作内容的文学性和凸显文学自身抒情功能为特征的文体演进意识，与雅好慷慨的时代精神相交汇，使诗、赋创作以强烈的主观抒情性为统摄，题材趋同现象普遍、突出；魏晋之际，诗、赋创作的趋同现象仍然存在，而同题创作中衰，更为重视诗、赋题材之异；太康作家更为自觉地选择诗、赋题材，对诗缘情、赋体物有了更深刻的体认。

1702 居民发展能力评估与差异比较——以甘肃省张掖市、甘南自治州为例

发表时间及载体：西北人口 2012 年第 2 期

作　　者：尚海洋

简　　介：阿玛帝业森的能力理论是有关人类文化发展、福利经济学、社会政策研究的哲学论述，是有关个体福利和生活质量评估、社会整顿、政策制定和社会改革等的标准分析框架。本文在简要介绍阿玛帝亚森能力分析的概念和评估方法之后，采用社会学研究方法，通过问卷调查，以黑河流域张掖市与甘南自治州城市居民的能力分析测定为例，尝试在国内开展能力分析的定量研究，并比较影响两地区居民能力的主要因素，分析了提升个体能力，开展能力分析研究的重要意义。

1703 气候变化背景下的中国自然保护有效管理问题研究

发表时间及载体：生态经济 2011 年第 7 期

作　　者：韦惠兰

简　　介：随着"纸上保护区"的出现，人们越来越关注自然保护的有效管理。初步探索了气候变化对有效管理的可能影响，并以经济学的视角，从信息效率、资源配置和激励相容三方面分析了有效管理对气候变化的响应。

1704 信息化教育"应用导向"策略的实施基础

发表时间及载体：电化教育研究 2007 年第 9 期

作　　者：张小红

简　　介：科学地审视和探讨信息化教育的发展趋势，在检讨过去、审视现在、展望未来中，有借鉴、有改造、有创新、有发展、有中国特色，应用信息技术优化教育教学，将教育技术融合于国家教育信息化系统工程中，正确把握和及时实施"应用导向"，加速发展新时期的新教育—信息化教育，将是新时期教育技术健康发展的道路。

1705 沙僧的印度血统试探

发表时间及载体：中国石油大学学报：社会科学版 2013 年第 29 卷第 4 期

作　　者：张同胜

简　　介：从《西游记》小说文本的描述和叙述可知，沙僧是印度"苦行"意识理念的化身。《西游记》文本描述沙僧项戴骷髅项饰，这一身体文化来自佛教密宗，而密宗继承和吸纳了印度婆罗门教之湿婆派的习俗。小说中，沙僧"蓝面""红发"的身体形貌描写及其文化内蕴表明沙僧源自印度神话中神祇的体貌特征，它通过佛教俗讲和变文、藏传佛教传入西域，又传入中土 从而推知沙僧具有鲜明的印度血统。

1706 各极其妙双峰并立——重评宝钗与黛玉

发表时间及载体：西北师大学报：社会科学版 2002 年第 2 期

作　　者：宋子俊

简　　介：如何正确认识和评价红楼梦中的

宝黛形象，是红学研究的焦点之一。长期以来见仁见智，厚此薄彼，甚至势同冰炭。而近几十年间看法渐趋一致，褒林贬薛，几成定论。但笔者认为，评价仍欠公允。本文从小说文本的实际描写出发，并参照曹氏之论和前人评语，认为作者原意只是如实描写，并无讳饰（鲁迅语）。书中的钗、黛堪称各极其妙，无所轩轾，所谓双峰并立，两水分流。这是红楼梦写实特色和现实主义成就的具体体现。文中对评论古代作家和作品中人物的原则也进行了理论探讨。

1707 加强青少年思想道德素质教育

发表时间及载体：甘肃行政学院学报 2003年第 3 期

作　者：李晓青

简　介：随着市场经济的深入发展，新旧经济制度不时产生矛盾，东西方文化常常发生大碰撞，促使当今青年学生在思想行为诸方面呈现出与以往不同的新特点，他们的理想信念，价值取向和思维方式发生了很大的变化。如何提高青少年的思想道德素质，是摆在我们面前的一个重要研究课题和迫切要解决的大问题。

1708 语言学习策略与大学英语四级考试成绩的关系研究

发表时间及载体：兰州大学学报（社会科学版）2004 年第 32 卷第 1 期

作　者：张彬　师彦灵

简　介：近年来，语言学习策略研究在我国外语界成为教育工作者日渐关注的课题。本文通过定量研究，探讨了语言学习策略与大学英语四级考试成绩间的关系，认为语言学习策略与大学英语四级考试成绩之间呈显著相关，并对四级考试成绩有明显的预测能力；高分组学生与低分组学生在学习策略的使用上存在显著性差异。

1709 新媒介环境下的高校思想政治教育原则

发表时间及载体：电化教育研究 2002 年第 8 期

作　者：衡均

简　介：思想政治教育原则，是对教育内容和形式一般性质的体现，网络新媒体环境下的思想政治教育只有建立科学的原则，才能有效地指导思想政治教育内容和方法的不断创新，本文从网络新媒介和思想政治教育的关系，特征以及新媒介给思想政治教育带来的变化出发，认为新媒介环境下的高校思想政治教育应遵循的主要原则是：民主平等原则，正面教育原则，稳定性原则，针对性原则，实效性原则，疏导原则和创新原则。

1710 法律教育与法治文明

发表时间及载体：甘肃政法学院学报 2008 年第 4 期

作　者：桑保军

简　介：当前中国处于最深刻、最艰难的文明转型期，只有法哲学文化才能促进中国文明从传统的人治走向法治。这意味着法律教育必须正视自己在人治传统下形成的弊端，采取科学措施促进法哲学文化的繁荣，以积极姿态推动中国文明走向法治。

1711 公允价值计量与企业利润操纵的防范

发表时间及载体：社科纵横 2012 年第 1 期

作　者：马英娟　郭莲

简　介：2006 年 2 月，财政部发布了新的企业会计准则，于 2007 年 1 月 1 日首先在上市公司中推行，并鼓励其他企业执行。

新准则最大的变化是全面引入了公允价值计量属性，一方面，这是中国企业会计准则与国际接轨的重要标志；另一方面，由于公允价值计量中不可避免的主观性，也给企业利润操纵带来了新的空间。本文分析了公允价值计量中容易被企业用于操纵利润的领域，提出了防范利用公允价值操纵利润的对策。

1712 试论传媒在全面建设小康社会中的作用

发表时间及载体：甘肃理论学刊 2003 年第 5 期

作　　者：任蕾

简　　介：本文从发挥喉舌功能、服务功能和传递文化功能三个方面，论述了传媒在全面建设小康社会进程中应该发挥的积极作用。

1713 作品的言说——聆听《奔月》的"言说"

发表时间及载体：甘肃联合大学学报：社会科学版 2009 年第 5 期

作　　者：郭吉军

简　　介：作品能够言说。作品的言说来自于其被言说性的绽出。惟倾听于此言说，才能于此倾听中被允让于进入作品之世界的显露；惟此允让作品之言说的自行绽出，作品才显露出其作为言说的艺术。

1714 西部开发与政府法律人格构建

发表时间及载体：西北师大学报：社会科学版 2002 年第 4 期

作　　者：李玉璧

简　　介：政府法律人格理论的提出，是人类社会近现代法治文明的产物，其内涵是指政府应是权力和责任的统一体，它包含有限政府、责任政府、人道政府、国家与政府相分离等逻辑性法治命题。政府法律人格理论的实质是对行政权力实施有效的法律控制，其核心内容和精神要旨是建立法治政府。政府法律人格构建对西部开发具有法制投资、营造良好法治环境、创建有效政府、促进西部社会经济全面发展等独特功能和意义。

1715 论警察执法监督机制的建立和完善

发表时间及载体：甘肃政法学院学报 2003 年第 1 期

作　　者：刘海燕

简　　介：现阶段，警察执法活动中存在的违法乱纪问题已成为一个社会焦点，而建立和完善警察执法监督机制是解决这一问题的重要途径之一。笔者从我国现行警察执法监督机制的特点入手，剖析了目前警察执法监督机制存在的重大缺陷，总结了新的历史时期对警察执法监督机制的要求，最终提出了建立、健全警察执法监督机制的一些可行性措施，以求进一步完善我国现行警察执法监督机制。

1716 绩效评价：推动地方政府职能转变的科学工具

发表时间及载体：中国行政管理 2005 年第 7 期

作　　者：包国宪

简　　介：兰州大学校科研和教改项目研究建立科学的政府绩效评估体系，推动地方政府职能转变是我国当前行政改革中的一项重要内容。本文以 2004 年甘肃省非公有制企业评价政府绩效活动为研究对象。

1717 《诗经》婚恋诗中的性别观及其对中国爱情文学的影响

发表时间及载体：社科纵横 2009 年第 1 期

作　　者：田斌

简　　介：在中国的爱情文学中，赞美女性、贬抑男性的性别观是一个十分显著的特征，这一特征在《诗经》的婚恋诗中就已显露出来，并贯穿于中国爱情文学发展的始终。可以说，《诗经》婚恋诗中的性别观对中国爱情文学产生了重要影响。

1718 文化视角下关于嘉峪关魏晋墓葬中体育题材彩绘砖画的研究

发表时间及载体：敦煌研究 2012 年第 3 期

作　　者：陈祎晟

简　　介：本文主要采用文献资料法，对嘉峪关魏晋墓葬彩绘砖画中的体育题材的内容作一梳理，通过对彩绘砖画中所反映出的体育信息与史料的结合进行论证，认为嘉峪关魏晋墓葬彩绘砖画中的体育形象，不仅是当时特定历史背景下的民俗活动的生动写照，也是对古代体育作为一种文化的传承。通过对墓葬砖画图像内容的透析，将古代体育图像形态与史学相结合，极大地丰富了体育史学的研究内容，并进一步了解我国古代传统体育的文化现象。

1719 甘肃省扶贫开发模式的回顾与探讨

发表时间及载体：甘肃理论学刊 2004 年第 3 期

作　　者：刘亚桥

简　　介：甘肃省 20 年大规模扶贫开发实践，成功探索了区域性开发扶贫、解决温饱的反贫困道路模式。新时期扶贫开发面临新的形势和任务，积极探索适应新形势的扶贫开发途径，对甘肃扶贫开发具有重要的战略

意义。

1720 论王独清诗歌的颓废风格

发表时间及载体：社科纵横 2009 年第 1 期

作　　者：赵志

简　　介：王独清的诗歌里，弥漫着一种忧郁而颓废的情调，这和他本人的流浪经历有关，也归因于他所受到的西方象征派诸诗人的影响。他同时代的诗人穆木天曾评论说，他是最能表现"五四"浪漫思潮末期的"颓废的空气"的代表诗人。文学作品中的颓废风格在"五四"一代作家身上都有不同程度的表现，比如郁达夫和徐志摩。王独清终身一生也没有摆脱他在诗歌中营造的颓废的幻象。

1721 构建灾害经济学理论体系的几个关键问题

发表时间及载体：甘肃理论学刊 2010 年第 6 期

作　　者：郭继强　郭亚妮

简　　介：灾害经济学属于一门新兴的学科。虽然从 20 世纪 50 年代以来至今，国内外的一些专家学者、机构和组织，对灾害经济学进行了许多卓有成效的探索，但是灾害经济学及其理论新体系至今还没有系统地构建起来。建立新兴的灾害经济学及其理论新体系，是防灾减灾的迫切需要，是人类社会生存与发展的迫切需要。

1722 语言资源观视域下的语言现象与民族生存观

发表时间及载体：西北民族研究 2011 年第 4 期

作　　者：凯丽比努

简　　介：人的一切生存实践活动在本质上都有关生死，具体而言，就是"求生抗死"。

这种生死观在语言中留下了深深的烙印。人类语言大都忌讳直言"死亡"，维吾尔语也是这样，讲汉语的回族人更显示了这种语言现象的内涵。但是，在某些语言中，"死"不总是与不愉快的心理感受相联系。在现代汉语中，"死"字结构不仅与痛苦的心理感受联系在一起，而且还可以表达愉快的心理感受。我们认为这种现象是道教思想在汉语语言结构上的反映，它既不强调生，也不忽视死，生、死是辩证统一的关系。在这种思想观念的基础上，产生了表示愉快的心理感受和不愉快的心里感受的"死"字结构。

1723 西部民族地区反贫困：绩效评估与未来取向

发表时间及载体：西北人口 2009 年第 4 期

作　　者：龚霄侠

简　　介：西部民族地区是我国贫困人口聚焦程度最高、贫困发生率最高、贫困强度指数最高、返贫率最高的地区。经过三十多年的反贫困实践，西部民族地区已经形成多元化的反贫困模式。

1724 基于"5C"标准的对外汉语初级综合课教学活动设计

发表时间及载体：电化教育研究 2013 年第 34 卷第 3 期

作　　者：李莉

简　　介：美国 21 世纪外语学习标准简称"5C"标准，以其注重外语学习中的沟通交流和语言技能的全面发展，近年来越来越受到国内对外汉语教学界的关注和重视。本文对 5C（Communication、Cultures、Connections、Comparisons 和 Communities）进行了描述，并尝试以 5C 理念设计对外汉语初级综合课中的教学活动，以期为对外汉语初级阶段综合课的教学提供借鉴。

1725 对科学发展观的再认识

发表时间及载体：兰州商学院学报 2005 年第 21 卷第 3 期

作　　者：王廷科

简　　介：科学发展观是以人为本，全面、协调、可持续的发展观。坚持以人为本的科学发展观，最重要的就是促进人的全面发展——不断促进人的素质的全面提高，和实现人与经济、社会、自然发展相协调。正确理解并贯彻科学发展观，对我国社会主义现代化建设事业具有十分重大的意义。

1726 高职院校学生考核方式改革探析

发表时间及载体：社科纵横 2010 年第 12 期

作　　者：席攀锋

简　　介：新形势下的高职院校学生的学业成绩考核方式，必须适应高职院校人才培养目标和教学改革的要求。本文分析了现阶段高职院校学生学业成绩考核方式中存在的不足，对如何创新考核方式，合理运用考核方法，改革成绩评价模式等问题展开了论述，并提出要通过考核方式的改革，真正发挥考核促学促教的作用。

1727 中国西部民族地区产业经济生态化发展初论——来自生态民族学的理论解读

发表时间及载体：西北民族研究 2006 年第 4 期

作　　者：聂华林　李泉

简　　介：产业经济生态化发展是我国西部民族地区实现可持续发展的重要物质保障和基本经济支撑，在西部民族地区产业经济发展的实践中，必须重视发展生态产业。本文以生态民族学理念为指导，分五个部分先后分析了我国西部民族地区产业经济生态化发展面临的多重制约，探讨了该区域产业经济生态化发展的战略构想和破解现存约束的制度创新途径，最后总结了几点具有一定普遍意义的重要启示和结论。

1728 国外直接投资的区域选择与西部地区的经济发展

发表时间及载体：贵州社会科学 1997 年第 2 期

作　　者：曹子坚

简　　介：国外直接投资的区域选择和区域倾斜是我国东西差距扩大的重要原因之一，并且这种区域选择和区域倾斜仍然在继续强化。这一现象同我国经济发展重心向中西部地区转移的宏观战略存在着显而易见的矛盾。如何研究和解决这一矛盾，如何通过一定的外资政策，把吸引国外直接投资同发展重心转移的战略结合起来，将是我们所面临的一个极为重要的问题。

1729 关于司法独立与新闻监督问题的几点思考

发表时间及载体：甘肃政法学院学报 2004 年第 6 期

作　　者：裴光昭

简　　介：本文通过对司法独立与新闻监督的再认识及其存在问题的论述，探讨了新闻监督与司法独立的平衡点，以期两大价值理念都能得到充分的实现。

1730 教师远程学习适应性的内涵与构成要素探析

发表时间及载体：电化教育研究 2013 年第 34 卷第 6 期

作　　者：贾巍　杨晓宏

简　　介：教师远程学习是信息时代教师专业发展的重要途径和方式，近年来国家实施了一系列中小学教师远程学习项目，取得了显著成绩。但总体而言，教师远程学习还是个新生事物：对于教师而言，学习环境的改变，要求教师要调适自我，改变学习方式，以适应新的学习环境和新的学习文化 对于组织者而言，要把握远程教育的规律，以新的思维和方法开展远程环境下的教师学习。无论是教师还是组织者，对这种专业发展模式的理解、顺应，对远程学习的接纳、融合直至最后的投入，需要一个适应的过程。因此，研究教师远程学习适应性问题有一定理论和现实意义，文章着重探讨了教师远程学习适应性的基本内涵和构成要素。

1731 当代中国马克思主义大众化的路径选择

发表时间及载体：安徽师范大学学报：人文社会科学版 2010 年第 6 期

作　　者：刘先春

简　　介：推进当代中国马克思主义大众化，要注意理论宣传在内容和语言上的通俗性，丰富理论宣传的方式和渠道，提高理论宣传手段的现代化水平，建立和完善理论宣传的效果评价机制。

1732 哲学究竟是什么

发表时间及载体：西北师大学报：社会科学版 2003 年第 5 期

作　　者：惠松骐

简　　介：哲学是关乎思想的根本事情，它只关心生活的整体和意义，是最美好的生活方式。也就是说，哲学是关乎人之根本即自然的事情。依据于此，哲学必然不是观念，不是概念体系，不是逻辑或逻辑思维，不是语言本身，也不是理解和解释的方法。它既不是人类其他经验和思想的概括和总结，也不是世界观的归纳和类比。同样，哲学不是文化。哲学只是哲学本身。现代哲学在观念哲学中浸得太久，离真正的哲学已经很远很远，可以说不成其为哲学了。要恢复真正的哲学，只有回到古希腊哲学家那里，从哲学的自然出发考察哲学是什么。此时必须避免用现代观念论套用古希腊哲学家。

1733 面向数字化时代的高校艺术教育

发表时间及载体：电化教育研究 2005 年第 9 期

作　　者：刘桂珍

简　　介：作为素质教育的有机组成部分，高校艺术教育既是素质教育的内容，也是实施素质教育的重要手段。当前，以计算机技术和网络技术为核心的现代教育技术的开发与应用已成为 21 世纪教学的重要课题。面对数字化时代，高校艺术教育急需在教学理念、教育资源、教师素质等方面进行深度变革，以面对数字化的时代要求。

1734 人名：民间文化的多棱镜——从蒙古人名的变迁看中国文化中的民族关系

发表时间及载体：兰州大学学报（社会科学版）2001 年第 29 卷第 2 期

作　　者：苏依拉

简　　介：本文从文化是具有层次的这一观点出发，认为民间文化是一个国家、民族文化中最基础的文化，即传统文化的核心部分，也是文化传承中最稳定的部分。从其中的人名文化检视，基础文化又非一成不变。出于地缘、社会等千丝万缕的联系，中国的族际关系也使其呈现盘根错节之式。作者以蒙古人名为个例，从一个新角度实证了中国各民族文化你中有我，我中有你，我亦乃我，你亦乃你，在这种繁衍中，早已形成了密不可

分而又各异的整体关系。

1735 交互式电子白板在课堂教学应用的理论基础——教学交往、交互及互动概念辨析的视角

发表时间及载体：电化教育研究 2013 年第 34 卷第 9 期

作　　者：马光仲　蔡旻君　王君

简　　介：教学媒体的发展进一步丰富了课堂教学的内涵，合理有效地应用媒体是教学研究的永恒话题。交互式电子白板在课堂教学中的应用提供了各种教学交往的可能，如何促进主体交往是当前交互媒体应用需要解决的首要问题。交互是信息流向的一种基本选择，是教学基本构成要素的关系形态。为了实现教学主体间交往的目的，教学互动策略的应用至关重要，促进教学互动可以保证交互式电子白板功能的实现，进而提升教学的交互性水平。

1736 论行政规范性文件的缺陷及其矫治

发表时间及载体：甘肃政法学院学报 2011 年第 3 期

作　　者：宋晓玲

简　　介：在我国，行政规范性文件既是重要的行政措施或手段，也是重要的行政依据。虽然总体来看行政规范性文件在各项行政管理工作中发挥着积极而又重要的作用，但所存在的缺陷也不少。文章重点分析了行政规范性文件所存在的缺陷，并提出了相应的矫治对策建议。

1737 人力资本和物质资本对我国东、西部经济增长及其波动影响的比较分析

发表时间及载体：中国人口资源与环境 2008

年第 18 卷第 1 期

作　　者：郭志仪

简　　介：本文运用协整和 VAR 模型，对东、西部人力资本、物质资本与经济增长的动态关系进行研究，结果表明：东、西部地区人力资本、资本投入与经济增长之间存在长期的均衡关系，并具有反向修正机制，东部地区经济有更强的自我稳定机制；东部地区投资与经济增长之间存在双向互动关系，投资见效快，对经济的影响能持续 4 年；人力资本变化对经济增长的影响更持久，在经济增长的短期波动中发挥的作用更大；西部地区自身的经济增长状况还不能吸引大量投资，经济的快速增长得益于国家的大量投入，投资变动是引起经济短期波动的重要原因。与东部相比，西部地区投资见效慢，对经济增长的影响更持久，而西部人力资本对经济增长的影响远小于东部。

1738 《西北经济史》序

发表时间及载体：西北师大学报：社会科学版 1998 年第 2 期

作　　者：杨建新

简　　介：《西北经济史》是一个很大的、难写的而又具有现实意义的题目。《西北经济史》一书从西北经济的发展、经济结构、自然环境在经济发展中的作用、地理因素和民族关系等几个大方面。

1739 甘肃民生科技支撑体系建设的路径探析

发表时间及载体：甘肃社会科学 2012 年第 3 期

作　　者：范鹏

简　　介：目前，甘肃民生科技发展主要面临创新体系不完善、区域科技承载能力弱、科技资源整合力度小、区域发展不平衡、人力资源缺乏与分布失衡并存、科技有优无势特征明显、科技与民生基本需求脱节等突出问题。因此，在"十二五"期间，甘肃省通过注重科技引领、创新发展，把自主创新与利用外部资源创新有效结合，重点突出民生科技的技术创新体系和能力建设，通过引进、消化、吸收和再创新，从提升民众的健康水平，缓解环境资源制约压力，带动就业能力强、市场前景广阔、应用范围全面的民生科技产品入手，以"科技使生活更美好，科技使社会更和谐"为宗旨，加快完善民生科技体系建设框架。

1740 刑事政策视野下的黑社会性质组织犯罪

发表时间及载体：甘肃联合大学学报：社会科学版 2012 年第 28 卷第 6 期

作　　者：屈耀伦　刘慧明

简　　介：刑事政策的价值目标是追求功利和公正。功利价值强调对社会秩序的维护，公正价值主张对个人权利的保护。黑社会性质组织犯罪是当今世界各国共同面临的一大犯罪难题，其社会危害性大、犯罪严重化，已危及经济、社会秩序的稳定。对此，我国现阶段必须坚持"从严"打击的刑事政策。然而，"从严"打击必须以遵循罪刑法定原则为前提，准确界定黑社会性质组织犯罪，做到不左不右，保障无辜的人不受侵害。以期实现严惩黑社会性质组织犯罪和刑事政策价值目标的双赢。

1741 西部大开发与甘肃对外贸易

发表时间及载体：兰州大学学报（社会科学版）2002 年第 30 卷第 4 期

作　　者：汪晓文

简　　介：阐述了甘肃对外贸易的现状和存在的问题，并用实证的方法分析了甘肃在劳动生产率、劳动力成本及资源禀赋等方面的比较优势，提出了在西部开发中甘肃对外贸易发展的一些新思路。

1742 《红楼梦》的构思与背景问题

发表时间及载体：社会科学战线 2003 年第 4 期

作　　者：赵逵夫

简　　介：有些人总是不顾与曹雪芹大体同时的人留下的诗文、评语所反映的事实，千方百计剥夺曹雪芹的著作权。实际上以曹家为蓝本是曹雪芹创作之初就定下的基本构思。《红楼梦》中的"贾"字，是由"曹"字改装而成，而由"贾"衍生出一个"甄"，却是借着谐音和反义加以仿拟，这便形成了《红楼梦》构思上虚实相成的格局。与之相关，书中的金陵与京城是北京、南京，南方、北方，实境、幻境互为补充。《石头记》之名与作品的题材来源，和人物的本事关系密切，是此书的本名。

1743 我国欠发达地区承接产业转移实证比较研究

发表时间及载体：青海社会科学 2009 年第 1 期

作　　者：高新才

简　　介：本文结合当前经济形势，分析总结了我国产业转移的现状，发现产业转移正在启动中，西部地区承接产业转移的力度不大，且作为产业转移的承接地，受区位因素、政府能力等因素的影响，不仅中、西部间承接能力存在差异，西部地区不同省份也存在差异。在以上研究结论基础之上，本文就欠发达地区承接产业转移提出了一些建议。

1744 庆阳北石窟几则唐代造像铭记

发表时间及载体：敦煌研究 2000 年第 4 期

作　　者：张宝玺

简　　介：本文考述庆阳北石窟代泾州临泾县令杨元裕、宁州丰义县令安守筠，本县令柳公图等三则造窟和重修石窟寺的铭记，一定程度上反映了建造石窟的主要功德主是泾宁二州地方官吏和一般平民。

1745 行政公开对政策执行的保障功能

发表时间及载体：甘肃行政学院学报 2004 年 第 1 期

作　　者：张文丽

简　　介：行政公开既是民主政治的内在要求，又是政策执行法治化、规范化的必然手段。行政公开对公共政策执行的保障功能首先体现于其为公民知政权的实现提供了途径，从而加强了政策执行者与公众的沟通，避免了因政策认知不当造成的政策执行阻滞；其次，行政公开使公民实行其参政权成为可能，从而增强了政策认同，有利于政策高效、顺利实施；最后，行政公开是公民实行督政权的前提条件，而只有将政策执行置于公众的监督之下，才能有效地防止政策执行主体的道德风险所引起的政策执行阻滞。

1746 在扶贫开发中探索推进农村基层组织建设

发表时间及载体：甘肃理论学刊 2011 年第 2 期

作　　者：曹殊　高兴国

简　　介：充分发挥农村基层党组织的战斗堡垒作用，夯实基层基础，与推进甘肃扶贫开发建设关系紧密。本文回顾了时肃扶贫开中加强党的建设的主要做法，分析了当前农村基层组织建设方面存在的问题，并从创新方式方法、工作思路、工作路径、工作机制、执政理念等方面，论述了如何加强党的农村基层组织建设。

1747 论走向综合的基础教育阶段的艺术课程

发表时间及载体：西北师大学报：社会科学版 2003 年第 4 期

作　　者：刘桂珍

简　　介：当前我国正在进行新一轮国家基础教育课程改革，在这次改革中基础教育阶段的艺术教育课程正在由分科课程向综合课程发展，到 2005 年全面实行新课程时，艺术类课程全部将实行综合课。如何理解艺术类课程由分科向综合的发展，如何认识新艺术课程与传统艺术课程的关系，如何理解新的艺术课程的价值，这些问题的探索直接与新课程中艺术教育的实验效果有关，直接与新课程能不能推广普及有关，因此研究这些问题无疑将有着十分重要的理论意义与实践价值。

1748 《春秋公羊传》复仇论浅议

发表时间及载体：湖北师范学院学报：哲学社会科学版 2008 年第 28 卷第 6 期

作　　者：邱峰

简　　介：《春秋公羊传》"复仇论"有三个方面的特点：一是强调了复父母之仇与尽君臣之义的联系，将臣子讨伐弑君者与"血亲复仇"相互等同。二是明显地表达了齐人的政治立场和历史观点，从而凸显《公羊传》"齐学"的本质特色。三提出臣子可以向无道的君主复仇，对比孔、孟、荀的观点，这种复仇奇论与孟子的思想颇有相通之处。

1749 人类灵魂的审问者——余华与卡夫卡悖谬美学观比较研究

发表时间及载体：阴山学刊：社会科学版 2007 年第 20 卷第 2 期

作　　者：韩小龙　程金城

简　　介：余华与卡夫卡都以荒诞怪癖的小说形式袒露了人生哲学的悖谬实质，但他们经过的途径、达到的层次高度又有本质性的差别。余华宏观落笔，全景式展开，辛酸中话悲凉，体验中悟真理 卡夫卡是细微处锲入，逻辑丝丝入扣，平淡中见无奈，推理中得悖谬。余华在形而下的层面上把握人物的命运，卡夫卡则是形而上的层面上直接与人的灵魂交流对话。

1750 中国现代农业发展——农业发展理论模型分析与借鉴

发表时间及载体：甘肃理论学刊 2008 年第 6 期

作　　者：丁汝俊　柳泽平

简　　介：发展经济学文献中关于农业发展的六个主要模型，从资源开发、肥力保持、区位、扩散效用和高效益投入以及技术与制度变迁等方面对发展农业问题做了理论分析，提出了不同的发展路径。这些理论模型对中国现代农业发展都有一定的借鉴意义，应结合我国实际加以应用，以提高农业生产效率，加快现农业发展。

1751 五代时期的扬州城考

发表时间及载体：中国历史地理论丛 2005 年第 20 卷第 3 期

作　　者：陈双印

简　　介：英藏敦煌文献 S.529(V) 诸山圣迹志（又名失名行记）记载了五代时期的扬州城周里数，为研究五代时期的扬州城提供了极其珍贵的第一手资料。本文以敦煌文献 S.529(V) 号的记载为依据，利用古籍记载和考古资料，论证了五代时期扬州城存在的事实，同时利用该文献对扬州城的规模和城门数进行了探讨。

1752 历史的拐点只有两次关于中国历史上的社会转型式改革

发表时间及载体：甘肃理论学刊 2011 年第 1 期

作　　者：王福生

简　　介：对中国的改革历史进程，应该从大历史的角度做大时间段的全景式比较研究。中国历史上只有两次社会转型，第一次以商鞅变法为标志成功实现了由奴隶制、分封制向封建制、集权制的社会转型，其后封建时代持续不断的都是修补式的改革。戊戌变法拉开了第二次社会转型的序幕，当代改革是戊戌变法以来中国走向现代化的未竟之社会转型的延续。

1753 周文化在齐国的传播与发展

发表时间及载体：齐鲁学刊 2002 年第 4 期

作　　者：宣兆琦　王雅红

简　　介：周文化在齐国的传播与发展，不是发生在周文化形成和兴盛的西周初中期，而是周文化在中原地区开始衰落、甚至崩溃的春秋初中期。桓、管改革，在有所损益的原则下，将周人的礼制精神、明德慎罚思想、敬天保民观念、重农传统引进了齐国。使太公以来在东夷文化基础上建立起来的齐文化，受到了周文化的洗礼，从而很大程度上改变了齐国的经济结构、社会结构，改变了齐人的生活方式和思想观念，使齐文化发展到了一个崭新的阶段。

1754 敦煌图像研究《十六国北朝卷》编后

发表时间及载体：敦煌研究 2006 年第 5 期

作　　者：梁红

简　　介：贺世哲先生著敦煌图像研究《十六国北朝卷》已由甘肃教育出版社于 2006 年 6 月出版。贺世哲先生自 1961 年到莫高窟工作以来，专攻敦煌石窟的研究已有 45 个年头，可以毫不夸张地说，他把一生都奉献给了敦煌，也是一个"打不走"的莫高窟人。更值得称道的是，贺先生在石窟研究诸多方面均有建树。笔者本人作为敦煌研究院的晚辈，其实是没有资格、也没有能力评介贺先生的学术贡献与大作之优劣。有幸的是，作为该著的执行编辑，在本书的编校工作中，前后一年多时间，我认真拜读校对五稿，一方面是编校，另一方面也是学习。在这个过程中，我确实学到了不少东西，觉得有必要把自己一些不成熟的想法与学界同行分享。有鉴于此，笔者草成此文，谈不上对贺先生大作的品评，只是略谈自己的一些感受而已。以吾辈之能力，必挂一漏万，敬希贺先生和学界大家赐教。

1755 丁玲女性意识的嬗变与其作品的互文性

发表时间及载体：西北师大学报：社会科学版 2003 年第 6 期

作　　者：王明丽

简　　介：中华民族富民强国的现代化进程是丁玲写作发生的天然土壤；丁玲女性意识的嬗变与其作品产生了深刻的互文性，其女性意识与政治意识的扭结和缠绕，凝结为丁玲写作在大视野与小格局的冲突中所显现的别具一格的审美现代性。

1756 农村基层民主政治建设的新要求

发表时间及载体：甘肃理论学刊 2003 年第 5 期

作　　者：王耀东

简　　介：本文通过对村党支部与村委会关系现状，以及健全村党组织领导的充满活力的村民自治机制工作专题调研，分析了农村两委关系不协调、不团结的表现形式和主要原因，提出了理顺村两委工作关系的难点、重点以及进一步理顺村两委关系的建议和对策。

1757 社会主义法治理念的理论渊源及时代价值

发表时间及载体：甘肃理论学刊 2007 年第 2 期

作　　者：陈永胜

简　　介：社会主义法治理念是马克思主义法学与当代中国法制建设实践相结合的产物，是马克思主义法学中国化的最新成果。文章阐述了社会主义法治理念的理论与实践意义，分析了社会主义法治理念的理论基础，在此基础上概括出了社会主义法治理念的本质特征，指出了社会主义法治理念的时代价值。

1758 宅基地使用权流转模式评析与选择

发表时间及载体：甘肃政法学院学报 2012 年第 3 期

作　　者：刘晓霞

简　　介：宅基地使用权流转是宅基地制度的核心问题，宅基地使用权流转不仅是个法律问题，也是个事关经济政治制度的问题。随着城市化进程的不断发展，在一些城市出现"宅基地换房"现象，这些探索无疑具有创新之处但也有不足，其结果只是部分解决了城乡交界处的宅基地流转问题，因而只能是权宜之计。在全国范围内建立一套宅基地使用权流转制度以填补我国土地制度的相关空白才是当务之急。

1759 政治文明建设的三大主体

发表时间及载体：党的建设 2004 年 9 月

作　　者：张玉斌

简　　介：党的"十六大"提出了政治文明建设的重要战略任务。政治文明是指人类在政治领域所创造的文明成果的总和，主要体现为政党文明、政府文明和公民文明。政党文明主要指执政的中国共产党的文明建设，集中体现在执政能力的提升等四个方面。

1760 "母语文化"教学在外语教学中的重要性阐释

发表时间及载体：甘肃联合大学学报：社会科学版 2010 年第 4 期

作　　者：苟丽梅　姜焕文

简　　介：在大学英语教学中，"目的语文化"导入已成为教学界的共识，但由于片面地灌输西方文化知识，中国传统文化缺失现象严重。在跨文化交际中，中国传统文化输出的失语也暴露出我国外语教学中母语文化内容的缺失。本文分析了母语文化在实现外语教学目标、提高学生跨文化交际能力及弘扬中国传统文化方面所起的重要作用，呼吁在外语教学中不仅要重视目的语文化的导入，还要加强母语文化的传承，以弘扬民族文化，促进国际文化的传播。

1761 论出版工作者的市场意识与文化追求

发表时间及载体：科技与出版 2004 年第 5 期

作　　者：张克非

简　　介：当前出版单位的转制和企业化改革，无疑将大大加快中国出版业的市场化和优胜劣汰的进程。这就要求广大出版从业者必须尽快转变观念、提高自身素质、增强市场竞争的能力，以适应当前的大变革。在这个过程中，进一步增强市场意识、保持文化追求，就具有特别重要的意义。

1762 黑河流域人口承载力预测分析

发表时间及载体：西北人口 2010 年第 3 期

作　　者：高新才

简　　介：人口承载力的研究对象，是由若干个内部关系错综复杂、相互之间联系紧密的子系统所组成的"自然—经济—社会"复合巨系统，本文运用系统动力学建立复合模型仿真模拟预测黑河流域人口承载力。

1763 甘肃省电子信息产业的困境与对策

发表时间及载体：价值工程 2012 年第 31 卷第 26 期

作　　者：姬五胜　杨东昇 张睿

简　　介：在信息全球化的大背景下，重点分析了困扰甘肃省电子信息产业发展的问题，提出了改善甘肃省电子信息产业现状的对策。

1764 上市公司对外担保的法律分析

发表时间及载体：兰州大学学报（社会科学版）2002 年第 30 卷第 5 期

作　　者：孙树志　聂卫锋

简　　介：上市公司的对外担保行为，是当前我国证券市场上较为普遍的现象，实际运行过程中也容易并且产生了很多问题，对证券市场造成了很大的混乱，也对我国经济带来了负面影响。本文从法律规定和理论角度对此种行为进行了分析，试图弄清其产生诸多问题的原因，并提出了解决问题的设想及立法建议。

1765 论民族农村社区社会保障体系的建构

发表时间及载体：西北民族研究 2002 年第 4 期

作　　者：周林刚　王赤

简　　介：社会保障制度是社会主义市场经济体制的基本组成部分。近些年来，伴随着社会结构转型和经济体制转轨，国内的经济学界、法学界以及社会学界掀起一股社会保障的"研究热"。但是，就其研究对象来看，关注城市社区社会保障的多，而关注农村社区的少 关注发达农村社区的多，而关注民族地区和不发达农村社区的少。民族农村社区的社会保障问题几乎成了被人遗忘的角落。而实现"生有所靠、老有所养、病有所医"是当前少数民族农牧民群体的迫切愿望。本文从人文区位学、结构功能主义、社会系统论等理论视角出发，主要对民族农村社区的社会保障现状加以分析，并在此基础上对其模式的建构提出了一些个人的看法和主张。

1766 从民居文化的内涵看其对提升城市文化竞争力的意义——以兰州古民居为例

发表时间及载体：甘肃社会科学 2012 年第 6 期

作　　者：隆滟

简　　介：兰州的古民居四合院和悬楼，与兰州独特的自然环境和社会环境融为一体，生动地反映了人与人之间、人与自然之间的关系，是兰州历史文化传统的体现。在分析兰州民居文化特色的基础上，对提升兰州民居文化的内涵和价值做了一些探讨，为新时期兰州新区开发乃至甘肃建设文化大省提供有益的借鉴。

1767 学校课程管理：特点、原则与方法

发表时间及载体：西北师大学报：社会科学版 2011 年第 2 期

作　　者：郑学燕　杨中枢

简　　介：学校课程管理的特点，内在地决

定了学校课程管理的基本原则和方法，是学校课程管理改革的重要前提。学校课程管理过程的复杂性、管理情境的多变性、管理方法的生成性、管理主体的多元性、管理关系的伦理性以及管理水平的社会文化制约性等特点，要求学校课程管理应坚持专业性原则、分权原则和协调合作原则。召开课程委员会会议、进行课题研讨学习、开展调查访问和日常观察等正是体现学校课程管理要求和原则的具体方法。

1768 敦煌石窟中的女供养人首饰——发簪

发表时间及载体：敦煌研究 2009 年第 2 期

作　　者：卢秀文

简　　介：簪由笄发展而来。簪主要以簪首为饰而定名，其类型和料质各个时期的特点不同。敦煌壁画中女供养人发簪类型多样，大致有 9 类：即云、凤、鸟、草、花、方、平、圆、尖顶型簪，流行于唐、五代、宋、西夏时期。发簪不但具有固发和妆饰发式的功能，也是敦煌贵族昭示身份的一种标志，同时反映出敦煌女供养人的审美标准和流行时尚。

1769 试论债权风险的防范与救济

发表时间及载体：甘肃政法学院学报 2004 年第 3 期

作　　者：何恩光

简　　介：债权反映着财产流转关系，实现债权是债关系的目的，只有实现债权，才能促进流通，维护交易安全。然而，现实中交易风险丛生，危害着债权人利益，影响着交易的顺畅和商品的流转，如何构筑债权的防范体系，防范债权，减少风险，无疑具有重要的现实意义和学术研究价值，也是债权制度研究的终极目的。

1770 民族地区义务教育阶段贫困学生就学资助问题研究

发表时间及载体：教育与经济 2011 年第 2 期

作　　者：金东海　王爱兰

简　　介：对农村贫困家庭学生实施就学资助，是保证其顺利完成学业的重要措施，也是推进义务教育过程公平的目标。但目前西北民族地区贫困农村就学资助面临着覆盖面窄、力度小，资助需求满足程度低等方面的问题。本文对现有农村贫困学生资助政策及社会对贫困学生开展资助方面存在的问题进行了探讨，并就尽快构建西北民族地区贫困学生就学资助体系提出了相应建议。

1771 我省资源型城市可持续发展的财政政策研究

发表时间及载体：兰州商学院学报 2009 年第 25 卷第 3 期

作　　者：李东海

简　　介：资源型城市在甘肃经济社会发展中占有举足轻重的地位，但由于资源和市场的原因，这些城市的支柱产业开始衰退，新型产业发展滞后，已经严重制约了资源型城市的进一步发展。因此，加快推进甘肃资源型城市经济结构转型，实现资源型城市的可持续发展具有十分重要的意义。

1772 论阅读过程中的"意思协商"

发表时间及载体：兰州商学院学报 2004 年第 20 卷第 1 期

作　　者：刘福生

简　　介：阅读是积极的认知过程。阅读的过程是学生在创建最佳语境时信息解码和推理的过程。本文以此为基础，拟对阅读中学生通过阅读材料与作者之间的意思协商和两个或更多参与者通过阅读材料与作者之间的意思协商进行论述，旨在培养学生的个体思维能力，提高学生的阅读理解能力。

1773 浅谈高师院校青年声乐教师的基本素质

发表时间及载体：甘肃高师学报 2012 年第 2 期

作　　者：张燕　师晖

简　　介：目前，声乐教育已成为高师院校音乐教育的重要部分。近几年来我国青年声乐教师越来越多，但就声乐演唱水平、声乐理论水平及实际教学能力是否能结合一体，运用于教学是我们值得讨论的。

1774 合作学习在少数民族大学生英语写作中的应用研究——以藏族学生为例

发表时间及载体：社科纵横 2011 年第 4 期

作　　者：赵丽丽

简　　介：作为英语学习的基本技能之一，写作的重要性是英语教育界公认的。但对于我国大多数大学生，尤其是藏族学生来说，写作却是令他们最头疼的事情。本文结合藏族学生的学习心理特征，对合作学习应用于藏族学生英语写作进行了探讨，以促进藏族等少数民族大学生英语写作教学实践。

1775 论依法行政的制度保障体系

发表时间及载体：甘肃行政学院学报 2008 年第 5 期

作　　者：裴婷婷　何立慧

简　　介：真正实现依法行政，非朝夕之功。构建有效保障依法行政的制度体系，逐步创造条件落实这些制度，可以使实现这一目标的行动更加有条不紊。本文从行政权力主体、权力分配行使和监督、执法救济、执法责任等几个方面的制度体系，来探讨完整的有效保障依法行政的制度体系。

1776 高等教育发展与我国研究生教育科类结构、层次结构关系初探

发表时间及载体：兰州大学学报（社会科学版）2002 年第 30 卷第 5 期

作　　者：王根顺　焦炜

简　　介：随着高等教育的发展，我国研究生教育的科类结构与层次结构也随之发生了一系列变化。本文从三个方面探讨了高等教育发展与我国研究生教育科类结构、层次结构之间的关系。

1777 孔子美育思想及其现代意义

发表时间及载体：兰州大学学报（社会科学版）2002 年第 30 卷第 1 期

作　　者：许玮

简　　介：孔子的美育思想是其教育思想的重要组成部分，它强调以仁为核心的美育理念，重视美育的伦理功能，同时也注意到美育在审美和智育等方面的多重作用。

1778 "白马藏人"族源探析

发表时间及载体：兰州大学学报（社会科学版）2002 年第 30 卷第 4 期

作　　者：黄英

简　　介：民族识别问题影响到我们如何正确处理民族关系，促进民族团结。白马藏人的族属问题，在学术界一直存在广泛争议。本文对该民族的地域分布、语言、姓名、社会经济、风俗习惯等方面作了具体分析，并认为它是中国古代白马氐族的后裔。

1779 集雨工程应走向城镇

发表时间及载体：甘肃理论学刊 2003 年第 1 期

作　　者：姜泽民

简　　介：水资源紧缺已成为世人共同关注的全球性问题。近年来，我国北方农村头施集雨工程，收到了明显的效果。鉴此，本文主张将农村集雨成功的经验向乡镇、城区推广，城乡同步实施集雨工程，开发利用天然的水资源。这也是一条缓解我国乃至世界水资源紧缺的有效途径。这项工程费时短、耗资少、见效快。只要实施起来，就能使城乡水资源紧缺的问题得到缓解。

1780 经济危机余波下的中国大学生幸福度调查分析

发表时间及载体：甘肃联合大学学报：社会科学版 2010 年第 5 期

作　　者：王乙茹　文雅

简　　介：为了解金融危机余波对大学生心理健康和幸福度产生影响以及影响的程度，笔者对全国七个地区的八所著名高校的在校本科生进行了问卷调查，并对调查数据使用专业统计软件 SPSS 进行了处理。对全国高校大学生的平均幸福度，幸福原因的归因倾向，幸福感的来源，金融危机及其余波对中国大学生的心理产生的影响等作了分析。在此基础上，对大学生心理压力特别是学业压力、人际交往压力、就业压力的缓解，从学校、社会、个人三个角度提出了建议措施。

1781 河西走廊历史时期绿洲边缘荒漠植被破坏考

发表时间及载体：中国历史地理论丛 2003 年第 4 期

作　　者：李并成

简　　介：本文引用正史以及汉简、敦煌遗书、西夏文书、明清方志等大量有关史料，并经实地反复考察，对于河西走廊历史时期绿洲边缘荒漠植被的破坏状况，作了细致的探讨。

1782 浙江省农村党员干部现代远程教育资源整合调查研究

发表时间及载体：电化教育研究 2010 年第 2 期

作　　者：杨晓宏　郝建华

简　　介：浙江省自 2005 年启动农村党员干部现代远程教育工程以来，在资源整合等方面取得了显著成效。本文结合文献研究和实地调研的结果，分析了浙江省农村党员干部现代远程教育资源整合的现状和典型做法，针对目前存在的问题，提出了改进的思路建议。

1783 "青城水烟"的传统手工艺研究

发表时间及载体：西北民族大学学报：哲学社会科学版 2012 年第 2 期

作　　者：马健

简　　介：青城水烟传统手工艺是甘肃省首批非物质文化遗产名录入选项目，这门技艺自明末清初创制以来，已有三四百年的传承历史。由这门技艺生产出来的水烟，曾在我国烟草市场上占有重要地位。随着生产技术的进步、生活方式的改变以及香烟的强烈冲击，水烟已逐渐淡出人们的视线，水烟的传统生产技术也走到了消失的边缘。本文在时青城水烟传统手工艺进行深入地田野调查的基础上，采用第一手调查资料将青城水烟传统手工艺的孕育环境、兴衰历史、工艺流程、工艺特征、材料选择、配方配料、传承方式等进行了细心梳理和总结，意图向大家揭开青城水烟传统手工艺的真实面纱，唤醒我们对这门传统手工艺的保护意识。

1784 利益相关者视角的高等教育信息化发展策略研究

发表时间及载体：电化教育研究 2014 年第

35 卷第 11 期

作　　者：杨晓宏　杨方琦

简　　介：高等学校是一个典型的由不同利益相关者群体构成的非营利性组织，涉及教师、学生、管理人员、科研人员、财政拨款者（政府）、校友、科研经费提供者、产学研合作者、学生家长和社会公众等众多利益主体。本研究基于利益相关者理论视角，从分析高等学校利益相关者的概念、类型和特征人手，阐述不同利益相关者对高等教育信息化发展的利益诉求，在此基础上进一步构建促进我国高等教育信息化发展的有效策略，即服务为中心策略、大数据决策策略和生态化发展策略，以期为解决我国高等教育信息化发展过程中存在的深层次问题，和促进我国高等教育信息化的又好又快发展，提供理论借鉴和实践参考，从而全面实现高等学校人才培养、科学研究、社会服务和文化传承四大基本职能。

1785 高校文科综合实验室建设疏论

发表时间及载体：社科纵横 2008 年第 7 期

作　　者：安迎春

简　　介：近年来，对于增强文科实践性教学环节已越来越受到各大高校的重视，高校文科综合实验室建设对提高文科学生的综合素质的作用开始逐渐凸现，文科实验室建设也愈来愈受关注。文章通过分析文科实验室建设的意义及面临的用境，针对甘肃政法学院实验室建设的现实状况，对文科综合实验室建设管理提出了几点设想，进一步增强对文科实验室建设重要性的认识。

1786 中国西部转变经济发展方式的成功范例

发表时间及载体：甘肃理论学刊 2009 年第 2 期

作　　者：李含琳

简　　介：贯彻落实科学发展观，实现经济发展方式的根本性转变，是我国目前和今后一个时期区域经济与社会发展的中心工作。内蒙古自治区的鄂尔多斯市近年来在大力调整发展思路、科学选择发展战略、高效推进经济发展方式转变方面取得了显著的成就，形成了独具特色的发展模式。他们的经验对于我国西部地区有积极的学习和借鉴意义。

1787 以科学决策推动科学发展

发表时间及载体：求是 2010 年第 16 期

作　　者：包国宪　修卿善

简　　介：科学决策是推动科学发展的重要保证。各级领导干部要不断增强科学决策意识，努力掌握科学决策方法，大力提高科学决策水平。

1788 农业产业化及其模式选择

发表时间及载体：兰州大学学报 (社会科学版)2001 年第 29 卷第 6 期

作　　者：张镅

简　　介：本文对农业产业化这一概念做出了市场化、社会化、集约化、组织化的界定。通过对推进农业产业化所带来的市场、要素、科技、服务、规模、产业链等方面变化的分析，认为农业产业化是解决我国农业深层次矛盾的有效途径。最后，对农业产业化的模式选择进行了较为客观的分析和评价，尤其是针对农民合作经济组织 + 农户的模式。笔者认为，基于各地历史、经济、现实、社会等方面的背景科学地选择才是惟一可行的。

1789 劳动力在怎样的条件下才能索取部分剩余产品

发表时间及载体：甘肃社会科学 2000 年第 1 期

作　者：闫正良

简　介：劳动力是否具有资本属性，关键就在于劳动力是否具有"风险性"，即承担企业的经营风险，是劳动力由普遍的"劳动力商品"转变为具有"资本"属性进而拥有部分剩余产品索取权的关键。

1790 张掖马蹄寺石窟群千佛洞第8窟礼忏活动探析

发表时间及载体：敦煌学辑刊 2007 年第 2 期

作　者：张善庆

简　介：马蹄寺石窟群千佛洞第 8 窟中心塔柱右面，绘画内容丰富，涵盖七佛、十方诸佛、弥勒菩萨、释迦多宝并坐以及释迦牟尼十方分身诸佛等题材。其依据大概是连眉禅师昙摩蜜多翻译的《佛说观普贤菩萨行法经》。它们与该经记载的坐禅忏悔等活动密切相连。但是因为具体的忏仪没有流传下来，我们对其具体功能不甚明了。这种局面在天台宗智者大师《法华三昧忏仪》制定以后得到了改观。通过考察可以看出，这些图像集中应用于忏仪中的奉请、赞叹和礼佛三科中，其功能就是表示行者所奉请的诸佛与菩萨已经莅临道场并要接受行者的供养。

1791 启动甘肃民间投资与产业结构调整关系探析

发表时间及载体：发展 2004 年第 3 期

作　者：苏华

简　介：启动民间投资是实现甘肃省产业结构优化和升级的必要条件。作为西部地区的甘肃省，要想缩小与发达国家和国内发达地区的差距，或使差距拉大的速度减缓，急需产业结构的转换和升级，加快解决产品老化、工艺落后、环境污染、社会包袱沉重和技术开发能力弱等问题。

1792 环境保护公众参与的制度绩效、缺陷与禾米路径

发表时间及载体：甘肃理论学刊 2008 年第 1 期

作　者：史玉成

简　介：20 世纪 70 年代以来，"人们通过参加决策、制定政策即控制各种活动，自觉和民主地投入致力于环境与发展的努力"，使得环境保护公众参与由最初的自发意识发展成为一项自觉的、积极的行动。在我国，公众参与在制度层面和环境立法、环境行政、环境司法和环境决策实践层面取得了一定绩效，但尚存在诸多不足。为此，应当立足国情，借鉴发达国家经验，对我国环境保护公众参与法律制度进行重构和完善。

1793 中国特色社会主义道路的开辟

发表时间及载体：甘肃理论学刊 2008 年第 6 期

作　者：陈永恭

简　介：以毛泽东为代表的党的第一代领导集体开始探索中国特色社会主义建设道路的理论。以邓小平为代表的第二代领导集体开始找到了中国特色社会主义建设道路的理论。党的第三代领导集体初步发展了中国特色的社会主义建设道路的理论。中共十五大进一步充实了关于社会主义初级阶段的基本特点和历史任务，完善了党在社会主义初级阶段的基本纲领。以胡锦涛为总书记的新的中央领导集体，科学概括了中国特色社会主义道路。中国特色社会主义道路的理论探索，是马克思主义与中国实践相结合的历史性飞跃。

1794 专家引领下的网络远程混合指导模式与策略研究

发表时间及载体：电化教育研究 2014 年第

35 卷第 8 期

作　者：张绒　郭绍青

简　　介：文章以"应用型课题促进英特尔未来教育基础课程理念向教师教学能力迁移的实践研究"项目中专家团队的指导为研究点，对研究团队的指导设计与指导过程进行理论总结。实践证明，专家引领下的网络远程混合指导活动的开展在项目实施中起到了极其重要的作用，远程指导成为连接专家团队与项目学校的纽带，存在于教师网络学习、教研、实践、反思的方方面面，是项目取得成功的关键之一。文章期望该项目的指导模式与实施策略对同类型的指导活动能够起到一定的借鉴作用。

1795 语言接触引发的语言演变——东乡民族的语言转用

发表时间及载体：西北民族研究 2013 年第 4 期

作　者：敏春芳

简　　介：东乡民族的交际工具主要是东乡语，东乡语属阿尔泰语系蒙古语族。东乡语长期处于汉藏语系语言的包围之中，不仅语言结构发生了变化，而且主要功能也在发生着变化，语言转用就是语言功能变化的一种。据我们调查，在东乡族自治县的 24 个乡镇中，四分之一的人口已经转用了汉语。主动的文化同化、经济条件等是造成东乡民族语言转用的原因。

1796 甘肃的小康建设与物权的激励功能研究

发表时间及载体：甘肃理论学刊 2004 年第 6 期

作　者：辛万鹏　吕志祥

简　　介：面对甘肃还属于传统的农业社会这一现实，加快工业发展，进行技术创新就成了小康建设的重中之重。要进行技术创新，就需要完善的物权制度，只有建立完善的物权制度，确保创新者独享创新带来的收益时，人们才会有足够的激励投入到创新活动中去。也就是说，能够进行收益排他的物权制度是激励技术创新的制度前提；充分发挥物权的激励功能，是保障甘肃小康建设顺利进行的关键要素。

1797 论基于城市化进程中的城市教育结构

发表时间及载体：社科纵横 2008 年第 2 期

作　者：刘炎欣　赵鹏

简　　介：城市化是一个国家经济起飞、社会迅速发展、人民生活水平提高的进程中必须经历的过程。教育、交通、环境、社会保障等多方面公共服务的有效提高，是这一过程顺利进行的必不可少的推动力。在我国全面建设小康社会的进程中，顺利地推进城市化对于促进城乡协调发展，提高人民生活水平有着十分重要的意义。城市要发展。作为整个国民教育体系中居于核心地位、起着先导作用的城市教育必须凸显其核心作用。探讨基于城市化进程中的城市教育结构，不仅对城市及其辐射区的经济建设和社会发展产生深远的影响，而且直接关系到我国整个国民教育的发展和社会主义现代化建设的进程。

1798 甘肃企业兼并与产业结构的调整

发表时间及载体：甘肃社会科学 2002 年第 1 期

作　者：戈银庆

简　　介：甘肃省作为西部的一个重要省份，其经济的发展受到越来越多的人们的关注。而经济的发展，对产业结构的调整相应提出了越来越高的要求。本文通过分析指出甘肃省推行企业兼并，进行产业结构调整的必要性，指出通过企业兼并是实现产业结构的合理化和高层次化的有效途径和手段。

1799 构建思政教育对话模式促进师生互动与交融

发表时间及载体：中国高等教育 2013 年第 18 期

作　　者：汪玉峰　刘基

简　　介：长期以来，思想政治教育模式未能很好地摆脱"主客体二分"思维方式的束缚。这较大程度地阻碍了受教育者主体性和创造性的提升，成为影响思想政治教育实效性的重要原因之一。对话作为人类最重要的一项活动。广泛存在于现实的社会生活之中。如何在新时期实现思想政治教育者和受教育者之间民主的、平等的对话，如何直面人的现实诉求、关注人的精神成长和引导人的价值取向，就成为新时期思想政治教育模式构建的重要内容。

1800 陈继儒与《金瓶梅》的作者

发表时间及载体：徐州工程学院学报：社会科学版 2010 年第 25 卷第 2 期

作　　者：张同胜

简　　介：从《金瓶梅》的传播接受、成书方式、董其昌与陈继儒二人的交游厚密关系、创作风格等可以推断，《金瓶梅》的作者是陈继儒从吴越间延招来荟蓁成书的"穷儒老宿"。

1801 农民工公共文化服务的缺失及其原因探析

发表时间及载体：兰州学刊 2011 年第 5 期

作　　者：刘先春

简　　介：农民工是指进到城里从事非农的工作却还未改变农民身份的劳动群体，他们是农村家庭的主要劳动力，是城乡经济、生活和文化联系的纽带。

1802 兰州地区速食业投资环境分析

发表时间及载体：甘肃社会科学 1998 年第 1 期

作　　者：魏晓蓉

简　　介：现代工业文明在创造更多社会物质财富的同时，加快了人们的生活节奏，而市场经济方式的取向使每个社会成员以牺牲家庭生活为代价，成为社会化大生产中的一个零件。这样家庭外饮食业与家庭外旅馆业一样，使家庭功能社会化，并代替家庭的生活功能而大力发展于现代社会。由于这样异化的背景，速食业作为家庭外的"生活型"饮食业，成为每个家庭厨房工艺的直接替代品，是家庭饮食的一种"移植"和进步。

1803 合同责任扩大化及其理论基础

发表时间及载体：甘肃行政学院学报 2001 年第 2 期

作　　者：魏浩征

简　　介：合同责任除违约责任外，还应当包括缔约过失责任、合同无效责任、后合同责任及预期违约责任等。本文通过对合同责任的界定、合同责任扩大化的法制史及比较去考察合同责任扩大化在我国合同中的表现，揭示合同责任扩大化的理论基础、价值取向，以期能对我国合同法的发展完善有所帮助。

1804 土族研究一百年——土族社会历史、文化研究述评

发表时间及载体：西北民族研究 2005 年第 4 期

作　　者：祁进玉

简　　介：本文的主要目的，是将近百年国内外学者对土族的研究，分门别类地梳理并加以评述，对今后土族研究提供一个更加清晰、便利的文献综述。

1805　张世英与清末秦州地方自治

发表时间及载体：天水师范学院学报 2011年第 31 卷第 3 期

作　　者：陈尚敏

简　　介："宪政运动"是清末新政的重要内容之一，地方自治是其基础。甘肃宪政运动因前任总督升允的抵制而迟滞不前，升允在被开缺之后，继任者长庚出于时间紧迫的原因，便采取变通作法，一边为地方自治做准备，一边调在陕西渭南作知县、在任期间自治已办有成效的张世英来甘，先在其本籍秦州试办。由秦州自治规划及其依凭的思想资源大致反映出主持者对地方自治的基本理念，同时从秦州自治引发的社会各阶层的反应中，也能了解清末当地的一些社会状况。

1806　国家法失效研究的一个理论架构——以类型化为中心

发表时间及载体：西北师大学报：社会科学版 2009 年第 5 期

作　　者：吴国喆

简　　介：国家法的失效可以在不同层面、不同意义上存在，因此必须对此予以限缩才能形成相对确定的结论，国家法的失效的应然与实然层面正是这种限制后的结果。类型化便利于克服一般性、抽象性过高和孤立化、特殊化的两个极端，可以使对个别和特殊现象的研究上升到一般和普遍的高度，因此国家法的失效研究可采用这一进路。国家法的失效有行为的失效、和解的失效、调解的失效和制裁的失效四种基本类型，其间存在着二元递进选择关系，这一类型化架构可为法

的失效研究提供一个理论工具。

1807　西部文化资源产业可持续发展的建设工程研究

发表时间及载体：西北师大学报：社会科学版 2012 年第 4 期，

作　　者：刘新田

简　　介：西部文化资源产业实现可持续发展，既有不利的制约因素，又有积极的动力因素。结合西部实际情况，深入探究西部文化资源产业可持续发展的本质要求，"文化产业建设工程"将发挥文化资源产业活跃的动力因素，化解文化资源产业的约束因素，进一步解放文化生产力，把文化资源优势转化为文化产业优势，提升文化资源产业的水平和质量，使文化产业成为西部经济发展新的增长点。

1808　浅谈行政行为的公定力

发表时间及载体：甘肃理论学刊 2005 年第 3 期

作　　者：刘华　韩杰

简　　介：本文在对行政行为效力、公定力概念进行解释的基础上，着重对目前国内外有关于公定力的有限和完全存在的争论发表一点看法，提出我国应实行有限公定力的观点。

1809　唐《始平县图经》残卷（S.6014）研究

发表时间及载体：敦煌研究 2005 年第 5 期

作　　者：李并成

简　　介：本文就敦煌遗书 S.6014 残卷的时代、名称，卷中所记槐里、汤台、龙泉三乡地望和武功县驿、祥瑞等有关问题，以及本卷在我国方志学研究方面的价值等做了系统的探讨，考得本卷为纂于唐高宗时期的始平县图经残卷。

1810 西部地区农村基础教育课程改革面临的问题与对策

发表时间及载体：西北师大学报：社会科学版 2007 年第 2 期

作　　者：王嘉毅

简　　介：课程改革是当前我国基础教育领域重要的改革之一，也是全面推进素质教育、提高人才培养质量的有效策略。当前西部地区农村基础教育课程改革中存在着领导重视不够、课改经费严重不足、教师对新课程不适应、班额过大制约新课程实施等问题。针对这些问题，提出了加强领导、加大新课程的宣传力度、建立课程改革专项经费、推广校本培训与校本教研、实施发展性评价等具体对策。此外，还就如何建立长效机制、深化课程改革，促进西部农村基础教育可持续发展提出了相关政策建议。

1811 论传统私权保护理念在环境法价值追求中的局限性

发表时间及载体：甘肃联合大学学报：社会科学版 2008 年第 1 期

作　　者：李俊峰

简　　介：环境问题是当今世界各国普遍存在的一个问题。传统法学理论体系是以私权本位的民商法为基础建立起来的，强调私法自治，以追求个人福利和对个人利益的保护和终极关怀为利益诉求，而这些精神和理念却与现代环境法的宗旨和价值追求相矛盾，在解决环境问题时捉襟见肘，暴露出诸多缺陷和弊端。本文试图从环境法的价值追求角度，讨论传统私权保护理念对保护环境和规制资源破坏行为的不适应，从根本上预防和缓解由于环境恶化所带来的生态危机，以真正实现人类经济社会的可持续性发展。

1812 对"国家干预"的逻辑解析——基于经济法的视角

发表时间及载体：甘肃政法学院学报 2007 年第 4 期

作　　者：芮守胜

简　　介：关于经济法的概念，学界有影响的观点主要有经济协调关系说、需要国家干预说、经济管理与市场运行关系说、国家调节关系说、新经济行政法论等。综观我国经济法概念的种种学说，"国家干预"是经济法概念的基本内涵。本文从逻辑学的角度对此进行阐释，以期进一步阐明经济法的本质和特征。

1813 表演选秀节目高收视率之受众心理保障分析

发表时间及载体：社科纵横 2010 年第 11 期

作　　者：李扬

简　　介：表演选秀类节目在中国的高收视率现象可以引发我们从社会、文化、尤其是受众心理上等层面进行深入的分析与研究。表演选秀节目是"以受众为本位"的时代所产生的满足受众与市场需求的大众传媒产品。它遵循了受众的选择性心理规律，满足了受众的一些心理需求。同时，如何避免表演选秀节目主持人作为大众文化的产物，对观众，尤其是青少年观众价值观念上的负面影响，是大众传播媒介作为"社会存在守望者"所必须重视和负责的问题。

1814 建国初期甘肃省禁烟肃毒运动述评

发表时间及载体：甘肃联合大学学报：社会科学版 2009 年第 6 期

作　　者：王晋林

简　　介：新中国建国初期，中共甘肃省委和甘肃省人民政府为巩固新生的人民政权，稳定社会秩序，厉行禁烟肃毒，结合甘肃开展的各项民主改革和社会改造，组织和领导全省各地开展了广泛、深入和持久的群众性的禁烟肃毒运动，使甘肃泛滥多年的烟毒彻底禁除。建国初期甘肃省的禁烟肃毒运动，有其显著的特点和丰富的经验，不仅为开展大规模的社会主义建设创造了条件，也对于目前严厉打击毒品犯罪活动的斗争有着重要的借鉴作用和参考价值。

1815 试论檀石槐军事联盟时期的鲜卑社会变革

发表时间及载体：社科纵横 2009 年第 5 期

作　　者：康家玮

简　　介：檀石槐军事联盟在鲜卑的历史上有着举足轻重的地位，促进了鲜卑诸族由原始社会末期向阶级社会过渡。在建立之初，这种军事联盟对鲜卑的社会发展起到了积极作用。后期，军事联盟逐渐不适应鲜卑社会发展，也暴露出其局限性，导致瓦解。然而这种特殊组织的产生和消亡，都是与当时的鲜卑经济政治状况息息相关的，是民族相互融合、共同发展的表现。

1816 中国现代文学研究的方法论

发表时间及载体：兰州商学院学报 2005 年第 21 卷第 2 期

作　　者：张建生

简　　介：本文论述了中国现代文学研究方法革新的必要性与意义，分析了现代文学研究方法的惯性思维定势与存在的问题，提出了架构现代文学研究新方法的思路和设想。

1817 政治解冻与文学批评生命的获得——新时期之初文学理论与批评研究（1979—1984）

发表时间及载体：西北师大学报：社会科学版 2010 年第 2 期

作　　者：韩伟

简　　介：新时期之初，随着全国第四次文代会的胜利召开，文学从属于政治的局面得到根本性改观，文学创作和文学批评重获新生。以理论批评与作品批评为基点，试图从"人学观念的确立""为文艺正名""走向审美化的文学批评"三个方面，阐述新时期政治解冻后文学批评重获新生的过程，以及在这个过程中文学批评的观念嬗变。

1818 定西县土地人口承载力研究

发表时间及载体：干旱区资源与环境 1993 年第 2 期

作　　者：韦惠兰

简　　介：本文在全面分析定西县自然资源的基础上，运用系统动力学模型，对定西县土地人口承载力进行了较为深入的研究，同时提出了协调人地关系，促使定西县经济较快发展的建议与对策。

1819 见证甘肃民族教育三十年的发展与变化

发表时间及载体：兰州商学院学报 2009 年第 2 期

作　　者：巴建坤

简　　介：改革开放三十年来，教育取得的成就有目共睹，用三句话概括就是，教育观念大转变、教育制度大创新、教育水平大提升，是取得辉煌成就的三十年。甘肃是一个多民族的省份，民族教育是全省教育事业发展的重要组成部分。

1820 西夏乾祐二年 (1171) 黑水城般驮、脚户运输文契

发表时间及载体：敦煌研究 2012 年第 2 期

作　　者：张多勇

简　　介：《俄藏黑水城文献》第 6 册有三件汉文文书，完整地反映了西夏时期黑水城运输的全过程，间接反映西夏的交通。作者对该文书重新命名，对文书中出现的几个重要名词如"合同""一般驮"进行了考释，进而探讨了西夏的运输和交通。

1821　作为身体实践的社会记忆——读《社会如何记忆》

发表时间及载体：西北民族研究 2010 年第 1 期

作　　者：马红艳

简　　介："身体实践"是保罗康纳顿在《社会如何记忆》这本书中提出的重要概念。社会记忆（social memory）是社会学和人类学讨论集体记忆如何保持问题时的一个专有名词。既然存在一种叫社会记忆或集体记忆的东西，那么我们通常就会认为，"社会记忆"是人们对"过去"的记忆。

1822　经济法理论基础的辩证法解读

发表时间及载体：西北师大学报：社会科学版 2005 年第 6 期

作　　者：齐建辉

简　　介：作为一个新型的法律部门，经济法对法律实务和法学理论的最大影响莫过于其全新的理论视野和整体主义的辩证法思想。对经济法赖以产生、发展和完善的现实基础和理论依据诸如个人和社会、市民社会和政治国家、市场机制和政府规制、经济民主和经济集中等范畴进行辩证分析，可以对经济法的本质和特征有更深层次的认识和把握。

1823　敦煌写本《籝金字书》研究

发表时间及载体：敦煌研究 2009 年第 2 期

作　　者：韩博文

简　　介：《籝金字书》，前后残缺，存有帝王篇第一 71 个字、诸君篇第 50 个字、诸王篇第三 37 个字、公主篇第四 38 个字，四篇共 196 个字。通过逐字勘比研究，其内容与 S.5604 阴庭诫改编有很多差异，而与 P.3907 李若立编撰的籝金内容相同，应当是根据李若立籝金编撰的，是唐代敦煌教授学生学习李若立籝金所使用的字书。

1824　青少年网络成瘾的诊断标准

发表时间及载体：电化教育研究 2007 年第 7 期

作　　者：周爱保　刘锦涛

简　　介："互联网成瘾"是指在无成瘾物质作用下，上网行为冲动失控。在对国内外有代表性的量表评价和借鉴的基础上．根据青少年使用网络的实际情况编制了网络成瘾量表，通过项目分析、因素分析和信效度检验，结果表明量表具有较好的信度、效度指标。结合 36 名网络成瘾者在该量表上的得分，最终确定在量表总得分上大于 39 分的被试就可以初步诊断为具有网络成瘾特征，并进一步提出了网络成瘾的诊断标准。

1825　阿尔里·阿尔布都小说的民族意识

发表时间及载体：社科纵横 2009 年第 4 期

作　　者：李海

简　　介：阿尔里·阿尔布都立足于民族聚居的乡庄，在其表现东干人历史与现实生活的小说中，民族意识像一条红线贯穿其中。他吸收各方厥的文化给养，尤其是对俄苏文学的借鉴，充满激情地书写民族历史 在继承民族传统文化的同时，又有着清醒的批判意识，深切地关注着东干民族未来的发展。

1826 西部干旱区生态公益林法律制度创新机制研究——基于对兰州南北两山生态绿化的实证分析

发表时间及载体：社科纵横 2010 年第 7 期

作　　者：贾登勋　马振华

简　　介：由于西部干旱区特殊的自然和地理环境，生态公益林法律制度的设立和发展具有特殊的运行机制，确立了生态价值优先、统一机构领导、市场机制引入、林权流转灵活并以地方立法加以固定的正式制度安排。地方生态公益林法律制度的发展既要通过法律改革适应新形势以确立正式制度，也要在坚持法律继承的基础上尊重地方性本土资源的合理性并积极加以吸纳，或可构建更高效的制度创新机制。

1827 香港研究生教育的特点与启示——以香港中文大学教育技术学专业为例

发表时间及载体：电化教育研究 2008 年第 10 期

作　　者：汪基德　杨改学

简　　介：本文以香港中文大学教育技术学专业的研究生教育为例，归纳了香港研究生教育在培养目标、入学资格、课程设置、培养方法等方面的特点，并根据我国研究生教育的实际，提出了"明确学科与专业的区别，按社会需求确定培养目标""实行宽松的管理模式，解决从业与学习的矛盾""明确责任导师，落实导师责任制""加强研究方法的学习与训练""大力发展有专业背景的专业硕士教育"等改革我国内地教育技术学专业研究生教育的建议。

1828 中国地方政府绩效评估的可持续性问题研究——基于"甘肃模式"的理论反思

发表时间及载体：公共管理学报 2012 年第 2 期

作　　者：何文盛　廖玲玲

简　　介：政府绩效评估作为一种创新性的政府管理工具，其科学性与可持续性成为推动政府绩效管理和政府能力建设的关键。然而由于多种因素的影响，我国地方政府绩效评估的持续性开展面临着一系列的障碍。

1829 美国教育技术学研究生培养：视点与方法——与刘余良教授的对话

发表时间及载体：电化教育研究 2014 年第 35 卷第 6 期

作　　者：王卫军　刘余良

简　　介：美国的教育技术发展脉络清晰完整，社会需求与专业方向有很强的关联性，每个方向的环境设施都为学生将来成为一名教育技术专家做好了准备。SIUE 的教育技术学主要培养面向社会，能够适应社会需求的问题解决型人才。SIUE 教育技术学硕士研究生主要开设三种类型的课程：第一类，教育类课程；第二类，教学技术基础类课程；第三类，专业技能类课程。在不同的招生方向以及不同的培养阶段，都有现场实践或设计坊方面的课程。

1830 我国农地金融制度建设的思考

发表时间及载体：现代经济探讨 2010 年第 6 期

作　　者：高新才

简　　介：建立农地金融制度有助于解决我国农村地区缺乏抵押品、农村金融发展滞后的难题，对健全和完善我国农村金融体系具有积极的促进作用。该文在分析比较国内外农地金融制度的基础上，探讨我国农地金融制度建设的可行性和现实约束，最后对我国农地金融制度的构建提出初步设想。

1831 政策性农业保险的福利功效分析

发表时间及载体：时代经贸 2010 年第 12 期

作　　者：马雪彬　石贵琴

简　　介：政策性农业保险作为国家支农体系的重要组成部分，对农村经济的持续增长和农村各项事业的稳定发展具有重大的现实意义。本文从农业保险市场福利、微观农户效用、社会公平三个角度对政策性农业保险的福利功效进行了探讨。

1832 儒家"德主刑辅"政治文化的教育学意蕴及其现代性探析

发表时间及载体：西北师大学报：社会科学版 2004 年第 6 期

作　　者：张学强　滕志妍

简　　介："德主刑辅"是儒家政治文化的核心和精华，对中国传统政治文化产生了直接和深远的影响。儒家"德主刑辅"的政治文化有着浓郁的教育学意蕴，使政治统治与教育教学结成紧密的联姻，一方面要求政治统治坚定地沿着教育路向前进，另一方面要求教育实践始终体现政治情结。在现代社会背景下，对儒家"德主刑辅"政治文化的教育学意蕴，及其现代性进行探讨具有重要的现实价值。

1833 投资者利益法律保护之比较研究

发表时间及载体：甘肃政法学院学报 2003 年第 1 期

作　　者：赵蕊朵

简　　介：本文从立法内容与法律责任两方面对内幕交易、操纵市场、欺诈客户、虚假陈述的行为及不规范性信息披露制度等违法违规行为进行了中外比较。建议证券监管部门应该对禁止的交易行为进行严格的监管，加大执法力度，并尽快建立民事赔偿制度，以保护投资者的利益。

1834 浅析外语学习中错误分析与错误纠正

发表时间及载体：甘肃高师学报 2012 年第 1 期

作　　者：艾丽　张淑萍

简　　介：在外语学习过程中，学生不可避免地会出现各种各样的错误，对于是否应该立即纠正这些错误以及如何纠正错误就成为教师需要思考的重要问题，也是多年来语言教学中所关注的、并且存有争议的问题。本篇论文在分析和探讨了行为主义、心灵主义以及中介语理论框架下对待错误的三种不同态度之后，提出不能笼统的认为语言学习者犯的所有错误都应该得到纠正也不能随意的放任这些错误，应该对错误持理性态度，有选择的对其进行纠正。在纠正错误时，应考虑到教学的目的、错误的性质、学习者的中介语发展水平、情感因素以及学习者的性格特征等五个方面的重要因素，由此进行适度的错误分析，帮助学习者有效地纠正错误，提高语言使用的准确性。

1835 《丁卯集》对晚唐政局的反映

发表时间及载体：西北师大学报：社会科学版 2002 年第 6 期

作　　者：周蓉

简　　介：许浑"丁卯"的思想内涵，并非如传统上所认为的徜徉山水、遁世绝俗那么单纯。济世思想或明或暗地贯穿了诗人的一生，反映到诗歌创作中，就形成了《丁卯集》

丰富的题材和深刻的内蕴。突出的是对宦官把持朝政、藩镇拥军割据及皇帝荒淫昏庸等晚唐重大的政治问题，都有较为真切的反映和客观的评价。

1836 离岸和本土中间投入对中国工业行业生产率的影响

发表时间及载体：中国工业经济 2011 年第 5 期

作　　者：李国璋

简　　介：本文使用中国投入产出表，在计算各类中间投入的基础上，分析了中间投入对中国工业行业劳动生产率的影响，结果表明：总中间投入及四类子中间投入——离岸工业中间投入、离岸服务中间投入、本土工业中间投入和本土服务中间投入对工业行业生产率都有积极的促进作用，其中两类服务性质中间投入对生产率的促进作用明显要高于两类工业性质中间投入的影响。将劳动生产率分解为生产率的增长效应、静态结构变迁效应与动态结构变迁效应后，考察中间投入对生产率作用渠道，发现两类服务性质中间投入对生产率的作用渠道，主要来自其对生产率的增长效应影响，与此相反，两类工业性质中间投入对生产率的作用渠道，主要来自其对生产率的结构变迁效应影响。

1837 活态文化转向与少数民族审美文化研究

发表时间及载体：中南民族大学学报：人文社会科学版 2009 年第 6 期

作　　者：张进

简　　介：文化领域正在发生的"活态文化转向"，全面凸显出少数民族审美文化的价值和优势，也为后者提供了方法论参照。活态文化观念强调生态整体观，它要求少数民族审美文化研究对社会学、人类学、

文化研究和美学方法作针对性调适和内在整合，从而将规模与广度、深度和持续性、参与和介入、质疑和反思性融会在自己的研究方法之中。

1838 论敦煌僧诗的功利性

发表时间及载体：敦煌研究 2000 年第 4 期

作　　者：汪泛舟

简　　介：3—11 世纪的敦煌佛教，由于深受时代和道儒影响，因此其自身也不断地世俗化，在释门宏扬佛法、参政出使、唱和酬答诸多方面，为我们留下了众多的功利性的诗篇。

1839 高储蓄两难困境：日本的教训及启示

发表时间及载体：特区经济 2009 年第 3 期

作　　者：成学真

简　　介：随着近年来我国经常项目和资本项目顺差规模不断扩大，我国也陷入了高储蓄两难困境。鉴于我国目前的处境，与 20 世纪 70 年代到 90 年代日本的处境非常相似，日本的经历对我国走出高储蓄两难困境有一定的启示意义。研究日本高储蓄两难困境干预措施的失败教训，从中得出启示：我国应采取措施减少甚至扭转经常项目顺差的格局，稳定汇率升值预期，通过国际政策协调缓解升值压力，增加社会保障支出，降低居民储蓄率。

1840 交通肇事因逃逸致人死亡的外在形式和认定

发表时间及载体：甘肃联合大学学报：社会科学版 2010 年第 5 期

作　　者：梁军

简　　介：当前，我国的道路交通安全形势十分严峻，而交通肇事逃逸又是交通肇

事犯罪中的多发现象，这也一直是刑事司法和刑法理论关注的焦点问题。本文从交通肇事逃逸的表现形式和认定方面，进行了全面的分析和论述，以期待对于司法实践中此类案件的解决和刑法理论相关问题的讨论有所帮助。

1841 西部雨水集蓄合伙企业法律制度初探

发表时间及载体：兰州大学学报（社会科学版）2005 年第 33 卷第 1 期

作　　者：迟方旭　贾登勋

简　　介：集蓄雨水是我国西部地区人畜饮水和农业灌溉的重要来源，其在技术方面已经逐渐成熟，但是在认识、资金投入、管理等方面仍然存在若干问题，出现这些问题的原因在于相关法律制度的缺失。在西部地区建立集雨合伙企业则可有效地解决这些问题，同时，也是西部农民增收的一个重要的手段。

1842 甘肃民族基础教育的问题与对策

发表时间及载体：西北民族研究 2001 年第 2 期

作　　者：杨军

简　　介：甘肃民族基础教育是甘肃民族教育事业发展的奠基工程，它对提高甘肃少数民族人民群众的科学文化素质、促进甘肃民族地区社会各项事业的发展起着举足轻重的作用。当今，甘肃民族地区正面临西部大开发的伟大历史机遇，大力发展民族基础教育，贯彻和实施科教兴国、科教兴省的战略方针，是把握住这一历史机遇的重要保证。因此，立足现实，脚踏实地，对当前甘肃民族教育中存在的问题进行客观的分析，并实施积极有效的对策，是一项极为必要和迫切的任务。

1843 我国反垄断立法的思考

发表时间及载体：甘肃行政学院学报 2001 年第 1 期

作　　者：朱沛智

简　　介：随着我国市场经济的发展，垄断现象已逐渐出现，且日益成不断滋长、蔓延之势。然而，我国反垄断立法却一直未受到重视，这是不利于我国市场经济的健康发展的，有鉴于此，我国反垄断立法工作刻不容缓。

1844 建设学习型社会是教育和社会发展的共同目标

发表时间及载体：西北民族大学学报：哲学社会科学版 2012 年第 1 期

作　　者：蔡中宏

简　　介：党的"十七大"提出了"建设全民学习、终身学习的学习型社会"的要求，十七届四中全会又明确提出了"建设马克思主义学习型政党"的战略任务，这对于我国建设学习型社会，促进人的全面发展和社会的全面进步，具有重要的理论和现实意义。建设学习型社会，是教育事业发展的战略选择，也是人类社会发展的必然趋势。因此，建设学习型社会是教育和社会发展的共同目标。

1845 民族院校理工科学生《中国近现代史纲要》学情调查分析

发表时间及载体：社科纵横 2011 年第 9 期

作　　者：杨惠娟

简　　介：为了更好地了解理工科学生《中国近现代史纲要》学习的相关情况，进一步增强大学生思想政治理论课的实效性，我们对西北民族大学校部分理工科学生进行了问卷调查，针对反映出的问题和学生提出的意见建议进行分析归纳，以期提高教学质量。

1846 建立权力制约机制，从根本上预防腐败发生

发表时间及载体：甘肃行政学院学报 2004年第 4 期

作　者：何坤兰　张剑

简　介：在社会主义初级阶段和经济体制转换时期，我国还存在着较为典型的以权钱交易为核心的腐败现象；权力腐败是腐败的集中体现，其根源是对公共权力的制约和监督机制不健全；应从完善我国根本政治制度，抓住以法治官这个重点，完善执政党党内监督等各个层次上建立对权力的综合监督机制，从根本上预防腐败现象的发生。

1847 基于兰州市域物流发展前景问题分析与对策研究

发表时间及载体：开发研究 2011 年第 1 期

作　者：张静芳

简　介：甘肃省物流产业发展处于起步阶段，物流发展规模、物流服务质量与区域经济发展匹配性差，社会物流总成本在 GDP中的比重居高不下，严重阻碍了甘肃省区域经济的发展。物流活动是经济发展的基础，兰州地处西北，经济发展相对落后，在物流基础设施、信息技术应用、物流管理手段等方面亟待加强。本文通过分析兰州市域物流产业发展的现状和前景，总结出了阻碍兰州市域物流产业发展的主要问题，并就兰州市域物流的发展前景提出相应对策。

1848 教育的民族化与民族教育——对西北地区近代民族教育的几点反思

发表时间及载体：甘肃社会科学 2002 年第 4 期

作　者：李建国

简　介：西北地区文化教育长期滞后，这种滞后严重影响了民族地区的社会经济发展，进而影响到边疆的巩固，因而从清末起，就有许多有识之士大力倡导发展民族教育，但因种种原因，近代民族教育举步艰难。

1849 论最高额抵押担保债权的转让

发表时间及载体：甘肃理论学刊 2005 年第 1 期

作　者：巩海平

简　介：对最高额抵押担保债权的转让，各国规定不同。我国关于最高额抵押债权的立法，已经不能满足社会主义市场经济发展的需要。因此，对有关最高额抵押担保债权的立法进行完善势在必行。

1850 能源消耗、经济增长和碳排放之间的关联分析

发表时间及载体：中国软科学 2010 年第 5 期

作　者：牛叔文

简　介：处理好发展与减排的关系现实意义重大。本文以亚太八国为对象，运用面板数据模型，分析 1971—2005 年间能耗、GDP 和 CO_2 排放的关系。结果表明，三者之间存在长期均衡关系。由此建立的面板回归模型显示，发达国家的碳排放基数和能源利用效率高，单位能耗和单位 GDP 排放的 CO_2 低，而发展中国家则相反。我国的能耗和碳排放指标优于其他 3 个发展中国家，但次于发达国家。为在国际气候谈判中寻求主动，我国应积极转换能源结构，通过技术进步提高用能效率，促进节能减排。

1851 西部地区城镇化进程中的若干问题研究

发表时间及载体：西北民族大学学报：哲学社会科学版 2011 年第 4 期

作　者：陈永奎

简　　介：加快推进西部地区城镇化进程，带动地区经济增长是发展西部地区经济的主渠道。但是，西部地区在城镇化过程中由于缺乏长期、整体的思路，加之本身较差的地域特征等，造成了城镇化进程中的环境进一步恶化、城乡二元结构性问题仍旧突出、工业化与城镇化的互动和协调性较弱等一系列问题。

1852　传统教学论的实践困惑

发表时间及载体：西北师大学报：社会科学版 2001 年第 5 期

作　　者：魏新民

简　　介：就现代教学论对教学实践发展的适应与超越性功能而言，传统教学论已落后于我国基础教育教学实践的发展，并在实践的历程中面临、生发出以下的困惑：（1）传统教学与现代人才培养的矛盾；（2）传授知识与创造力培养的两难选择；（3）主导主体说的实践困惑；（4）失去了实践指导功能的教学原则系统。

1853　基于修正成长期权的创业板市场企业价值评估模型

发表时间及载体：财会研究 2011 年第 19 期

作　　者：田中禾　包军强

简　　介：从创业板市场上企业估值出发，参与竞争的竞争者数量和竞争强度是成长期权估值中应当考虑的重要因素，且竞争还会抵消估值后企业成长期权价值的一部分。

1854　课程资源系统分析

发表时间及载体：西北师大学报：社会科学版 2002 年第 3 期

作　　者：范兆雄

简　　介：课程资源是指可能进入课程活动，直接成为课程活动内容或支持课程活动进行的物质和非物质的一切．它可以分为思想资源、知识资源、人力资源、物力资源四个子系统。课程资源系统是一个多层次的开放系统，它的功能体现在构建课程内容系统和课程活动支持系统两个方面。

1855　西部的优势、劣势及强势

发表时间及载体：兰州商学院报 2000 年 3 月

作　　者：武文军

简　　介：作者运用辩证发展的方法论，通过文献资料和统计资料的分析，确立了中国西部地区实施大开发的八大优势，资源丰饶，开发潜力巨大，历史悠久，文化底蕴深厚，民族众多，便于多元开发，地域辽阔，开发时空巨大，人口稀疏，便于提供就业机会，科技实力雄厚，有利于发展知识经济，近距中西亚地区，便于向西开放，民风淳良，便于艰苦创业。

1856　从出土文献看唐代吐蕃占领西域后的管理制度

发表时间及载体：敦煌研究 2012 年第 2 期

作　　者：朱悦梅

简　　介：吐蕃势力于 8 世纪末叶开始控制了天山南路地区，在罗布泊地区到帕米尔高原一线稳定地控制着。从西域出土古藏文文献看，吐蕃在西域针对不同的管理对象，实施军事、民事与羁縻三种管理模式，这是建立在吐蕃部落联盟制基础之上的。另外，吐蕃进入西域军事力量的来源几乎涵盖了吐蕃本土的大部分部落，一方面表明吐蕃在西域的军事管理模式较之军事部落联盟制管理制度在形式上有所变化，另一方面，又是对吐蕃部落联盟制度本质的维护，即从实质上满足吐蕃贵族对"海外"扩张利益进行均衡分配的要求。

1857 手风琴音乐民族化过程中的创作特点

发表时间及载体：甘肃联合大学学报：社会科学版 2010 年第 4 期

作　　者：杨茜

简　　介：手风琴艺术魅力无穷，在各国民间音乐和歌舞中广泛流行，获得了人们的喜爱。如何将它的潜在功能和丰富的表现力挖掘出来"洋为中用"；在手风琴音乐创作和演奏中弘扬民族音乐文化，是我国手风琴界作曲家、演奏家共同关注的问题。在众多移植创作的手风琴民族音乐精品中，将中国特有的民族音乐风格和西洋曲式和声相结合；将手风琴固有的演奏技巧与模仿民族器乐各类技巧相结合，形成新的更具魅力的风格和技巧，已成为手风琴音乐民族化过程中的创作特点。

1858 曾巩的经世观考论

发表时间及载体：甘肃联合大学学报：社会科学版 2009 年第 4 期

作　　者：苏琼　李天保

简　　介：曾巩是北宋著名的古文家，他的经世观与明道说紧密相联，重在其道德教化，具有鲜明的独特个性；曾巩的经世观决定了他诗文题材的多样性，也影响其为官与政事。考察曾巩的经世观，对于了解作者的为人行事和文章风格大有裨益。

1859 基于区域协调发展的财税政策内在缺陷及其形成机理分析

发表时间及载体：甘肃理论学刊 2012 年第 3 期

作　　者：马应超

简　　介：西部大开发战略出台的一系列财税政策，对于推动区域协调发展起了积极推动作用。但与此相关的深层次体制机制问题的讨论还嫌不足，尤其是对现行财税政策抽曲区域协调发展、拉大区域差距的内在机制及其解决路径的探讨非常不够。从理论上厘清现行西部大开发财税政策内在缺陷、形成机理及其根源，有利于落实"十二五"时期国家区域总体发展战略与主体功能区战略基于税收制度与政策体系的适时改进与创新。

1860 民元时期马安良"西军"军制初探

发表时间及载体：甘肃民族研究 2004 年第 1 期

作　　者：赵维玺

简　　介：同治年间，河州回民起义军首领马占鳌在太子寺一役获胜后，力排众议，毅然率部投清。清军将领左宗棠给马占鳌等头目六品或七品军功顶带，并准其将原所部回军改编为河州靖南马队三旗，以马占鳌为督带兼中营管带，马海晏为中旗帮带，马悟真为左旗旗官，马永瑞为右旗旗官。统归当时河州镇节制。马占鳌之这一转变，对以后甘肃政治影响可谓深远。"一方面是清廷以和平方式消除了河州一带多年来变乱的根源另一方面是马占鳌部保存了实力，一支带有浓厚民族色彩的地方部队，正式受到清廷编制"。

1861 西北不发达地区农业可持续发展的生态经济论

发表时间及载体：河北师范大学学报：哲学社会科学版 1998 年第 1 期

作　　者：聂华林　高新才　李自珍

简　　介：生态经济论是农业可持续发展的重要理论基础。据此，提出了西北不发达地区农业可持续发展的生态经济原则，按照生态经济的效益原则，提出了这一地区农业可持续发展的生态系统设计的思路。

1862 我国一级行政区划改革调整研究

发表时间及载体：兰州大学学报（社会科学版）2005 年第 33 期第 4 卷

作　　者：高翔　王乃昂

简　　介：一级行政区划的调整将成为我国行政区划改革的重点。本文基于行政区划的历史沿革与国内外对比，分析了我国一级区划调整的必要性与意义；借鉴行政区划原则与国际经验，确定未来我国一级区划的数目应增至接近 50 个为宜；重点讨论了作为一级区划调整主要途径的小省区划分与增设直辖市，不仅分析了二者调整改革的基础条件，而且做出了较明确的区域落实，具一定的现实指导意义。

1863 甘肃省农村社会养老保险制度的困境与出路

发表时间及载体：西北人口 2012 年第 1 期

作　　者：祁恒珺　史建国　石莉萍

简　　介：建立健全覆盖甘肃省农村社会养老保险体系，是摆在理论工作者面前的一大课题。立足甘肃，分析全省农村社会养老保险的现状和面临的宏观困境。应用因徒困境探析了农村社会养老保险"帕累托最优"选择和农村居民社会保险购买能力问题。针对制约困扰甘肃农村社会养老保险的主要问题和甘肃农村弱势群体社会养老保险存在的现实问题，提出了加大宏观调控力度，凸显政府社会保障职能。聚焦甘肃农村弱势群体，探寻农村养老保险新路子，对西部地区予以适当照顾，采取转移支付的方式予以划拨基金等思路及对策。

1864 宋代对蕃民经济犯罪的惩治——以西北边区为中心浅析

发表时间及载体：甘肃理论学刊 2006 年第 1 期

作　　者：陈武强

简　　介：由于边防问题和社会问题的错综复杂，宋朝对边境地区蕃民之间、蕃汉民之间及番商跨境贸易采取了严格的限制措施，其范围包括土地、商品、茶盐、钱钞等诸多方面，并制定和颁布了一系列经济贸易法规，对蕃民私贸易活动予以严惩。

1865 再论从计算机教育到信息技术教育的转变——谈高师计算机教育专业课程的改革

发表时间及载体：电化教育研究 2002 年第 12 期

作　　者：鲁正火　孙名符

简　　介：本文从高师院校计算机教育专业培养目标出发，寻找从计算机教育向信息技术教育的转变中师资培养方面的困难和存在问题，提出只有加大课程改革，才能适应教育信息化对师资的需求。

1866 甘肃省农村学龄前儿童教育现状及对策

发表时间及载体：社科纵横 2011 年第 6 期

作　　者：赵跟喜　杨建成　闫新艳

简　　介：农村学龄前儿童教育问题已成为一个严重的社会问题，也是今年两会代表们热议的重要话题。发展惠及所有适龄幼儿的学龄前教育事业，对于后继的小学教育甚至中学教育有着重要的基础性作用，同时对提高全体国民的整体素质也有着深远的意义。甘肃省人口绝大部分在农村，大力发展农村学龄前教育是提高甘肃省学龄前教育整体质量的重中之重。本项目组以甘肃省部分村镇为例，在实证调研的基础上，对甘肃省农村学龄前儿童教育现状进行了梳理，找出了存在的问题，并在宏观层面上提出若干对策建议，为农村学龄前儿童接受更好的教育提供理论上的依据。

1867 妇女地位评价指标体系研究

发表时间及载体：兰州大学学报：社会科学版 1999 年第 2 期

作　　者：韦惠兰

简　　介：妇女地位问题是一切妇女问题最集中、最本质的体现。它不仅是妇女问题解决与否的主要标志，而且也是衡量社会经济发展水平的重要尺度。本文从经济、政治、社会、家庭及文化生活五个方面考察了妇女地位的理论内涵，在此基础上根据指标选取的原则，构造了评价妇女地位的指标体系，并探讨了评价妇女地位的层次分析。

1868 中国中小企业筹资存在的问题及对策

发表时间及载体：社科纵横 2010 年第 6 期

作　　者：白继德

简　　介：随着我国市场经济的不断发展，中小企业在促进经济增长，增加就业机会以及优化调整产业结构等方面发挥了重要作用，已经成为我国国民经济持续、稳定、快速增长的重要力量。近年来，我国也十分重视发展中小企业，出台了一系列支持中小企业发展的政策，金融机构也制定了若干支持中小企业发展的信贷政策。但是由于各种政策和体制等因素的制约，当前中小企业在发展中遇到了诸多问题，尤其是中小企业在资金筹措方面面临着巨大的困难，如何解决中小企业筹资难的问题，成为帮助中小企业快速发展的瓶颈。

1869 论法文化视角下的我国现代人格发展问题

发表时间及载体：甘肃社会科学 2012 年第 3

期

作　　者：王子龙

简　　介：面对我国现代人格发展的复杂问题，从现代法文化角度予以洞见：现代人格在完整的逻辑层面不仅是平等的人格伦理原则的宣示，而且是法律面前人人平等的制度定位 是平等、民主、自由、法治、人权等一系列现代意识和文化精神的自觉和实践甚至是一种以平等为坐标的现代法治工程和历史运动。但在实践层面的近百年中国现代史进程中，经历了文化启蒙、政治革命、经济发展、道德理想提升等人格发展历史路径。这种历史和逻辑产生若即若离的现象令人思索。今天，在以人为本的科学发展观指导下，现代法治运动是我国现代人格发展的根本路径选择。

1870 论犯罪心理测试结论在刑事诉讼实践中的运用

发表时间及载体：甘肃政法学院学报 2005 年第 4 期

作　　者：严军

简　　介：犯罪心理测试结论能否成为刑事诉讼中的证据种类，取决于该项技术的成熟度以及人们对该项技术的信赖度。作者认为，犯罪心理测试结论如果在司法实践中运用，必须在法律上对测试活动加以规范。此外，由于犯罪心理测试结论与要证事实之间存在极强的相关性，目前这种交接阶段至少在一些特殊情况下和一些特殊案件中，赋予犯罪心里测试结论证据资格。

1871 论民间规约在古代个体品德培育中的作用

发表时间及载体：西北师大学报：社会科学版 2011 年第 2 期

作　　者：符得团

简　　介：中国古代形成了一套完整的个体

品德培育机制，其中通过民间规约促使社会普遍价值原则具体化、生活化以培育个体品德是十分重要的路径。家训、族规、乡约是三种主要的民间规约形式，在古代个体品德培育过程中具有重要的作用。

1872 民族音乐学与社会学联想（学习小记）

发表时间及载体：西北民族研究 2005 年第 1 期

作　　者：肖笑

简　　介：社会学是一门研究人类社会的学科，是一门人类共同生活的学问，是探讨人类社会发展规律的科学。由于民族音乐学在研究有关民族的音乐和音乐活动时，必然要涉及音乐、音乐生活与社会环境之间发生的关系。因此，民族音乐学与社会学学科交叉就成为一种必然趋势。社会学的研究成果常常为民族音乐学所参考和借鉴，其研究方法也常常为民族音乐学所吸收。

1873 对现行粮食补贴政策的福利经济学思考

发表时间及载体：生产力研究 2005 年第 3 期

作　　者：李国璋

简　　介：作为一个拥有 13 亿人口的发展中大国，中国的粮食安全必须走自力更生的道路，这一点早已成为共识。与此相应的另外一个难题就是如何彻底改变 8 亿农民的贫困面貌，即农民增收问题。经验表明，粮食安全和农民增收问题的解决都需要政府政策的扶持。本文在深入分析我国现行主要粮食补贴方式政策效应的基础上，首先指出了现有粮食补贴方式在解决相关问题时的不足，然后结合我国国情和国外成功经验以及世贸组织相关规则，提出了相应的政策建议。

1874 《合同法》的代理规定与外贸代理制的完善

发表时间及载体：兰州大学学报（社会科学版）2001 年第 29 卷第 3 期

作　　者：吴双全　脱剑锋

简　　介：《合同法》颁布之前，外贸代理制实行了十余年，因其缺陷过多推而不广，合同法对代理制度的补充和修正，使外贸代理制的法律依据更全面、更明确、更完善，随着合同法的有关规定适用于外贸代理及外贸经营权的放开，外贸代理制的发展会越来越快，作用会越来越大。

1875 社会主义是现代社会的事业

发表时间及载体：西北师大学报：社会科学版 2001 年第 5 期

作　　者：雷龙乾

简　　介：社会主义是人类扬弃资本主义的历史事业，而资本主义最重大的历史成就之一正在于实现了社会内在结构的历史性转型、把传统社会转变为现代社会。今日中国必须通过社会转型，实现从传统社会向现代社会的历史性转变，才能获得建设社会主义所必不可少的历史基础。

1876 近代西北方志方言文献中的"语助词"

发表时间及载体：甘肃高师学报 2012 年第 6 期

作　　者：莫超

简　　介：清末及民国期间，记载语助词的西北方志方言文献共有 13 种 30 条；从其对语气词的归类和讨论中可知，语气词包含的范围较广，至少可以对应于现今三种语法类别，即语气词、叹词、词缀。

1877 西北少数民族日常交往的伦理心态分析

发表时间及载体：西北民族研究 2012 年第 4 期

作　　者：马芝君　康春英

简　　介：西北少数民族日常交往的伦理心态，指他们以道德感构建的反应方式，表现为礼貌心态、仪式心态、感情心态、意志心态。西北少数民族能够以伦理心态开展交往，源于他们在文化背景上形成的以善为核心的道德感。对善的特殊理解是西北少数民族日常交往伦理心态的本源，体现了西北少数民族信仰的力量和道德的要求，构成了西北少数民族日常交往的鲜明特色。对善的特殊理解还说明西北少数民族具有道德至上的价值观。

1878 外包型虚拟项目的资源协同调度问题研究

发表时间及载体：财会研究 2010 年第 9 期

作　　者：柴国荣　王璟佩

简　　介：随着市场竞争的加剧，资源协同调度已经成为虚拟项目研究的重要内容。本文提出虚拟项目管理办公室、虚拟项目主体间的合作和虚拟项目基本组织元的三层次组织结构。

1879 试论国际商事仲裁制度中仲裁员的配置

发表时间及载体：甘肃行政学院学报 2001 年第 3 期

作　　者：梁琳

简　　介：随着各国经济往来日益紧密，经济纠纷也越来越多，商事仲裁作为有效解决纠纷的机制凸现出来，本文试图从仲裁制度的公正性出发，阐述仲裁员的配置问题，以期能促进国内立法与国际通行规则接轨。

1880 隋唐五代时期西北的经济开发思想

发表时间及载体：西北师大学报：社会科学版 2005 年第 6 期

作　　者：李清凌

简　　介：军需供应是历代官方开发西北经济的动因和动力，隋唐五代也不例外。这一时期，中央王朝在西北屯田以益军储、养马以壮国威、贸易以睦四邻的开发思路和实践，在调剂各族生产生活余缺、怀柔远人以及促进民族心理认同等方面，都起了积极的作用，是当时国家强盛的思想和物质基础之一，也为其后各代西北的经济开发提供了经验。

1881 宗教在当代文学中的价值引领

发表时间及载体：兰州交通大学学报 2011 年第 30 卷第 5 期

作　　者：张懿红

简　　介：从宗教视角质疑造成多次民族灾难的党派意识形态，是宗教题材小说强有力的价值追问，带来价值观念的全面更新，《白鹿原》《天理暨人欲》《公路上的灵魂》等作品，对正统意识形态的质疑与批判因宗教视角而别开生面，《心灵史》则暴露出一神教的偏激狭隘。宗教在文学中的另一价值追求是终极关怀，宗教题材小说对终极价值的深入探索，是当代文学的新趋势，深化了当代文学的思想文化内涵。

1882 农耕文化的内涵及对现代农业之意义

发表时间及载体：西北民族研究 2011 年第 1 期

作　　者：彭金山

简　　介：源远流长的农耕文化，今天仍然渗透在我们的生活中，特别是乡村生活的方方面面。在传统农业向现代农业转型的今天，发掘农耕文化的内涵及当代价值，具有深远的历史意义和现实意义。农耕文化是中国优秀传统文化的主干成分，也是构建中华民族核心价值观的重要精神文化资源。农耕文化的内涵，可以概括为"应时、取宜、守则、和谐"八个字。甘肃定西提出"顺应天时，遵循自然规律""顺应市场，遵循经济规律"顺应时代，遵循科学规律"的指导思想，发动了一场以产业结构改革为中心的农业革命，甩掉了"苦甲天下"的帽子，为农耕文化内涵的当代利用树立了一个典范。顺应天时，找准特色，因地制宜，和谐发展，是建构中国现代农业的必由之路。

1883 明武宗拒绝立嗣与大礼议

发表时间及载体：西北师大学报：社会科学版 2003 年第 6 期

作　　者：田澍

简　　介：靖难之役之后，大礼议是明代历史的一大分水岭，要客观地认知大礼议，须对武宗拒绝立嗣有一全面的认识。武宗生前屡屡拒绝公开从宗室中选立嗣君的要求，未能行使嗣权，直接造成了武宗的断子和孝宗的绝孙。同时，也决定了世宗继位的特殊性，武宗未效法宋仁宗在前，世宗拒绝效法宋英宗在后，武宗拒绝立嗣的行为就已经决定了大礼议的走向，杨廷和集团在大礼议中的失败是必然的。

1884 肃州南山的"哈剌秃"——以裕固族研究为中心

发表时间及载体：西北民族研究 2005 年第 1 期

作　　者：高启安

简　　介：明人张雨《边政考》所列肃州南山的三个东迁部落，名"哈剌秃"。"哈剌秃"为"黑"的意思。三部"哈剌秃"，实际为两个部族——"帕泥"部和"赏不束"部，分别操古蒙古语和古突厥语。两部落最早为安定卫部落，东迁沙州后，因与左卫帖木哥部落仇杀，遂迁至肃州南山。"帕泥"部即裕固族"曼台"部落前身 "赏不束"部后来成为裕固族"贺郎格"家之一部分。之所以称他们为"黑番"或"黑黄番"，是因为东迁肃州后，他们一直依藏族居住，受藏族"喇嘛番僧"管束。

1885 我国水权制度完善的法律思考——以美、澳立法为鉴

发表时间及载体：甘肃政法学院学报 2007 年 2 期

作　　者：王赫

简　　介：水权是权利人对水资源所享有的使用权的总称，包括占有、使用、收益、处分的权能，具有特别物权的性质，因而，水权就应当具有可转让性。这一理论观点已经成为美国、澳大利亚等国水权制度的基本内容。我国水权制度的健全也应借鉴外国的成功立法经验，从而实现我国经济、社会的可持续发展。

1886 环境库兹涅茨曲线在中国的适用性

发表时间及载体：广东社会科学 2008 年第 2 期

作　　者：李国璋

简　　介：有国外率先研究得出的经济增长过程中环境污染呈现"倒 U 型曲线"的趋势，即随着经济增长，环境污染呈现先上升后下降的趋势，该趋势也叫环境库兹涅茨曲线趋势。环境库兹涅茨曲线在中国是否同样适用，对此中国学者进行了颇多研究，结论并不一致。本文将在前人研究的基础上，应用广义脉冲响应函数法，对中国的环境污染

和经济增长之间是否符合环境库兹涅茨曲线的关系，进行实证研究，最后给出一些政策和建议。

1887 本乎天籁，出于性情——《庄子》美学内涵再议

发表时间及载体：文艺研究 2006 年第 3 期

作　　者：赵逵夫

简　　介：庄子在《齐物论》中借南郭子綦之口提出"人籁、地籁、天籁"的问题。历来学者对"天籁"的解释皆误。天籁实质上是指人因遭遇、身体感受、心情、情感等原因自然而然发出的声音，有别于人籁（用乐器所吹奏的音乐）和地籁（山川、林木、窍穴等因风的吹拂回荡发出的声音）。嘘气出声是人最自然的发声，是人的本能。庄子特别重视人的感情，重视人对自己生存状态的反映。人的嘘气、呼气同人走路，同人最原始的动作及人心脏跳动的节奏一样，都是二节拍的。庄子说的"天籁"反映了人类节奏感形成的本原，这比西方学者提出的节奏产生于乐器的说法更合于实际。庄子重视情，而反对伪情，这也是诗歌最根本的原则。

1888 窝阔台汗己丑年汉军万户萧札剌考辨——兼论金元之际的汉地七万户

发表时间及载体：西北师大学报：社会科学版 2001 年第 6 期

作　　者：胡小鹏

简　　介：窝阔台汗己丑年始置的汉军三万户中之萧札剌，不是萧也先之子萧查剌，而是于甲戌年投降蒙古的金中都乣军首领札剌儿，增立四万户的时间不在壬辰年而在甲午年，汉军三万户与七万户的设立都与蒙古忽里台大会的召开有关。甲午年增立的七万户，

汉人有四：刘黑马、史天泽、严实、张柔；契丹人有三：萧札剌之子重喜、塔不已儿、石抹孛迭儿。蒙古统治者设置汉军三万户或七万户的目的，是按照蒙古军制，重新编制汉军，以便于军事指挥。

1889 对大学生网络思想政治教育的研究

发表时间及载体：社科纵横 2011 年第 8 期

作　　者：刘娟　王瑛

简　　介：当前，网络环境正以其特有的渗透力和影响力冲击和改变着高校大学生的价值取向、行为模式、道德观念和生活方式，进而影响他们的成长。因此，我们应该充分认识加强和改进网络环境下高校思想政治工作的重要意义，认真研究网络环境下高校思想政治工作的新特点、新问题，把握机遇，迎接挑战，积极思考探索网络时代高校思想政治工作的新思路、新途径。

1890 先秦之"理"的演变与儒道法的转换与合流

发表时间及载体：甘肃联合大学学报：社会科学版 2007 年第 23 卷第 6 期

作　　者：刘贵祥

简　　介："理"是先秦"百家争鸣"时，围绕"天人关系"产生的一个重要范畴，这一范畴在先秦时就成为诸子学说使用的核心概念之一。本文通过梳理"理"含义在儒道法各家学说中的演变过程，从逻辑上论证了"理"成为"天人关系"中介的可能性，最后得出"理"是先秦现实社会如何治理的理论根据这一结论。说明从"理"的演变完全可以看到儒道法各家在建立一个怎样的"世道"上彼此是如何融合和贯通的。

1891 试论对马克思休闲思想的研究范式

发表时间及载体：甘肃社会科学 2010 年第 4 期

作　　者：王学俭

简　　介：本文通过对学界关于马克思休闲思想研究现状的剖析，阐明了应从马克思理论体系内部深入挖掘和理解马克思的休闲思想，并用研究范式对其进行规约，以此来辨明马克思休闲思想研究中存在的问题。

1892 规范政府管理行为加快行政审批改革

发表时间及载体：甘肃理论学刊 2002 年第 1 期

作　　者：张勤

简　　介：目前，我国行政审批过多过滥，恶化了投资环境，制约了地方经济的发展。随着市场经济体制的逐步建立，这种状况已不能适应社会发展和经济运行的要求。本文结合甘肃省改革行政审批制度的具体措施，提出改革现行行政审批制度，加强审批行为监督和审批后的监管，对促进改革开放和经济发展，加快政府职能转变以及防止腐败现象的产生，都具有重要的意义。

1893 甘肃经济发展从资源依赖型向创新驱动型转变问题探析

发表时间及载体：兰州商学院学报 2010 年第 26 卷第 2 期

作　　者：周亚雄　田淑萍

简　　介：大量研究成果表明，资源禀赋与经济增长之间存在着负相关关系，这一悖论被称为"资源诅咒"。甘肃是我国的资源大省，其经济发展具有典型的资源依赖型特征，过度依赖资源使甘肃经济发展面临"资源诅咒"约束和区域竞争力不断弱化的困境。因此，从资源依赖向创新驱动转变是甘肃摆脱经济发展困境的路径选择。

1894 用"三个代表"思想科学评价党的 80 年历史

发表时间及载体：甘肃理论学刊 2001 年第 4 期

作　　者：马雅伦

简　　介：用"三个代表"重要思想审视党的 80 年历史，无论是执政之前的革命时期，还是执政以后的建设时期，党之所以能够从曲折转向顺利，从失败走向成功，其主要原因是随着革命和建设实践的发展，党对"三个代表"思想所涉及的一些基本问题有了全面而又深刻的理解和认识，并在此基础上，创立了与中国革命和建设时期的基本国情相适应的、能够代表革命和建设时期中国各部分先进生产力发展要求和各部分人民根本利益的先进制度文化，即新民主主义先进制度文化和有中国特色的社会主义先进制度文化，从而把革命和建设引向了胜利。

1895 "民国性"：民国文学研究的应有内涵

发表时间及载体：西北师大学报：社会科学版 2014 年第 2 期

作　　者：韩伟

简　　介：课程批判理论是在西方社会批判思潮日渐兴起和相关理论蓬勃发展的背景下，课程研究领域对社会批判思潮的响应，是不同理论视域中课程批判思想的集成和发展。课程批判理论本身并非一种单一而统一的理论，不同理论基于不同视角和方法对课程研究领域不同问题的解析和批判，体现了课程批判理论不断丰富和发展的过程。加强课堂研究、建立知识和学习的批判现实主义新立场以及关注当代社会的辨识作用正在成为课程批判理论研究的新趋向。

1896 秋瑾文体革新理论与实践考论

发表时间及载体： 西北师大学报：社会科学版 2002 年第 2 期

作　　者： 龚喜平

简　　介： 关于秋瑾与近代文学革新之关系，是一个尚未引起重视和得到发掘的重要问题。务实、尚俗、切用、崇外、求变、创新，共同体现出秋瑾文学革新的理论取向和写作态势，其中有关白话"演说"活动的倡导组织、理论建树和写作实践，尤具创新精神和文体意义，她的白话文创作在晚清白话文运动中具有典范性，并代表着近代散文发展的正确方向。秋瑾关于文体革新的理论和实践，在中国散文的近代化进程中有着独特价值和重要地位。

1897 关于高举邓小平理论伟大旗帜的问题

发表时间及载体： 甘肃社会科学 1998 年第 1 期

作　　者： 徐仲碧

简　　介： 江泽民总书记在党的第十五次全国代表大会上所作的《高举邓小平理论伟大旗帜，把建设有中国特色社会主义事业全研推向二十一世纪》的报告，作为一个纲领性的文件，将指导我们全党和全国各族人民胜利地迈向二十一世纪。高举邓小平理论伟大旗帜，作为"十五大"的灵魂，也作为我们党的行动指南，载入了党章，载入了史册。它的现实意义和历史意义，将随着时间的推移更加充分地显示出来。学习十五大报告，首先把高举邓小平理论伟大旗帜的问题搞清楚，对于我们领会和掌握大会的全部内容和精神实质，作好贯彻落实工作，都具有重要的指导作用。本文试

就这个问题，谈一些认识。

1898 论韩非对老子的修正

发表时间及载体： 思想战线 2008 年第 3 期

作　　者： 乔建

简　　介： 韩非把老子主要着眼于个体自由的思想拉向了实际政治领域，把老子的一些重要概念改造成为适合君主专制的东西，把具有"形上"超越性质的老子思想"形下"化和实用化。把老子之"道"确定化和法术化。这最终使曾深受老子影响的韩非完成了对老子思想的根本性修正。

1899 汉成纪县治考

发表时间及载体： 甘肃联合大学学报：社会科学版 2008 年第 24 卷第 3 期

作　　者： 王文杰

简　　介： 成纪是见于史籍较早的一个古地名，传说它由伏羲之母华胥怀胎十二年生伏羲而得名。秦安属古成纪的中心地带，西汉王朝在成纪的中心地带设置了成纪县，县治今秦安县城北三十里之"小坑川"。从各类史籍的记载，从实地调查考证和发现的古城址来看，《旧唐书》记载的"成纪，汉县，旧治小坑川"就是今秦安县城北三十里之安伏川。

1900 资本市场与西北四个民族和准民族省（区）经济发展

发表时间及载体： 陕西师范大学学报：哲学社会科学版 2002 年第 31 卷第 4 期

作　　者： 高新才

简　　介： 上市公司数量少、资产规模小、股权结构单一、筹资数额小等问题是制约西北四个民族和准民族省（区）资本市场发展的"瓶颈"。西北民族省（区）资本市场发展应采取加大新股发行额度面向西北民族省

(区)倾斜力度 注重西北民族省(区)的特点，提高上市公司资产规模和科技含量，优化上市公司所有制结构等对策。

1901 消费文化视域下的消费观念影响因素实证研究

发表时间及载体：统计与决策 2012 年第 2 期

作　　者：董雅丽　李晓楠　刘军智

简　　介：国家社科基金资助项目（08BZX011）文章基于消费者行为的一般模式，将消费文化纳入考察范围，在问卷调查基础上，利用探索性和验证性因子分析方法，优化和检验消费文化观念量表，并对消费文化、内在需要与消费观念之间的关系进行结构方程模型检验，研究发现：消费文化直接影响消费观念；内在需要的变化直接影响消费观念；消费文化通过内在需要的中介作用间接影响消费观念。从而实现了消费社会学与营销学的有机融合，也为消费行为学的研究提供了一个新的研究角度和方法。

1902 我国体育产业的发展机遇与增长潜力研究

发表时间及载体：甘肃理论学刊 2004 年第 2 期

作　　者：袁音

简　　介：通过对我国产业结构的发展趋势，政府宏观政策的走向及城市化进程等方面的研究，并且从体育消费的角度分析了目前有利于我国体育产业发展的特殊现状，阐明了我国体育产业持续快速发展的必然性。

1903 略论农村法治中的村官权力

发表时间及载体：甘肃政法学院学报 2003 年第 5 期

作　　者：王志礼

简　　介：村官的权力具有自治权力和行政权力（依授权、依委托）二重性，乡村民主政治是全社会民主政治的有机组成部分。在中国，社会差异导致无法用统一的尺度去衡量存在极大差异的中国农村。在现实条件下，以村民自治为核心的农村法治使村官权力及其运作成为研究农村法治的重要范畴。为此，应在反思的基础上对村官权力进行技术性调整。

1904 民族地区教师本土化成长田野调研——以甘南州碌曲县为例

发表时间及载体：西北民族研究 2014 年第 2 期

作　　者：祁永龙　沙景荣　姚如意

简　　介：少数民族地区的教师大多为本土化成长，而他们又影响着民族地区学生的成长与发展。因此对于民族地区教师本土化成长过程的深入分析，有助于进一步了解少数民族地区的教育现状。本研究采用田野调研的方式，以甘南州碌曲县为例，通过对于民族地区教师的访谈和观察，梳理了当地教师本土化成长的历程，并基于此，对本土教育发展和教师职业成长提出了策略建议。

1905 文化"达尔文"现象——排犹主义与犹太民族精神铸造

发表时间及载体：甘肃联合大学学报：社会科学版 2007 年第 23 卷第 3 期

作　　者：姜焕文

简　　介：文明总是充满了悖论，有些时候的悖论不可想象，却客观实在，在犹太人的意识深处，他们是上帝的选民，上帝承诺对他们给予特殊的眷顾。不幸的是，两前多年的历史里，犹太人受到的是排斥、迫害、奴役、屠戮。奇妙的是，他们丧失了地域疆界，但守住了文化疆界且使之愈来愈光彩夺目，为什么？答案竟不是融合而是排斥，不是接纳而是迫害。现实领域里的劣势转换生成的却是意识领域里的民族凝聚与文化固守。

1906 现状与对策：西北少数民族基础教育均衡发展研究

发表时间及载体：西北师大学报：社会科学版 2006 年第 5 期

作　　者：杨军

简　　介：少数民族地区基础教育实施均衡发展战略，旨在消弭存在于基础教育中的各种不平等和不均衡的现象，最终实现教育的实质公平。在西北少数民族地区，实施教育均衡发展战略是其基础教育从根本上摆脱不利处境，实现与其他地区同步发展的必由之路。建立有利于少数民族地区基础教育均衡发展的政策体系，建立有利于少数民族地区基础教育均衡发展的投入机制，走外援式和内涵式相结合的发展道路，大力发展信息技术教育，加快少数民族基础教育的跨越式发展是实现西北少数民族地区基础教育均衡发展的有效途径。

1907 森林资源社区共管问题初探——以甘肃白水江国家级自然保护区为例

发表时间及载体：林业经济问题 2008 年第 28 卷第 2 期

作　　者：韦惠兰

简　　介：本文介绍了白水江社区共管的产生及过程安排，对白水江森林资源社区共管初始、计划、审批实施 3 个阶段的分权问题、信息问题、持续性问题进行了分析，提出解决白水江社区共管问题的相关建议，健全管理体系、完善社区管理数据库、创造可持续投入的共管资源。

1908 试论质子在加强宗藩关系中的作用

发表时间及载体：甘肃联合大学学报：社会科学版 2010 年第 6 期

作　　者：陈金生

简　　介："质子"在加强宗藩关系中的作用表现为，在朝宿卫质子不仅加强了两国间的政治交往和联系，增强了政治互信，带动了两国间的高层互访和人员的频繁往来，而且有些质子还直接参与沟通协调两国关系；归国质子多能积极履行藩国应尽的义务，具体表现在自觉朝觐、纳子入侍、遣使贡献、助军作战等方面；有些质子当政后，实施旨在汉化的政治改革，极大地促进了文化交流和民族融合的历史进程。

1909 马克思主义中国化的历史考察

发表时间及载体：西北师大学报：社会科学版 2003 年第 6 期

作　　者：孙继虎

简　　介：中国革命和建设的过程，就是把马克思主义普遍真理和中国实际相结合的过程；中国共产党八十多年的历史，实际上就是马克思主义中国化的历史。回顾和考察马克思主义中国化的历史，总结其中所包含的经验教训，对于在新世纪继续推进马克思主义中国化事业，开拓马克思主义发展的新境界具有极其重要的意义。

1910 浅析传统文化对当代中国人思维方式的消极影响

发表时间及载体：兰州学刊 2011 年第 10 期

作　　者：王艳芳

简　　介：中华文化五千年的历史传统，其内容不全是精华，科学的态度是既要继承，也要有所批判和否定。文章拟对传统文化中的人治等级文化、私德文化、群体文化、崇德文化、家族本位文化、求和文化的消极影响作简要分析。

1911 民族历史溯源中的文化沉思与生命情怀——叶尔克西·胡尔曼别克散文论

发表时间及载体：伊犁师范学院学报：社会科学版 2012 年第 2 期

作　　者：权绘锦

简　　介：叶尔克西·胡尔曼别克的散文，既是对哈萨克民族历史文化的追溯与沉思，也是站在现代意识与民族心灵形式相融合的基础上，对生命存在哲理的感悟与阐发，因而内蕴丰厚，风格独标。同时，她在散文艺术上的创新与探索，也对当代散文发展不无启示意义。

1912 立足反思，走向重构——读《中国教育技术学科的发展与反思》

发表时间及载体：电化教育研究 2009 年第 5 期

作　　者：俞树煜

简　　介：我国的教育技术学科经过 70 年的发展。无论在理论建设上还是在实践应用上都取得了很大成就。但一些重大学术问题长期没有得到解决，如名称问题、学科定位与性质问题、逻辑起点问题、发展阶段划分问题、理论体系问题，等等。这些问题一直困扰着我国教育技术学科的发展，也一直是很多教育技术理论工作者研究的重心。对这些问题中的个别问题的研究也散见于各个教育技术杂志，但全面系统地对这些问题进行研究的论文或专著并不多见。

1913 地域文化与解放区小说创作

发表时间及载体：贵州社会科学 2010 年第 12 期

作　　者：彭岚嘉　张文诺

简　　介：为了创作出真正大众化的小说，解放区作家逐渐把特定地域的方言土语、景物画和风俗画纳入到小说的题材中去，形成了解放区小说鲜明的地域文化色彩。地域文化增加了解放区小说的艺术魅力、提升了解放区小说的美学品味，促进了解放区小说大众化、民族化的进程。但是，在解放区小说中，地域文化服务于以建立民族国家为重要奋斗目标的主流政治文化，小说的情感和主题显得过于狭窄和单一。

1914 沉淀电导滴定法用于敦煌莫高窟壁画地仗中阴离子的现场快速分析

发表时间及载体：敦煌研究 2009 年第 6 期

作　　者：周雷

简　　介：敦煌莫高窟壁画盐害主要来源于可溶性盐（$NaCl$ 和 Na_2SO_4）与水的相互作用，本文依据沉淀电导滴定原理，建立了一种用于分析莫高窟壁画地仗中 Cl^- 和 SO_4^{2-} 离子含量的方法，对比研究了莫高窟第 98 窟地仗坚硬处和地仗酥碱处可溶盐阴离子含量，并与离子色谱分析结果进行了比较，实验结果表明，该方法简便快捷，可用于莫高窟壁画地仗可溶盐的现场快速分析。

1915 我国失地农民社会保障问题研究综述

发表时间及载体：甘肃联合大学学报：社会科学版 2012 年第 28 卷第 1 期

作　　者：牛瑞

简　　介：城市化是社会进步与发展的必然进程，由此带来的失地农民问题成为当前学界讨论的热点，有关研究相当丰富。本文对已有研究中有关失地农民的界定、失地农民社会保障模式的构建以及制度实践经验的总结等内容进行了综述，并在此基础上做了简要评述。

1916 中国都市群众体育现状与特点的调查研究

发表时间及载体：武汉体育学院学报 2011年第 45 卷第 10 期

作　　者：范宏伟

简　　介：在对北京、上海、天津、广州、深圳、杭州、南京 7 个都市群众体育调查研究的基础上，分析了体育人口、体育活动内容、体育消费、体育基础设施建设、社会体育指导员、学生体质状况和体育价值观念等都市群众体育现状，以及体育经营主体多元化、体育需求产品个性化、体育活动内容复合化、体育管理组织网络化、体育运作方式社会化的都市群众体育特点。

1917 东汉中期至宋初新旧玉门关并用考

发表时间及载体：西北师大学报：社会科学版 2003 年第 4 期

作　　者：李并成

简　　介：丝绸之路上的著名关隘玉门关，伴随着中西交通的发展及其路线的变化，关址有过几次改徙。征引敦煌遗书及有关史料，结合实地考察，发现自东汉明帝永平十七年（公元 74 年）玉门关从敦煌西北故址东迁后，直到五代宋初，在新关址设立使用的同时，敦煌西北的故址并未废弃，仍在中西交通中发挥着重要作用。

1918 建设节水型社会的理论与实践述评

发表时间及载体：甘肃理论学刊 2005 年 第 5 期

作　　者：吴晓军

简　　介：建设节水型社会的理论和实践，主要体现在建设节水型社会的由来，建设节水型社会的意义，节水型社会的本质特征及水权理论，建设节水型社会的内容、试点的选择、节水重点、效益评价等。同时对节水意识道德培养，建设节水型社会的融资渠道，节水型社会是法治社会，建设节水型社会与南水北调，人民群众受益等问题有待深入研究和解决。

1919 识济其胆，力载其才——略论苏轼对词风的革新

发表时间及载体：西北民族大学学报：哲学社会科学版 2010 年第 2 期

作　　者：李怡霖

简　　介：苏轼词作的出现，使得中国诗歌史上有了"婉约"和"豪放"两种词风。唐五代乃至宋初，词被视为"小技"，而苏轼在"以诗为词"的泛文学观念引导下，完成了在词前添加小序、以词人性情为始归、冲破词须协律的限制，使词具备了创作主体特殊的情感特征。他在词的创作中不仅运用诗、文、史，而且使词能够与诗、文表现相同内容，从而使得词体日尊。清代叶燮，作为一位诗歌理论批评家，在《原诗》中提出作家进行艺术创造的主观条件，即才、胆、识、力理论，而且认为只有四者交相为济，方可使人登作者之坛。

1920 论干部理论考核的指标体系

发表时间及载体：兰州学刊 1995 年 6 月

作　　者：武文军

简　　介：每一项工作都应当有自己的指标要求和考核指标体系，科学的指标体系有利于引导各项工作的健康发展，具有重要的导向性，而目前干部的理论教育正缺乏科学的指标体系。当然，一些地区的干部理论学习每年也有进行考核的项目和标准，但多为一

些未确定的、模糊的任务要求，而提出的一些数量指标多数只反映学习的表层活动，而不能确定理论水平是否提高的实质问题。

1921 白居易的江州之贬与王涯的落井下石——兼论元和朝局及乐天遭贬的政治原因

发表时间及载体：西北师大学报：社会科学版 2005 年第 1 期

作　　者：蹇长春

简　　介：白居易于元和十年含冤贬江州司马，是其思想从兼济转向独善的转折点。遭贬的原因究竟何在？王涯为何对他落井下石？对此，学术界迄无定论。本文钩稽大量正史和野史资料，运用文史互证的方法，结合从永贞内禅到元和前期的政治形势，以及新旧两派势力之间尖锐复杂的斗争，对上述问题进行了深入的探讨，并作出了令人信服的有见地的回答。

1922 《释名》声训释词的认知理念

发表时间及载体：西北师大学报：社会科学版 2010 年第 2 期，甘肃兰州

作　　者：贺群

简　　介：《释名》的宗旨本在于阐述事物得名之由来，按刘熙的本意，释词是被释词的意义来源，它们并非意义完全相同、可以互训的词。但刘熙在解释事物得名之由来时，往往不得不直接或间接涉及到字义和词义的说解，这种说解就使释词和被释词之间产生了语义联系，为我们探索释词和被释词之间的词义关系提供了线索。

1923 论边疆与安全的关联性

发表时间及载体：西北师大学报：社会科学版 2012 年第 2 期

作　　者：徐黎丽

简　　介：边疆作为国家地理与文化边界地带，天然地与安全联系在一起。其中传统安全与硬边疆的关联性表现在：两者都以主权国家实体边疆为安全范畴，硬边疆是传统安全关注的焦点，传统安全强调的国家边界安全与硬边疆的边界息息相关。非传统安全与软边疆的关联性表现在：国家利益是非传统安全与软边疆始终围绕的中心议题，非传统安全和软边疆理论在促进人类生存与发展的国家模式向全球化模式过渡所面临的公共问题方面具有相同和互补作用，非传统安全与软边疆理论都是人类对国家及其边疆安全认知的升华。

1924 中国古代文人画家美术教育模式初探

发表时间及载体：西北师大学报：社会科学版 1999 年第 6 期

作　　者：李永长

简　　介：在中国美术教育史中，师徒传授不仅是民间画家传授绘画技艺的基本模式，也是文人画家传授绘画技艺的基本模式。它的基本特征是亲师合一。其内容包括画理、画法和画技，以及在人格上的言传身教。同现代学校教育相比，师徒教育固然有其无法克服的局限性，但它曾以自己的经验大大丰富了学校美术教育，而且至今仍具有强大的生命力，有借鉴意义。

1925 浅析蒙元与甘青藏族关系的建立及民族间的友好往来

发表时间及载体：西北民族大学学报：哲学社会科学版 2011 年第 5 期

作　　者：葛艳玲

简　　介：河西走廊是我国著名的民族走廊。多样性民族文化在同一空间地域内的互动与整合，建构了以多元统一为主要特色的

河西走廊地域文化。目前，学术界对河西走廊文化的历史建构进程及宏观文化结构的分析，构成了对河西区域文化双维平面的认知特点。以民族学田野调查为主要研究方法，对河西走廊多民族文化互动的模式加以归纳与分析，以微观研究视角呈现河西走廊多元一体文化结构生成的理论逻辑，以期以河西走廊为研究切片，为民族走廊的研究提供一条立体化的研究思路。

1926 地方政府体制性财政风险的包税制分析

发表时间及载体：甘肃行政学院学报 2005 年第 3 期

作　　者：吴少龙

简　　介：我国地方政府财政风险问题严重，财政风险是我国理论界非常关注的问题。本文运用包税制理论对体制性财政风险进行分析，认为上级政府对下级政府的包税额太高导致下级政府财政风险过度累积。

1927 粮禽市场化的边界在哪里

发表时间及载体：农村实用工程技术：农业产业化 2005 年第 4 期

作　　者：聂华林　王志升

简　　介：市场化是市场机制在资源配置中的影响不断增强的条件下对经济主体自由权利的建立，实现和保障发挥作用的一系列演变过程，是经济体制的一项整体性制度安排。农业生产尤其是粮食生产的根本。

1928 试论民事诉讼中的自认规则

发表时间及载体：甘肃行政学院学报 2003 年第 3 期

作　　者：张世浩

简　　介：民事诉讼证据问题，是民事诉讼的核心问题，自认是民事诉讼证据制度的组成部分，一方当事人对事实的承认将导致免除对方当事人举证责任的后果。因此，自认与举证责任的关系更为密切，自认规则在民事诉讼证据规则中占有重要地位。

1929 P.2979 唐开元廿四年《岐州眉县县尉牒判集》研究

发表时间及载体：敦煌研究 2003 年第 5 期

作　　者：潘春辉

简　　介：本文在对 P.2979 唐开元廿四年岐州眉县县尉牒判集的录文、校注的基础上，对文书所反映的唐开元后期政府政令效力问题进行了探讨，并分析了此时政令效力减弱的原因。

1930 对我国分税制改革后财政管理体制联邦化的利弊探讨

发表时间及载体：甘肃理论学刊 2007 年第 2 期

作　　者：王大林　成学真

简　　介：1994 年分税制改革带来的成效是令人欣喜的，但在这种财政联邦化日趋严重的背后也隐藏着许多问题。地方之间条块分割，很大程度上削弱了中央统筹全国宏观全局战略的职能。因此，必须改进各级政府的支出责任和收入分配，更公平地分配财政资源，通过改善各级政府的预算管理提高财政资源的使用效率。

1931 歌词别是一家——宋词与当代流行歌曲比较研究札记之一

发表时间及载体：语文学刊：基础教育版 2009 年第 8 期

作　　者：李孟霏　庆振轩

简　　介：本文通过将宋词与当代流行歌曲

歌词的比较研究，论证了当代流行歌曲歌词别是一家之说。

1932 兰州庄严寺及其塑写画三绝之考释

发表时间及载体：敦煌研究 2002 年第 5 期

作　　者：张宝玺

简　　介：兰州庄严寺始建于唐贞观年间，历元、明、清重修重建。清初以来，寺内塑、书、画三绝称著于世，不幸的是三绝毁于"文化大革命"中。本文对"文革"前寺院的状况作了介绍，并根据当时的记录对"三绝"的艺术价值略作考述。

1933 当代中国跨文化心理学的新领域——中国城乡区域阶层文化心理跨文化研究

发表时间及载体：教育文化论坛 2012 年第 4 卷第 1 期

作　　者：张海钟　姜永志

简　　介：按照比较教育学、比较经济学、比较文学等学科概念的定义，跨文化心理学应该称为比较心理学。可是，早在 20 世纪初，比较心理学这个概念就被心理学家用来指人和动物的心理比较研究。于是，不同国别、种族、民族之间的心理比较研究，就被称呼为跨文化心理学。20 世纪 80—90 年代，我国学者引进跨文化心理学之后，主要是模仿西方的跨文化心理学，开展西方心理学理论在中国不同民族的检验，随后开始国内不同民族儿童发展心理的比较研究。再后来，就出现了不同宗教信仰人群的心理比较研究。新世纪以来，城乡之间、区域之间、年龄之间、性别之间的心理比较研究逐步展开。开展这些研究，有一个基本假设，就是除了生物遗传因素之外，文化是影响人的心理活动特征的重要变量。

1934 论中小型家族企业人力资源管理——三维立体模式的应用

发表时间及载体：甘肃行政学院学报 2004 年第 3 期

作　　者：师国君

简　　介：随着中国加入"WTO"，知识经济时代的到来，民营企业迎来了一个新的发展时期。民营企业家们逐渐认识到人力资源管理将会为企业带来前所未有的发展，而做为民营企业的中小型家族企业在人力资源管理方面存在着家族制以及传统的人事管理的阻碍。摆脱家族制的束缚，需要企业针对自身特点以及人力资源管理的特点建立一个企业人力资源管理的整体模式，即三维立体模式。通过三维立体模式的运用使企业实现现代化管理同时增强企业的竞争力使企业在激烈的市场竞争中立于不败之地。

1935 教育技术视野下职业教育课程开发中知识分析及组织方法的研究

发表时间及载体：电化教育研究 2011 年第 9 期

作　　者：郭炯　侯云吉

简　　介：本文在已有职业知识的分类和组织结构研究基础上，结合职业活动的本质，对职业知识进行了重新分类，构建了职业知识的组织结构，并基于对能力是头脑中知识的累积而形成的适于知识应用的内在结构的认识，探索了将需求分析阶段获得的能力进行知识分析和组织方法。研究得出职业知识可以分为情境、实体性理论、实践规则、策略性知识、操作性理论、技能和情感态度；职业知识是以活动任务为中心进行组织的，因此职业教育课程应采用以项目、样例等作为载体的任务中心课程内容组织形式。

1936 论《福乐智慧》中的"梅禄""可汗"和"于都斤"的名称

发表时间及载体：西北民族研究 2012 年第 1 期

作　　者：玉努斯江·艾力 玉苏甫江·艾买提

简　　介：《福乐智慧》是优素甫哈斯哈吉甫在喀喇汗王朝的古都喀什噶尔完成并献给当时的喀什噶尔执政者桃花石布格拉汗的一部经典之作，内容涉及喀喇汗王朝政治、法律、伦理、哲学、文化、社会经济、民族关系、宗教以及人们日常生活的各个方面，被誉为维吾尔族的一部史诗。时至今日，《福乐智慧》中仍有未探析的问题。本文从史学的角度对《福乐智慧》中出现的"梅禄""可汗"和"于都斤"等名称进行了探讨。

1937 城市化与能源消费：动态关系计量与贡献度测算——基于甘肃省数据的实证分析

发表时间及载体：西北人口 2012 年第 4 期

作　　者：杨肃昌 韩君

简　　介：长期来看，甘肃省城市化水平与能源消费之间存在稳定同步上升的关系；而且这种长期同步上升关系在短期能够得到显著的修正；同时甘肃省城市化能 Granger 引起能源消费。虽然甘肃省城市化进程对能源消费的贡献作用比较小，但呈逐年增长趋势。因此调整城市化结构，提高城市能源的利用效率，降低对能源需求的增长程度是促进城市化与经济社会协调发展重要的途径。

1938 浅谈中国权变理论及其形式

发表时间及载体：甘肃行政学院学报 2000 年第 3 期

作　　者：郭全中 付晨

简　　介：我国当前的管理理论，大部分都是借鉴西方的管理理论，如何总结我国的优秀文化和管理理论，显得很有必要。本文在对中国古代管理理论介绍的基础上，探讨和总结了中国古代权变理论，以试图对建立我国的管理理论框架作一尝试。

1939 基于 Web2.0 CMS 的教学网站管理系统的设计与实现

发表时间及载体：电化教育研究 2009 年第 6 期

作　　者：李焱 党小超

简　　介：本文设计和实现了一个采用 Struts + Hibemate + velocity + Ajax 开发的基于 Web2. 0CMS 的网站管理系统，该系统搭建了一个支持多语言、多部门、多用户灵活方便安全的 WebCMS 系统。

1940 神话模式下的悲剧——亨查德的悲剧神话原型解析

发表时间及载体：社科纵横 2008 年第 3 期

作　　者：李昱

简　　介：根据神话原型批评理论来解析亨查德，可以发现其性格决定的无法规避的命运和屡次违反道德规范的过失造成了他的悲剧，从而重现了古老的神话模式；同时作家留恋淳朴的宗法社会和正视世界进步的矛盾心理以及主张正义和社会向善的创作思想也可见一斑。

1941 铁勒族名考——兼谈史料中的狄系诸族名

发表时间及载体：西北民族研究 2014 年第 1 期

作　　者：包文胜

简　　介：学界较早就开始研究铁勒族名，关于其由来至今意见仍不统一，分歧较大。本文在充分吸收前人研究成果的基础上，从汉语语音变化和民族语言的角度并利用民族史语文学的方法进行研究，对这个历史疑难问题提出个人见解。

1942 制度创新：加快西部地区城市化进程的突破口

发表时间及载体：兰州商学院学报 2004 年第 20 卷第 3 期

作　　者：高云虹

简　　介：制度因素是影响城市化进程的非常关键的因素，我国西部地区的城市化进程突出地反映了这一点。文章通过对不同时期西部地区城市化过程的分析，提出西部地区应继续加大制度创新力度，以更有效的制度安排组合来加速城市化进程。

1943 政府绩效评价中的"顾客导向"探析

发表时间及载体：中国行政管理 2006 年第 1 期

作　　者：包国宪　孙加献

简　　介：政府管理创新对传统政府绩效评价方式提出了变革的要求，"顾客导向"政府绩效评价是超越传统绩效评价方式的新探索。

1944 甘肃农村学校英语口语教学调查报告

发表时间及载体：甘肃高师学报 2012 年第 6 期

作　　者：史建国　陈琼 郑蓓媛

简　　介：自上个世纪末以来，甘肃农村学校逐步开设了英语课程，越来越多从大中专英语专业院校毕业的英语老师进入农村学校。然而，农村学校的英语教学还是显示出了明显的城乡差别。甘肃省农村学校的英语口语教学还有很大的发展空间，提高师资力量，改进教学理念是推进甘肃农村学校英语口语教学的瓶颈。

1945 思想政治工作要坚持以人为本、与时俱进

发表时间及载体：社科纵横 2009 年第 4 期

作　　者：凌振路

简　　介：高度重视思想政治工作。是我们党的优良传统和政治优势。如何适应社会主义市场经济的新形势，在改进中加强，在推进中创新，与时俱进，更好地发挥其魅力和作用，是摆在企业党组织面前的一项十分重要而又紧迫的任务。坚持"以人为本"是贯彻落实科学发展观、构建和谐社会的基本内涵。坚持"以人为本"也是开展思想政治工作的出发点和落脚点。本文就如何坚持"以人为本"，加强和改进思想政治工作，谈一点粗浅的认识和体会。

1946 论民事诉讼中的部分判决

发表时间及载体：甘肃政法学院学报 2006 年第 5 期

作　　者：杜睿哲

简　　介：依据我国《民事诉讼法》第 139 条规定，司法实践中法院作出部分判决是常见的现象。然而，由于民事诉讼立法的原则、笼统，理论研究的欠缺，实践中存在诸多问题，意见难以统一。为此，本文对民事诉讼中部分判决的概念、意义，部分判决范围的认定，部分判决既判力的客观范围与剩余部分的程序处理及部分判决的上诉等问题进行了初步探讨，以期对完善民事诉讼立法有所裨益。

1947 杨钟羲《雪桥诗话》学术价值述略

发表时间及载体：社科纵横 2012 年第 1 期

作　者：雷恩海

简　介：《雪桥诗话》是记述有清一代的掌故之书。此书以诗话名，其间涉及诗歌、诗人之论审慎精要，自具手眼，又以诗传人，以诗存史，记载保留了大量有清以来佳篇佳句，名诗话而有清诗史料之实。书中以诗为契，记录各地古迹、风物和文化生活，尤其保留大量背景风土史迹资料，对研究北京历史、风物、沿革变迁很有价值。本文通过对《雪桥诗话》全书细致分类、分析，明了此书对于有清一代诗词、掌故、风土人情记录之功，明晰作者爬罗剔抉搜集资料之力，明确此一部诗话所涵盖之诗歌、风俗、社会生活之内容在诗学、民俗学、社会学等学科中的学术价值。

1948 "敦薨之山""敦薨之水"地望考——兼论"敦薨"即"敦煌"

发表时间及载体：敦煌研究 2011 年第 3 期

作　者：李正宇

简　介：《山海经北山经》载有三条向西流入渤泽的河流——杠水、匠韩之水及敦薨之水，杠水即贯穿汉代敦煌郡的疏勒河干流，匠韩之水即今瓜州县之榆林河，敦薨之水即今敦煌市的党河，敦薨本系月氏语，张骞称敦薨，乃因战国秦汉时期敦薨与敦煌同音，故知《山海经》之"敦薨"即敦煌，汉武帝在敦薨地区建县建郡，遂据张骞所说"敦煌"，命名为敦煌县、敦煌郡《北魏郦道元水经注》谓敦薨之山"在匈奴之西、乌孙之东"，说敦薨之水"出焉耆之北"，与《山海经》敦薨之水西流注于渤泽的流向相反。杜佑、都实、潘昂霄、朱思本等均据实指出郦道元之谬，而清代以来《水经注》研究家仍从郦氏谬说，亟应纠正。

1949 人与人的实现——试论孟子的"仁政"思想

发表时间及载体：兰州大学学报（社会科学版）2005 年第 33 卷第 4 期

作　者：毕明良

简　介：仁也者，人也（孟子尽心）。仁是人之所以为人的东西，是人的本质。政者，正也 论语颜渊），政就正人，也就是说政治是要使所治之民的正性得以实现出来，合起来说，仁政就是以仁来正人，使作为人的本性之仁得以实现出来的政治，仁的内涵在于人伦，仁政追求的是一种君君、臣臣、父父、子子的人伦秩序，追求的是人与秩序的双重实现。

1950 我国银行卡业务面临的挑战与发展思路

发表时间及载体：甘肃行政学院学报 2005 年第 4 期

作　者：王净　刘治宏

简　介：我国目前已成为全球银行卡发展潜力最大的国家。随着银行业竞争的加剧，银行卡业务逐渐成为商业银行竞争的焦点。因此，本文就我国银行卡业务发展的现状、面临的挑战以及发展思路进行了论述，提出其发展思路。

1951 论康有为的教育发展观

发表时间及载体：西北师大学报：社会科学版 2004 年第 6 期

作　者：王韵秋

简　介：康有为作为政治活动家，其政治理想的追求是以创办教育为支撑点的，其在教育思想中所体现的勉强为学，逆乎常纬的教育理念，在教育活动中所追求的激励气节，发扬精神，广求智慧的精神，在教学实践中所确立的德智体美全面发展的培养目标，都对中国教育近代化事业的发展起了积极的开拓作用，康氏以政治目的为出发点，抱着培养维新变法斗士的愿望，大力传播西方政治思想，培养了一批具有叛逆精神的近代知识分子，但作为饱受传统文化浸淫的今文经学传人的康有为，由于历史与时代的原因，其教育观念与教育实践最终还是没有走出扬弃传统文化，张扬西方精神，又回归传统的历史怪圈。

1952 规范股权结构的效应

发表时间及载体：甘肃理论学刊 2004 年 第 3 期

作　　者：朱占荣

简　　介：我国证券市场上公司股权结构呈现出股权高度集中、股份流动性差的特征。这一特征导致公司治理结构难以真正建立，资本市场资源配置功能难以充分发挥，不能有效提高企业的经营绩效，使兼并重组障碍重重，并使股市是经济晴雨表失灵。全面解决这一问题有待于积极慎重地推进国有股减持和全流通试点。

1953 网络学习共同体知识建构的传播方式探究

发表时间及载体：电化教育研究 2008 年第 6 期

作　　者：杨卉

简　　介：网络学习共同体为基于问题的学习和知识建构提供了良好条件，其教育应用研究越来越广泛。然而网络学习共同体知识建构过程所产生的教育传播方式突破了传统教育传播方式，具有其自身的特点。本文分析并阐述了网络学习共同体知识建构过程的传播方式，包括其传播要素内涵、关系、在传播中的地位和作用以及其独特的传播过程，并在此基础上对网络学习共同体知识建构学习活动的有效开展提出了建议。

1954 对弗兰德斯互动分析系统应用的探讨——以同课异构为例

发表时间及载体：电化教育研究 2014 年第 35 卷第 11 期

作　　者：陈秀娟　汪小勇

简　　介：通过同课异构案例探讨了弗兰德斯互动分析系统的应用及其局限性，即仅从弗兰德斯互动分析中的数字是不能充分揭示课堂结构、教师教学倾向与风格的，很多课堂真相会被数字掩盖，研究提出可以结合课堂观察对课堂的质性分析来印证和弥补弗兰德斯互动分析系统的分析结果。

1955 甘肃省青年人口行为方式分析

发表时间及载体：南方人口 2003 年第 18 卷第 3 期

作　　者：韦惠兰

简　　介：通过第一手资料分析了甘肃省青年人口的行为理念、行为方式特点，结合青年人口当前的行为特点与方式，从社会环境、经济因素及体制因素方面分析了产生的原因，最后提出了建议。

1956 试论政府在西北开发中的主导作用——对近代西北开发的反思

发表时间及载体：青海社会科学 2004 年第 5 期

作　　者：李建国

简　　介：在当前西部大开发中，政府的作用是一个令人瞩目的问题。本文通过对近代西北开发历史的回顾，试图从中能得出一些有益的经验教训。

1957 甘肃循环经济示范区建设的投融资保障体系研究

发表时间及载体：开发研究 2011 年第 5 期

作　　者：姜安印

简　　介：把循环经济的资金需求特点与具体融资方法结合起来，把政府的组织协调优势与金融的融资优势结合起来，把资金融通与体制创新结合起来，通过融资推动市场建设、信用建设、制度建设，以主动市场建设方式弥补市场自身的失灵、缺失与空白，打通融资瓶颈，形成有效的激励机制，引导社会资金投向循环经济领域，有效解决循环经济发展的资金不足问题。

1958 城市生态病及其治理

发表时间及载体：环境研究 1986 年 4 月

作　　者：武文军

简　　介：城市在发展过程中，当物质文明和精神文明获得重大发展的同时，以人口膨胀、住房紧张、交通拥挤、环境恶化为特征的"城市病"便凸显出来，越来越引起人们的关注。这里浅谈有关保护城市环境，保持城市生态系统平衡的问题。城市是个自我运行的大系统，随着城市的发展，其结构越来越复杂，功能越来越多，作用越来越大。目前已形成具有多种功能、多层次结构的，在经济、文化、科学上占有中心地位的现代城市。城市是一个具有内在联系和矛盾的复杂有机体。其中有生产、流通、居住、交通、水源、行政、文化、教育、管理、信息、生态系统等，这些系统下有各种子系统互相联系、互相作用。

1959 提高公务员依法行政意识与能力问题研究

发表时间及载体：甘肃政法学院学报 2012 年第 5 期

作　　者：杨红

简　　介：随着有中国特色社会主义法律体系的形成，法律的执行显得尤为重要，诸多社会事件的出现，反映出我国公务员依法行政意识和能力没有与时俱进。本文以加快法治政府建设为宏观背景，在分析我国公务员依法行政现状的基础上，深刻剖析影响我国公务员依法行政的主要因素，提出了提高公务员依法行政意识和能力的主要途径。

1960 中国贫困地区的发展目标与结构调整

发表时间及载体：兰州大学学报：社会科学版 1998 年第 2 期

作　　者：郭志仪

简　　介：贫困地区之所以贫困，其主要原因是区域结构（包括经济结构和社会结构）不合理。反贫困必须首先确定贫困地区的发展目标，然后依据发展目标进行结构调整。本文运用经济学与社会学的方法分析了贫困地区发展目标的确定依据、效益目标与公平目标的关系，指出了贫困地区的发展目标及其指标体系，认为贫困地区结构调整的基本途径是进行经济结构调整与小城镇建设。

1961 社会转型过程中的俄罗斯自由主义

发表时间及载体：兰州大学学报（社会科学版）2001 年第 29 卷第 1 期

作　　者：李中

简　　介：俄罗斯自由主义肇始于前苏联的戈尔巴乔夫时期，由盛到衰，历经三个阶段，自由主义在俄罗斯的衰落，其深层原因在于俄罗斯传统文化与自由主义的内在紧张。另外，俄罗斯中产阶级力量薄弱、自由主义者内外政策的失败及西方对俄地缘政治压力等，都是不可忽视的原因。

1962 悬泉汉简所见鼓与鼓令

发表时间及载体：敦煌研究 2009 年第 2 期

作　　者：牛路军

简　　介：鼓是一种较为常见的乐器，但是在古代它有比较独特的用法，近 18000 枚悬泉汉简简牍文书为我们提供了此类信息。悬泉汉简中与鼓相关资料的整理，不仅可以复原汉代的鼓令，而且可获得一些未曾知道的信息，在悬泉置的日常生活中鼓用于接待，以敲鼓次数的多少告诉接待单位做相应的准备工作。

1963 论中国特色管理之道——兼论管理境界

发表时间及载体：甘肃社会科学 2012 年第 3 期

作　　者：刘举科

简　　介：中国特色的管理之道，是把中国几千年管理思想实践与马克思主义基本原理相结合，形成了具有中国特色社会主义理论体系的管理之道，是以中国传统文化为基石，学习西方先进管理技术，总结中国共产党执政治国先进理念而建立的符合科学发展观的管理之道。其内涵有两个层次、五种境界。管理境界的划分是从政治觉悟、社会责任、经济效益、文化建设、环境文明等综合因素，以"二五之精"为依据划分为生存型、效益型、事业型、为他型、无为型五种境界。前四种均属"有为"层次，后一种属于"无为"境界。"有为"与"无为"是辩证统一的一组哲学范畴。

1964 河西走廊工业化对策研究

发表时间及载体：兰州大学学报（社会科学版）2001 年第 29 卷第 5 期

作　　者：汪慧玲　侯振春

简　　介：本文从西部大开发、再造河西与河西工业化三项战略的内在联系出发，主要阐述了河西工业化的意义与目标、现状与问题，并提出了相应的对策建议。本文讨论的范围涉及资源开发、资本稀缺、制度创新、可持续发展等各方面。

1965 国有企业第四阶段改革存在制度供给不足的成本因素

发表时间及载体：甘肃行政学院学报 2002 年 第 1 期

作　　者：杨发明

简　　介：一项制度安排的变革及其效率，极大地依赖于其他制度安排的存在。政府制度供给不足是我国国有企业第四阶段改革难以推进的主要原因。本文将影响政府制度供给不足的成本因素概括为：制度变迁机会成本、制度变迁设计和实施成本、制度变迁实施后成本。

1966 我国农村人口老龄化的区域差异及其影响因素

发表时间及载体：兰州商学院学报 2012 年第 6 期

作　　者：关爱萍

简　　介：基于 2010 年全国第六次人口普查数据，该文运用聚类分析描述了我国农村人口老龄化的区域差异，并通过因子分析方法研究了影响农村人口老龄化程度区域差异的主要因素。结果表明，我国农村人口老龄化具有明显的区域差异性，东部地区大部分省市属于农村人口老龄化程度比较严重的地区，中西部地区一些省份也开始进入老龄化阶段。农村经济发展水平、劳动力文化教育程度的差异是影响农村人口老龄化程度的主要因素。

1967 国家法和民间法的现实互动与历史变迁——中国西部司法个案的透视

发表时间及载体：西北师大学报：社会科学版 2002 年第 4 期

作　　者：王勇

简　　介：在中国西部，国家法与民间法的互动呈现出纷繁复杂、扑朔迷离的局面，其至少可概括为六种互动形式。系统阐释国家法与民间法在中国西部的互动现状及其变迁趋向，进而为实现二者之间的良性互动寻找合宜的调适路径，这对西部乃至整个中国的法治建设将具有重要的理论和现实意义。

1968 论文化大发展大繁荣与人民文化素质的关系

发表时间及载体：宁夏社会科学 2012 年第 3 期

作　　者：刘先春

简　　介：党的十七届六中全会对推动社会主义文化大发展大繁荣作出了战略部署，为以文化建设提升人民文化素质提供了良机。推动社会主义文化建设，符合当代中国文化发展的时代特征，也顺应大众文化。

1969 公务员应对机构改革的心理分析

发表时间及载体：甘肃行政学院学报 2001 年第 4 期

作　　者：孙多金

简　　介：本文分析了公务员应对机构改革的自我感知、自我信念、自尊、情绪、开放性、容忍和冒险等方面的心理活动，总结了公务员应该具备的心理品质。

1970 关于房建工程施工管理中质量控制的研究

发表时间及载体：建材发展导向 2014 年第 9 期

作　　者：杨鹏

简　　介：随着经济社会的不断发展，房建行业面临着日益激烈的竞争，施工企业只有不断提高施工的质量，进一步提升社会经济市场的核心竞争力，才能走一条健康、可持续发展的道路。

1971 西部农村地区贫困代际传递的社会学研究——以甘肃 M 县四个村为例

发表时间及载体：甘肃社会科学 2010 年第 4 期

作　　者：陈文江

简　　介：贫困与人类发展进程相生相伴，研究贫困人口的生存状况、导致贫困的各种因素及其相互之间的联系，对于我们调整反贫困战略、寻求制度体制层面上的创新都具有重要的意义。本文从贫困代际传递的理论视角出发，运用质性研究的方法探讨了西部农村贫困代际传递的主要影响因素，即：受教育程度、职业地位以及社会关系网等自致性因素；父亲的经济地位、社会关系网以及子代儿时的家庭结构等先赋性因素；社会支持与社会流动等社会性因素在终断、延续贫困代际传递过程中发挥的重要作用。

1972 论改革的公正性与公正性改革

发表时间及载体：甘肃社会科学 2003 年第 4 期

作　　者：高新才

简　　介：在系统地对各种重要的公平与效率观进行评述的基础上，本文分析了中国改革所表现出来的有限公正性这一重要特征，论证了新时期公正性改革的必然性，并分析了这一公正性改革的内容和目标。

1973 试论中国入世对西部法制建设的影响

发表时间及载体：甘肃理论学刊 2003 年第 4 期

作　　者：李东侠

简　　介：加入"WTO"，意味着中国的经济发展已开始走向国际化，同时也对国内的法律制度产生了重大的冲击。本文以西部地区为背景，探讨了加入"WTO"对该区域立法、司法及社会公众法律意识的影响，以期为西部法制建设提供些许有益的启示。

1974 俄藏本《十二时普劝四众依教修行》校勘和研究

发表时间及载体：兰州大学学报（社会科学版）2002 年第 30 卷第 3 期

作　　者：买小英

简　　介：本文参照法藏《十二时普劝四众依教修行》，首次对俄藏《十二时普劝四众依教修行》进行了校勘，并就该写本之书写年代及所反映之思想等问题作了初步的分析和研究。

1975 邓小平中华民族民族观与中华民族的伟大复兴

发表时间及载体：甘肃理论学刊 2004 年第 4 期

作　　者：秦生

简　　介：在中华民族伟大复兴的历史进程中，邓小平形成了科学、进步的中华民族民族观。通过对中华民族伟大复兴的民族历史、民族力量、民族前途、当代国情、前进道路、立场气节、民族精神、国际地位等一系列重大问题的科学认识，构成了邓小平中华民族民族观的丰富内容，邓小平中华民族的民族观，对实现中华民族伟大复兴有着重大而深远的影响。

1976 在传统与现代之间——凡特胡拉·古莱恩苏非主义思想简论

发表时间及载体：世界宗教研究 2009 年第 1 期

作　　者：敏敬

简　　介：凡特胡拉·古莱恩是土耳其当代著名的学者和宗教活动家，其苏非主义思想既继承了新苏非主义的部分主张，又进行了适度变革，使苏非主义在内容、组织形式等方面具有一些新的特点。中间主义是古莱恩苏非思想的核心之所在，为穆斯林正确认识传统与现代以及二者的关系提供了新的视角。

1977 明代散文复古思潮中关于"法"的论争

发表时间及载体：北方论丛 2014 年第 2 期

作　　者：宁俊红

简　　介：文学史发展中，散文字句篇章等形式的发展，并非一蹴而就。唐宋以来，散文在篇章结构上得到了很好的发展。因此，唐宋派能够通过学习唐宋古文，总结出散文篇章的"开阖首尾经纬错综之法"。唐宋之前，汉代则是文学创作中字词运用高度发展的阶段。因此，七子派学秦汉文只看到字词之丰富，体现于创作中只能字拟而句摹。前后七子与唐宋派设定的学古目标不同，但学古的趋向存在一致之处，茅坤、王世贞等都很注重作家之意境、风格与"法"之关系，他们所谓"法"，即能体现作家审美风格的修辞法则，其理论本质是对古代散文审美的自觉。

1978 国有企业经营权探析

发表时间及载体：甘肃理论学刊 2005 年第 4 期

作　　者：刘磊

简　　介：国有企业经营权问题仍然是我国经济体制改革的核心问题。围绕这一重要内容，本文在引出国有企业经营权问题的前提下，论述了经营权的概念、经济内涵及国有企业经营权的基本特征，提出了国有企业经营权的有效组织形式和合理选择及建立与市场经济相适应的国有企业经营权组织形式的对策建议。本文认为，市场化取向的国企改革，必然消除长期以来国有企业所有权单一化所造成的诸多弊端，实现所有权与经营权的相对分离，最终彻底完成由传统国有企业向现代企业制度的转变。

1979 可归责性与信赖合理性的比较权衡——弹性化机制的应用

发表时间及载体：甘肃政法学院学报 2006 年第 6 期

作　　者：吴国喆

简　　介：遵从或否定权利表象规则的界限，定位在可归责性与信赖合理性的比较权衡。其实质是进行过失程度的比较，在真实权利人与第三人之间做出选择，其结论必然是弹性化处理，一方面体现在生活事实的法律判断本身具有适度的弹性，另一方面，归责性与信赖合理性之间存在相互影响，需要通过一定的技术手段进行调和。

1980 心理测试结论在民事诉讼实践中运用的利弊分析

发表时间及载体：社科纵横 2010 年第 1 期

作　　者：严军

简　　介：犯罪心理测试在中国又称 CPS 多道心理测试，其测试结论是否具有证据资格，在学界尚存在不同观点。而中国目前在立法上，并未赋予其证据资格。但是由于对犯罪心理测试结论本身的科学性和实践性的认可，特别是在 1999 年 9 月 10 日最高人民检察院关于《CPS 多道心理测试鉴定结论能否作为诉讼证据使用的问题的批复》作出后，这种技术在司法实践中被广泛运用，不仅在刑事诉讼中，在一些民事案件的处理中，心理测试结论也被用来帮助法官审查、判断证据。对此，本文作者认为犯罪心理测试结论在刑事诉讼中，可以用来帮助专门机关工作人员审查判断证据，但在民事诉讼中，不能将测试结论用来帮助法官审查判断证据。

1981 我国体育非营利组织的发展困境与路径选择

发表时间及载体：西北民族大学学报：哲学社会科学版 2012 年第 6 期

作　　者：张伟

简　　介：体育非营利组织的创建和发展，顺应了社会发展和体育改革的趋势，并在社会经济生活中发挥了不可替代的作用。在建设体育强国宏观战略思想下，从体育非营利组织的概念界定着手，重点研究现阶段我国体育非营利组织存在的问题和面临的挑战，指明相应的发展路径，在当前是十分必要的。

1982 试论弗洛姆的"逃避自由"说

发表时间及载体：西北师大学报：社会科学版 2005 年第 2 期

作　　者：张和平

简　　介：弗洛姆的"逃避自由"学说，把自由的获得与自由的丧失视为是共生的两极，人类越是获得自由，也就意味着越是丧失自由。正是人类自由的最终获取，导致人类陷入了法西斯主义的困境。这一结果归根结底是由于人的心理机制造成的，这就把问题引向了歧途。但弗洛姆的这一学说给我们的有益启示是：自由、民主的讨论必须与社会制度结合起来，政治体制的改革必须现实地、具体地、实践地进行。

1983 "文学边缘化"及文学批评之过

发表时间及载体：甘肃社会科学 2012 年第 5 期

作　　者：董国俊

简　　介：当下的中国文学创作主体是"七代同堂"，文学版图也是"六分天下"。基于文学发展的一些内外部因素，"文学边缘化"命题得到了部分读者和批评家的认同，其实这恰恰预示着"文学多元化"格局的逐渐成形。反观文学批评，它总体上存在着过度理论化、轻视语言性和拔高思想性的倾向，这不利于我们对纷繁的创作现象与特定的文学作品的理解。

1984 政治学研究的困境及其路径选择

发表时间及载体：甘肃理论学刊 2006 年第 2 期

作　　者：倪娟芝

简　　介：政治学研究在很大程度上存在着诸多困难。其作为一门独立的学科，在诞生后的一个世纪的历史里，长期处于滞后状态。导致政治学研究滞后的原因是多方面的，有的是社会科学都具有的，只不过政治学表现的强力一些，有的是政治学所独有的。积极探讨政治学研究面临的困境及其路径选择，对于了解政治学学科背景，把握学科发展方向，促进政治理论创新等将有所裨益。

1985 左宗棠与回民起义善后移民诸问题论析

发表时间及载体：船山学刊 2014 年第 2 期

作　　者：赵维玺

简　　介：左宗棠镇压西北回民起义后，移民作为善后措施的重要方面，是其试图维持西北社会稳定的重要手段。本文以左宗棠移民政策的酝酿、移民过程中出现的矛盾与冲突以及左宗棠如何化释这些问题为考察点，进而探讨其移民政策的得失。

1986 论社会主义和谐社会的正义观

发表时间及载体：马克思主义与现实 2007 年第 5 期

作　　者：王学俭

简　　介：社会主义和谐社会的正义观是人类社会历史发展的不断追求，是社会主义国家制度的首要价值。本文从经济正义、政治正义、文化正义、社会正义、代际正义和国际正义等六个方面分析。

1987 加强司法监督必须坚持和完善人民陪审制

发表时间及载体：社科纵横 2008 年第 7 期

作　　者：黄涛

简　　介：人民陪审制作为一项重要的司法审判制度，在司法实践中发挥着不可替代的作用。然而，在我国，由于受政治、经济、文化、历史传统、意识形态等因素的影响，我国的人民陪审制却远远没有发挥出它应有的参与、监督审判，维护司法公正的作用。本文初步分析了我国人民陪审制的历史、现状，探讨了该制度存在的一些缺陷及其成因，提出了完善该制度的必要性及必要措施。

1988 运用现代教育技术促进民族教育的发展

发表时间及载体：电化教育研究 2001 年第 2 期

作　　者：杨改学

简　　介：民族教育作为提高少数民族整体素质的有效途径，历来都是教育领域研究的热点问题之一，本文从西部民族的人口与地域特点、西部民族教育的现状、现代教育技术对西部民族教育的影响、西部边少地区教育的未来发展等几个方面论述了现代教育技术对少数民族教育的促进，并指出，采用现代教育技术改革少数民族教育，无疑是提高和加快少数民族教育水平和发展的有效途径。

1989 从敦煌户籍文献考察妇女归宗对唐代家庭的影响

发表时间及载体：敦煌研究 2007 年第 1 期

作　　者：润强

简　　介：本文从敦煌文献和唐人墓志入手，发现唐代妇女归宁，实际包括妇女长期归宁和夫亡归宗两种情况，出嫁女长期归宗，与亲人同居共活，密切了女性与本家的亲缘关系，妇女夫亡归宗，不仅改变了孀妇本家家庭、女儿家庭及其他亲属家庭的家庭类型、家庭结构、家庭规模乃至家庭关系，而且也出现了官方户籍登录与生活实态不相符的情况，造成男女比例异常失调的假象，引起学界对于包括敦煌户籍、籍帐、手实理解的争议。本文结合敦煌户籍史料，揭示唐代妇女归宗对家庭和户籍政策的诸多影响，分析官方户籍与家庭实态之间的关系，这也是敦煌学和唐代家庭史探讨的重要内容。

1990 体育文化的全球化与民族化

发表时间及载体：西北师大学报：社会科学版 1999 年第 6 期

作　　者：王增喜

简　　介：体育文化的全球化与民族化是两个并行不悖的趋势，且相得益彰，民族体育文化是体育文化全球化的基础，并为其提供源源不断的文化资源，体育文化的全球化又为民族体育文化的展示提供了适宜的舞台。

1991 学习型社会的学习特征及条件

发表时间及载体：西北师大学报：社会科学版 2003 年第 4 期

作　　者：丁虎生

简　　介：努力建成学习型社会是我国在本世纪头二十年全面建设小康社会的重要目标。学习型社会的基本特征是善于不断学习，强调终身学习、全民学习、组织学习，任何一个社会的学习状况，如果离开了上述特征，就不能称其为学习型社会，那么形成学习型社会需要那些必备的基本条件呢？这就需要一种创新型的教育（学习）制度、多样化的教育（学习）资源和信息化的教育（学习）环境。

1992 新形势下加强党员形势教育 提高全体党员责任意识、危机意识和风险意识

发表时间及载体：兰州学刊 2012 年第 9 期

作　　者：刘先春

简　　介：对所处形势的正确认识和把握，是党和国家制定发展战略，推动经济社会发展的基础和前提。党员的形势教育是思想政治教育的一项重要内容，是中国共产党的思想政治工作的优良传统。

1993 试论古代帝王贤圣的身体叙事

发表时间及载体：菏泽学院学报 2012 年第 34 卷第 4 期

作　　者：张同胜

简　　介：东汉永平十年（公元 67 年）之前，在中国历史典籍与文学作品中，古代帝王贤圣的身体叙事有一个共同的特点，即以奇形怪状为神异，以畸形、病态或异形合体为神奇，并以之作为神化他们的依据。其原因似在于中国古人的神话思维方式。此一身体叙事的功能在于为其君权神授或圣人天生

论张目。东汉永平十年之后，法相说随着佛教而传入东土，并被社会舆论所崇奉，从而对帝王贤圣的身体叙事有着深远的影响。史书以及通俗小说对帝王贤圣的形貌描述，大多依据法相说进行撰述，目的也是从身体方面证明他们是"见在佛"或神仙的化身，从而不言而喻地表明他们法统的正当性。

1994 地域文化与解放区小说创作

发表时间及载体：贵州社会科学 2010 年第 12 期

作　　者：彭岚嘉　张文诺

简　　介：为了创作出真正大众的小说，解放区作家逐渐把特定地域的方言土语、景物画和风俗画纳入到小说的题材中去，形成了解放区小说鲜明的地域文化色彩。地域文化增加了解放区小说的艺术魅力、提升了解放区小说的美学品味，促进了解放区小说大众化、民族化的进程。但是，在解放区小说中，地域文化服务于以建立民族国家为重要奋斗目标的主流政治文化，小说的情感和主题显得过于狭窄和单一。

1995 重筑我们的信仰与道德

发表时间及载体：甘肃理论学刊 2012 年第 1 期

作　　者：王福生

简　　介：在社会主义核心价值体系的构建问题上，目前讨论"马、中、西"对接的重要性、必要性的文章已经很多，问题在于路径。路径就是结合，建立一种既与历史，又与国际接轨的价值体系。本文主张，在政治上坚持与时俱进的中国特色社会主义，在道德教育上重建赋予现代内容的中国传统的礼、义、廉、耻教育，找回我们民族的精神家园。

1996 协商民主：一种新的民主观

发表时间及载体：甘肃理论学刊 2006 年第 2 期

作　　者：刘务勇

简　　介：协商民主理论是 20 世纪晚期出现的一种新的民主理论模式。它强调民主的协商性、决策的合法性、协商的平等性、公开性和责任性，是对西方竞争性民主模式的反思和替代。

1997 对香农定理与传播学理论构建关联的再讨论

发表时间及载体：电化教育研究 2009 年第 5 期

作　　者：刘俭云

简　　介：本文通过对香农定理的举证以及与后香农时代编码解码理论的比对，展开了它们与传播学理论构建关联的讨论。目的在于确认香农定理的传播学地位，弥补香农定理的社会人文缺憾，分析信息流动计量与传播效果之间的关系，释放数字时代背景下海量信息控制、互动话语边界的观点。香农定理和控制论模型，越过了信息有效传输和信息接收端点的物理通信范畴，散发出了悠长的跨学科话语魅力。

1998 甘肃省独立学院教师培训存在的问题与对策探讨

发表时间及载体：社科纵横 2009 年第 4 期

作　　者：杜军莲

简　　介：高校独立学院的产生，推动了中国高等教育的快速发展，催生了甘肃独立学院的进步。它为满足人们日益增长的文化需求做出了贡献。但这种新型办学模式在其成长过程中却面临着许多问题。随着高等教育大众化推进以及公众对教育质量的日益关注，教师培训问题也受到了关注。本文着眼于教师这个行动主体，从其自身需求和愿望出发。分析了甘肃省独立学院教师培训的现状与问题，提出了相应的对策建议。

1999 "斯哇"：在国家与社会之间——甘南藏族聚居区两起个案的法人类学考察

发表时间及载体：甘肃政法学院学报 2012 年 5 期

作　　者：常丽霞

简　　介：少数民族地区法治化路径选择的关键，在于协调国家法与民间法之间的关系，其实质是如何合理地对待国家法与民间法这两种不同的知识体系之间所存在的差别。甘南藏族聚居区部落习惯法中的调解人——"斯哇"，在藏族社会变迁中的调解实践为解决国家法与民间法之间的紧张与冲突提供了经验：一方面，国家法应当从尊重地方性知识出发，为寻求互动作出认知民间法知识体系的努力；另一方面，民间法也应当积极自我扬弃，自觉挖掘其间所蕴藏的，既符合国家及民族发展实际又具有沟通两种知识体系的力量的"现代性"，以寻求与国家法的沟通与衔接。

2000 PowerPoint 在大学英语泛读教学中的应用及其效果

发表时间及载体：电化教育研究 2005 年第 11 期

作　　者：俞婷　黄彩霞

简　　介：本文通过调查问卷的方式，分析探讨了 PowerPoint 文稿制作软件在大学英语泛读教学中的应用效果。研究发现。在运用 PowerPoint 软件制作、演示大学英语泛读文章、阅读理解文稿的过程中，学生可以更好地掌握英语语言知识，提高外语认知能力，培养学习自主性。同时还有助于发展良好的学习策略，提高学习积极性和自觉性。文章

认为，只有在文稿设计符合学生的年龄特点、个人爱好、心理特征、认知风格以及文稿中的语言内容循环呈现的条件下 PowerPoint 的使用才能达到最佳效果。

2001 对教育技术与课程整合的思考

发表时间及载体：电化教育研究 2005 年第 6 期

作　　者：张建武

简　　介：教育技术既是新型的教育方式，也是切实有效的教学手段。发挥教育技术对于传统教育的改革作用，惟有走教育技术与课程整合之路。教育技术与课程整合绝不是简单的形式组合，而是现代教育思想、理论、方法、模式、手段与课程内容、进程、目标的有机融合和完美体现。

2002 政府绩效评价过程中的"政治"路径——基于价值生成的政府绩效

发表时间及载体：行政论坛 2012 年第 5 期

作　　者：郎玫　包国宪

简　　介：云南大学人文社会科学青年研究基金项目政府内部价值认同对政府绩效评价效果的影响（11YNUHSS006）；国家自然科学基金项目《政府绩效管理的价值分析及其理论范式研究》(71073014)。政府绩效评价的价值，既决定了政府绩效评价的价值理念，又约束着评价过程中的各种行为。但在实际的政府绩效评价过程中，正是由于对价值的忽视导致了诸多问题。

2003 论非政府组织在国际经济法中的法律地位

发表时间及载体：甘肃政法学院学报 2006 年 5 期

作　　者：王花

简　　介：非政府组织（NGO）近年来蓬

勃发展，特别是对国际经济法律关系产生了深远的影响，并事实上形成了一套在民间行之有效的具有一定法律效力的制度和规则。认定这些制度和规则的合法性的基础，是在国际经济法律关系中确定 NGO 的独立主体资格。

2004 公共行政管理的伦理基础

发表时间及载体：甘肃教育学院学报：社会科学版 2002 年第 18 卷第 2 期

作　　者：郭爱君

简　　介：长期以来，行政管理学界高扬效率、忽视伦理的主题定位，在一定程度上阻碍了行政管理学研究向纵深领域的发展，公共行政管理从产生时起就与某种伦理价值观相联系；公共行政管理必须围绕着公共利益而建构和运作起来；从伦理学的角度看，公共行政管理具有对公众负责、公正、合法性、多样性、正义等特征。结合行政管理的过程分析，公共行政管理的伦理规范主要内容为公益至上、有害不为、慎用权力、社会责任、平等竞争、增进信任，这些规范为公共行政管理奠定了伦理基础。

2005 盘古与西王母释义

发表时间及载体：西北民族研究 2009 年第 4 期

作　　者：杨建军

简　　介：本文对盘古、西王母这两个神话人物名称的含义作了考释，认为盘古是太古的意思，西王母是西方尊大之女的意思。

2006 可视化教学设计方法与应用

发表时间及载体：电化教育研究 2013 年第 34 卷第 3 期

作　　者：李芒　蔡旻君 蒋科蔚

简　　介：可视化是以一种直观的、更加容易感知的图示方式表征信息及其信息加工的过程。任何复杂的思维过程和知识都可以通过图解的方式，将其逻辑关系表示出来。可视化教学设计就是为了简洁、明了地传递信息，也是为了更加深入地加工信息，是对语言、文字等思维活动的解释说明，适用于目标分析、学习者分析、内容分析及策略选择与评价分析等。可视化教学设计过程与结果的简易性、直观性和深度加工更适合学校教学的特点，是目前应该大力倡导的一种教学设计方法。

2007 论高等农业院校教师在古代文学教学与教改中的核心作用

发表时间及载体：甘肃联合大学学报：社会科学版 2012 年第 28 卷第 3 期

作　　者：李军

简　　介：高等农业院校的古代文学应该有自己得天独厚的特色和优势。本文从高等农业院校古代文学课程的教学内容与教学方法两方面入手，详细论述了农业院校的教师在古代文学教学与教改中的核心作用，从而也彰显了其与众不同的鲜明特色。

2008 基于再保险和投资的随机微分博弈

发表时间及载体：数学杂志 2014 年第 4 期

作　　者：杨鹏

简　　介：本文研究了具有再保险和投资的随机微分博弈。应用线性二次控制的理论，在指数效用和幂效用下，求得了最优再保险策略、最优投资策略。

2009 当代大学生感恩教育要抓好三个切入点

发表时间及载体：甘肃高师学报 2012 年第 5 期

作　　者：严煜

简　　介：知恩、识恩、报恩是当代大学应该坚持的基本道德操守。大学生感恩教育应把握时代性，主要体现在感谢父母养育之恩，感谢学校培养之恩，感谢他人帮助之恩，感谢社会熏陶之恩，从构建和谐校园、入学教育、毕业教育三个方面入手，培养和塑造学生的责任意识、尊重意识和健全人格。

2010 俄藏敦煌文献《新集文词九经抄》写本缀合与研究

发表时间及载体：兰州大学学报（社会科学版）2002 年第 30 卷第 3 期

作　　者：郑炳林　徐晓丽

简　　介：《新集文词九经抄》是敦煌文献中保存的一种蒙学读本，是具有家训及书抄性类书的特殊教材，学术界对保存在英藏、法藏敦煌文献中的新集文词九经抄写本作了研究，但是保存于俄藏敦煌文献中《新集文词九经抄》却很少有人涉及，俄藏敦煌文献中保存有八个卷号写本，其中六个误定成百行章，本文经过对这些写本的抄写字体、内容等研究，认为是一卷新集文词九经抄分裂所致，可以拼接缀合为三块，与英法藏本不能互为渊源底本，出自张氏归义军初期的敦煌文士之手。

2011 下沉视点　反抗虚构——论"新写实小说"的创作特点

发表时间及载体：西北师大学报：社会科学版 2007 年第 3 期

作　　者：程云莉

简　　介：产生于 20 世纪末的中国"新写实小说"，是当时社会背景下的一个必然。它丰富了当代小说传统的写作模式，以下沉的创作视角和摒弃虚构的细节，使当代中国文学回到了生活的原生状态。一大批简洁平实却具有震撼力的作品的出现，满足了读者的阅读期待，成为 20 世纪 90 年代的文学亮点。

2012 个体差异研究及其教学意义

发表时间及载体：西北师大学报：社会科学版 1999 年第 6 期

作　　者：许洁英

简　　介：个体差异是影响教学活动的一个重要因素，在二者之间寻求一种合理、有效的途径是教学研究的一个重要内容。从古至今，在此问题上，先后出现了"因材施教"的教学原则和若干个别化教学模式，但因它们都倾向于适应论，即把重点放在使教学单纯适应个体差异的界面上，自然不能产生近乎人意的效果。近年来，随着认知心理学的发展，人们倾向于从相互作用的角度来探讨这一问题。这喻示着这一问题研究方法的突破与研究方向的纵深化。

2013 "甘露施饿鬼、七宝施贫儿"图像考释

发表时间及载体：敦煌研究 2011 年第 1 期

作　　者：王惠民

简　　介：在密教观音造像中，常常可以看到一组对称出现的甘露施饿鬼、七宝施贫儿图像，主要出现在千手千眼观音像和十一面观音像中，这组图像在密教经典中并无明确记载。本文考察了图像的经典依据，认为是受到千手千眼观音经、十一面观音经、请观世音菩萨消伏毒害陀罗尼咒经等密教经典的多重影响，而非来自某一特定密教经典。

2014 UNESCO 的新动议与我国口头、非物质遗产的抢救保护和申报——以西北人口较少又元文字的民族遗产为例

发表时间及载体：西北民族研究 2003 年第 1 期

作　　者：郝苏民

简　　介：本文就联合国教科文组织关于抢救与保护人类口头和非物质遗产的动议，及其"人类口头和非物质遗产代表作""世界记忆工程名录"实施的理念、目的意义，结合我国现状作出简要评述，并对抢救、保护仅有母语而无文字、人口较少民族的口头与非物质遗产的必要性，发出呼吁。

2015 农民工边缘化问题的感知差异模型

发表时间及载体：甘肃行政学院学报 2008 年第 1 期

作　　者：陈娟

简　　介：立足我国农民工问题的现实和经济学基本原理所构建的感知差距理论模型，能够为解决农民工问题提供一个新的视角。该模型揭示了农民工被边缘化的主要原因之一，是由于城市居民和农民工在看待边际收益和边际成本问题上存在较大差异。这种感知差异导致农民工大量涌入城市，而感知与现实的差异特别是进入城市的"政策门槛"，使入迁农民工一直处于边缘化状态，形成了我国严重的农民工问题。因此，逐步消除"感知差异"的基本策略在于加大农村基础教育投入，分类适时地提高农民文化素质，重视农村基础设施建设和促进农村经济发展。

2016 论西部地区乡镇企业的后发优势

发表时间及载体：甘肃理论学刊 1999 年第 3 期

作　　者：曹子坚

简　　介：近年来，西部地区乡镇企业的发展取得了令人瞩目的成就。"八五"期间，西部乡镇企业营业收入年均增长率为 54.5%，高出东部地区约 8 个百分点。然而，

由于种种原因，西部乡镇企业同东部相比，仍然存在着较大的差距。

2017 社会进化型史观刍议

发表时间及载体：长安大学学报：社会科学版 2012 年第 1 期

作　　者：李怀顺

简　　介：为进一步对历史哲学进行归类整理，运用对比分析的方法，对思辨的历史哲学中的一类具有独特特征的历史观进行界定。分析认为：社会进化型史观是一种有着自己明确内涵和外延的历史哲学类型。

2018 榆林窟第 25 窟八大菩萨曼荼罗图像补遗

发表时间及载体：敦煌研究 2009 年第 5 期

作　　者：沙武田

简　　介：本文通过对 20 世纪 40 年代初罗寄梅在敦煌所拍洞窟资料的检索，发现了罗氏拍于当时的榆林窟第 25 窟主室正壁八大菩萨曼荼罗壁画全图。由于洞窟现有壁画残毁不全，故而该照片的资料价值非常珍贵。以此为依据，本文结合洞窟现有壁画、罗氏照片以及华尔纳、谢稚柳等人早年的记载，对该铺八大菩萨曼荼罗进行了缀合复原，在完整图像的基础上，就相关问题进行说明和探讨。

2019 美国金融监管模式改革对我国的启示

发表时间及载体：财会研究 2011 年第 21 期

作　　者：张恒　何文盛

简　　介：2007 年由美国次货危机引发的全球经济危机，重创了全球经济，在各界质疑下，美国也反思自己的金融监管模式，进行了重要的改革。

2020 全球化语境下文学研究范式的探索——读徐志啸《古典与比较》有感

发表时间及载体：淮阴师范学院学报：哲学社会科学版 2006 年第 28 卷第 3 期

作　　者：韩高年

简　　介：经济一体化所导致的文化全球化潮流，使得意义和价值生成的中心社会业已超越疆界，从本土的桎梏中解放出来，在这种语境下，文学研究的本土化与全球化必然成为一对尖锐的矛盾冲突的对立面。一种观点认为。在一个全球化的世界中处于本土化，是被剥夺和贬黜的标志。另一个不可否认的事实则是对全球化进程的拒斥力所形成的更加本土化的倾向，这种状况不仅使目前的中国文学研究处于一种在研究理念上极度混乱的"失范"和"失语"状态，同时也使得文学研究中持全球化态度者与本土化者之间产生沟通的断裂。因此，探讨文学研究的范式在目前尤其显得重要。

2021 兰渝铁路沿线经济带构建研究

发表时间及载体：城市发展研究 2001 年第 18 卷第 11 期

作　　者：白永平

简　　介：兰渝铁路北起兰州，南至重庆，沿途经过甘肃、四川、重庆，铁路总长 823.84km，是一条南北向交通大动脉。兰渝铁路的建成通车将极大地改善沿线地区交通条件，构建兰渝铁路经济带是促进当地经济发展的有效途径之一。基于点——轴开发理论，本文在分析兰渝铁路沿线经济带构建的作用以及沿线 14 个主要县级区域（含县和县级市）和省辖市市区概况及存在问题的基础上，提出构建兰渝铁路沿线经济带的对策。

2022 近代甘青藏区市场空间分布研究

发表时间及载体：青海民族研究 2014 年第 1 期

作　　者：杨红伟

简　　介：近代甘青藏区市场空间分布呈现出以农耕经济带密度为大，农牧交错经济带数量为胜，游牧经济带面积最大而数量最少的地域选择偏向。作为商品交换在空间上的点状集聚，甘青藏区市场发育水平较低，且对治所、堡寨与寺院等地方具有选择上的偏向，其地域与地方选择偏向在连续变化的历史过程中，具有高度的一致性与稳定性。甘青藏区市场空间分布的形成，既是多元经济结构决定的结果，也是独具特色的区域政治、族群与宗教文化长期作用的结果，由此造成了市场起源的多样性及演变路径与动力机制的独特性。

2023 简析严歌苓笔下的"父亲"形象

发表时间及载体：社科纵横 2010 年第 6 期

作　　者：杨小兰

简　　介：严歌苓移民小说中的"父亲"形象，按时间顺序可以分为两大类："老移民父亲"和"新移民父亲"。他们身份迥异，背景悬殊，但有一个共同的特征，即与传统的父亲形象相比，这些父亲在作家笔下都失去了原有的神圣与威严，存在着这样或那样的性格、心理缺陷，从而显示出作家这样一种创作倾向——"审父（弱父）情结"。严歌苓用冷静的笔调为我们细致地展现了父亲这一形象在异域中是如何因为男性地位、身份的变化而逐步异化的过程，更集中探讨了这一变异过程中的文化因素，从而使其小说具有了文化反思、文化批判的高度。

2024 唐代怀古诗之文化解读

发表时间及载体：西北师大学报：社会科学版 2002 年第 6 期

作　　者：杨晓霭

简　　介：中晚唐时期，怀古诗创作蔚为大观，是中国古代文学史上一个引人注目的现象。这一现象的出现，与唐代社会的特殊现实相关，更取决于中国文化的大背景。从初盛唐诗人的零星写作到中晚唐创作的形成风气，以及今昔对比模式的构成，都充分说明了这样的事实。

2025 藏族盟誓的当代遗存表现及其现实功能

发表时间及载体：西北师大学报：社会科学版 2011 年第 5 期

作　　者：牛绿花

简　　介：通过盟誓来联合团体、凝聚集体力量、约束行为或解决疑难纠纷在藏族社会古已有之，当代还在不同程度地传承中。藏族盟誓具有团结凝聚、纠纷解决、规范、教育、引导以及对国家法的补充功能。其纠纷解决功能在当代逐步减弱，其他功能则因生活实践需求变化而表现形式各异，但会比较长久地存在。

2026 草地生态系统碳储量及生态补偿研究——以甘肃玛曲县为例

发表时间及载体：生态经济：学术版 2010 年第 1 期

作　　者：韦惠兰

简　　介：玛曲作为纯牧业县，有非常独特的草地环境。虽然她仍有"亚洲第一草场"的美誉，但由于全球气候变暖及人为因素的影响，草场退化严重。这不仅是一个经济问题，还涉及黄河流域的水安全问题。因此，必须从可持续发展的角度看待玛曲草地战略地位，尽快遏制其草地退化的趋势。文章从碳汇的角度切入，运用碳密度方法对玛曲草地碳汇含量进行测算。在此基础上，试图探索通过在清洁发展机制框架下实施碳汇交易，促使牧民维护草地健康发展，保证黄河水安全而减少牲畜所带来的损失得到补偿。

2027 浅议信息数字化与现代教育

发表时间及载体：甘肃行政学院学报 2002 年第 4 期

作　　者：方奋奇

简　　介：信息数字化是一场新的知识革命，要求普遍提高国民受教育的水准，它使教育手段多样化，教学模式多元化，使教学在更大范围内、更高水平内实现资源优化和共享，使教育的效益与质量大为提高，使教师角色发生新的变化。

2028 2000—2009 年甘肃省社会水资源压力状况评价

发表时间及载体：开发研究 2011 年 3 期

作　　者：邱巨龙

简　　介：甘肃省是全国极端干旱的省份之一，干旱是影响甘肃省人民生活和社会经济生产的主要因素。一直以来，对甘肃省干旱状况的研究层出不穷。本文主要利用 Ohlsson 提出的 Social Water Scarcity Index（SWSI）评估了甘肃省的社会水资源压力状况。SWSI 是由传统的水文水资源稀缺指数（HWSI）与人类发展指数（HDI）运算得来的。文中用《中国统计年鉴》、《甘肃省统计年鉴》和《中国水资源公报》提供的数据，评估了甘肃省 2000—2009 年的社会水资源压力状况，并与全国的平均状况做出了对比。结果显示：从 2000 年到 2009 年，甘肃省的社会水资源压力呈明显的减小趋势，这说明甘肃省的干旱状况得到了明显的改观；但与全国的平均水平相比，甘肃省 SWSI 是全国平均水平的 3-4 倍，这说明与全国相比甘肃省还是严重的干旱省份。

2029 党的作风建设的历史与经验

发表时间及载体：高校理论战线 2011 年第 5 期

作　　者：王学俭

简　　介：中国共产党历来高度重视作风建设。在领导革命、建设和改革开放的实践中，不断认识党的作风建设的基本问题、探索党的作风建设的基本规律、总结党的作风建设的基本经验。

2030 社会性软件支持下网络协作学习的策略研究

发表时间及载体：电化教育研究 2008 年第 4 期

作　　者：王蕊

简　　介：本文阐述了网络协作学习的概念及模式，社会性软件的理论基础、分类及功能，并深入探讨了社会性软件在网络协作学习中多层面的应用，从而揭示在社会技术化、软件社会化发展大趋势下，社会性软件对促进网络协作学习的思想变革和教学实践具有重要的作用。

2031 异化劳动·异化消费·金融危机——"异化"理论视域中的金融危机

发表时间及载体：甘肃理论学刊 2010 年第 6 期

作　　者：王学俭

简　　介：本文从经典马克思主义的"异化劳动"理论和西方马克思主义的"异化消费"理论，来解读国际金融危机发生的根源和实质，认为它是资本主义所奉行的以人的异化和人的异化消费为根源的消费主义。

2032 略论破产企业职工的安置

发表时间及载体：兰州学刊 1995 年 6 月

作　　者：武文军

简　　介：破产企业的职工安置是困扰政府、企业和社会的最大难点。因此，这个问题是在破产程序进行前、破产程序进行中乃至破产程序完结之后都必须始终重视的问题。

2033 现代社会动员理论与马克思主义大众化策略

发表时间及载体：兰州大学学报：社会科学版 2010 年第 2 期

作　　者：王学俭

简　　介：现代社会动员作为现代社会发展的助推器，不仅推动现代社会经济、政治、文化、社会等各项事业的发展，也深刻地影响着现代社会人的价值观念、思维方式、信仰信念的形成和发展。

2034 试论花儿剧的定位及其审美价值

发表时间及载体：甘肃联合大学学报：社会科学版 2009 年第 2 期

作　　者：奚临临

简　　介："花儿剧"是歌剧、戏曲及"花儿"特色互融的产物，是一种集歌、舞、剧为一体的综合性舞台戏剧。"花儿剧"的审美价值在于"花儿"音乐与戏剧结合后所能够产生出一种新的、更具魅力的、更有欣赏价值的艺术表现。

2035 中国特色社会主义理论体系主题论析

发表时间及载体：社科纵横 2010 年第 11 期

作　　者：刘务勇　王晓平

简　　介：发展中国特色社会主义，是当代中国共产党人全部理论和全部实践的主题，是中国特色社会主义理论体系中所有理论建构、观念创新的核心，是三大理论成果共同回答的基本理论问题，是中国特色社会主义理论体系不断丰富发展的源泉。

2036 我国区域开发立法的制度经济学分析

发表时间及载体：甘肃政法学院学报 2008 年第 3 期

作　　者：张旭晨

简　　介：区域开发是一个与生产力发展密切相关的范畴，其内涵和外延随着人类发展的不同阶段而变化。纯粹的权力延伸和经济占领并不是现代意义上的区域开发，而宏观、系统、和谐以及科学原则要求区域开发在国家层面的立法规范。在古典经济学完全竞争模式的完美诉求前，制度规范成了交易主体之间信息对称的一个基本保证。正是在这个简单抽象的范式下，本文运用新制度经济学的分析工具，为区域开发立法提供了经济学视角的阐释。

2037 伏羲和伏羲文化初探——大地湾的启示

发表时间及载体：甘肃联合大学学报：社会科学版 2007 年第 23 卷第 1 期

作　　者：马志荣

简　　介：大地湾的遗存告诉我们，"华胥"即"娲羲"，是女娲氏和伏羲氏部落联盟的称谓。大地湾是娲羲联盟的重要根据地，也是伏羲的出生地。大地湾先进的生产技术和以太阳崇拜为核心的意识形态孕育了伏羲文化。有太阳就会发生阴阳（明暗）。"—""— —"是太阳光作用于大地发生明暗（阴阳）现象的抽象符号，太极图是阴阳消长现象的图式化表现。

2038 合作市城乡一体化指标体系及综合评价

发表时间及载体：石河子大学学报：哲学社会科学版 2011 年第 25 卷第 6 期

作　　者：王生荣

简　　介：本文从经济、人口、社会、生活四个子系统，构建了合作市城乡一体化评价指标体系。评价结果表明，合作市城乡融合度指数逐年扩大，城市综合发展水平要远远高于农村发展水平，城乡差距明显。其中经济融合度的指数持续扩大，是城乡差距扩大的主要推动力，人口融合度指数缓慢增长，非农化进程缓慢，生活融合度趋于收敛，是城乡差距缩小的主要贡献因素，社会融合度相对较好，但城乡社会事业发展普遍不高。

2039 欠发达地区实现基本公共服务均等化的路径选择

发表时间及载体：西北师大学报：社会科学版 2010 年第 4 期

作　　者：陈晓龙

简　　介：西部欠发达地区在社会经济发展水平方面，远远落后于中东部地区，处于公共服务基础设施薄弱，公共服务供给机制不健全，支持公共服务建设的财政能力低下的现实困境中。其基本公共服务均等化的实现，既要依靠完善公共财政制度和转移支付制度，也需要鼓励社会与政府的合作，以部分市场化的方式来弥补政府财力的不足。本文在此基础上，通过调查不同社会成员的需求水平，提出制定符合地方实际的均等化指标。

2040 论中国共产党阶级基础和群众基础的现代化

发表时间及载体：西北师大学报：社会科学

版 2002 年第 3 期

作　　者：谢俊春

简　　介：中国共产党应该适应知识经济时代的要求，把在社会主义现代化建设中出现的代表先进社会生产力的新的社会阶层和社会群体的优秀分子吸收进党内，进一步扩大党的阶级基础和群众基础。同时，防止在扩大党的阶级基础和群众基础的过程中出现的错误倾向，推进中国共产党现代化。

2041 三论中华民族的共同性

发表时间及载体：西北民族研究 2007 年第 1 期

作　　者：谷苞

简　　介：关于中华民族共同性的问题，我曾写过两篇文章：《论中华民族的共同性》原载《新疆社会科学》1985 年第三期；《再论中华民族的共同性》，原载《新疆社会科学》1986 年第一期。费孝通教授等著《中华民族的多元一体格局》一书中曾收入上述两文，此书由中央民族学院出版社 1989 年出版。凡此都是先前的旧事了，总觉意犹未尽，于是现在写出了《三论中华民族的共同性》。中华民族的共同性赖以形成和发展的根源，总的说来，不外两条：一是五千年的文明史，秦汉以来 2227 年统一的多民族国家的深厚的文化积淀。二是新中国成立后的 57 年来，我国各族人民一起走上了社会主义社会康庄大道，使得中华民族的共同性得到了空前的发展。

2042 S 型城市化演化轨迹下的房价趋势预测——房价的驻点何时到来

发表时间及载体：经济与管理评论 2012 年第 6 期

作　　者：汪慧玲

简　　介：本文把对房价趋势的考虑嵌入城市化进程中，提出正常房价的演化路径与城市化变化速率同步的命题。通过把房价市场划分为三大板块，勾勒出板块间的相互作用如何决定城市化和房价的演化轨迹及其间的耦合机制。根据上述耦合机制，给出在自发城市化过程中，大城市板块房价在 2014 年左右开始下降，中小城市板块房价转折点在 2040 年左右到达。在有慢变量政策约束的情况下，城市化的演化路径近似线性。

2043 语言、文学、文化的互为载体关系与"比较文学"研究

发表时间及载体：甘肃联合大学学报：社会科学版 2007 年第 23 卷第 6 期

作　　者：李延林

简　　介：语言、文学、文化之间的关系研究非常复杂，很难形成统一的看法；而且，就它们的关系问题而言，大多数研究只是就关系而关系。本文试从语言学和文学及其边缘学科入手，宏观讨论三者之间的关系，以图解释比较文学的语言学、社会文化学和文学意义。

2044 试论唐西州下层女性的婚姻生活

发表时间及载体：敦煌研究 2010 年第 1 期

作　　者：赵晓芳

简　　介：唐代西州下层女性的婚姻生活既有与中原地区一脉相承的方面，又基于该地自身情势形成了某些特色。女子初婚年龄普遍在 21—30 岁之间，其中 23 岁以后结婚者占相当比重，晚婚现象突出，10 岁左右的夫妻年龄差距为多数和正常情形。形成此种婚姻模式的主要因为即唐对西域的频繁战事。女子婚后地位较低，但孝养观念浓厚。丧夫后的女性主要有三种去处——继续留在夫家、归宗和改嫁，其中第一种选择居多。

2045 论陈寅恪史学考证中的"推度之法"

发表时间及载体：史学史研究 2010 年第 4 期

作　　者：朱慈恩

简　　介：陈寅恪的史学考证，在史料不足的前提下不得不使用"推度之法"，常常借助于各种间接的证据与方法。在陈寅恪的史学论著中有关推测性的词汇大量使用，因为陈寅恪本人对此已有着十分清晰的认识。而其推测性的结论，被后来学者反复讨论，成为学术研究史上的重要内容。

2046 论两晋音乐赋的"乐教"思想

发表时间及载体：青海师范大学学报：哲学社会科学版 2012 年第 34 卷第 2 期

作　　者：史国良

简　　介：两晋时期，描写乐器、舞蹈、歌唱等的音乐赋创作繁盛。多数的音乐赋在音乐的道德教化与审美趣味方面，并没有明显地脱离传统"乐教"思想的局面，虽然在某些作品中也表现出"新声顺变"的倾向，但从音乐赋整体中所表现出来的重视音乐社会功能的倾向可以看出，儒家的礼乐教化传统仍然在顽强地延续着，重视音乐教化作用与政治功能的文化传统，不会因为两晋文化"缺乏崇高精神"而轻易中断，它有着顽强的生命力。

2047 高校人才培养目标定位的思考

发表时间及载体：社科纵横 2008 年第 8 期

作　　者：荆炜

简　　介：本文分析了高等学校教学的改革和发展，确立以全面素质质量观为先导，以正确的办学指导思想为灵魂，破除体制和政策上的障碍，分析和研究教学质量形成的因素，全面质量管理，并依据新时期中国应用型本科人才的培养要求和目标框架，重点提出了关于制定人才培养目标应该遵循的原则和应该引起注意的几个方面。

2048 《唐律疏议》"知而犯之谓之'故'"辨正

发表时间及载体：甘肃政法学院学报 2010 年第 4 期

作　　者：李芳

简　　介：在《唐律疏议》中，"故"有六种用法，其中两种表示犯罪的主观意图，即"故纵"之"故"与"故杀"之"故"。张斐《晋律注》释"其知而犯之谓之故"，后世律学注释奉为圭臬。从法典渊源与律文疏解来考察，"知而犯之"仅指《唐律疏议》中"故纵"之"故"。"故杀"之"故"，应用其疏解"无事而杀"。"知而犯之"与"无事而杀"非指一事，不应混淆。唐律中"无事而杀，是名'故杀'"延续了魏、晋律注"无变斩击"的注解模式，并在唐律注解中将之细化。

2049 我国证券业自律性监管组织及其运行机制的实证分析

发表时间及载体：甘肃行政学院学报 2004 年第 2 期

作　　者：梁赟

简　　介：证券业自律监管组织作为联系政府证券监督管理部门与证券市场主体的桥梁和纽带，作为缓冲政府证券监督管理部门与证券市场主体之间矛盾的中间地带，介于政府与市场主体之间，在证券监管体制中发挥着重要而特殊的作用。本文从实证的角度，分析了证券业自律性监管组织的职能，并指出了我国证券业自律性监管组织制度的特殊属性——官民二重性，以及所存在问题与不足。

2050 汉张掖属国考

发表时间及载体：西北民族研究 1995 年第 2 期

作　　者：李并成

简　　介：张掖属国，为汉代河西走廊地区安置游牧民族的重要的地方行政建置，东汉时属凉州刺史部所领 12 郡、国之一。

2051 对我国农民增收问题的实证分析

发表时间及载体：甘肃行政学院学报 2007 年第 2 期

作　　者：郭志仪

简　　介：本文结合 1983—2002 年的相关数据，对农民增收问题进行了实证分析。结果表明：教育的发展、农村固定资产投资的增加、农林牧渔总产值的增长是农民收入增长的主要动力，农村劳动力数量增长对农民收入增长影响较小。而第一产业产值比重的减小和农村劳动力中第二、三产业就业人员的增加，会对农民收入增加产生负作用。最后本文提出了一些相关的政策建议。

2052 论多媒体计算机课堂教学

发表时间及载体：电化教育研究 2004 年第 2 期

作　　者：许新龙

简　　介：随着多媒体计算机技术的日趋成熟，利用多媒体计算机教学已成为必然趋势，但多媒体计算机课堂教学尚存在许多问题，影响教学效果。本文通过分析多媒体计算机课堂教学中存在的一些问题及其产生的原因，提出了解决问题的办法。

2053 青少年消极情绪、情感的预防和干预——以一起自杀事件和三起杀人事件为例

发表时间及载体：甘肃联合大学学报：社会科学版 2011 年第 27 卷第 4 期

作　　者：王国荣

简　　介：因学习任务繁重和社会竞争压力增大，时常引起青少年消极的情绪、情感。为了寻求心理平衡，他们要么攻击他人、危害社会，要么通过麻痹、压抑甚至摧残自我，消极顺从或适应社会。关心青少年的心理健康，加强青少年心理健康教育，克服消极情绪、情感带来的危害，必然要求学校和家庭采取有效措施对青少年消极情绪、情感进行预防和干预。

2054 解读新经济形势下西部地区产业集群的发展

发表时间及载体：科技管理研究 2008 年第 28 卷第 6 期

作　　者：汪慧玲

简　　介：产业集群是区域经济发展的有效途径之一，西部地区可以通过促进产业集群发展来实现社会经济的跨越式发展。文章的目的在于研究新经济形势下西部地区产业集群的发展情况，通过分析经济一体化、知识经济、入世等背景下西部地区产业集群的发展面临的不利因素和有利因素，提出了西部地区在新经济形势下发展产业集群时要注意的问题。

2055 从西北汉简和朝鲜半岛出土《论语》简看汉代儒家文化的流布

发表时间及载体：敦煌研究 2012 年第 3 期

作　　者：郝树声

简　　介：本文通过对敦煌、居延、西域出土汉简和朝鲜半岛出土汉简中的《论语》等儒家文献的分析可知，西汉王朝武力开拓边疆的同时，还把当时代表主流意识形态的儒家文化和思想理念传播到了河西、西域以及朝鲜半岛，同军事、政治三位一体，维护了大一统局面的实现和东亚汉文化圈的形成。

2056 品牌的心理学分析

发表时间及载体：市场论坛 2011 年第 11 期

作　　者：姚建银　宋春光

简　　介：在产品趋于同质化的市场经济条件下，品牌成为消费者进行购买选择的重要依据，从心理学角度来看，品牌代表着质量、消费理念、象征性意义和个性化的价值观体系，消费者可以通过品牌消费来实现自身高层次的消费需求。因此，分析消费者在品牌选购过程中的心理，开展全方位的品牌营销，可以促使企业在激烈的市场竞争中立于不败之地。

2057 育俗叙事与土族女性心理

发表时间及载体：青海民族大学学报：社会科学版 2011 年第 1 期

作　　者：白晓霞

简　　介：在土族口头叙事文学中，有相当多的故事对女性的生育行为及其相关习俗作了描写和记述，其中折射出了土族地区生育观念的隐秘变化。

2058 西部大开发：国家战略的变迁与完善

发表时间及载体：兰州大学学报（社会科学版）2005 年第 33 卷第 3 期

作　　者：高新才　滕堂伟

简　　介：西部大开发战略实施以来，国家在指导思想与发展理念、重点任务、具体区域开发战略、政策措施等方面也在不断地与时俱进。从七个方面梳理总结了五年来西部大开发战略变迁的基本内容，概括了这一变迁所表现出来的基本特点。

2059 农业可持续发展指标体系构建

发表时间及载体：现代农业科技 2012 年第 7 期

作　　者：汪慧玲

简　　介：农业是国民经济的基础，我国作为农业大国，有必要对农业可持续发展评价和指标体系构建进行探讨。针对当前农业发展所处阶段，本文对我国农业可持续发展及其影响因素作出客观的解释和理论概括，以农业可持续发展理论分析为基础，论述了可持续发展农业指标体系的基本要素及其构建的基本原则、方法、设计框架和指标选择标准，以构建符合我国国情的农业可持续发展评估指标体系。

2060 阴阳学说与宋代性别秩序的建构——以尊卑、内外之道为中心

发表时间及载体：历史教学：高校版 2012 年第 1 期

作　　者：铁爱花

简　　介：先秦两汉以来，学者在以阴阳学说阐释自然现象的过程中，逐步将其与等级、权力、性别等社会秩序联系起来，从而赋予其伦理哲学的意义。宋代儒学复兴，儒者以阴阳学说比附性别伦常关系，意在建构以男尊女卑、男外女内为主导的理想社会性别秩序，以维护男权社会性别伦常秩序与国家权力秩序的长久与稳定。在天地阴阳大义支配下，男女尊卑、内外之道深植人心，产生了深广的社会影响。

2061 论新世纪少数民族文学

发表时间及载体：北方民族大学学报：哲学社会科学版 2012 年第 5 期

作　　者：杨建军　陈芬

简　　介：将新世纪的少数民族文学置入全球化文化语境、文坛主流汉民族文学、边缘少数民族文学的三元互动格局中可以发现，新世纪少数民族文学创作，从题材到精神气质都发生了一些新变化，中国少数民族作家

应利用全球文化交流的时代契机汲取文学营养，借鉴他人由边缘走向成功的创作经验；多民族文学史观的探讨是新世纪少数民族文学批评的新亮点，未来的少数民族文学批评可尝试从跨文化、跨族际、跨国别三个向度探寻新的生长点；新世纪少数民族文学评奖更注重精品，少数民族作家坚持民族特色是其作品获得中国主流文坛、世界文坛认同的捷径。

2062 刑法在藏族地区的适用问题探讨

发表时间及载体：西北民族大学学报：哲学社会科学版 2012 年第 5 期

作　　者：张谦元

简　　介：赔命价、赔血价等藏族刑事习惯法，在当前藏族地区的适用有一定的合理性，但又与我国的刑法适用存在着冲突，这是国家刑事法律在藏族地区适用过程中亟需解决的一个重要问题。对此，本文着重从法理念上的融合与发展、藏族地区刑事和解制度的构建、完善和落实民族区域自治立法这三个方面进行了探讨，试图解决国家刑事法律在藏族地区适用中面临的问题，力求达到刑法在藏族地区的适用。

2063 关于当代文化转型及审美文化的思考——兼论西部电视剧的审美创造

发表时间及载体：西北师大学报：社会科学版 2011 年第 4 期

作　　者：黄怀璞

简　　介：当代中国文化转型促使审美与文化的结合，并形成审美文化；审美文化无所不包的特点，使其在拓展审美、文化各自空间的过程中，也为审美的俗化起到了推波助澜的作用。西部电视剧要在直面审美文化挑战的同时，以西部地域文化为基点，深刻揭示西部文化的独特精神品质，坚守艺术的精神家园，以保证艺术之树常青。

2064 抗战时期陕甘宁边区对私营工业的政策及特点

发表时间及载体：甘肃社会科学 2010 年第 5 期

作　　者：王晋林

简　　介：抗战时期，陕甘宁边区在工业建设中，从边区经济建设发展的实际出发，对边区建立在私有基础上的私营工业采取保护和扶持其发展的政策，促进了边区私营工业的迅速发展，对于促进边区经济建设的发展，争取实现边区工业日用品的自给自足作出贡献。边区对私营工业的政策及特点，是中国共产党在新民主主义经济建设中进行的成功实践。

2065 西北荒漠化地区沙产业可持续发展的 SWOT 分析

发表时间及载体：科技广场 2011 年第 8 期

作　　者：岳文河　何丽红

简　　介：沙产业是在全球荒漠化与日俱增的背景下应运而生的。尽管我国西北广大地区处于荒漠化地带，但是该地区丰富的光热及土地资源和独特的自然条件，也是其他地区所没有的优势因素。

2066 民生安全呼唤企业履行社会责任——基于兰州地区的调查

发表时间及载体：开发研究 2012 年第 4 期

作　　者：刘敏

简　　介：本文通过对兰州地区企业的社会责任承担情况进行描述性分析，说明了调查对象的基本情况、企业的基本情况以及企业获取社会责任的渠道，了解了企业履行社会责任的现状，同时通过进一步分析企业履行社会责任的影响因素，尝试对企业承担和履行社会责任提供对策和建议。

2067 关于完善公务员培训课程体系的几点思考

发表时间及载体：社科纵横 2008 年第 4 期

作　　者：王伟

简　　介：课程体系是行政学院培训目标和主要专业内容的具体体现。在现阶段公务员的培训中，科学的、完整的培训课程体系必须包括政治理论素养方面的知识，提高能力素质方面的知识，依法行政方面的知识，现代经济知识，本地区重大现实问题研究、公务员形象塑造等方面的知识。

2068 社会实践是大学生思想政治教育的重要环节

发表时间及载体：高校理论战线 2005 年第 5 期

作　　者：王学俭

简　　介：中共中央、国务院关于《进一步加强和改进大学生思想政治教育的意见》明确指出：社会实践是大学生思想政治教育的重要环节，对于促进大学生了解社会、了解国情，增长才干、奉献社会，锻炼毅力。培养品格，增强社会责任感具有不可替代的作用。因此，加强和改进大学生思想政治教育，必须充分认识社会实践教育的重要意义，研究社会实践教育的困难和问题，探索社会实践教育的途径和有效方法。

2069 运用网络促进大学生思想政治教育的策略研究

发表时间及载体：社科纵横 2009 年第 5 期

作　　者：常咏梅

简　　介：网络的发展和普及拓展了思想政治教育的空间和渠道，增加了思想政治教育的资源，同时也对新时期的大学生思想政治教育提出了新的挑战。因此，加大网络环境下大学生思想政治教育的研究力度是十分必要的。

2070 福利经济学视角下的西部能源矿产价值补偿

发表时间及载体：价格月刊 2008 年第 12 期

作　　者：郭爱君

简　　介：长期以来，我国实行能源低价的政策，造成了西部地区能源矿产价值无法得到合理补偿。遵循福利经济学相关原理，对西部地区能源矿产价值进行补偿，不仅能够有效改善这一状况，更可长远地使整个国家的福利水平得到提高。

2071 浅析发展中国家的比较优势与竞争优势

发表时间及载体：兰州商学院学报 2005 年第 21 卷第 4 期

作　　者：吴亮

简　　介：比较优势和竞争优势是经常被人们混淆的两个概念，对于广大发展中国家来说，拥有比较优势不一定就会有竞争优势。本文阐述了比较优势的发展演变，分析了竞争优势的决定因素，指出发展中国家要提升本国的竞争优势，就必须转变出口导向，增加其比较优势中的创新和科技含量。

2072 后稷感生神话考

发表时间及载体：西北民族研究 2006 年第 4 期

作　　者：杨建军

简　　介：本文对《诗经生民》记叙周族始祖后稷感生神话的某些词句作了考释，认为，史记《周本纪》中的后稷感生神话不同于《诗经生民》中的后稷感生神话，是另一异文。

2073 行政诉讼公正论

发表时间及载体：甘肃行政学院学报 1999 年第 2 期

作　　者：蒋为群

简　　介：行政诉讼公正是人们对行政执法活动的期望和司法本身应达到的目标，行政诉讼要做到程序公正和实体公正，司法独立是诉讼公正的保障。

2074 对生产要素分配理论的深层分析

发表时间及载体：甘肃社会科学 2002 年 6 期

作　　者：陆建兰

简　　介：在我国现阶段，由于多元化生产力结构和多元化所有制结构，在收入分配上只能采取按劳分配和按生产要素分配相结合的分配方式。本文深入分析了按生产要素分配的合理性和局限性，这是历史的选择也是现实的需要。

2075 《楚辞》中反映的文学思想

发表时间及载体：甘肃联合大学学报：社会科学版 2004 年第 3 期

作　　者：赵逵夫

简　　介：本文通过对屈原、宋玉作品的分析，总结了《楚辞》所反映的文章道德合一、发愤以抒情、继承文艺经验、重视民间文艺作品、追求真理、弘扬正义等文学思想。

2076 上海顾客满意指数体系的原则和方法

发表时间及载体：系统工程理论方法应用 2001 年第 3 期

作　　者：田澎

简　　介：上海市学科科研项目——"上海市质量监督局资助项目顾客满意指数"，成为传统经济指标的一个重要补充。研究了构建顾客满意指数体系的原则和方法，提出了 5 个层次的体系结构，并对对象的提取和指数的并合进行了具体的阐述。

2077 干旱区生态城市软环境建设研究——以甘肃省张掖市为例

发表时间及载体：城市发展研究 2009 年第 11 期

作　　者：高新才

简　　介：软环境是相对硬环境而言的，主要包括以思想观念、法律制度、管理决策、社会文化等以人为中心的非物质形态要素。张掖地处西部干旱区，生态城市建设要结合城市自身特点，本文从培育公民思想意识、构筑良好的法制环境和政治环境、以及营造生态城市社会文化氛围等五个层面对张掖生态城市软环境建设进行逐一分析研究。

2078 关于演唱中气力问题的思考

发表时间及载体：西北民族大学学报：哲学社会科学版 2011 年第 2 期

作　　者：邢延青

简　　介：学习声乐，演唱歌曲，时时需要做出各种力度变化以准确表现音乐的内容与情绪，有时又需要做出渐进性的倾向，究竟应当如何灵敏地控制，以使自己的唇、齿、舌、牙、鼻、口、心与气息正确配合；又该掌握怎样的分寸、适度的力量作用于声带，从而表达出音乐内涵意境的力度趋势及自己内心的情感体验；而这种力量又如何具体明确的表达清楚，这显然是专业人士在声乐表演艺术中值得认真探讨的重要问题之一。

2079 传统儒法之争与合

发表时间及载体：甘肃理论学刊 2012 年第 1 期

作　　者：康建胜

简　　介：中国传统法律的发展，始终体现着儒法之争。汉代以前主要是儒家、法家的外部派别之争，而儒法合流后，逐渐变为儒家内部的主法论和主情论的争执了。电影《武侠》表现出现代人对于情与法冲突的矛盾心理，在某种程度上带有对古代司法的误解。在古代中国，儒家与法家在准则法上是基本一致的，只不过是实现方法的区别，情与法的冲突及和解所经过的三个阶段证实了这一点。情与法的冲突同样存在于现代法治环境中，当代中国处理情与法的冲突时候不能摆脱历史的影响，同样也不可割裂历史。

2080 一夜乡心五处同——唐宋诗词与当代流行歌曲比较研究札记之二

发表时间及载体：语文学刊：基础教育版 2009 年第 9 期

作　　者：李孟霏　庆振轩

简　　介：本文通过对唐宋诗词中有关词句分析，发现与当代流行歌曲歌词在表现形式上有许多相似之处，得出古今思乡曲虽因时代不同而有异，但它们都流泻出一个伟大的东方民族的心声的结论。

2081 莫高窟第 431 窟初唐观无量寿经变与善导之法门在敦煌的流传

发表时间及载体：敦煌研究 2010 年第 4 期

作　　者：张景峰

简　　介：本文对莫高窟第 431 窟初唐绘制的南、西、北三壁的观无最寿经变，以及供养人画像和东壁的四大天王像、中心塔柱四面的说法图进行了全面考察，认为此铺观无量寿经变，体现了唐代净土大师善导的凡夫论思想，说法图、四大天王等也与往生西方净土有关，进而指出，第 431 窟初唐的这次重修，建立了敦煌莫高窟最早的一个往生西方净土法事活动的道场。

2082 转变政府职能须多视角多学科研究解决

发表时间及载体：西北师大学报：社会科学版 2006 年第 2 期

作　　者：伏竹君

简　　介：时至今日，我国政府职能转变仍然严重滞后于改革开放和市场经济的发展。形成这种状况的原因是多方面的，其中一个重要原因是，长期以来，政府职能转变的研究，基本上局限于经济学和行政管理学的视角与领域，而未能从多视角多学科去研究这一难题。从当前政府职能转变中存在的问题及其成因看，多视角多学科研究解决政府职能转变具有必然性和重要意义。

2083 保持党的先进性必须坚持与时俱进

发表时间及载体：甘肃理论学刊 2005 年第 2 期

作　　者：齐彦斌

简　　介：一个政党要保持自己的先进性，必须做到与时俱进。与时俱进是始终保持党的先进性的必然要求，是长期执政的必然要求。党的先进性是一个需要不断努力才能够保持和发展的过程。始终保持党的先进性，实质上是一个不断解决自身面临和存在的问题，不断实现自我更新、自我提高、自我进步的过程。

2084 经史之学与文章创作——清代浙东学派"叙事之文"研究

发表时间及载体: 青海社会科学 2014 年第 5 期

作　　者: 宁俊红

简　　介: 清代浙东学派以经史之学著称, 主张文章创作应以经学、史学为根底, 形成了为文的鲜明特色。黄宗羲等主张文要补史之阙, 因此多作"叙事之文", 旨在记述、保存一个时代或一个地方的文献, 以期有助于世道人心, 认为先儒都是"竭其心之万殊者而后成家", 作文也应该写"其心之所明", 凸显了作家在创作中的主体性。这些主张和创作, 契合了近代文学启蒙的要求, 从理论和实践上开启了近代文学变革的先声。

2085 论价值的主体性和客观性

发表时间及载体: 西北师大学报: 社会科学版 2002 年第 2 期

作　　者: 张红岩

简　　介: 价值作为现实的人同满足其某种需要的客体的属性之间的一种关系, 是在实践的基础上发生和发展的, 它既具有客观性, 又具有主体性。价值具有客观性, 价值是客体的属性、结构同作为主体的人的需要之间形成的一种客观现实的关系。价值又具有主体性, 在主客体的价值关系中, 有需要的主体是价值关系的中心, 主体的现实需要是价值的内在尺度, 价值具有属人的特性。

2086 废名的小说艺术——以《竹林的故事》为例

发表时间及载体: 语文建设 2010 年第 1 期

作　　者: 田广

简　　介: 在中国现代文坛, 不乏个性鲜明、风格独特的小说家, 如果要问其中最"另类"的是哪一位, 那么我的回答是: 废名。对于很多当代读者来说, 这是一个陌生的名字, 然而在中国现代文学史上, "废名"却是一位举足轻重的小说家, 对"京派"小说乃至中国现代抒情写意小说流派的开创居功至伟, 影响甚大。因此"废名"之"名"是不可"废"的, 是需要后世铭记的。

2087 先秦散文人物意象析论

发表时间及载体: 西北师大学报: 社会科学版 2001 年第 5 期

作　　者: 赵小刚

简　　介: 先秦历史散文和诸子散文安排人物意象各有特点, 历史散文重于抒写母亲意象: 子孝母, 母爱子; 诸子散文重于抒写父亲意象, 子孝父, 父爱子。母亲意象在传沿过程中发扬光大, 而父亲意象发展则相对迟滞。

2088 发展我国金融衍生品交易的若干法律问题

发表时间及载体: 甘肃政法学院学报 2006 年第 3 期

作　　者: 江合宁

简　　介: 文章介绍了金融衍生产品风险尤其是法律风险, 探讨了在我国发展金融衍生品市场中面临的若干法律问题, 并对我国金融衍生品交易立法过程中需要注意的问题提出了若干建议。

2089 莫高窟第 16 窟整体重修时供养人画像的缺失与藏经洞的封闭

发表时间及载体: 西夏研究 2012 年第 2 期

作　　者: 沙武田

简　　介: 探讨藏经洞的封闭, 需考虑藏经洞所在洞窟莫高窟第 16 窟甬道及整窟重修的考古信息。第 16 窟的整体重修与封闭藏经洞属同时进行，亦属相同的功德思想主导下的行为。作者经考察发现，其功德主即是归义军曹氏，或属以曹氏为主导的归义军势力集团。而第 16 窟整体重修时供养人画像的缺失，成为重要的历史线索。考察曹氏归义军晚期的历史，归义军曹氏政权成了回鹘人的傀儡，归义军政权名存实亡。在这样的历史背景下，沙州回鹘势力的强大及其推行的民族政策，对曹氏造成了极大影响。同时，受当时流行的 1052 年"朱法思潮"的影响，以归义军曹氏为代表的敦煌传统势力在重修洞窟时，受回鹘人的限制，一般不画功德主的供养像。而藏经洞的封存，则是在同样的历史背景与思想主导下，曹氏政权在最后灭亡前所作的功德，也可以认为是对自身的政治前途、历史使命所作的一次努力，其中可能也有回鹘人对文字规范的影响，具体应不晚于归义军曹氏在史书中记载的最后消失的 1023 年，至迟也不会晚于"瓜州王以千骑降夏"的 1030 年。

2090 意见领袖在虚拟学习社区社会网络中的作用

发表时间及载体：电化教育研究 2009 年第 1 期

作　　者：王陆　马如霞

简　　介：为了更好地反思网络课程的教与学，改进网络教学的教学方法，本文自我反思的角度，以自己担任主讲教师的网络课程数据为个案研究对象，采用社会网络分析法，通过提出假设、数据收集、数据分析和假设检验等研究步骤，得到以下研究结论：任课教师是虚拟学习社区社会网络中的意见领袖，且为最核心的意见领袖，在虚拟学习社区社会网络中，由教师和部分学生形成了社会网络中的意见领袖群体，这些学习者实际上起到了助学者的作用，意见领袖群体是虚拟学习社区中的一个具有直接的、联系紧密的和互惠的基础团体，意见领袖群体是构成虚拟学习社区社会网络信息通路的重要人物，他们对网络属性特征值有很大的影响。

2091 甘肃省农村劳务输转问题研究

发表时间及载体：兰州商学院学报 2005 年第 21 卷第 4 期

作　　者：杨肃昌

简　　介：本文首先分析了甘肃省劳务输转现状，认为尽管甘肃省劳务输转工作成效显著，但劳务输转形势是严峻的，输转任务还很艰巨。其次，分析了当前甘肃省劳务输转中存在的问题及原因，认为由于一些主客观因素，目前存在着组织化程度低，外出务工人员素质偏低，输转规模有限等问题。最后，提出了进一步扩大甘肃省劳务输转的建议。

2092 春节文化的传承与创新

发表时间及载体：甘肃社会科学 2012 年第 4 期

作　　者：王玲

简　　介：春节是炎黄子孙共有的历史最悠久的传统节日，具有全民性、稳定性和持续性的特点。春节是传承我国优秀传统文化的重要载体，春节是推动假日经济快速发展的催化剂，春节是构建和谐生活的润滑剂。在新时代，我们既要继承和发扬春节文化的精髓，又要紧跟时代大胆创新，春节"混搭范儿"将成为新时代的亮点。

2093 明代安多藏区部族志（续前）

发表时间及载体：西北民族研究 2002 年第 4 期

作　　者：王继光

简　　介：本文将明代史料中安多藏族部落的汉文资料—分别隶属于明代"西番诸卫"，析为七卷，为安多藏区部落史这一国际藏学研究中的薄弱环节提供有价值的资料。

2094 翻译需要一个三维语境——兼议译者的主体修养

发表时间及载体：西北民族大学学报：哲学社会科学版 2011 年第 1 期

作　　者：阎佩衡

简　　介：本文作者发现，在将上下文的范畴由短语扩大到句子、话语、篇章乃至一整本书后，依然不足以理想地解决翻译及其教学中的问题，其原因在于：理解及其表达，不仅仅是一个语言层面的水平问题，而常常是一个非语言层面的修养问题。于是，文章就需要走出文本、走进文化、走进社会、走近作者、走近读者去做，以便找到语境规约的关系法则，从而求得问题的深入解决。

2095 浅谈长号气息、把位与种类的应用

发表时间及载体：甘肃高师学报 2012 年第 2 期

作　　者：仝亮

简　　介：现代人们的物质、文化生活日益丰富多彩，交响乐也深入到人们的生活当中。在交响乐中，"长号"作为一种独特的乐器，备受人们关注。在此我们谈谈长号吹奏中气息、把位的种类及应用，以便于我们更好地了解、掌握这门独特的乐器。

2096 西北农村低保制度：公平的初衷与实施中的异化

发表时间及载体：兰州商学院学报 2011 年第 27 卷第 5 期

作　　者：焦克源　张婷

简　　介：作为一项基本制度，农村低保设置的初衷是保障农村贫困人口最低生活水平，然而事与愿违，在具体实践过程中，农村中却产生了诸如拼保、骗保、轮保、人情保等一系列异化现象，背离了此项制度所追求的保障公民生存权的基本价值取向。我们从农村低保制度的实施理念、方式入手，结合西北农村地区低保制度实施的特有情况探究了该异化现象产生的原因及本质，并基于此提出可以从保障理念、政府投入、管理监督及对象识别等方面予以矫正。

2097 浅评《行政复议法》的便民思想

发表时间及载体：甘肃行政学院学报 2000 年第 3 期

作　　者：楚凤华

简　　介：《行政复议法》相比《行政复议条例》，有许多重大突破，而最重要的突破之一是便于原则。本法对便民思想赋予了许多新理念。这对于方便行政相对人行使复议权，保障其合法权益有积极作用。

2098 《中学生》与民国时期的历史教学

发表时间及载体：教育与教学研究 2013 年第 27 卷第 10 期

作　　者：朱慈恩

简　　介：《中学生》杂志是民国时期最受欢迎的学生课外读物，刊载了相当数量的历史课外读物，很好地起到辅助历史课堂教学的功能。《中学生》还在民族危机严重的时候，通过历史来振奋民族精神，激发爱国主义精神。

2099 社会认知视野的自我参照效应相对性哲学辨析

发表时间及载体：甘肃高师学报 2012 年第 3 期

作　　者：张鹏英　张海钟

简　　介：通过对自我参照效应相关研究的分析和总结，探讨了个体、群体、本体自我三个层面的自我参照效应，包括自我参照效应的概念、研究范式、研究对象等。进而从对立统一规律的视角归纳出自我参照效应的相对性，指出了自我参照效应研究中的不足及其展望。

2100 浅谈当代青年职工的思想道德教育

发表时间及载体：社科纵横 2009 年第 1 期

作　　者：刘仿俊

简　　介：加强青年职工的思想道德教育，是一项十分艰巨而长远的任务。文章分析了当代青年思想道德的主要特点和影响因素，在此基础上探讨了加强当代青年思想道德教育的基本思路。

2101 论法权制度的传统缺陷及其现实基础

发表时间及载体：甘肃理论学刊 2002 年第 1 期

作　　者：郭吉军

简　　介：由于传统法权制度存在着整体意志与个体自由相冲突的缺陷和矛盾，从而使它无法从现实而合理的角度出发，既维护社会整体的基本利益，又满足社会个体的自由愿望。而以法权理性为核心的现代法治社会，只有进一步克服了这些矛盾和缺陷，才有可能从根本上既维护社会整体的基本利益，又能够实现社会个体自身的权利追求和自由主张。本文正是着眼于此，在对传统法权理性进行分析的基础上，提出了现代法权制度能够得到根本实现的基础和依据。

2102 主体选择：地方政府绩效审计的瓶颈及关键性因素

发表时间及载体：社科纵横 2011 年第 8 期

作　　者：丁国安　李程

简　　介：文章在分析政府绩效审计产生的动因与本质的基础上，指出地方政府绩效审计的瓶颈及问题的关键性因素—主体选择，并就有效推进地方政府绩效审计提出对策。

2103 农民工问题的法社会学分析

发表时间及载体：兰州商学院学报 2008 年第 24 卷第 1 期

作　　者：白小平　李振宇

简　　介：本文通过对农民工阶层法律地位及其权益状况的分析，从法理角度指出：农民工一方面作为我国公民拥有法律规定的平等权，另一方面却又得不到有力的法律保护而处于边缘化的法律地位。我国农民工权利受阻的最大障碍主要是立法不平等和适用不严格以及权利调节救济机制设置不合理。农民工所享有的个别劳动权是其维护个人利益的权利基础，集体劳动权是维护其社会利益的权利基础。农民工可以通过私力救济、公力救济、社会救济来保护自己的权利。

2104 加强文化市场管理拓展先进文化空间

发表时间及载体：甘肃理论学刊 2001 年第 6 期

作　　者：肖安鹿

简　　介：文化市场的形成与发展是顺应社会发展需求的客观现象。我国的文化市场自改革开放以来，已走过了二十年的历程，其积极的作用不能抹煞。但是，也还存在许多问题，有些问题十分严重，在一定程度上造成了劣质文化对先进文化的驱逐态势。因此，必须依法加强对文化市场的综合整理，拓展先进文化的发展空间，这里的关键是要真正坚持"三个代表"重要思想、以大局为重，不要再推诿扯皮，甚至借机谋私。

2105 论现代企业核心员工的管理策略

发表时间及载体：社科纵横 2008 年第 8 期

作　　者：姚昌义

简　　介：核心员工是企业价值的主要创造者，是企业的重要组成部分。企业应当寻求各种有效途径和方法，运用恰当的理念。合理配置核心员工。不断激发员工的潜能，从而留住核心员工，加快企业发展战略目标达成的进程。

2106 敦煌莫高窟第 464 窟的断代及其与回鹘之关系

发表时间及载体：敦煌研究 2012 年第 6 期

作　　者：杨富学

简　　介：敦煌莫高窟第 464 窟原被定为西夏窟，但缺乏证据。近期的考古研究材料可证，该窟的开凿其实当在北凉，原为禅窟，至元代才被改造为礼佛窟。由前室通往后室的甬道两壁各存汉风菩萨两身，其中南壁右侧 4 行文字讲述的是五地菩萨之容貌，左侧 4 行文字讲述的则是四地菩萨，北壁左侧 9 行文字讲述的则是十地菩萨之装饰，右侧的当为九地菩萨。藉由回鹘文题记，十地菩萨绘画内容第一次在敦煌石窟中得到确认。通过逐字对译，可以明显看出，这三段回鹘文标注内容皆来自胜光法师译回鹘文《金光明最胜王经》第 4 卷。故可定，三榜题皆为《胜光法师译金光明最胜王经》之摘抄。这一发现，结合该窟发现的回鹘文写本与其他题记，可以证明莫高窟第 464 窟甬道与前室为元代末期的回鹘窟，而后室壁画可以确定为元代遗墨，但早于甬道与前室之壁画，可定为元代早期遗存。

2107 健全人格培养对学风建设的促进作用

发表时间及载体：社科纵横 2010 年第 12 期

作　　者：程蛟

简　　介：学风建设是促进学生主动探究，进而提高学习效率的根本保证，本文试从目标导向、精神激励、自我约束和心理调适四个层面分析探讨了健全人格培养对学风建设的促进作用。

2108 改革的推进方式及其对受损者的补偿

发表时间及载体：经济学家 2000 年第 6 期

作　　者：曹子坚

简　　介：改革的过程是对利益分配格局进行调整的过程，不同社会附层和成员从改革中获取的利益必然有损益之分和大小之别。为了推动改革的顺利进行，有必要对改革受损者进行一些补偿。中国改革在推进过程中对受损者进行的补偿存在着某些错位，这是改革在目前面临重重困难的主要原因所在。

2109 中心村庄：一个加快甘肃小城镇建设的新构想

发表时间及载体：甘肃理论学刊 2005 年第 1 期

作　　者：彭伟　李刚

简　　介：推进城镇化，是落后地区全面建设小康社会的关键之举。结合甘肃这一欠发达地区的实际，本文提出了中心村庄发展构想。文章认为，以发展中心村庄为突破口，加快小城镇建设，符合甘肃乃至整个西部地区经济落后、城镇化水平低、多民族聚居的实际。中心村庄将成为推动欠发达地区农村城镇化进程、促进农村经济发展、实现农村现代化的关键环节。

2110 论中国公益诉讼制度的构建

发表时间及载体：社科纵横 2008 年第 4 期

作　　者：何国萍

简　　介：法制发达的国家，普遍建立了公益诉讼以保护社会公共利益，公益诉讼已成为现代社会的新型诉讼形态。本文界定了公益诉讼的概念，分析了中国公益诉讼的现状及存在的问题，提出了构建中国公益诉讼制度的设想。

2111 社会主义和谐社会问题研究

发表时间及载体：兰州商学院学报 2005 年第 21 卷第 5 期

作　　者：马保平

简　　介：社会主义和谐社会有着其深刻的内涵和重要特征，而构建社会主义和谐社会，需要努力增强构建社会主义和谐社会的物质保障、政治保障、精神支撑和社会条件，促进三个文明与和谐社会的协调发展。

2112 基于心理资本干预模型的知识型团队开发策略

发表时间及载体：科技管理研究 2010 年第 6 期

作　　者：邵建平　张钦华　张建平

简　　介：心理资本旨在形成自信、乐观、韧性、充满希望的积极的心理状态，而心理资本干预模型则从实践的角度，提出应从技术和环境两个层面来提升员工的心理资本水平。

2113 论《红楼梦》医者形象的文学价值

发表时间及载体：名作欣赏：中旬 2014 年第 2 期

作　　者：郑炜华　杨玲

简　　介：《红楼梦》共有王太医、张友士、王济仁、王大大、胡君荣、毕知庵、王一贴、跛足道人、癞头和尚等九位主要的医者形象，相对于以往叙事文学作品中的同类形象，他们突破性的文学价值主要体现在两个方面：一是，这些医者形象诊病开方的言行作用大大突破了一般医疗范畴，往往使"病"的内涵与整个《红楼梦》哭世之意相合，自身的角色价值主要体现在医疗之外，身份属性在一定程度上被虚化。二是，这些医者形象各种医疗行为的本身具有极深的隐喻作用，其姓氏、言语、动作及所开药方、药名等均能形成隐喻，这是表现人物属性和小说主题意蕴不可或缺的要素。

2114 新形势下进一步深化大学生社会实践活动的几点思考

发表时间及载体：兰州商学院学报 2005 年第 21 卷第 4 期

作　　者：梁亚民　刘正帅

简　　介：中共中央、国务院在《关于进一步加强和改进大学生思想政治教育的意见》中指出：社会实践是大学生思想政治教育的重要环节，对于促进大学生了解社会、了解国情，增长才干、奉献社会，锻炼毅力、培养品格，增强社会责任感具有不可替代的作用。中宣部、中央文明办、教育部、共青团中央也配套出台了《关于进一步加强和改进大学生社会实践的意见》，对我们今后开展社会实践活动提出了具体的目标和要求。本文结合大学生社会实践活动的实际，就贯彻中央精神，进一步深化新形势下大学生社会实践活动，谈几点想法。

2115 企业中人力资本潜能释放分析

发表时间及载体：中国人力资源开发 2003
年第 3 期

作　　者：李国璋

简　　介：本文从人力资本在企业里的重要
性出发，指出企业要想长久获得竞争优势，
必须能有效地释放出人力资本的潜能，发挥
出其创造性的价值。为有效分析企业的潜能
释放，应研究企业存在的潜能函数。在建立
一个潜能函数的数学模型的基础上，得出潜
能释放的程度取决于潜能释放规模。同时也
分析了企业在得到潜能函数后的一些具体应
用与实际意义。

2116 原著视角下对马克思跨越理论的真实考察

发表时间及载体：兰州大学学报：社会科学
版 2011 年第 2 期

作　　者：刘先春

简　　介：马克思跨越理论是马克思晚年的
一个重要思想，也是当前学术界研究的一个
热点和难点。而从原著视角切入，全面梳理
马克思跨越理论提出的时代背景，马克思跨
越理论的基本内容。

2117 简论抗战时期西北开发思潮形成的表现

发表时间及载体：新疆社会科学 2007 年第 1
期

作　　者：杨红伟　武永耿

简　　介：在近代中国波涛翻滚的思想领域
中，一股以"救亡图存"为主线的"西北开
发"思想亦显隐起伏，终至"九一八"事变
后，在空前的民族危机关头，訇然发展成为
煌煌之"西北开发思潮"。文章着力从时代

性、变革性、社会性、聚合性、层次性与阶
段性几个方面，阐述了抗战时期西北开发思
潮形成的表现形式。

2118 社会地理关系本体模态研究

发表时间及载体：甘肃社会科学 2011 年第 1
期

作　　者：窦学诚

简　　介：社会地理关系本体模态是在本体
模态方法的基础上，用以系统认识和理解人
类社会复杂性的一个综合分析框架。本文首
先介绍了本体模态方法，然后在定义社会地
理关系概念的基础上，分别介绍了社会地理
关系本体模态静力学的经系种与纬系层结
构。在此基础上，进一步讨论了社会地理关
系本体模态动力学结构划分。

2119 唯物史观视野下的新历史主义文艺思潮

发表时间及载体：文艺理论与批评 2007 年
第 5 期

作　　者：张进

简　　介：躲避崇高，背离历史浪漫剧而走
向历史讽刺剧"崇高"，是"十七年"文艺
文化中占据核心地位的审美范畴，是审美实
践和理论关注的焦点和重点。它作为当时社
会文化的总体倾向得到了大力提倡和推广，
因而在各种门类的作品中得到了充分的表
现。在文学艺术领域，似乎只有表现崇高才
足以构成文化的积极向上的价值。

2120 象征与神圣空间——甘肃永靖地区傩文化的田野考察

发表时间及载体：西北民族研究 2008 年第 4
期

作　　者：邢海燕

简　　介："傩"作为一种古老的文化事项，

以巫术活动为中心，是原始先民自然崇拜、祖先崇拜、鬼神崇拜及万物有灵观念的产物。甘肃永靖地区的"傩"，作为乡傩的典型形式，有着其独特的生存价值。本文通过田野调查，将永靖傩的独特仪式和表演形式进行描述。

2121 论地方政府对地方性金融机构的风险管理责任

发表时间及载体：山东工商学院学报 2011 年第 25 卷第 6 期

作　　者：马雪彬　赵晶晶

简　　介：2008 年"金融危机"之后，我国地方性金融机构呈快速发展的态势，与此同时地方政府在金融监管中发挥的作用也日益明显。基于客观需要，国家在"十二五"规划中明确提出要完善地方政府金融管理体制，强化地方政府对中小金融机构的风险处置责任。经研究发现，地方政府参与地方性金融机构风险管理不仅能够提高国家对地方性机构风险管理的整体水平，而且能够强化对地方政府不当行为的约束。加强事前风险防控应当规范政府行为和增强金融机构的核心竞争力，而事后风险处理应当有针对性地采取不同选择。

2122 高举旗帜　科学发展——学习贯彻党的十七大精神笔谈——科学发展观与中国特色社会主义

发表时间及载体：兰州大学学报：社会科学版 2008 年第 1 期

作　　者：王学俭

简　　介：党的"十七大"报告对科学发展观的时代背景、科学内涵和精神实质进行了深刻阐述，是"十七大"重大的理论创新和贡献。深入贯彻落实科学发展观，是在我国新的发展阶段全面建设小康社会。

2123 法律新闻专业的定位与格局

发表时间及载体：兰州商学院学报 2004 年第 20 卷第 3 期

作　　者：桑保军

简　　介：法律新闻专业应培养出众多信仰法治、推崇法治、追求法治和捍卫法治的新闻传播从业人员。通过公共传播媒介以各种各样的文化艺术形式宣扬法治价值和法治精神，从而推动社会主义法治文明的发展，是法律新闻专业崇高而神圣的职责。

2124 高职学院 CAD 课程项目式教学改革

发表时间及载体：甘肃高师学报 2012 年第 2 期

作　　者：刘璘

简　　介：对高职院校机械类专业 AutoCAD 课程进行了项目式教学设计，采用课堂教学和课后自主学习双线教学模式，对课程的教学目标、教学内容、考核方案、整体导入、授课单元设计等进行了介绍和讲解。

2125 海峡两岸应用统计研究的新进展——来自 2012 年海峡两岸应用统计学术研讨会的观察

发表时间及载体：兰州商学院学报 2012 年第 5 期

作　　者：庞智强

简　　介：海峡两岸统计学者围绕缺失数据的逻辑斯蒂回归、广义加权门限回归模型的应用、线性回归模型的设定方法、随机化回答的加权估计、配对实验研究中的拟合检验、改进的 SS 检验、小样本情况下的异方差检验、维纳退化过程加速退化实验的最优设计、产业部门间的多维关联挖掘、各省区季度 GDP 数据质量评估、色谱经济分析法、CPI 调查数据采集信息化改革、城市化空间格局的统计测度、地方政府债务风险评价、狭义货币需求及缺口的贝叶斯估计、全体居民收入基尼系数的估算、个人所得税制度改革效应的测度与模拟、上市公司财务指数的构建、"碳排"投入产出袁的编制、污染事故的经济损失评估、消费意愿对产品属性及消费人群的影响分析、高中生成瘾物质行为倾向的影响因素、统计共性和中国特性约束下的统计协调机制创新、基层统计执行力的评价、产品有瑕疵及允许缺货下的生产策略、使用代理变量进行统计过程控制的方法、平衡消费者满意度和生产率以增强盈利能力的计量经济学方法等广泛议题所进行的讨论,充分反映了两岸在应用统计基础研究、应用统计方法研究、应用统计实证研究、以及政府统计与企业统计研究方面的最新进展。对此,本文以2012年海峡两岸应用统计学术研讨会为视角,进行了系统的总结归纳。

2126 绿色壁垒及其法律应对

发表时间及载体:兰州商学院学报 2004 年第 20 卷第 3 期

作　　者:张晓梦

简　　介:我国作为发展中国家,于 2001 年 12 月 11 日正式加入世界贸易组织后,面对国际贸易中绿色壁垒的存在,应该如何采取有效措施加以解决,已是刻不容缓。其中最重要的,还是要建立我国的绿色壁垒法律应对机制,针对绿色壁垒的主要表现形式对症下药,以促进我国国际贸易的健康发展,同时也为全球性的环境保护问题的解决提供条件。

2127 论坚特公有制为主体与发展非公有制经济

发表时间及载体:兰州学刊 1997 年第 3 期

作　　者:刘先春

简　　介:江泽民同志在党的十四届五中全会闭幕时的讲话中指出:"坚持公有制的主体地位,是社会主义的一条根本原则,也是我国社会主义经济的基本标志。在整个改革开放和现代化建设过程中,我们都要坚持这条原则。"但是,近些年来出现了各种否定公有制主体地位的思想,有些人并不公开提出"私有化"主张,而是提出一些似是而非的观点,有很大的迷惑性,特别需要引起我们的注意。作为一个重大的原则问题,我们有必要分清是非,把我国的改革开放和现代化建设事业推向前进。

2128 教学原则演绎体系的建构框架及实现途径

发表时间及载体:西北师大学报:社会科学版 2001 年第 2 期

作　　者:郝志军　林澍峻

简　　介:教学原则的演绎体系框架应以辩证逻辑的思维方法,从教学过程矛盾运行的规律中去推导,在这个框架指导下,探讨它的实现途径—进行具体的教学设计和制定相应的教学策略,提出教学原则演绎体系进一步具体化和操作化的基本思路。

2129 唐代甘州"中府"钩沉

发表时间及载体:中国历史地理论丛 2009 年第 4 期

作　　者:李并成

简　　介:本文对于唐代甘州设置"中府",即中都督府的有关史实,作了仔细的钩稽和考证。考得广德二年（764 年）十月凉州被吐蕃大军所围、河西节度被迫徙镇甘州后,为适应移治的需要遂将甘州升格。

2130 对完善我国职务发明创造制度的思考

发表时间及载体：西北师大学报：社会科学版 2000 年第 5 期

作　　者：张秀玲

简　　介：本文通过对我国现行职务发明创造制度的重新审视，对在职务发明创造的界定标准及职务发明创造的权利归属中存在的种种弊端进行了探讨，并提出了一些解决弊端的建议。

2131 科学创新的涵义

发表时间及载体：西北师大学报：社会科学版 2003 年第 3 期

作　　者：陈广仁

简　　介：基础科学领域中人们对创新概念理解较为混乱，应从科学哲学层面分析创新的蕴涵。从科学实践来看，创新指科学活动中的发现事实、发明方法和创造理论三种基本形式；而从哲学上来分析，创新则是观念的转变，是思想革命的过程。因此，从内涵和外延上完整把握这两方面才能正确理解创新的一般涵义，分析创新概念在科学领域和经济学领域中的异同。

2132 论中国多党合作制的特色

发表时间及载体：社科纵横 2010 年第 1 期

作　　者：杨仲航　马进

简　　介：中国共产党领导的多党合作和政治协商制度，是我国一项基本政治制度，是在马克思主义关于政党合作的理论指导下，在中国共产党与各民主党派反对国民党独裁的斗争中形成的具有中国特色的政党制度。它具备有利于生产力的发展和社会的进步，有利于发扬社会主义民主，有利于社会稳定，有利于维护最广大人民的根本利益等一系列优越性。多党合作制是中国对于当代政治文明的重要贡献，对其他国家的政治文明进步有着积极的启迪意义。

2133 论经济全球化的多重影响

发表时间及载体：兰州大学学报（社会科学版）2002 第 30 卷第 3 期

作　　者：安应民

简　　介：经济全球化是随着世界各国社会生产力发展而产生和不断发展的一种客观趋势。本文分别从经济全球化对世界经济与社会发展、对发达国家和发展中国家的不同影响及其相互关系的系统分析中，提出和论述了经济全球化在正反两方面所形成的多重影响及其后果。

2134 旅游景区经营权转让年限的完善

发表时间及载体：兰州商学院学报 2008 年第 24 卷第 1 期

作　　者：孙永龙　李国庆

简　　介：目前，大多数旅游景区经营权转让年限的安排缺乏科学依据，在旅游景区经营权终止问题上也无明确规定。旅游景区生命周期和企业生命周期是确定旅游景区经营权转让年限必须考虑的两个变量。旅游景区生命周期决定了投资者的获利期限，企业生命周期决定了一个企业能够开发和经营旅游景区的最长时间。另外，参照新《物权法》对土地使用权转让做出的新规定，旅游景区经营权受让企业应拥有经营期间景区内建造设施的所有权，而且续期的权利也应得到法律的保障。

2135 西北穆斯林妇女婚姻观之探究——基于甘肃省广河县的田野调查

发表时间及载体：甘肃社会科学 2011 年第 4 期

作　　者：马桂芬

简　　介：本文以甘肃省广河县的穆斯林群体为调查对象，通过观察、参与观察、访谈、问卷等社会调查方法，了解不同阶层、不同职业、不同教派、门宦的穆斯林妇女的婚姻观念。从调查结果可以看出，广河县穆斯林妇女的婚姻观是其实现社会价值观念的一个缩影，也是穆斯林文化基于伊斯兰文化的一种表现特征，伊斯兰教的婚姻观对穆斯林妇女产生着主要影响。同时，中国传统婚姻观念及当代社会在现代化进程的一些现代婚姻观念，也对当地妇女的择偶和婚姻观念产生着不同程度的影响。

2136 多媒体 CAI 课件在田径技术教学中的实验研究

发表时间及载体：电化教育研究 2005 年第 3 期

作　　者：陈仁伟

简　　介：本文通过制作多媒体 CAI 课件，在体育教学与训练中的实验研究表明，运用 CAI 课件辅助体育教学。具有生动、形象、直观的特点，学生能迅速掌握技能，教学效果显著，是创新与发展现代体育教学手段的有效途径。

2137 诗学的庄严修辞格

发表时间及载体：西北民族大学学报：哲学社会科学版 2012 年第 6 期

作　　者：才旦夏茸

简　　介：诗学的庄严本由意义修饰法、字音修饰法和隐语修饰法三部分内容、300 余种修辞格组成。本文列出的仅是意义修饰法中前十类意义修饰法的 100 多种修辞格。文章对这十类意义修饰法差不多都是以诗歌实例去说明辞格定义的方法一一作了介绍，使其产生了理论一读就懂、诗例一学就会的良

好效果，从而也体现出极高的理论价值和实用价值。尤其在比喻修饰法中，还介绍了"为同""好像"等比喻作用的喻词 70 多个，为汉文读者在辞格运用和喻词运用上打开了新的思路。

2138 中国人力资本外部性影响因素实证研究——基于省级面板数据的分析

发表时间及载体：山西财经大学学报 2009 年第 1 期

作　　者：李国璋

简　　介：基于 1999—2005 年我国 31 个省（市、区）14 个行业的面板数据，本文对我国影响人力资本技术外部性的四个因素进行了研究。研究发现：地区人力资本深化对于人力资本的外部性具有促进作用，专业化和多样化对人力资本外部性的影响是非线性的，当专业化和多样化分别超过各自的临界值时，才会对人力资本的外部性产生正向的影响，专业化对于人力资本外部性的作用在东西部地区分产业之间存在差异，就业密度在西部地区工业和服务业中对人力资本的外部性产生类似于多样化的非线性影响，但它在其他地区的作用不明显。

2139 语料库语言学的发展及其与生成语法的关系

发表时间及载体：西北师大学报：社会科学版 2007 年第 6 期

作　　者：王琦

简　　介：本文通过梳理语料库语言学的发展阶段，及其发展过程中遭遇来自生成语法的挑战，进而讨论语料库语言学的复苏。并分析了语料库语言学与生成语法的关系，认为语料库语言学与生成语法并非完全对立、截然不同，它正在逐步形成兼有美国结构主

义语言学语料归纳法的优点，又有乔姆斯基学派内省法长处的综合研究的方法。

2140 旷世的愤怒与无弦的琴——阿垅《琴的献祭》细读

发表时间及载体：甘肃联合大学学报：社会科学版 2009 年第 3 期

作　者：马瑞红

简　介：本文采用文本细读的方法，详细分析了现代诗人阿垅的代表作《琴的献祭》的思想和艺术特征。在对诗人精神世界的探询中，揭示出阿垅的痛苦与愤怒来自于三个方面：独特的个人经历和不幸的感情生活，黑暗、专制、压抑的外在政治环境，五四启蒙运动退潮后七月派所处的腹背受敌的文化环境。最后，在与九叶诗人的对照中，充分肯定了阿垅诗歌所具有的时代意义。

2141 晚唐五代敦煌归义军行政区划制度研究（之一）

发表时间及载体：敦煌研究 2002 年第 2 期

作　者：郑炳林

简　介：关于晚唐五代敦煌归义军政权的行政区划制度设置情况，两唐书、元和郡县志通典等史书均无记载。本文利用敦煌文献中的零碎材料，经爬梳考校，分类排比，基本解决了归义军政权州一级行政区划制度的大致情况，弥补了传统史书记载的不足。

2142 敦煌吐鲁番文献所见回鹘古代历法

发表时间及载体：敦煌研究 2004 年第 6 期

作　者：周银霞

简　介：关于古代回鹘的历法，史书中少有记载，幸赖敦煌、吐鲁番回鹘文写本的发现与解读，为这一问题的研究提供了丰富而珍贵的资料。通过这些文献，我们可以看出，古代回鹘人曾使用过多种历法，既有来自中原的生肖纪年法、干支纪年法、建除十二神及年号纪年法，又有来自波斯的七曜历和来自于阗的于阗历，更有古回鹘人创造的具有民族特色的以五行与十二生肖相配的纪年方法，后者对藏族时轮历的形成当存在着某种关系。

2143 关于进一步发展我国资本市场的几个问题

发表时间及载体：兰州大学学报（社会科学版)2004 年第 32 卷第 4 期

作　者：王志刚

简　介：本文论述了我国资本市场的服务方向、国有股的流通和资本市场的对外开放三个问题。资本市场既然内涵于社会主义市场经济，那么它就应当是为所有的企业服务，而不应当定位于主要为国有企业服务；国有股流通与否属于公司行为，而不是政府行为，卖出价格可以低于净资产价值，因为投资者进行股票投资看中的是公司未来的成长性和未来收益；我国资本市场实行对外开放，既要积极实施请进来战略，更要实施积极走出去战略，分享经济全球化带来的益处。

2144 农民文化素质对契约农业发展的影响分析——以甘肃老贫地区的当归产销行为为例

发表时间及载体：中国市场 2011 年第 22 期

作　者：寇凤梅　冉秋霞

简　介：本文依据甘肃老贫地区的样本县——漳县、岷县、渭源三个县农户的当归产销调查数据为例，对不同文化素质的农民对契约农业的需求状况进行了统计分析。

2145 西部地区大农业结构存在的深层次问题及调整的对策建议

发表时间及载体：甘肃理论学刊 2003 年第 2 期

作　者：刘新田

简　介：西部地区大农业结构的调整对策建议：一是加大畜牧业在西部现代农业经济结构中的比重；二是依靠科技提升西部农业结构中各要素的整体素质；三是突出农业产业化在西部大农业结构调整中的地位；四是西部大农业结构调整要市场化；五是发展农产品加工产业是西部大农业结构调整的重要内容。

2146 论城市资产经营

发表时间及载体：西北师大学报：社会科学版 2003 年第 6 期

作　者：赵更吉　赵海莉

简　介：城市的建设，不仅要有正确的规划做指导，而且需要大量的资金投入。城市经营是解决城市发展，尤其是城市基础设施建设资金问题的重要举措。它亦符合市场经济的客观规律。各级城市政府要在正确认识的指导下，提高经营意识，研究经营策略，搞好城市土地、基础设施以及城市形象的经营活动，以提高城市的竞争力，适应城市发展的需求。

2147 甘肃省生态环境补偿法律制度研究

发表时间及载体：社科纵横 2010 年第 5 期

作　者：刘颖　马敬

简　介：甘肃省是农业大省，但是农业生态环境却因为地理和气候等原因而极度脆弱，这也导致了环境问题成为制约甘肃可持续发展的一个重要因素。本文通过对甘肃在森林、土地、湿地、草原和水域等方面生态补偿制度的阐述和分析，试图找出适合甘肃省情、能够有效解决甘肃省生态环境补偿的法律途径。

2148 少数民族大学生就业问题的特殊性及对策建议

发表时间及载体：西北民族研究 2009 年第 3 期

作　者：赵晓芳

简　介：本文对毕业于 109 所院校、分布在全国各地的回、藏、维吾尔族等 33 个民族的少数民族大学生就业现状进行了调查。调查发现，少数民族大学生就业中存在一次就业率低、就业成本高、待业时间长、就业层次低、收入少、工作与所学专业脱节、应聘时有被歧视的现象等，本文认为，导致这些现象的原因有其特殊性。因此，应采取一些特殊措施加以解决。

2149 三农框架下西部贫困山区扶贫开发的战略思路

发表时间及载体：青海社会科学 2006 年第 2 期

作　者：聂华林　刘同德

简　介：本文系国家社会科学基金项目——西部全面建设小康社会中的三农问题及对策研究（项目编号 04-zd018）的阶段性成果。根据西部贫困山区贫困问题的特殊性，结合扶贫资金的实施效果，文章认为应当将扶贫资金从发展势头较弱的传统产业等方面，转到从根本上提高西部贫困山区的农牧民素质和社会发育水平上来。

2150 论地方政府危机管理长效机制建设

发表时间及载体：甘肃理论学刊 2009 年第 5 期

作　者：李冰心　刘晖霞

简　　介：现代政府的任务不是彻底消除矛盾，而是进行危机管理。把危机控制在一定的范围之内，以保持社会的政治稳定。随着我国社会经济的发展，社会生活中的各种不确定因素明显增多，各种危机已由非常态化的偶发转变为常态化的频发，地方政府面临着十分紧迫的危机管理任务。特别是发生在地方的一些重大事件，往往会剧烈地冲击原有的基本管理制度和管理方式。因此，加强和完善地方政府危机管理长效机制建设已刻不容缓。

2151 甘肃漳县的资源优势及其经济发展的战略选择

发表时间及载体：开发研究 1986 年第 2 期

作　　者：王民新　聂华林　杨锡金

简　　介：漳县现属甘肃省定西地区，全县总面积为 2164.4 平方公里（折合 324.6 万亩），是一个山区穷县，多年来一直靠国家财政补贴过日子。本文认为，漳县要扭转贫穷落后的局面，振兴经济，就应当充分发挥自己的资源优势，依靠科学技术，建立自己特有的经济体系，搞好农工副产品的深度加工，走商品经济的道路。

2152 试论东干文学批评的形态

发表时间及载体：宁夏大学学报：人文社会科学版 2009 年第 31 卷第 2 期

作　　者：常文昌　杨建军

简　　介：关于东干文学批评的形态问题，国内外尚无探讨。东干文学批评有东干语和俄语两种形态，文章将东干语批评形态概括为口语化、形象性、感受性三个特点 对俄语批评形态受苏联文学批评模式的影响进行实证分析发现，东干语批评的局限性在于缺乏专门的文学批评语汇，俄语批评的局限性在于受前苏联文学批评观念的束缚。

2153 我国民营企业 HRM 的现状及对策思考

发表时间及载体：甘肃行政学院学报 2005 年第 1 期

作　　者：周鹏飞　康宁

简　　介：民营企业在我国的经济发展中有着举足轻重的作用，为社会创造了巨大的财富。随着规模的不断扩大，人力资源的问题逐渐暴露出来，成为制约其发展的瓶颈。为了减少瓶颈效应对其发展的阻碍，人力资源的建设和管理亟待加强。

2154 《雷雨》中周萍形象的美学内涵再探

发表时间及载体：甘肃联合大学学报：社会科学版 2008 年第 24 卷第 2 期

作　　者：金生翠

简　　介：在《雷雨》这部剧作的研究中，关于人物性格的讨论已是"昨日黄花"，少有人提，本文从剧作家的潜意识心理、中西文化的冲撞与融合、"同性同体"的性格内涵等三个方面重新探析周萍这一人物，试图探讨隐藏在《雷雨》表象之下的剧作家的真正心理暗流，挖掘周萍这一让众人熟视无睹而又无话可说的悲剧人物的真正的美学内涵。

2155 制定《商事通则》论纲——以总体思路、体系结构为研究内容

发表时间及载体：甘肃政法学院学报 2004 年第 3 期

作　　者：任尔昕

简　　介：制定商事通则的总体思路是：商事通则只应调整那些传统民法难以或不便调整的以营利为目的的社会关系；应以企业作为主要规范对象；只应将总纲性的法律规范，以及不宜以商事单行法的形式规范或以商事

单行形式规范成本过高的内容包含进去；其法律属性应为具有较多公法规范的私法。商事通则的体系结构应根据我国现实的理论、立法和实践确定，商事通则的篇首置基本原则章。

2156 禅宗修养美学性质再探讨

发表时间及载体：西北师大学报：社会科学版 1999 年第 2 期

作　　者：王建疆

简　　介：文从禅宗美学中"触类是道""任用自在"的自然无为的现象和内容，揭示了其"般若性空"的思想实质和"释迦其里，老庄其表"的本来面目。它又从"解悟"和"证悟"两个不同的层次上揭示了禅宗顿悟美学与世俗间一般性审美相通的地方，同时又指出了这种证悟超出一般审美的性质和意义。将禅宗美学归结为一种超越现世生命从而获得身心两方面高层次解放的修养美学，提出了对"禅宗生命美学"的看法。

2157 基于 PDL 模型的我国省域城市化水平预测研究——以甘肃省为例

发表时间及载体：中国软科学 2005 年第 3 期

作　　者：郭志仪

简　　介：以往的研究中，当实际应用经济因素相关分析法对城市化水平进行预测时，往往仅考虑了当期经济发展水平对城市化发展的影响，由此必然会因为遗漏掉重要信息而严重影响预测结果的可信性及其精度。本文以甘肃省为例，以计量经济学中的 PDL（多项式分布滞后）模型为依据，尝试通过 ARIMA 模型及 CPPS 软件的运用对其 2010 年城市化水平做出预测。

2158 甘肃陇东皮影造型艺术的特征和传承发展

发表时间及载体：甘肃社会科学 2012 年 3 期

作　　者：燕昱

简　　介：陇东皮影艺术是我国非物质文化遗产中一朵奇葩，其造型特征主要源于陕西皮影。陇东皮影在环县、庆阳、平凉、华亭等地区普及面很广，是当地人民非常喜爱的一种民间艺术形式。近年来，由于我国经济高速发展，带动人民的文化生活日益丰富。电视、电影、网络文化等新的艺术形式对皮影艺术冲击很大，皮影艺术传承与发展面临危机。本文对陇东皮影造型艺术的传承、造型特点进行了研究，探索了保护和创新之路。

2159 西部荒漠治理敢问路在何方？

发表时间及载体：绿色中国公众版 2005 年第 4 期

作　　者：高新才

简　　介：20 世纪 50 年代初至 70 年代中期，我国荒漠化土地面积年均扩大 1560 平方公里，年均增长率为 1.01%，70 年代中期到 80 年代中期，年均扩大面积 2100 平方公里，年均增长率为 1.47%。当前，我国荒漠化土地面积正以每年 2460 平方公里的速度扩展，而且还有加速扩大的趋势。其中，尤以西部地区为烈。因此，我国西部地区荒漠化治理的现实路径的选择成为关键。

2160 生态税的可税性

发表时间及载体：甘肃政法学院学报 2009 年第 1 期

作　　者：俞树毅

简　　介：生态税的可税性分析包括经济学上的可税性和法学上的可税性。经济学上的可税性分析为生态税解决合理性的问题，而法学上的可税性为生态税解决合法性的问题。因此，生态税的可税性分析其实质就是对生态税的经济效果与法律效果的分析，实质意义与形式意义的分析。

2161 "兰白都市经济圈"性质之探析

发表时间及载体：社科纵横 2010 年第 4 期

作　　者：周旭明　马荣丽

简　　介："兰白都市经济圈"的性质问题是有关构建"兰白都市经济圈"所有问题的逻辑起点。兰州和白银底子薄、基础差的现实情况和甘肃省对"兰白都市经济圈"在全省经济发展中起到"中心""龙头"带动作用的期待，决定了"兰白都市经济圈"的性质只能是"兰白一体化"。

2162 《周易》卦爻辞所见商代贞人考

发表时间及载体：广州大学学报：社会科学版 2008 年第 7 卷第 10 期

作　　者：韩高年

简　　介：《周易》卦爻辞中记录了许多的贞人的名字，这些贞人又见于甲骨文，并且大部分贞人的活动年代也可以确定。这可以从另一个角度证明《周易》一书的材料来源及成书时间。

2163 试论马克思恩格斯关于农业劳动力转移理论

发表时间及载体：社科纵横 2008 年第 9 期

作　　者：赵菁

简　　介：文章通过对马克思恩格斯有关农业劳动力转移理论进行疏理，指出马克思恩格斯虽然没有专门论述农业劳动力转移的问题，但在其一些著作里对农业劳动力转移的原因、必然性进行详尽的论述，其中许多观点仍对今天的社会实践具有重要的指导意义。

2164 浅谈图书馆的资本运作改革

发表时间及载体：甘肃行政学院学报 2005 年第 4 期

作　　者：陈吉毅

简　　介：长期以来，受计划经济体制的制约，我国图书馆一直是由国家财政拨款来建设和发展的，资金是图书馆进行各项工作的重要保证。随着社会主义经济的发展，国家财政拨款将不会无限制的进行下去，这要求图书馆找出一条适合自己发展，能够进行资本运作的道路。本文就此问题做一些探讨。

2165 中国经济增长与腐败的库兹涅茨曲线效应——实证视角的检验

发表时间及载体：财贸研究 2010 年第 21 卷第 1 期

作　　者：李国璋

简　　介：本文针对 1980—2008 年间中国经济增长与腐败的变动趋势关系，分别采用透明国际的腐败感知指数（CPI）指标和中国腐败案件数两套数据进行实证检验，结果验证中国经济增长和腐败之间存在着库兹涅茨曲线效应。实证分析表明，在改革初期中国腐败水平较低，随着经济增长腐败水平逐渐提高，在达到某个高度以后呈逐渐下降趋势。这说明中国腐败案件的发生受到纪检机关反腐力度、对外开放程度和固定资产投资的影响，应继续坚持改革开放进程，降低腐败水平，促进经济发展。

2166 宗教认同和民族认同对民族交往态度的影响——基于藏族、回族和东乡族大学生的数据分析

发表时间及载体：西北师大学报：社会科学版 2012 年第 5 期

作　　者：万明钢

简　　介：本文采用问卷法，对 524 名藏族、回族和东乡族大学生的宗教认同、民族认同和与汉族大学生的交往态度进行了调查。结果表明：民族认同对交往态度无显著影响，但是宗教认同有显著的消极影响；民族认同、宗教认同和交往态度具有社会情景性，随着民族间的接触，民族认同和宗教认同有减弱趋势，但是交往态度呈现积极的上升趋势。民族认同、宗教认同和交往态度存在显著的民族差异研究认为，创造各民族接触、交流的条件与机会，增进相互了解，降低宗教的敏感性，是构建和谐民族关系的重要措施之一。

2167 元代有关苏轼贬谪生涯剧作简论

发表时间及载体：乐山师范学院学报 2014 年第 29 卷第 4 期

作　　者：庆振轩　牛思仁

简　　介：本文从反映两宋朋党之争的特定角度，探讨有关苏轼贬谪生涯的三部元杂剧醉写《赤壁赋》《东坡梦》贬黄州深入剖析其遭贬原因及剧中人物形象的典型性塑造，对于我们认识宋代党争的激烈残酷，以及党争中纷纭复杂的人情世态，思考党争对文人心态的影响颇有启迪。

2168 敦煌市农业发展问题与对策研究

发表时间及载体：社科纵横 2012 年第 4 期，高影响力期刊

作　　者：舒成

简　　介：敦煌农业在跨越式发展过程中存在着诸多方面问题和制约因素，如水资源短缺、沙尘暴的影响、品牌意识落后、农业科技化水平低等等。文章通过对敦煌市农业与农村经济发展中存在的问题的研究，提出了敦煌农业实现跨越式发展的对策与建议。

2169 双簧管演奏技巧研究

发表时间及载体：北方音乐 2014 年第 5 期

作　　者：杨鹏

简　　介：双簧管属于管弦乐器的构成部分，其性能及构造的特殊性，决定了其演奏技巧的独特性。一般来说，双簧管的演奏技巧可以分为两个大的类别，即气息运用与运指方法的控制。

2170 二分双插入排序算法及其性能研究

发表时间及载体：甘肃高师学报 2011 年第 2 期

作　　者：祁建宏　任志国　达文姣

简　　介：本文在分析了传统二分插入排序算法性能的基础上，给出了一种二分双插入排序算法，这种排序算法使时间性能得到了极大改善。

2171 略论中国警察体育谋略

发表时间及载体：甘肃政法学院学报 2005 年第 6 期

作　　者：陈农

简　　介：警察谋略是研究警察领域中敌对双方斗智的一种方略和形成思维机制的学说，擒敌谋略反映擒敌指导思想的一般性规律。本文将警察谋略学的理论研究引向理论分析的深层，运用哲学、思维学、心理学等学科的新成果，提出奇谋妙计，使其引导学生及干警进行辨证思考，以便根据自己工作面临的问题、所处的环境创造出擒敌制胜的使用方略。

2172 元代的系官匠户

发表时间及载体：西北师大学报：社会科学版 2003 年第 2 期

作　　者：胡小鹏

简　　介：元代的系官工匠，部分来源于早期征服过程中的俘虏，部分接收自南宋官手工业的工匠，均通过匠籍制度加以维系。元代系官匠户数目庞大，专业化程度高，是当时手工业生产的主体。虽然其身份管理严格，但在户籍赋役制度确立后，大多数系官匠户的待遇处境较一般民户为优，并不是毫无人身自由的工奴。

2173 基于 ELES 方法的甘肃农村贫困线测定分析

发表时间及载体：甘肃联合大学学报：社会科学版 2011 年第 27 卷第 5 期

作　　者：汪晓文　马凌云　李玉洁

简　　介：本文通过对 1982—2008 年间甘肃农村贫困人口及贫困发生率的研究发现，国家"一刀切"的贫困线标准会直接影响政府对贫困状况的评估，甚至国家扶贫政策的决策。在充分考虑甘肃经济发展实际的基础上，以国家统计局甘肃调查总队 2007—2009 年对甘肃农村居民收入与支出的调查结果为原始数据，引入扩展线性支出模型方法进行测算，得到近三年甘肃农村贫困线标准，并将结果与甘肃现行贫困线进行比较，发现甘肃现行的贫困线标准较低，最后提出相应的政策建议。

2174 甘肃省临夏州小学心理健康教育策略探悉

发表时间及载体：社科纵横 2010 年第 3 期

作　　者：李兰芳　康静

简　　介：本文针对甘肃省临夏州小学儿童心理健康状况及小学心理健康教育的地区特点，提出一系列有效推进该地区小学心理健康教育工作的策略。文章认为，对于开展该地区小学心理健康教育工作而言，转变观念是首要前提，师资培训是必要条件，明确目标和内容是重要依据，选择方法和途径是有力保证，利用专业人员和民族宗教人士的作用是快速推进工作的突破口，重视个别教育是重要原则。

2175 中国出版产品走向世界的结构性战略问题探讨

发表时间及载体：甘肃社会科学 2012 年第 5 期

作　　者：雷兴长

简　　介：作为文化产品核心层次的出版产品走向世界，关系到建设文化强国的战略目标。当前，中国出版产品走向世界面临诸多结构性战略问题需要突破：一是"走出去"的内容结构问题，二是"走出去"的贸易结构问题，三是"走出去"的动力结构问题，四是"走出去"的出版产品和出版企业结构问题。中国出版产品走向世界应分为三个战略阶段，即出版内容中国特色与出版形式国际化战略阶段，出版内容国际化与出版形式国际化战略阶段，出版内容与出版形式中国化战略阶段。

2176 论正确发挥主观能动性的条件

发表时间及载体：甘肃社会科学 1998 年第 5 期

作　　者：于维民

简　　介：主观能动性是一个中性概念，发挥主观能动性则有正误之别，正确发挥主观能动性是有条件的，无视条件制约的主观能动性必定步入唯心主义泥沼。主观能动性到底在哪些条件下才能得以正确发挥？搞清楚这个问题，对于进一步肃清极"左"思潮，坚持党的实事求是思想路线，积极稳妥地推进社会主义现代化建设，无疑有重要的理论意义和实践意义。

2177 对完善我国商业银行监管体系的法律思考

发表时间及载体：甘肃政法学院学报 2005年第 1 期

作　　者：岳世忠

简　　介：文章首先分析了我国商业银行监管法律体系中存在的问题；然后介绍了几个发达国家商业银行监管的成功经验；最后提出了依法完善我国商业银行监管体系的对策与措施。

2178 行政程序与法治进程

发表时间及载体：甘肃行政学院学报 2001年第 3 期

作　　者：张德钧

简　　介：在法治进程中，行政的程序化是法治的关键环节。本文从法治要求的行政程序入手，进一步剖析了行政程序对法治化的推进作用；在法治的一般与行政的特殊这一互动过程中，分别予以演绎、归纳，从而为法治进程中行政的程序化开辟了新思路。

2179 道路运输统计方法改革探讨

发表时间及载体：兰州商学院学报 2010 年第 26 卷第 6 期

作　　者：庞智强

简　　介：本文从分析我国当前道路运输业经营特点入手，对传统的道路运输统计面临的问题与挑战进行了深入思考，并结合道路运输统计专题调查的实践，探讨了道路运输统计方法改革的方向和重点，提出了相应的改革建议。

2180 当代大学生对思想政治教育的接受心理研究

发表时间及载体：西北师大学报：社会科学版 2007 年第 2 期

作　　者：赵青梅

简　　介：本文通过调查，从大学生思想政治的学习动机、对思想政治教育内容的认可度、对当前思想教育方式的认同度三个维度，解析了大学生对思想政治教育的接受心理，提出了教育建议。

2181 论辩护词理由部分涉及的主要问题

发表时间及载体：甘肃政法学院学报 2004年第 5 期

作　　者：马海音

简　　介：理由部分作为辩护词的核心内容，其制作的好坏直接关系到辩护词的质量，也关系到辩护的成败。本文从事实证据、法律依据、适用程序及酌定情节等方面较系统地对辩护词理由涉及的问题进行了探讨。

2182 宁夏产业结构及其区位优势变化（1978—2003）

发表时间及载体：西北民族研究 2006 年第 4期

作　　者：李辉

简　　介：本文在已有的区位商分析方法基础上，提出了"产业综合区位商"概念，并以此作为衡量地区产业综合区位优势的尺度。借助于计量模型，分析了 1978—2003年宁夏回族自治区六部门（农业、工业、建筑业、交通通讯业、商业、其他服务业）综合区位商变化趋势。结果如下：第一，宁夏产业综合区位商变化带有明显的阶段性特征。20 世纪 90 年代初以来全面推行的市场化改革，提高了宁夏各产业部门的资源配置效率及其综合区位优势；第二，农村剩余劳动力向具有比较优势的非农产业转移，有利于优化地区产业结构；第三，各部门对宁夏产业综合区位优势变化有着不同的影响。建筑业影响力最大，其余依次是：其他服务业、农业、交通通讯业、商业、工业。工业的影响力最弱。如何加快工业化和工业部门优势产业的发展，是宁夏产业结构调整的关键。

2183 承载具有可赔偿性精神利益的物的类型

发表时间及载体：甘肃政法学院学报 2012 年第 1 期

作　　者：吴国喆

简　　介：精神利益是人的精神需求与其供给者之间的关系，基于对物财产价值的重视，传统民法忽视了对物所蕴含的精神利益的关注。物当中包含有精神利益，这是对人类认识史、特定情形进行考量所得出的必然结论，因此特定的物受到损害时，其权利主体应该可以请求精神损害赔偿。

2184 西北民族地区基本公共服务均等化研究——基于宁夏基本医疗卫生服务均等化的实证分析

发表时间及载体：西北师大学报：社会科学版 2012 年第 3 期

作　　者：张文礼　谢芳

简　　介：基本公共服务均等化是中国社会转型关键时期的关键问题之一，也是"十二五"时期政府所要着力解决和实现的重大民生目标。近年来，西部省区在推进基本公共服务均等化方面多措并举，取得了一定进展，但与城乡居民不断增长的基本公共服务需求相比，还有很大差距，这种差距不仅表现在西部省区与东部省区之间，就是在西部省区内部，这种差距也是相当明显。本

文以宁夏回族自治区基本医疗卫生服务为例，就该地区的基本公共服务均等化水平进行实证分析，并就如何有效推进该地区的基本公共服务均等化提出对策建议。

2185 录放像监视系统检测调整的内容和方法

发表时间及载体：电化教育研究 1996 年第 2 期

作　　者：李华

简　　介：录放像监视系统设备是电视节目制作中的必备设备，为保证电视节目制作和播出的质量，录放像监视系统工作在最佳状态，必须对系统设备进行检测调整。现就检测调整的内容与方法作一介绍。所用的仪器设备有：录放像监视系统一套，示波器一台，检验带（内录制有各种不同的标准测量信号图像、伴音等）一盒。

2186 归有光的"至情论"及其散文创作

发表时间及载体：甘肃联合大学学报：社会科学版 2006 年第 22 卷第 4 期

作　　者：吴永萍

简　　介：归有光所提出的"匹夫匹妇以为当然，是天下之至情"的"至情论"，具有鲜明的时代特色和独创精神。正是基于对人间至情的珍视，归有光才能毫不吝惜地将"至情"延伸至人性中的各类情感，并真诚地加以赞美，从而创作出大量感人至深的散文作品，具体体现在家庭亲情、乡曲应酬、经世致用三类作品之中，而以家庭亲情散文最具特色。

2187 "原型"能指与所指的历史演进

发表时间及载体：西北师大学报：社会科学

版 2009 年第 5 期

作　　者：徐凤

简　　介："原型"概念自出现以后，被广泛用于神学、宗教、哲学、心理学和文学等领域的研究。随着不同学者对原型概念的具体阐释，不仅使原型的能指统一化，所指得到多次延展，能指与所指之间的张力越来越大，还清楚地显示了原型能指与所指的三个发展阶段。

2188 对列宁外交思想的历史考察

发表时间及载体：西北师大学报：社会科学版 2008 年第 1 期

作　　者：李玉君

简　　介：列宁的苏维埃外交思想是在十月革命后的实践中形成和发展的。列宁在苏维埃外交领域的探索和贡献，不仅在于他放弃了世界革命思想，提出了和平共处政策，更在于在 20 年代初期的历史条件下，在战后资产阶级和平主义初露端倪之时，即看到这一不同于传统资产阶级的政治力量的追求，并客观阐述了它在国际政治生活中的积极意义。列宁对资产阶级和平主义的认识，为苏俄和平共处对外政策的实行奠定了科学的理论基础。

2189 中国企业 CI 的历史、现状和前景

发表时间及载体：兰州大学学报（社会科学版）2004 年第 32 卷第 1 期

作　　者：沈伟

简　　介：中国 CI 在近二十年的发展中已取得了显著的成绩，并在学习和引进美国和日本的 CI 体系过程中形成了具有中国特色的 CI 模式。通过总结中国 CI 运动各阶段的特点和现状，明确了 CI 发展的方向，即普及化、产业化、学科化。

2190 基于城市更新的城市转型问题探讨

发表时间及载体：商业时代 2011 年第 32 期

作　　者：郭翠花　刘鹏飞　杨琨

简　　介：本文以甘肃省兰州市 2005 至 2010 年间城市更新区域为研究对象，通过高精度卫星图像与实地调查相结合，基于统计数据分析兰州城市更新特点，研究城市转型过程与存在的问题。研究结果表明，兰州城区处于外部扩展与内部更新并存的高速发展阶段。外围城区更新快，存在大量连片更新区域，内城以点状更新为主。住宅用地与工业用地更新绝对数量大，城市发展的中心正在从工业转向第三产业，城区工业外迁趋势明显，转而以第三产业填补工业外迁后的城区经济发展空白。城市更新过程中存在以地产与经营导向为主，文化导向不足，以及外围城区公共服务资源更新落后于经济发展的问题。

2191 基于 Citespace Ⅱ 的竞争情报文献的可视化分析

发表时间及载体：兰州学刊 2012 年第 12 期

作　　者：丁磊　王兴泉

简　　介：文章以 CSSCI 数据库有关竞争情报研究的 1048 条文献，和其所包含的参考文献为研究对象，运用 CiteSpace Ⅱ 绘制知识图谱，梳理了竞争情报具有影响力的作者、机构以及竞争情报知识基础、研究前沿和研究热点等问题。

2192 西部地区城镇化与工业化协调发展研究

发表时间及载体：生产力研究 2011 年第 8 期

作　　者：陈永奎

简　　介：西部地区城镇化与工业化如何协

调发展、相互推进，不仅关乎就业问题，更关乎西部地区经济可持续发展问题。文章首先基于经济学视角，对两者进行了分析，并进一步分析了西部地区城镇化与工业化的现状，并就其间的问题提出了可行性的措施。

2193 项目管理在西部生态环境保护中的作用

发表时间及载体：甘肃理论学刊 2003 年第 5 期

作　　者：张向东

简　　介：20 世纪 90 年代以来，项目管理在企业管理领域得到广泛运用并取得了良好的管理绩效。本文探讨了这一管理理论与技术在我国西部生态环境建设中的运用，以期为西部生态环境保护中的公共管理提供有效的计划、组织、评价和控制技术。

2194 论社会主义政治经济学的研究对象——兼谈十六大以来社会主义政治经济学研究对象的新发展

发表时间及载体：兰州商学院学报 2005 年第 21 卷第 6 期

作　　者：张存刚　王廷科

简　　介：本文回顾介绍改革开放前对社会主义政治经济学研究对象的认识，揭示对社会主义政治经济学研究对象认识中存在的局限性，对改革开放以来围绕社会主义政治经济学研究对象的不同观点进行评析，论述"十六大"以来社会主义政治经济学在研究对象方面的新发展。

2195 中国当代油画中的表现性因素研究

发表时间及载体：社科纵横 2010 年第 11 期

作　　者：马克

简　　介：表现性风格艺术形态在中国当代油画中表现得最为丰富而成熟，本文将就中国当代油画中表现性因素的发展状况和表现形态予以关注和研究。

2196 伏羲文化精神的现代意义

发表时间及载体：甘肃社会科学 2010 年第 6 期

作　　者：胡政平

简　　介：中国在母系氏族向父系氏族过渡阶段，存在着中华文明肇启的伏羲时代。伏羲以个人的卓越事功，不只代表着一个强盛的氏族，而是代表着华夏文明的开启时代。不论是作为中华民族文明开端的伏羲八卦，还是作为中华民族性格基因的伏羲"盛德大业"的人生目的论，完全不同于西方文化形态，自然有其极高的文化价值。如果说"画八卦"创立了符号系统，成为华夏文明的源头，代表认识论与知识论体系，那么"盛德大业"，则是实践论与人生价值的高度统一。弘扬伏羲文化精神，就是对中华文明和进步的礼赞，对劳动和创造的肯定，对无私奉献者的感恩，这与培育民族精神，建设富强和谐国家的时代精神是相一致的，无疑会对提高民族自豪感、增强民族凝聚力、激发爱国主义情怀起到积极的作用。

2197 繁荣哲学社会科学应重视的几个问题

发表时间及载体：西北师大学报：社会科学版 2002 年第 6 期

作　　者：张有明

简　　介：贯彻江泽民同志的重要讲话精神，进一步繁荣和发展我国的哲学社会科学，必须进一步把握社会科学发展趋势，即：自然科学和社会科学的融合，综合性研究不断发展，定量化研究方法广泛应用；国际间的合作不断加强，国际化趋势进一步明显，应用研究的地位日益突出以及重视前瞻性重大课题的研究等。同时应实现社会科学研究的产业化，改革和完善社会科学基金制度。

2198 明至清初青藏高原畜牧业经济初探

发表时间及载体：西藏大学学报 2014 年第 1 期

作　者：李晓英

简　介：文章以大量的历史文献论述了以饲养马、牛、羊等牲畜为主的畜牧业生产在青藏高原诸游牧民族的生产生活中占据着主导地位。

2199 近代甘青藏区度量衡制问题探析

发表时间及载体：西藏研究 2010 年第 5 期

作　者：李建国

简　介：在近代甘青藏区商贸活动中，所使用的度量衡器很复杂。造成这种状况的原因，有当时社会经济水平方面的因素，有外来商帮的因素，也有官府方面的因素。度量衡器的这种混乱状况，给当地商贸经济带来了负面的影响，这是不容忽视的。但我们也应看到，这种状况的存在又有其一定的合理性，实际上是当时市场经济体系开始初步发育，但又很不完善的表现，是甘青藏区这样一个有着特殊自然、人文环境的地区，商品经济走向近代化的一个早期阶段。

2200 四川藏区农业主导产业选择及分析

发表时间及载体：社科纵横 2008 年第 2 期

作　者：杨丽琴　邓艾

简　介：在四川藏区建设新农村过程中，为了将农业资源优势转化为经济优势，需要正确选择农业主导产业来促进四川藏区农业资源的优化配置。本文在相关统计数据的基础上，运用区位商法对四川藏区农业主导产业进行了量化分析，结合四川藏区经济发展实际和发展的比较优势，对农业主导产业作了进一步的分析。

2201 信息技术环境下"学"与"教"分离现象透视和成因分析

发表时间及载体：电化教育研究 2013 年第 34 卷第 2 期

作　者：蔡旻君

简　介："学"与"教"本是一个统一的活动，实践中却出现了分离，即倚重"教"的工具支持，缺乏"学"的技术工具支持与研究 强调"学"的方式转变，忽略"教"的策略引导 重视学习结果评价，轻视"学"与"教"的过程性评价。其分离结果凸显了教师知识垄断的状态，失去了信息技术应用方式及其效果反思的动力，剥夺了学生多元化发展的机会，究其原因是片面夸大媒体和工具的教学作用、对学习能力和教学能力认识不足，以及技术支持下的过程性评价研究欠缺导致"学"与"教"出现了分离状态。通过对教学实践的反思，从教学目标、内容、资源、评价等方面寻求突破，并希望立足教学实际，做到"学"与"教"在目标、内容与过程等三方面的统一。

2202 张掖市土地资源人口承载力系统动力学模拟预测——兼论干旱区土地生产关系调整

发表时间及载体：西北民族大学学报：哲学社会科学版 2010 年第 2 期

作　者：高新才

简　介：预测干旱区土地资源的生产能力能满足多少人口食物需求的问题，是分析干旱区人地关系是否和谐的首要问题。从农作物供需差的角度建立系统动力学仿真模型，预测分析干旱区的土地资源人口承载力。可以看出，内陆干旱区张掖市在未来 20 年里，人口将日趋超过土地资源人口承载力。要促进人地关系和谐、提高人口承载力，就必须调整生产关系。

2203 文化强国与社会主义核心价值体系

发表时间及载体：理论学刊 2012 年第 8 期

作　者：王学俭

简　介：社会主义核心价值体系是马克思主义中国化、时代化和大众化的最新理论成果。建设社会主义文化强国，推进社会主义核心价值体系建设，是应对价值渗透、维护文化安全、增强文化软实力的时代。

2204 自然保护区社区共管的经济学研究

发表时间及载体：软科学 2008 年第 22 卷第 5 期

作　者：韦惠兰

简　介：本文用经济学的理论和方法分析了自然保护区社区共管的最优运营效果，并在此基础上提出了完善社区共管的政策与建议。

2205 甘肃省金融结构及其优化

发表时间及载体：甘肃金融 2012 年第 3 期

作　者：成学真

简　介：金融结构的内涵及变动趋势金融结构是构成金融系统的各主要金融要素的相对规模和组合状态，是金融机构结构、金融市场结构、金融资产结构和融资结构的总和。

2206 刘萨诃与凉州瑞像信仰的末法观

发表时间及载体：敦煌研究 2008 年第 5 期

作　者：张善庆

简　介：刘萨诃与凉州瑞像信仰在西北地区拥有强大影响力，前后经历北朝、隋唐、五代和宋代数百年的历史。这种信仰包含强烈的末法思想。本文从文献和图像两个角度进行论证，并认为这种思想和释道安、释道宣之间存在密不可分的关系。

2207 高职院校优化集体备课活动的措施探究——以 J 学院为例

发表时间及载体：决策与信息 2014 年第 20 期

作　者：杨鹏

简　介：备课是现代教学工作中极其重要的一个环节，其教师自身的备课质量直接影响到了课程教学课程中教学质量。本篇文章主要针对 J 高职院校在集体备课活动优化的措施上进行了全面详细的探讨。

2208 试论陕甘宁边区的通货膨胀与反通货膨胀措施

发表时间及载体：抗日战争研究 2007 年第 2 期

作　者：李建国

简　介：抗日战争时期，陕甘宁边区经济曾遇到了巨大困难，发生了严重的通货膨胀。其原因是与边区的特殊自然社会、环境，国民党的封锁，和边区在金融方面的一些措施的缺陷有关。

2209 新时期维护西北地区民族高校稳定的主要举措

发表时间及载体：民族教育研究 2008 年第 4 期

作　者：丁志刚

简　介：本文为教育部哲学社会科学研究重大课题委托项目"新时期维护高校稳定工

作体系及机制研究"的研究成果之一。进入新世纪以来，西北地区民族高校进入了迅速发展时期，同时西北地区民族高校稳定工作也面临着新的挑战、西北地区民族高校要站在政治的角度，高度重视学校的民族问题、宗教问题。

2210 试论徐复观的"追体验"

发表时间及载体：殷都学刊 2009 年第 4 期

作　　者：刘顺

简　　介："追体验"是徐复观先生在出入东西方文论话语之后，试图重新进入中国传统思想精神境界的重要尝试。在现代学术规则和传统价值认同之间追求平衡，是该理论指导原则。大体来说，其理论特点主要表现为：汇通考据与义理；平衡情感与理性；统一方法与目的。既试图克服二十世纪上半期主流学风与传统的隔膜，亦希望通过对儒家诗教的传承，为东西方学术交流提供有益的借鉴。

2211 蒙元时代的敦煌西宁王速来蛮

发表时间及载体：兰州大学学报（社会科学版）2004 年第 32 卷第 4 期

作　　者：敖特根

简　　介：东西方同时有两个速来蛮，一是驻镇沙州的西宁王速来蛮，一是义阑克第十六汗速来蛮。本文通过对西宁王速来蛮的始祖等问题的探讨，认为西宁王速来蛮是察合台后王，而非旭烈兀之后。

2212 主体论视野中的藏族女性作家散文创作现象

发表时间及载体：西藏文学 2011 年第 3 期

作　　者：白晓霞

简　　介：20 世纪 80 年代至今，藏族文坛涌现了一批优秀的女性散文作家，比如唯色、

央珍、格央、白玛娜珍、梅卓、白玛玉珍等，她们大部分是小说和散文二体兼长的作家，由于散文的自由性、真实性、宽泛性的传统文体特征，使得作家的创作主体性在这一文体中得到了最大程度的表达与释放。

2213 多媒体组合教学与体育教学改革

发表时间及载体：电化教育研究 2000 年第 5 期

作　　者：董德平　马成龙

简　　介：本文根据多媒体组合教学的特点，指出多媒体组合教学手段在体育教学中的应用及其重要性，同时阐述了其中应注意的几个问题，为体育教学手段的多样性提供了发展的途径，为体育教学改革面向现代化提供了有效的方法。

2214 和谐社会背景下经济法主体体系的重构

发表时间及载体：甘肃政法学院学报 2007 年 2 期

作　　者：何文杰

简　　介：本文首先对现有的经济法主体理论进行了分析和评价，指出其存在的种种不足。本文还论述了和谐社会背景下经济法主体体系的重构问题。作者认为，经济法主体首先可分为经济调节主体、社会中间层主体、被调节主体三大类，其中经济调节主体又由经济行政机关、权力机关、司法机关组成，被调节主体由经营者和消费者以及其他主体构成，社会中间层主体主要由社团性中间层主体和公共性的经济鉴证性中间层主体、公共性的市场中介性中间层主体、经济调节性中间层主体中的政策性银行等部分主体、舆论监督性社会中间层主体等构成。

2215 甘肃永登方言中的程度表示法

发表时间及载体：甘肃高师学报 2012 年第 4
期

作　　者：甘宪荣

简　　介：永登历史悠久，是通往河西的门
户，生活着汉、回、藏、蒙等民族。由于历
史文化、地理环境、人口变迁、经济发展，
以及各民族语言的交流融合等诸多因素，形
成了自己独特的方言。永登方言的表示方式
也较为独特，本文从特殊程度副词、语音拉
长，加程度补语，重叠式等表达程度的手法
依次作以探讨。

2216 刑事羁押司法审查与控制的比较研究

发表时间及载体：兰州大学学报（社会科学
版）2004 年第 32 卷第 6 期

作　　者：俞树毅

简　　介：刑事诉讼的人权保障有特别重要
价值。本文通过比较研究，得出世界一些国
家或地区在刑事审前程序中接受正当程序观
念，引入或采纳弹劾式侦查模式，赋予犯罪
嫌疑人较多的诉讼权利和实质性的诉讼主体
地位。普遍确立了人身保护令制度以及对逮
捕、搜查、扣押等与公民基本权益有关的强
制措施的司法审查与控制制度，对其具体规
定和作法予以介绍。考察并研究世界一些国
家或地区的人身保护令制度和对于刑事羁押
的司法审查与控制，对我国的刑事诉讼立法
不无启示。

2217 甘肃省国有企业与民营企业投资的经济增长效应分析

发表时间及载体：兰州学刊 2010 年第 12 期

作　　者：李兴江　田成

简　　介：本文基于 Cobb-Dauglas 生产函
数的基本原理，构建出适用于分析甘肃省国
有企业和民营企业投资的经济增长效应的理
论模型，继而借助 Cobb-Dauglas 生产函数
的扩展形式，并采用甘肃省的相关数据对函
数进行了参数估计。结果表明，甘肃省民营
企业资本投入、劳动投入的经济增长效应均
优于国有企业，但民营企业劳动投入对劳动
的产出弹性没有显著影响；并提出有利于甘
肃省国有企业和民营企业发展的政策建议。

2218 对激励的再思考

发表时间及载体：兰州商学院学报 2004 年
第 20 卷第 2 期

作　　者：周芳

简　　介：在人力资源管理日显重要的今
天，激励是企业留住人才、进行人才开发和
管理的重要手段，但其结果仍不尽人意。事
实上，激励是一把双刃剑，它能吸引人才，
也能赶走人才。因此，我们把激励分为积极
激励和消极激励，对激励进行理性的再思考，
以利于人力资源的开发和管理。

2219 甘肃省农民负担状况调查及评价

发表时间及载体：甘肃社会科学 2003 年第 3
期

作　　者：李兴江

简　　介：减轻农民负担是解决三农问题的
重要突破口。本文根据调查所获得的第一手
资料，从全省农民负担的整体状况、分地
区负担状况及分收入组负担状况三个方面，
就甘肃省农民负担现状进行全面的分析和
评价。

2220 抗战时期陕甘宁边区私营商业发展的政策因素及原因

发表时间及载体：社科纵横 2010 年第 1 期

作　　者：王晋林

简　　介：抗日战争时期，陕甘宁边区对私营商业实行扶持和帮助的政策，以及边区经济社会的发展，使边区私营商业得到迅速的发展和繁荣，对于保障边区日用品的供给，改善群众生活，发展边区经济，打破敌人对边区的经济封锁，发挥了重要的作用。

2221　论加拿大的移民女作家

发表时间及载体：兰州大学学报（社会科学版）2004 年第 32 卷第 4 期

作　　者：赵慧珍

简　　介：本文介绍了加拿大移民女作家的基本情况，重点论述了几位有代表性的犹太裔女作家、欧洲移民和欧裔女作家、亚裔女作家的生平及创作，评述了她们作品的主题和风格。在此基础上，对最有影响的两部作品，犹太女作家雪莉费斯勒的短篇小说一篮苹果和华裔女作家李斯嘉的长篇小残月楼，进行了比较详细的论述，并分析了它们的艺术特色。

2222　论贾平凹《秦腔》的挽歌情调

发表时间及载体：社科纵横 2008 年第 3 期

作　　者：张爱兰

简　　介：贾平凹的长篇小说《秦腔》，通过清风街上一群普通农民的故事，集中反映了近五十年来中国农村经济文化的变迁。作品通过农村经济的荒芜，古老土地观念的解体，真实地反映了农村现代化进程带来的价值观念的流动变化，反映了传统文化在当下的尴尬境遇。《秦腔》将"秦腔"这一文化现象贯穿于整个作品之中，表现了深沉的挽歌情调。

2223　我国区域经济发展存在的问题及对策研究

发表时间及载体：甘肃理论学刊 2010 年第 5期

作　　者：陈舜祥

简　　介：随着改革开放的不断深入发展，我国经济实力显著提高，取得举世瞩目的成就。但是，我国区域经济发展的不平衡性越来越突出，成为影响我国国民经济健康发展的重要因素。本文通过深入剖析我国区域经济发展存在的问题，并提出相关的对策建议，对促进我国区域经济发展，缩小地区间差距具有一定的理论意义和现实意义。

2224　论民族教育优先发展的科学内涵

发表时间及载体：西北师大学报：社会科学版 2009 年第 3 期，甘肃兰州

作　　者：王鉴　安富海

简　　介：民族教育优先发展包括两层含义：一是把民族教育事业作为全国教育事业发展的重点，优先发展；二是把民族教育作为民族地区的各项事业的重点，优先发展。这是由民族教育的特殊使命及民族地区的特殊地理位置和特殊的历史所决定的。新时期实现民族教育优先发展，要继续加大经费投入政策的倾斜，要集中力量办好民族地区的"寄宿制学校"，要建立民族地区教师培训的长效机制，要加强民族地区学校传承民族文化的功能。

2225　以信息技术为主导的培训者培训模式研究

发表时间及载体：电化教育研究 2006 年第 4期

作　　者：弋文武

简　　介：本文以教师培训的实践为基础，从理论上对培训者的培训内容进行了深入的探讨，并提出了具有较强操作性的培训模式。这种模式的突出特点是，以信息技术为主线，

综合运用教学理论、学习理论、信息技术整合理论和多种培训技巧。这是国际培训专家和国内培训专家共同实践的结果，对推动我国的教师培训具有广泛的指导意义。

2226 论商业经济活动中的贿赂行为的表现特征及治理探讨

发表时间及载体：社科纵横 2008 年第 6 期

作　　者：李俊峰

简　　介：商业经济活动中的贿赂行为，即我们通常所说的商业贿赂，是在商品经济社会中逐渐产生和发展起来的一种特殊经济现象。在当今世界，商业贿赂行为普遍存在，已成为人们生产和生活中最为严重的一种贿赂形式。日益猖獗的商业贿赂显示了商业经济活动中贿赂行为的严重性，极大破坏了国家正常的市场经济秩序，侵害了国家、社会利益和广大老百姓的生命、财产利益。鉴于此，探讨商业贿赂的形成机理和表现特征，采取高效严厉的法律手段治理商业经济活动中的贿赂行为便显得十分必要和尤为迫切。

2227 舒赫德与新疆

发表时间及载体：西域研究 2000 年第 1 期

作　　者：聂红萍

简　　介：本文探讨了清代乾隆朝大臣舒赫德在平准战争、平定在小和卓叛扰和经略回部、安置土尔扈特部及经理伊犁等军政治经济建设中的活动。指出，有些活动得到乾隆帝的肯定，也有一些与乾隆帝旨意相违。并认为舒赫德在统一和建设新疆中做出了重要贡献。

2228 西部地区职业教育经费的现状、成因及对策分析

发表时间及载体：甘肃联合大学学报：社会科学版 2008 年第 24 卷第 2 期

作　　者：王根顺　孟子博

简　　介：教育经费问题是关系教育发展的重要因素，也是影响西部地区职业教育发展的重要原因，文章从西部地区整体中等职业教育经费的现状出发，分析了西部地区中等职业教育经费存在的问题及原因，并提出了相关的对策。

2229 统筹城乡发展，解决"三农"问题

发表时间及载体：甘肃行政学院学报 2003 年第 4 期

作　　者：刘晖霞

简　　介：在当前新的历史发展阶段，农业、农村、农民问题已经成为制约建设全面小康社会的瓶颈。"三农"问题产生的根本原因，在于我国长期以来所实行的城乡分割、一国两策的社会管理体制。统筹城乡经济社会发展，就是要通过深化改革，突破城乡分割的二元经济体制壁垒，还农民以公平的国民待遇，完整的财产权利和自由的发展空间，加快城市化进程，建立规范化的现代市场经济体制，促进农村经济社会的全面发展。

2230 山地—丘陵过渡区乡村聚落空间分布特征及其影响因素分析

发表时间及载体：经济地理 2012 年第 10 期

作　　者：郭晓东

简　　介：乡村聚落是乡村地区各种形式的人口居住场所，是乡村人口空间分布的载体。以地跨陇东黄土丘陵区与西秦岭山地的天水市麦积区为实证研究对象，运用 GIS 与统计分析方法，计算分析了麦积区乡村聚落的景观指数、规模等级及空间分布特征。研究表明：麦积区乡村聚落斑块面积相差悬殊，中小型聚落占主体；分布呈现北密南疏格局，聚落分布的河流与道路指向性十分明显；海

拔和坡度对聚落空间分布具有显著的影响，海拔 1000—1500m 和坡度 5°—15° 的范围是聚落的密集分布区，聚落随高程和坡度呈显著的正态分布；乡村聚落的形成、发展及空间分布，是多种因素共同作用的结果。自然因素是乡村聚落形成和发展的基础，人文社会因素是乡村聚落发展及空间演变的主要驱动因素。

2231 论转型期的社会主义核心价值体系建设

发表时间及载体：甘肃理论学刊 2011 年第 6 期

作　　者：肖安鹿

简　　介：建设社会主义核心价值体系，是党的十六届六中全会决定提出的一项战略任务。对处于转型期的中国来说，这一决策具有极强的现实针对性与深远的历史意义。转型期社会难免会出现心理茫然与思想混乱等问题，建设社会主义核心价值体系，对妥善化解这一历史性难题，巩固全国人民团结奋斗的共同思想基础，引导全社会在思想道德上共同进步，在价值追求上高度认同，在行为习惯上文明规范，具有巨大的推动作用。建设社会主义核心价值体系应当关注从成人社会的示范示教效应。要注重实践，从细节小事做起，处理好"德性"与"德行"的关系。要加强法治与制度建设，做到德法一致，德福一致，防止"逆淘汰"，要坚持标准，持之以恒。

2232 浅谈西北语言与文化——语文教学中的语言接触

发表时间及载体：中国科教创新导刊 2011 年第 7 期

作　　者：杨文彬

简　　介：人口的迁徙在促使文化发展的同时，形成不同的方言。不同的文化圈、不同族别的人们在交往时，文化会发生碰撞，相互吸收对方的"养分"，语言也不例外。推广普通话自然就成了语言文字规范化、标准化的首要任务。

2233 浑邪休屠族源探赜

发表时间及载体：兰州大学学报（社会科学版）2004 年第 32 卷第 1 期

作　　者：武沐

简　　介：浑邪、休屠虽为匈奴部落，但并非匈奴本族。休屠部的形成与河西月氏人有直接关系。河西月氏人中有酋涂部，酋涂即休屠。匈奴打败月氏后，大部分酋涂成为匈奴的休屠部，其余则西迁至酒泉一带，成为小月氏之酋涂部。霍去病出征河西后，小月氏酋涂降汉，成为河西休屠的一部分。匈奴浑邪部来自义渠中的浑邪部落。浑邪即混邪。混邪与商周时期的混夷有族源关系。混夷衰败后，一部分融入到义渠中，成为义渠浑邪部。义渠被秦国打败后，一部分义渠人北迁，最终被匈奴征服，成为匈奴浑邪部。匈奴休屠、浑邪部的族源虽非匈奴本族，但其首领有可能是匈奴贵族。

2234 甘肃中药产业品牌战略实施中的政策支持研究

发表时间及载体：社科纵横 2011 年第 9 期

作　　者：罗中华　云立新　李靖

简　　介：品牌战略是推动甘肃中药产业现代化、国际化的重要手段，品牌战略的实施离不开政府的政策支持。文章研究了完善政策在品牌战略实施中的作用，分析了政策滞后对甘肃中药材品牌建设的影响，提出了推动甘肃中药产业品牌化战略需要完善的政策体系。

2235 历代活字版特点识别浅述

发表时间及载体：社科纵横 2011 年第 2 期

作　者：高国祥

简　介：活字印刷术的产生，基于了古代印章和雕版印刷的重要技术思想，为现代印刷的进步奠定了基础。自北宋毕升以后，历代活字印刷经历了泥、木、瓷以及金属等材质的变化和发展，并在明清达到了顶峰。活字本与刻本在制作工艺上有着明显的区别，了解和掌握两者之间的特点，对识别活字本具有重要作用。

2236 民族地区义务教育阶段贫困学生就学资助问题研究

发表时间及载体：教育与经济 2011 年第 2 期

作　者：金东海　王爱兰　路宏

简　介：对农村贫困家庭学生实施就学资助，是保证其顺利完成学业的重要措施，也是推进义务教育过程公平的目标。但目前西北民族地区贫困农村就学资助面临着覆盖面窄、力度小，资助需求满足程度低等方面的问题。本文对现有农村贫困学生资助政策及社会对贫困学生开展资助方面存在的问题进行了探讨，并就尽快构建西北民族地区贫困学生就学资助体系提出了相应建议。

2237 金融资源配置扭曲与贫困关系研究

发表时间及载体：贵州社会科学 2007 年第 12 期

作　者：汪慧玲

简　介：基于纳克斯"贫困恶性循环理论"的启示，贫困地区金融资源配置的扭曲从供给和需求两方面使贫困地区陷入了贫困恶性循环中，形成了"金融资源配置扭曲—贫困—金融资源配置扭曲"的"恶性循环圈"。我国贫困地区金融资源配置扭曲，表现在金融人才匮乏、金融机构服务缺位、金融资源配置的非市场和低效率状态等方面，打破贫困地区金融资源配置扭曲从以下方面着手：加大对贫困地区的扶贫力度，加快政府职能转变，制定各种金融优惠政策，完善金融市场体系，提高金融资源配置效率，建立良好的金融服务体系，大力开展金融生态环境建设。

2238 企业人力资本投资中的风险防范研究

发表时间及载体：科学学与科学技术管理 2003 年第 24 卷

作　者：李国璋

简　介：文章从企业进行人力资本投资的必要性出发，分析了企业投资中的风险这一现实问题，提出一种改变风险分布的思路。通过对一个年薪调整模型的建立与分析，设计出基于年薪的一种风险转移的企业投资方案，进而实现企业与员工双赢的局面。

2239 产业结构调整与西北民族地区经济发展的关联度

发表时间及载体：改革 2007 年第 12 期

作　者：高新才

简　介：本文在对西部大开发战略进行再认识的基础上，从区域产业经济视角入手。构建了一个以产业结构变动为核心的区域经济增长模型，并对西北民族地区三次产业结构状况、产业结构转换的速度、产业结构效率等问题进行实证分析。研究表明，缩小西北民族地区发展差距的根本在于调整、优化其产业结构，促进其具有比较优势的产业成长，提高区域内资源配置的效率。

2240 交易形式与扩大内需辨析

发表时间及载体：甘肃理论学刊 2010 年第 5 期

作　　者：陈福来

简　　介：本文采用制度经济学的概念，列示出我国现存的几种影响消费扩大的强迫性交易形式，并从制度层面寻找了其产生的原因。在此基础上，论文进一步结合当前热议的投资、民生、住房需求等问题一并联系分析，认为是垄断行业利益，地方经济利益和不健康的政绩观改变了正常的交易规则，影响了居民的理性消费。最后，本文依据制度均衡的原理提出了相关的政策建议。

2241 多媒体课堂公平问题的实证研究

发表时间及载体：电化教育研究 2014 年第 35 卷第 4 期

作　　者：李洪

简　　介：多媒体教学的普及化为现代教学注入了新的活力，但在使用过程中出现了许多教学公平问题，这一问题的负面影响日益凸显，寻求解决之道刻不容缓。教育的本质是使人有智慧，而智慧只有在公平和谐的教学氛围中才能产生。因此，健全制度，多种教学方式互融，正确评价课堂是基础，学高为师，身正为范是关键，转变教育观念，提升教师素质是催化剂。作者通过长期的多媒体和传统课堂的教学实践，并通过与学生、教师的大量访谈、调研等，发现影响多媒体课堂公平问题主要是相关制度、物理环境、师德、教育能力和教学评价五个方面，并由此展开了实证研究分析，印证了上述结论。

2242 从《风雨集》看裴慎的忠肝傲骨

发表时间及载体：兰州学刊 1992 年 4 月

作　　者：武文军

简　　介：裴慎先生的诗选《风雨集》，最近由敦煌文艺出版社出版，这给喜爱古典诗歌的朋友们提供了有益的读物，是甘肃诗坛的一大喜事。王秉祥、霍松林、袁第锐都为诗集作了序，对裴慎先生的诗才、医术、人品给予了应有的评价。

2243 《诗经》四言体成因蠡测

发表时间及载体：河北师范大学学报：哲学社会科学版 2011 年第 34 卷第 6 期

作　　者：韩高年

简　　介：文学是语言的艺术，诗体的核心是句式，从句式来观察《诗经》诗体，因其主要以四言为主，故可称之为四言诗。《诗经》四言体的成因是周代基于行礼奏乐的现实需要。而对之前即已经出现的四言体的有意识的"选择"，这种选择既具有中国古典诗歌起源处的语言上"先天"的决定性，也有周人诗歌依附于仪式并受其影响的因素。也就是说，《诗经》四言诗体的形成，一方面与先秦审美文化崇尚对偶的心理有关，另一方面也同早期诗歌，尤其是《诗经》诗篇多为仪式而作或多在仪式场合由打击乐器伴奏而歌的事实相关。

2244 欧洲发达国家的青年就业政策及启示

发表时间及载体：当代青年研究 2006 年第 3 期

作　　者：王学俭

简　　介：青年就业问题已经成为一个世界性的难题。进入后工业社会的欧洲发达国家，也不得不面对为数众多且日渐增长的青年失业群体的困扰。

2245 论多元文化中的民族变迁——以裕固族变迁为例

发表时间及载体：西北师大学报：社会科学版 2011 年第 4 期

作　　者：贺卫光

简　　介：历史上的多民族文化环境是新的民族共同体产生的重要因素，同时今天的多民族环境也能促进民族的发展。在多元文化交流中，一些民族文化如游牧文化面临危机，需要做出文化的选择。合理的文化选择可以带来民族传统文化的繁荣发展。

2246 基于可操作性的教育技术评论体系的构建

发表时间及载体：电化教育研究 2009 年第 11 期

作　　者：张小红　张嘉楠

简　　介：学术批评向来是学科发展的重要组成部分，是学术研究进步的原动力。教育技术发展迅速，成果显著，但由于缺少必要的学术批评，无形中助长了教育技术研究的无序、随意和盲目等行为，学术不端现象也屡见不鲜，因而构建具有可操作性的教育技术评论体系，实现评论体系各要素之间的联动，寻求保障学术安全和学术进步的主动措施，是现阶段促使教育技术学科和事业健康可持续发展的必要之举。

2247 论老子的"精英意识"

发表时间及载体：文史哲 2012 年第 5 期

作　　者：乔健

简　　介：无论是太过强调"在上者"在老子思想系统中的地位，还是将老子的一些重要观念简单归结为"平民意识"，都因忽略了老子的"精英意识"而有值得商榷之处。在"精英"的"自我实现"方面，老子强调精神超越升华的价值，在政治的实践领域，

老子强调在上者"无为"基础上普通民众之"自为"的意义，而老子思想系统中的这两条主线，均以"精英"为重要结合点。作为"精英"的"圣人"，以努力向"下"来凸显其非同寻常的"上"和"先"。与"道"在"万物……'找到了自己'的时候'实现了自己'"同理，作为"精英"的"圣人"在"主观"上没有自己，但结果却在民众的充分自为中成就了自己。

2248 金融危机下我国信用卡产业发展的理性思考

发表时间及载体：西北民族大学学报：哲学社会科学版 2010 年第 2 期

作　　者：李辉

简　　介：近年来，我国信用卡产业快速发展，信用卡正在成为城乡居民日常消费、支付结算和信用借贷的重要工具。但是，在发卡方式、用卡环境及服务质量等方面还存在诸多问题，必须引起高度重视，尤其在金融危机条件下更应警惕信用卡危机。尽快建立完善的个人信用联合征信系统和风险的防范监测机制，改善用卡环境，有效防止无序竞争和盲目发卡，才能促进信用卡产业更好更快发展。

2249 "首届甘肃籍中青年法学家论坛"综述

发表时间及载体：甘肃政法学院学报 2010 年第 1 期

作　　者：王勇

简　　介：2009 年 10 月 23—24 日，首届"甘肃籍中青年法学家论坛"在甘肃政法学院举办。论坛就"中国法治化进程中的热点问题""法学教育理论若干问题"等主题展开研讨，同时举办了相关主题的系列学术报告会 6 场。这是一次促进陇原法学发展的良

好机遇，也是一种机制创新。论坛集中展显了"陇派法学"的精神气质和当代使命，为催生中国法学研究中的"西北学派"注入了一股鲜活的气息。

2250 西北少数民族地方政府行政执法问题研究

发表时间及载体：甘肃政法学院学报 2006 年第 4 期

作　　者：刘淑君

简　　介：从民族地方政府推行公正执法及行政执法体制改革的过程分析，其行政执法现状还没有达到现代法治的要求，在行政执法的实体和程序方面还存在一些有待完善的问题。

2251 浅析多媒体课件教学对培养学生学习策略的促进作用

发表时间及载体：电化教育研究 2009 年第 10 期

作　　者：金燕

简　　介：本文以教育心理学理论为依据，以教学需要为出发点，本着教学为学生学习服务的思想和观点，从多媒体课件制作的形式、内容及应注意与解决的问题上，分析探讨了多媒体课件教学对培养学生学习策略的促进作用。

2252 试论马克思主义文明观及其方法论意义

发表时间及载体：党政论坛 2014 年第 9 期

作　　者：苏星鸿　刘基

简　　介：马克思主义文明观是科学的文明观，它为人类文明问题研究提供了科学的方法论。在中国特色社会主义文明新形态建设的伟大实践中，我们必须自觉遵循马克思主

义文明观的科学方法论。马克思主义文明观主要包括文明结构论、文明动力论、文明主体论和文明和谐论等内容，本文从这四个方面谈谈马克思主义文明观对中国特色社会主义文明新形态建设的方法论意义。

2253 关于我国民族地区基础教育课程改革问题的思考

发表时间及载体：西北师大学报：社会科学版 2007 年第 1 期

作　　者：王鉴

简　　介：我国民族教育中存在诸多问题，最关键的是没有将学校教育之"根"植于民族文化之"土壤"之中。解决这一问题的突破口，在于开展民族地区基础教育课程改革。我国民族教育发展的理论基础，决定了在我国民族地区开展基础教育课程改革不仅是必要的，而且是可行的。民族地区基础教育课程改革的主要策略包括在国家课程标准和各学科教材中反映多元文化的教育内容、跨省区联合开发民族地区地方课程、因地制宜开发民族地区校本课程资源等三个方面。

2254 元曲作家生平基本范畴的形态透视与现象分析

发表时间及载体：兰州大学学报（社会科学版）2004 年第 32 卷第 5 期

作　　者：李占鹏

简　　介：元曲作家生平基本范畴，依据原始文献记录，可定为姓名、字号、籍贯、职官、技艺、性格、关系、民族、年祚和著作诸类，每类又都包含十分繁富的个体形态与非常突出的共性现象。全面透视和扼要分析这些形态、现象，对深入探寻和准确概括元曲作家的思想脉络与精神风貌，具有重要的认知价值。

2255 甘肃民族地区小城镇居民体育活动现状及发展模式研究

发表时间及载体：甘肃高师学报 2012 年第 17 卷第 2 期

作　　者：张惠芳　罗睿　胡娟娟

简　　介：本研究采用文献、问卷调查等方法，较系统地分析了甘肃民族地区小城镇居民体育现状以及影响城镇居民体育发展的主要因素，提出了适合甘肃民族地区小城镇特色的"旅游型""企业型""园区型""家庭型"四种群众体育发展模式，为小城镇体育和谐发展提供理论依据。

2256 电教实验深入发展的行动研究法

发表时间及载体：电化教育研究 2001 年第 6 期

作　　者：高伟琳　沙景荣

简　　介：本文从我国三大电教实验出发，对其所蕴含的行动研究思想进行阐述，并对应用运行研究法来深入发展电教实验的策略进行了分析研究。

2257 试论南梁政权对陕甘边革命根据地的建设

发表时间及载体：社科纵横 2011 年第 8 期

作　　者：李建国

简　　介：南梁革命政权的建立，标志着陕甘边革命根据地的形成，其在中国人民革命斗争史上有着重要的意义。

2258 试论大学生思想政治教育方法的创新

发表时间及载体：甘肃理论学刊 2012 年第 1 期

作　　者：叶平

简　　介：大学生思想政治教育是全社会思想政治教育工作的重要组成部分，而教育方法的创新则是大学生思想政治教育的关键问题，因为只有好的方法才能有好的结果。本文主要阐述了创造良好环境、树立先进榜样、耐心细致解释、真心实意劝诫、注重亲身体验等创新方法及其在大学生思想政治教育中的独特作用。

2259 余其山诉广西横县地税局案评析——兼论社会募捐行为的性质

发表时间及载体：兰州大学学报（社会科学版）2004 年第 32 卷第 5 期

作　　者：钟俊　李功国

简　　介：社会募捐是指由一定的自然人、法人或依法成立的其他组织，以公开形式为特定目的而向不特定社会成员发出倡议的募集捐助。社会募捐既不同于一般赠与、公益捐赠，亦有别于信托与第三人利益合同，它是一种颇具特色的民事行为。在司法实践中，应根据具体案情对募捐行为进行分析和定性，以为募捐纠纷的解决提供法律依据。

2260 加入"WTO"后西北地区产业技术选择的可能模式初探

发表时间及载体：甘肃理论学刊 2002 年第 4 期

作　　者：王文行　汪振江

简　　介：本文较为系统的分析了我国加入"WTO"后，西北地区所面临的来自发达国家和地区的产业挤压，西北地区难以按常规模式发展的原因，以及西北地区重新进行技术选择的原则和可能条件。初步探讨了西北地区技术选择的模式。

2261 笔迹检验中笔迹起收笔特征稳定与变化的研究

发表时间及载体：甘肃政法学院学报 2003

甘肃省文化资源名录 第四十一卷 社科研究 III

论 文

年 5 期

作　　者：罗琼

简　　介：笔迹起收笔的位置特征、起收笔的动作形态特征和起收笔的笔力特征等三个方面的稳定与变化，在笔迹检验中具有重要作用。对其进行研究，是为了更好地掌握起笔与收笔在书写过程中的表现，从而提高起收笔特征在笔迹检验中的利用率。

2262 建党初期中共对吴佩孚的统战工作

发表时间及载体：西北师大学报：社会科学版 2002 年第 2 期

作　　者：张海亮

简　　介：中国共产党在建党初期，中共的统战工作明显地印上了共产国际的印记。苏俄在"十月革命"后的对华政策中，在协助中共建党的同时，积极寻求同中国其他势力建立关系，首先是孙中山，而后是吴佩孚，最后又是孙中山。这种政策的变化必然对中共与吴佩孚的关系产生影响，并最终导致中共与吴佩孚关系的彻底破裂。

2263 回道对话与文化共享——宁夏固原二十里铺拱北的人类学解读

发表时间及载体：西北民族研究 2012 年第 4 期

作　　者：周传斌

简　　介：以回族为载体的伊斯兰文化与汉文化传统在中国互动了上千年的时间，这种互动可以区分为两个层次：在"大传统"或知识层次上，主要是"回—儒"对话，体现在明清时代的回族汉文译著运动当中，学术界对此已有不少研究 在"小传统"或草根层次上，则主要是"回—道"对话，体现在西北地区的苏非门宦及其拱北信仰当中。本文通过对二十里铺拱北这一地区性个案的研

究。认为与拱北信仰相关的一整套文化设置都体现着回汉之间在草根层次上的文化对话与文化共享。

2264 中西部地区扶持农民工返乡创业的机制探索

发表时间及载体：中州学刊 2009 年第 2 期

作　　者：郭志仪

简　　介：由于农民工与农村、农业的天然联系，农民工返乡创业在推动中西部地区工业化和城镇化进程、带动农民就地就近转移、促进社会主义新农村建设等方面发挥积极的作用。然而，农民工创业过程中面临着种种困难，贷款难、用地难、技术水平低、创业环境差等问题日益突出。政府要强化农民工返乡创业的宏观指导，优化创业环境，健全创业引导、辅导和激励机制，在税费减免、金融信贷、建设用地、创业服务等方面予以扶持。

2265 问题：表述与误解——从《荷马诸问题》第一章谈起

发表时间及载体：西北民族研究 2010 年第 3 期

作　　者：罗文敏

简　　介：《荷马诸问题》是一部探讨困扰学界多年的关于《荷马史诗》诸多问题的专著，它从比较语言学和比较人类学视角出发，明确地回答了《荷马史诗》的"四 W 一 H"（When/Where/Who/Why/How）问题，强调《荷马史诗》能够以书面文本形态保存两千多年的学理与缘由。本文聚焦《荷马诸问题》第一章，通过纳吉在荷马研究中对一些敏感问题的论述，思考纳吉治学之风格以及他在荷马诗歌和口头传统方面的研究所带给我们的启示。

2266 西部地区农业人力资本问题研究——以甘肃省为例

发表时间及载体：社科纵横 2010 年第 6 期

作　　者：何国长

简　　介：现代农业建设的主体是具备现代农业技术的农民，农民知识化进程的快慢，在很大程度上决定着现代农业建设的速度和农业现代化的发展步伐。所以，加大对农业人力资本的投资是建设甘肃现代农业的重要基础。本文通过对甘肃农业人力资本的发展现状的分析，指出了发展甘肃农业人力资本存在问题的成因，在此基础上提出了今后加大对农业人力资本投资的对策。

2267 "滋味"说的美学特征及意义

发表时间及载体：西北师大学报：社会科学版 2005 年第 3 期

作　　者：朱忠元

简　　介：在梳理味成为美学范畴历史的基础上，着重论述滋味说关注诗歌的审美作用、关注审美主体，其审美创造与审美趣味观同接受美学的观念契合等具有时代意义的美学特征，认为滋味说的诞生，树立了一个比较系统的纯文学标帜，促进了中国传统美学观念的转变，具有重要的美学意义。

2268 河西魏晋墓壁画少数民族形象初探

发表时间及载体：华夏考古 2010 年第 4 期

作　　者：李怀顺

简　　介：本文依据考古资料和文献资料，对河西走廊魏晋墓壁画中的少数民族形象进行了初步探讨。众多的少数民族形象与当时民族融合的状况是一致的，各民族共同开发河西走廊，促进了社会的进步。

2269 走向贞元文坛宗主地位的阶梯——权德舆的家世背景及学术渊源考察

发表时间及载体：西北师大学报：社会科学版 2002 年第 4 期

作　　者：雷恩海

简　　介：权德舆乃贞元文坛的盟主，在当时影响巨大，元和文坛的重要作家均蒙其提携，对元和文学的发展起了推波助澜的作用。早年孤弱的权氏之所以能够登上文坛盟主的地位，除了其自身的聪明才智和不懈努力而外，其良好的家世背景、学术渊源也为其提供了保障。

2270 水墨画的流变

发表时间及载体：甘肃联合大学学报：社会科学版 2006 年第 22 卷第 3 期

作　　者：郭殿声

简　　介：长期以来，中国画界有一种不成文的理解：水墨画就是中国画。其实这是一种误解，早期的中国画是重色重彩的，唐宋以降，中国主流绘画逐渐偏重于水墨形式，而现代中国画则是以丹青、水墨及其它各种材料形式多元并存。因此，分析水墨画的流变对当代中国画的发展和变革有重要的现实意义。本文从水墨画的理论与实践进行了论述。

2271 西北民族地区政治不稳定因素及对策分析

发表时间及载体：西北师大学报：社会科学版 2003 年第 6 期

作　　者：周红

简　　介：从总体上说，中国社会已进入了全面转型的关键时期。尽管西北民族地区经济社会发展程度相对滞后于全国的总体发展，更滞后于东南沿海一带，但其社会转型

甘肃省文化资源名录 第四十一卷 社科研究Ⅲ

论文

的过程也已开始。西北地区特殊的民族结构、宗教因素以及经济社会发展状况对西北民族地区的政治稳定产生着重要影响。研究该地区政治不稳定因素并据此提出相应对策，对保持社会转型期西北民族地区的政治稳定有着重大的现实意义。

2272 《左传》中的引用

发表时间及载体：甘肃联合大学学报：社会科学版 2008 年第 24 卷第 5 期

作　　者：李华

简　　介：《左传》的引用方式，较之《尚书》丰富多样，特点鲜明。就引用的文辞而言，具有首尾综包，自加韵语以及变易文字等特点。从引用的形式来看，既有引经，又有稽古；既有明引，又有暗引；既体现于高雅的《引诗》《赋诗》活动中，也表现在通俗的童谣、时谚的整理收集上，明显带有雅俗共赏的性质，亦开后世用典之先河。

2273 格式合同的立法规制

发表时间及载体：甘肃政法学院学报 2005 年第 5 期

作　　者：张建军

简　　介：作为当今社会最为普遍的一种交易形式，格式合同堪称为利弊并存的双刃剑。一方面，格式合同因具有满足经济生活的明显优势而被市场主体广泛采用；另一方面，在合同实践中，使用人以不公平条款损害相对人利益的现象比较严重。因此，需加强对格式合同的规制，以维护合同正义。而立法规制是行政规制和司法规制的前提和依据，在格式合同的规制体系中居于基础性的地位。在我国，尽合同法消费者权益保护法等法律中规定有格式合同的内容，但这些规定比较粗疏、笼统，缺乏系统性和可操作性，有待于进一步修改、补充和完善。

2274 虚拟企业绩效基准成本系统设计研究

发表时间及载体：商业研究 2012 年第 11 期

作　　者：田中禾　武晓清

简　　介：作为 21 世纪全新的组织形式，虚拟企业顺应了经济与信息技术的发展，提升了企业在市场中的竞争力。合理地控制虚拟企业成本，能够使虚拟企业实现资源的合理配置，达到共赢的目的。

2275 泾川女真完颜氏与汉族女神皇甫圣母之情缘——对泾川女真完颜氏皇甫圣母信仰的人类学调查

发表时间及载体：社科纵横 2011 年第 11 期

作　　者：杨田　赵利生

简　　介：完颜村完颜坪上的皇甫圣母庙始建于清代之前，现存的大殿为清代道光二十三年（癸卯）四月重修。每年农历三月十五完颜氏祭祖大典，按萨满教传统，祭神必打鼓调神。届时一定进行当地农民十分看重的保护庄稼的"祭虫"祭祀。全村人到九顶梅花山上的堡子山，在圣母墓前调神，虔诚的祭奠圣母。他们开创了少数民族信奉汉族女神之先例。

2276 沉默与反抗：关于身体的社会建构

发表时间及载体：甘肃理论学刊 2005 年第 5 期

作　　者：王宗礼　海云志

简　　介：在以往的西方社会思想史上，身体并没有作为一个明确的主题被提出来，它似乎被人们长久地遗忘了。在历经沉默的漫漫长夜之后，身体终于发出了自己的声音：它要打破这种沉默状态！本文试图从社会学的视角出发，逐一探讨身体的多重属性，对身体的认同、规训，身体消费，身体体现和规划等几个方面的问题，从而揭示身体反抗压抑和异化的历史状态。

2277 对甘肃农村贫困问题的新思考

发表时间及载体：兰州大学学报（社会科学版）2001年第29卷第5期

作　　者：陈华

简　　介：本文以贫困发生率较高的甘肃省为例，深入分析了贫困致因，并站在市场经济高度上，以可持续的脱贫观为指导，提出彻底摆脱贫困的对策与建议。

2278 韩国振兴农村的历史及对我国的启示

发表时间及载体：西北师大学报：社会科学版2008年第6期

作　　者：杨兴乾

简　　介：随着我国社会主义新农村建设的开展，越来越多的学者和政府领导开始关注韩国新农村建设成功的经验。本文介绍了韩国新农村运动的产生、发展过程、采取的主要措施和取得的成就，分析了韩国新农村建设的成功经验，结合我国实际，提出了我国新农村建设应该借鉴的经验和应该注意的问题。

2279 幸福感：教育公平的人文取向

发表时间及载体：西北师大学报：社会科学版2011年第4期

作　　者：张善鑫

简　　介：用幸福感的维度来检视教育公平，是对教育生活质量的追求。幸福感是教育公平最基本的人文取向。教育公平与教育幸福在学理上是能够复合的，追求有幸福感的教育公平也是可行的。基于此，从关注教育生活实践，体验教育幸福；破除体制性障碍，为有创意的生活创造条件；在教育过程

中凸现人文关怀，使个体体验教育过程中的幸福三个层面提出了促使教育生活中幸福感生成的基本策略。

2280 先秦两汉月令生态观探析

发表时间及载体：敦煌研究2008年第2期

作　　者：石明秀

简　　介：我国古代的月令观萌芽发展于先秦，成熟于两汉。渗透在其中的尊重自然、保护物种的思想，是我国古代生态观的主要内涵。后世封建王朝在治国理政过程中，吸取其合理之处，并将这种月令观和生态观法治化，从而使我国古代农业经济不断焕发生机活力，进而铸就了封建时代高度的农业文明。本文拟以领悟我国古代月令生态观的真谛为旨归，进而为新世纪全面落实科学发展观、努力构建和谐社会提供史鉴。

2281 为什么说知识分子是工人阶级的一部分？

发表时间及载体：兰州学刊1984年3月

作　　者：武文军

简　　介：邓小平同志指出，我国的知识分子已经成为劳动人民的一部分，工人阶级的一部分。在这种思想的指导下，三中全会以后，我国从上到下落实知识分子政策，初步形成了全社会尊重知识、尊重人才的良好社会风气。但是对于知识分子是否是工人阶级的一部分，不少人还是有疑问的，这就需要从理论上加以说明。

2282 国外环境审计与环境报告的发展

发表时间及载体：兰州大学学报：社会科学版2008年第36卷第6期

作　　者：杨肃昌

简　　介：20世纪80年代中期以后，面对

大量复杂的环境法律法规，公司管理层开始重视对环境审计的使用，环境审计也是公司适应环境管理规则变化和提高环境绩效的需要而产生的。与此同时，作为对广大股东、投资者和社会各个方面对公司环境事项日益关注的反映，越来越多的公司开始对外发布其有关环境、社会及可持续性方面的报告，一些国家的公司监管机构或其他相关组织，也要求或鼓励公司披露环境信息。

2283 追寻"永久"："终极"映照下的人生在世——冯至《昨日之歌》解读

发表时间及载体：西北师大学报：社会科学版 1999 年第 4 期

作　　者：武跃速

简　　介：《昨日之歌》蕴含着诗人对永久至美境地的无限渴望。这种渴望在各种内在、外在场景中成为一种最高价值参照，映照出人生在世的许多失落与伤怀，同时也表达了诗人作为个体生命对永恒的不断感悟与不息追求。

2284 加快推进兰州城乡一体化的重要途径

发表时间及载体：甘肃科技纵横 2009 年 11 月

作　　者：张玉斌

简　　介：发展都市现代农业是转变发展方式、创新发展模式、提高发展质量的具体体现，其意义在于充分利用农业资源，促进农业结构优化调整，提高农业生产效益，带动相关产业的发展，促进剩余劳动力转移，扩大劳动就业。能够扩大城乡文化、信息交流，促进农村开放。大力发展都市现代农业，是统筹城乡发展，实现城乡一体化的重要途径。

2285 农户人力资本投资与农民收入增长

发表时间及载体：复印报刊资料：农业经济导刊 2007 年第 10 期

作　　者：郭志仪

简　　介：本文运用 1983—2005 年间数据，实证研究了不同类型农户人力资本投资之间以及它们与农民收入之间的相互关系和影响。结果表明：1、农户健康投资抑制了农民收入的增长及农户教育、迁移投资水平的提高，并且目前的农户健康投资水平还远远不能满足农民的正常需求；2、农户迁移投资不仅显著促进了农民收入增长，还有助于提高教育和健康投资水平，但迁移投资的影响有一定的滞后性；3、农户教育投资对农民增收的正影响最大，并能降低农户的迁移成本。但降低幅度很小，说明它在解释农户迁移投资变动中所起作用并不大。此外，本文还分析了上述结果产生的原因并提出了简要的政策建议。

2286 中国动物保护伦理的思想溯源

发表时间及载体：西北民族大学学报：哲学社会科学版 2010 年第 1 期

作　　者：吴迪

简　　介：在认识到动物对于人类的重要性的今天，建立健全动物保护伦理仍然是我们亟待解决的问题。而相对于现代人对于人与动物之间关系的纠结，中国传统文化和哲学思想中却蕴涵着大量滋养动物保护伦理成形的土壤和资源，其中包括上古唐虞图腾神兽文化和中国传统儒、释、道伦理思想中对于动物保护思想的阐释和说明。可以说，这些传统伦理思想既是中国伦理道德的宝贵资源，也是对现代人生态行为的警示和劝诫。

2287 羌族起源神话考

发表时间及载体：西北民族研究 2003 年第 4 期

作　　者：杨建军

简　　介：本文通过史料的钩沉与考究表明，先秦文献中多所隐蕴着有关羌族祖先与起源的神话，为羌族的研究，提供了历史典籍的线索。

2288 瓜沙史地研究——敦煌学的重要领域

发表时间及载体：丝绸之路 1995 年第 4 期

作　　者：李并成

简　　介：沙史地研究—敦煌学的重要领域李并成笔者认为，瓜沙史地研究所涉时间范围，应上起西汉敦煌建郡，下逮元、明之际，跨时 1500 年左右，而又以唐和归义军时期为主。

2289 敦煌咏九九诗——首新校与简论

发表时间及载体：敦煌研究 2005 年第 5 期

作　　者：包菁萍

简　　介：敦煌文献 P.4017 写卷中存有佚名咏九九诗一首，名为一首，实是一组诗，即包括从农历一九至九九的九首诗篇。本文在参照诸家校录的同时，依据原卷对原诗进行校释，以还这首流传于敦煌地区的优秀诗歌的原貌。

2290 穿越传统与现代的书法艺术

发表时间及载体：社科纵横 2010 年第 3 期

作　　者：李玉龙

简　　介：中国现代平面设计真正的兴起于 20 世纪 80 年代初，伴随着艺术设计学科的建立而不断完善。随着中国平面设计的成熟和发展，众多的中国平面设计师将更多关注的目光投向了中国传统文化的挖掘上。中国平面设计的学习者和研究者，已经在有意识或无意识地吸取汉字书法及其各种艺术形式的营养，并取得了一些成果。借鉴传统元素进行现代平面设计，并不是就传统视觉元素，进行简单的拼装与组合，而是需要将这些传统的精髓挖掘出来并赋予新文化理念，这就需要设计师去了解和认识中华民族优秀的传统文化，在设计领域中走出一条属于中国风格的设计之路。

2291 区域收入差距的广义熵指数的测度与分解——以甘肃省为例

发表时间及载体：统计与决策 2008 年第 9 期

作　　者：曹子坚

简　　介：文章运用广义熵指数中的泰尔指数和 MLD 指数对甘肃省区域收入差距进行静态和动态的比较分析，以反映组内差距和组间差距对总体差距的贡献率及跨期差距的结构变动，为探究区域差距的形成来源提供依据。

2292 重视学生的体育心理训练

发表时间及载体：兰州商学院学报 2004 年第 20 卷第 2 期

作　　者：邵继萍

简　　介：传统的体育教学往往强调运动项目的技术性和从事运动项目的学生的体育能力，忽视了学生体育心理方面的训练，结果出现学生盲目地遵从、机械地练习，这不仅对提高学生体育运动水平没有好处，而且使学生易出现紧张害怕的情绪，从而影响了体育教学目标的实现。针对这种情况，我们应该重视并加强学生的体育心理训练，从而使学生能够顺利地参加体育锻炼，完成教学目标。

2293 外在形式与情感的对话——解读莫迪里阿尼作品的精神内涵

发表时间及载体：社科纵横 2010 年第 1 期

作　　者：侯旭东

简　　介：本文将莫迪里阿尼的生平和艺术创作进行了联系和分析，试图对莫迪里阿尼艺术作品的外在形式和精神内涵之间的关系予以解读。通过对他作品中呈现的抒情主义和象征主义这两种基本表现方式的分析，感受艺术家对现实语境的感悟，以及他对人性情感的终极思索。

2294 西北地区水权制度建设的探讨

发表时间及载体：社科纵横 2008 年第 10 期

作　　者：刘欢欢

简　　介：我国西北地区由于自然地理条件的制约，水资源供需态势十分严峻，迫切需要水权制度的建立和完善，促进水资源的合理配置、高效利用和有效保护。本文试从中国水权立法及西北地区水权制度发展现状出发，立足西北水情，探讨水权制度运行模式，以期对我国西北地区水权制度建设提供一定参考。

2295 论我国家庭暴力的公力救济

发表时间及载体：甘肃政法学院学报 2003 年第 2 期

作　　者：张焕霞

简　　介：家庭暴力是一个全球性的问题，之所以受到特别关注，是因为它不仅是一个突出的社会问题，而且极大地危害社会治安、家庭稳定以及妇女儿童的身心健康。公力救济作为对家庭暴力的有效防治途径之一，结合我国目前的立法及司法现状，对其进行理论探讨。

2296 理顺产权关系完善企业法人制度

发表时间及载体：兰州大学学报：社会科学版 1994 年第 4 期

作　　者：刘先春

简　　介：本文分析了国有企业的现状及存在的问题，认为国有企业的改革关键在于理顺企业产权关系，完善企业法人制度。

2297 兰州城镇化进程及其对就业的影响分析

发表时间及载体：开发研究 2006 年第 1 期

作　　者：成学真

简　　介：城镇化能够有效的转移农村剩余劳动力，促进第三产业的发展，以城镇化建设来构筑就业平台，是扩大就业的一条有效途径。本文从兰州城镇化的进程出发，在研究兰州城镇化现状的基础上，从就业总量和就业结构两个方面分析了城镇化对兰州就业的影响，最后提出了城镇化与就业协调发展的大体思路。

2298 敦煌训蒙文献研究述论

发表时间及载体：敦煌学辑刊 2012 年第 2 期

作　　者：王金娥

简　　介：敦煌遗书中训蒙文献的内容，涉及当时的办学形式（包括官学、私学、寺学）、训蒙教材、教学内容等，在我国古代教育史上有着重要的作用。敦煌遗书中训蒙文献的研究，可分为起步（20 世纪 80 年代以前）、发展（20 世纪 80 年代至 20 世纪末）、兴盛（21 世纪以来）三个阶段。通过梳理和分析，可以归纳出各阶段敦煌训蒙文献研究的特点：第一阶段研究范围小，研究对象单一，研究形式主要侧重对文献发掘、辑录和校勘。第二阶段则成果较丰硕，有跋文、有文献的校释、有专题性质的论文，研究队伍不断壮大、研究范围不断拓宽。第三阶段的研究在研究队伍、研究范围和内容、成果上都呈现出多元化的特点。

2299 甘肃人才状况分析及对策建议

发表时间及载体：甘肃理论学刊 2006 年第 5 期

作　　者：郑建辉

简　　介：遵循"人才资源是第一资源"的思想，通过对甘肃人才现有的状况、人才流失及相关原因的分析，为有效促进全省经济不断发展，提出稳定和合理利用我省人才资源，积极发展人才战略建议。

2300 中国民间美术造型的艺术特色初探

发表时间及载体：科学. 经济. 社会 2012 年第 1 期

作　　者：尹立峰

简　　介：民族繁衍和祈福纳祥是民间美术造型重要的内容，寓意和联想是民间美术造型的基本特色，完美的形象和浓烈的色彩是民间美术造型鲜明特点，感悟造型是民间美术造型的显著心理特征。

2301 《伊戈尔远征记》的文本解读与写作特色

发表时间及载体：西北师大学报：社会科学版 2004 年第 3 期

作　　者：李玉君

简　　介：《伊戈尔远征记》的体裁问题，是其艺术形式研究中最为复杂的一个问题，学者们或将其视为英雄史诗，或将其归入演说辞范畴，或者将其指为一种正在形成的新体裁。实际上，《远征记》的作者是根据作品各个部分不同的叙述内容采取了不同的体裁形式，从而使作品既具有编年史、英雄传的风格，又包含了卫队歌、勇士童话、哭诉、赞颂等民间口头创作的因素。

2302 新形势下农村思想政治教育对策探析

发表时间及载体：研究与实践 2009 年第 6 期

作　　者：王学俭

简　　介：农村思想政治教育工作是党在农村工作的生命线。对农村经济、政治、文化、社会等各项事业的发展有着重要的作用。党的十六届五中全会作出了加快社会主义新农村建设的重大决定。

2303 敦煌遗书所见"素像"考

发表时间及载体：敦煌研究 2010 年第 4 期

作　　者：白雪涛

简　　介：敦煌文书中曾多次出现素像，对素像的考释极为鲜见。本文对敦煌文书中几处素像的分析认为素像应该有两种指代，其一指我们常说的塑像，其二指绘于生帛或白纸之上的素描形象。在区分其指代的过程中，我们应该以字的具体含意和词性为其主要依据。

2304 诉讼系属中债权转让时的抗辩与反诉

发表时间及载体：甘肃政法学院学报 2004 年 4 期

作　　者：杜睿哲

简　　介：诉讼系属中债权转让时，债务人对受让人的抗辩与反诉，由于我国现行立法无明文规定，致使司法实践中认识不能统一，存在诸多问题。本文论述了诉讼系属中债权转让时，债务人对受让人的抗辩与反诉在诉讼承受主义和当事人恒定主义不同模式下的主要内容、立法政策、处理程序等有关问题，以期对完善我国民事诉讼法有所裨益。

2305 循环经济、生态城市与甘肃可持续发展

发表时间及载体：西部论丛 2010 年第 8 期

作　　者：高新才

简　　介：甘肃位于中国西部内陆，是我国资源大省，在 174 种已探明矿产中，10 种储量位列全国第一。但甘肃却是我国经济发展滞后地区，2009 年 GDP 总量在全国 31 个省份的排名是第 27 位。在工业能耗方面消耗也较高，据统计 2008 年，甘肃省万元 GDP 能耗为 2.01 吨标准煤，高出全国平均水平 1 倍万元工业增加值能耗为 4.2 吨标准煤，高出全国平均水平 1.57 倍。

2306 基于和谐管理理论的生态经济发展和谐性度量

发表时间及载体：统计与决策 2012 年第 6 期

作　　者：郭志仪

简　　介：生态经济发展和谐性分析，对于把握生态经济系统运行状况，理清生态经济系统中主要不和谐要素，实现区域生态经济和谐发展具有重要的现实意义。文章在和谐管理理论和生态经济系统特征的基础上，提出了其生态经济发展和谐性分析要素体系，通过对要素不和谐性分析发现生态经济发展中存在的问题，以便为生态经济的和谐发展有针对性地采取改进措施和转变发展方式提供参考依据，从而达到提升生态经济发展质量，并以青海省为例进行了分析。

2307 开展现代教育技术实验 促进素质教育的实施

发表时间及载体：电化教育研究 2000 年第 6 期

作　　者：杨改学　马琦明

简　　介：现代教育技术不仅是教育改革的制高点，而且也是促进素质教育实施的有效手段与途径。如何将现代教育技术与促进素质教育的实施结合起来，我们选择了基础教育中的"薄弱学校"，在教学模式、方法，手段内容等方面进行实验研究，以便取得经验，广泛推广。

2308 明代安多藏区部族志（续前）

发表时间及载体：西北民族研究 2003 年第 3 期

作　　者：王继光

简　　介：将明代史料中安多藏族部落的汉文资料——分别隶属于明代西番诸卫——析为七卷分期连载，为安多藏区部落史这一国际藏学研究中的薄弱环节提供有价值的资料。

2309 让妇女研究为人类历史建构增添色彩——读畅引婷《建构的历史与历史的建构》

发表时间及载体：中华女子学院学报 2009 年第 6 期

作　　者：铁爱花

简　　介：历史是一条流动的长河，既包括过往，也指向未来。通过学者们"述往思来"的理性探索及其以文字为载体的文本呈现，不仅记录、传承着历史，同时也创造着新的世界文明。

2310 祁连、焉支山在新疆辩疑（下）

发表时间及载体：敦煌研究 2010 年第 1 期

作　　者：戴春阳

简　　介：本文在《祁连、焉支山在新疆辩疑（上）》篇的基础上，从分析祁连、焉支山所在河西走廊生态经济特征、战略地位的

角度，论证了巴里坤山、哈尔里克山、东天山与汉代史籍中祁连、焉支山无关。

2311 刑侦画像的发展状况及其学科价值

发表时间及载体：甘肃联合大学学报：社会科学版 2009 年第 25 卷第 1 期

作　　者：冯硕

简　　介：刑侦画像（模拟画像）能够为刑事侦查工作提供技术支撑与服务，是刑侦领域普遍采用的重要刑事科学技术手段之一。刑侦画像及其人才培养的研究，赋予刑事侦查学人才培养的新含义，使刑侦画像技术的人才培养与技术运用科学化、规范化，具有重大的司法实践价值与现实指导意义。

2312 论我国商业银行不良资产的化解

发表时间及载体：兰州大学学报（社会科学版）2002 年第 30 卷第 6 期

作　　者：李梅

简　　介：加入世贸组织，我国商业银行必然面对更加激烈的国际竞争，而银行的资产质适量是衡量银行竞争优势的一个重要标志。因此，盘活银行不良资产、提高银行资产质量已成为我国商业银行应对国际竞争的必然要求。本文从更深的层面分析我国商业银行不良资产形成的原因及其危害，并从实际出发，提出化解不良资产的对策。

2313 实践性与科学性的统一：马克思主义哲学中国化的必由之路

发表时间及载体：甘肃理论学刊 2002 年第 5 期

作　　者：闫晓勇

简　　介：马克思主义哲学在我国经历了一个"中国化"的过程，时至今日，这一过程仍在延续之中。反思历史经验，实践性与科学性的高度统一，是马克思主义哲学中国化取得成功的必由之路。开拓创新，沿着成功之路继续前进，构建有中国特色的马克思主义哲学的新体系，是我国哲学工作者的光荣使命。

2314 西部民族地区恐怖犯罪问题初探

发表时间及载体：甘肃政法学院学报 2006 年 1 期

作　　者：王肃元

简　　介：中国西部地区"三股势力"的恐怖活动，对国家和平、安全与发展构成了严重威胁。本文从国际环境、民族宗教、经济文化等方面，综述了引发西部地区恐怖犯罪之根源。指出了遏制、防范和打击西部地区恐怖犯罪的战略指导思想。

2315 从开放课件到视频公开课：开放教育资源的发展及研究综述

发表时间及载体：电化教育研究 2013 年第 34 卷第 5 期

作　　者：俞树煜　朱欢乐

简　　介：网络视频公开课是开放教育资源运动成功推行和发展的产物，它的蓬勃发展不仅会扩大我国的教育事业尤其是高等教育的影响面，而且对我国终身化学习型社会的形成有直接的促进作用。文章主要以实践发展和研究发展两条主线为出发点，对网络视频公开课的发展历程、发展现状以及发展趋势进行了分析阐述。同时，结合国家教育部发布的相关文件，对国内网络视频公开课的建设目标作了简单阐述。最后，对目前网络视频公开课发展中存在的问题进行反思和总结。希望对国内网络视频公开课的后续研究和发展提供一些参考。

2316 佛教与甘州回鹘之外交

发表时间及载体：敦煌研究 2007 年第 3 期

作　　者：赵学东

简　　介：甘州回鹘政权一直非常注意与周边民族和政权的交往，佛教在这些外交活动中曾扮演过相当重要的角色。本文通过对史籍及敦煌文献中有关甘州回鹘与中原王朝及沙州归义军、金山国交往关系的史料及敦煌石窟中相关题记资料的梳理，论述了佛教僧侣在甘州回鹘政权的外交活动中充当了重要角色，指出佛教在沟通甘州回鹘与中原王朝及沙州归义军、金山国政权的关系方面起到了非常重要的作用，促进了古代丝绸之路沿线地区及周边国家、地区、民族间的宗教与文化交流。

2317 Web2.0 时代大学生思想政治教育探索与实践

发表时间及载体：电化教育研究 2010 年第 3 期

作　　者：江玲　许立新　吴倩

简　　介：本文结合新一代网络应用和服务——Web2.0 技术特征，分析了当前网络信息技术的发展对大学生思想政治教育的影响以及教育本身存在的现实问题，探讨了利用 Web2.0 技术对大学生进行思想政治教育的优势与教育理念，并以 QQ 和博客的应用为个例，提出了 Web2.0 时代提高大学生思想政治教育针对性和时效性的具体实践。

2318 关于敦煌学数字图书馆

发表时间及载体：敦煌研究 2005 年第 6 期

作　　者：江志学

简　　介：本文论述了科技部项目敦煌学数字图书馆创建的缘起、数据库的间架结构和内容、检索功能等问题，并对项目建成的意义及存在的不足作了概要的说明。

2319 陇右文献的内容与研究状况

发表时间及载体：西北师大学报：社会科学版 2002 年第 3 期

作　　者：王锷

简　　介：陇右古典文献是中国古典文献的重要组成部分，它应当包括陇右传世的书本文献、陇右金石文献、敦煌遗书、甘肃简牍等四部分。本文对陇右文献的内容、数量、整理与研究成绩，陇右文献整理与研究中存在的问题等进行了论述，全面展示了陇右文献的学术价值及其在中国文化史上的地位。

2320 试论高等教育的观念与功能转变

发表时间及载体：兰州大学学报（社会科学版）2001 年第 29 卷第 3 期

作　　者：张克非

简　　介：观念滞后、功能不全是当前制约高等教育的主要障碍。这集中表现在三个方面：强调共性、统一性，忽视个性和多样性，背离了教育的内在规律；忽视高等教育的科学、思想创新和引导、示范功能；人才培养中偏重继承，忽视创新精神和能力。从而使高等教育落后于时代，长期停留于工具理性和实用层面。面对科技革命和知识经济的挑战，必须尽快转变教育的观念，将创新精神、能力和创造型人才的培养作为高等教育的灵魂，来统领、协调德、智、体、美等各方面的工作，进一步扩大学术和思想自由，正确处理继承与创新的关系。

2321 与时俱进，开创民族学研究的新局面

发表时间及载体：民族研究 2003 年第 1 期

作　　者：杨建新

简　　介："十六大"是中国共产党在新世纪、新阶段召开的一次非常重要的大会，是一次团结的大会、胜利的大会、奋进的大会、继往开来的大会。大会报告求真务实、与时俱进、开拓创新。

2322 试论我国发展绩效审计的基本条件和思路

发表时间及载体：开发研究 2007 年第 1 期

作　　者：杨肃昌

简　　介：绩效审计已经成为世界各国审计机关主要工作职责，但在我国尚未真正开展起来。究其原因，我们认为存在一些深层次的制约因素。这些因素涉及我国现行的政治体制、财政预算体制和审计体制等方面。本文从体制问题研究出发，对我国发展绩效审计的基本条件和思路进行了探讨，以寻求推动我国发展绩效审计的合理路径。

2323 敦煌莫高窟第 454 窟天请问经变及相关问题

发表时间及载体：敦煌研究 2010 年第 3 期

作　　者：郭俊叶

简　　介：对莫高窟第 454 窟天请问经变榜题的考查，笔者认为这铺经变是依据天请问经疏所画，这一方面反映天请问经疏在敦煌的流行，另一方面也表明，对于敦煌壁画与榜题来说，佛经注疏也是取材的重要部分，益显佛教的中国化、世俗化。

2324 形象资本的社会学含义

发表时间及载体：社科纵横 2008 年第 6 期

作　　者：马红霞　高曼华

简　　介："形象资本"这一词语并不是从来就有的，在当今社会它已成为社会学、经济学、新闻传播学、政治学、公共关系学等诸多学科领域内理论分析的重要视角。对于其概念也随着这些学科的发展而凸显出来。随着市场竞争要素的多元化。形象资本作为一种新型资本在市场竞争中发挥着越来越重要的作用。本文重点要揭示形象资本与社会学中的社会资的关联，从而在社会学领域对其给予崭新的含义界定。

2325 从敦煌资料看儒学对吐蕃的深刻影响

发表时间及载体：敦煌研究 2004 年第 4 期

作　　者：陈炳应

简　　介：本文通过敦煌藏经洞出土的古藏文文献和莫高窟吐蕃时期的壁画，整理出儒学对吐蕃的思想观念层面、政治制度层面和器物层面上的影响和特点，分析了儒学传入吐蕃的途径、必然性和重大意义，认为它反映了青藏高原与中原地区早已紧密地联系在一起，为蒙元时期的大统一奠定了坚实的基础。

2326 民族地区经济发展与高素质人才开发

发表时间及载体：甘肃科技 2004 年第 12 期

作　　者：曹颖轶　聂华林　郭丽娜

简　　介：物质资本对经济发展的作用十分突出，人力资源（人力资本）对推动经济发展的作用越来越明显。只有大力发展民族地区教育，扩大智力投资，才能为少数民族地区源源不断的输送高素质人才。

2327 中国十二生肖起源探微

发表时间及载体：西北师大学报：社会科学版 1999 年第 4 期

作　　者：马英昌

简　　介：印度佛经十二神兽轮流值岁的故事，应是中国十二生肖习俗的源头。其传播过程大致是：公元前3世纪印度孔雀王朝阿育王统一印度后，大力提倡佛教，并向中亚西亚派遣僧侣使节宣传佛教，以鼠为首的十二兽轮流值岁巡行阎浮提故事当在此时或稍前传入中亚，被一些游牧民族包括匈奴所接受，演化为匈奴十二兽纪年习俗。秦汉之际，汉匈往来频繁，十二肖兽习俗传入中国而盛行于东汉初年，并与传统的干支纪年合而为一。

2328 论教学理论研究的知识学转向

发表时间及载体：西北师大学报：社会科学版2005年第5期

作　　者：王兆璟

简　　介：所谓教学理论的知识学转向，指的是知识问题在教学理论研究中的凸现，以及由此所引起的教学理论研究视界的转换。综观20世纪80年代以来的教学理论研究的文本及其变迁走向，就教学理论研究的知识传统而言，在教学理论知识的生成理念上潜隐着一种对规律消解的走向，而这种走向正是在对以往教学理论研究知识范型的破解下形成的，它的突出表现是教学理论研究新的知识规则的形成。

2329 从彭宇案看法、道德与社会文明——以社会学法学为视角

发表时间及载体：知识经济2011年第18期

作　　者：王文霞

简　　介：徐寿兰在南京市水西门广场一公交站台等83路车。其间，徐寿兰被人撞倒摔成了骨折，鉴定后构成8级伤残。徐寿兰指认撞人者是刚下车的年轻人彭宇。彭宇表示无辜。认为，当时3辆公交车同时靠站，老太要去赶第3辆车，而自己从第2辆车的后门下来。一下车，我就看到一位老太跌倒在地，赶忙去扶她了，不一会儿，另一位中年男子也看到了，也主动过来扶老太。老太不停地说谢谢，后来大家一起将她送到医院，从而否认自己是肇事者，以致酿成诉讼。

2330 裕固族民间舞蹈的风格特征与当代发展

发表时间及载体：西北民族大学学报：哲学社会科学版2012年5期

作　　者：邓小娟

简　　介：固族民间舞蹈源远流长，特色鲜明。在长期的历史发展中积淀了独特的体态特征、动律特征、神韵特征。对于充实民族舞蹈的理论研究，彰显民族文化与民间艺术精神有着重要的理论与现实意义。

2331 基于语料库的中国大学生中介语作文中动／名搭配错误分析

发表时间及载体：甘肃联合大学学报：社会科学版2008年第24卷第4期

作　　者：唐丽玲

简　　介：文基于CLEC和LOCNESS中的美国大学生作文子语料库，以常用动词learn为例，采用对比分析的方法，对中国大学生中介语作文中动、名搭配错误进行了分析研究。结果表明，中国大学生存在过度使用搭配词的倾向，且种类偏少，典型性搭配使用较弱。其原因是搭配意识薄弱，词汇掌握不足以及母语迁移和教学迁移的影响。

2332 敦煌民间发现古代围棋子的初步研究

发表时间及载体：敦煌研究2011年第5期

作　　者：陈康

简　　介：敦煌民间发现有大量古代围棋

了，其中唐代以前棋子73枚，明清时代4枚，这些文物对于印证文献中的记载有一定的实证意义。本文对这些围棋子作了器形、材质、制作方法、年代等方面的初步研究。

2333 文化产业创新发展必须处理好五个关系

发表时间及载体：甘肃理论学刊 2009 年第 3 期

作　　者：马永强

简　　介：现文化产业的创新发展须处理好五个关系：在制度创新中要处理好融人国际文化产业格局的国家文化产业战略与特殊意识形态的关系；在观念创新中要处理好地域经济社会发展与文化产业发展的关系；在技术创新中要处理好技术创新与文化产业核心的关系；在资本创新中要处理好发展文化产业集群与中小型文化产业主体之间的关系；在内容创新上要处理好授权产业的内容创意与产业伦理的关系等。

2334 从《睒子经变》看佛教艺术中的孝道思想

发表时间及载体：敦煌研究 2001 年第 2 期

作　　者：谢生保

简　　介：本文从《睒子经变》的产生和发展，论述了南北朝时期儒、释、道之间既斗争又吸收的经历和佛教艺术中忠君孝道思想的发展。

2335 对当代国家主权观念的再认识

发表时间及载体：甘肃理论学刊 2002 年第 2 期

作　　者：李晓棠　张丽娟

简　　介：国家主权是国际法的基础。自"二战"后，特别是近十几年来，国际社会中各种现象，如全球经济一体化、国际组织的迅速增长、国际人权和国际司法的发展，

对传统的主权观点提出了严峻的挑战。尽管国家主权在当代国际关系中面临诸多问题，但国家主权仍是国际关系的基础。主权应是相对的，从国家实践看，主权权利可以依国际法规则而加以限制，但这种限制必须建立在尊重国家主权的基础上。

2336 锁阳城遗址及其周围古垦区沙漠化过程考

发表时间及载体：丝绸之路 2011 年第 18 期

作　　者：李并成

简　　介：锁阳城遗址位于甘肃省瓜州县桥子乡南 8 公里处，为河西走廊一处颇有名声的古代城址，曾有不少考古、历史等学科工作者对其做过工作。这一城址周围的古绿洲垦区又是我国干旱地区历史时期沙漠化过程的典型区域之一，对其环境变迁的研究遂又为地理学工作者所重视。笔者近年曾多次前往瓜州县进行历史地理考察，现就调查结果并对照文献和考古资料，在前人工作的基础上对锁阳城遗址亦作一考证，并对其周围古垦区沙漠化过程予以初步探讨。

2337 风流尽占傲人生——为赵俪生先生辞世三周年而作

发表时间及载体：甘肃社会科学 2011 年 3 期

作　　者：吴景山

简　　介：赵俪生先生自 1957 年秋从山东大学调入兰州大学后，在陇右这片山川土地上整整生活了半个世纪，他五十年如一日，在高等教育工作领域刻苦钻研，辛勤耕耘。

2338 社会经济系统与水资源自然生态环境系统关系的优化调整分析——以河西走廊为例

发表时间及载体：兰州学刊 2011 年第 10 期

作　　者：姚志春　安琪

简　　介：以复杂系统科学理论和生态经济学原理为指导，探讨了河西走廊社会经济系统与水资源自然态环境系统关系的优化调整，包括社会经济与水资源自然生态环境关系的整体协调与过程优化、二者熵值交换的动态平衡和二者涨落机制的规范与优化，目的是为河西走廊水资源生态经济系统关系的评价、调节与控制提供理论基础。

2339 拓展与沉寂近十年的老舍研究述评

发表时间及载体：中国现代文学研究丛刊2003年第3期

作　　者：吴小美　古世仓

简　　介：1994年，中国现代文学研究会西安年会以现代文学研究十五年的回顾与瞻望为主题，总结了新时期以来的中国现代文学研究，也在一定程度上预示了现代文学研究个性化与多元化时期的到来。我们为那次年会提交了以开创老舍世界诠释与研究的新局面（发表于中国现代文学研究丛刊1995年第2期）为题的研究报告，评述了新时期以来十五年的老舍研究。

2340 我国农村金融发展的区域差异与政策分析

发表时间及载体：现代经济探讨2008年第3期

作　　者：高新才

简　　介：我国农村金融发展水平存在区域差距，这种不平衡性显著影响着农村区域协调发展。该文以农村金融发展区域差异的实证分析为基础，探讨了造成这一问题的主要原因：经济发展水平的区域差异，市场化进程的区域差异以及政府行为的区域差异，进而结合区域经济政策相关理论，提出运用合理的区域金融政策，如实施有差别的农地金

融制度，在总体制度安排及具体政策工具上体现区域差别，以保证农村金融的区域协调发展。

2341 当事人诉讼主体地位的一般法理之分析

发表时间及载体：甘肃理论学刊2007年第5期

作　　者：张芸　杜睿哲

简　　介：当事人在诉讼中的地位问题，是民事诉讼的重要问题。当事人在诉讼中享有程序主体地位符合法理的内在要求，是由人的本质属性和人民主权原则决定的。对当事人的程序主体地位，应从当事人权利和法院权力的均衡配置、当事人与法院在程序中所存在的相互关照关系以及当事人在程序中所享有的主要程序权等方面进行综合阐释。

2342 麦积山石窟几个问题的思考和认识

发表时间及载体：敦煌研究2003年第6期

作　　者：魏文斌

简　　介：麦积山石窟的一些重要问题，学术界争论得很热烈，比如开凿年代、现存最早洞窟的判定，目前分歧较大。关于麦积山雕塑尤其是北朝雕塑所体现的佛教民间化倾向、第127窟的睒子本生壁画所表现的北朝绘画水平等，本文亦提出自己的一些认识，与大家共同探讨。

2343 加入WTO中国高等财经教育的应对措施

发表时间及载体：兰州商学院学报2005年第21卷第2期

作　　者：王学军

简　　介：本文以加入"WTO"给我国高等财经教育带来的巨大机遇和严峻挑战为研

窄视角，从名称和体系、培养目标和层次、培养方式、专业设置、课程结构、课程内容、教育投入和师资队伍等方面，阐述了中国与西方发达国家在高等财经教育方面的主要差异，并提出了拓宽范围、调整目标、改变方式、兼并专业、优化结构、更新内容、加强科研、加大投入等，加入"WTO中国高等财经教育"的应对措施，以实现与国际高等财经教育接轨。

2344 《中国新时期传记文学研究》序

发表时间及载体：荆门职业技术学院学报 2008年第23卷第8期

作　　者：程金城

简　　介：中国是一个具有悠久传记写作传统的国度，传记不仅是一种重要的历史文化现象，而且成为特殊的文学现象。传记文学以其特有的纪实性、形象性、个体性、史料性乃至新闻性等特质，散发出强烈的吸引力、感染力和旺盛的生命力，是一种古老而常新的文体。传记对文学作品、特别对中国小说的创作意识、叙事模式、人物形象塑造、臧否评价角度等等产生了直接、深刻而久远的影响。传记既作为历史事迹也作为文学作品来阅读是自然形成的惯例，而传记进入文学史研究范围则是逐步约定俗成的共识。

2345 浅谈民族传统服饰与民族舞蹈服饰设计的关系

发表时间及载体：社科纵横2010年第12期

作　　者：毕晓琳

简　　介：服饰是民族舞蹈这一艺术形式不可缺少的因素之一。舞蹈者的人体形态，只要一穿上舞服，就已经具备了最直观的造型意义。它如同无声的语言传递着明确的信息，表述着一个地区的文化特征，是舞蹈文化中

不可缺少的重要组成部分。也从中折射出了其多重的文化内涵。

2346 试论视觉文化的发展过程

发表时间及载体：电化教育研究2008年第4期

作　　者：张浩

简　　介：英国学者威廉姆斯"文化唯物论"支撑下的视觉文化，并非始终与人类视觉活动相伴而生，而是经历了以下发展过程：视觉活动时期——原始视觉文化时期（模拟），语言文化时期，当代视觉文化时期（复制和虚拟）。因此，"视觉文化"作为一个特定意指的概念，仅适用于视觉文化凸现的两个历史时期中，并不能适用于所有视觉活动成果的研究中。

2347 坚持和完善基本政治制度建设和推进社会主义民主政治

发表时间及载体：中国政协2011年第4期

作　　者：王学俭

简　　介：民主是最重要的政治价值之一，具有时代性、阶级性的特征，人民当家作主是社会主义民主政治的本质和核心。中国共产党领导的多党合作和政治协商制度，是实现和维护人民当家作主的基本政治制度。

2348 论和谐社会建设背景下的地方立法质量研究

发表时间及载体：甘肃理论学刊2012年第1期

作　　者：冯学智

简　　介：构建和谐社会是我党在新的历史时期提出的重大战略决策。高质量的地方立法是构建和谐社会的需要，本文试图通过对促进和谐社会建设是地方立法的基本价值导向、地方立法中妨碍和谐社会建设的主要表

现进行了阐述，并针对性的提出了提高地方立法质量的措施，对和谐社会建设与地方立法的关系以及提高地方立法质量的途径进行了探讨。

2349 对甘肃失地农民社会保障问题的再思考

发表时间及载体：西北人口 2010 年第 3 期

作　　者：刘志远

简　　介：本文在深入分析甘肃省在失地农民社会保障方面的制度安排和主要实践方式的基础上，提出完善失地农民社会保障制度的对策建议—构建发展型的失地农民社会保障制度、建立公平合理的征地补偿制度。

2350 刑事附带民事诉讼制度内容之主体分析

发表时间及载体：甘肃政法学院学报 2006 年 2 期

作　　者：郑高键

简　　介：囿于对附带民事诉讼制度理论基础的认识模糊，理论界仍有一种观点，把附带民事诉讼当事人置于纠问客体的地位。漠视其主体地位，这一观点必须予以纠正，同时，从依法保护当事人应享有的诉讼权利的立法精神讲，对司法实践中几类特殊的诉讼主体也应分情况赋予其当事人的主体地位。

2351 人口老龄化与我国金融结构的变迁

发表时间及载体：西北人口 2011 年第 2 期

作　　者：夏淼　吴义根

简　　介：我国于 2000 年正式迈入人口老龄化社会，截至 2008 年底，我国 60 岁以上人口的数量在总人口中的比例已经达到了 12.0%。根据生命周期理论，随着年龄结构的不断变化，个人的储蓄和家庭金融资产的

再配置随之改变。这种同质性变化就会明显影响金融机构以及金融机构提供的金融工具的竞争力，从而金融结构提供这些金融工具时显现出比较适应和比较不适应的特征，正是这种互动变化导致了不同金融机构发展潜力的此消彼长，最终促使了我国金融结构的变迁。

2352 西北农村地区道德谱系的历史考察

发表时间及载体：甘肃理论学刊 2012 年第 1 期

作　　者：符晓波

简　　介：道德是社会人的本质属性之一。在全球化的今天，人们面临越来越多的道德难题与道德悖论。本文以考察改革开放 30 年来西北农村道德流变中独具特色的轨迹为进路，全方位梳理这一特定时段西北农村地区道德现象的丰蕴状貌，提出西北农村地区不同于中原腹地的中介性特征。比较客观地分析了儒家伦理、宗教伦理、世俗伦理等相互交叉又相互作用的伦理机制，并且作出从局部到全局的拓展式研究。面对特定的新的道德场景和普遍意义上的现实伦理难题，本文通过审慎思考与研究，挖掘出有利于当代的思想资源，希冀对目前的中国农村社会道德建设有所助益。

2353 甘肃靖远方言两字组变调

发表时间及载体：西北师大学报：社会科学版 2002 年第 5 期

作　　者：雒鹏

简　　介：本文主要探讨甘肃靖远方言中后字非儿化韵的两字组连读变调及其规律。附带指出靖远方言的轻声有两类：调值的轻声和调类的轻声。两字组变调从重重型和重轻型两方面入手分析，有四种变调类型，变调

二个，211 调，31 调 55 调。变调主要跟今音的语音环境有关。

2354 论中国西部民间美术

发表时间及载体：美术教育研究 2012 年第 1 期

作　　者：阎宏伟

简　　介：中国西部的民间美术艺术，或者流传于民间，或者通过考古发掘被发现，或者与当地的生活习俗、宗教信仰等密切相关，它们是西部文化的载体。

2355 西北欠发达省区产业结构转换能力综合比较分析——以甘肃省为例

发表时间及载体：甘肃社会科学 2011 年 6 期

作　　者：王肃军

简　　介：本文以甘肃省 14 个市州为研究对象，对甘肃省的产业结构转换能力进行了测度与综合分析。研究表明：甘肃省 14 个市州产业结构转换能力差距较大、空间差异显著；各市州产业结构转换速度、地域分异特征明显，但转换方向较合理；产业结构转换能力与区域经济发展水平呈正相关；产业结构的转换能力与转换速度相关性较弱。

2356 现代教育技术在"动物学"教学中的实践与探索

发表时间及载体：电化教育研究 2005 年第 6 期

作　　者：龚大洁　马纲

简　　介：本文对现代教育技术在"动物学"教学中的运用进行了实验和研究。研究证明：现代教育技术手段的应用对提高学生学习兴趣、培养学生的能力、提高"动物学"教学效率和教学质量，具有明显的效果。

2357 福利经济学视角下的西部能源矿产价值补偿

发表时间及载体：价格月刊 2008 年第 12 期

作　　者：郭爱君

简　　介：长期以来，我国实行能源低价的政策，造成了西部地区能源矿产价值无法得到合理补偿。遵循福利经济学相关原理，对西部地区能源矿产价值进行补偿，不仅能够有效改善这一状况，更可长远地使整个国家的福利水平得到提高。

2358 健全人民政协协商民主制度推进社会主义民主政治建设

发表时间及载体：中国政协 2014 年第 10 期

作　　者：王学俭

简　　介：人民政协是社会主义协商民主的重要渠道和基本形式。人民政协协商民主制度建设深植于我国的基本国情和社会主义革命、建设、改革基本进程，针对当前人民政协协商民主制度化建设面临的困难与不足，要充分认识人民政协在协商民主中的作用，以切实可行的体制机制保障人民政协协商民主的规范运作，以严肃的制度约束保障协商民主成果的落实和转化。

2359 浅议经济责任审计的评价

发表时间及载体：兰州商学院学报 2005 年第 21 卷第 4 期

作　　者：孙靖玲

简　　介：本文从任期经济责任审计的评价内容、评价原则以及评价指标三个方面分析和论证了企业领导人任期经济责任审计评价指标体系，针对任期经济责任审计中存在的问题提出了对策建议。

2360 从"重礼义"到"尚功利"——中国君主专制体制形成的一条重要线索

发表时间及载体: 社会科学战线 2007 年第 4 期

作　　者: 乔建

简　　介: 本文着重研究了政治倾向从春秋时期的"重礼义"向战国时代的"尚功利"的演变, 分析了"富国强兵"的功利追求与君主专制体制确立的内在联系, 以理出一条中国君主专制体制形成的重要线索。

2361 资产减值会计政策与企业价值的相关性研究——基于西北五省上市公司的实证分析

发表时间及载体: 兰州商学院学报 2012 年第 6 期

作　　者: 李培根　宋娟

简　　介: 本文以西北五省上市公司 2008—2010 年资产减值准备会计政策实施情况的相关数据为依据, 对该地区上市公司资产减值会计政策的应用与企业价值的相关性进行了实证检验分析。结果发现, 当公司计提较大比例的资产减值准备时, 企业价值也会随之提升; 资产负债率高的公司倾向于少提资产减值准备; 资产报酬率与资产减值的计提比例存在负相关关系; 而公司规模与资产减值的计提比例之间却没有明显的因果关系。

2362 论塞尔柱人的迁徙及其原因

发表时间及载体: 西北民族研究 2008 年第 1 期

作　　者: 徐黎丽　冯霞

简　　介: 塞尔柱人自 10 世纪中期开始向河中地区迁徙, 一个世纪后逐渐迁徙于中亚、中东及西亚。本文认为塞尔柱人迁徙的原因有: 南部阿拉伯帝国的阿拔斯王朝的分裂, 阿拔斯王朝后期突厥军事力量的兴起, 河中、呼罗珊及伊拉克地带的富饶, 不断增长的人口, 塞尔柱人与乌古斯叶护之间的宗教及权力矛盾。

2363 《汉书·艺文志》"杂行出及颂德""杂四夷及兵"赋考

发表时间及载体: 西北师大学报: 社会科学版 2001 年第 4 期

作　　者: 伏俊琏

简　　介: 汉志杂赋中的行出及颂德赋包括用诙谐的口气描写帝王将相、达官贵人行巡出游的作品, 也包括婚辞、冠词之类的颂德祝愿之作。杂四夷及兵赋包括用诙谐嘲谑的笔触所写的反映民族斗争、民族融合、民族文化的韵诵体作品。

2364 中国少数民族习惯法的特点

发表时间及载体: 兰州大学学报(社会科学版)2004 年第 32 卷第 1 期

作　　者: 刘艺工

简　　介: "习惯法"是历史上形成的通行于某一特定地区的以习惯为基础发展起来的具有约束力的民间规则。首先提出了习惯与习惯法的概念, 继而分析了中国少数民族习惯法的特点, 最后对民族习惯法的价值进行了评价。

2365 社会学关于现代社会管理和社会建设的理论

发表时间及载体: 甘肃社会科学 2010 年 5 期

作　　者: 包晓霞

简　　介: 加强社会建设, 改善社会管理, 是我国社会改革的重要战略部署, 为这一战略部署提供理论支持则是社会实践给社会学提出的新要求。本文以现代西方社会学思想体系为背景，对其中关于社会管理和社会建设的论说和理论进行了梳理，认为，无论从历史还是现状看，无论是从理论还是应用看，社会学都是社会管理和社会建设研究的主力军。从广义上讲，全部社会学理论和思想的核心使命就是研究和解释社会管理和建设实践及其过程，就是为其提供科学知识和思想工具。

2366 论儒家诗教对两宋词论的影响

发表时间及载体：西北师大学报：社会科学版 2011 年第 3 期

作　　者：单芳

简　　介：宋代是儒学全面复兴的时代，儒家文艺思想不仅直接指导着诗歌的创作，也间接影响着新兴词论的发展走向。儒家诗教对两宋词论的浸濡主要表现在三个方面：崇雅黜俗、义归雅颂的理论导向；温柔敦厚的审美旨归；对变风、变雅的接受与倡导。宋代词论为清代词论向系统化和深入化发展奠定了坚实的基础。

2367 白马人"家"

发表时间及载体：西北民族研究 2009 年第 3 期

作　　者：马东平

简　　介：本文试以甘肃省陇南地区文县白马河流域铁楼乡分布的白马人为个案，来描述白马人"家"，即白马人村落的地域分布、村落环境的空间形态以及民居建筑习俗等方面，进而从一个层面和侧面来展示和阐述白马人"家"独特的民俗文化及其底蕴。

2368 用历史眼光深刻认识"三个代表"重要思想

发表时间及载体：西北师大学报：社会科学版 2003 年第 6 期

作　　者：何继龄

简　　介："三个代表"重要思想是在科学判断党的历史方位的基础上提出来的。它是马克思主义与当代中国实际相结合的最新理论成果，既具有历史继承性，又具有鲜明的时代特征。紧密联系我国改革开放和现代化建设的实际，用历史的眼光去认识和研究"三个代表"重要思想，可以增强全党和全国人民贯彻"三个代表"重要思想的自觉性，从而加快全面建设小康社会的步伐。

2369 格式条款的价值分析及其法律规制

发表时间及载体：甘肃政法学院学报 2005 年 6 期

作　　者：马育红

简　　介：格式条款的积极价值在于节约交易成本。其消极方面则是对合同自由原则的违背及可能带来的侵害缔约相对方合法权益的后果。通过综合运用立法、司法和行政方法来规范和控制格式条款，可以充分彰显其积极价值而抑制其消极影响。

2370 中国西北贫困农村基层政府行政效率低下的主客观因素分析

发表时间及载体：社科纵横 2008 年第 1 期

作　　者：姬云香

简　　介：行政效率是指在确保方向正确的前提下，行政效果与行政消耗的比值，是政府能力的主要表现，是衡量政府工作状况的基本指标。本文针对我国西部贫困农村基层政府行政效率低下的现状，从主客观两方面进行了分析，希望为西部农村基层政府行政效率低下找出原因。

2371 立法保障与西部大开发——对国外开发欠发达地区的经验借鉴

发表时间及载体：兰州学刊 2001 年第 6 期

作　　者：柴彬　王起亮

简　　介：地区发展不平衡是世界各国普遍存在的现象。国外一些国家在对其欠发达地区实施开发援助的过程中，均高度重视运用立法手段以保障开发伪顺利施行，这一经验及做法对我国实施西部大开发提供了借鉴和启示。西部大开发应立法先行，并逐步建立起适合西部地区实情的由国家性立法、地方性法规、专门性法规构筑的立法保障体系，从而为西部大开发创造一个良好的法制环境，依法加快推进西部大开发。

2372 春秋时期的迁国迁邑现象析论

发表时间及载体：宁夏社会科学 2007 年第 6 期

作　　者：米迎梅

简　　介：人类自觉或不自觉的迁移活动作为一个社会问题，在我国历朝历代普遍存在，本文主要分析了春秋时期的迁国迁邑现象，揭示了当时社会发展过程中存在的一些深刻社会因素。

2373 论我国统一合同法中表见代理的构成要件

发表时间及载体：甘肃理论学刊 2001 年第 5 期

作　　者：刘志仁

简　　介：本文从表见代理制度的价值入手，分析出表见代理的构成要件的缺陷，认定其价值追求有失公平之合同法基本原则，从而主张把本人（被代理人）的过失亦作为其构成要件，以平衡本人与第三人（相对人）的利益。可是，借于统一合同法已颁布实施，对此缺陷只能且必须用限制性司法解释给予

弥补。

2374 论传统师范大学的现代转型

发表时间及载体：西北师大学报：社会科学版 2000 年第 3 期

作　　者：赵金保

简　　介：传统的师范大学是与我国长期实行的封闭式师范教育体制紧密联系在一起的一种办学形式，自身存在着一定的局限。随着我国社会主义现代化的迅速推进和高等教育改革的不断深入，这种局限日益凸显，给师范大学的进一步发展带来了一系列困难和问题。适应现代大学的发展特点和未来师范教育的要求，师范大学应努力实现由传统模式向现代综合性大学的转变。

2375 甘肃循环经济示范区建设的投融资保障体系研究

发表时间及载体：开发研究 2011 年第 5 期

作　　者：姜安印

简　　介：把循环经济的资金需求特点与具体融资方法结合起来，把政府的组织协调优势与金融的融资优势结合起来，把资金融通与体制创新结合起来，通过融资推动市场建设、信用建设、制度建设，以主动市场建设方式弥补市场自身的失灵、缺失与空白，打通融资瓶颈，形成有效的激励机制，引导社会资金投向循环经济领域，有效解决循环经济发展的资金不足问题。

2376 论毛泽东对马克思主义大众化的首倡和推行

发表时间及载体：河南师范大学学报：哲学社会科学版 2009 年第 3 期

作　　者：杨宏庭　宁俊红

简　　介：在中国共产党领导的以马克思主义为行动指南的中国革命和社会主义建设实

践中，毛泽东坚持和发展了马克思主义，为马克思主义中国化作出了历史性贡献。他首倡并推行马克思主义大众化，在中国马克思主义大众化的认识论、方法论、主要内容、实现途径和方法等方面积累了重要经验。

2377 莫高窟第 93 窟龛内屏风画内容新释

发表时间及载体：敦煌研究 2012 年第 1 期

作　　者：赵蓉

简　　介：本文认为，莫高窟第 93 窟龛内屏风画表现的并不是《药师经》"十二大愿"和"九横死"的内容，而是表现"观音救诸难"及相关内容的。同时，笔者对屏风中出现的"T"或"（┐）"形题记框和吐蕃装人物等，与本窟开凿年代背景相关的现象也作了一些初步探讨。

2378 洋务思想双重性的历史分析

发表时间及载体：兰州大学学报（社会科学版）2005 年第 33 卷第 1 期

作　　者：何继龄

简　　介：所谓洋务思想，是指决定和影响洋务运动性质和发展方向的根本指导思想，是 1860—1890 年代先进的中国人向西方学习，谋求强国御侮之道的社会思潮，其核心是"中学为体，西学为用"，它规定着洋务运动的性质和归宿，影响着洋务运动的全过程。用历史的眼光看待洋务思想并作出科学的评价，有助于我们更好地把弘扬中华文明与吸收国外文明结合起来，培育民族精神，塑造民族素质，为中国特色社会主义建设事业奠定坚实的思想基础，提供强大的精神动力。

2379 "现代教育技术"教师教育课程内容体系改革研究

发表时间及载体：电化教育研究 2014 年第 35 卷第 9 期

作　　者：张乐　郭绍青　陈莹

简　　介：随着信息技术的快速发展，如何培养职前教师的信息技术应用能力已受到学界的高度关注，越来越多的高校开设了"现代教育技术"教师教育课程。文章从"现代教育技术"课程内容体系衍变视角出发，在分析课程内容衍变的基础上，综合分析国内外教师教育技术（信息技术应用）能力标准，提出了面向职前教师能力发展的"现代教育技术"教师教育课程内容体系，以期为培养职前教师信息化教学能力提供全新的视角，从而促进其信息技术应用能力的可持续发展。

2380 当前高校体育教师继续教育中存在的问题与对策研究

发表时间及载体：社科纵横 2010 年第 1 期

作　　者：师德明

简　　介：针对适应素质教育的课程改革对高校体育教师继续教育提出的新要求，通过调查访问，文献资料和理论分析等方法，对继续教育中存在的问题进行理性分析，并提出了一些建设性的意见，以期为高校体育教师在继续教育中，贯彻"健康第一"的素质教育思想，提高整体素质提供参考依据。

2381 中国西部财政供养人口适度比例问题研究——经验模型及实证应用

发表时间及载体：甘肃理论学刊 2002 年第 2 期

作　　者：李含琳　魏奋子　李印峰

简　　介：本文运用数理方法对我国西部地区的经济增长与财政供养人口适度比例之间的关系问题进行了系统深入的研究，提出了通过建立数学模型，用静态经验系数和动态经验系数，对贫困地区的政府机构和行政人员数量进行科学控制的新思路。

2382 人力资本与制度变迁对我国经济增长作用的实证分析——基于1978—2007年的宏观数据

发表时间及载体：西北师大学报：社会科学版 2010 年第 1 期

作　　者：李国璋

简　　介：本文以我国 1978—2007 年的宏观数据为基础，通过建立并估计检验包含人力资本与制度变迁的三个扩展 C—D 函数模型，分析了改革开放以来，人力资本与制度变迁对我国经济增长的影响，并计算了二者的贡献。研究发现，我国人力资本与制度变迁均具有外溢性的特点，而且人力资本的外溢性超过了制度变迁的外溢性。同时，我们发现二者对经济增长的促进作用是非常明显的，并且制度变迁对我国 1978 年以来经济增长的贡献超过了人力资本，但是随着改革的不断深入，制度变迁对我国经济增长的贡献呈下降趋势。

2383 《诗经》研究的过去、现在与将来

发表时间及载体：西北师大学报：社会科学版 2006 年第 3 期

作　　者：赵逵夫

简　　介：《诗经》的研究长期以来受到各个时代占统治地位思想或主流思潮的制约与影响，先秦时代置于诗教的宗旨之下，汉代以后笼罩于经学的思想原则之下，二十世纪前八十年中，先是受疑古思潮的影响，后又完全从阶级斗争的角度评价它，因而生出很多问题，有的是伪问题，有的则完全脱离当时的社会实际。近二十年中，《诗经》研究取得了很大的成绩。今后的研究要进一步从各种旧的阴影中摆脱出来，同时要强调学术规范。应该引入各种新的研究方法，进行综合性研究，并根据社会的发展和人们关注点的转变，不断寻找新的情感契合点。根据以往多注重训诂和笼统述论的情况，应将《诗经》研究置于整个先秦文学史和中国文学史的大背景中，对不同体式分别研究，作断代的研究，按地域进行研究，对作者、作者类型、作家群进行研究，进行纵向、横向的比较研究。

2384 论农村中小学远程教育中的信息技术与课程整合

发表时间及载体：电化教育研究 2006 年第 2 期

作　　者：王童

简　　介：本文总结了农村远程教育实施后，农村中小学进行信息技术与学科课程整合的现状，并根据教学设计的内涵及特征，论述了信息技术作为辅助工具整合于课堂教学的以教为主的教学设计，及信息技术作为认知工具进行学科教学时以学为主的教学设计的方法，分析了当前在信息技术与课程整合中存在的问题并提出了一些解决对策。

2385 社会法之社会整合路线图——以中国语境中的社会法为视角

发表时间及载体：甘肃政法学院学报 2011 年 6 期

作　　者：赵书文

简　　介：中国和西方国家不同语境下对社会法的解读是不同的，西方国家的现代化过程是自发的、内生的，经历了 200 多年的发展，其当下国内、国际的环境和中国已经大不相同，并且由于"自由主义"思想和"税收政府"等文化传统、价值观的影响，所以以对西方国家社会法的解读是一种"没有国家观"的法律解读，国家意图通过用保障民生的社会法来实现社会整合的"国家意志"是不存在的，这一点恰恰和中国相反。在中国语境

下，对涉及民生的社会法的解读应当读出隐含于其背后的国家整合社会的"国家意志"，社会法的社会整合路线图有其存在的逻辑和事实基础，而西方国家却不存在。所以，对中国社会法的解读不能仅仅停留于公民权利的谱系分析上，否则，对社会法的理解就存在偏颇和肤浅。

2386 多媒体教学课件的评价

发表时间及载体：电化教育研究 2005 年第 11 期

作　　者：孙杰远　孙名符

简　　介：多媒体在教学中的应用主要通过教学课件来实现，而有效地开发与使用课件需要设计良好的评价观念和方法。本文提出一种多媒体教学课件的评价方法，此方法以多媒体课件的社会和实践可接受性为设计出发点．社会可接受性是对课件所涉及的教育系统社会性的思考，而实践可接受性则要考虑内容、内容呈现方式、组织结构、技术支持和升级以及学习过程和效果的评价等。

2387 校本课程开发：理念与框架

发表时间及载体：兰州大学学报（社会科学版）2002 年第 30 卷第 3 期

作　　者：高云庆

简　　介：校本课程开发是 20 世纪 70 年代盛行于英美等发达国家的一种与国家课程开发相对应的课程形态。我国基础教育新一轮课程改革，将校本课程与国家课程、地方课程并列，作为课程三大板块之一。本文对校本课程开发的理念、条件和需要关注与重视的问题进行了探讨，提出了一个基于我国学校教育实际的校本课程开发程序。

2388 学习型政党内源性发展的结构探析

发表时间及载体：长白学刊 2010 年第 4 期

作　　者：刘先春

简　　介：作为国家内源性发展的重要战略选择，学习型政党的建设已经开始从"反应式"发展向"内源式"发展思路转变。在学习型政党内源性发展的复杂系统中，基本结构是其主体，动力结构是其源泉。

2389 日本教育信息化发展机制研究

发表时间及载体：电化教育研究 2011 年第 2 期

作　　者：张建武　赵国庆　张榕玲

简　　介：文章通过对日本的教育管理体制与信息化发展概况、日本教育信息化的主要政策与发展状况的分析，归纳了日本教育信息化的发展机制，以期对我国教育信息化的健康发展有所借鉴。

2390 明代蒙古部落大批入据青海考论

发表时间及载体：中国边疆史地研究 2007 年第 2 期

作　　者：杨建新

简　　介：本文考证明代蒙古部落大批入据青海这一纷乱、复杂的历史过程，深入分析多方面矛盾交织的内、外因，对厘定明代中后期这一影响巨大的西北边疆少数民族迁徙事件的历史真相有重要史学价值。

2391 多媒体技术在健康教学中的应用研究

发表时间及载体：电化教育研究 2009 年第 8 期

作　　者：牛亚莉

简　　介：多媒体技术与健康教学相结合，

是健康教学改革中的重要途径。本文分析了多媒体技术在健康教学中的应用原则和方式，探讨了多媒体技术在健康教学中的应用效果，提出了健康教学应以教育资源为基础、多媒体技术为依托，以学生为主体、教师为主导的双边优化活动的教学规律。

2392 敦煌研究院藏敦煌古藏文写经叙录

发表时间及载体：敦煌研究 2006 年第 3 期

作　　者：张延清

简　　介：本文详细介绍了敦煌研究院藏藏经洞出土敦煌藏文写经的情况，以文献叙录的形式首次向学界公布。

2393 外在形式与情感的对话——解读莫迪里阿尼作品的精神内涵

发表时间及载体：社科纵横 2010 年第 1 期

作　　者：侯旭东

简　　介：本文将莫迪里阿尼的生平和艺术创作进行了联系和分析，试图对莫迪里阿尼艺术作品的外在形式和精神内涵之间的关系予以解读。通过对他作品中呈现的抒情主义和象征主义这两种基本表现方式的分析，感受艺术家对现实语境的感悟，以及他对人性情感的终极思索。

2394 结肠癌手术对肠道菌群微生态的影响

发表时间及载体：甘肃医药 2014 年第 9 期

作　　者：李国章

简　　介：本文旨在观察结肠癌手术对肠道菌群微生态的影响。方法是：以我院 2013 年 1 月—10 月收治的 40 例结肠癌患者为研究对象，分别收集结肠癌患者手术前和手术后的粪便为研究组和对照组，以 37℃恒温培养，在对其中的菌群进行鉴定和计数并进行比较。结果表面：手术后对比手术前，其中拟杆菌属、梭杆菌属、梭菌属、脆弱拟杆菌、坏死梭杆菌和肉毒梭菌的数量都有明显降低。结论：结肠癌手术对肠道菌群微生态有一定的抑制影响。

2395 从维果茨基理论看网络学习支持环境的设计

发表时间及载体：电化教育研究 2005 年第 10 期

作　　者：王琦　赵霞

简　　介：本文通过解读维果茨基的主要理论，认为维氏理论所涉及的认知心理发展过程，即学习过程，为网络学习支持环境的设计提供了理论依据，通过分析和梳理其理论对网络学习支持环境设计的启示，提出了该环境的设计策略。

2396 外资的进入、企业的异质与自主创新——中国制造业技术创新能力研究

发表时间及载体：科技管理研究 2008 年第 28 卷第 7 期

作　　者：李国璋

简　　介：外资的进入到底是促进还是抑制了我国内资企业技术创新能力的提高？对此问题，学者们多有争论。大体有两种相反的观点：有学者认为，外资进入促进了我国内资企业的技术创新能力，另有学者认为外资的进入起了抑制的作用。本文运用 1998—2003 年制造业面板数据，定量地评估了三资企业的进入对我国内资大中型企业技术创新能力的影响。结论认为：三资企业对我国内资企业的技术创新能力的作用应该根据技术水平区别来看。对处于技术前沿的行业，外资的进入会使它们的技术创新能力得到提高而技术水平相对比较落后的行业，外资的进

入会使它们的技术创新能力下降。

2397 练琴速度的属性与效应研究

发表时间及载体：西北师大学报：社会科学版 2002 年第 1 期

作　　者：吴学禹

简　　介：练琴，是一种手脑并用，充分发挥聪明才智的高能运作过程。练习速度的快与慢，音乐风格的把握与音乐的想象力以及能否正确表现音乐的情感，应在练琴速度的属性与效应中得到充分体现。

2398 我国集体土地物权构建的总体设想

发表时间及载体：兰州大学学报（社会科学版）2002 年第 30 卷第 1 期

作　　者：俞树毅　张小凤

简　　介：本文分析了我国集体土地物权构建的法理基础及其应遵循的基本原则，并基于对我国集体所有土地有关权利的现状分析，参照大陆法系国家具体的土地物权制度，提出了我国集体土地所有权完善措施，构建了我国集体土地农用地用苴物权和建设用地用苴物权等用益物权形态。试图在我国集体土地上设计一个以集体土地所有权为基石、集体土地用益物权为重心的集体土地物权体系。

2399 曹议金与甘州回鹘天公主结亲时间考——以 P.2915 卷为中心

发表时间及载体：敦煌研究 2010 年第 4 期

作　　者：徐晓丽

简　　介：继张承奉执掌瓜沙政权的曹议金，开创了归义军的曹氏时代。曹议金的回鹘夫人天公主是曹氏归义军时期的重要人物。关于她下嫁曹议金的时间一直是学术界悬而未决的问题。本文以 P.2915 号文书为中心，

对该卷所涉及的河西节度使尚书、公主、夫人等进行考证，发现写于天复四年这篇文书，是有关曹议金的释门杂文。文书中公主正是指曹议金的回鹘夫人天公主，夫人指他的原配夫人宋氏。这样，曹议金与甘州回鹘天公主结亲时间至少应在天复四年以前。本文还围绕着曹议金与甘州回鹘天公主结亲时间，对曹议金上台的历史原因提出自己的看法，认为与这场政治婚姻有关。

2400 权力监督与诚信政府的建立——公法文化视野中的中国古代诚信

发表时间及载体：甘肃政法学院学报 2003 年第 4 期

作　　者：王存河

简　　介：以儒家为主的传统诚信观有自身的规定性，其关注的是培养非经济因素的修齐治平型君子人格。早熟的人本主义、性善论以及帝国全力体制自身的缺陷及其他因素使得中国古代的诚信政府难以建立。

2401 基于互联网教育和学习过程中的信息干扰初探

发表时间及载体：电化教育研究 2007 年第 7 期

作　　者：赵青梅

简　　介：集各种现代通信技术于一体的互联网，极大地延伸了传递者和学习者的视听感官能力，使得人们可以轻松地跨越时间和空间距离进行思想与情感的交流。因此，也备受教育者和学习者的青睐。但由于互联网所具有的高技术含量、高信息传递量以及异于其他媒体的信息传递手段和过程，致使学习效果出现很大的不同。如何使用互联网这一大众化的传播媒介进行有效的教育和学习，成为教育信息的提供者和学习者一直关

心的问题。本文分析了基于互联网学习过程中信息传递的特点，指出其不仅仅存在传统意义的信道干扰，而且还存在信息的自身干扰。并尝试去解决这种因互联网独特的信息传播方式带给学习者的负面影响。

2402 北宋太宗朝的"乐府声诗并著"——以王禹偁为个案

发表时间及载体：西北师大学报：社会科学版 2010 年第 5 期

作　　者：杨晓霭

简　　介：在中国古代音乐文学史上，以齐言或长短句为主要歌辞形式的歌曲创作并行不悖，宋人早已清楚地认识到了这一点。李清照词"别是一家"之论，开宗明义地指出"乐府、声诗并著"；张炎《词源》序中亦以为"声诗间为长短句"。北宋太宗朝"乐府、声诗并著"的创作，王禹偁可谓典型。王禹偁有"谪居始信为儒苦"的生活，有"醉中官妓乞歌诗"的经历；有声诗？田词也有"乐府"（曲子词）点绛唇而他总以"词臣"的身份，时刻关注"风谣""山歌"修教易俗的意义，反映了北宋立国之始文人士大夫对声诗、"乐府"（曲子词）功能的明确认识。

2403 中亚朝鲜人社会的形成和发展

发表时间及载体：西北人口 2012 年第 4 期

作　　者：杨恕　张玉艳

简　　介：中亚朝鲜人是由远东地区迁移去的，并在中亚形成了自己的社会。苏联解体前和解体后，中亚朝鲜人通过建立、改革民族文化组织，力图实现民族复兴，逐渐形成了他们现阶段的社会状况。中亚朝鲜人的突出特点是与当地民族关系融洽，主动接受本土文化，但各国朝鲜人状况有明显差异。

2404 南社诗人与中国诗歌近代化

发表时间及载体：兰州大学学报（社会科学版）2002 年第 30 卷第 2 期

作　　者：龚喜平

简　　介：南社诗人是中国诗歌近代化历程中的一支生力军，其创作贯穿于新学诗、新派诗、歌体、白话诗等诗歌近代化阶段，尤以歌体诗的探索成绩突出。柳亚子、高旭、马君武、苏曼殊、于右任等人的诗体变革和译诗实践，从主题意蕴、艺术趣味、语言韵律、体式章法诸方面大胆创新，为中国诗歌从古典形态走向现代形态的近代化过程作出了重要贡献。

2405 东亚金融危机的影响与启示

发表时间及载体：甘肃社会科学 1998 年第 5 期

作　　者：欧阳锦

简　　介：1997 年 7 月爆发的东南亚金融危机，迅速蔓延至东北亚，其来势之猛，影响之烈，使世界为之震撼。有人将之列为 90 年代继海湾战争、苏联解体、北约东扩之后又一世界重大历史事件。其影响波及全球，并将渗入 21 世纪。

2406 论城市旅游规划研究的对象与任务

发表时间及载体：甘肃行政学院学报 2002 年第 1 期

作　　者：邹再进　田洪

简　　介：本文从系统学的观点出发，运用区域旅游规划研究的方法，提出了城市旅游规划研究的对象是城市旅游系统，其中心任务是使城市旅游系统按照服务旅游者的要求实现优化组合的论点。

2407 强化西北少数民族法制意识的途径

发表时间及载体：甘肃行政学院学报 2002 年第 2 期

作　　者：松得劲　郭万里

简　　介：文章运用了心理学的理论界定了法制意识的概念，联系西北少数民族实际，提出了强化法制意识的途径。

2408 当代文学研究范式的人类学转向

发表时间及载体：淮北师范大学学报：哲学社会科学版 2011 年第 32 卷第 4 期

作　　者：程金城

简　　介：当代文学研究范式的人类学转向，是文学人类学范式建构吁求与当代文学批评范式转换吁求双向互动的内在需要。文学人类学作为新兴学科，在国内外的相关研究已取得长足进展的情况下，目前最需要解决的问题是如何凝练文学人类学质素，并结合已经和正在发生的人类文学现象，完善本学科的元理论与构建自身的研究范式。文学人类学不是文学与人类学的简单相加或表现内容和方法的互用，而要从人类情感需求及其表达的历史发展中，找到两者契合互动的本源关系。

2409 产权制度与优化国有企业治理的研究

发表时间及载体：西北师大学报：社会科学版 2002 年第 4 期

作　　者：王晓义

简　　介：现代企业制度建设首先要明确产权关系，进行产权制度改革。优化国有企业治理就是要抓住现代企业制度的本质，解决激励机制弱化与产权约束缺失问题。

2410 文言用词析音说

发表时间及载体：社会科学论坛 2010 年第 19 期

作　　者：杨永发

简　　介：文言文中有一词析为二字使用的现象：或书面语为单音节的词，口语中用为由原词分化的双音节词，或较早的词形是单音节，晚起的词是双音节。古代学者虽偶有言及，但并未把它当作一种训诂方法广泛地使用。本文第一次把这种现象作为独立的训诂方法，表而出之，名之曰"析音"，并举出了一些此前未被注意的例子用析音法进行了解读，提出了新的看法。

2411 "现代教育技术"教师教育课程内容体系改革研究

发表时间及载体：电化教育研究 2014 年第 35 卷第 9 期

作　　者：张乐　郭绍青　陈莹

简　　介：随着信息技术的快速发展，如何培养职前教师的信息技术应用能力已受到学界的高度关注，越来越多的高校开设了"现代教育技术"教师教育课程。文章从"现代教育技术"课程内容体系衍变视角出发，在分析课程内容衍变的基础上，综合分析国内外教师教育技术（信息技术应用）能力标准，提出了面向职前教师能力发展的"现代教育技术"教师教育课程内容体系，以期为培养职前教师信息化教学能力提供全新的视角，从而促进其信息技术应用能力的可持续发展。

2412 电化教育学派之说

发表时间及载体：电化教育研究 2001 年第 3 期

作　　者：陶立志

简　　介：本文以考察我国电化教育学科发展的历程为依据，以当代科学发展高度分化与高度综合的动热为背景，紧密联系电化教育学科领域出现的新情况和新问题，着眼于新世纪教育科学多元化发展的走向，提出了电化教育、教育技术、计算机多媒征、教育应用技术和教育技术产业等学派之说，进行了概要的分析与论述，对我国电化教育学科建设与学术研究具有重要的现实意义。

2413　城市生态病及其治理

发表时间及载体：环境研究 1986 年 4 月

作　　者：武文军

简　　介：城市在发展中，在出现巨大的物质文明和精神文明的同时，以人口膨胀、住房紧张、交通拥挤、环境恶化为特征的"城市病"，越来越引起人们的关注。这里浅谈有关保护城市环境，保持城市生态系统平衡的问题。城市是个自我运行的大系统，随着城市的发展，其结构越来越复杂，功能越来越多，作用越来越大。目前已形成具有多种功能、多层次结构的，在经济、文化、科学上占有中心地位的现代城市。城市是一个具有内在联系和矛盾的复杂有机体。其中有生产、流通、居住、交通、水源、行政、文化、教育、管理、信息、生态系统等，这些系统下有各种子系统互相联系、互相作用。

2414　甘肃靖远方言儿化变调

发表时间及载体：西北师大学报：社会科学版 2003 年第 5 期

作　　者：雒鹏

简　　介：本文主要讨论甘肃靖远方言中后字是儿化韵的两字组变调。先是简要介绍靖远方言声韵调，然后讨论后字是儿化韵的非叠字和叠字两字组变调。靖远方言儿化韵属拼合型，儿化变调有四种类型。非叠字组的变调跟今音的语音环境有关，但又跟后字是非儿化韵的两字组变调不同，它们遵循着不同的变调规律。叠字组的变调涉及多重词法音系过程。

2415　自由港特色

发表时间及载体：兰州学刊 1993 年 3 月

作　　者：武文军

简　　介：如果用对外开放度来区分世界的港口城市，那么可以有两类港口城市，一类是用高关税和各种规章、手续限制国际间经济活动的港口；一类是免征关税，允许自由贸易，自由经营的港口。前者可以叫非自由港，后者叫自由港。港口是国与国之间，地区与地区间，海上往来的落脚点和经济活动的枢纽站。各个国家由于社会制度的特点和某些经济、政治和外交目的，会对其港口或者采取封闭的管制的政策，或者采取开放的自由的政策。自从商业和国际贸易萌芽之后，一些国家出于扩大对外贸易，输出产品或输入原料和劳动力的目的，就在一些港口开始实行自由港政策。

2416　《中国对外贸易概论》学习参考

发表时间及载体：甘肃理论学刊 2002 年第 5 期

作　　者：李硕

简　　介：《中国对外贸易概论》是研究中国社会主义对外贸易领域中各种经济关系及其活动规律的基础课程，内容庞杂，涵盖了中国发展对外贸易的理论、政策及实践经验。下面就其中的几个重要方面进行一些探讨，以供学习参考。

2417 我国地方政府绩效评估指标数据仓库的代表性对象选取和构建——以江苏四市为研究点

发表时间及载体：甘肃行政学院学报 2012 年第 4 期

作　　者：尚虎平

简　　介：在中国这样的大国，各个地区之间在自然、地理、历史、社会等很多方面千差万别，由于这种异质性的存在，地方政府绩效评估指标的设计是一项噪音很多的系统工程，利用数据挖掘技术建设绩效指标数据仓库并进行挖掘可以有效解决这种异质性问题。本文首先通过标准比的形式，探讨了如何在我国筛选研究对象问题，然后通过将数据挖掘引入政府绩效评估指标设计研究，并以 Microsoft SQL Server2005 作为数据挖掘软件，以江苏四市（苏州、南京、盐城、徐州）作为研究对象，在处理国家统计年鉴、地方统计年鉴、部门统计年鉴、政府及其各部门的工作计划与方案、工作记录等海量信息的基础上建立了四市的数据仓库，为进一步进行指标挖掘打下了基础。

2418 知识管理中隐性知识显性化的路径分析

发表时间及载体：科技管理研究 2009 年第 29 卷第 1 期

作　　者：汪慧玲

简　　介：隐性知识的共享和传播是知识价值实现的重要途径，也是提高企业技术创新能力和核心竞争力的关键。从隐性知识的内涵和特征入手，对隐性知识与显性知识的 SECI 转化模型进行了分析，并在此基础上提出了促进隐性知识显性化的对策和途径。

2419 《拉什迪午夜的孩子》中文化的冲突意识研究

发表时间及载体：甘肃理论学刊 2010 年第 1 期

作　　者：陈小丽

简　　介：拉什迪基于本人身具的印度教文化、伊斯兰教文化和基督教文化多样化的文化背景，对南亚次大陆从英国殖民地向独立国家转化时期人们在多种宗教文化共存环境里的精神矛盾，及印度社会不同族群之间宗教和文化的冲突进行了深刻的表现，以丰富的想象力展现了"后殖民时代"东西方文化在多维世界的交汇、碰撞。

2420 关于西部中小学信息环境建设的思考

发表时间及载体：电化教育研究 2004 年第 5 期

作　　者：郭绍青

简　　介：本文在介绍国外信息技术发展现状的基础上，阐述了当前中小学信息化环境建设中存在的一些问题，提出了进行信息化环境建设时，为保证系统的功能性与价值性，应认真对待的几个重要因素。

2421 甘肃少数民族的角色模式和认知模式的关系

发表时间及载体：西北民族研究 2006 年第 3 期

作　　者：马进

简　　介：本文分析了贝尔宾（Belbin）的"角色模式"和卡尔通（Kirton）的"认知模式"与甘肃少数民族在组织中扮演的角色的关系，发现甘肃少数民族在适应型角色的扮演方面是成功的，在创造型角色的扮演方面则存在明显不足。本文的调查资料来自 400 位甘肃的少数民族人士。

2422 甘肃省资源型城市经济转型问题研究

发表时间及载体：开发研究 2004 年第 4 期

作　　者：聂华林　王宇辉

简　　介：资源型城市的经济转型问题作为一种特殊的城市经济现象，在全球范围内普遍存在。我国在两个转思想的影响下，这一问题逐渐得到理论界和政府的重视。本文从分析甘肃省的资源型城市目前存在。

2423 甲地孕酮硅胶避孕环的临床使用指导

发表时间及载体：按摩与康复医学 2010 年第 1 卷第 14 期

作　　者：郭爱君

简　　介：本文探讨了甲地孕酮避孕环临床应用情况。方法：选择育龄妇女 150 例，其中早婚未生育者 50 例，未婚经常人工流产者 50 例，已生育一胎不能放置 IUD 及剖宫产后妇女 50 例，放置甲地孕酮硅胶避孕环一个，观察甲地孕酮硅胶避孕环的临床使用情况。结果：避孕有效率为 95.33%，92 例未生育妇女停用 6—24 个月已妊娠 81 例，11 例推迟生育，停用后不影响生育功能。结论：甲地孕酮硅胶避孕环效果好，使用简便副作用少，停用后不影响生育功能，值得推广应用。

2424 论"真"在抒情小说内容和视角上的独特体现

发表时间及载体：甘肃理论学刊 2006 年第 2 期

作　　者：冯欣

简　　介：对于文学之"真"的创作追求，写实叙事小说以反映客观现实的"真实性"为目标，抒情小说则以表现主观世界的"真实性"为己任。本文从抒情小说自诞生起所表现的主要内容和作家创作时所采取的独特视角两个方面，分别论述了抒情小说在内容和视角上所体现出来的不同于写实小说的一种真实性，并指出抒情小说内容上对"真自我""真性情"的抒写和叙事上所采取的"回忆"视角，不仅是形成抒情小说艺术风格的重摹因素，也是创作主体建构抒情小说文学价值的独特、有效方式。

2425 汉晋赋管窥

发表时间及载体：甘肃社会科学 2003 年第 5 期

作　　者：赵逵夫

简　　介：本文就汉、晋时代几篇赋佚文的辑录、认定、归并和篇名问题等进行了严密的考证论述。考定此前所谓东方朔旱颂为贾谊旱云赋中的文字，崔骃武赋佚文实即崔骃武都中佚文，该赋写了一个古老的少数民族的活动中心；论证了蔡邕所谓协和婚协初实为一篇，篇名应用协初赋；傅玄团扇赋圆扇纨扇赋本为一篇等。纠正了以往学界认识上的错误。此外，或对原文进行恢复，或增补佚文，或揭示其艺术上之特色，俱有助于对这一时期赋创作及有关作家之认识。

2426 关于高速公路经营管理的几点思考

发表时间及载体：甘肃行政学院学报 2005 年第 2 期

作　　者：汤兰英

简　　介：本文指出了我省高速公路管理中存在的主要问题，并针对这些提出了改革管理体制，加强法制建设，积极推进多元化经营等对策建议。

2427 敦煌壁画盐害的毛细管电泳快速检测分析

发表时间及载体：敦煌研究 2009 年第 6 期

作　　者：杜红英

简　　介：本文利用毛细管电泳方法对敦煌莫高窟地仗盐害土样浸泡溶液中氯离子、硫酸根、硝酸根、钠离子，钾离子，钙离子，镁离子等无机离子进行了测定分离，探讨了毛细管电泳的常用分离优化条件对莫高窟地仗盐害土样中无机阴阳离子的分离分析影响。敦煌莫高窟地仗盐害土样浸泡液中无机离子的毛细管电泳测定分析结果与其他方法相比，具有分离快速、样品用量少、污染小等优势。

2428 现代政治文化建设与多民族国家政治发展

发表时间及载体：北方民族大学学报：哲学社会科学版 2011 年第 1 期

作　　者：丁志刚　徐占元

简　　介：本文是教育部青年基金项目"西部民族地区加强党的政治整合能力研究"（10YJC810050）；兰州大学"中央高校基本科研业务费专项资金"项目"西北少数民族政治文化现代化与区域政治稳定研究"（10LZUJBWZD010）的研究成果。政治文化与政治发展之间存在密切关系，推动政治文化由传统向现代转型，实现政治发展，是多民族国家政治发展的战略选择。

2429 电子政务与政府业务流程再造

发表时间及载体：西北师大学报：社会科学版 2008 年第 6 期

作　　者：咸辉

简　　介：电子政务是一种全新的政府管理方式，其实质是政府机构在其管理和服务职能中运用现代信息技术，实现政府组织结构和工作流程的重组优化，超越时间、空间和部门分割的制约，形成一个精简、高效的政府运作模式。

2430 安西发现密教坛场遗址

发表时间及载体：敦煌研究 2005 年第 5 期

作　　者：张宝玺

简　　介：安西县城北疏勒河北岸戈壁滩上新近发现了密教坛场遗址。一般情况下，密教仪式坛场在作完佛事后并不有意保存，因此该遗址便成了极为罕见的保存至今的坛场遗址。

2431 我国境外上市公司面临的困境及出路探讨

发表时间及载体：甘肃联合大学学报：社会科学版 2007 年第 23 卷第 3 期

作　　者：郭恒泰

简　　介：我国上市公司参与境外市场竞争，成为我国经济走向世界不可或缺的一部分。目前我国不少优秀企业进入境外证券市场筹集资金，引进技术，改善管理，在取得了骄人的成绩的同时，也存在着一些缺陷与不足。本文就我国境外上市公司的现状及面临的困境进行分析，进而提出了相应的解决办法。

2432 汉居延县城新考

发表时间及载体：考古 1998 年第 5 期

作　　者：李并成

简　　介：居延，是汉武帝驱逐匈奴后在河西所设的边县之一，属张掖郡。它的位置因其和历史上许多重大政治、军事活动之间的联系而一直为国内外考古学家、历史地理学家所关注和寻觅。

2433 西部小说："概念""命名"及历史呈现

发表时间及载体：兰州大学学报（社会科学版）2005 年第 33 卷第 2 期

作　　者：赵学勇　孟绍勇

简　　介：本文从中国现当代历史文化的深处，力图揭示西部小说滋生、衍变的轨迹，对西部小说的概、命名作了新的定位。以四代三时期划分的清晰轮廓，对西部小说家代际的转换、文学传承以及不同时期内的独自表现，进行了新的阐释。

2434 大数据背景下的自学考试决策支持系统研究

发表时间及载体：电化教育研究 2013 年第 34 卷第 12 期

作　　者：马尚玮　马元让

简　　介：在大数据时代，数据已经成为基础性资源，文章分析了大数据的基本概念及对决策支持系统的影响，在明确自学考试管理的决策需求基础上，提出了大数据背景下的自学考试决策支持过程模型，描述了大数据与决策行为的对应关系，设计了自学考试决策支持系统功能，包含数据管理子系统、分析模型管理子系统、用户交互环境子系统、数据安全管理子系统等。

2435 "无立场"的教育认识与人的全面发展

发表时间及载体：西北师大学报：社会科学版 2010 年第 2 期

作　　者：刘旭东

简　　介：教育是社会生活的必需，而不是体制化的产物。教育认识中客观存在的"意见"或"规范"使教育活动得以在一定的框架内有序地进行，但不能把这些"意见"或"规范"看作教育的最后依据，否则会遮蔽教育

的视野。致力于人的全面发展的教育必定是"祛功利化"的。"无立场"的教育认识主张对教育的认识要从那些被遮蔽的原始形态的"意见"和"规范"上升到知识然后再上升到更高层面的"意见"的高度。出于对工具理性束缚的反思和批判，"教育回归生活世界"的价值诉求是要以生活世界为教育的价值目标和思维方式，澄清教育理念。为此，对教育的认识要超越各种既有的"意见"或"规范"，回归到使人生活得更美好的立场上去。

2436 论犯罪嫌疑人、被告人供述的几个问题

发表时间及载体：甘肃政法学院学报 2003 年 5 期

作　　者：严军

简　　介：供述作为一种法定的证据种类，一直受到理论界和实务部门的关注，本文在分析了供述的证据价值后，认为应当在充分肯定供述的证据价值的同时，更要理性的认识供述的特征，从而确定供述的证据资格，使供述能在诉讼中真正发挥证据的证明作用。

2437 中国社会转型期公民道德失范探析——基于公德与私德的视角

发表时间及载体：甘肃理论学刊 2012 年第 3 期

作　　者：石岩

简　　介：在中国社会转型的过程中，伦理领域出现了道德失范问题。其主要原因在于社会转型期快速发展的公共领域缺乏公德在伦理规范上的引导和制约，形成道德真空地带，出现私德在公共领域的扩张和越位。厘清公德和私德关系及其在社会转型期的功能，在继承和完善中国传统美

德的同时，建设和发展公民道德，使私德和公德各守其位，相互补充，推动中国道德建设。

2438 西北民族地区网络教育的需求分析

发表时间及载体：电化教育研究 2003 年第 12 期

作　　者：黎军

简　　介：西北民族地区发展网络教育是该地区经济文化和人民的需求，网络教育是满足西北民族地区教育需求增长的有效途径。本文从西北民族地区的现状出发，具体分析了网络教育在西北民族地区的需求状况。

2439 论抗战初期的中国正面战场

发表时间及载体：青海师范大学学报：哲学社会科学版 2013 年第 1 期

作　　者：党庆兰

简　　介：抗战初期，中国正面战场全力抗战、有得有失，以空间换时间，符合国民党政府的整体抗战战略；中国正面战场的溃败是局部溃败，失利是局部的战役的失利，撤退是战略撤退且基本有序。

2440 确立现代行政法新的基本原则

发表时间及载体：甘肃行政学院学报 2004 年第 3 期

作　　者：卢剑峰

简　　介：信赖保护是基于法治国家的法律安定性原则和诚实信用原则而产生的。作为法治社会和行政法法进步的产物，无论在应然和实然上都是以行政法基本准则出现的，具有实体性保护和程序性保护的性质。

2441 关于农村社会事业发展问题的思考

发表时间及载体：社科纵横 2008 年第 4 期

作　　者：邱云慧

简　　介："三农"问题已经成为现在举国关注的问题，而在这"三农"问题中的农村社会事业的发展问题一直以来并没有和其他问题一样得到相应的重视。而实质上这一问题才真正是影响到农村民生的重点。本文着重论述了相关的问题并提出了相关解决的建议。

2442 WTO 与 Internet：电视媒体整改的催化剂

发表时间及载体：电化教育研究 2003 年第 3 期

作　　者：钱国宏

简　　介：随着我国加入"WTO"，传媒市场在某种程度上将逐步开放。面对未来激烈的竞争和挑战。尤其是近年迅速崛起的因特网，电视媒体怎么办？本文通过对电视媒体，因特网现状描述以及对电视媒体，因特网自身特点与优势，它们之间的竞争，合作和加入"WTO"后存在的问题，发展走向等方面展开论证，提出了有针对性的应对措施。

2443 论中国西北城市经济带的构建

发表时间及载体：兰州大学学报（社会科学版）2002 年第 30 卷第 4 期

作　　者：高新才　张馨之

简　　介：本文在对现代区域化城市空间组织形态理论进行讨论的基础上，揭示了中国西北城市区域的分散性特征。结合中国主要经济带的布局，重点对西北城市经济带的五大支持系统作了探讨，提出了沿欧亚大陆桥及相关重要铁路支线和黄河主干线构建西北城市经济带的构想，并对构建西北城市经济带的具体方案进行了深入讨论。

2444 西部少数民族地区双语教师新媒体素养现状调查研究——以甘肃省东乡族自治县双语教师为例

发表时间及载体：电化教育研究 2014 年第 35 卷第 9 期

作　者：焦道利　马永峰

简　介：西部民族地区双语教师培训工作已经取得了阶段性成绩，但近几年伴随着网络、手机、博客、微博等新媒体的出现以及在民族地区教育领域应用中出现的问题，开展民族地区双语教师的新媒体素养培养研究和有效利用新媒体提高双语教学效果等方面的研究刻不容缓。本研究采用调查研究法，对甘肃省东乡族自治县中小学的双语教师进行问卷调查和访谈，通过研究该地区双语教师的新媒体素养现状及存在的问题，提出在中小学领域构建新媒体学习环境、开展教师新媒体素养县级培训和校本培训、创建新媒体应用平台、开展基于新媒体平台的城乡校际协作活动以及教学改革活动，为少数民族地区教师新媒体素养培养和运用新媒体提高双语教学质量提供参考。

2445 "帕累托最优"质疑

发表时间及载体：甘肃理论学刊 2008 年第 3 期

作　者：宋圭武

简　介：对于"帕累托最优"状况，笔者认为它可能是一个伪命题或至少是一个无意义陈述。首先，在理论建构中，前提的有效性是理论有效性的一个重要条件，但"帕累托最优"的前提条件是不符合实际的；其次，所谓的"帕累托改进"也是不存在的；再次，从"帕累托最优"状态的产生机制看，"帕

累托最优"状态的存在也是不可能的；第四，从"帕累托最优"状态的判断依据看，"帕累托最优"状态的实现也是有问题的。新的"帕累托最优"状况可重新表述为：在一种经济状态下，在某一社会客观标准下，如果没有一种办法能在不使任何其他人实际拥有财富（能进行客观估算的）变少的前提下，使某（些）人实际拥有的财富（能进行客观估算的）变得更多，这就意味着一个社会的生产资源配置已达到最优状况。

2446 关于我国少数民族学生高考优惠招生政策若干问题的思考

发表时间及载体：西北师大学报：社会科学版 2007 年第 1 期

作　者：金东海

简　介：我国少数民族学生高考优惠招生政策，从上世纪 50 年代至今，已经历了三个发展时期，成为民族教育政策中最为持续稳定的构成部分。该政策的实施有六个主要特征，是少数民族大学生优惠录取政策得以推行的基础。但当前民族学生高考优惠政策的实施仍面临若干问题，需要加大力度加以解决。

2447 西部民族高等教育均衡发展论纲

发表时间及载体：西北师大学报：社会科学版 2009 年第 3 期

作　者：许春清

简　介：我国西部民族高等教育的发展与全国平均水平相比，存在着较为明显的教育机会不均等问题。改变这一状况，需要在教育领域采用民族均衡策略，促进民族教育与区域经济的协调发展并强化政府的教育主体责任；改革民族高等教育的入学选拔标准；建立少数民族大学生专门的财政资助体系，

对少数民族大学生实行倾斜的收费标准。

2448 我国非物质文化遗产保护工作的实践与探讨

发表时间及载体：西北民族大学学报：哲学社会科学版 2010 年第 4 期

作　　者：李俊霞

简　　介：非物质文化遗产又称无形文化遗产，是文化遗产的重要组成部分。我国各族人民在长期生产、生活实践中创造了丰富多彩的非物质文化遗产。加强非物质文化遗产挖掘与保护，是传承民族文化、增进民族团结和维护国家统一的重要文化基础，是增强文化实力，实现我国经济社会的全面、协调、可持续发展的一项重要战略措施。

2449 运用现代远程教育网络构建终身教育体系

发表时间及载体：电化教育研究 2003 年第 11 期

作　　者：常咏梅

简　　介：现代信息技术是现代远程教育发展的物质基础，而现代远程教育则是实现终身教育和终身学习理想的现实途径。本文就如何运用现代远程教育网络构建终身教育体系作综合分析。

2450 "互联网"对高校思想政治教育工作的影响及对策

发表时间及载体：甘肃联合大学学报：社会科学版 2009 年第 3 期

作　　者：温小强

简　　介：互联网作为目前最先进的传播媒介，其开放性、交互性、隐蔽性等特点，对高校思想政治教育工作产生了重大而深远的影响。它给高校思想政治教育工作带来了前所未有的新机遇，同时也使传统的思想政治教育工作面临着严峻的挑战。在新形势下，用马克思主义占领网络教育阵地、完善网络建设，不断提高思想政治教育工作者的自身素质，将是加强高校思想政治教育工作的主要对策。

2451 转基因食品贸易争端中的国际法问题

发表时间及载体：甘肃高师学报 2012 年第 3 期

作　　者：王花　李珂

简　　介：欧美转基因食品贸易争端反映着国际贸易法制的社会化治理发展趋势，是一种链接国际贸易法和国际人权法的社会表象。通过转基因食品贸易争端案的法律成因分析，可以看出贸易权与人权问题在国际法领域内即分立又沟通、即存在冲突也存在协调的可能。面对转基因食品贸易问题在我国的普遍化和复杂化，我国必须平衡好遵守国际义务与维护国家利益之间的关系。

2452 论高校"3+1"多媒体校园教育网络建设

发表时间及载体：电化教育研究 1999 年第 5 期

作　　者：何俊林

简　　介：高校以各教学科研单位、校图书馆和信息中心为依托，建立与国家网（包括国际互联网）、地域网相连接的国家、地域、校园局域三级网络，在这三级的基础上，再与各系、所资料室连接，构成高校"3＋1"校园网络，融入多媒体远程教育技术环境中，多功能、高效率地为高校教学、科研服务。

2453 略论元代科举考试制度的特点

发表时间及载体：西北师大学报：社会科学版 1998 年第 2 期

作　　者：徐黎丽

简　　介：元代科举考试制度具有四大特点：实行的时间短、规模小、录取人数少，仅限于文职考试，带有浓厚的民族歧视色彩，而元代民族众多、统治地域辽阔和元代统治阶级轻视科举、崇尚实用是元代科举制特点形成的主要原因。

2454　甘肃矿产资源开发生态补偿研究

发表时间及载体：城市发展研究 2011 年第 18 卷第 5 期

作　　者：高新才

简　　介：本文通过对矿产资源开发生态补偿相关政策实施及实践的归纳分析，针对甘肃矿产资源开发的特点，在分析甘肃矿山环境恢复治理保证金实施情况的基础上，提出甘肃矿产资源开发生态补偿机制框架，对补偿主体、方式、类型、标准等进行阐述，最后从矿山生态补偿的法制保障、矿山环境恢复治理保证金制度、矿山生态恢复治理基金以及矿山环境保护与恢复监督管理体系等方面提出相关生态补偿的政策建议。

2455　中小企业"政策法案"的两面

发表时间及载体：甘肃理论学刊 2006 年第 4 期

作　　者：课题组

简　　介：中小企业法"政策法案"是大陆法系国家中国家政策与国家立法的结合物，从它产生之日起就兼具政策和法律的两重性。"政策法案"改"政策"的"真身"而行"法"的"化身"，把推行行政意志的政策纳入法域，构成对政策和行政权运作范围的限制，法治主义以中小企业政策的法化形式得以实施。中小企业"政策法案"适应现代依法行政、建设法治社会的主流，它是由一系列国家支持中小企业发展的政策按照法治原则和精神的要求以权利—义务模式组成的准法律规则系统。中小企业法"政策法案"模式为政策与法律并行作为贯彻国家意志的大陆法系国家提供了一条熔铸政策、法律各自优势推进法治化进程的新路径。

2456　论教师地位与教育伦理重建

发表时间及载体：当代教育与文化 2011 年第 3 卷第 2 期

作　　者：侯彦斌

简　　介：教师地位问题是造成当前我国教育伦理失范的根源。理顺教师在教育教学活动中的地位，摆正教师的位置，是解决教育伦理问题的根本举措。正确认识教师地位的出发点是教育活动的本质，教师的工作性质和劳动特点以及教师的作用等教育工作的客观规律。

2457　试论制度创新与西部大开发

发表时间及载体：兰州大学学报（社会科学版）2001 年第 29 卷第 2 期

作　　者：张润君

简　　介：制度创新是现代经济持续增长的内在动力。西部大开发必须重视制度资源的开发和利用。借鉴东部地区改革开放中制度创新对经济发展的成功经验，我们应立足西部实际，遵循制度创新的内在机制，调动各方面的积极性，实施全面的制度创新。

2458　敦煌版画的背景意义

发表时间及载体：敦煌研究 2005 年第 2 期

作　　者：马德

简　　介：敦煌出土的佛教版画表现了佛教信仰的一种新方式，它与敦煌石窟艺术一脉相承，是敦煌艺术的组成部分之一，是科学技术与佛教艺术相结合的产物，在中国美术史和中国印刷科技史上都有十分重要的价值意义。

2459 东业西移对西部就业的效应分析

发表时间及载体：开发研究 2005 年第 4 期

作　　者：成学真

简　　介：东部地区一些产业的比较优势已经弱化甚至丧失，与西部的产业梯度也已经足够大；同时西部地区已经具备承接产业的条件。因此，东业西移的条件已经成熟。本文从西部大开发的背景出发，分析了东业西移对西部就业的正负两种效应，试图以此找到有利于西部就业的产业承接对策。

2460 我国民族地区经济发展方式转变路径探索

发表时间及载体：甘肃理论学刊 2010 年第 5 期

作　　者：宋圭武

简　　介：转变经济发展方式也是我国民族地区社会经济发展的客观要求，但民族地区转变经济发展方式的路径选择，应当根据民族地区的特点来进行。我国民族地区应当以国民幸福为切入点推进经济发展方式的转变。要积极调整中央投资方向和重点，要发挥好民族地区政府的主导作用，要尽快转变民族地区经济增长方式，要注重保护传统文化，要加大生态环境保护的力度，要大力开发民族地区人力资源，积极推进民族地区基本公共服务均等化，在我国民族地区率先建立以国民幸福为目标的国民经济核算体系。

2461 国债的宏观经济新定位

发表时间及载体：甘肃行政学院学报 2001 年第 1 期

作　　者：付萍

简　　介：国债对我国宏观经济的影响已由微而著，政府举债能够作用于社会总需求而对国民经济的运行过程发生影响，国债已成为财政政策与货币政策的最强结合点，同时，也要成为宏观经济政策的独立组成部分，我们应做好国债政策与财政政策和货币政策的协调工作。

2462 城乡居民收入差距的扩大——我国收入分配中的一个重要问题

发表时间及载体：兰州大学学报：社会科学版 1994 年第 2 期

作　　者：曹子坚

简　　介：本文通过对我国目前收入分配问题的进一步剖析，提出了下述观点：我国的收入分配问题，主要是城乡居民之间收入分配差距的扩大和城乡居民内部收入分配平均主义的并存。本文还指出了解决我国收入分配问题的现实途径。

2463 土地流转制度下农村居民社会保障制度的建构

发表时间及载体：甘肃政法学院学报 2010 年 5 期

作　　者：刘晓霞

简　　介：土地流转制度获得合法化认同后，由此造成的农民社会保障问题日益凸显。目前我国农村居民社会保障制度无法充分保障土地流转后农村居民的需求。构建土地流转制度下农民社会保障制度，是建立覆盖城乡的社会保障体系、保障民生的关键。笔者认为，仅仅依靠简单的土地换保障不足以保障这些人的社会保障权益，应该树立公平、正义、共享的基本价值理念，理清思路，同时处理好农村居民社会保障制度同其他政策、城镇社会保障制度、商业保险之间的关系。

2464 制度变迁、不确定性与城镇居民消费——基于预防性储蓄理论的分析

发表时间及载体：经济经纬 2009 年第 5 期

作　　者：郭志仪

简　　介：中国改革进程中产生的不确定性外部环境深刻影响着中国居民的消费行为。笔者基于预防性储蓄理论，使用 1990 年—2006 年中国城镇居民收入、消费支出数据，分析不确定性对城镇居民消费的影响。计量结果显示，相比收入不确定性，支出不确定性对居民消费影响更大；2000 年以前教育支出不确定性对城镇居民消费行为影响最大，2000 年以后住房支出不确定性的影响加大，医疗支出不确定性和教育支出不确定性对城镇居民消费行为也有显著影响。

2465 古代神话与民族史研究

发表时间及载体：西北民族研究 2002 年第 1 期

作　　者：赵逵夫

简　　介：民族史的研究是需要多学科参与的综合研究，本文提出田野调查、历史文献、考古材料、神话传说四结合的研究方法，并以凿齿神话和形天神话为例，着重论述了神话传说在民族史研究中的意义。

2466 从民族关系视阈论中华文化

发表时间及载体：西北民族大学学报：哲学社会科学版 2011 年 4 期

作　　者：杨建新

简　　介：从民族关系的角度出发，中华文化既指中华各民族（包括历史上的各民族）丰富多彩、各具特色传统的和现代的文化，也指由中华各民族共同创建、普遍认同和共同享用的价值观体系及在其指导下的一切文化现象。我国各民族及其文化，在地位上虽无高低之分，但在作用上却有着大小之别。

这种情况是中华文化几千年来发展的必然趋势，是当前我国民族格局的实际状况决定的基本事实，也是中国各民族构建平等、团结、互助、和谐民族关系的根本要求，符合各民族共同团结奋斗，共同繁荣发展的根本利益。

2467 装备制造业集群中企业纵向合作关系的演化分析

发表时间及载体：华东经济管理 2009 年第 11 期

作　　者：柴国荣　李振超　石璨

简　　介：装备制造业是为国民经济发展和国防建设提供技术装备的基础性产业，是国家综合实力的重要体现。装备制造业集群已成为振兴装备制造业的重要途径并在很多地区大量涌现。

2468 关于中亚社会"俄罗斯化"概念的理论探讨

发表时间及载体：东欧中亚研究 2002 年第 5 期

作　　者：汪金国

简　　介：在影响未来中亚社会发展的诸多文化因素中，俄罗斯化因素已成为不可忽视的重要因素之一。俄国（包括前苏联）200 多年的影响，使俄罗斯化因素同中亚社会原有的突厥－伊斯兰化文化形成突厥－伊斯兰－俄罗斯化文化。本文就中亚社会的"俄罗斯化"概念作一简要的理论探索。本文认为，"中亚的俄罗斯化过程"，是中亚社会"被俄罗斯殖民的过程"，也是中亚社会"被俄罗斯同化的过程"，同时还是中亚社会"被纳入俄罗斯现代化同步发展轨道的过程"。

2469 甘肃毒品犯罪的现状及治理

发表时间及载体：甘肃社会科学 1998 年 6 期

作　　者：王瑾

简　　介：甘肃位于我国西部，历史上就是国际国内毒品贩运的重要通道。如今，随着国内毒品犯罪的再度出现，甘肃境内的毒品犯罪死灰复燃，成为全国的重灾区之一。根据统计，1991 年至 1996 年 5 月甘肃各级法院共受理各类毒品犯罪案件 4147 起 6326 人，在刑事犯罪活动中，涉毒犯罪案件已占全部刑事案件的 1/7，上升到全部刑事案件的第 2 位，毒品犯罪十分严重。

2470 对我国《消费者权益保护法》第 49 条的若干思考

发表时间及载体：甘肃政法学院学报 2005 年 2 期

作　　者：郭龙

简　　介：文章首先论述了我国消费者权益保护法第 49 条适用的实体条件，然后分析了第 49 条适用的范围，最后指出了第 49 条的赔偿范围。

2471 论东汉诗体的流变

发表时间及载体：西北师大学报：社会科学版 2002 年第 6 期

作　　者：郭令原

简　　介：汉代是我国古代诗体变化的重要时代，但由于时代久远，载籍阙如，加之近代以来疑古思潮影响，使人很难看清此时诗体变化情况。文章对东汉时期的诗歌（以五七言诗为主）作品时代进行辨析，勾勒出了东汉诗体发展变化的脉络。

2472 列宁晚年社会主义思想对当代社会主义实践的启示

发表时间及载体：西北师大学报：社会科学版 2004 年第 4 期

作　　者：刘亚军

简　　介：列宁晚年从俄国经济文化落后的实际出发，重新审视以往的社会主义理论和实践，重新认识落后国家向社会主义过渡的方法，创造性地探索了经济文化落后国家建设社会主义的基本思路。今天看来，列宁晚年关于社会主义的再思考，在很多方面丰富和发展了科学社会主义理论，对当代社会主义实践具有重要的启示。

2473 辩证法·认识论·逻辑学——当代中国的马克思主义体系与方法

发表时间及载体：甘肃理论学刊 2006 年第 5 期

作　　者：曹富雄

简　　介：任何理论都以特定事物的本质和规律为研究对象。规律是客观存在和自成体系的。对客观规律体系的主观认识即思想体系。思想体系的逻辑化便是理论体系。规律体系、思想体系、理论体系在方法上各异，但在体系上相通。这就像辩证法、认识论、逻辑学在马克思主义哲学中的一致。当代中国的马克思主义就是正确反映建设中国特色社会主义规律体系的思想体系构成的统一的理论体系。

2474 提高自主创新能力：我国经济发展方式转变的战略选择

发表时间及载体：甘肃理论学刊 2010 年第 6 期

作　　者：鲜静林

简　　介：加快经济发展方式的转变将是我国在"十二五"期间所面临的最重大的任务。而提高自主创新能力，是加快转变经济发展方式的战略选择，是增强我国综合国力和竞争力的战略部署。

2475 当代敦煌学何以成立——从国家社科基金项目《全球化背景下的敦煌艺术研究》说起

发表时间及载体：甘肃社会科学 2012 年第 6 期

作　　者：王建疆

简　　介：《全球化背景下的敦煌艺术研究》这一国家社科基金项目优秀成果，因其引入全球化背景的视角而使传统敦煌学从考古学上升为价值学，从而赋予了敦煌学全新的意义，使得当代敦煌学具有了存在的根据，因其敦煌艺术再生理论的创建而赋予了与传统敦煌学诸多不同的内涵，又因其再生艺术增殖理论而赋予了与传统敦煌学不同的研究方向和发展前景。从而无论是在研究对象、研究背景方面，还是在思想境界、理论创新、方法创新方面，在价值生成、发展前景方面，都出现了一门不同于传统敦煌学的新兴学科——当代敦煌学。

2476 现代公司成长中应注意的几个问题

发表时间及载体：甘肃社会科学 1998 年 2 期

作　　者：曾春九

简　　介：党的十五大在公有制实现形式和股份制问题上的重大突破，无疑会推进国有企业产权制度的改革和经营机制的实质性转变。以多数产权联合的股份有限公司和以少数产权联合的有限责任公司，将会随着改革力度的加大和社会主义市场经济体制的不断完善，最终会成为我国企业组织形式中的主导者。现代企业制度就是现代公司制度。如果说选择恰当的企业组织形式是第一步，那么，改制后的公司成长和公司发展才是目的。其中，要防止"一股就灵"，须对公司成长与发展的几个问题引起高度重视。

2477 甘肃省跨越式发展中的民生工程及其系列举措

发表时间及载体：甘肃社会科学 2011 年第 6 期

作　　者：关辉国

简　　介：实施区域发展战略的最终目的是实现以人为本和改善民生。经过全面分析甘肃加快民生建设的已有基础、薄弱环节、良好机遇及诸多挑战，提出了新时期甘肃推进民生工程的目标体系、主要内容及其架构；并就落实民生工程的财政、投资、金融创新方面的举措，保障民生工程的体制、机制、行政管理方面的举措提出了系列建议。

2478 关于马克思主义学风建设的几个重要问题

发表时间及载体：兰州学刊 1990 年 1 月

作　　者：武文军

简　　介：我们党是用马克思主义理论武装起来的党，所以我们的每个党员应当把学习马克思主义作为自己的神圣职责。然而，我们年年强调学习马列著作，但每个人在学习效果上差距很大。有些人越学水平觉悟越高，有些人虽学，但明确的事理不多，有些人竟拿上马列的术语吓人，还有些人曲解邪注，使马列原理大走样。

2479 论我国金融监管的协调与合作

发表时间及载体：兰州商学院学报 2005 年第 21 卷第 5 期

作　　者：王霞

简　　介：本文在对金融监管的协调与合作的概念进行界定的基础上，对我国金融监管的协调与合作中存在的法律法规缺失、合作范围狭窄、配套措施不完善等问题进行了具体分析，并提出了完善金融监管立法、扩大金融监管协调合作的范围、逐步落实金融监管协调合作的配套措施等相应对策。

2480 兰州农业可持续发展的主要障碍因素分析——兼论农业多功能性

发表时间及载体：兰州商学院学报 2011 年第 27 卷第 1 期

作　　者：田万慧

简　　介：农业可持续发展是一种建立在生态、经济、社会效益基础上的农业发展模式，其与农业多功能性有着密切的联系，农业多功能的实现依赖于可持续农业的技术体系和政策体系支撑，而可持续农业的实施最终以实现农业的生产、经济、环境、社会等功能的协调发展为目标。可见，农业可持续发展是实现农业多功能性的条件，农业多功能性是农业可持续发展的目标。因此，认清农业可持续发展的主要障碍因素具有极其重要的意义。文章从农业多功能性的视角出发，结合兰州市农业发展的实际，构建了兰州市农业可持续发展的障碍因素指标体系，并运用主成分分析法找出了影响兰州市农业可持续发展的主要障碍因素。

2481 民族院校图书馆古籍整理开发的实践与探索——以西北民族大学图书馆为例

发表时间及载体：社科纵横 2011 年第 11 期

作　　者：杨莉

简　　介：具有 60 年建馆史的西北民族大学图书馆，在古籍整理、开发和利用上取得了丰硕成果。2009 年西北民族大学图书馆被确定为甘肃省首批古籍重点保护单位。本文对西北民族大学图书馆古籍建设的实践，进行了科学、客观的分析研究，归纳总结出可供借鉴的经验以飨读者。

2482 《唐刺史考全编》补正（三）

发表时间及载体：敦煌研究 2012 年第 3 期

作　　者：杨晓

简　　介：近年来地不爱宝，金石墓志层出不穷，尤其以唐两京地区（今陕西西安、河南洛阳地区）为特，数量甚巨。其中墓志居多，尤以唐代墓志于治唐代文史之学多有裨益。本文以近年新刊布唐代墓志资料为主，择其重要者，参以传世典籍，补正《唐代刺史考全编》及后续相关研究，期望对唐代文史研究有所帮助。

2483 高校信息化规划基本流程及其绩效评估分析

发表时间及载体：电化教育研究 2014 年第 35 卷第 5 期

作　　者：胡晓玲

简　　介：高校信息化规划是以高校的发展目标和发展战略为指导，依据高校核心业务需求，构建高校信息化建设与发展蓝图的过程，其主要包括高校信息化战略规划、架构设计和实施规划三个基本流程。文章针对高校信息化规划及其三个基本流程进行阐述，研究对高校信息化规划绩效进行形成性评估与分析的思路，以确保高校信息化规划的科学性。

2484 《三国演义》"本主"现象试论

发表时间及载体：内江师范学院学报 2012 年第 27 卷第 3 期

作　　者：张同胜

简　　介：本主现象古已有之，但它更多偶尔出现在乱世的春秋、三国、宋金元等历史时期。《蒙古秘史》中的本主意识、本主原则以及本主现象，与之相比则更为单纯和浓烈。蒙元时期蒙古族掌握着主流权力话语，本主意识或可成为时代精神之一，在小说叙事、杂剧演唱等艺术中有其反映。《三国演义》中的本主现象，是蒙古族本主文化与三国故事相结合的产物。

2485 经济心理学：整合与创新

发表时间及载体：西北师大学报：社会科学版 2010 年第 3 期

作　　者：王光荣

简　　介：经济心理学是运用心理学的理论和方法研究人类经济行为，探讨其心理机制和过程，进而对人类经济行为进行解释和预测的应用性科学。作为一门新兴的交叉学科，经国内外学者多年的探索和研究，其学科的理论体系、研究方法已日趋成熟，且以其独特的视角实现了对人类经济行为的更好解释与预测。

2486 全面审视我国资源环境审计的发展——评《关于深化资源环境审计工作的思考》

发表时间及载体：中国审计 2009 年第 4 期

作　　者：杨肃昌

简　　介：这是一篇全面审视我国资源环境审计发展的文章，是一次基于实践又指导实践、对我国资源环境审计发展问题的深度思考，文章围绕我国资源环境审计的发展，重点探讨了三大问题。

2487 冷战后中国对外关系中的地缘战略分析

发表时间及载体：甘肃联合大学学报：社会科学版 2010 年第 4 期

作　　者：于玉宏

简　　介：冷战结束后，世界地缘政治格局迅速向多极化方向发展，中国及时适应地缘政治发展的时代背景，打破了意识形态和两极思维的禁锢，以地区主义和全球主义的地缘战略为核心，积极参与和推动多极化世界地缘政治结构的构建，增进了同世界各国特别是地缘政治大国关系的相互依赖性，开拓了本国发展的地缘政治空间，为中国的和平崛起和现代化建设赢得了良好的国际环境和发展机遇。

2488 关于莫高窟第 217 窟南壁壁画的思考

发表时间及载体：敦煌研究 2011 年第 2 期

作　　者：施萍婷

简　　介：莫高窟第 217 窟南壁的壁画，以前考证为法华经变，近年日本学者下野玲子以佛顶尊胜陀罗尼经来比对这幅壁画，推翻了以前的法华经变的结论。但下野的考证仍存在很多问题，本文在检讨了诸多问题之后，认为这铺壁画既不是法华经变，也非佛顶尊胜陀罗尼经变，壁画的主题仍须进一步探讨。

2489 高校图书馆服务功能拓展研究

发表时间及载体：社科纵横 2011 年第 12 期

作　　者：张邺

简　　介：服务创新是高校图书馆功能拓展的着眼点和落脚点。因此，本文通过对高校图书馆服务功能现状的分析，从资源保障体系、学习环境设计、知识管理体系、优化部门结构等方面进行探索和研究，开辟图书馆服务功能的新途径。

2490 试论党校创新教育

发表时间及载体：甘肃理论学刊 2002 年第 5 期

作　　者：魏立平

简　　介：创新教育是国内外高等教育的发展趋势和显著特点，党校教育应该借鉴。本文从教育理念、要素结构、实施方式等方面论述了党校创新教育的必要性、主要内容和实施途径。

2491 甘肃农村税费改革现状及对策分析

发表时间及载体：兰州商学院学报 2005 年第 21 卷第 1 期

作　　者：郎全发

简　　介：全面推进农村税费改革，对深化农村各项改革，促进农村经济发展，从根本上推动解决三农问题，加快农村全面小康建设步伐，加强农村基层民主政治建设，都具有重大而深远的意义。本文阐述了甘肃农村税费改革现状，着重分析了进一步深化改革所面临的主要问题，提出了摆脱困境、继续推进改革的对策。

2492 人口分布与医疗卫生设施的布局配套——以甘肃省白银市为例

发表时间及载体：人口与发展 1996 年第 4 期

作　　者：韦惠兰

简　　介：医疗卫生设施是社会服务系统中重要的子系统之一，是一个地区发达程度的标志，也是衡量社会经济发展水平的尺度。所谓医疗卫生设施布局，系指医疗卫生设施的空间组织形式。

2493 反恐战争前后的阿富汗周边地缘政治形势

发表时间及载体：兰州大学学报：社会科学版 2002 年第 5 期

作　　者：汪金国

简　　介："9·11"事件之后，阿富汗周边地缘政治形势发生了重大变化。本文从历史的角度探讨了这种变化的原因和特点，对美国在中亚和阿富汗的军事存在进行了评论。

2494 移动学习应用环境构建研究

发表时间及载体：电化教育研究 2013 年第 34 卷第 7 期

作　　者：黄建军　张璐

简　　介：移动学习应用环境的建设，对推进移动学习的实施和推广具有重要意义。在提出移动学习应用环境整体构建框架的基础上，深入阐述了构建移动学习环境的移动学习网络接入技术、移动学习平台、移动学习资源制作和移动学习终端设备。

2495 一本书怎样读懂中国文学史

发表时间及载体：中华活页文选（教师）2010 年第 10 期

作　　者：韩高年

简　　介：文学是人类心灵的形象展现，阅读经典的文学作品是人类获得诗意、寻找精神家园的高尚行为。中国的文学史和中华文明史一样，源远流长。当我们翻开中国文学史，透过苍凉而厚重的文字，扑面而来的是古先贤亲切的面容、博大的胸怀、磊落的人格、深邃的思想、和谐的心灵……当我们和着历史的春夏秋冬，徜徉于中国文学的百花园中，那些梅兰竹菊、风花雪月，那些悲欢离合、诗酒琴棋。

2496 再论马仲英赴苏及其下落

发表时间及载体：中南民族大学学报：人文社会科学版 2012 年第 32 卷第 1 期

作　　者：王希隆

简　　介：1934 年 7 月，马仲英离开三十六师，从伊尔克什塘卡进入苏境，前往莫斯科，1937 年以后，下落不明，说法各异。本文根据张大军《新疆风暴七十年》等书中的相关资料进行论证，进一步提出了马仲英在 1937

年下半年被斯大林处决的事实和原因。

2497 基于福柯哲学思想对网络自主学习课堂管理的研究

发表时间及载体：电化教育研究 2014 年第 35 卷第 3 期

作　　者：蒋世强　王志琼

简　　介：网络自主学习在时下得到提倡，但网络自主学习的课堂管理对教师是一个新的挑战。课堂管理有两种基本的方式，分别是监控和激励。从福柯的前期哲学思想来看，监控是对学习者的规训，激励将激发学习者的主体性，监控和激励在课堂管理上是一对矛盾的概念。但从福柯后期哲学思想来看，监控是现代性的体现，有着积极的一面，如果主体性得到激发，得到彰显，学习者就能在规训中得到救赎。本文认同福柯的后期哲学思想，认为网络自主学习课堂管理应该而且也可以做到监控和激励的和谐互动，即在福柯称之为全景敞视式的监控下对主体进行激励，做到规训与主体性的契合。由此，本文设计了监控和激励和谐结合的网络自主学习课堂管理模式，并进行了实证研究。研究表明监控与激励的和谐结合是网络自主学习课堂管理的最佳选择，能显著促进学习的进步。

2498 思想政治教育内容的反思与重构

发表时间及载体：求实 2011 年第 12 期

作　　者：刘基

简　　介：思想政治教育的内容包括思想教育、政治教育、道德教育、心理教育和民主法治教育等显得过于庞杂，这与当前思想政治教育实效性差、意识形态的淡化思潮等具有关联性。从国家良性运转基本构成要素、思想政治教育学科建设、思想政治教育本质、思想政治教育实践、思想政治教育的语义分析和相邻概念的区分等视角进行反思和审视，思想政治教育的内容界定为思想教育和政治教育是更为科学合理的选择。

2499 鲁迅与国学

发表时间及载体：西北民族大学学报：哲学社会科学版 2010 年 5 期

作　　者：关明国

简　　介：鲁迅在"五四"时期对提倡国学的现状不满，认为中国传统文化整体上不适应现代性的需要了。进入现代社会，文化必须借鉴外来的文明成果。鲁迅对待国学持有激烈的批判态度，但他不是一概反对国学，而是要看提倡的目的和"货色"。在批判的同时又有继承，他的学术修养许多是从传统文化中汲取的养料，其学术趣味也没有离开传统文化，并且取得了世人难以企及的成就，他对待国学的态度、原则、方法值得借鉴。

2500 河西地区土地生产潜力及人口承载力研究——以张掖市甘州区为例

发表时间及载体：西北人口 2010 年第 2 期

作　　者：杨东

简　　介：河西地区是我国生态环境比较脆弱的地区。也是我国人口、资源、环境矛盾最集中的地方，由于长期对土地的不合理利用加剧了这一矛盾的激化。如何合理利用土地资源成为首先要解决的问题。

2501 关于推进党内民主建设的思考

发表时间及载体：甘肃理论学刊 2009 年第 1 期

作　　者：张新平　王展

简　　介：党内民主关乎党的生命。本文以党的十七大精神为指导，对中国共产党党内民主建设问题进行了思考，提出在新的历史条件下，发展党内民主，应努力做好以下几方面工作：坚持和完善党的民主集中制原则，必须完整准确地理解民主集中制 改革选举制度，确立严格规范的领导干部任期制 完善党的代表大会制度，实行党代表大会常任制，健全和强化党内监督机制。

2502 全面认识马克思主义理论及其当代意义

发表时间及载体：甘肃理论学刊 2004 年第 6 期

作　　者：陈世宏

简　　介：马克思主义是严整科学性、革命批判性、发展创新性有机统一的工人阶级的理论立场和表现。它总是从事实出发；它具有科学性与革命性的统一性；它注重理论与实践有机结合；它也是理论体系的开放性和其精髓、灵魂的稳定性的有机统一。今天，全面理解马克思主义的理论具有十分重要的现实意义，它有助于我们丰富和发展马克思主义，保证理论创新的正确方向，也有助于深刻、全面地理解三个代表的重要思想。

2503 论琅邪文化

发表时间及载体：兰州大学学报 (社会科学版)2004 年第 32 卷第 3 期

作　　者：张崇琛

简　　介：由琅邪地区 (山东半岛东南部) 特殊的地理形势及人文环境孕育而成的琅邪文化，是一种兼得齐鲁文化之长的文化形态。它发端于先秦，正式形成于西汉，发扬光大于东汉、三国、魏晋，其影响一直延续至近代。琅邪文化的主要特征，一是民风的古朴敦厚然又不乏进取精神，二是学术思想的兼容性及学风的经世致用，三是谋略的深远与行动的谨慎，四是以家族为主的文化传承方式。

2504 学习方永刚 履行理论工作者的神圣使命

发表时间及载体：实践：思想理论版 2007 年第 7 期

作　　者：王学俭

简　　介：方永刚同志对党的创新理论有深刻的理解和把握。二十多年来，他执著地学习马克思列宁主义和我们党在推进马克思主义中国化过程中形成的一系列重大理论创新成果，撰写了大量研究论著。

2505 论"美恶同辞"

发表时间及载体：西安社会科学 2011 年第 4 期

作　　者：张建军

简　　介："美恶同辞"现象古已有之。东晋郭璞注《尔雅》《方言》时最早提出此现象。东汉许慎、清代段玉裁、王念孙、郝懿行、俞樾等对此都发表过意见。本文试图探讨"美恶同辞"与"反训"的关系以及与反语、反义词的区别。文章认为，"美恶同辞"作为客观存在的语言现象，作为词义演变的一种特殊规律，绝不是偶然的、孤立的。它的存在，必然具有特殊的意义和价值。

2506 FDI 对中国经济发展的潜在负面影响及对策分析

发表时间及载体：西北民族大学学报：哲学社会科学版 2011 年 2 期

作　　者：廉丽娜

简　　介：中国作为发展中国家的引资大国，FDI 解决了相关产业的资金短缺问题，促进了我国经济的快速发展。但外资在近 10 年的注入也体现了一些不容小视的问题，如外资的来源国过于集中，外资渗透领域和地区与我国的经济发展导向相悖，外资企业与内资企业的资源争夺激烈等。从外资的来源结构，进入的投资产业、投资地区、外资的待遇及技术溢出效应等方面，可以剖析出外资进入对我国经济发展的负面影响，但可采取相应的解决措施。

2507 我国有效教学研究十年：回顾与反思

发表时间及载体：西北师大学报：社会科学版 2009 年第 5 期

作　　者：卢尚建

简　　介：从 1998 年至 2008 年的 10 年里，我国关于有效教学的研究内容涉及有效教学的涵义、特征、标准以及策略等几方面。研究虽取得丰硕的成果，但尚存在概念不清、主题间的关系模糊、研究重点偏向有效教学普适理论、研究方法单一等不足之处。今后的相关研究要廓清基本问题，结合具体学科进行多种方法的整合研究。

2508 试析大学生思想政治教育网站吸引力的增强

发表时间及载体：电化教育研究 2006 年第 3 期

作　　者：张卫锴

简　　介：大学生思想政治教育网站是开展网络思想政治教育的重要阵地，但阵地作用发挥的前提是网站吸引力决定的点击率。各高校的大学生思想政治教育网站普遍存在理念滞后、内容枯燥、形式单调、技术不新、特色不明等主要问题。增强大学生思想政治教育网站的吸引力应抓住人本性、服务性、技术性、特色性四个着力点。同时要注意处理好思想性和艺术性、教育和服务、教育者和受教育者、网上和网下四个关系。

2509 从我国典型区域工业化模式看西部工业化道路的选择

发表时间及载体：价格月刊 2008 年第 5 期

作　　者：李青　苏华

简　　介：笔者提出西部地区工业化发展，应借鉴以乡镇企业发展为导向的"苏南模式"、以个体私营经济发展为导向的"温州模式"和出口导向型的"珠江三角洲模式"等典型地区工业化模式的成功经验，因地制宜，发挥比较优势，发展产业集群，走适合西部实际的区域工业化发展道路。

2510 全面深刻理解"要继续实施区域发展总体战略"

发表时间及载体：兰州商学院学报 2008 年第 24 卷第 1 期

作　　者：张贡生

简　　介：继续实施区域发展总体战略是"纲"，深入推进西部大开发，全面振兴东北地区等老工业基地。大力促进中部地区崛起，积极支持东部地区率先发展是"目"。促进大中小城市和小城镇协调发展是走中国特色城镇化道路的根本保证。着力发展经济增长极—城市群，则是区域振兴，乃至中国实现现代化的必然选择。虽然主体功能区划分是实施区域发展战略的载体，但目前需要明确单元划分。量化标准，以及是否需要进一步划分若干亚区或亚类等相关问题。

2511 关于全数字化电视节目制作环境的优化设计

发表时间及载体：电化教育研究 2001 年第 10 期

作　　者：杨晓宏

简　　介：目前，向全数字化电视节目制作环境过渡是我国各级各类电视制作部门面临的首要任务，本文从分析电视节目制作环境的变革与发展入手，对全数字化电视节目制作环境的设计问题进行了探讨。

2512 从陆机诗赋论看其诗学赋学思想价值——兼论诗赋理论研究的思维模式与方法

发表时间及载体：西北师大学报：社会科学版 2002 年第 2 期

作　　者：刘志伟

简　　介：反思 20 世纪重诗轻赋或诗、赋混同的固有思维模式与研究方法，以客观、准确地认识陆机诗论与赋论二者的辩证关系为探讨问题的根本前提，可以得出如下结论：陆机分论诗缘情而绮靡、赋体物而浏亮，是在曹丕并论诗赋欲丽基础上迈进了一大步，既是太康诗、赋革新的理论宣言，也是太康诗、赋文体观念进步的重要标志。陆机在中国诗学史上第一次揭示诗歌在文学众体中缘情功能最为突出，追求绮靡的诗学思想，开辟了太康诗歌缘情新时代；在中国赋学史上第一次明确提出赋体物为本，特浏亮的赋学思想，从理论上正式宣告了汉大赋时代的终结，开辟了太康赋理论与创作的新时代。陆机诗、赋论都具有重要价值，不当厚此薄彼。

2513 农户生计资本对其风险应对策略的影响——以黑河流域张掖市为例

发表时间及载体：中国农村经济 2012 年 08 期

作　　者：苏芳

简　　介：本文以英国国际发展部的可持续生计方法分析框架为研究基础，通过对黑河流域张掖市农户风险应对策略的调查，运用多元 Logit 模型对农户风险应对策略的影响因素进行了实证分析。研究表明：人力资本和金融资本是影响农户风险应对策略最显著的因素，物质资本和社会资本次之，自然资本是影响农户风险应对策略最不显著的因素。研究同时还发现，可以通过增加金融资本、提升农户的人力资本等措施，增强农户的抗风险能力。

2514 微格教学在学前教育专业"音乐教学法"课程教学中的运用

发表时间及载体：电化教育研究 2007 年第 5 期

作　　者：黄少芸

简　　介：本文结合高师院校学前教育专业"音乐教学法"课程中声乐课堂教学实践，探讨了在"音乐教学法"课程教学中运用微格教学进行教学训练的步骤教学方法，并分析了微格教学在学前教育专业"音乐教学法"课程教学中的运用效果。

2515 基于产权视角的社区共管研究——以中国四个自然保护区为例

发表时间及载体：特区经济 2008 年第 2 期

作　　者：韦惠兰

简　　介：社区共管已经成为自然资源管理的一种趋势，但这种模式在中国仍处于初级阶段，如何推广这种方法，特别是实现这种方法的机制化，是这个领域研究的焦点。机制是建立在产权制度基础上的，中国目前的产权制度阻碍了社区共管的发展，在不改变所有制性质前提下的合理分权是社区共管改进的关键。本文通过分析中国四个自然保护区的具体情况，提出了产权建设意见和社区共管的改进运行模式。

2516 思想政治理论教育视域中的政治认同

发表时间及载体：社科纵横 2009 年第 4 期

作　　者：吴冰　林雪

简　　介：政治认同是社会成员对政治体系的认知和行为作用的过程。当前社会转型时期，政治认同在大学生思想政治教育中遇到政治文化的转变和思想政治教育的观念方式不相适应、社会主义政治制度的认知教育缺乏、思想政治教育实践中政治参与能力的缺失等三个方面的认同障碍。高校思想政治理论课教学对于大学生认同障碍的解决是不可或缺的，政治认同教育应成为开展大学生思想政治教育工作的基本理念。

2517 树立社会主义荣辱观的几个重点问题

发表时间及载体：发展 2006 年第 12 期

作　　者：王学俭

简　　介：荣辱观是人们在长期的实际生活中，通过行为选择和评价而形成的对荣誉和耻辱的一种心理感受及其相应的稳定的观念体系，它属于道德人格和道德良心范畴，表现为行为主体的道德信念和价值取。

2518 论邓之诚《清诗纪事初编》的文献学价值

发表时间及载体：甘肃理论学刊 2011 年第 1 期

作　　者：张毓洲

简　　介：诗歌纪事的编写体制由来已久，但编写旨趣不尽一致。著名史学家邓之诚先生的《清诗纪事初编》是第一部研究清诗的纪事诗编，在学术界尤其是清诗研究领域产生了重大的影响，享有很高的地位。《清诗纪事初编》为我们提供了集中而丰富的清代文史研究资料，又注重目录版本的梳理，且附有学术价值甚高的小传，在文献学方面，具有重要的意义。

2519 分析教师需求规划培训模式

发表时间及载体：电化教育研究 2008 年第 10 期

作　　者：郭绍青　宿翠华

简　　介：本文通过问卷的形式收集资料，分析教师教育技术能力现状及他们对不同培训形式的需求，并在此基础上规划教师培训模式。

2520 对撒拉族家庭的民族社会学考察

发表时间及载体：西北民族研究 2002 年第 1 期

作　　者：高永久

简　　介：家庭是人类最基本的实体单位。它必须履行两个方面的职能：一方面是适应外界对它的冲击 一方面是调整其内部的关系，使自身更完整、更充实地适应社会的设置。从这个角度上来讲，也可以说家庭是婚姻当事人个体活动的各种社会产物的总和。撒拉族家庭也具有个体单位与社会设置两方面的联系与互动。本文以韩热木赞老人一家的家庭生活为代表，通过对撒拉族的婚后家庭居住形式、撒拉族家庭的规模与结构、撒拉族的家庭关系等各个方面的民族社会学考察，揭示了撒拉族家庭在新时期的功能。

2521 牛女传说在魏晋南北朝时期的传播与分化

发表时间及载体：长江学术 2008 年第 1 期

作　　者：赵逵夫

简　　介：曹魏开始以"孝"治天下，当时文人咏牛女、七夕的诗中，尚看不出"牛郎织女"的分化，但却生发出了三种情节上相近而以宣扬孝道为主题的故事，由于统治阶级的提倡，对"牛郎织女"传说形成排挤、覆盖之势。东晋南迁之后，"牛郎织女"传说及有关风俗在南方广泛地传播开来，而同时也在内容、情调、情节上形成分化。部分咏牛女、七夕的诗词中仍表现出对牛女忠贞爱情的赞扬，保持了牛女传说的悲剧情调，但更多的咏七夕之作，则是借牛女写自己的情怀，渲染牛女相见的豪华场景，歪曲了"牛郎织女"传说原有的主题。在情节方面，由牵牛而分化出黄姑、变鹊桥为星桥，在河汉之外，凭空生出个南阳。齐梁殷芸小说则是对"牛郎织女"传说的全面篡改。在南朝民间与北朝文人作品中，则仍保留着本来的面貌。唐宋时代，由于道教的兴盛和经学，理学的盛行，没有出现文人重述的"牛郎织女"作品。元代以后，才出现了以牛女传说为题材的小说、戏曲作品。"牛郎织女"传说是经历了长时间考验的我国民间传说的不朽的瑰宝。

2522 当前中国西部儿童文学的文化多样性

发表时间及载体：青海社会科学 2010 年第 4 期

作　　者：李利芳

简　　介：从文化多样性视角观察西部儿童文学，是一种新颖的研究角度，它有助于廓清西部儿童文学自身的文学构成与精神特质，认识西部人文传统与现状对于儿童文学发展的影响力，透视西部儿童的生存与生活问题等。

2523 甘肃省高层次创新型人才队伍建设研究

发表时间及载体：开发研究 2011 年 3 期

作　　者：苏海龙

简　　介：随着科学技术的飞速发展，知识和人才已成为经济增长的主要驱动力，高层次创新型人才作为知识创新的尖兵，已经成为国家和地区间竞争的关键因素。在当前时代背景下，准确把握甘肃省高层次创新型人才队伍的现状和特点，分析甘肃省高层次创新型人才队伍建设发展的制约因素，提出应对措施，为增强甘肃省区域竞争力提供人才保证和智力支持。

2524 开展保持共产党员先进性教育活动，促进行政学院发展

发表时间及载体：甘肃行政学院学报 2005 年第 1 期

作　　者：石玉亭

简　　介：在全党开展以实践"三个代表"重要思想为主要内容的保持共产党员先进性教育活动，是党的"十六大"作出的一项重大决策，也是贯彻落实党的十六届三中、四中全会精神的一项重要任务，是提高党的执政能力、巩固党的执政基础、完成党的执政使命的重要举措。开展这项教育活动，对于全面加强党的思想、组织、作风和制度建设，增强党组织的创造力、凝聚力和战斗力，充分发挥领导核心和战斗堡垒作用，提高党员队伍整体素质，充分发挥广大党员的先锋模范作用。同时，也对推进我省公务员培训事业快速健康发展具有特别重要的意义。

2525 韦伯与法制现代化之标准问题

发表时间及载体：甘肃行政学院学报 2004 年第 2 期

作　　者：杨德祥

简　　介：法制现代化已成为我国法制建设中关键的制度性变项，其事关法律之效能程度，即权威性。本文比较了中西传统法律文化之异同，分析了韦伯关于工具合理性与价值合理性的理论基础，指出中国法治现代化标准不应寻求其中之一系，而是二者之有效融合，认为工具理性与价值理性之结合乃是

人类治理方式的必然与唯一选择。

2526 唐代前期凉州的历史地位和作用考论

发表时间及载体: 甘肃联合大学学报: 社会科学版 2006 年第 22 卷第 4 期

作　　者: 冯玉新　王蓉

简　　介: 汉唐时期,凉州以其独特的地理位置和政治、经济、文化地位,成为西北战略要地和都会,凉州成为我国西北仅次于长安的最大城市,前凉、后凉、南凉、北凉以及唐初的大凉都曾在此建都,以后历为州、郡府治。唐代前期,唐政府对河西进行了大规模的开发治理,使凉州作为西北的政治、经济、军事中心的地位进一步得到巩固。凉州一度成为东西经济文化交流、国际交通的枢纽,是唐政府经略西域的后方总部,并成为国家安全战略的重点。

2527 辩证地看待国有资产流失

发表时间及载体: 产权导刊 2004 年第 11 期

作　　者: 高新才

简　　介: 对企业改制国有资产流失的现象,一直是理论界和社会上反映强烈的问题。应该说,国有企业改制是一项非常复杂的工作,出现一些问题是正常的、是不可避免的。但从工作指导的角度,出现了问题就需要及时解决。因此,要坚持正确的改革方向,总结改革的成功经验,解决改革中出现的问题,进一步推进国有企业规范改制,促进国有产权有序流转。

2528 高校网络思想政治教育的主要问题分析

发表时间及载体: 电化教育研究 2007 年第 12 期

作　　者: 杨平

简　　介: 现阶段,高校网络思想政治教育仍然存在一些突出的问题,主要表现在基础理论研究滞后、技术应用不够充分、内容和形式的创新不够等方面。其主要原因是高校网络思想政治教育人才缺乏、投入不足。为此,必须采取切实有效的措施改进高校网络思想政治教育,增强其针对性、主动性和实效性。

2529 西部地区投资环境空间差异分析研究

发表时间及载体: 甘肃理论学刊 2011 年第 2 期

作　　者: 李淑华　柴娟娟

简　　介: 本文运用多元统计方法中的因子分析和聚类分析对西部地区投资环境的空间差异分析进行分析,定量揭示西部地区投资环境在空间上的分布现状、差异以及相似性,以期对西部地区经济发展决策提供支持。

2530 中国社会科学的历史追寻

发表时间及载体: 甘肃社会科学 2012 年 4 期

作　　者: 安文华

简　　介: 现在,学术界有一个共同的看法,认为中国社会科学研究是西学跟进后在近代才有的,社会科学研究的各学科来自于西方,发轫于西方,包括"科学"以及社会科学的诸名词,都是从西方学者那里翻译过来的舶来品,中国在社会科学研究领域很少有自己的话语权。由此,中国社会科学有没有历史可寻的问题,便毫不留情地摆在了我们面前。针对以上问题,本文对中国社会科学进行历史追寻,从中华五千年历史文化长河中寻求困惑我们多年的答案,还社会科学在中国的本来面貌。

2531 法官与律师：实现当事人实质平等的两种程序进路分析

发表时间及载体：甘肃政法学院学报 2011 年 2 期

作　　者：杜睿哲

简　　介：本文回应了现代社会分层带来的诸多问题，民事诉讼结构无论如何设计，都无法回避如何保障双方当事人进行诉讼能力实质平等这一核心问题。西方两大法系国家以自由主义为理论基础从当事人私权的视觉解决这一问题的经验，不能解决中国社会转型期的问题。基于中国的国情和司法实际，需通过积极的法官能动政策以及法官与律师（当事人）充分信任、合作的角度来设计诉讼结构。

2532 甘肃区域发展战略实现的动力机制探讨

发表时间及载体：开发研究 2010 年 5 期

作　　者：魏晓蓉

简　　介：在国家区域发展战略由非均衡发展进入协调发展战略全面实施的新阶段，甘肃只有在国家区域协调发展战略总体框架内，充分利用好国家深入推进西部大开发战略和后危机时期发展战略性新兴产业的政策和宏观环境，善于利用好资源优势，通过大力发展新能源产业，形成"新能源产业—新型工业化—新型城市化"三位一体式发展模式，才能推动和支撑甘肃的区域发展战略最终实现。

2533 21 世纪我国人口身体素质问题分析

发表时间及载体：西北人口 2011 年第 6 期

作　　者：张罍　马宁

简　　介：控制人口数量，提高人口素质是我国的基本国策。本文通过论述我国人口的身体素质现状与存在的主要问题，分析当代人口身体素质与社会发展的双向影响因素，提出了面向 21 世纪全面提高我国人口素质。

2534 常新港：历史与现实童年之重

发表时间及载体：文艺评论 2011 年第 9 期

作　　者：李利芳

简　　介：在当下中国儿童文学发展的大语境下，呈现常新港创作的价值非常有现实意义。当一股很"轻"很"浅"的儿童文学思想倾向逐步蔓延于这块文学阵地时，深度写作的呼唤会愈来愈响亮而热烈。于是，盘点与总结新时期以来坚守文学理想与独立艺术追求的作家也便成为儿童文学学界目前一项重要而迫切的课题。

2535 《诗经》燕饮诗与周人的生命意识

发表时间及载体：甘肃联合大学学报：社会科学版 2008 年第 24 卷第 5 期

作　　者：张艳萍

简　　介：《诗经》燕饮诗比较全面地反映了生命意识觉醒后的周人对生命质量的追求。本篇论文着重探讨其最高目标（追求人生的完美）的最后一个层面：在纵向上，周人把自己置于祖先、自己、子孙构成的永不间断的血缘生命链中，以孝为本，上对祖先负责，福荫子孙，下对后代子孙负责。

2536 明清时期西北地区荒漠化的形成机制研究

发表时间及载体：学术研究 2010 年第 6 期

作　　者：杨红伟

简　　介：外在约束机制被频繁的人类活动所突破，是造成明清时期西北地区荒漠化的重要动力。然而究其实质，人类活动之所以能够持续不断地突破外在约束，还在于约束人类活动的内在机制的缺失。只有建立起对资源利用的有效产权以及使用权的制度安排，才能形成对人类活动的有效约束机制，协调人类与环境的关系，最大可能地避免荒漠化的发生和蔓延。

2537 以故事为载体培育社会主义核心价值观

发表时间及载体：思想政治教育研究 2013年第 6 期

作　　者：王学俭

简　　介：故事是孕育、承载、传播社会主义核心价值观的重要载体，利用故事独特的传播优势、情感优势和行动优势来培育社会主义核心价值观，可以突破培育社会主义核心价值观的思维限制。

2538 妇女主义理论概述

发表时间及载体：甘肃行政学院学报 2004年第 4 期

作　　者：水彩琴

简　　介：妇女主义理论发端于黑人女权主义。20 世纪 80 年代初期，以艾丽斯沃克为首的一批黑人女学者，为避免黑人女权主义这一术语引起的类似白人女权主义的种族中心主义，也为团结第三世界妇女以及所有有色人种妇女，提倡使用妇女主义，促成了妇女主义这一黑人女性文学批评理论的诞生。此后，艾丽斯·沃克 (AliceWalker)、柴奥·奥古尼艾米 (ChikwenyeOkonjoOgunyemi)、雪莉安·威廉斯 (SherleyAnne Williams) 以及迈克尔·奥克沃德 (MichaelAwkward) 等批评家，对妇女主义做了具体的学术界定，使之逐步发展成为一种较为完善的文学批评理论。本文就妇女主义理论的出现、发展、完善及其理论原则做了尝试性概述。

2539 融天文科学于其中的奇瑰浪漫之作——《稼轩木兰花慢》别解

发表时间及载体：文史知识 2011 年第 12 期

作　　者：庆振轩

简　　介：《稼轩木兰花慢》是词史上的名篇，但在梁启勋、王国维给予特别关注之前，论者不与。王国维之论与梁启勋相近，《人间词话》谓"词人想象，直悟月轮绕地之理，与科学家密合，可谓神悟"，梁启勋说"（词人）竟彻悟地圆之理，不可谓不聪明"。

2540 网络交易意思表示真实性问题研究

发表时间及载体：兰州大学学报（社会科学版）2002 年第 30 卷第 3 期

作　　者：范晓宇

简　　介：网络交易是电子商务的核心部分。而网络交易合同对传统的意思表示理论构成了很大的挑战。本文从网络交易的特征入手，结合传统的意思表示理论，实证分析了网络交易合同中的电子代理人、合同当事人的身份判断以及第三人的错误问题，对网络交易合同意思表示的真实性问题作了详细的考察，并提出了具体的解决方案。

2541 近代中国高师教育理念论争的回顾与反思

发表时间及载体：西北师大学报：社会科学版 2008 年第 4 期

作　　者：安心　张建锋

简　　介：高师教育的发展不仅仅是制度创新的问题，更重要的是高师教育理念的更新问题。19 世纪末，我国以日本为范例，迅速建立起自己的师范教育制度，但是其发展一波三折，仅关于高师教育是否独立设置，就曾发生过四次大的论争，并在一定程度上引起了高师教育理念的变迁。从"学堂必有师"

到"高师合并"，再到"学者非良师"及"高师学院制"，几经跌宕。缘此，分析当时高师教育独立设置之论争及其理念变迁，对当今高师教育的改革具有重要的现实意义。

2542 敦煌遗书——一宗后晋时期敦煌民事诉讼档案

发表时间及载体：敦煌研究 2003 年第 2 期

作　　者：李正宇

简　　介：敦煌遗书 P.3257 后晋开运二年 (945) 敦煌寡妇阿龙诉讼案卷，是我国古代法学史及档案史方面的珍贵遗存，早已引起敦煌学界的重视与探讨。但由于时移世变，古今揆隔，原卷文字又间有残缺、讹误，诸家理解难免参差不一。笔者特予整理过录并加注释，以提供一个尽可能完善的释读文本。在此基础上，笔者又着重对本卷在我国法学史、档案学史方面的价值意义进行了探讨，以揭示本卷重要的学术内涵。

2543 "恶"——一种不可忽视的历史动力

发表时间及载体：社科纵横 2008 年第 6 期

作　　者：王海丽

简　　介："恶"是历史发展的动力之一，基督教哲学、维柯、康德、杜尔阁、孔多塞、黑格尔、马克思都有关于"恶"的历史作用的论述，但是在承认恶的历史作用的同时，并不能否认历史发展的其它动力，特别不能忽视与之对立的善的重要作用。探究"恶"的历史作用的现实意义是为了驱恶扬善。

2544 西北民族教育信息化进程探析

发表时间及载体：电化教育研究 2004 年第 12 期

作　　者：李长著　俞树煜

简　　介：文章在分析西北民族教育信息化发展背景的基础上着重论述了西北民族教育信息化的发展现状和制约因素，并在此基础上提出了加快西北民族教育信息化进程的四项策略。

2545 莫高窟第 45 窟观音经变时代新探

发表时间及载体：敦煌研究 2012 年第 6 期

作　　者：沙武田

简　　介：敦煌莫高窟第 45 窟为代表窟，窟内南壁观音经变同属唐代艺术精品，传统学界认为该铺经变为盛唐作品，是在洞窟营建之初与其他盛唐壁画同时绘制。但是经过我们对洞窟营建的考察发现，第 45 窟作为盛唐未完工中唐补绘洞窟，观音经变如同窟内其他几身中唐补绘的观音、地藏菩萨像一样，实为洞窟停工后由后人续修补绘作品。与窟内及其他窟相关的盛唐、中唐壁画作一比较，发现其确与盛唐壁画有所区别，却与中唐壁画有所联系。同时，作为当时独特背景下观音信仰的流行，观音经变的绘制也符合具体的历史背景。分析的结果表明，莫高窟第 45 窟南壁观音经变，不大可能像传统观点认为的那样，属于洞窟营建之初整体设计思想与布局观念指导下的一部分，绘制于盛唐第一次营建之时，而应该是受吐蕃战争影响下洞窟停工后的续修补绘作品。具体的时间有可能是沙州陷蕃 (公元 786 年) 前，仍属盛唐时期，但不会早于东壁门南补绘盛唐观音立像；也有可能晚到沙州陷蕃后的中唐时期。无论如何，该铺观音经变作为洞窟停工后由后人续修补绘作品是可以肯定的。但是并不能因此而否定或贬低该铺经变之艺术、历史、学术价值，它作为莫高窟唐代艺术之精品与代表作仍无疑问。

2546 语料库网络资源与大学英语教学信息融合研究

发表时间及载体：电化教育研究 2014 年第 35 卷第 4 期

作　者：吴晓昱　王秋燕

简　介：文章从大学英语课堂教学模式、网络知识与技能、信息融合能力、语料库知识等方面对高校大学英语教学进行探讨，并就利用语料库网络资源与大学英语教学信息融合作了教学实践研究，力使语料库资源成为大学英语教学的有机组成部分，继而使网络资源与大学英语教学相融合，打破"课堂＋课本"的局限，利用超越式发展的网络技术创设理想的大学英语教学环境，从根本上改变高校传统的大学英语教学结构，促进学生综合语言运用能力的提升。

2547 应运而生的思想家——兼评《韩非子》的成书与文学研究

发表时间及载体：甘肃联合大学学报：社会科学版 2011 年第 27 卷第 1 期

作　者：赵逵夫

简　介：韩非是法家集大成的人物。其思想，是为建立统一、强大的封建帝国提供理论根据与思想方法；其著作，是顺应时代发展的产物。韩非论著中关于文学的论说，都是针对当时具体社会环境与他所要完成的历史使命而言的，我们必须从他的文章所体现的与文学有关的方方面面，去了解其对文学的真正看法。所以，我们应该注意两点：第一，韩非著作中说的"文学"，乃是指学术文化，主要指儒家学说。第二，韩非当时面对的是学术上的各家各派竞驰其说。其著作中的文学理论是一种特殊时期的文艺理论，并不能反映他的整个文艺观。由此出发，才有可能对韩非的文学思想有一个比较全面、正确的认识。

2548 论 WTO 规则的法律属性

发表时间及载体：甘肃政法学院学报 2003 年 2 期

作　者：刘焱

简　介："WTO"规则的法律属性问题是一个关系到"WTO"规则的理解，"WTO"规则在中国实施的重要问题。本文首先明确指出，"WTO"规则是国际条约而不是契约，然后论述了"WTO"规则的法律属性应当是国际贸易法。

2549 后殖民文化批判的三组二元对立模式

发表时间及载体：西北师大学报：社会科学版 2007 年第 6 期

作　者：李曦珍　何眉

简　介：后殖民文化批判逐渐被国际社会学术机构确定为一种重要的甚至是独特的文化批评模式。后殖民主义的文化批判，以否定和颠覆西方新旧殖民主义的文化霸权和文化殖民为宗旨，并以其人之道还治其人之身，批判和颠覆殖民主义所确立的"黑人／白人""自我／他者"和"男性／女性"等三组二元对立的文化模式，利用后殖民理论最终在"西方／东方""支配／被支配"的二元对立模式中对西方文化殖民现象作出解答，反对用西方殖民主义统治所构造的知识形式来框定和分析自己民族的文化而使其民族精神深处被殖民化和奴隶化。但是，这三组文化批判模式都存在各自的缺陷，即都是在殖民主义话语体系下对殖民主义文化及种族主义所进行的并不彻底的批判。

2550 明代政治转型：正德嘉靖政局的走向

发表时间及载体：西北师大学报：社会科学版 2009 年第 6 期

作　者：田澍

简　介：明武宗的猝死使明代政治走到了十字路口，是沿着武宗的老路继续滑行，还是改弦易辙，继任者必须作出选择。这一选择权掌握在世宗手中，而不是在杨廷和等人手中。杨廷和等人能否被世宗选中，这是决定嘉靖政局走向的关键问题。世宗顺利即位后，通过"大礼议"将杨廷和集团彻底击碎，确定了新的施政理念，完成了明代政治的转型。选帝、世宗登基和清除杨廷和集团，是正德、嘉靖之际历史走向的主线。

2551 浅谈敦煌籍帐文书中的漆器和小木器皿

发表时间及载体：敦煌研究 2009 年第 2 期

作　者：杨森

简　介：通过对敦煌寺院籍帐等文书中漆器和小木器皿的分析，可知敦煌地区所见漆器等多数来自外地，但从文书中记录有画漆器先生，知敦煌本地也生产少量的漆器。当地的普通百姓也多能使用漆器和木器皿，因为敦煌寺院文书中所见漆器，大量来源于信徒的布施供养。

2552 我国西北少数民族现代化进程中的政治文化转型

发表时间及载体：西北师大学报：社会科学版 2003 年第 6 期

作　者：丁志刚　韩作珍

简　介：政治文化概念是研究一个民族、一个国家政治生活的重要工具之一，它能够准确和真实地展现一个民族、一个国家的公民、政治组织以及社会群体的政治心理、政治态度和政治价值取向，体现着一个民族、一个国家政治生活变迁的内在思想轨迹。长期以来，我国西北少数民族的政治文化是一种与其历史演进和经济社会发展相适应的传统型政治文化，它具有宗教性、服从性、封闭性、疏离性等特征。但随着我国社会的整体转型，西北少数民族的政治价值观、政治态度、政治人格、政治认同、政治社会化、政治行为等方面都正在发生深刻变化。随着政治文化转型的逐渐深入，西北少数民族政治文化也呈现出世俗性、自主性、开放性、进取性、融合性等特征。

2553 两种缺席判决模式的价值取向——兼谈我国缺席判决制度的完善

发表时间及载体：甘肃政法学院学报 2008 年 1 期

作　者：刘琳

简　介：缺席判决是民事诉讼中的一项重要制度。从古罗马到近代，它不断发展、完善。缺席判决有其独特的存在价值，实现着在特定情况下，解决纠纷、简化诉讼程序、经济诉讼的目的。缺席判决制度从其确立，历经缺席判决主义—方辩论主义的变迁，其价值取向也从惩罚主义走向追求制度的正当性。而我国的缺席判决制度法律规定粗疏，存在忽视程序独立价值的缺陷，需要得到修正。

2554 简牍日书社会生活史研究述评

发表时间及载体：甘肃高师学报 2011 年第 16 卷第 1 期

作　者：孙占宇　张艳玲

简　介：文章对二十多年来学界利用简牍日书材料，研究战国秦汉社会生活史所取得的丰硕成果进行了较为全面的梳理。这些成果丰富了我们对于战国秦汉时期中下层民众日常生活的了解，深化了我们对于当时社会风貌的整体认识，在很大程度上弥补了史籍记载之不足，值得肯定。同时指出以日书为代表的数术文化曾对当时社会心理以及民众生活产生过深远的影响，以往研究成果在这方面的讨论稍嫌薄弱，有待进一步深入。

2555 发达国家体育产业发展趋势探析

发表时间及载体：兰州商学院学报 2004 年第 20 卷第 3 期

作　　者：何步文　刘庆谊

简　　介：文章利用已有的文献资料对发达国家体育产业的发展状况、趋势以及体育产业在 GDP 中所占的比例进行了分析研究，并认为体育产业的发展是朝国际化、股份制的方向迈进的。本文旨在以他山之石为我省乃至全国的体育产业发展提供思路。

2556 多媒体 CAI 课件对实验操作技能形成影响的研究

发表时间及载体：电化教育研究 2007 年第 3 期

作　　者：胡胜利　周爱保 刘建宁

简　　介：本文研究以 48 名高中二年级学生为被试，采用实验组控制组后测实验设计，选择中和滴定作为实验操作任务，探讨了多媒体 CAI 课件对实验操作技能形成的影响。结果表明，多媒体 CAI 课件能明显地促进学生实验操作技能的形成。特别是在实验操作动作的自动化方面。

2557 论中国特色管理之道——兼论管理境界

发表时间及载体：甘肃社会科学 2012 年第 3 期

作　　者：刘举科

简　　介：中国特色管理之道，是中国几千年管理思想实践与马克思主义基本原理相结合，形成了具有中国特色社会主义理论体系下的管理之道，是以中国传统文化为基石，学习西方先进管理技术，总结中国共产党执政治国先进理念而建立的符合科学发展观的管理之道。内涵有两个层次、五种境界。管理境界的划分是从政治觉悟、社会责任、经济效益、文化建设、环境文明等综合因素，以"二五之精"为依据划分为生存型、效益型、事业型、为他型、无为型五种境界。前四种均属"有为"层次，后一种属于"无为"境界。"有为"与"无为"是辩证统一的一组哲学范畴。

2558 佛律"羯磨"一词的翻译及其相关问题

发表时间及载体：敦煌学辑刊 2012 年第 2 期

作　　者：张颖

简　　介：佛律"羯磨"在有关佛教的词典中均意译为"业"，但我们发现它更多的表示佛教教团所依据的仪轨，是一种"羯磨"法，对佛教具有重要作用。且其对比丘和比丘尼要求有很多不同，甚至是偏重。本文主要对其含义、作用及其对僧尼不同要求的表现和原因做了探讨。

2559 《中国历史政治地理十六讲》书评

发表时间及载体：地理学报 2014 年第 4 期

作　　者：李晓英

简　　介：政治地理学作为西方人文地理学最古老的分支学科之一，在西方学界日益成为一门显学。但由于受国情体制的影响，中国的政治地理学研究一直没有很好地展开。

2560 浅评我国新婚姻法

发表时间及载体：甘肃行政学院学报 2001 年第 3 期

作　　者：康耀坤　林新生

简　　介：本文对新婚姻法的成功与不足进

行了理论探讨，指出，新婚姻法在立法思想、立法模式、立法技术、法律规范内容上具有明显的进步性；同时在离婚标准设定、实体制度建构、具体条款规定上存在一定的不足，有必要进一步加以完善。

2561 西北民族地区网络教育的需求分析

发表时间及载体：电化教育研究 2003 年第 12 期

作　　者：黎军

简　　介：西北民族地区发展网络教育是该地区经济文化和人民的需求，网络教育是满足西北民族地区教育需求增长的有效途径。本文从西北民族地区的现状出发，具体分析了网络教育在西北民族地区的需求状况。

2562 寻找家园的"真"女性：庐隐作品中的家园意识

发表时间及载体：西北师大学报：社会科学版 2012 年 第 2 期

作　　者：王明丽

简　　介：庐隐作品中"海""天空""湖"等自然环境和生态意象的文本意义，在于脱离启蒙叙事对于"家"的关注，揭示传统家庭结构统治模式的秘密：女性、儿童是最末端的一极，也是离自然最近的一极。在这个女性化的生存场所即"地上的乐同"里，自然与人文和谐交织，守护、呼唤着"花重锦官城"的春天，这是生态女性主义叙事的神话世界，对应着与"家"连生在一起的芸芸众生灵肉一致、身心和谐的安恬。

2563 甘肃省农村基层党组织建设研究

发表时间及载体：社科纵横 2011 年第 1 期

作　　者：李景　杨秀玲

简　　介：本文通过对甘肃省部分农村基层党组织的调研，以详实的数据和调查资料为基础，对甘肃省农村基层党组织建设现状进行了总结，在党员队伍结构、组织制度建设、思想政治建设、干部队伍建设和作风建设等方面取得了一定成绩。同时，指出在农村基层党组织建设中主要存在党员老龄化、党员队伍素质偏低，观念陈旧，村级党组织党建活动内容单调，方式单一，农村基层党组织民主政治建设不深入等问题。本文提出从党员教育、资金投入、建设服务型党组织入手来加强农村基层党组织建设。

2564 审视中国企业战略

发表时间及载体：兰州大学学报（社会科学版）2001 年第 29 卷第 1 期

作　　者：邵建平　庹君

简　　介：企业战略是企业发展的长远规划，任何企业要想保持持久的发展就必须有科学的战略设计。本文认为中国企业总体来说是无战略设计的，即使有所谓的战略，也还不成熟，存在许多缺陷。

2565 甘肃省农村剩余劳动力有效转移的分析研究

发表时间及载体：特区经济 2009 年第 1 期

作　　者：聂华林　杨红彦

简　　介：本文通过分析影响甘肃农村剩余劳动力转移因素，得出了除了推拉因素、制度环境和转移成本均制约着劳动力的转移。其转移的有效方式可通过农业自身的发展增强其内部吸纳能力以及加快县域经济。

2566 加强大学生文化素质教育的必要性及对策探讨

发表时间及载体：社科纵横 2009 年第 4 期

作　　者：王维平　李毛

简　　介：加强大学生文化素质教育是经济社会发展的需要，是中国高等教育改革的需要，是提高大学生思想品德素质的需要，是大学生全面健康发展的需要，也是深化高等学校教育教学改革的需要。因此，应该转变教育观念，确立文化素质教育在高等学校教育中的基础性地位。

2567 论当事人的程序参与权

发表时间及载体：兰州大学学报（社会科学版）2002 年第 30 卷第 1 期

作　　者：杜睿哲

简　　介：本文论述了当事人程序参与权的内涵、程序意义，并从宽松的参与时空、经济的参与方式、充分的参与效果等方面论述了对当事人参与权的保护。

2568 魏晋时期寄理敦煌郡北界之伊吾县城考

发表时间及载体：敦煌研究 2003 年第 3 期

作　　者：李并成

简　　介：安西、敦煌交界处的芦草沟古绿洲北部，残存着一座神秘的古城址，老乡们俗称它为"巴州城"，多少年来鲜有人晓知其详。笔者与李正宇先生，以及安西县有关同志实地反复勘寻，终于找到了该城，摸清其基本面貌。笔者考得该城即魏晋时期于敦煌郡北界寄理的伊吾县城。

2569 青海四大花儿庙会的调查报告

发表时间及载体：西北民族研究 2009 年第 4 期

作　　者：李言统

简　　介：青海花儿庙会作为一种独特的民俗文化活动，集神圣的庙会信仰活动和极具狂欢性质的歌节为一体，并有着悠久的传承历史和明显的地域文化特征。从当前的存活现状来看，花儿庙会在流布、传承、展演等方面发生了一些新的变化。花儿庙会活动，体现着参与民众的生活方式和生存样态。所以，本文选取青海境内能够集中体现花儿庙会特征的四大花儿庙会，运用人类学的视角，通过时空选择、花儿演唱、信仰行为、商贸活动等方面的描述，透视民众在选择、创造、享用、传承这一文化体系的过程中凸现出来的民俗特征。

2570 信用货币财产权：基于同质货币兑换权的法律标准

发表时间及载体：甘肃联合大学学报：社会科学版 2010 年第 6 期

作　　者：石光乾

简　　介：当代货币已由金属货币本位转向信用货币本位，信用货币并非纯粹的物权或债权，而是现代社会新型的独立财产权，信用货币兑换财产权主要体现为不同质的货币财产权之间的兑换，通过探论现钞与存款货币兑换权内容为基础，论证评述了实现货币兑换权的法律规制和标准。

2571 新型农村合作医疗制度的创新及实践

发表时间及载体：改革 2006 年第 7 期

作　　者：高新才

简　　介：我国农村合作医疗经过了一个典型的螺旋式发展过程，从计划经济体制的一度辉煌到改革开放以来相当时期的大面积解体，再到社会主义市场经济体制下的曲折探索，直至 2003 年以来在全国开展的新型农村合作医疗制度试点，在不断的"立""破""立"的摸索中风雨前行，期间经验与教训值得总结。新型农村合作医疗体系的构建需要在充分吸取历史经验教训的基础上进行制度创新，要求在实践中大胆探索。

2572 网络法问题的法哲学分析

发表时间及载体：兰州大学学报（社会科学版）2002 年第 30 卷第 6 期

作　　者：周江洪

简　　介：计算机网络的发展，引起了一系列的网络法问题，而针对网络法问题的研究目前主要集中在部门法学领域，对网络法问题的法哲学探讨还很少。立足于法哲学理论，在阐释了法哲学的任务、网络中存在的私人领域和公共领域模糊性表现的基础上，提出了网络法问题的本质就在于网络条件下私人领域和公共领域的界限的模糊，提出了该模糊性是导致网络条件下自由的边界模糊和权利冲突的根本原因，并在此基础上提出了一些建议性的解决网络法问题的法哲学思路。

2573 我国少数民族地区高等教育公平问题及对策——以甘肃省为例

发表时间及载体：西北师大学报：社会科学版 2011 年第 5 期

作　　者：程跟锁

简　　介：实现少数民族地区的高等教育公平，是实现民族平等和社会公正的重要途径，对促进民族地区社会和谐稳定发展具有十分重要的作用。甘肃作为西部贫困省份和少数民族聚居地区，在少数民族教育公平、特别是高等教育公平方面存在着严重不足。将教育公平分为起点公平、过程公平、结果公平三个阶段，从高等教育入学机会、高等教育过程、高等教育就业机会三个方面，对甘肃民族地区高等教育不公平现状进行分析，并提出一些对策与建议。

2574 河西走廊遗存的两座月氏故城

发表时间及载体：丝绸之路 1996 年第 3 期

作　　者：李并成

简　　介：河西走廊遗存的两座月氏故城李并成史载战国至秦汉之际，月氏人称雄于河西走廊地区。《史记大宛列传》："始月氏居敦煌、祁连间。"《史记正义》引《括地志》："凉、甘、肃、延（瓜）、沙等州地，本月氏国也。"月氏在河西地区遗存有哪些遗迹？史籍未详，研究者亦少。

2575 加强医院收费监控及实现 HIS 与财务系统接口的设想

发表时间及载体：社科纵横 2008 年第 7 期

作　　者：唐慧萍

简　　介：医院实施信息化管理后，在提高了医院管理水平的同时，也给财务管理工作带来了一些新的问题。在信息化管理条件下，探讨 HIS 与财务系统之间设置数据接口，提高对收费业务的监控力度，减少财务隐患，同时完善内部会计控制措施，达到规范财务管理的目的。

2576 远程教育科技传播西部开发

发表时间及载体：电化教育研究 2001 年第 8 期

作　　者：杨改学

简　　介：本文从科技传播对西部大开发所产生的作用，以及采用现代远程教育进行科学技术的传播，对人的文化素质，科技素质的提高在质量、效益和规模方面的影响进行了深入的论述。

2577 通货膨胀与股价、房地产价格、货币供给量的相关性研究

发表时间及载体：统计与决策 2011 年第 13 期

作　　者：杨坚

简　　介：文章建立了向量自回归模型，在估计无约束向量自回归参数的基础上，通过脉冲响应函数、方差分解，探讨了通货膨胀、房地产价格指数、股票价格指数和货币供给

量的动态关系。

2578 基于体验教学理论的教学活动设计研究——以师范生"信息化教学"公共课为例

发表时间及载体：电化教育研究 2012 年第 3 期

作　　者：常咏梅

简　　介："信息化教学"的课堂要体现信息化教学的特色，渗透现代教学理念。文章以体验教学理论为基础。分析并设计了"信息化教学"的体验感觉阶段、体验知觉阶段、体验内化阶段和体验应用阶段的课堂教学活动。对"信息化教学"的课堂教学实践有一定的借鉴意义。

2579 人民币升值的利弊分析和路径选择

发表时间及载体：甘肃理论学刊 2010 年 第 5 期

作　　者：杨芳　路宏

简　　介：已成为必然发展趋势的人民币升值，对国家宏观经济和国民生活水平具有深远影响。本文在金融危机过后的新形势下，结合 2005 年汇率改革以来人民币汇率和对外贸易的发展变化，分析了人民币升值可能为中国社会和人民带来的挑战和机遇，提出了中国应该选择渐进式升值路径的建议。

2580 我国交通经济转型期的交通政策

发表时间及载体：兰州大学学报（社会科学版）2002 年第 30 卷第 1 期

作　　者：孙明贵

简　　介：我国交通经济已经正处在从初步运输化向完善运输化转变的重要时期，交通经济发展表现出新的矛盾。本文认为，我国

交通政策的目标和内容缺乏明确性和完整性。现阶段我国交通政策主要应围绕着交通市场政策、交通投资政策、交通调整政策和交通补助政策等内容展开，建立我国新型的交通政策体系。

2581 撒拉族"骆驼戏"的历史形态探析兼及民俗文化的生存法则

发表时间及载体：西北民族研究 2004 年第 1 期

作　　者：常海燕

简　　介：本文结合相关史料，拟测了撒拉族传统戏剧"骆驼戏"产生、发展乃至消逝的历史，并以民间访谈材料为基础，试图获得有关民俗事象或民俗符号存在、传承的一种法则。

2582 寻求创新空间　促进非国有经济发展——甘肃省与浙江省非国有经济成长过程的比较研究

发表时间及载体：兰州学刊 2001 年第 1 期

作　　者：苏华　张世骏　志钦

简　　介：将浙江省与甘肃省非国有经济发展的历史描述与特征作比较，可以看出我国非国有经济的成长过程经历了一个从小到大，从弱到强的动态发展过程，而在不同的省区，非国有经济的成长又表现出不同的发展阶段和特征。

2583 当代正义观构建对先秦儒家和谐思想的借鉴

发表时间及载体：中国德育 2008 年第 2 期

作　　者：王学俭

简　　介：先秦儒学中蕴涵着丰富的和谐思想，对当代正义观的构建具有深刻的借鉴意义。正义观构建的主旨是以人为本的和谐关系，正义观构建的内容是开放的和谐体系，

正义观构建的过程是动态的和谐。

2584 基于传播学批判学派的教育传播效果分析

发表时间及载体：电化教育研究 2010 年第 11 期

作　　者：胡晓玲

简　　介：本文从传播者、传播内容、受众和媒介四个方面，梳理了传播学批判学派的基本思想，并以此为基础，对教育传播效果问题作了批判学派式的分析和建构。

2585 甘肃非物质文化遗产的地域特征与人文精神内涵

发表时间及载体：西北民族大学学报：哲学社会科学版 2010 年 6 期

作　　者：冯小琴

简　　介：甘肃非物质文化具有很强的地域性特征，这是在甘肃特定的自然环境和人文生态的历史变迁中孕育传承的一种地域文化。特色鲜明、内涵丰富、品质高，蕴含着深厚的人文精神，是我们弥足珍贵的传统文化，特别是在急剧的社会转型时期，在伦理价值、道德情操发生着深刻嬗变的时代，非物质文化所蕴含的人文价值对培养人们的良好品德、促进精神文明建设和构建和谐社会有积极作用。

2586 苏联解体之迷思：从"不可能"到"不可避免"——读贝辛格《民族主义动员与苏联解体》

发表时间及载体：西北民族研究 2014 年第 1 期

作　　者：马忠才

简　　介：从"不可能"到"不可避免"，苏联和平解体是世界历史上最出乎预料的事件之一。回溯历史，至少在 1988 年以前，国际社会和苏联境内无人预测到苏联即将解体，当时流行的看法是：苏维埃联盟固若金汤，解体是不可能的！持上述看法的不仅仅是国际社会、西方"苏联研究"专家，也包括苏联学者及苏联境内各界精英和普通群众。普遍持有这种想法的原因在于，事发之前，在苏联的内在特质和发展趋势中，并没有显现出解体的任何征兆。

2587 基于生态学视角的西部地区教育信息化可持续发展研究

发表时间及载体：甘肃高师学报 2012 年第 17 卷第 2 期

作　　者：王怀武　杨滨　赵国庆

简　　介：为了加快实现西部地区教育信息化可持续发展目标，促进西部地区教育信息化发展中各因素和谐发展，本文从生态学视角分析了影响西部教育信息化发展的生态因子，提出了教育信息化发展的三个主生态因子及其所包含的各子生态因子，指出只有保持各生态因子协同发展，立足于可持续发展的战略角度，才能推进西部教育信息化的发展，实现系统动态平衡。提出了"以人为本"的西部地区教育信息化可持续发展的生态路径。

2588 浅谈英汉翻译技巧

发表时间及载体：社科纵横 2008 年第 5 期

作　　者：李佩芸

简　　介：英汉两种语言在语言结构与表达方式上存在着巨大的差异。为了较准确地表达英文原意，本文提出了十种常用的翻译技巧。

2589 莫高窟第 17 窟壁画主题浅探

发表时间及载体：敦煌研究 2012 年第 2 期

作　　者：高启安

简　　介：敦煌莫高窟第 17 窟壁画内容，

表达的是高僧圆寂主题。其拄杖具有禅宗高僧教导徒众教具的意味。所绘日常用具、侍女，体现了"事死如事生"的丧葬观 所谓"树下美人"图像，其来源受到了古代印度和中国本土早先神树崇拜、生殖崇拜的影响，可谓中印文化在此点上的交融汇合。文章还对拄杖、团扇、双树和绶带鸟等绘画元素，双鹿祥瑞图像，"双履"进行了分析，进而认为：第17窟壁画显示了禅宗高僧在往生西方世界过程中的行头和愿望表达，以及与世俗生活割舍不断的联系。

2590 民族教育史研究的一项重要成果——评《甘宁青民族教育史简编》

发表时间及载体：西北民族研究 1995 年第 2 期

作　　者：赵强巴

简　　介：赵强巴朱解琳同志撰写的《甘宁青民族教育史简编》一书，1993 年 12 月由青海人民出版社出版。它的问世，填补了甘宁青民族教育史的空白。

2591 区域发展自生能力界定与评价指标体系构建

发表时间及载体：内蒙古社会科学 2010 年第 1 期

作　　者：成学真

简　　介：区域发展自生能力，是指区域经济系统在现有的条件和所处的发展阶段，具备或形成的对区域发展所需各类要素的集聚和优化能力，通过这种集聚和优化，促进形成区域生产要素引力场，从而使区域内各要素具备自主生长和自我造血的功能，并最终实现西部经济持续快速发展。区域发展自生能力强调的是区域内部各要素的作用，但是并不排斥外部力量特别是中央政府开发性资金的倾斜制度供给对区域发展的促进作用，

它是外部力量更好地发挥作用的内在基础。

2592 充分发挥马克思主义哲学功能促进实践不断发展

发表时间及载体：甘肃行政学院学报 2001 年第 4 期

作　　者：史国珍

简　　介：马克思主义哲学是科学的世界观、方法论。只有以马克思主义哲学为指导，才能形成正确的思维观念，提高理性思维能力，才能使理论与实践有机地结合起来，从而推动新的实践不断向前发展。

2593 双重转型对企业内审的影响

发表时间及载体：甘肃行政学院学报 2003 年第 3 期

作　　者：王莉莉

简　　介：随着市场经济的转型和知识经济的转型，必将引起管理科学的革命与创新，迫切要求企业进行文化变革，以增强企业竞争力，也必将对现代企业内部审计提出更多、更高的要求，这给内部审计既带来了机遇，也带来了挑战。

2594 对我国油画艺术风格的可贵探索——评《中国油画家风格论》

发表时间及载体：西北师大学报：社会科学版 1999 年第 3 期

作　　者：党伯明

简　　介：同关于中国画艺术风格的研究和我国油画创作的地位与影响相比，对于我国油画艺术风格的专门研究是极不相称的，《中国油画家风格论》填补了这个空白。作者在综论我国油画创作的历史、现状和发展趋势之后，结合作品和个人素养，分别论述了 18 位我国现当代有影响的油画家的艺术风格，其选择较精，开掘较深，当然，也难免有遗

珠之憾。

2595 一类 Boltzmann & Darwin 混合寻优策略的收敛特性研究

发表时间及载体：控制理论与应用 1994 年第 5 期

作　　者：田澎

简　　介：提出的求解组合最优化问题的 Boltzmann & Darwin 混合寻优策略，本文进一步分析研究了 Boltzmann & Darwin 混合寻优策略非时齐情形下的收敛特性。

2596 变与不变的理性思考——从 2007 年度审计工作报告谈起

发表时间及载体：中国审计 2008 年第 18 期

作　　者：杨肃昌

简　　介：作为审计署新一届"掌门人"，刘家义审计长代表国务院向全国人大常委会提交审议的关于《2007 年度中央预算执行和其他财政收支的审计工作报告》，颇受社会各界关注。如同今年的报告一改以往做法而首先对中央预算执行总体情况给予评价一样，许多常委在分组审议时，也对今年报告的总体情况给出了评价："这一次审计工作报告给人耳目一新、内容清新的感觉，用事实、数据来说话，没有回避问题，而且从体制上、机制上来揭露一些问题，比以往更高了一个层面。""这是一个很务实的报告，比较准确，对问题不回避，也不扩大。"看来，委员们为新审计长的首份"答卷"，给出了一个很不错的成绩。

2597 伏魔的舞蹈——塔尔寺正月祈愿法会上的具誓法王舞

发表时间及载体：西北民族研究 2013 年第 1 期

作　　者：才让

简　　介：本文对塔尔寺正月金刚法舞的渊源予以考证，对法舞的角色以及他们的形象、装扮、舞蹈动作有较为系统的论述，揭示了法舞每一场次表演的象征意义。经过比较，认为塔尔寺的具誓法王舞无"打鬼"等部分，属于较为简化的仪式。指出法舞表演的功用之一就是向信徒展示神灵的形象，供人们瞻仰、供奉和记忆。论文对舞者和观者的关系作了分析，认为双方共有的文化背景构成了法舞的文化生态。但是随着社会的变迁和世俗化的加剧，塔尔寺法舞表演的文化生态正在发生变化，法舞原有的神圣性趋于减弱。

2598 领导层的道德建设问题

发表时间及载体：人大研究 1997 年二月

作　　者：武文军

简　　介：加强社会主义精神文明建设、特别是社会主义思想道德建设，是对全体公民的共同要求。《十四届六中全会的决议》指出："社会主义思想道德建设集中体现精神文明建设的性质和方向"。

2599 对中国社会保障制度的经济学分析

发表时间及载体：甘肃理论学刊 2011 年第 3 期

作　　者：张起梁　宗鑫　张伟

简　　介：非均衡的中国社会经济结构，必然导致城乡二元化的社会保障制度，进而造成社会保障资源在城乡之间的配置失衡。《"十二五"规划的建议》在收入分配关系上强调："初次分配和再分配都要处理好效率与公平的关系，再分配更加注重公平"。本文从经济学的角度对二元化的中国城乡社会保障制度进行分析和审视，得出其存在的非效率性，从而为进一步完善中国社会保障制度提供理论基础。

2600 论和谐社会思想的渊源与发展

发表时间及载体：甘肃联合大学学报：社会科学版 2009 年第 2 期

作　　者：孙红英

简　　介：和谐社会作为一种美好理想的社会状态，从古到今，始终是人类孜孜以求的社会理想。中国古代就有"和为贵""兼相爱""天下大同"等社会理想。空想社会主义也曾提出过建立和谐社会的目标。实现社会和谐，建设美好生活，是中国共产党不懈追求的社会理想。

2601 从敦煌唐卷看《刘商胡笳十八拍》的写作年代

发表时间及载体：敦煌研究 2003 年第 4 期

作　　者：王勋成

简　　介：唐代刘商的代表作《胡笳十八拍》，当时就脍炙人口，流传甚广，但具体写作年代，文献无考。敦煌唐代写本告诉我们，诗乃他罢卢州合肥县令后所作。据此，则《胡笳》当写于大历四五年。

2602 不同维度下我国两性发展水平差异性分析

发表时间及载体：长春大学学报 2012 年第 22 卷第 9 期

作　　者：何明辉　汪晓文　冉为波

简　　介：基于 1999 年和 2009 年的相关数据，本文分别从性别、区域和年份三个维度，对我国两性发展水平进行综合测度和分析。结果表明：我国两性发展水平在性别之间、区域之间都存在明显的差异性，但近年来随着女性发展水平的快速提高，这种差异性呈现收敛趋势。针对两性发展水平的差异性，文章认为应转变观念，实现真正意义的两性机会均等，并加快发展区域经济，提高人口要素区域之间的流动性。

2603 邓小平共同富裕思想的概念界定及其引申

发表时间及载体：重庆社会科学 2010 年第 6 期

作　　者：刘先春

简　　介：厘清共同富裕的概念，是科学研究共同富裕的起点。研究视角解析和历史考察，是邓小平共同富裕概念界定的重要参考和依据，科学、全面地定义共同富裕，还需要处理好目标本身的时代性和现实性。

2604 一样的麦当劳不一样的文化——从麦当劳广告看中西方文化差异

发表时间及载体：甘肃联合大学学报：社会科学版 2012 年第 28 卷第 1 期

作　　者：李洁

简　　介：对于许多人来说，麦当劳广告已经成了全世界文化大熔炉的象征。形形色色的麦当劳广告很好地诠释了一个"全球化"的概念：立足本土，放眼世界。正是在这一营销理念的引导下，才会在世界的不同地区出现不同的麦当劳广告。究其原因，不外乎是在不动摇其品牌的前提下，将麦当劳产品以适应当地文化背景的广告形式迅速融入到当地市场。

2605 莫高窟盛唐未完工中唐补绘洞窟之初探

发表时间及载体：敦煌研究 2002 年第 3 期

作　　者：沙武田

简　　介：敦煌莫高窟有大约 20 余个洞窟是创建于盛唐时期的，当时并未完成壁画的绘制，到了中唐吐蕃统治时期才陆续完成的。本文详细考察这些洞窟中的绘画内容和表现形式，并分析了出现这种特殊现象的社会历史原因。

2606 刑事诉讼法构建的基本价值及缺陷分析

发表时间及载体：兰州大学学报（社会科学版）2002 年第 30 卷第 5 期

作　　者：杨晓平　周桂党

简　　介：对我国刑事诉讼法所构建的公正、人权、秩序、效率等价值进行了归纳和论证，并从实例的角度出发探讨了这些价值的缺陷问题，提出了在我国要构建完善的刑事诉讼价值体系所应当采取的措施。

2607 赋体溯源与先秦赋述论（上）

发表时间及载体：辽东学院学报：社会科学版 2008 年第 3 期

作　　者：赵逵夫

简　　介：论及先秦赋，有的将《楚辞》中包括《天问》《九歌》在内的全部作品皆划入其中。论及赋的源头，有的认为来自行人辞令，而大部分是据"赋者，古诗之流也"及"赋者，铺采摛文，体物写志"的概念空泛加以推论。本文认为应根据已定型的汉赋的几种体式，分别探讨其源头。实际上，骚赋、文赋、诗体赋和俗赋在战国之末都已形成。屈原在西周末年以来诵诗的基础上，吸收楚民歌的特征创造了骚赋和诗体赋。作为赋的主体的文赋，过去学者们或以为出于诸子，或以为出于行人之官，实际上其文本来自议对和行人辞令，但由应用文字而转变为文学的一种形式，同瞍矇的赋诵活动有关。是瞍矇选择有意义的议对和辞令，整齐其语言，使之更便于赋诵，从而促进了赋这种文学体裁的产生。除文献记载之外，先秦时较早的赋体作品中常以师旷为主要人物，也说明这一点。俗赋的题材则取自寓言和传说故事，它的形成同以表演、说笑愉悦人主和贵族的俳优有关。战国时淳于髡所编晏子《春秋》中有不少近于俗赋的作品，有的甚至传

至汉代以后，在唐代俗赋作品中也得到反映，便是证明。瞍矇和俳优是先秦时代的专业文艺工作者，他们对赋的形成作出了贡献。

2608 玛曲草地联户经营 SWOT 分析及其发展对策建议

发表时间及载体：草业科学 2009 年第 26 卷第 10 期

作　　者：韦惠兰

简　　介：探究合理的草地经营模式，是实现草地资源可持续利用的关键。本文利用 SWOT 分析工具，对玛曲草地普遍存在的"单户承包，联户经营"模式进行了全面评价，以期为草地资源利用的舆论倡导者和政策制定者提供一个全新视角。分析结果表明，玛曲草地联户经营，既可避免集体产权制度下草地资源无人监管的弊端，又能对单一牧户的草地不合理利用行为进行有效约束，具有生态高效、牧业生产和草畜平衡监督成本低下及社会资源丰富等诸多优点，应成为未来玛曲草地经营的发展方向和主导模式。

2609 民族地区的民间文化认同——明清以来洮州地区汉民俗的传播与传承

发表时间及载体：西北民族研究 2011 年第 1 期

作　　者：阙岳

简　　介：民俗事象是民间文化的重要内容之一。考察民俗事象是认识目前民族地区基层社会的一条有效途径。明代进入洮州地区的汉人军屯官兵创造并传播的民俗事象，把藏、土、回等民族引入一个彼此相关的场景里。在近六百年的时段里，藏、汉、土、回等民族在这里混居繁衍，民间文化遂成为各族民众认同并共享的地方性知识。

2610 甘肃省省域经济发展之现状分析

发表时间及载体：甘肃社会科学 2002 年 4 期

作　　者：梁亚民

简　　介：甘肃作为我国黄河中上游地区一个多民族的内陆省份，改革开放以来，虽然从纵向上看，其经济与社会的发展均取得了令世人瞩目的伟大成就，但是从横向看，它与东南沿海地区的差距不仅没有缩小，反而呈进一步拉大的趋势。概括来讲，主要体现在以下七个方面：一是人均 GDP 水平低于全国平均水平；二是人均可支配收入水平低于全国平均水平；三是人均消费水平远远落后于全国；四是经济增长的速度令人担忧；五是各种非公有制经济成分欠发达；六是对外开放的度太低；七是产业结构欠合理。

2611 西夏文化略述

发表时间及载体：社科纵横 2008 年第 1 期

作　　者：葛洪骏　刘丽霞

简　　介：西夏政权自建立到灭亡，经历了近二百年的时间，对西北地区的政治、经济、军事、文化等各个方面都产生了深远的影响，本文从文化角度对党项民族的文字、文学艺术、宗教、社会风俗等进行了探讨。

2612 试论我国农业产业化的任务及组织保障

发表时间及载体：西北师大学报：社会科学版 2000 年第 6 期

作　　者：张润君

简　　介：农业产业化是我思农业适应社会主义市场经济需要，逐步确立的新的农业经营制度，它的形成及进一步的发展必须遵循制度演进的内在规律，我国农业产业化的最终任务是要实现农业的现代化，但这首先要求实现农业的商业化和专业化，进而实现工业化。农业产业化的制度效用能不能全面体现、现代化的任务能不能最终完成，有赖于有效的农业产业化组织的建立，在农业产业化初级阶段，农业产业化组织应以外部牵引型组织模式为主。在农业产业化较高级阶段，农业产业化组织应以合作型组织模式为主在农业产业化高级阶段，农业产业化组织应以农业企业组织模式为主。

2613 两晋之际流民对河西发展的影响

发表时间及载体：甘肃社会科学 1999 年 6 期

作　　者：杨红伟

简　　介：本文旨在分析两晋之际的流民大潮。西晋末年，政治腐败，天灾流行，阶级矛盾和民族矛盾日益激化。及至"八王之乱""永嘉之乱"迭兴，战乱仍频，人民备受兵燹之苦，社会矛盾一总爆发，遽然而成为中国历史上最为汹涌澎湃的一次流民浪潮。据晋书《食货志》所述："惠帝之后，政教凌夷，至于永嘉，丧乱弥甚。雍州以东，人多饥乏，更相鬻卖，奔迸流移，不可胜数。"

2614 甘肃省社会信息化水平探讨

发表时间及载体：甘肃社会科学 2002 年 2 期

作　　者：申社芳

简　　介：随着科技的飞速发展和经济的不断增长，全球已进入了信息化时代。各个国家都在推动信息产业的发展，以求本国在世界经济竞争中占据有利地位。我国与发达国家相比信息产业还处在发展阶段，摸清中国各地区的信息化发展水平，是一个非常重要的问题。本文试图通过所列举的指标体系和分析方法，对甘肃省的信息化水平进行测算和评价。

2615 小西北地区劳动力市场一体化问题研究

发表时间及载体：科技管理研究 2007 年第 27 卷第 12 期

作　　者：汪慧玲

简　　介：小西北地区包括甘肃、宁夏、青海三省，它们之间存在经济文化的一致性、政治上的同一性、地理上的相邻性，经济发展水平上的相近性，这决定了该地区可以形成劳动力市场一体化和经济一体化。本文从产业结构、就业结构、人力资本投资及职业介绍所、行政分割、社会保障等影响劳动力市场的方面出发进行分析，提出要实现小西北地区劳动力市场一体化，必须以市场为基础，完善劳动力市场的运行机制，加强政府间的协调与合作，从而促进劳动力的自由流动。

2616 《陇右稀见方志三种》考述

发表时间及载体：西北师大学报：社会科学版 2010 年第 2 期

作　　者：王继光

简　　介：1984 年，上海书店影印出版《陇右稀见方志三种内收新增岷州志》、《安西探访底本》、《甘肃巩昌府会宁县乡土志》，皆系杭州刘子亚先生家藏稿本或抄本。"三志"不见于诸书著录，亦无公私收藏，确为海内孤本，弥足珍贵。"三志"对考订三地的方志源流，征稽西北史事，有重要的文献价值和史料价值。

2617 基于 Web 的经济管理类专业开放式教学平台设计与开发

发表时间及载体：电化教育研究 2010 年第 4 期

作　　者：王山军

简　　介：基于网络的教学平台建设，是实现信息化教育的重要基础。为了充分发挥实验教学资源优势，提高人才培养质量，论文以现代教育思想为指导，以现代信息技术为手段，运用系统的方法和先进的技术，提出了经济管理类专业网络化开放式教学平台开发的指导思想、系统架构、功能模块和关键技术。

2618 浅谈中国学生在英语国家的文化移入

发表时间及载体：甘肃联合大学学报：社会科学版 2006 年第 5 期

作　　者：姬玫

简　　介：在英语国家课堂里，中国英语学习者总是表现为最为沉默的人群。同时，他们往往对教师不会直呼其名，而是选择老师这个笼统的称谓。本文分析了这一跨文化交际现象中表现出的语言行为和其内含的文化价值标准。通过探讨中国学生在英语国家的称呼言语和课堂行为，本文旨在提高中国学生对东、西方两种文化差异的敏感度，并帮助他们在跨文化交际过程中积极主动地搭建相互理解的交际平台，从而顺利地实现文化移入。

2619 敦煌吐鲁番出土回鹘文佛教愿文研究

发表时间及载体：敦煌研究 2006 年第 2 期

作　　者：杨富学

简　　介：在敦煌、吐鲁番等地发现的回鹘文文献中，有 11 件属于独立的佛教愿文，此外，还有数量更多的以题跋形式出现的愿文，系回鹘佛教徒用于表达发愿超度、祈福禳灾，及兼表颂赞的应用性文字。其中既有印本，也有写本，更有碑铭题刻。从这些文献看，功德主在布施时，一般都要留下自己的姓名、官职及发愿文或功德记等，以表明自己的愿望，体现出济世度人的大乘佛教思想，是回鹘佛教研究的重要参考资料。从其内容与形式看，回鹘文佛教愿文较多地受到了汉传佛教文化的影响，其中不少作品以其形式灵活，韵律和谐，感情笃实，字里行间流露出真情而生动感人，具有较高的文学价值。

2620 人类中心论形成的生态基础

发表时间及载体：西北师大学报：社会科学版 1998 年第 2 期

作　　者：李彦

简　　介：就人的生命形式而言，人是社会化的物质存在。人离不开自然，但人又不能囿于自然的本能要求。从人的生命意义上说，人的存在及其价值，体现于人的创造性活动之中。然而，随着人类创造能力的提高，人类逐步陷入以自我为中心的尴尬境地。对人类中心论形成的生态基础的分析告诫人类：人的行为只有符合可持续发展战略要求，才有可能走出人类中心主义的误区。

2621 在边缘中守望——从袁同凯著《走进竹篱教室》看弱势族群教育被引量

发表时间及载体：西北民族研究 2005 年第 3 期

作　　者：文化　赵巧华

简　　介：《走进竹篱教室——土瑶学校教育的民族志研究》，以真实给人以心灵的震撼，于是启示我们去探讨关于进行民族教育研究应持有的态度和方法，并通过思考弱势族群教育滞后的隐性症结，解析教育在对人发展影响过程中的关怀意识，呼吁从实际意义上关注在边缘中守望的弱势族群。

2622 论韩非对老子的修正

发表时间及载体：史学集刊 2008 年第 6 期

作　　者：乔建

简　　介：将人力所不及的"命"与经过艰苦的精神探索和卓绝的人生实践可以挺立起的"义"明确地加以划分，并进而为"知识分子"找寻到努力的方向，是孔孟思想中最具特色、最有价值的因素，而"知识分子"切中要害的社会批判和挺立自我则是孔孟"义命分立"的核心内容，但"义"与"命"分立的不彻底也是孔孟思想的重要局限。

2623 毛泽东同志的实践观和实践方法

发表时间及载体：1982 年 1 月

作　　者：武文军

简　　介：毛泽东同志在实践问题上，系统地继承和发展了马克思主义的认识论。毛泽东同志有关实践的一系列论述，是我们党和人民的极其宝贵的财富。今天进一步学习研究毛泽东同志的实践观点和实践方法，对端正广大干部的思想方法和工作方法，对正确地进行社会主义现代化建设，都是十分有益的。

2624 传奇传统的历史遇合与现代升华——对沈从文湘西小说的一种阐释

发表时间及载体：兰州大学学报（社会科学版）2004 年第 32 卷第 2 期

作　　者：崔荣

简　　介：沈从文在非典籍文化层面和典籍文化层面，都与中国古代小说中的传奇传统在精神上有着血缘关系，以传奇为依托关注生命的神性在沈从文的湘西小说中表现得相当明显。作家以现代理性反思湘西生命的存在形式，用自己真善美的价值尺度建立起具有神性的人性样本，瞩目民族精神重建，完成了传奇传统与湘西世界的历史遇合与现代升华。

2625 人口较少民族地区新型农村养老保障制度建设探索——"肃南计划生育家庭优先模式"的调查

发表时间及载体：甘肃社会科学 2010 年第 6 期

作　　者：郭志仪

简　　介：本文是在调研基础上对肃南裕固族自治县新型农村养老保障制度的理论思考，认为肃南计划生育家庭优先的农牧村养老保障制度建设理念现代，设计科学，标准较高，人口和计划生育利益导向突出。在突破城乡界限，体现对计划生育家庭的优先优惠方面具有很高的"标本价值"，可资"新农保"试点地区借鉴。

2626 虚拟企业知识管理绩效评价研究

发表时间及载体：情报杂志 2008 年第 6 期

作　　者：包国宪　马慧贤

简　　介：本文系兰州大学"985"工程建设项目（编号 582637）的研究成果。本文针对如何评价虚拟企业知识管理绩效的问题，基于虚拟企业知识管理绩效评价特点，建立了一套包括知识管理过程、项目价值和核心能力评价三个方面的虚拟企业知识管理绩效评价指标体系。

2627 全面质量管理在建筑工程领域中的应用研究

发表时间及载体：社科纵横 2010 年第 11 期

作　　者：宋玉霞

简　　介：全面质量管理（TQM）是 20 世纪 60 年代出现的一种全新的现代质量管理理念、模式和方法，是继质量检验阶段、统计质量控制阶段之后的第三代质量管理理论，它揭开了质量管理时尚的新篇章。ISO9000 体系的诞生，标志着全面质量管理活动走向标准化、程序化的新高度。20 世纪 80 年代，全面质量管理思想扩散到建筑工程领域并掀起了一股热潮，其先进的管理思想已作为建筑工程领域的一个行业风向标。

2628 开发专题文献数据库为敦煌学研究提供信息保障

发表时间及载体：敦煌研究 2003 年第 4 期

作　　者：向君

简　　介：本文探讨了敦煌学专题文献数据库建设的背景、步骤、方案、服务等，讨论了专题数据库的特点和具体分类。

2629 宗教弱化现象试探——肃南裕固族藏传佛教的调查研究

发表时间及载体：西北民族研究 1996 年第 1 期

作　　者：阎天灵

简　　介：宗教弱化现象试探——肃南裕固族藏传佛教的调查研究阎天灵我国历史上，许多少数民族地区曾一度形成了全民信教的局面，举族信奉某一种精致化了的人为宗教，宗教信仰和活动实质上已同这些民族的传统文化和风俗习惯融为一体，成为民族特征之一。

2630 范长江报告文学创作成功原因探析

发表时间及载体：西北师大学报：社会科学版 2001 年第 6 期

作　　者：李文

简　　介：范长江具有一位优秀的报告文学作家应当具备的各种素质，曲折复杂的经历和丰富的知识积累，使他具有了透过事物的表面现象认识事物本质的能力；不断进步的思想与强烈的社会责任感，使他能够以天下为己任，反映国家和民族的焦点问题；诚实的品格和极强的社会活动能力，使他具有深入社会各个层面，调查和研究各种社会问题的能力，也使他能说真话，反映国家社会中存在的各种问题。这就是范长江报告文学创作成功的原因。

2631 《圣经》神话，犹太文化的原始质料

发表时间及载体：甘肃联合大学学报：社会科学版 2011 年第 27 卷第 1 期

作　　者：姜焕文

简　　介：各个民族在其早期文化的产生中，总是产生了形形色色的神话。由于希伯来神话与其宗教要素难以剥离地结合在一起，使得希伯来神话呈现了诸多更为复杂的特性，但是另一方面，这也正为希伯来神话赋予了更多的"文化原初质料"。人类失去伊甸园的故事，以神话的特殊方式表述了希伯来文化对人类生命的认知，这种神话认知方式虽以虚妄的形式出现，却又暗含和充塞了古代希伯来人关于人类生命本体的理性思考，揭示了人类生命的现实本质和内在规则。犹太文化借上帝将人类逐出伊甸的神话解释了人生的苦难和短暂，又借对上帝的皈依实现了对现世生命的延续和超越。

2632 青海岁时节日爱情花儿考察概述

发表时间及载体：丝绸之路 2011 年第 2 期

作　　者：杨志新

简　　介："花儿"作为西北地区特有的艺术形式，来源于社会生活，在唱词内容上展现了西北民族的民风民情，表达着歌唱者内心的情感。作为以歌唱爱情为主要内容的"花儿"，每逢佳节时，情人们借此寄托情思、表达爱情，使人领会到西北黄土高原丰富的岁时节日民俗文化。本文以青海岁时节日"花儿"为例加以探讨和阐释。

2633 唐宋时期经典的通俗化与雕版印刷术——从媒保的角度看唐宋时期经典的通俗化

发表时间及载体：济宁学院学报 2013 年第 34 卷第 2 期

作　　者：张同胜

简　　介：在唐代时，雕版印刷术主要被用来雕印佛教经像，后唐长兴三年开始用来雕印《九经》。在宋代，儒、释、道经典由于雕版印刷术的使用而获得了广泛的传播。南宋时由于诗文集、诗话、小说等文学作品的雕印，雕版印刷术促使俗文学经典的生成。雕版印刷术大量刊印教材，使得教育从唐代的贵族化向宋代的平民化转移，儒家经典得以更广泛地通俗化，雕版印刷术促成了文学审美从唐代的抒情性到宋代学识性的变迁，它也提高了理性的思辨，促使宋代理学的崛起等等。雕版印刷术促进了经典的通俗化，而经典的通俗化也增强了雕版印刷业的繁荣。

2634 西部农村公共财政体制的构建与完善

发表时间及载体：改革 2006 年第 8 期

作　　者：聂华林　高黎

简　　介：本文系国家社科基金重大项目"西部全面建设小康社会中的三农问题及对策研究"（批准号 04ZD-018）阶段性成果之一。现阶段，我国西部地区县乡财政存在收支矛盾突出、公共产品与服务供给不足等问题，与东、中部县乡财政差距较大。

2635 全要素能源效率与环境污染关系研究

发表时间及载体：中国人口资源与环境 2010

年第 20 卷第 4 期

作　　者：李国璋

简　　介：能源与环境问题已成为世界焦点，回顾文献发现，已有研究大多单独从能源或环境问题进行分析，对能源与环境特别是能源效率与环境污染之间关系的研究较少。能源效率与环境污染之间存在着密切的联系，对两者关系进行更为深入、全面的研究显得十分必要。本文首先利用 DEA 方法和环境污染治理成本法分别测算了我国 1989—2007 年的全要素能源效率和环境污染经济损失 在初步评判两者关系的基础上，进一步通过协整和 ECM 模型得到本文的结论：我国的全要素能源效率与环境污染经济损失之间存在长期均衡关系，前者是后者的 Granger 原因。同时，全要素能源效率的短期波动对于降低环境污染经济损失具有明显的作用，这种作用大于长期波动的影响。这意味着全要素能源效率的提高对减少环境污染具有重要作用，节能减排目标的实现离不开能源效率的作用。

2636 青年教师对当前教育改革及践行的思考

发表时间及载体：艺术教育 2011 年第 6 期

作　　者：李晨　杨若芳

简　　介：知识经济时代的今天，教育功能的国际化、教育内容体系的信息化、教育要求的个性化、教育方式的多样化及教育管理的民主化，要求大学青年教师的素质有更大的提高，方能适应未来教育和社会发展的需要，承担起教育人、培养人乃至提高中华民族素质的历史使命。

2637 甘肃省振兴装备制造业人才开发与配置

发表时间及载体：开发研究 2010 年 6 期

作　　者：杨波

简　　介：人才是技术创新的保证，也是提高甘肃省装备制造业竞争力的核心因素，如何为振兴行业发展提供必要的人才支撑和智力支持，是行业可持续发展的重要保障。本文立足甘肃省装备制造业，提出人才开发与配置的思路、方法与措施，以期对甘肃省"工业强省"战略的贯彻实施提供参考。

2638 研究生信息素养调查研究——以甘肃高校为例

发表时间及载体：开发研究 2011 年 4 期

作　　者：常正霞

简　　介：当今日益信息化的社会要求越来越多的人在工作、学习和生活中具备良好的信息素养。信息素养的拥有，成为一个人基本的生存技能和终身学习的关键。在这样一个时代背景下，基于因特网的信息素养正在引起世界各国越来越广泛的重视，研究生作为高等院校为社会培养的高级研究人才，更应该顺应时代的发展要求，不断提高自身的信息素养。通过问卷调查的方式，以来自甘肃省内高校的 475 名学生为样本展开实证研究，探讨了高校研究生信息素养的现状及其特点，并在探讨的基础上提出一些有针对性的建议，力求对提升研究生的信息素养，进而提升研究生的培养质量与科研水平提供一定的参考，并力争引起全社会各界对信息素养的重视与关注。

2639 推进我国城镇化战略若干问题的思考

发表时间及载体：甘肃省经济管理干部学院学报 2002 年第 15 卷第 2 期

作　　者：高新才

简　　介：不失时机地实施城镇化战略，是党中央、国务院推进我国现代化的重大战略部署。目前，我国推进城镇化战略的条件已经成熟，但存在的问题也不容忽视。因此，必须从实际出发，因地制宜地确立我国城镇化发展的战略目标，以产业创新和制度创新为动力，积极稳妥地推进我国城镇化的战略。

2640 甘肃农民内源性增收问题研究

发表时间及载体：甘肃理论学刊 2005 年第 6 期

作　　者：畅向丽

简　　介：改革开放以来，甘肃农民增收的主要支撑因素是内源性增收。甘肃农民内源性增收存在的问题，是增长的阶段性波动较大，而且近年来连续多年保持低速增长态势。因此，必须建立完整的增加农民收入的对策体系。

2641 汉代的马政与养马高峰

发表时间及载体：西北师大学报：社会科学版 2004 年 第 6 期

作　　者：王裕昌　宋琪

简　　介：汉代养马业发展有军事、政治、交通等多方面因素。马匹对于国家的强弱盛衰起着相当大的作用，因此统治者大修马政，鼓励和支持养马业的发展。但是由于政治的变革，汉代的马政有几次大的波折。

2642 影响我国高等职业技术教育发展的六个问题

发表时间及载体：西北师大学报：社会科学版 2004 年 第 4 期

作　　者：王根顺

简　　介：本文认为，高等职业技术教育应成为实现高等教育大众化的主渠道，以及推动社会发展的助动器。然而，我国目前高等职业技术教育的发展却不能令人乐观，影响其发展的问题有：（1）对高职基本理论认识模糊；（2）对其地位与作用认识不到位；（3）产业结构与人才结构的矛盾；（4）社会需求与人才培养的矛盾；（5）传统观念与现代意识的矛盾；（6）高等职业技术教育的发展滞后于经济发展。

2643 "四种意识"与建设服务型政党

发表时间及载体：中共云南省委党校学报 2013 年第 3 期

作　　者：刘先春

简　　介：党的"十八大"报告在强调必须增强"四个意识"的同时，提出要建设学习型、服务型、创新型马克思主义执政党，确保党始终成为中国特色社会主义事业的领导核心。

2644 浅谈西北民族大学图书馆馆藏古籍的开发与利用

发表时间及载体：社科纵横 2008 年第 6 期

作　　者：桂兰

简　　介：通过对西北民族大学图书馆古籍开发与利用的现状的分析，探讨了几条切实可行的图书馆古籍开发与利用的途径。

2645 吴文英苏州仓台幕僚考

发表时间及载体：西北师大学报：社会科学版 2003 年第 2 期

作　　者：常言

简　　介：本文旨在考明吴文英在仓台幕府十年的交游，以及与仓幕有关的词作所表现出来的诸多问题，并说明这一段特殊经历对其词风的影响。

2646 移民地区农村低保制度建设初探——以甘肃省河西地区为例

发表时间及载体：甘肃社会科学 2010 年 4 期

作　　者：张润君

简　　介：移民是我国"三西"开发扶贫战略实施过程中的一个重要策略。但是，受种种因素的影响，在移民比较集中的甘肃河西地区，广大移民不仅生产生活面临困境，而且在政府的低保工作中，还潜伏着一种被边缘化的危险。从移民地区的实际出发，按照国家"应保尽保"的要求，尽快建立较为完善的农村低保制度，是甘肃移民地区摆脱贫困的必由之路。

2647 代价论及其探源

发表时间及载体：兰州学刊 1997 年 01 期

作　　者：武文军

简　　介：党的《十四届六中全会决议》明确指出："任何时候都不能以牺牲精神文明为代价换取经济一时的发展"。然而，近年来，一些人却割裂物质文明和精神文明，造成了生态环境的严重破坏。

2648 基于宏观压力测试的银行体系信用风险评估研究

发表时间及载体：财会通讯：综合（下）2011 年第 2 期

作　　者：成学真

简　　介：目前，我国运用宏观压力测试工具评估银行体系稳健程度的工作正逐步推进。本文通过分析宏观经济运行及未来走势，设计了极端且合理的压力情景，并构建了宏观压力测试的线性实证分析模型，以评估银行业主要的风险指标在遭受宏观经济冲击时的抗压能力，揭示银行体系运行中存在的风险。

2649 甘肃民族地区妇女教育滞后的文化原因分析

发表时间及载体：甘肃联合大学学报：社会科学版 2006 年第 1 期

作　　者：费翔

简　　介：甘肃民族地区妇女教育，是甘肃整个教育事业的难点问题，妇女教育的滞后，已经影响到甘肃民族地区经济社会的发展。滞后的原因是多方面的，本文着重从文化的角度进行了分析，重点分析了文化中宗教、传统观念和习俗对妇女教育负面影响的表现以及其产生影响的路径，以期找到解决问题的根本办法。

2650 试析世界神话中人神关系和生死命运观命题

发表时间及载体：甘肃联合大学学报：社会科学版 2009 年第 6 期

作　　者：刘永睿

简　　介：世界各民族的神话中，都出现过关于人类寻求长生之术，关于死亡与再生及关于命运祸福的故事，这些神话大多体现了早期人类对于生的向往和对于死的恐惧，基于这样的原因，在这些神话中引发了人类关于人与神祇关系和生死命运观念的思考。

2651 农民的前途：马克思主义与老加图主义的理论分歧

发表时间及载体：甘肃理论学刊 2012 年 4 期

作　　者：王勇　郭倩倩

简　　介：围绕农民的前途，在当今的中国社会科学界，出现了两派基本的理论立场和观点：改革派和保守派。两派的理论渊源可分别追溯到马克思主义与老加图主义。澄清马克思主义与老加图主义在关于农民问题上的理论分歧，有助于从根本上理清当下中国关于农民问题的纷繁复杂的思想、观点和立场，进而为当下中国解决"三农"问题的政策选择提供理论指导。中国化的马克思主义与老加图主义的区别，从当下的情景来看，并不单纯是改革派和保守派的区别，而是"革命派"和"渐进派"的区别，也就是说，在农业现代化、农村城镇化、农民市民化这个大方向上没有根本的分歧，主要分歧在于方式、方法和途径上。本文借鉴两派观点中合理的成分，对于当代中国城乡统筹发展战略的顺利实施，进而最终解决中国农民问题具有重要的现实意义。

2652 建设有中国特色社会主义的伟大纲领

发表时间及载体：兰州学刊 1992 年 6 月

作　　者：武文军

简　　介：党的第十四次代表大会，是一次具有划时代意义的大会。这次大会是以邓小平同志建设有中国特色的社会主义理论为指导，认真总结了十一届三中全会以来十四年的经验，动员全党同志和全国各族人民进一步解放思想，把握有利时机，加快改革开放和社会主义现代化建设的步伐，为夺取有中国特色的社会主义建设事业的更大胜利做出了一系列战略部署。

2653 中国农村自治性公共管理组织的运作特点及对策

发表时间及载体：兰州商学院学报 2004 年第 20 卷第 1 期

作　　者：雷兴长

简　　介：近 20 年来，中国农村自治性公共管理得到了迅速发展，但是还不够成熟和完善。文章认为，在村一级的自治性公共管理组织的建设和运行中，要全面推行公共管理的五大原则：公正、平等、公开、效率、法制，以此规范村干部的管理行为，推动自治村的公共工作。具体做法是：在村委会选举中要贯彻公正原则；在村民权益上要坚持公平原则；在重大村务和财务开支上实行公开原则；在与自治村公共管理组织的关系上要坚持法制原则。

2654 从结构主义符号学的维度论电影的改编

发表时间及载体：电影文学 2011 年第 19 期

作　　者：张彦丽　金虎

简　　介：所谓电影改编，指的是运用电影思维，遵循电影艺术的规律和特点，将他种文艺形式的作品再创作为电影的艺术现象。长期以来，许多学者在研究电影改编时往往集中于忠实原著这个问题上，而且多从内容题材着手，似乎再也说不出新的话来。他们显然忽视了电影改编中的一个基本问题，即电影和文学这两种媒介在改编过程中的差异问题。本文试图主要从结构主义符号学的角度初步探讨小说在电影改编过程中所需要注意的媒介差异。

2655 反倾销中反规避措施的适用

发表时间及载体：西北师大学报：社会科学版 2008 年第 3 期

作　　者：吴玲琍

简　　介：反规避措施是当前美国及欧盟对外贸易法律体系中反倾销法的新发展。反规避措施有助于消除倾销，但在另一方面被用作推行贸易保护主义的新的非关税壁垒手段。本文根据当前欧美等国反规避措施不断发展的现状，力图从反规避措施的概念、范围及规避行为的确认等角度，对这一新生法律现象进行粗浅的分析，并针对其中存在的消极的贸易保护主义倾向，结合我国的外贸实践，提出了该法律现象对我国反倾销立法的借鉴意义和对外贸实践的警戒意义。

2656 "成康盛世"的缔造及其史鉴价值

发表时间及载体：西北师大学报：社会科学版 2002 年第 2 期

作　　者：侯丕勋

简　　介：西周成王和康王时期是享誉古今的第一个盛世。成康盛世是自文王、武王以来，通过东征平叛，营建洛邑，开拓疆域，分封诸侯与推行明德慎罚制度等长期不懈奋斗才缔造成功的成康盛世的兴衰历史表明：要缔造和保持盛世，就必须进行长期不懈奋斗，继承以往帝王治国的一切有益方略，巩固王朝统一和广阔疆域，保持政治清明和社会安定及经常注意洞察和清除社会弊端，保持社会健康发展。

2657 论新形势下中国共产党的执政风险及对策

发表时间及载体：宁夏党校学报 2010 年第 3 期

作　　者：刘先春

简　　介：当今世界正处于大发展、大变革、大调整时期，这是当代中国共产党人对时局的准确判断，也昭示着中国共产党作为执政党所面临和经受的多重执政风险和考验。

2658 南朝社会与"四萧"评价问题——兼论《兰陵萧氏家族及其文学研究》

发表时间及载体：甘肃高师学报 2009 年第 6 期

作　　者：赵逵夫

简　　介：在反思目前人文社会科学研究现状的基础上，提出对南朝"四萧"的研究与评价不应该只局限于其文学创作，更应该联系其他方面。因为他们的身份和地位特殊，不仅仅是文学家，他们思想中看重门阀、学问和文采的观念成为他们弃本求末、因小失大的重要思想根源。魏晋南北朝时期朝代更替一直用禅让的形式，一定程度上避免了改朝换代中的大规模杀戮，从社会政治发展的方面说具有一定的积极意义，遗憾的是受禅之后却不能摆脱世族文化的影响，缺乏正确而持久的政治追求，因而维持的时间都不长。梁代文学思想真正称得上流派的是萧统和刘勰，其他不足以成派。

2659 甘肃藏族地区英语新课程改革中的文化冲突：问题、成因及其对策研究

发表时间及载体：兰州学刊 2011 年 第 3 期

作　　者：周亚莉　吴晓昱

简　　介：本研究从文化学和教育学的视角出发，通过对甘肃省藏族地区中学英语课程进行调查研究和质性访谈，发现存在着三语环境下的课程不被重视、教材在藏区水土不服、教学管理体制僵化、教学模式过于传统以及教师专业发展等问题。就其成因，主要是存在四类文化冲突：传统文化与现代文化的冲突、主流文化与藏族文化的冲突、西方文化与藏族文化的冲突、西方文化与中国文化的冲突。本研究提出相应的解决对策，正视文化冲突，进行文化整合，以加强藏族地区的英语教育，提高英语教育质量。

2660 在网络教学课件中关于习题练习与在线测试功能的设计与实现

发表时间及载体：电化教育研究 2001 年第 5 期

作　　者：王秋云

简　　介：本文提出了一种基于 Web 页面的个有自主学习、习题练习、在线测试等

功能 互动式学习课件的设计，并利用网页中的数据绑定技术以及 Javascript 程序设计的技巧，实现了具有上述功能的学习课件的制作。

2661 青少年网络成瘾与人格特征之关系研究

发表时间及载体：电化教育研究 2006 年第 6 期

作　　者：周爱保　茹学萍 刘锦涛

简　　介：本文通过问卷研究法，对青少年网络成瘾行为、人格特征及其他相关因素的关系进行研究，结果表明：青少年网络成瘾与其人格特征之间具有密切的关系，与神经质存在显著正相关与开放性、宜人性、公正性存在负相关与外倾性零相关。路径模型表明了在青少年网络成瘾的影响中社会支持是一个"中介变量"，人格因子中的开放性对网络成瘾行为的影响，可能是通过社会支持而产生影响的，而神经质因子对青少年网络成瘾行为产生直接的影响，且路径系数已达到非常显著的水平。

2662 腰椎非融合技术 Dynesys 系统的应用

发表时间及载体：中国医药导报 2010 年第 17 期

作　　者：刘先春

简　　介：动力性固定系统治疗腰椎退变性疾病是当前脊柱外科研究的热点，与传统的腰椎融合固定相比，动力性固定不仅能重新建立退变节段的稳定，并且能保持腰椎间充分的活动性以预防相邻节段的退变。

2663 论唐代宫怨诗与闺怨诗的幽怨美

发表时间及载体：西北师大学报：社会科学版 2001 年第 5 期

作　　者：刘洁

简　　介：唐代的宫怨诗与闺怨诗，以描写女性的情感世界和心理状态为主，深情幽怨、含蓄蕴藉是其幽怨美的主要特征，也是这两类诗歌独具审美魅力且历久不衰的根本所在。抒情主人公——怨女思妇的低贱地位、无奈处境、美好愿望、不幸命运则是形成唐代宫怨诗和闺怨诗幽怨美的深层原因。

2664 西部发展战略：过去的扭曲与未来的重点

发表时间及载体：社科纵横 2010 年第 10 期

作　　者：高新才

简　　介：西部大开发战略实施 10 年有余，西部地区获得了高速发展，但也出现了一定的问题。在新的平台上，西部地区的发展战略应该有新的特征。本文分析了过去西部发展战略所导致的问题，指出未来西部发展战略应该强调区域自我发展能力的培育和西部人的发展。

2665 白银黄河岩画

发表时间及载体：丝绸之路 2002 年第 7 期

作　　者：刘再聪

简　　介：白银岩画位于甘肃白银市大浪山东麓黄河西岸红山峡峡谷中，南距红山峡入口处黄湾下村约 10 公里，北距野马村约 1 公里。岩画被刻在河西岸一块约宽 5 米、高 8 米的岩石上，岩面平整。

2666 民族地区工业化进程评价研究

发表时间及载体：开发研究 2012 年 4 期

作　　者：樊胜利

简　　介：分析与评价工业化进程是继续推进民族地区工业化的重要前提。本文以内蒙古、宁夏、新疆、西藏和广西为例，选择多年数据资料计算分析指标，从经济实力、产业结构、城镇化率和就业结构等方面评价民族地区整体的工业化进程。研究发现，内蒙古和宁夏的工业化进程较快，而西藏的工业化进程最为缓慢。

2667 甘肃省扶贫开发模式的回顾与探讨

发表时间及载体：甘肃理论学刊 2004 年第 3 期

作　　者：曹子坚

简　　介：甘肃省 20 年大规模扶贫开发实践，成功探索了区域性开发扶贫、解决温饱的反贫困道路模式。新时期扶贫开发面临新的形势和任务，积极探索适应新形势的扶贫开发途径，对甘肃扶贫开发具有重要的战略意义。

2668 古籍数字化技术发展的几点建议

发表时间及载体：丝绸之路 2012 年第 22 期

作　　者：魏芳

简　　介：古籍数字化已经成为 21 世纪古籍整理的主流，代表着未来古籍整理、开发、利用的发展方向。目前，古籍数字化还需要注意和改进的方面有：统一标准，专业人才培养，数字化前的整理工作，古籍数字化深度开发，数字化产品联合研发，数字资源的共享，数字化产品立法，古籍普本的开发。

2669 教育艺术与艺术教育

发表时间及载体：西北师大学报：社会科学版 1999 年第 1 期

作　　者：抗文生

简　　介：教育艺术与艺术教育这两个概念属于不同的学科范畴。前者属于方法论范畴，是指在对学生实施教育的过程中教育方法、手段、技巧合乎规律而卓有成效地运用。后者属于内容范畴，是指以艺术知识为特定教育内容而对教育对象实施的教育，当然实施教育仍需要运用教育艺术。

2670 基础设施市场化供给中的政府角色探析

发表时间及载体：石家庄经济学院学报 2011 年第 34 卷第 5 期

作　　者：马雪彬　谢恒

简　　介：基础设施是城市赖以生存和发展的重要基础条件。改革开放以来，我国社会公众对基础设施需求量在扩大，需求层次在提升，政府急需大量资金从事市政基础设施建设，但由于财力有限，从而催生了基础设施产业市场化改革。在改革过程中，民营企业的逐利性与基础设施公益性的矛盾使得市场化供给出现问题，迫切需要政府发挥作用。从探讨其中的问题开始，结合我国的实际，对基础设施市场供给中政府角色的转变提出了一些建议。

2671 少数民族 NGO 与民族地区的和谐社会建设——以青海回族撒拉族救助会为例

发表时间及载体：甘肃联合大学学报：社会科学版 2010 年第 1 期

作　　者：樊莹

简　　介：20 世纪 80 年代以来，伴随着社会转型、市场经济不断深入、社会多元化、市民社会的发展，NGO 组织（非政府组织）在中国蓬勃发展，成为社会多元治理结构中一支举足轻重的力量。而在经济发展滞后的、多元民族的、多元宗教文化的西部地区，少数民族 NGO 组织的诞生恰恰是民族文化自觉的彰显，本文以此为背景，以青海回族撒拉族救助会为个案，试探讨其兴起、发展、运行及在构建和谐社会视阈下它的功能及价值意义。

2672 虚拟货币对货币政策和金融监管的影响

发表时间及载体：甘肃金融 2010 年第 9 期

作　　者：汪慧玲

简　　介：商品经济发展到一定阶段，便产生了作为一般等价物的货币。随着人类社会的进步，货币形态经历了从实物货币到金属货币再到纸质以及电子货币的发展历程。

2673 上海图书馆《明钞本奔州山人续稿》考

发表时间及载体：图书馆杂志 2009 年第 11 期

作　　者：魏宏远

简　　介：明钞本奔州山人续稿仅文部，32 卷，八册《明刻本奔州山人续稿》207 卷，文部 182 卷。通过比对，发现明钞本多出明刻本文 149 篇、书牍 25 函。

2674 跨国并购财务风险分析与防范

发表时间及载体：社科纵横 2008 年第 5 期

作　　者：文明

简　　介：企业并购重组是伴随经济全球化不断深入而形成的一种必然趋势，也是企业管理所涉及到的一个全新内容。在市场全球化、信息全球化的推动以及高新技术产业迅速发展影响下，企业生产要素的配置正向动态开放式转变。中国企业跨国并购的趋势方兴未艾，但要面对财务风险、信息风险、政治法律风险、整合风险等多方面的挑战。这些风险将会在并购准备期、并购交易期和并购整合期出现。面对这些障碍，中国企业应该在充分借鉴美国等国外优秀企业的跨国并购经验的基础上，采取合理的风险防范方法，实施有效的风险管理。通过建立国际风险管理网络，及时发现风险，最终分散风险。从而确保跨国并购目标的顺利实现。

2675 教育技术基础实验教材建设的思路与实践

发表时间及载体：电化教育研究 1995 年第 1 期

作　　者：任来宝

简　　介：实验教学之所以在高等学校受到前所未有的重视，是因为它在培养学生基本技能，独立工作和创造能力方面具有无法取代的作用。搞好实验教学的首要问题，是实验教材的建设。教材是教学的基本依据，直接影响和决定着所培养人才的规格与素质。高等学校的教学工作者常为没有教材选用而焦虑，更因选不到适合的教材而烦恼。电化教育专业（教育技术）比其它专业更严重。造成这种状况的根本原因是对实验教材建设的目标原则，基本的思路等没有取得共识，也缺乏一定的实践所致，本文就有关问题谈些认识与体会。

2676 网络隐私权概念新解

发表时间及载体：甘肃政法学院学报 2009 年第 4 期

作　　者：辛春霞

简　　介：网络隐私权是近年来较热的话题，其中涉及的理论问题很多，网络隐私权的定义是其中之一。网络隐私权同传统意义上的隐私权、现代信息隐私权既有联系，又有区别，对网络隐私权定义的研究十分薄弱，但又关乎所有对网络隐私权基本理论讨论的展开，应当予以充分的重视。

2677 兰州农民工子女教育现状及对策

发表时间及载体：甘肃理论学刊 2006 年第 2 期

作　　者：宋国栋

简　　介：从根本上讲，计划经济的遗存物——城乡二元模式（经济结构、义务教育体制、人口管理机制等二元模式）在与市场经济相碰撞、相对抗的过程中，不可避免地产生了农民工子女教育问题。农民工子女教育问题的妥善解决不仅是一个重大的法理问题，而且是一个紧迫的现实问题。兰州农民工子女教育问题的解决取得了不小的成效，但通过实地调查发现了不少问题，针对存在的问题文章提出了相应的对策。

2678 人文奥运与社区体育建设

发表时间及载体：社科纵横 2008 年第 6 期

作　　者：王安平

简　　介：人文奥运理念的提出，标志着中国体育文化新的发展阶段。在人文奥运理念指导下，必将促进中国社区体育建设迅速发展。通过对人文奥运与社区体育相互关系的评析，提出了新时期发展社区体育建设的途径。以进一步推进人文奥运理念与社区体育发展的相互促进、共同进步。

2679 世界遗产视野中的丝绸之路

发表时间及载体：西北师大学报：社会科学版 2007 年第 6 期

作　　者：田澍

简　　介：丝绸之路是古代东西方经济文化交流的主要通道和沟通中国与欧亚大陆的友谊之路。丝绸之路从形成、发展到衰落经历了一个长期的演变过程，其保留或延续至今的各类遗产形成一条无与伦比的文化线路，具有独特的文化价值。作为世界遗产，丝绸之路的构成要素包括现存遗址、文化成果以及它赖以产生的独特生态环境和得以存在的物质与精神动力。丝绸之路的世界遗产项目提名工作将是根据其价值内涵确定其典型遗址实物的过程。

2680 网络环境下的高校体育教学模式探析

发表时间及载体：电化教育研究 2008 年第 4 期

作　　者：王安平

简　　介：本文结合当前网络化教学的实际情况，对网络环境下的高校体育教学模式进行了探析，提出了开展网络体育教学的基本思路和方法。

2681 唐宋赋的诗化与散文化

发表时间及载体：西北师大学报：社会科学版 1999 年第 1 期

作　　者：尹占华

简　　介：唐宋赋家衍化了赋的形式，丰富了赋的表现手法，充实了赋的内容，当然也在一定程度上使赋不像赋了，因而使赋体文学呈现出一种迥异于汉赋的崭新面貌。唐宋赋的诗化主要表现在形式和格律两方面。唐宋赋特别是宋赋的散文化则表现在三方面：（1）韵的疏密以及押韵与否很随便；（2）将赋用于说理、议论、记叙；（3）不事雕琢，变艰深华美的语言为平易浅近，并将散文的气势注入其中。由此，唐宋赋创作中的两大趋势可以归结为：一是追求谨严与偶俪，一是追求自由松散 一是取法于诗，一是归靠于文，主要成就在唐的律赋和主要成就在宋的文赋分别反映了这两个极端倾向。

2682 关于全民健身体育人才培养对策的研究

发表时间及载体：兰州大学学报（社会科学版）2001 年第 29 卷第 2 期

作　　者：刘宝禄　姜桂琴

简　　介：实施全民健身计划是党和国家新时期提出的一项基本国策。在新的历史条件下，加快全国健身体育人才的培养，对深化体育改革、实施健身计划具有重要意义。

2683 《论语》中的"敏"字解

发表时间及载体：古汉语研究 2009 年第 3 期

作　　者：陈晓强

简　　介：《论语》中不同地方出现的"敏"，或指以"用心"为核心内涵、以"审慎"为基本内容的优秀品德，或指这种品德在具体实践中的体现，它们在词义上是统一的。"敏"德与孔子提出的"恭""宽""信""惠"诸德并列，是孔子思想体系的重要内容。将"敏"译为"敏捷、敏疾"，不符合《论语》中反映出的孔子的思想实际。

2684 企业自主创新能力的测度与评价方法研究综述

发表时间及载体：兰州商学院学报 2008 年第 24 卷第 1 期

作　　者：仇菲菲　庞智强

简　　介：党的十六届五中全会把增强自主创新能力作为国家发展战略，摆在了经济社会发展的突出位置，从而为当前和今后我国企业发展确立了新的战略基点和导向。本文从企业自主创新能力的测度与评价方法角度，对该类研究进行了综述，旨在提出新的研究思路，便于企业更准确地测度自身的自主创新能力及与先进水平进行比较，进而提出适合企业的发展战略。

2685 论新时期总编（主编）与责编的关系

发表时间及载体：社科纵横 2011 年第 2 期

作　　者：夏志勇

简　　介：处理好总编（主编）与责编的关系，是保证出版物质量的关键，因此必须从加强相互联系、转变工作思路、紧密梁柱关系和合理分配收入等方面去建立和谐关系，以保证单位事业健康快速地向前发展，在激烈的市场竞争中占得先机。

2686 兰州在西部开发中的重要对策

发表时间及载体：兰州学刊 1985 年 4 月

作　　者：武文军　刘清廉

简　　介：兰州是我国重要的中心城市，也是黄河上游最大的工业城市。随着我国沿海城市和长江流域各大城市经济的迅速发展，我国经济开发的重点将逐渐由东部转向西部，而兰州在我国西部开发中，在祖国未来经济的发展中，将日益发挥其中心城市的巨大作用。为了充分发挥兰州在我国西部开发中的重要作用，必须认真研究加快兰州经济发展，促进西部开发的对策。

2687 对农民工话语媒体表述的调查

发表时间及载体：甘肃联合大学学报：社会科学版 2006 年第 6 期

作　　者：高剑宁　祁媛　梁兰

简　　介：本文通过调查国内具有代表性的主流报纸对农民工问题的表述，归纳分析了大众传媒对这个弱势群体在主要发展阶段的社会价值认同、生存状况描摹、拟态环境反映等方面存在之不足，阐明了相关的主要调查结论。

2688 构建合同农业中农户—企业利益联结的稳态机制

发表时间及载体：农村经济 2009 年第 9 期

作　　者：曹子坚

简　　介：在我国农业产业化中应用极其广泛的合同农业中，由于企业与农户利益联结的内在不稳定性，使得农户—企业之间无法形成紧密的利益共同体，进而严重阻碍着农业产业化的进程。针对这一问题，本文通过博弈模型构建，对合同农业中农户—企业利益联结非稳态均衡的内在机理进行了理论分析；并通过不断地修正该博弈模型，探讨了促使非稳态均衡向稳态均衡演变的思路，提出了构建农户—企业利益联结稳态机制的初步方案。

2689 中国西部开发性移民与社区建设的理论与实践

发表时间及载体：甘肃行政学院学报 2005 年第 1 期

作　　者：李赪武

简　　介：中国西部开发性移民与社区建设的理论与实践是有重要意义的课题，在社会调查研究和文献资料基础上继承前人的研究，从理论与实践结合上，总结开发性移民与社区建设的经验，使之上升为理论，对移民开发和社区建设的实践具有普遍的指导意义。

2690 小蛮本事暨文化意蕴论略

发表时间及载体：西北师大学报：社会科学版 2007 年第 4 期

作　　者：雷恩海

简　　介：为世俗才子，白居易得享大名，且为风雅所系，其一生行事大率皆蕴含着丰富的社会文化信息。白氏诗歌中"小蛮"一词，历来聚讼纷纭，其实"蛮"概指艳丽殊俗、细腰纤纤、能歌善舞之域外乐舞人。白居易以"小蛮"名其侍姬，实际上彰显了当时崇尚外来歌舞、文化的一种社会文化心理特征，从一个侧面揭示了唐代对外来文化之汲取，兼收并蓄，遂培植于本土文化，从而形成新文化繁盛的开放格局。

2691 论干部理论考核的指标体系

发表时间及载体：兰州学刊 1995 年 06 期

作　　者：武文军

简　　介：每一项工作都应当有自己的指标要求和考核指标体系，科学的指标体系有利于引导各项工作的健康发展，具有重要的导向性，而目前干部的理论教育正缺乏科学的指标体系。当然，一些地区的干部理论学习每年也有进行考核的项目和标准，但多为一些未确定的、模糊的任务要求，而提出的一些数量指标多数只反映学习的表层活动，而不能确定理论水平是否提高的实质问题。

/ 后 记 /

在甘肃进行全面性的文化资源普查属于首次，将普查成果汇编成大型的文化资源名录在国内也属于前列。《甘肃省文化资源名录》是按照《甘肃省文化提升行动协调推进领导小组工作方案》和《甘肃省文化资源普查和分类分级评估工作实施方案》要求推出的重要成果。经过甘肃省文化资源普查和分类分级评估工作领导小组办公室组织40多名专家学者，在甘肃省文化资源普查平台数据库基础上，历时两年精心编排，终于完成书稿，这是参与全省文化资源普查的所有工作人员集体智慧的结晶。

甘肃省委原常委、省委宣传部原部长连辑，甘肃省委常委、省委组织部部长梁言顺，甘肃省委常委、省委宣传部部长陈青，先后领导和部署了本名录的编辑出版工作。省委宣传部原副部长、省社科院原院长范鹏研究员协调推进了本名录的编写。甘肃省社科院院长王福生研究员组织实施了本名录的策划设计、内容编排、审定并最终定稿。甘肃省社科院副院长马廷旭研究员负责了审稿、统稿和出版发行事宜。刘玉顺同志全程负责了书稿编排工作。

在《甘肃省文化资源名录》面世之际，感谢甘肃省文化提升行动协调推进领导小组各位领导的大力支持与关心，感谢参与普查工作的各市（州）县（区）、有关省直厅局的鼎力相助，感谢参与普查的专家学者和基层工作人员的辛勤付出，感谢中国书籍出版社为本名录的出版所做的努力，感谢所有关心关注本名录的人们。《甘肃省文化资源名录》是从盘清全省文化资源家底的角度入手，收录范围极其宽泛，有部分内容还存在缺项，有的资源没有资源简介，有的资源缺图片等等，给该书的出版留下了遗憾（该套丛书普查数据截至2012年12月31日）。同时，由于我们的水平有限，可能还有错讹疏漏之处，恳请读者随时批评指正，以便在将来进一步完善和修订。

甘肃省社会科学院

2017 年 7 月

甘肃省文化资源名录

后

记

甘肃省文化资源名录

总书目

甘肃省文化资源名录
总书目